文/白/对/照

纲鉴易知录

八

[清]吴乘权 编撰
张宏儒 主编

团结出版社

目 录

明鉴易知录卷四

明纪 太宗文皇帝 …………………………………………………… *4432*

仁宗昭皇帝 …………………………………………………… *4458*

宣宗章皇帝 …………………………………………………… *4462*

明鉴易知录卷五

明纪 英宗睿皇帝 …………………………………………………… *4486*

景皇帝 ………………………………………………………… *4512*

明鉴易知录卷六

明纪 英宗睿皇帝 …………………………………………………… *4540*

宪宗纯皇帝 …………………………………………………… *4550*

孝宗敬皇帝 …………………………………………………… *4578*

明鉴易知录卷七

明纪 孝宗敬皇帝 …………………………………………… *4590*
　　　武宗毅皇帝 …………………………………………… *4598*

明鉴易知录卷八

明纪 世宗肃皇帝 …………………………………………… *4652*

明鉴易知录卷九

明纪 世宗肃皇帝 …………………………………………… *4702*
　　　神宗显皇帝 …………………………………………… *4718*

明鉴易知录卷十

明纪 神宗显皇帝 …………………………………………… *4734*

明鉴易知录卷十一

明纪 神宗显皇帝 …………………………………………… *4782*
　　　光宗贞皇帝 …………………………………………… *4806*

明鉴易知录卷十二

明纪 熹宗哲皇帝 …………………………………………… *4826*

明鉴易知录卷十三

明纪 熹宗哲皇帝 …………………………………………… *4870*
　　　怀宗端皇帝 …………………………………………… *4874*

明鉴易知录卷十四

明纪 怀宗端皇帝 *4918*

明鉴易知录卷十五

明纪 怀宗端皇帝 *4968*

明鉴易知录卷四

明纪

太宗文皇帝

【编】癸未,太宗文皇帝永乐元年,春正月,建文帝至云南永嘉寺。

【编】复代王桂、岷王楩封爵。

【编】二月,诏以北平为北京。【纪】设留守及行部官,改北平为顺天府。

【编】命皇子高煦率兵备开平。

【编】冬十月,赐贵州总兵官、镇远侯顾成银币。【纪】上谓侍臣曰:"朕今休息天下,惟望时和年丰,百姓安乐;至于外夷,但思有以备之,必不欲自我扰之,以罢敝生民。咸言'今日惟安养中国,慎固边方',甚合朕意,以是特嘉奖之。"

【编】十一月,封李芳远为朝鲜国王。

【编】甲申,二年,春正月,召皇长子及高煦还京。

【编】夏四月,立皇长子高炽为皇太子,封高煦为汉王,高燧为赵王。【纪】初,上议建储,武臣咸请立高煦,谓其有扈从功,惟文臣金忠以为不可。上密谘解缙,缙言:"立嫡以长。"复问黄淮,亦曰:"长嫡承流,万世正法。"上意遂决。

【编】擢左善世道衍为太子少师。【纪】始复姓名姚广孝,上称为姚少师而不名。亦终不畜发娶妻,尝赐二宫人,亦不近。寻命广孝赈济苏、湖,往见其姊。姊拒之曰:"贵人何用至贫家为?"不纳。广孝乃易僧服往,姊坚不出。家人劝之,姊不得已出,立堂中,

成祖文皇帝

【编】太宗文皇帝永乐元年（癸未，1403）春正月，建文帝抵达云南（今云南昆明市）永嘉寺。

【编】恢复代王朱桂、岷王朱楩的封爵。

【编】二月，明成祖下诏以北平为北京（在今北京市内）。【纪】设立留守及行部职官，改北平府为顺天府。

【编】明成祖命皇子朱高煦率兵守备开平（在今内蒙古多伦县上都河北岸）。

【编】冬十月，明成祖赏赐贵州总兵官、镇远侯顾成银币。【纪】明成祖对侍臣说："朕现在令天下休养生息，只望时和年丰，百姓安乐；至于外夷，只考虑有所防备，决不愿由我方引起扰乱，致使百姓劳苦疲困。顾成说'现在惟安养中国，强固边地'，很合朕的心意，所以特赐银币嘉奖。"

【编】十一月，明成祖朱棣封李芳远为朝鲜国王。

【编】永乐二年（甲申，1404）春正月，明成祖召皇长子朱高炽及朱高煦回南京。

【编】夏四月，明成祖册立皇长子朱高炽为皇太子，封朱高煦为汉王，朱高燧为赵王。【纪】起初，明成祖商议建立储君，武臣都请求册立朱高煦，说他有扈驾侍从的功绩，只有文臣金忠以为不可。明成祖秘密询问解缙，解缙说："应该立正妻所生儿子中的长子。"又问黄淮，黄淮也说："嫡长继承帝统，是万世正法。"明成祖遂下定决心，册立皇长子朱高炽为皇太子。

【编】明成祖提拔左善世道衍为太子少师。【纪】至此，道衍才恢复原来的姓名姚广孝，明成祖称为姚少师而不直呼其名。姚广孝也始终不留发娶妻，曾赐给两位宫女，他也不接近。不久，命姚广孝赈济苏州（府治吴县，今江苏苏州市）、湖州（府治乌程县，今浙江湖州市），顺便去看望姐姐，其姐拒之门外说："贵人来到我这贫穷之家做什么？"

广孝即连下拜,姊曰:"我安用尔许多拜!曾见做和尚不了底是个好人!"遂还户内,不复见。

【编】六月,诏杖饶州儒士朱友季,焚其所著书。 【纪】饶州鄱阳儒士朱友季诣阙献所著书,专毁濂、洛、关、闽之说。上览之,曰:"此儒者之贼也!"遣行人押还饶州,会司府县官声其罪,杖之,悉焚其书。

【编】冬十月,山西蒲州河津县禹门渡黄河清。

【编】直文渊阁解缙承制纂录韵书成,赐名《文献大典》。

【编】十二月,李景隆伏诛。 【纪】景隆僭逾不法,诸司连章劾奏其罪。上初宥景隆死,惟没其田庄,令杜门省愆。因奸人造图谶,谓"十八子当有天下",乃执景隆下狱。景隆见上,大呼曰:"陛下非臣开门奉迎,何以有今日?"上曰:"幸是朕来,若他人来,汝亦开门邪?"景隆遂死于狱。

【编】乙酉,三年,春正月,诏选新进士就文渊阁进学。 【纪】命学士解缙选新进士才识英敏者入文渊阁进学。于是选修撰曾棨等凡二十八人,以应二十八宿。庶吉士周忱自陈年少,愿进学。上喜曰:"此有志之士也。"命增忱为二十九人,人歆其荣。

【编】冬十月,以郑赐为礼部尚书,吕震为兵部尚书。
【编】丙戌,四年,春二月,命赵王高燧居守北京。

不让进门。姚广孝便改穿僧服前往，其姐坚决不出来，家人劝她，她不得已而出，立在堂中，姚广孝立即连连下拜。其姐说："我怎能受你这么多拜！何曾见过做不了和尚的人是个好人！"便回到内室，不再相见。

【编】六月，明成祖下诏杖打饶州（府治鄱阳县，今江西波阳）儒士朱友季，烧毁他所著的书籍。　【纪】饶州鄱阳儒士朱友季到朝廷进献所著书籍，专门诋毁濂、洛、关、闽的学说。明成祖阅览后说："此人是儒者之贼！"遣行人将其押回饶州，由布政司、府、县官会审，声讨其罪，处以杖刑，把他所著书籍全部烧毁。

【编】冬十月，山西（治阳曲县，今山西太原市）蒲州（今山西永济县西蒲州镇）河津县（今山西河津）禹门渡（今山西稷山县西北禹门口）黄河水清。

【编】直文渊阁解缙等奉旨纂录韵书成，明成祖赐名《文献大典》。

【编】十二月，李景隆被杀（《明史·成祖本纪》永乐二年十二月载："是月，下李景隆于狱。"《明史·李景隆传》载："夺景隆爵，并增枝及妻子数十人锢私第，没其财产。景隆尝绝食旬日不死，至永乐末乃卒。"原本称"十二月，李景隆伏诛。"误）。　【纪】李景隆居处逾越身分，所为不法，诸司接连上疏弹劾其罪。明成祖起初免李景隆死罪，仅没收其田庄，令杜门省过。由于奸人制造图谶，说"十八子当有天下"，于是逮捕李景隆入狱。李景隆见到明成祖，大声说："陛下不是臣开门迎接，何以有今日？"明成祖说："可庆幸的是朕来，若是其他人来，你也会开门的！"李景隆便死于狱中。

【编】永乐三年（乙酉，1405）春正月，明成祖下诏选新进士入文渊阁进学。　【纪】明成祖命学士解缙选新进士中才识英敏者入文渊阁进学。于是，选修撰曾棨等二十八人，以应二十八宿。庶吉士周忱陈述自己年少，也愿进学。明成祖高兴地说："这是有志之士。"命增入周忱，共二十九人。人们都羡慕他们的荣耀。

【编】冬十月，明成祖任命郑赐为礼部尚书，吕震为兵部尚书。

【编】永乐四年（丙戌，1406）春二月，明成祖命赵王朱高燧居守

【编】帝诸太学谒孔子。 【纪】上视太学,礼部尚书郑赐言:"宋制谒孔子,服靴袍,再拜。"上曰:"见先师,礼不可简。"乃服皮弁,行四拜礼。

【编】建文帝至重庆之大竹善庆里。

【编】夏四月,建文帝至西平侯沐晟家。五月,结茅白龙山。

【编】秋七月,命成国公朱能、新城侯张辅等帅师讨安南。【纪】先是,安南国王陈日焜为其臣黎季犛所弑,季犛窜易姓名,上表诈称陈氏绝嗣,求权署国事,上从之。逾年,故安南王孙陈天平走至京师愬实,上遣人责之,季犛卑辞表请还国,上遂命广西都督黄中等以兵送天平还。季犛伏兵杀天平,中等引兵还。事闻,上大怒曰:"蕞尔小丑,罪恶滔天,犹敢潜伏奸谋,肆毒如此!朕推诚容纳,乃为所欺,此而不诛,兵则奚用!"乃命朱能、张辅等帅兵分道进讨。

【编】诏建北京宫殿。
【编】冬十月,朱能有疾留龙州,张辅等入安南。

【编】丁亥,五年,春正月,出学士解缙为广西布政。

【编】夏四月,命皇长孙瞻基出阁就学。 【纪】时年九岁。命太子少师姚广孝、翰林院待诏鲁瑄、宋礼等侍讲读,礼部郎中李继鼎说书,不置僚属。

【编】五月,安南平。 【纪】张辅等至安南,黎季犛遁,辅

北京。

【编】明成祖到太学拜谒孔子。 【纪】明成祖巡视太学，礼部尚书郑赐说："宋朝拜谒孔子的礼仪是，穿靴袍，再拜。"明成祖说："拜谒先师，礼仪不可从简。"便戴白鹿皮帽，行四拜礼。

【编】建文帝抵达重庆（府治巴县，今四川重庆市）的大竹县（今四川大竹）善庆里。

【编】夏四月，建文帝到西平侯沐晟家。五月，在白龙山结茅草为屋。

【编】秋七月，明成祖命成国公朱能、新城侯张辅等率兵征讨安南（今越南）。 【纪】起先，安南国王陈日焜被其臣黎季犛杀害（原本误"焜"为"煃"，据《明史·安南传》改）。黎季犛改变姓名，上表诈称陈氏后嗣断绝，请求由他暂理国事，明成祖同意了。一年以后，原安南国王之孙陈天平到南京陈诉实情。明成祖派人斥责，黎季犛呈上表章，低声下气请求陈天平回国。明成祖便命广西都督黄中等率兵护送陈天平回去。黎季犛设伏兵杀死陈天平，黄中等率兵还京。此事奏闻后，明成祖大怒，说："黎季犛这个蕞尔小丑，罪恶滔天，还敢暗藏奸谋，放肆作恶如此！朕推诚容纳，才被他欺骗，对此而不加征诛，养兵做什么用！"于是命朱能、张辅等率兵，分路进讨。

【编】明成祖下诏令修建北京宫殿。

【编】冬十月，朱能有病留龙州（今广西龙州），张辅等进入安南。

【编】永乐五年（丁亥，1407）春正月，降翰林院学士解缙为广西布政使司右参议。（《明太宗实录》卷64，永乐五年二月庚寅条载："黜翰林院学士兼右春坊大学士解缙为广西布政使司右参议。"）

【编】夏四月，明成祖命皇长孙朱瞻基出阁就学。 【纪】皇长孙时年九岁。明成祖命太子少师姚广孝、翰林院待诏鲁瑄、郑礼等陪侍讲读（原本误"郑"为"宋"，据《明太宗实录》卷66改），礼部郎中李继鼎说书，不设置属员。

【编】五月，安南平定。 【纪】张辅等抵达安南，黎季犛逃遁，张

军追败之，生擒季犛及其子澄，余众悉降。安南平，得府十五，州四十一，县二百八，户三百十二万。

【编】秋七月，皇后徐氏崩。【纪】后疾甚，上问有何言，对曰："天下虽定，然生民未大休息，惟陛下矜念之。妾不能报陛下恩，愿无骄畜外家。"后崩，上哭之恸。

后恭勤妇道，高后深爱重。高后崩，哀毁动左右，蔬食三年。正位中宫，愈益敬谨，命妇入见，后谕之曰："妻之事夫，岂止衣服馈食，必有德行之助。常情：朋友之言，有从有违，夫妇之言，婉顺易入。吾在宫中朝夕侍皇上，未尝不以生民为言，每承顾问，多见听纳。今皇上所与共图治理者，公卿大臣数辈，诸命妇可不有以翼赞于内乎！百姓安则国家安，国家安则君臣同享富贵，泽被子孙矣。"崩年四十六。太子、汉王、赵王皆后出。

【编】九月，张辅等槛送黎季犛等至京师，帝御承天门受俘。

【编】戊子，六年，春三月，张辅等振旅还京师。
【编】夏六月，建文帝白龙庵灾。
【编】程济出山募葺。
【编】秋七月，论平安南功，封元功张辅等七人为公、侯、伯，余皆颁赉有差。
【编】己丑，七年，春二月，帝巡幸北京，命皇太子监国。

【编】三月，帝至北京。
【编】敕都御史虞谦、给事中杜钦巡视两淮。【纪】谦等奏："颍州军民缺食，请发禀赈贷。"皇太子遣人驰谕之曰："军民困乏，待哺嗷嗷，卿等尚从容启请待报。汲黯何如人也？即发廪赈之，勿缓！"

辅派兵追击，打败黎季犛，活捉黎季犛及其子黎澄，余众全部投降。安南平定，得十五个府，四十一个州，二百零八个县，三百一十二万户。

【编】秋七月，皇后徐氏去世。【纪】皇后疾病沉重，明成祖问她还有什么要说的，皇后回答说："天下虽定，但百姓还没有很好休息，只希望陛下怜念此事。我不能报答陛下恩德，但愿陛下不要骄纵我家亲属。"皇后去世，明成祖哭得十分伤心。

皇后徐氏谨守妇道，马皇后深为爱重。马皇后去世，徐皇后哀痛的情形，使左右感动，她蔬食三年。册立为皇后之后，更加恭敬谨慎。大臣的夫人入见，徐皇后告诉道："妻子侍奉丈夫，岂能仅仅是衣服饮食，应该在德行方面有所助益。按常情而言，朋友的话，有的听从，有的不听从；而夫妇间的话，委婉和顺，容易听从。我在宫中，早晚侍奉皇上，经常谈到百姓，每承皇上顾问，所言多被听从采纳。现在皇上所与共图治理国家的，就是公卿大臣几个人，你们能不在内给予帮助吗？百姓安则国家安，国家安则君臣同享富贵，恩泽延及子孙。"徐皇后去世时年四十六。太子、汉王、赵王都是徐皇后所生。

【编】九月，张辅等将黎季犛关在囚车中押送到南京，明成祖在承天门举行受俘仪式。

【编】永乐六年（戊子，1408），春三月，张辅等整军凯旋南京。

【编】夏六月，建文帝居住的白龙庵遭灾。

【纪】程济出山募款，以重新修葺白龙庵。

【编】秋七月，论平定安南功绩，封首功张辅等七人为公、侯、伯，其余都受到程度不同的奖赏。

【编】永乐七年（己丑，1409），春二月，明成祖巡行北京，命皇太子朱高炽监国，代管国事。

【编】三月，明成祖抵达北京。

【编】敕令都御史虞谦、给事中杜钦巡视两淮（即淮南、淮北）。【纪】虞谦等上奏说："颍州（今安徽阜阳）军民缺食，请发放仓库的粮食赈贷。"皇太子遣人飞驰前往告谕说："军民困乏，嗷嗷待哺，你们还从容启请等待答复。你们知道汲黯是怎样的一个人吗？（汲黯在汉武帝时，奉使路过河南，见万余家百姓遭受水旱之灾，有的竟父子相食。汲黯便宜

【编】夏五月,建文帝还滇。 【纪】先是,上命太监郑和航海通西南诸国,和数往来云、贵问踪迹建文帝,帝东行至善庆里,是月,复还滇。

【编】庚寅,八年,春三月,建文帝复至白龙庵。 【纪】工部尚书严震使安南,密访建文帝,忽与帝遇于云南道中,相对而泣。帝曰:"何以处我?"对曰:"上从便,臣自有处。"夜缢于驿亭中。帝复结庵于白龙山,寻复舍白龙庵他去。

【编】冬十月,帝还南京。

【编】辛卯,九年,春二月,开浚会通河。

【编】夏四月,建文帝至鹤庆山。 【纪】先是,有司毁白龙庵。是月,建文帝至浪穹鹤庆山,其地颇佳,因募建一庵,名大喜。

【编】六月,逮交阯参〔政〕(议)解缙至京,下之狱。 【纪】先是,缙入奏事,会上北巡,见皇太子而归。及上还京,赵王言:"缙瞰陛下远出,觐储君,无人臣礼。"上怒。时检讨王偁亦谪交阯,缙偕偁至广东娱嬉山水,且上言请役夫数万凿〔漳〕(赣)江以便往来。上大怒曰:"为臣受事,则引而避去,乃欲劳民如此!"遂逮缙并偁俱下狱。

【编】诏遇民饥,即行赈给。 【纪】户部言赈北京、临城饥民

行事,持节发放仓粮赈济)应立即发放仓库粮食赈济军民,不要拖延!"

【编】夏五月,建文帝返回云南。【纪】起先,明成祖命太监郑和航海到西南各国,郑和多次往来于云南、贵州之间,寻找建文帝的踪迹。建文帝东行到善庆里,这月,再返回云南。

【编】永乐八年(庚寅,1410),春三月,建文帝又到白龙庵。【纪】工部尚书严震出使安南(工部尚书严震,检索《明史》,未有严震其人,而有严震直,据其本传及《七卿年表》,他于洪氏三十年八月任工部尚书,建文四年七月奉命巡视中原(一说山西),九月卒于泽州。显然未活到永乐八年。另《七卿年表》载永乐八年有吕震任礼部尚书。检其本传,没有出使安南的记载。不知原本何据,存疑),秘密访寻建文帝,忽然在云南道路中与建文帝相遇,二人相对泣哭。建文帝说:"你把我怎么处治呢?"严震回答说:"皇上请自便,臣自有办法。"当晚,严震在驿站亭中上吊自杀。建文帝又在白龙山结茅为庵,不久,又丢弃白龙庵出走他地。

【编】冬十月,明成祖回到南京。

【编】永乐九年(辛卯,1411),春二月,开浚会通河(今山东临清市至东平县安山镇之间的运河)。

【编】夏四月,建文帝到达鹤庆山。【纪】起先,地方官毁了白龙庵。这月,建文帝到达浪穹(今云南洱源)鹤庆山,其地环境优美,因此募建一庵,名为"大喜"。

【编】六月,逮捕交阯(治交州府,今越南河内市)右参议解缙押到南京(右参议,原本缺"右",据《明太宗实录》卷116补)。【纪】起先,解缙到南京奏事,恰逢明成祖巡行北京,便谒见皇太子后返回交阯。待明成祖回到南京,汉王(汉王,原本作"赵王",误,据《明史·解缙传》改)朱高煦说:"解缙看到陛下远出北京,来南京觐见太子,无人臣之礼。"明成祖恼怒。当时翰林院检讨王偁也被贬谪到交阯,解缙与王偁相偕到广东游览山水,又上奏请求召集数万名役夫开凿漳江,以便往来。明成祖大怒说:"作为臣子,职内事务避而不办,反而要如此劳苦百姓!"便下令将解缙与王偁一起逮捕,投入监狱。

【编】明成祖下诏:凡遇百姓饥困,立即发放仓粮赈济。【纪】

三百余户，给粮三千七百石有奇。上曰："国家储蓄，上以供国，下以济民，故丰年则敛，凶年则散。隋开皇间旱饥，文帝不肯开仓赈济，末岁，计所积可供五十年。仓廪虽丰，民心不固，炀帝无道，遂至灭亡。前鉴具在，今后但遇水旱民饥，即赈给之。"

【编】冬十一月，立皇长孙瞻基为皇太孙。

【编】壬辰，十年，春三月，建文帝纳弟子应慧。

【编】秋九月，杀浙江按察使周新。　【纪】新，南海人，举乡荐，为御史，弹劾不避权贵，京师称为"冷面寒铁"。出为云南按察使，改浙江。时锦衣卫指挥纪纲有宠，使千户往浙缉事，作威受赂，新推治之。千户脱走，诉于纲；纲奏新专权，上命逮新至京。新见上，抗声曰："臣奉诏擒奸恶耳，奈何罪臣！（生为直臣，）臣死且不憾！"上怒，命杀之。已而悟其冤，问侍臣曰："新何处人？"对曰："广东。"上叹曰："广东有此好人，枉杀之矣。"悼惜者久之。

【编】癸巳，十一年，春正月，帝巡幸北京。　【纪】皇太孙从，命尚书蹇义、学士黄淮、谕德杨士奇、洗马杨溥辅太子监国。

【编】夏五月，山东曹县献驺虞。

【编】秋七月，封鞑靼太师阿鲁台为和宁王。　【纪】先是，阿鲁台遣使来纳款，且请得部署女真、吐蕃诸部。上以问左右，多请许之，黄淮独不可，曰："此属分则易制，合则难图矣。"上顾左右曰："黄淮如立高冈，无远不见；诸人处平地，所见惟目前耳。"乃不许阿鲁台之请。至是封为和宁王，赐金帛，仍居漠北。瓦剌顺宁王马哈

户部奏报：赈济北京、临城（今河北临城）的饥民三百余户，给粮三千七百余石。明成祖说："国家储备粮食，上供国家，下济百姓，所以丰收之年则收储，灾荒之年则散放。隋朝开皇年间，遭到旱灾，百姓饥饿，文帝不肯开仓赈济，到隋朝末年，仓廪所积的粮食可供五十年食用。仓廪虽然充足，而民心不稳，炀帝无道，以致灭亡。前车之鉴具在，今后只要遇有水旱灾害，百姓饥困，立即发放仓粮赈济。"

【编】冬十一月，明成祖册立皇长孙朱瞻基为皇太孙。

【编】永乐十年（壬辰，1412）春三月，建文帝接纳弟子应慧。

【编】秋九月，明成祖下令杀浙江按察使周新。【纪】周新，南海（今广东广州市）人，乡试中式为举人。任监察御史时，直言敢谏，弹劾不避权贵，京师人称他为"冷面寒铁"。外任云南按察使，后改任浙江。当时锦衣卫指挥纪纲受到明成祖宠信，派遣千户到浙江缉查，擅作威福，收受贿赂，周新准备以法惩处。千户逃回南京，告诉纪纲；纪纲诬奏周新专权，明成祖下令逮捕周新押解到南京。周新见了明成祖，刚正不屈地大声说："臣奉诏擒拿奸恶之徒，怎么说我有罪！生为刚直之臣，臣死而无憾！"明成祖愤怒，下令处死。不久，明太祖意识到周新的冤死，问侍臣说："周新是哪里人？"侍臣回答说："是广东人。"明成祖叹息说："广东有这么个好人，枉杀他了。"痛惜哀悼了好长时间。

【编】永乐十一年（癸巳，1413）春正月，明成祖巡行北京。【纪】皇太孙朱瞻基随明成祖巡行北京。明成祖命吏部尚书蹇义、右春坊大学士黄淮、左春坊左谕德杨士奇、洗马杨溥辅佐太子朱高炽监国。

【编】夏五月，山东曹县进献驺虞（驺虞，兽名，白虎黑文，尾长于身，不食生物，食自死之肉）。

【编】秋七月，明成祖封鞑靼太师阿鲁台为和宁王。【纪】起先，阿鲁台遣使前来归附，又请求统领女真、吐蕃等诸部。明成祖询问左右侍臣，多说可以允许，只有黄淮认为不可，他说："鞑靼等部，分开来容易控制，合起来就难以制服了。"明成祖回头看看左右侍臣说："黄淮观察事情，如立高冈，无远不见；你们是站在平地上，只能看到眼前。"于是，拒绝了阿鲁台的请求。到这时，封阿鲁台为和宁王，赏赐

木怨阿鲁台，朝贡不至。

【编】甲午，十二年，春二月，诏亲征瓦剌。

【编】三月，车驾发北京。 【纪】皇太孙从，上谓侍臣曰："朕长孙聪明英睿，智勇过人。今肃清沙漠，使躬历行阵，见将士劳苦，征伐不易。"又谓胡广、杨荣、金幼孜曰："每日营中闲暇，尔等即以经史于长孙前讲说，文事武备，不可偏废。"

【编】夏六月，帝帅师击瓦剌军，大败之，马哈木北遁。 【纪】上帅师至撒里怯儿之地，前锋都督刘江遇敌三峡口，击走之。戊申，上发苍崖峡，次阚忽失温，马哈木以三万人来战，顿山巅不敢发。上遣铁骑挑之，敌奋而下。中军将安远侯柳升以神机炮毙其骑数百，上率铁骑乘之，马哈未遂大溃走。追至土剌河，生擒数十人，马哈木乘夜北遁，上遂下令班师。

【编】秋八月，车驾还北京。

【编】逮学士黄淮等下狱。 【纪】上北征还，太子遣使迎车驾缓，且书奏失辞，上怒曰："此辅导之咎也。"汉王高煦复谮之，遂逮尚书蹇义、学士黄淮、谕德杨士奇、洗马杨溥、芮喜、正字金问等。既而义获宥，淮等俱下狱。寻召士奇至前，亲问东宫事，士奇言："太子孝敬诚至，凡所稽迟，皆臣等之罪。"乃特宥士奇复职。

【编】榜葛剌国献麒麟。

【编】冬十二月，命儒臣纂修《五经》《四书》《性理大全》。【纪】开馆于东华门外。书成，上亲为之序。

金银、布帛，仍令他居住漠北。瓦剌顺宁王马哈木怨恨阿鲁台，不入朝进贡。

【编】永乐十二年（甲午，1414）春二月，明成祖下诏，亲征瓦剌。

【编】三月，明成祖从北京出发。 【纪】皇太孙朱瞻基随从明成祖亲征。明成祖对侍臣说："朕长孙聪明英睿，智勇过人。现在北征肃清沙漠，使他亲自处于军阵之中，看到将士的劳苦，征伐的艰难。"又对胡广、杨荣、金幼孜说："每天军营闲暇，你们就给长孙讲说经史，文事武备，不可偏废。"

【编】夏六月，明成祖率兵马进击瓦剌军，马哈木大败，向北逃遁。 【纪】明成祖率兵马抵达撒里怯儿地区，前锋都督刘江在三峡口与敌军相遇，将其击退。初一日（戊申），明成祖由苍崖峡出发，抵达忽阑忽失温（忽阑忽失温，原本误为"阑忽失温"，据《明史·成祖纪》及《瓦剌传》改），马哈木率三万人前来迎战，停在山巅不敢前进。明成祖派遣铁骑挑战，马哈木军奋勇而下。中军将安远侯柳升用神机炮击毙其数百骑，明成祖率铁骑趁机进攻，马哈木大溃而逃。追至土剌河（在今蒙古人民共和国境），活捉数十人。马哈木乘夜向北逃遁。明成祖即下令班师。

【编】秋八月，明成祖返回北京。

【编】明成祖令逮捕黄淮等，投入监狱。 【纪】明成祖北征返回，太子朱高炽遣使迎接明成祖缓慢，而且书奏文辞有失误。明成祖发怒说："这都是辅导诸臣的过失。"汉王朱高煦又乘机进谗言攻讦，明成祖便下令逮捕吏部尚书蹇义、右春坊大学士黄淮、左春坊左谕德杨士奇、洗马杨溥、芮喜、正字金问等人。既而，蹇义得到宽宥，黄淮等全被投入监狱。不久，明成祖召杨士奇来到殿廷，亲自询问东宫太子的情况，杨士奇说："太子至为孝敬，迎接陛下缓慢及书奏文辞失误，都是臣等的罪过。"于是特为宽宥杨士奇，令其复职。

【编】榜葛剌国（即东印度）进献麒麟。

【编】冬十二月，明成祖命儒臣纂修《五经》《四书》《性理大全》。 【纪】在东华门外设馆纂修。这些书纂修完成，明成祖亲自为之作序。

【编】乙未,十三年,春二月,解缙死于狱。

【编】秋八月,建文帝游衡山。

【编】冬十月,赐刑部主事刘宁妻安氏银币。 【纪】有人纳银于瓜以馈宁者,宁妻安氏发之。诏褒宁平日廉信于妻,妻能佐夫以义,赐白金二百两,彩币八表里。

【编】瓦剌马哈木贡马谢罪。

【编】丙申,十四年,春三月,徙封赵王高燧于彰德,汉王高煦于青州。

【编】冬十月,帝还南京。 【纪】上将建北京宫殿,命群臣会议,于是文武群臣议奏曰:"北京,圣上龙兴之地,北枕居庸,西峙太行,东连山海,南俯中原,山川形胜,足以控四夷,制天下,诚帝王之都也。比年车驾巡狩,四海会同,人心协和,漕运日广,商贾辐辏,财货充盈。良材巨木已集京师,天下军民乐于趋事。伏乞上顺天心,下从民望,早敕所司兴工营建,以为子孙万世帝王之业,天下幸甚。"

【编】命丰城侯李彬镇交阯。

【编】以翰林院修撰沈度为侍读学士。 【纪】上爱度书法,称为"我朝王羲之",命中书习其字。

【编】丁酉,十五年,春二月,谷王橞谋逆,诏削爵为庶人。【纪】上以谷王橞开门迎降之故,待之加厚,改封长沙。橞阴养死士,造战船。随侍都督张兴密言于上,上未之信。会蜀王椿次子崇宁王悦燇得罪于父,逃橞所,橞诡众曰:"建文君初不死,今已在此。"蜀王闻之,上疏具言橞谋逆之事。上叹曰:"朕何如待橞,乃有此心。蜀王忠孝,又不宜欺我,张兴尝为我言,我不忍信,今果然。"立命中官持牧谕橞,令遣悦燇还蜀,且征橞,橞不意敕使猝至,乃就征。至京,入见,上以蜀王章示之,橞伏地言"死罪死罪!"上不

【编】永乐十三年（乙未，1415）春二月，解缙死于狱中。

【编】秋八月，建文帝游衡山。

【编】冬十月，明成祖赏赐刑部主事刘宁妻安氏白银、彩币。【纪】有人将银子装在瓜内馈赠刘宁，刘宁妻安氏揭发此事。明成祖诏令褒扬刘宁平日廉洁影响妻子，妻子能以义辅佐丈夫，赏赐白银二百两，彩币八表里（表里，计量单位名称）。

【编】瓦剌马哈木进贡马匹谢罪。

【编】永乐十四年（丙申，1416）春三月，明成祖徙封赵王朱高燧于彰德（治安阳县，今河南安阳市）、汉王朱高煦于青州（治益都县，今山东益都）。

【编】冬十月，明成祖回到南京。【纪】明成祖将修建北京宫殿，命群臣共同商议，于是文武群臣上奏说："北京，是皇上帝业发祥之地，北枕居庸关，西立太行山，东连山海关，南面俯视中原，山川形胜，足以控驭四方各异族，统制天下，真是帝王之都。近年来陛下巡行北京，四海会同，人心协和，漕运日益扩大，商旅集中于此，资财货物丰富，良材大木已集聚到京师，天下军民乐于从事。乞请陛下上顺天心，下从民望，早日敕令有关衙门兴工营建，使之成为子孙万世帝王之业，则天下百姓会大为庆幸的！"

【编】明成祖命丰城侯李彬镇守交阯。

【编】明成祖以翰林院修撰沈度为侍读学士。【纪】明成祖热爱沈度的书法，称为"我朝王羲之"，命中书舍人学习他的书法。

【编】永乐十五年（丁酉，1417）春二月，谷王朱橞谋逆，明成祖下诏令削其王爵，废为平民。【纪】明成祖以谷王朱橞开门迎降的缘故，更加厚待他，改封长沙（府治长沙县，今湖南长沙市）。朱橞暗中豢养敢死之士，制造战船。随侍都督张兴秘密奏报明成祖，明成祖不相信。正遇蜀王朱椿次子崇宁王朱悦燇得罪于父逃到朱橞那里，朱橞欺骗众人说："建文帝当初未死，今已在我这里。"蜀王朱椿得知，上疏详细报告朱橞谋逆之事。明成祖叹息说："朕是如何对待朱橞的，他竟存有此心！蜀王忠孝，又不该欺骗我；张兴曾向我报告此事，我不忍相信，现在果然如此。"立即命中官带着敕令诫谕朱橞，令遣朱悦燇返回

忍诛，削㯊及其二子赋灼、赋熺爵为庶人；诛诸通谋者，张兴以先发㯊谋，得不坐。

【编】三月，汉王高煦有罪，徙居乐安。 【纪】先是，封高煦为汉王，国云南，怏怏不肯去，曰："我何罪，斥我万里！"及改青州，又不肯去，曰："何为置我瘠土！"留居京师，请得天策卫为护卫，曰："唐太宗为天策上将军，吾得之，岂偶然！"又益请两护卫，曰："我英武岂不类秦王！"遂僭用天子车服。上在北京颇闻之，及还南京，以问杨士奇，对曰："汉王始封云南，不肯行；复改青州，又不行。今知朝廷将徙都北京，惟欲留守南京。此其心，路人知之。惟陛下蚤善处置，用全父子之恩。"上默然。后数日，上复得高煦造兵器、阴养死士、招纳亡命等事，大怒，召至诘之，縶之西华门内，将诛之，皇太子涕泣力救，乃徙封乐安，促即日行。上顾谓皇太子曰："乐安去京甚近，如其作祸，可朝发而夕擒之。"

【编】帝巡北京，命皇太子监国。
【编】秋八月，瓦剌顺宁王马哈木卒，以其子脱欢袭顺宁王。
【编】冬十二月，建北京宫殿。
【编】戊戌，十六年，夏五月，胡广卒。 【纪】初，燕兵渡江时，解缙、胡广与周是修约，同死于难。既而缙使人觇广动静，广方问家人饲猪否。缙闻而笑曰："一猪尚不肯舍，况肯舍性命！"盖初皆无意于死也，惟是修竟行其志。后缙、广同直文渊阁，上曰："缙、广少同业，仕同官，缙业已有子，广宜妻之以女。"广曰："臣妻有娠，未卜男女。"上曰："定生女。"越数月，广妻果生女，遂订盟。既而缙

四川，又征召朱橞到南京。朱橞没有料想到敕令使者突然到来，便接受征召。到了南京，入见明成祖，明成祖把蜀王的奏章拿给他看，朱橞伏地说："死罪死罪！"明成祖不忍心杀他，就削去朱橞及其二子朱赋灼、朱赋熵的爵位，废为平民；杀了参与阴谋策划的王府官属，张兴因首先揭发朱橞的逆谋得以不加科罚。

【编】三月，汉王朱高煦有罪，徙居安乐（今山东惠民）。【纪】起先，明成祖封朱高煦为汉王，藩国在云南，朱高煦怏怏不乐，不肯前往，说："我有什么罪，把我斥逐到万里之外！"待改封青州，又不肯去，说："为什么要我到贫穷的地方去！"留居京师南京，经请求得到了天策卫（天子禁军）为他的护卫，说："唐太宗做秦王时为天策上将军，我现在得到，岂是偶然之事！"又请求增加两护卫，说："我英武善战，岂不与秦王一样！"便逾越规定，僭用天子车服。明成祖在北京就颇有所闻，待回到南京，询问杨士奇，回答说："汉王开始封云南，不肯行；再改封青州，又不肯去。现在他得知朝廷将迁都北京，只想留守南京。他这种用心，路人皆知。希望陛下早想办法，妥善处置，以全父子之恩。"明成祖沉默不语。过了几天，明成祖又得知朱高煦制造兵器，暗中收养敢死之士，招纳亡命之徒等事，大怒，把朱高煦召来诘问，拘禁在西华门内，准备处死。皇太子痛哭流泣地救他，便徙封乐安，督促其当天上路。明成祖回头对皇太子说："乐安离京很近，如其作祸，可以朝发而夕擒。"

【编】明成祖巡行北京，命皇太子监国。

【编】秋八月，瓦剌顺宁王马哈木死，以其子脱欢袭封顺宁王。

【编】冬十二月，修建北京宫殿。

【编】永乐十六年（戊戌，1418）夏五月，胡广去世。【纪】起初，燕兵渡江时，解缙、胡广与周是修相约，一同为朝廷而死。过了不久，解缙遣人暗中观察胡广的动静，胡广正问家人喂猪了没有。解缙得知后笑着说："一头猪尚不肯舍弃，岂肯舍弃性命！"其实当初都无意于死，只有周是修一人实行约言而死。后解缙、胡广一同入直文渊阁，明成祖说："解缙、胡广年少时一同攻读学业，入仕后做同样的官，解缙已有一子，胡广应该将女儿许配给解缙的儿子。"胡广说："我妻已有身孕，不

遭逸死,举家徙边,广欲使女改适。女窃入室,以刀截耳,家人觉而救之,血被两颊,且言曰:"薄命之婚,皇上主之,父面承之。一与之盟,终身不改。"越数年,解氏蒙宥归,女卒归解氏。

【编】以吏科给事中陈谔为顺天府尹。

【编】己亥,十七年,冬十二月,颁《为善阴骘》《孝顺事实》二书于天下学校。 【纪】上命儒臣辑录古今载籍所记为善阴骘之事可以垂劝者,得百六十五人;孝顺之事可以垂教者,得二百七人:上亲为之序。

【编】庚子,十八年,秋八月,立东厂。 【纪】命内官一人主之,刺大小事情以闻。

【编】九月,北京宫殿成。

【编】冬十月,建文帝入蜀。

【编】十一月,皇太子赴北京。 【纪】太子过邹县,会岁荒民饥,乃下马入民舍,见男女衣皆百结,不掩体,灶釜倾仆不治,叹曰:"民隐不上闻若此乎!"会山东布政使石执中来迎,让之曰:"为民牧而视民穷如此,亦动念否乎?"执中言:"凡被灾之处,皆已奏请赐今年秋粮。"太子曰:"民饥且死,尚及征税邪?速取勘饥民口数,近地约三日,远地约五日,悉发官粟赈之。"执中请人给三斗,太子曰:"且与六斗。汝毋惧擅发,予见上,当自奏也。"太子至,即奏之,上曰:"昔范仲淹之子,犹能举麦舟济其父之故旧,况百姓吾赤子乎!"

【编】辛丑,十九年,春正月,帝御北京奉天殿受朝贺。大赦。

【编】夏四月,奉天、谨身、华盖三殿灾,诏求直言。

知是男是女。"明成祖说："一定生女。"过了数月,胡广的妻子果然生了个女儿,便与解缙订立了婚约。后来,解缙遭到诬陷而死,全家被迁徙到边疆地区,胡广想将女儿改配别家。女儿偷着进入内室,用刀截耳,家人发现立即抢救,她鲜血流遍了两颊,且说道："我这个薄命女子的婚姻,是皇上作的主,父亲当面应承的。一旦与解家订立婚约,终身不改。"数年之后,解家得到宽宥回到家乡,胡广的女儿终于嫁给解氏。

【编】任命吏科给事中陈谔为顺天府尹。

【编】永乐十七年(己亥,1419)冬十二月,向天下学校颁发《为善阴骘》《孝顺事实》二书。 【纪】明成祖令儒臣辑录古今书籍中可以规劝后世的有关为善阴骘之事的记载,得一百六十五人;有关孝顺之事的记载,得二百零七人。明成祖亲自为二书作序。

【编】永乐十八年(庚子,1420)秋八月,明成祖设置东厂。【纪】命内官一人主持,刺探大小事情,随时奏报。

【编】九月,北京宫殿建成。

【编】冬十月,建文帝进入四川。

【编】十一月,皇太子前往北京。 【纪】皇太子路过邹县(今山东邹县),恰遇灾荒,百姓饥困,便下马进入百姓房舍,看到男女百姓都穿着补丁摞补丁的衣服,破烂得不能遮掩身体,锅灶倒塌,叹息说："民间疾苦不及时奏报朝廷,竟到了如此地步!"此时山东布政使石执中前来迎接,皇太子责备道："你身为百姓父母官,而看到百姓如此饥困贫穷,你想到过没有?"石执中说："凡遭灾的地方,都已奏请免去今年秋税。"皇太子说："百姓饥困死了,还能征收秋税吗?赶快查勘饥民口数,近地限三天,远地限五天,全部发放官仓粮食赈济饥民。"石执中建议每人给三斗,皇太子说："每人给六斗。你不要害怕擅自发放官仓粮食,我见皇上,自己会上奏的。"皇太子到北京后,立即奏报,明成祖说："过去范仲淹的儿子犹能举麦舟赈济其父的老朋友,何况百姓是我的赤子呢!"

【编】永乐十九年(辛丑,1421)春正月,明成祖在北京奉天殿接受群臣朝贺,大赦囚犯。

【编】夏四月,奉天、谨身、华盖三殿遭受火灾,明成祖下诏广求直

【编】秋七月,建文帝入粤。

【编】冬十月,阿鲁台入寇。 【纪】上议北征,大臣皆言:"粮储未足,且频年出师无功,宜休养兵民。"上不悦,下户部尚书夏原吉、刑部尚书吴中狱。

【编】壬寅,二十年,春三月,帝亲征阿鲁台。 【纪】阿鲁台寇兴和杀守将王焕。上遂决意亲征,驾至鸡鸣山,阿鲁台闻之,夜遁。

【编】秋七月,帝至西凉亭,下令班师。 【纪】驾次西凉亭。西凉亭者,故元往来巡游之地也。上望其颓垣遗址,树林郁然,谓守臣曰:"元氏创此,将遗子孙为不朽之图,岂意有今日!书云'常厥德,保厥位。厥德靡常,九有以亡',况一事乎?可以为殷鉴矣!"因下令禁军士斩伐树木,遂班师。

【编】九月,车驾还京师。

【编】冬闰十二月,阿鲁台弑其主本雅失里,自称可汗。

【编】癸卯,二十一年,春二月,蜀王椿薨,谥曰献。 【纪】王天性孝友,循礼执法,好学不倦,喜接士大夫,讲道问业,诸王中最称贤。

【编】建文帝入楚。

【编】夏五月,常山中护卫指挥孟贤等谋逆,伏诛。 【纪】先是,上以疾多不视朝,中外事悉启皇太子处分。太子每裁抑宦侍,黄俨、江保尤见疏斥。俨等素厚赵王,流言传播,谓上属意赵王。由是孟贤遂起邪心,与羽林卫指挥彭旭等连结贵近,谋进毒于上;俟晏驾,即以兵劫内库兵仗、符宝,执大臣伪撰遗诏,废皇太子而立赵王。布置已定,中护卫总旗王瑜知之,诣阙上变告。上大惊,急捕

言。

【编】秋七月，建文帝进入广东。

【编】冬十月，阿鲁台侵犯边境。【纪】明成祖谋划北征，大臣都说："粮食储备不足，加上连年出兵无功，应当使兵士和百姓得到休养。"明成祖不高兴，把户部尚书夏原吉、刑部尚书吴中逮捕，投入监狱。

【编】永乐二十年（壬寅，1422）春三月，明成祖亲自率兵征讨阿鲁台。【纪】阿鲁台进犯兴和（今河北张北），杀守将王焕。明成祖便决意亲征，行至鸡鸣山（在今河北宣化市东南），阿鲁台得知，乘夜逃遁。

【编】秋七月，明成祖抵达西凉亭，下令班师。【纪】明成祖抵达西凉亭。西凉亭，原来是元朝帝王往来巡游的地方。明成祖望见西凉亭残垣断壁的遗址，树木郁郁葱葱，对守臣说："元氏创建西凉亭，是想留给子孙作为万世不朽的巡游之地的，哪想到会有今天。《尚书》中说，'常其德，保其位，其德不常，天下以亡'，何况是一个亭子呢？这是可以作为殷鉴的事呵！"于是下令，禁止军士砍伐亭旁树木，便班师回京。

【编】九月，明成祖回到北京。

【编】冬闰十二月，阿鲁台弑其主本雅失里，自称可汗（可汗，古代蒙古等族对其统治者的尊称，犹汉族称天子）。

【编】永乐二十一年（癸卯，1423），春二月，蜀王朱椿去世，谥号为献。【纪】蜀王朱椿，天性孝友，遵礼守法，好学不倦，喜欢与士大夫交往，以讲求治道，请教学业，在诸王中是被称为最贤的一位。

【编】建文帝进入湖南、湖北一带。

【编】夏五月，赵王府常山中护卫指挥孟贤等谋逆，被处死刑。【纪】起先，明成祖因病经常不上朝，朝廷内外的政事全部禀启皇太子朱高炽处理，皇太子常对宦官加以抑制，黄俨、江保尤其被疏远和多遭斥责。黄俨等向来对赵王朱高燧很好，便传播流言，说明成祖看重赵王，有立为太子之意。于是孟贤便生了邪心，与羽林卫指挥彭旭等勾结显贵近臣，阴谋毒死明成祖；待明成祖死去，立即以武力抢夺内库的兵器、符宝，抓一大臣逼使伪撰遗诏，废皇太子而立赵王。阴谋筹划已

贼。既悉得，上御左顺门亲鞫之，召皇太子、赵王、文武大臣皆至，上览所撰伪诏，震怒，顾赵王曰："尔为之邪？"皇太子为之营解曰："高燧必不预谋，此自下人所为耳。"遂止按诛贤等。

【编】秋七月，帝复亲征阿鲁台。 【纪】上闻阿鲁台将犯边，复亲征，次于宣府。

【编】冬十月，帝至上庄堡，鞑靼王子也先土干率众来降。【纪】初，上次沙城，阿失帖木儿率妻子来降，言阿鲁台闻天兵复出，疾走远遁，不复有南意。至是也先土干来降，上喜，谓诸将曰："远人来归，宜有以旌异之。"乃封为忠勇王，赐姓名金忠。遂班师。

【编】十一月，帝还京师。

【编】甲辰，二十二年，春正月，阿鲁台寇大同。 【纪】大同守将奏阿鲁台侵塞。遂大阅，议北征。

【编】夏四月，诏命皇太子监国，帝发京师。 【纪】大学士杨荣、金幼孜从。五月，师次清水源，阿鲁台远遁。上谓荣、幼孜曰："朕夜梦神人告朕曰：'上帝好生。'如是者再，是何祥也？岂天属意兹寇乎？"荣、幼孜言："宜承天意，赦其不臣之罪，班师还京。"上曰："此朕志也。"

【编】六月，帝下诏班师。 【纪】师次答兰纳木儿河，弥望荒尘野草。阿鲁台遁走已久，前锋陈懋、金忠引兵抵白邱山下，咸无所遇，以粮尽还。英国公张辅奏："愿假臣一月粮，率骑深入，罪人必得。"上曰："今出塞已久，人马俱劳。北地早寒，一旦有风雪之变，

定，中护卫总旗王瑜得知，到北京告发。明成祖大为震惊，急忙下令逮捕孟贤等人。待将孟贤及参与策划的人全部逮捕解到北京后，明成祖在左顺门亲自审讯，并把皇太子、赵王及文武大臣全部召到这里，明成祖看罢所撰伪诏，勃然大怒，对赵王说："是你干的吗？"皇太子替朱高燧说情道："高燧必不会参与此谋，这都是他下边的人干的。"因此，明成祖下令只审讯并杀了孟贤、彭旭等人。

【编】秋七月，明成祖又亲自率兵征讨阿鲁台。【纪】明成祖得知阿鲁台将要侵犯边境，又一次亲征，兵马抵达宣府（今河北宣化）。

【编】冬十月，明成祖率兵抵达上庄堡，鞑靼王子也先土干率众前来投降。【纪】起初，明成祖率兵抵达沙城（在今河北张北县北），阿失帖木儿率妻子前来投降，并说阿鲁台得知明朝大兵复出，急忙远逃，不再存有南犯之心。到这时，也先土干前来投降，明成祖感到高兴，对诸将说："远人前来归附，应该有所奖赏和褒扬。"于是，封也先土干为忠勇王，赐姓名为金忠。便下令班师。

【编】十一月，明成祖回到北京。

【编】永乐二十二年（甲辰，1424）春正月，阿鲁台进犯大同（今山西大同市）。【纪】大同守将奏报阿鲁台侵犯边塞。明成祖得报之后，便检阅兵马，准备北征。

【编】夏四月，明成祖下诏命皇太子朱高炽监国，亲自率兵由北京出发。【纪】大学士杨荣、金幼孜随从北征。五月，明成祖率军至清水源（在今河北张北县东北），阿鲁台已远遁。明成祖对杨荣、金幼孜说："朕夜间梦到神人对朕说：'上帝好生'，反复两次，这是什么征兆？难道是上天之意向着阿鲁台吗？"杨荣、金幼孜说："应该秉承天意，赦免阿鲁台不谨守臣职之罪，班师回京。"明成祖说："朕也是这么想的。"

【编】六月，明成祖下诏班师。【纪】明成祖率兵到了答兰纳木儿河，四望都是荒尘野草。阿鲁台逃遁已久，前锋陈懋、金忠率兵抵达白邛山下，一无所见，因粮尽而返。英国公张辅上奏说："希望给我一月的粮饷，率骑兵深入，必定能擒获罪人。"明成祖说："现在出塞已经很长时间了，人马都很疲劳。北地冷得早，一旦有风雪到来，回去的路程

归途尚远,不可不虑。"乃诏旋师。

【编】秋七月,帝崩于榆木川。 【纪】师次苍崖,上不豫。庚寅,次榆木川,上大渐,召张辅受遗命,传位皇太子。辛卯,上崩。

【编】八月,梓宫至京师。 【纪】杨荣等奉大行皇帝讣至京师,皇太子遣皇太孙赴开平迎梓宫,壬子,至京师。

【编】出夏原吉、吴中、黄淮、杨溥、金问于狱。

【编】太子高炽即位,大赦。

【编】置公、孤官。 【纪】太师、太傅、太保皆正一品,少师、少傅、少保皆从一品。上谕吏部尚书蹇义曰:"此皇祖之制,皇考圣明天纵,可不置此官,予历事未广,不无望于师傅,卿等勉之。"遂加义少保。

【编】赦解缙妻子还乡,官其子祯亮为中书舍人。 【纪】初,文皇尝手书蹇义等十人授缙曰:"汝可疏其人品。"缙曰:"蹇义天姿厚重,中无定见。夏原吉有德有量,不远小人。刘儁虽有才干,不知顾义。郑赐可谓君子,颇短于才。李至刚诞而附势,虽才不端。黄福秉心易直,确有执守。陈瑛刻于用法,好恶颇端。宋礼戆直而苛,人怨不恤。陈洽疏通警敏,亦不失正。方宾簿书之才,驵侩之心。"奏上,文皇以示上曰:"至刚朕已洞灼,余徐验之。"至是,上出缙奏示杨士奇曰:"今人率谓缙狂士,观所论评,皆有定见。"乃赦其家属,官其子祯亮。

【编】九月,进蹇义少傅,加杨士奇少保,杨荣太子少傅,金幼孜太子少保。 【纪】赐义等银图书各一,其文曰"绳愆纠缪。"谕之曰:"卿等皆先帝旧臣,又事朕于东宫;今朕嗣位之初,赖卿等协

还很远,不能不加考虑。"于是下诏班师。

【编】秋七月,明成祖死于榆木川(在今内蒙古多伦县西北)。【纪】明成祖率兵到了苍崖,感到身体不适。十七日(庚寅),大军到达榆木川,明成祖的病情十分严重,便召英国公张辅接受遗命,传位皇太子。十八日(辛卯)明成祖去世。

【编】八月,明成祖的棺柩运到北京。 【纪】杨荣等奉明成祖的讣告到北京,皇太子派遣皇太孙赴开平迎接明成祖的棺柩,初十日(壬子),抵达北京。

【编】夏原吉、吴中、黄淮、杨溥、金问被释放出狱。

【编】皇太子朱高炽即皇帝位,大赦囚犯。

【编】设置公、孤官。 【纪】太师、太傅、太保皆为正一品,少师、少傅、少保皆为从一品。皇上告谕吏部尚书蹇义说:"这是皇祖时立的制度,皇父圣明天纵,可以不设置此官;我经历的事少,无事不希望师傅的辅导,你们应该尽力才是。"便加蹇义少保。

【编】皇上赦免解缙妻子返回故乡,任命解缙子解祯亮为中书舍人。 【纪】起初,明成祖曾亲手写了蹇义等十人的名字给解缙说:"你可分别评析他们每个人的人品。"解缙写道:"蹇义天性厚重,心中没有定见。夏原吉既有德,也有度量,但容易与小人接近。刘儁虽有才干,但不知顾及道义。郑赐可说是一位君子,而才能颇为短缺。李至刚虚诞而趋炎附势,虽有才能,而品行不端正。黄福秉性耿直,确有主见。陈瑛用法苛刻,喜好和厌恶都容易走极端。宋礼戆直,但行事苛刻,遭人怨恨也不考虑。陈洽通达机敏,也不失其正。方宾仅有管理文书簿册的才能,存市侩之心。"解缙将所写文字上奏明成祖,明成祖交给皇上(指皇太子朱高炽)阅览,说道:"李至刚的人品朕已洞察,其余的人,等待慢慢检验。"到这时,皇上把解缙评析诸人的奏疏交给杨士奇阅览,说道:"现在的人都说解缙是一名狂士,观看他的论评,都有确见。"于是下诏赦免解缙的家属,任命其子解祯亮为官。

【编】九月,晋升蹇义为少傅,加杨士奇少保、杨荣太子少傅、金幼孜太子少保。 【纪】赏赐蹇义等银章各一枚,其文为"绳愆纠缪"。告谕他们说:"你们都是先帝的旧臣,又曾在东宫侍奉朕;现在朕即位

心赞辅,凡政有阙失,群臣及卿等言之而朕未从,悉用引印密疏以闻。"

【编】冬十月,建文帝下江南。

【编】立妃张氏为皇后。

【编】立皇太孙瞻基为皇太子。

【编】封子瞻埈为郑王,瞻墉为越王,瞻垠为蕲王,瞻墡为襄王,瞻堈为荆王,瞻墺为淮王,瞻垲为滕王,瞻㙫为梁王,瞻埏为卫王。

【编】十一月,赦奸党族属,并放还家,给还田产。【纪】上谓侍臣曰:"方孝孺辈皆忠臣也,宜从宽典。"因下御札,谕礼部尚书吕震曰:"建文中奸臣,其正犯已悉受显戮,家属初发教坊司、锦衣卫及功臣之家为奴;今有存者,既经大赦,可宥为民,给还田土。"

【编】逮治前御史舒仲成,既而罢之。【纪】初,上监国时,仲成以言事忤旨,贬湖广按察副使。至是命都察院逮治之。杨士奇上疏言:"向来得罪者多,陛下即位皆宥之,今追理仲成,即诏书不信。汉景帝为太子,召卫绾不赴,即位,进用绾,前史韪之。"上览疏喜,即有旨罢治仲成,而降敕奖谕士奇。

【编】十二月,葬长陵。

仁宗昭皇帝

【编】乙巳,仁宗皇帝洪熙元年,春正月,进大学士黄淮为少保兼户部尚书,杨士奇兼兵部尚书,金幼孜兼礼部尚书。

【编】建宏文阁。【纪】建宏文阁于思善门之左,作印章,命翰林院学士杨溥掌阁事。征苏州儒士陈继为翰林院《五经》博士,学录杨敬为翰林院编修训导何澄为礼科给事中,皆直宏文阁。上亲

之初，有赖你们协心辅佐，凡政事有缺失，群臣与你们进言而朕没有听从，就用这枚银章印钤封奏疏，秘密上报。"

【编】冬十月，建文帝下江南。

【编】册立皇妃张氏为皇后。

【编】册立皇太孙朱瞻基为皇太子。

【编】册封次子朱瞻埈为郑王，三子朱瞻墉为越王，四子朱瞻垠为蕲王，五子朱瞻墡为襄王，六子朱瞻堈为荆王，七子朱瞻墺为淮王，八子朱瞻垲为滕王，九子朱瞻垍为梁王，十子朱瞻埏为卫王。

【编】十一月，下诏赦免奸党亲族家属，都释放回家，归还田地产业。　【纪】皇上对侍臣说："方孝孺辈都是忠臣，应该依据宽宥的法律来对待。"因此发下亲笔书札，告谕礼部尚书吕震说："建文时期的奸臣，其正犯已全部受戮，他们的家属起初发落到教坊司、锦衣卫及功臣之家为奴；现在还活着的，既经过大赦，可宽宥他们为平民，归还他们的田地。"

【编】逮捕惩治原监察御史舒仲成，不久又不予追究。　【纪】起初，皇上为皇太子而监国代管国事时，监察御史舒仲成因上疏言事，与皇上的意旨相抵触，贬谪为湖广按察副使。到这时，命都察院逮捕惩治舒仲成。杨士奇上疏说："过去得罪的人很多，陛下即位后都给予宽宥，现在又追究舒仲成，等于是诏书失信。汉景帝为太子时，召卫绾，卫绾不到。即位之后，进用卫绾，这是前史所称美的。"皇上看了杨士奇的奏疏很高兴，即下旨不要逮捕惩治舒仲成，而下令嘉奖杨士奇。

【编】十二月，明成祖埋葬于长陵（在今北京昌平县北天寿山南，明十三陵之一）。

仁宗昭皇帝

【编】仁宗皇帝洪熙元年（乙巳，1425）春正月，明仁宗晋升大学士黄淮为少保兼户部尚书。杨士奇兼兵部尚书，金幼孜兼礼部尚书。

【编】明仁宗下令建立弘文阁。　【纪】在思善门左侧建立弘文阁，作印章，命翰林院学士杨溥掌管阁事。征召苏州儒士陈继为翰林院《五经》博士，学录杨敬为翰林院编修，训导何澄为礼科给事中，皆入

举印授溥曰："朕用卿等，非止助益学问，亦欲广知民事，为理道之助。卿等如有建白，即用此印封识以闻。"

【编】三月，征权谨为学士。 【纪】上闻前光禄寺署丞权谨孝行，曰："忠孝之人，可任辅导。"遂驿召至，以为文华殿大学士。

【编】赵王高燧之国彰德。

【编】遣汉王高煦子瞻圻守皇陵。 【纪】初，瞻圻恨父杀其母，屡发父过恶，文皇曰："尔父子，何忍也！"及文皇北征晏驾，瞻圻在北京，凡朝廷事，潜遣人驰报，一昼夜六七行。高煦日亦遣数十人入京师潜伺，幸有变。上固知之，顾益厚遇。至是高煦悉上瞻圻前后觇报朝中事，且曰："廷议旦夕发兵取乐安。"上召瞻圻示之曰："汝处父子兄弟间，谗构至此乎！稚子不足诛，发凤阳守皇陵。"

【编】夏四月，诏免山东、淮、徐税粮之半。 【纪】时有至自南京者，上问："所过地方何如？"对曰："淮、徐、山东，民多乏食，而有司征税方急。"上遂召杨士奇等，令草诏免之。士奇曰："此事可令户部、工部与闻。"上曰："救民之穷，当如救焚拯溺，不可迟疑；有司虑国用不足，必持不决之论。"乃令士奇书诏毕，即遣使赍行。上顾士奇曰："卿今可语户、工二部，朕已悉免之矣。"左右言："地方千余里，其间未必尽荒，宜有分别，庶不滥恩。"上曰："恤民宁过厚。为天下主，乃与民寸寸计较邪！"

【编】命皇太子谒祭皇陵、孝陵，留南京监国。

【编】出二敕、二印，赐蹇义、杨士奇。 【纪】上明于星象，忽

直弘文阁。明仁宗亲自捧印授给杨溥，说："朕任用你们，不仅是为了增进学问，也是为了想多知道些民间情况，好作为治理国家的帮助。你们如有建言，即用此印钤封奏上。"

【编】三月，征权谨为文华殿大学士。　【纪】明仁宗得知前光禄寺署丞权谨有孝行，说："忠孝之人，可以任辅导之职。"便下令用驿车征召到北京，任命为文华殿大学士。

【编】赵王朱高燧去藩国彰德。

【编】明仁宗遣汉王朱高煦之子朱瞻圻去守皇陵。　【纪】起初，朱瞻圻恨其父朱高煦杀死他的母亲，屡次向朝廷告发其父的罪恶，明成祖说："你们是父子，怎么忍心告发！"待明成祖北征去世，朱瞻圻在北京，凡朝廷的大小事情，都暗中遣人飞驰报告朱高煦，有时一昼夜六七次。朱高煦也每天派遣数十人到北京窥伺，希冀有什么事变发生。明仁宗虽然知道朱瞻圻的所作所为，还是特别厚待他。到这时朱高煦把朱瞻圻历次侦探朝中事的情况连同朱瞻圻说的"朝廷商议很快发兵攻取乐安"，都奏报上去。明仁宗把朱瞻圻召来，让他看朱高煦的奏报，说："你处于父子兄弟之间，竟进谗言设计陷人于罪到这种地步呵！稚子不值得处斩，发配到凤阳守皇陵。"

【编】夏四月，明仁宗诏令免去山东、淮安、徐州一半税粮。【纪】当时有人从南京来到北京，明仁宗问："所经过的地方情况如何？"回答说："淮安、徐州、山东，很多百姓缺乏粮食，而有司正急着征税。"明仁宗立即把杨士奇叫来，令他起草诏书，免其税粮。杨士奇说："此事可先令户部、工部知道。"明仁宗说："救百姓的穷困，应当像救火和救溺水者一样急迫，不能迟疑。有司考虑国家用度不足，必会犹豫不决。"便令杨士奇草毕诏书，即遣使带诏前往。明仁宗回头对杨士奇说："你现在可去告知户部、工部，朕对这些地方，已都免税了。"左右侍臣说："地方千余里，未必所有地方都是颗粒不收，应该有所区别，才不致于滥施恩德。"明仁宗说："抚恤百姓宁可过厚。为天下之主，能与百姓寸寸计较吗！"

【编】明仁宗命皇太子谒祭皇陵、孝陵，留守南京监国。

【编】明仁宗拿出二敕、二印，赐给蹇义、杨士奇。　【纪】明仁

夜见星变，召士奇等语曰："天命尽矣！"乃叹息而起。次日，早朝罢，召义、士奇谕曰："监国二十年，为谗慝所构，心之艰危，吾三人共之。赖皇考仁明，得遂保全。"言已，泫然，义、士奇亦流涕。上曰："即吾去世后，谁复知吾三人同心一诚！"遂出二敕二印，一赐义，文曰"忠贞"；一赐士奇，曰"贞一"，皆拜受而退。

【编】五月，帝崩。 【纪】上不豫，召蹇义、杨士奇、黄淮、杨荣至思善门，命士奇书敕遣中官海寿驰召皇太子于南京。翌日，上疾大渐，遗诏传位皇太子，遂崩。寿四十八。时皇太子未至，群臣请郑、襄二王监国。

【编】建文帝自闽、粤还鹤庆山。 【纪】建文帝自闽、粤还山，止程济从。闻仁宗崩，帝曰："吾心放下矣，今后往来亦少如意也。"

【编】六月，太子瞻基即位。 【纪】太子至自南京，遂即位。

【编】秋七月，尊皇后曰皇太后。
【编】立妃胡氏为皇后。
【编】九月，葬献陵。

宣宗章皇帝

【编】丙午，宣宗皇帝宣德元年，春正月，汉王高煦遣人献元宵灯。 【纪】有言于上曰："汉府所遣来者，多是窥瞰朝廷之事，特以进献为名。"上曰："吾惟推诚以待之耳。"复书报谢。

【编】二月，礼部进耕藉田仪注。 【纪】上观之，谓侍臣曰："先王制藉田以奉粢盛，以率天下务农，所贵有实心耳。诚念创业艰难，爱恤苍生，使明德至治达于神明，则黍稷之荐不待亲耕矣。

宗通晓星象，忽然夜间看见星变，即召杨士奇等说道："天命已到尽头了！"便叹息着站起来。第二天，早朝完毕，召蹇义、杨士奇告诉说："过去监国二十年，被谗言构陷，心中的艰危，我们三人是共同的。仰赖皇父仁厚英明，才得以保全。"说完，泫然泪下，蹇义、杨士奇也痛哭流泣。明仁宗说："等我去世后，谁又能知道我们三人同心一诚！"便拿出二敕、二印，一赐蹇义，文为"忠贞"；一赐杨士奇，文为"贞一"，蹇义、杨士奇都拜受而退。

【编】五月，明仁宗去世。 【纪】明仁宗身体不适，便召蹇义、杨士奇、黄淮、杨荣到思善门，命杨士奇书写敕令，遣宦官海寿飞驰去南京，召皇太子朱瞻基急速前来。第二天，明仁宗病情大危，遗诏传位给皇太子，遂即去世，年四十八。当时皇太子未到，群臣请郑王朱瞻埈、襄王朱瞻墡监国，暂时代理国政。

【编】建文帝从福建、广东返回鹤庆山。 【纪】建文帝从福建、广东返回鹤庆山，只有程济一人随从。得知明仁宗去世，建文帝说："我心放下了。今后进出往来也就方便如意一些了。"

【编】六月，皇太子朱瞻基即皇帝位。 【纪】太子朱瞻基从南京一到北京，便即皇帝位（改明年为宣德元年）。

【编】秋七月，明宣宗朱瞻基尊皇后为皇太后。

【编】明宣宗立妃胡氏为皇后。

【编】九月，明仁宗埋葬于献陵（在今北京昌平县北天寿山南，明十三陵之一）。

宣宗章皇帝

【编】宣宗皇帝宣德元年（丙午，1426）春正月，汉王朱高煦遣人入京进献元宵灯。 【纪】有人对明宣宗说："汉王府所遣来京的人，很多是以进献为名，暗中侦探朝廷之事的。"明宣宗说："我惟有推诚相待罢了。"又写信给朱高煦，以示感谢。

【编】二月，礼部官呈进耕藉田的礼仪程序。 【纪】明宣宗阅览了礼部官呈进的耕藉田礼仪程序，对侍臣说："先王建立藉田之制，是希望五谷丰登，倡导天下百姓安心务农，重要的是有真心实意。只要认

诚轻徭薄赋，贵农重校，则人成乐耕，不待劝率矣。不然，三推、五推，何益于事！"

【编】夏四月，吕震卒。以胡濙为礼部尚书。

【编】五月，以户部左侍郎陈山为户部尚书兼谨身殿大学士，礼部左侍郎张瑛兼华盖殿大学士，并入内阁预机务。

【编】秋八月，汉王高煦反，帝自将讨擒之。【纪】初，高煦既之国乐安，反谋未尝一日忘。及仁宗崩，上即位，赐高煦视他府特甚。高煦益自肆。八月壬戌，遂反，遣枚青潜来京，约英国公张辅为内应，辅系青闻于朝。又约山东都指挥靳荣等反济南为应。乃立五军都督府，指挥王斌领前军，韦达左军，千户盛坚右军，知州朱煊后军。诸子瞻垐、瞻域、瞻𪸩、瞻垶各监一军，高煦率中军，世子瞻垣居守，指挥韦贤、韦兴、千户王玉、李智领四哨。部署已定。御史李浚，乐安人，弃其家，变姓名，问道诣京上变，言高煦刻日取济南，然后率兵犯阙。

丁卯，高煦遣百户陈刚进疏，斥言二三大臣夏原吉等为奸佞，并索诛之。上叹曰："高煦果反！"议遣将讨高煦，杨荣力言不可，曰："陛下独不见李景隆事乎？"上默然，顾原吉，原吉曰："兵贵神速，宜卷甲韬戈以往，一鼓而平之，所谓'先声有夺人之心也。'若命将出师，恐不济。荣言是。"上意遂决。立召张辅谕亲征，辅对曰："高煦骛而寡谋，外愎中怩，今所拥，非有能战者。顾假臣兵二万，擒逆贼献阙下。"上曰："卿诚足办贼，顾朕新即位，小人或怀二心，行决矣！"

真牢记创业的艰难，爱惜百姓，使明德至治让上天神明知道，则不一定亲自耕藉田，而黍稷等谷物就能丰收了。真正能轻徭薄赋，重视农业，珍惜粮食，则人人都乐意从事耕作，而不待去劝导他们了。否则，三推、五推，对农业丰收有什么益处！"

【编】夏四月，礼部尚书吕震去世，明宣宗任命胡濙为礼部尚书。

【编】五月，明宣宗升迁户部左侍郎陈山为户部尚书兼谨身殿大学士，礼部左侍郎张瑛兼华盖殿大学士，都入内阁参预机密政务。

【编】秋八月，汉王朱高煦反叛，明宣宗亲自率兵前往征讨擒拿。

【纪】起初，汉王朱高煦既到藩国乐安，但阴谋反叛一天也没有忘怀。待仁宗去逝，太子即皇帝位，给朱高煦的赏赐比其他诸王都优厚得多。朱高煦就更加肆无忌惮。八月初一日（壬戌）便起兵反叛，派遣枚青暗中入京，约英国公张辅作为内应；张辅捆绑枚青，报告朝廷。朱高煦又约山东都指挥靳荣等在济南反叛为呼应。于是设立五军都督府，由指挥王斌统领前军，韦达统领左军，千户盛坚统领右军，知州朱烜统领后军（朱烜，原本误作"煊"，据《明史·朱高煦传》改），诸子朱瞻垐、朱瞻域、朱瞻埣、朱瞻墿各监一军，朱高煦统领中军，世子朱瞻垣居守乐安，指挥韦贤、韦兴、千户王玉、李贤分领四哨，部署至此已定。监察御史李濬，乐安人，丢弃其家，改变姓名，从小路奔赴北京奏报朱高煦反叛事变，说朱高煦已定期攻取济南，然后率兵进犯北京。

初六日（丁卯），朱高煦派遣百户陈刚到北京呈送奏疏，指斥夏原吉等二三大臣为奸佞之徒，并指出要斩这几个人。明宣宗叹息说："朱高煦果然反叛了！"便召集群臣商议派遣将帅讨伐朱高煦，杨荣坚持说不行，说："陛下独不见过去派遣李景隆征讨燕军之事吗？"明宣宗沉默不语，回头看看夏原吉，夏原吉说："兵贵神速，应该亲自卷甲负戈而往，一鼓而平定，这就是古人所说的'先人一步，就可夺人之心哟（先人，原本误"人"为"声"，据《明史·夏原吉传》改"）。若命将率兵征讨，恐怕难以成功。杨荣说得对。"明宣宗便决意亲征。立即召张辅告以亲征。张辅说："朱高煦虽凶猛而寡谋，表面憨直而心中怯懦。他所拥有的将士，没有能够作战的。希望给臣二万兵马，前去擒获逆贼献于朝

乙丑，敕平江伯陈瑄防守淮安，勿令贼南走。令指挥芮勋守居庸关，勿令北入胡。戊辰，命定国公徐景昌、彭城伯张昶守皇城，安卿伯张安、广宁伯刘瑞、汴城伯张荣、建平伯高远辅郑王瞻埈、襄王瞻墡留守北京，蹇义、杨士奇、夏原吉、杨荣、杨溥、吴中、胡濙、张本、顾佐扈从，丰城伯李贤、侍郎郭琎督军饷，阳武侯薛禄为先锋。辛未，车驾发京师，率大营五军将士以行。戊寅，获乐安归正人，给榜令还乐安谕众。

上赐书谕高煦曰："王，太宗皇帝之子，仁宗皇帝之弟，朕嗣位以来，事以叔父，礼不少亏，何为而反邪？朕惟张敖失国，本之贯高；淮南受诛，成于伍被。自古小人事藩国，率因之以自图富贵，而陷其主于不义；及事不成，则反噬主以图苟安。今六师压境，王能悔祸，即擒献倡谋者，朕与王削除前过，恩礼如初。王如执迷，或出兵拒敌，或婴城固守，图侥幸于万一，当率大军乘之，一战成擒矣。又或麾下以王为奇货，执以来献，王以何面目见朕？虽欲保全，不可得也。王之转祸为福，一反掌间耳，其审图之！"

辛巳，车驾至乐安，诸将请即攻城，上不许。复敕谕高煦，不报。又以铰系矢射城中，谕党逆者以祸福，于是城中人多欲执献高煦者。高煦狼狈失据，密遣人诣御幄陈奏："愿宽假今夕与妻子别，明旦出归罪。"上许之。是夜，高煦尽取积岁所造兵器与凡谋议交通文书，尽焚之。壬午，高煦将出，王斌等固止之，曰："宁一战以死，就擒，辱矣！"高煦遂潜从间道衣白席藁出见上，顿首自陈。群臣请正典刑，不许。上令高煦为书，召诸子同归京师。

廷。"明宣宗说："你是能够办到的，考虑到朕刚刚即皇帝位，或有小人怀有二心，亲征之事已经决定了。"

初四日（乙丑），明宣宗敕令平江伯陈瑄防守淮安，不使朱高煦率兵南下；令指挥芮勋防守居庸关，不使朱高煦北入沙漠。初七日（戊辰），明宣宗命定国公徐景昌、彭成伯张昶守皇城，安乡伯张安、广宁伯刘瑞、汴成伯张荣、建平伯高远辅佐郑王朱瞻埈、襄王朱瞻墡留守北京，蹇义、杨士奇、夏原吉、杨荣、杨溥、吴中、胡濙、张本、顾佐随从明宣宗亲征；丰城伯李贤、侍郎郭琎督理军饷；阳武侯薛禄为先锋。十一日（辛未）明宣宗从北京出发，率领大营五军将士前往乐安。十七日（戊寅），遇到从乐安前来投降的人交给安民榜，让他返回乐安晓谕军士百姓。

明宣宗写信晓谕朱高煦说："王，是太宗皇帝之子，仁宗皇帝之弟，朕即位以来，以叔父相待，礼仪不少亏缺，为什么要反叛呢？朕思汉赵王张敖被废除王爵，是由于其相贯高煽惑；汉淮南王刘安谋反终死，是由于中郎伍被的告发。自古小人在藩国侍奉藩王，大都是为了谋取自己的富贵，而引诱其主陷于不义，待事不成，则反噬其主以图苟且偷安。现在六师压境，王若能知祸而悔改，就立即擒拿进献首倡反谋的人，朕与王不问以前的过失，恩礼如初。王若执迷不悟，或出兵抗拒，或据城固守，希望侥幸于万一，朕就率大军进攻，一战即可将王活捉。如果王手下的人把王当作奇货，捉来进献，王还有什么脸面见朕？到那时，虽想得到保全，就不可能了。王之转祸为福，就如反掌那样容易，请仔细考虑吧！"

二十日（辛巳），明宣宗抵达乐安，众将请求立即攻城，明宣宗不许。又敕谕朱高煦，朱高煦不予回答。明宣宗再次下达敕书，系在弓箭上射入乐安城中，对朱高煦的党羽晓以祸福，于是城中有很多人想捉拿朱高煦献给皇上。朱高煦狼狈不堪，惊慌失措，秘密遣人到明宣宗行营中陈奏："希望宽容一些时候，今晚与妻子告别，明天早晨就出城投降，接受惩罚。"明宣宗答应这一请求。这天晚上，朱高煦把数年来制造的兵器以及凡与谋反有关的往来文书取出来全部烧毁。二十一日（壬午），朱高煦将要出城，王斌等坚决阻止说："宁可一战而死，被其活

乙酉，班师，命中官颈系高煦父子赴北京。庚寅，车驾至献县之单桥，户部尚书陈山迎驾。山见上，言："宜乘胜移师向彰德，袭执赵王，则朝廷永安矣。"上召杨荣以山言谕之。荣对曰："山言，国之大计。"遂召蹇义、夏原吉谕之，两人不敢异议。荣言："请先遣敕赵王，诘其与高煦连谋之罪，而六师奄至，可擒也。"从之。荣遂传旨令杨士奇草诏，士奇曰："事须有实，天地鬼神，岂可欺哉！且教旨以何为辞？"荣厉声曰："此国家大事，庸可沮乎？令锦衣卫责所系汉府人状，云与赵连谋，何患无辞？"士奇曰："锦衣卫责状何以服人心？太宗皇帝惟三子，今上亲叔二人，一人有罪者不可恕，其无罪者当厚之，庶几仰慰皇祖在天之灵。"荣不肯。时杨溥亦与士奇意合，上乃不复言移兵，车驾遂还京。

【编】九月，帝至京师，废高煦为庶人，逆党王斌、朱煊等伏诛。【纪】时言者犹喋喋，请尽削赵护卫，且请召赵王拘之京，上皆不听。乃召杨士奇谕曰："言者论赵王益多，如何？"对曰："今日宗室，惟赵王最亲，当思保全之，毋惑群言！"上曰："吾亦思之，皇考于赵王最友爱，且吾今惟一叔，奈何不爱！然当思所以保全之道。"乃封群臣言章，遣驸马都尉广平侯袁容、左都御史刘观赍以示之，使自处。容等至，赵王大喜曰："吾生矣！"即献护卫，且上表谢恩，而言者始息。

捉，可是耻辱！"朱高煦便暗中从小路出城，穿着白衣，趴在藁草上拜见明宣宗，叩头自述反叛之罪。群臣请求按法明正典刑，明宣宗不许，令朱高煦写信，召诸子一同回北京。

二十四日（乙酉），明宣宗下令班师，命中官用绳索拴住朱高煦父子的脖子押赴北京。二十九日（庚寅），明宣宗抵达献县（今河北献县）的单桥，户部尚书兼谨身殿大学士陈山前来迎驾。陈山见到明宣宗，说："应该乘胜移兵向彰德，突袭而捉拿赵王朱高燧，则朝廷就永远平安了。"明宣宗召见杨荣，告以陈山的意见。杨荣说："陈山的意见，是关系国家的大计。"明宣宗便召蹇义、夏原吉，将此意告诉他们，两人不敢有不同意见。杨荣说："请先派遣使臣敕令赵王朱高燧，谴责他与朱高煦共同谋反之罪，而后大军突然开抵彰德，就可擒获朱高燧。"明宣宗依从了他的意见。杨荣便传达圣旨，令杨士奇草拟诏书，杨士奇说："斥责朱高燧与朱高煦共同谋反，此事应该有真凭实据，天地鬼神，岂可欺骗！而且草拟敕旨，以什么为理由呢？"杨荣厉声地说："这是国家大事，岂可加以阻拦？令锦衣卫迫使所拘禁的汉王府的人供认，说与赵王共谋反叛，何患无辞？"杨士奇说："锦衣卫如此逼供，何以服人心？太宗皇帝有三个儿子，皇上亲叔二人，一人有反罪不可宽恕，另一人无罪，应当厚待，只有这样，才能安慰皇祖在天之灵。"杨荣不同意。其时杨溥的意见与杨士奇相同，明宣宗才不再提移兵袭击彰德的事，便返回北京。

【编】九月，明宣宗回到北京，废汉王朱高煦为平民，逆党王斌、朱烜等被处死刑。　【纪】当时朝臣中进言者喋喋不休，奏请把赵王的护卫军士全部削去，又请召赵王到北京拘禁起来，明宣宗全不听从。于是把杨士奇召来告谕道："进言者论劾赵王的愈来愈多，怎么办呢？"杨士奇回答说："现在宗室的人，只有赵王最亲，应该设法保全他，不要被群臣的言论所迷惑！"明宣宗说："我也想设法保全他，皇父与赵王最友爱，而且我如今只有这一位叔父，怎能不爱！但是应当考虑用什么办法才能保全他。"于是把群臣论劾赵王的奏疏封在一起，遣驸马都尉广平侯袁容、左都御史刘观带给赵王阅览，令他自己裁处。袁容等到了彰德赵王府，赵王大喜道："我可以不死了！"立即献上护卫军，又

【编】汉庶人高煦伏诛。　【纪】庶人锁絷大内逍遥城，一日，上往，熟视久之。庶人出不意，伸一足句上仆地。上大怒，丞命力士舁铜缸覆之。缸重三百斤，庶人有力，顶负缸起。乃积炭缸上如山，然炭，逾时，火炽铜镕，庶人死。诸子皆死。

【编】冬十月，复李时勉翰林侍读。　【纪】洪熙中，时勉言事过激，仁宗怒，命武士扑以金瓜，断胁，不死，系狱。至是上面讯，释之，复召入翰林。

【编】以张本为兵部尚书，陈祚、于谦并为监察御史。

【编】丁未，二年，春二月，进张瑛礼部尚书。

【编】秋八月，建文帝入蜀。

【编】九月，诏浙江按察使林硕复职。　【纪】硕振举宪法，不少贷，中官裴可立督事浙江，以沮格诏令诬之。上遣人逮硕至，亲问之，曰："尔毋怖，但实宾对。"硕言："臣往年为御史，尝巡按浙江，小人多不便臣。今任按察使，至浙未久，中宫在彼者亦无乖忤，惟旧不便臣者设谋造诈，欲去臣以自便耳。"上曰："朕固未信，逮汝面问。今既明白，即驰驿还任，汝无他虑。"遂降敕切责裴可立曰："归必不贷也。"硕初被逮，众皆危之，一见遽释，中外颂圣德焉。

上表谢恩，于是进言者的议论方始平息。

【编】汉庶人朱高煦被处死刑。【纪】朱高煦被拘禁在宫内的逍遥城。一天，明宣宗前往，注目细看了很长时间。朱高煦趁明宣宗不注意，伸出一条腿将明宣宗钩倒在地，明宣宗勃然大怒，急命力士抬来铜缸扣在朱高煦身上。缸重三百斤，朱高煦有力气，把缸顶了起来。于是，在缸上堆起像山一样的木炭，点燃了炭，过了一个时辰，炭火炽烈，融化铜缸，朱高煦死。他的几个儿子也都处死。

【编】冬十月，恢复李时勉翰林院侍读官职。【纪】洪熙中，李时勉上疏言事，过于激烈，仁宗发怒，命武士用金瓜扑打（金瓜，卫士使用的一种兵仗，棒端做成金瓜形状，所以名为金瓜），肋骨断裂而不死，被投入监狱囚禁。到这时，明宣宗亲自审讯后释放出狱，又召入翰林院，恢复侍读官职。

【编】明宣宗任命张本为兵部尚书（张本，原本误"本"为"木"，据《明史·张本传》及《明史·七卿年表》改。另，此处记载有误，张本于洪熙元年四月任兵部尚书，宣德元年八月随朱瞻基征朱高煦，留抚乐安。不久召回，疑此为召回时间），陈祚、于谦为监察御史。

【编】宣德二年（丁未，1427）春二月，明宣宗升迁张瑛为礼部尚书。

【编】秋八月，建文帝进入四川。

【编】九月，明宣宗下诏，令浙江按察使林硕复职。【纪】林硕整顿监察法纪，绝不宽宥。宦官裴可立到浙江督理事务，诬陷林硕阻碍诏令的施行。明宣宗遣人把林硕逮捕，押送北京，亲自问他说："你不要怕，只管如实回答。"林硕说："臣以前任监察御史，曾巡按浙江，小人都觉得我执法严厉，对他们不利。现在出任浙江按察使，到任时间不长，与在浙江的宦官也没有什么抵触的地方，惟有原来那些与臣作对的小人阴谋陷害，一心想除掉臣以便为所欲为。"明宣宗说："朕本来就不信他们说的话，才逮捕你到京，当面询问。现在事情真相已经明白，就赶快乘驿车回去任职，你不要有什么顾虑。"明宣宗立即下达敕书，痛责裴可立，说："你回京后，绝不饶恕。"林硕被逮之初，很多人都

【编】冬十一月,皇子祈镇生。

【编】以薛瑄为监察御史。

【编】戊申,三年,春二月,立皇子祈镇为皇太子。

【编】废皇后胡氏,立妃孙氏为皇后。 【纪】先是,上尝召张辅、蹇义、夏原吉、杨士奇、杨荣谕之曰:"朕年三十,未有子,今幸贵妃生子。母以子贵,古亦有之,但中宫宜何如处置?"因举中宫过失数事。荣曰:"举此废之可也。"上曰:"废后有故事否?"义曰:"宋仁宗降郭后为仙妃。"上问辅、原吉、士奇何无言,士奇对曰:"臣于帝、后,犹子事父、母。今中宫,母也,群臣,子也,子岂当议废母!"上问辅、原吉云何,二人依违其间,曰:"此大事,容臣详议以闻。"上问:"此举得不贻外议否?"义曰:"自古所有,何得议之!"士奇曰:"宋仁宗废郭后,孔道辅、范仲淹率台谏十数人入谏,被黜。至今史册为贬,何谓无议?"既退,明旦,上复召问士奇、荣,士奇对曰:"汉光武废后,诏书曰:'异常之事,非国休福。'宋仁宗废后,后来甚悔。愿陛下慎之。"上不怿而罢。一日,独召士奇至文华殿,屏左右,谕曰:"若何处置为当?"士奇因问:"中宫与贵妃若何?"上曰:"甚和睦,相亲爱。中宫今病逾月矣,贵妃日往视,慰藉甚勤也。"士奇曰:"然则乘今有疾而导之辞让,则进退以礼,而恩眷不衰。"上领之。数日,复召士奇曰:"尔前说甚善,中宫果欣然辞,贵妃坚不受,太后亦尚未听辞,然中宫辞甚力。"士奇曰:"若此则愿陛下待两宫当均一。昔宋仁宗废郭后,而待郭氏恩意加厚。"明宣宗上曰:"然,吾不食言。"其议遂定,敕皇后退居别宫。册立孙氏为皇后。

为他担忧，一见这么快释放复职，朝廷内外都称颂明宣宗的圣德。

【编】冬十一月，皇子朱祁镇生。

【编】明宣宗任命薛瑄为监察御史。

【编】宣德三年（戊申，1428）春二月，明宣宗立皇子朱祁镇为皇太子。

【编】明宣宗废皇后胡氏，立贵妃孙氏为皇后。　【纪】起先，明宣宗曾召张辅、蹇义、夏原吉、杨士奇、杨荣告谕道："朕今年三十岁，还没有儿子，现在幸喜贵妃生了儿子。母以子贵，古亦有之，但皇后该怎样处置呢？"便举出皇后几桩过失。杨荣说："举出这几桩过失，就可以废掉。"明宣宗说："前代有废皇后的事例吗？"蹇义说："宋仁宗曾降皇后郭氏为仙妃。"明宣宗问张辅、夏原吉、杨士奇为什么不说话，杨士奇回答说："臣于帝后，犹如儿子侍奉父母。现在的皇后是母，群臣是子。儿子怎么能议论废母呢！"明宣宗又问张辅、夏原吉有什么话说，二人在两种意见中犹豫不决，便说："这是大事，容臣详细考虑后再奏报。"明宣宗问："若废掉皇后，会不会引起外廷百官的议论？"蹇义说："此事自古就有，有什么可以议论的！"杨士奇说："宋仁宗废郭后，孔道辅、范仲淹率台谏官十数人到殿廷谏阻，被罢了官。至今史册都给予贬斥，怎么能说没有议论！"各人退去。第二天早晨，明宣宗又召杨士奇、杨荣来问，杨士奇回答说："汉光武帝废皇后，诏书说：'异常之事，不是国家的福庆。'宋仁宗废皇后，后来甚为悔恨。希望陛下谨慎行事。"明宣宗不高兴而作罢。一天，明宣宗只召杨士奇一人到文华殿，让左右侍从退去，说道："怎样处置才算妥当？"杨士奇因而问道："皇后与贵妃的关系怎么样？"明宣宗说："两人很和睦，互相亲爱。皇后现在已患病一个多月了，贵妃每天前往探视，经常安慰她。"杨士奇说："那么就趁现在皇后有病，劝导她辞让，这样做，废后立后都合乎礼，而陛下对后宫的恩眷不衰。"明宣宗点头答应。数天之后，明宣宗又召杨士奇说："你上次说得很好，皇后果然欣然辞让，贵妃却坚决不接受，太后也尚未允许皇后辞让，但皇后竭力要辞让。"杨士奇说："如果真是这样，那么希望陛下对待两宫（指胡氏、孙氏）一视同仁。过去宋仁宗废了郭后，而对待郭氏的恩意比被废之前更厚。"明宣宗说："对，就照你说的做，决不食言。"事情便决定下来，敕令皇后胡氏退

【编】夏六月,出左都御史刘观,以通政使顾佐为左都御史。【纪】上罢朝,谕:"朝臣贪浊,奈何?"杨士奇对曰:"贪风始永乐末,今更甚。"上问"何如?"对曰:"太宗自十五六年数疾不视朝,扈从之臣,请托贿赂,公行无忌。"杨荣曰:"当是时,惟方宾有贪名。"上即顾荣问:"今贪者谁甚?"对曰:"莫甚于刘观。"士奇曰:"风宪所以肃百僚,宪长如此,则不肖御史皆效之。御史奉巡四方,则不肖有司皆效之。"上叹息曰:"除恶务本。顾观去,谁代观者?"士奇曰:"通政使顾佐廉公有威。"荣曰:"佐为京尹,能禁防下吏,政清弊革。"上喜曰:"顾佐乃能如是!"乃命观巡阅河道,而以佐代之,寻下观狱。

【编】冬十月,建文帝游汉中。

【编】己酉,四年,春正月,建文帝至成都,再宿而去。

【编】二月,江南守备襄城伯李隆献驺虞,群臣请表贺,不许。【纪】隆献驺虞二,云出滁州来安县石固山。礼部尚书胡濙等请上表贺,上曰:"朕嗣位四年,民生未能得所,驺虞之祥,于德弗类。"不许。

【编】冬十一月,千户臧清弃市。 【纪】时有囚告左都御史顾佐枉法者,上怒,召杨士奇、杨荣谕曰:"此必有重囚教之陷佐。"因命法司穷治之,得千户臧清杀无罪三人当死,教之诬告。上曰:"不诛之,佐何以行事!"立命磔清于市。

居别宫。册立孙氏为皇后。

【编】夏六月，明宣宗将左都御史刘观调出京外，任命通政使顾佐为右都御史（通政使顾佐为右都御史，原本误"右"为"左"，据《明史·顾佐传》《明史·七卿年表》改。下同）。　【纪】明宣宗朝见结束，说道："朝臣贪婪污浊，情况怎么样？"杨士奇回答说："贪风始于永乐末年，到现在更为严重。"明宣宗问："情况如何？"回答说："太宗自永乐十五六年起，多次得病，不上朝听政，左右侍臣以私事请托，收受贿赂，公行无忌。"杨荣说："在那时，只有兵部尚书方宾有贪名。"明宣宗即问杨荣："现在贪者谁最厉害？"回答说："莫过于左都御史刘观了。"杨士奇说："都察院官职在整肃百官，而其长官这样贪赃枉法，则不肖御史都会仿效他。这类御史奉命巡按四方，则不肖的地方官都会仿效。"明宣宗叹息说："除恶要从根本上铲除。若罢去刘观，谁代他任左都御史呢？"杨士奇说："通政使顾佐廉洁公正，有威信。"杨荣说："顾佐任顺天府尹时，能禁防下吏胡作非为，政治清明，弊端革除。"明宣宗高兴地说："顾佐乃能如此！"于是，命刘观巡阅河道，而任命顾佐为都察院右都御史。不久，刘观被逮入狱。

【编】冬十月，建文帝游汉中。

【编】宣德四年（己酉，1429）春正月，建文帝到成都，两天后离去。

【编】二月，江南守备襄城伯李隆进献驺虞，群臣请求上表祝贺，明宣宗不许。　【纪】李隆进献二只驺虞，说是出自滁州来安县（今安徽来安）。礼部尚书胡濙等请求上表祝贺，明宣宗说："朕即位四年，百姓生计未能得其所，驺虞的吉祥征兆，对于朕德来说是不相称的。"不许上表祝贺。

【编】冬十一月，千户臧清被处死。　【纪】当时有囚犯告发右都御史顾佐枉法不能公正断案，明宣宗发怒，召杨士奇、杨荣说道："其中肯定有重罪囚犯唆使他诬陷顾佐。"于是命掌管刑法的衙门彻底追查，结果是千户臧清杀了三个无罪之人，他自己罪当处死，就唆使囚犯诬告。明宣宗说："不杀臧清，顾佐怎么能执行公务！"立即命将臧清押到闹市中裂尸示众。

【编】庚戌，五年，春正月，少保、户部尚书夏原吉卒。【纪】原吉天性宽平，人无识与不识，皆称为君子长者。吕震尝在上前短原吉柔奸。震为子求官，上问原吉，原吉称震有守城功。陈瑄靖难初欲杀原吉；原吉荐瑄才，总漕运。尝有从隶汗所服织金赐衣，惧欲逃，原吉曰："汗可浣，何惧为？"吏坏所宝古砚，匿不敢见，原吉召吏谕曰："物皆有坏，吾未尝惜此。"慰遣之。在部，吏捧精微文书押之，因风为墨所污，吏惧，肉袒以俟，原吉曰："汝何与焉！"明日，袖至上前，自咎不谨被汗，上命易之。一时卿大夫雅量，推原吉第一。尝夜阅文卷，抚案叹息，欲下而止者再。其夫人问之，原吉曰："此岁终大辟奏也。吾笔一下，死生决矣，是以惨沮而笔不忍下也！"尝与同列饮于他所，夜归值雪，过禁门，有欲不下马者，原吉曰："君子不以冥冥惰行。"其敬慎如此，有古大臣之风焉。

【编】秋八月，以况钟为苏州知府。【纪】钟，靖安人，始为吏胥，吕震荐其才，授仪制司郎中。至是大臣奏苏州等九大郡烦剧难治，特选钟等九人为知府，赐以玺书，假便宜行事，驰驿赴任。钟至苏，初视事，阳为木讷，胥有弊蠹，辄默识之。通判赵忱肆谩侮，钟亦不校。及期月，一旦宣敕，召府中胥悉前，大声言："某日某事，某窃贿若干，某日某亦如之。"群胥骇服，不敢辨，立杀六人，肆诸市。复出属官贪暴者五人，庸懦者十余人。由是吏民震悚，苏人称之曰"况青天"。

【编】冬十二月，含誉星见。

【编】宣德五年（庚戌，1430）春正月，少保、户部尚书夏原吉去世。　【纪】夏原吉天性宽厚平和，不论认识或不认识的人，都称赞他是君子长者。吕震曾在皇上面前攻讦夏原吉柔中藏奸。吕震为儿子求官，明宣宗问夏原吉，夏原吉称吕震有守城的功劳。陈瑄在靖难初期想杀害夏原吉；夏原吉却推荐陈瑄有才干，总督漕运。曾有随从隶役弄脏了他穿的皇帝赏赐的织金衣服，十分惧怕，想一逃了之。夏原吉说："脏污可以洗去，你为何要惧怕呢？"下吏弄坏了他珍爱的古砚，躲藏起来，不敢见他，夏原吉把他叫来说："东西都有坏的时候，我未曾爱惜此砚。"安慰一番，令他离去。在户部衙署，吏员捧着精微文书画押，由于有风，文书为墨迹所污，吏员恐惧，脱衣露体，等待挨罚，夏原吉说："这与你有什么相干！"第二天，夏原吉将被污的精微文书带到皇上面前，说是自己不慎将其污损，皇上令他另换一份。一时公卿大夫的涵养和度量，推夏原吉为第一。夏原吉曾夜阅文卷，抚案叹息，想下笔而又停止，这样反复好几次。他的夫人问是怎么回事，夏原吉说："这是年终判处死刑囚犯的奏章，我笔一下，就决定了一个人的生死，所以心意惨沮而不忍下笔呵！"曾经在别处与同僚饮酒，晚上回家恰遇下雪，经过皇城城门，同行的官员有不想下马，夏原吉说："君子不能因为夜间昏暗，无人知晓，而于操行有所懈怠。"他敬慎如此，有古代大臣的风范。

【编】秋八月，明宣宗任命况钟为苏州知府。　【纪】况钟，靖安（今江西靖安）人，开始当小吏，吕震向朝廷荐举他的才能，授职为仪制司郎中。到这时，大臣奏报苏州等九个大郡，政务繁重艰巨，难以治理，特选况钟等九人为知府，赐以玺书，令其便宜行事，乘驿车前往赴任。况钟到苏州，开始处理府事时，表面上显得质朴木讷不善辞令，不精明能干，但吏胥有舞弊害民的事都一一牢记在心。通判赵忱放肆轻侮，况钟也不与他计较。到任满一个月，一日突然宣令，召府中胥吏全部来到知府大堂，况钟大声说："某日某件事，某个吏胥窃取贿赂若干，另一日另一个吏胥又窃取贿赂若干。"众吏胥暗自惊服，不敢狡辩。况钟立即判处六人死刑，在闹市陈尸示众。又罢免属官中五个贪污暴虐的，十余个平庸懦弱的。从此吏民震惧，苏州人称况钟为"况青天"。

【编】十二月，含誉星（瑞星）出现。

【编】辛亥，六年，春二月，建文帝往陕西。

【编】逮江西巡按御史陈祚下狱。【纪】祚上疏劝上务帝王实学，退朝之暇，命儒臣讲说真德秀《大学衍义》一书。上览疏怒，曰："朕不读书，《大学》且不识，岂堪作天下主乎！"命逮至京，并其家下锦衣卫狱，禁锢者五年。时上方以博综经史自负，祚之措词，若上未尝学问者，故怒不可解。

【编】秋七月，帝微行，夜至少傅杨士奇家。【纪】时上颇好微行，夜半，从四骑至士奇家。比出迎，上已入门立庭中。士奇俯伏地下，言："陛下奈何以宗庙社稷之身自轻？"上笑曰："思见卿一言，故来耳。"遂屏左右语。既竟，士奇叩头曰："车驾今夕俯临，外间必有知者。伏乞自此慎出，事变不测，当虑也。"驾还宫，明日遣太监范弘问："车驾临幸，曷不谢？"对曰："至尊夜出，愚臣迄今中心惴栗未已，岂敢言谢。"又数日，遣宏问"尧不微行乎？"对曰："陛下恩泽岂能遍洽幽隐，万一有怨夫冤卒窥视窃发，诚不可无虑。"后旬余，锦衣卫获二盗，尝杀人，捕急，遂私约候驾之玉泉寺，挟弓矢伏道旁林业中作乱。捕盗校尉变服如盗，入盗群，盗不疑，以谋告，遂为所获。上叹曰："士奇爱我。"遣宏赐金绮。

【编】冬十二月，大学士金幼孜卒。
【编】壬子，七年，春正月，建文帝入楚，至公安。

【编】夏六月，诏修各州县广济仓。【纪】巡按湖广御史朱鉴上言："洪武间，郡县皆置东西南北四仓以贮官谷，令富民守之，遇水旱饥馑，以贷贫民。今廒仓废弛，赎谷、罚金，有司皆掩为己有，深

【编】宣德六年(辛亥,1431)春二月,建文帝前往陕西(治西安府长安县,今陕西西安市)。

【编】明宣宗下令逮捕江西巡按御史陈祚,投入监狱。 【纪】陈祚上疏规劝明宣宗专力于帝王实学,退朝后的闲暇时间,命儒臣讲说真德秀《大学衍义》一书。明宣宗阅览奏疏后,发怒说:"朕不读书,连《大学》都不知道,岂能为天下之主!"下令逮捕陈祚押送至京,连同其家属一起,投入锦衣卫狱中,囚禁了五年。当时明宣宗正以博览经史自负,陈祚奏疏中的措词,似乎是说皇上没有学问,所以怒不可遏。

【编】秋七月,明宣宗改装私出,夜间来到少傅杨士奇家。 【纪】其时明宣宗颇喜改装私出,半夜,由四骑跟着,来到杨士奇家,等到杨士奇出门迎接,明宣宗已入门站立在庭中了。杨士奇急忙跪倒在地,说:"陛下怎能以宗庙社稷之身自轻呢!"明宣宗笑着说:"想与你聊聊,所以才来了。"便屏退左右而谈。待谈话结束,杨士奇叩头说:"陛下今晚到来,外边必有人知道。乞求陛下自此以后千万要谨慎出行,事变难以预料,应当注意。"明宣宗返回皇宫,第二天,遣太监范弘问杨士奇:"陛下临幸,你为什么不来谢恩?"杨士奇回答说:"至尊夜间外出,愚臣至今心中还惴惴不安,怎敢说谢!"数天之后,明宣宗又遣范弘问杨士奇:"尧不改装出行吗?"杨士奇回答说:"陛下恩泽,岂能遍布隐僻的角落,万一有心怀怨恨或遭到冤屈的人暗中窥探,突然行刺,实在不能不注意。十几天之后,锦衣卫擒获两个强盗,曾经杀过人,被追捕得很急,他俩走投无路,便私下约定在玉泉寺等待明宣宗,挟带着弓箭,埋伏在道旁的林丛中图谋作乱。捕盗校尉易服装扮成盗贼,混入盗群之中,盗贼未加怀疑,便告以所谋,于是被擒获。明宣宗感叹说:"士奇爱我。"派遣范弘赏赐杨士奇以金罗绮。

【编】冬十二月,大学士金幼孜去世。

【编】宣德七年(壬子,1432)春正月,建文帝进入湖南、湖北地区,到达公安(在今湖北公安县西北)。

【编】夏六月,明宣宗下诏,令修建各州、县广济仓。 【纪】巡按湖广的监察御史朱鉴上奏说:"洪武年间,郡县皆设置东、西、南、北四仓,以收贮官粮,令富民守仓,遇水旱灾荒饥馑之年,用仓粮借贷给贫

负朝廷仁民之意。"上从其言，命违者从按察使、监察御史劾奏。

【编】秋八月，诏释故城县丞陈铭罪，复其官。 【纪】先是，上闻内官奉使者多贪纵为民害。以太监刘宁清谨，命同御史驰往各郡，尽收所差内官资橐，并其人解京师。既还，道经故城，县丞陈铭闻有内官至，不问从来，辄奋前捽宁，手击之。御史奏丞无状，逮至，上曰："丞固可罪，朕以其一时偏于所恶，姑宥之。"侍臣言："纵赦之，亦不可使复任。"上曰："朕既释之，彼当知所改过也。"

【编】癸丑，八年，春正月，少保大学士黄淮致仕。 【纪】淮辞归，上宴之于太液池，亲洒宸翰送之。

【编】秋八月，南海诸国献麒麟者四。
【编】景星见。
【编】冬十一月，巡抚南直隶工部侍郎周忱奏定济农仓之法。【纪】令诸县各设仓，择县官之廉公有威与民之贤者司其籍，每岁种莳之际，量给之，秋成还官。明年，江南大旱，诸郡发济农米以赈贷，民不知饥。

【编】甲寅，九年，夏五月，建文帝至吴江史彬家，程济从。

【编】冬十二月，有僧自陈修寺祝延圣寿，诏斥之。 【纪】上谓侍臣曰："人情莫不欲寿。古之人君，若商中宗、高宗、祖甲、周文王享国最久，其时岂有僧、道、神仙之说？秦皇、汉武求神仙，梁武帝、宋徽宗崇僧、道，效验可见。世人不悟，可叹也！"

穷百姓。现在官仓废弛，赎谷、罚金，地方官都占为己有，大大违背了朝廷怜恤百姓的本意。"明宣宗采纳朱鉴的建议，命违反的官吏，由按察使、监察御史举劾奏报。

【编】秋八月，明宣宗下诏赦免故城县（在今河北故城县东北）县丞陈铭的罪过，恢复其官职。　【纪】起先，明宣宗听说奉命出使的宦官，多贪婪放纵，成为百姓的祸害。因为太监刘宁清廉谨慎，命他同监察御史驰赴各郡，把奉命差出的宦官的财物全部没收，连同其本人一起押解北京。刘宁将公事处理完毕回京，途经故城，县丞陈铭听说有宦官到来，也不管是从那里来的，便奋起上前揪住刘宁的头发，亲手击打。监察御史奏报县丞陈铭之罪不可言状，就将他逮捕押解至京，明宣宗说："县丞陈铭本来是应该处罚的，朕以其出于一时对所深恶痛绝的宦官的偏激之情，姑且宽宥他。"侍臣说："即使赦免了他，也不可使他再任原职。"明宣宗说："朕既然赦免了他，他当知改过。"

【编】宣德八年（癸丑，1433）春正月，少保、大学士黄淮退休。【纪】黄淮告辞归乡，明宣宗在太液池（今北京城内三海）设宴为其饯行，亲自书写字幅送给他。

【编】秋八月，南海诸国进献四头麒麟。

【编】景星出现。

【编】冬十一月，巡抚南直隶（辖南京所属各府、州、县，即当今安徽、江苏两省地）工部侍郎周忱奏定济农仓粮食发放办法。　【纪】令各县各设济农仓，挑选廉洁、公正且有咸信的县官与民之贤者管理济农仓簿册，每年春种之际，酌量借给百姓，秋季收获时归还济农仓。第二年，江南遇到大旱，各府、州、县发放济农仓粮以借贷赈济，使百姓不知饥荒。

【编】宣德九年（甲寅，1434）夏五月，建文帝到吴江（今江苏吴江）史彬家里，程济随从。

【编】冬十二月，有和尚上奏陈说修寺祈祷为皇上延寿，明宣宗下诏斥逐。　【纪】明宣宗对侍臣说："凡人之情，没有不想长寿的。古代的君主，如商中宗、高宗、祖甲、周文王，在位时间最为长久，那时岂有僧、道、神仙之说？秦始皇、汉武帝求神仙，梁武帝、宋徽宗崇尚僧、

【编】乙卯,十年,春正月,帝崩,太子祁镇即位。 【纪】上不豫,百官朝皇太子于文华殿。翌日,上崩,太子即位。

【编】尊皇太后曰太皇太后,皇后曰皇太后。封弟祁钰为郕王。

【编】命礼部尚书兼翰林院学士杨溥复入阁参预机务。

【编】三月,建文帝往粤西。

【编】夏六月,葬景陵。

【编】秋七月,命司礼太监王振偕文武大臣阅武于将台,振矫制以隆庆右卫指挥佥事纪广为都督佥事。 【纪】振,山西大同人,初侍上东宫,及即位,遂命掌司礼监,宠信之,呼为先生而不名,振遂擅作威福。时辅臣方议开经筵,而振乃导上阅武将台,集京营及诸卫武职试骑射,殿最之。纪广者,尝以卫卒守居庸,往投振门,大见亲昵,遂奏广第一,超擢之。宦官专政自此始。

太皇太后尝御便殿,英国公张辅、大学士杨士奇、杨荣、杨溥、尚书胡濙被旨入朝,上东立。太皇太后顾上曰:"此五人,先朝所简遗皇帝者,有行,必与之计,非五人赞成,不可行也。"上受命。有顷,宣太监王振,振至,俯伏,太皇太后颜色顿异,曰:"汝侍皇帝起居多不律,今当赐汝死。"上跪为之请,诸大臣皆跪。太皇太后曰:"皇帝年少,岂知此辈祸人家国!我听皇帝暨诸大臣贷振,此后不可令干国事也。"

道，效验可见。世人不悟，实在可叹！"

【编】宣德十年（乙卯，1435）春正月，明宣宗去世，皇太子朱祁镇即皇帝位。　【纪】明宣宗身体不适，百官在文华殿朝见皇太子。第二天，明宣宗去世，皇太子即皇帝位。

【编】皇上尊皇太后为太皇太后，皇后为皇太后。封弟朱祁钰为郕王。

【编】命礼部尚书兼翰林院学士杨溥再次进入内阁参与机要事务。

【编】三月，建文帝前往广西。

【编】夏六月，明宣宗葬于景陵（在今北京昌平县北天寿山东）。

【编】秋七月，皇上命司礼太监王振同文武大臣在将台（旧址在北京朝阳门外）阅武。王振假托皇帝圣旨，以隆庆右卫指挥佥事纪广为都督佥事。　【纪】王振，山西大同人，起初在东宫侍奉皇上，待皇上即位，就命王振掌司礼监，宠信他，呼为先生而不直称其姓名。王振便擅作威福。当时，辅臣正商议开经筵（经筵，为皇帝讲解经传史鉴特设的讲席），而王振更诱导皇上到将台阅武，召集京营及各卫武官试骑马射箭，分出优劣。纪广这个人，曾以卫卒防守居庸关，后投到王振门下，大为王振所亲近，便奏报纪广骑射第一，被破格提拔。宦官专政自此开始。

太皇太后曾在便殿，英国公张辅、大学士杨士奇、杨荣、杨溥、尚书胡濙奉旨到便殿朝见，皇上在东边站立着。太皇太后看着皇上说："这五人，先朝所挑选留给你的，有什么事，一定要与他们商议，不是他们五人赞成，不可施行。"皇上受命。不一会儿，宣召太监王振，王振来到，俯伏在地，太皇太后脸色顿时变得不悦，说："你侍奉皇帝起居多不遵守成规定法，今当赐你死。"皇上跪在地上为王振求情，诸大臣也都跪下。太皇太后说："皇帝年少，怎知此辈会害家祸国！我听从皇帝及各位大臣的请求饶恕王振，此后不可让他干预国事。"

明鉴易知录卷五

明纪

英宗睿皇帝

【编】丙辰，英宗皇帝正统元年，春正月，诏开经筵。

【编】夏四月，始设提学。

【编】秋八月，建文帝还至滇，卜筑旧日之浪穹。

【编】冬十月，帝阅武于将台。【纪】命诸将骑射，以三矢为率，受命者万骑，惟驸马都尉井源弯弓跃马，三发三中。上大喜，撤上尊赐之。观者皆曰："往年王太监阅武，纪广骤升；今天子自来，顾一杯酒邪！"

【编】丁巳，二年，春二月，诏宋儒胡安国、蔡沈、真德秀从祀孔子庙庭。

【编】夏六月，京师旱。【纪】时御巷小儿为土龙祷雨，拜而歌曰："雨帝，雨帝，城隍土地。雨若再来，还我土地。"成群呼噪，不知所起。

【编】秋九月，召温州府知府何文渊为刑部右侍郎。

【编】戊午，三年，秋七月，建文帝复往粤西。

【编】己未，四年，春三月，加苏州府知府况钟秩正三品，仍知府事。【纪】钟考满当代，军民诣阙留者数万人。诏升钟俸，令复任。杨士奇赠以诗云："十年不愧赵清献，七邑重逢张益州。"

英宗睿皇帝

【编】英宗皇帝正统元年（丙辰，1436）春正月，下诏开经筵。

【编】夏四月，明英宗首次下令设立提督学政。

【编】秋八月，建文帝返回云南，仍在浪穹（今云南洱源）选择地方筑庵居住。

【编】冬十月，明英宗到将台检阅练兵习武。【纪】明英宗令诸将骑马射箭，以三箭为准。奉命骑射的达万骑之多，只有驸马都尉井源弯弓跃马，三发三中。明英宗大喜，拿自己用的酒樽赐井源饮酒。观看的人都说："往年太监王振阅武，纪广骤然升官；今天天子自己来，却只赐一杯酒！"

【编】正统二年（丁巳，1437）春二月，明英宗下诏以宋儒胡安国、蔡沈、真德秀从祀孔子庙庭。

【编】夏六月，京师北京遭受旱灾。【纪】当时京城小巷里的小孩，用泥土做成土龙来祈雨，边下拜边唱道："雨帝，雨帝，城隍土地。雨若再来，还我土地。"成群的小孩呼噪，不知从何而起（后来有郕王监国和英宗复辟之事。有人解释说，"雨帝"即"与弟"，"城隍"即"郕王"，"再来""还土地"，指英宗复辟）。

【编】秋九月，明英宗诏温州府（治永嘉县，今浙江温州市）知府何文渊至京，渊命为刑部右侍郎。

【编】正统三年（戊午，1438）秋七月，建文帝又去广西。

【编】正统四年（己未，1439）春三月，明英宗加苏州知府况钟秩正三品，仍为知府。【纪】况钟任职期满，接受考绩，应当改任，苏州军民赴朝廷乞求况钟留任的多达数万人。于是，明英宗下诏提升况钟的品秩俸禄，令其仍任苏州知府。杨士奇赠况钟以诗，其中写道："十年不愧赵清献（赵清献，指宋朝的赵抃，清献是其谥号。他廉洁清正，在宋仁宗朝，知成都府，只带一琴一鹤），七邑重逢张益州。"（七邑，指苏州府所辖七个州

【编】庚申,五年,春三月,建文帝同寓僧诣思恩知州岑瑛,自称建文帝,僧及建文帝被执赴京师。 【纪】建文帝好文章,能为诗歌,至是出亡盖三十九年矣。会有同寓僧者,窃帝诗,自谓建文帝,诣思恩知州岑瑛,大言曰:"吾建文皇帝也。"瑛大骇,闻之藩司,因系僧,并及建文帝,飞章以闻。诏械入京师。程济从。

【编】命侍讲学士马愉、侍讲曹鼐并直内阁机务。 【纪】先是,王振语杨士奇曰:"朝廷事赖三位老先生,然三公亦高年倦勤矣,后当何如?"士奇曰:"老臣当尽瘁报国,死而后已。"杨荣曰:"先生安得为此言?吾辈老,无能效力,当以人事君耳。"振喜,越日,即荐曹鼐、苗衷、陈循、高穀等,遂次第擢用。士奇因尤荣,荣曰:"彼厌吾辈,吾辈纵自立,彼容能已乎!"一旦内中出片纸,命某某入阁,则吾辈束手矣。今四人竟是我辈人,何伤也?"士奇是其言。

【编】秋七月,少师、大学士杨荣卒。

【编】九月,僧及建文帝至京师。 【纪】命御史廷鞫之,僧称年九十余,且死,思葬祖父陵旁耳。御史言:"建文君生洪武十年,距正统五年当六十四岁,何得九十岁?"廉其状,僧实杨应祥,钧州白沙里人。奏上,僧论死,下锦衣狱。建文帝白其实,御史密以闻。阉吴亮老矣,逮事建文帝,乃令探之。建文帝见亮,辄曰:"汝非吴亮邪?"亮曰:"非也。"建文帝曰:"吾昔御便殿,汝尚食,食子鹅,弃片肉于地,汝手执壶,据地狗舐之,乃云非是邪?"亮伏地哭。建文帝左趾有黑子,摩视之,持其踵复哭,不能仰视,退而自经。于是迎建文帝入西

县。张益州，指宋朝张咏，宋太宗朝曾知益州，恩威并用，深得蜀民爱戴。真宗时再知益州，百姓听说张咏再至，皆鼓舞相庆。）

【编】正统五年（庚申，1440）春三月，与建文帝同庵住的僧人往见思恩（今广西武鸣）知州岑瑛，自称是建文帝。岑瑛将那个僧人和建文帝捉拿押送北京。　【纪】建文帝喜好文章，能写作诗歌。到此时，出亡已经三十九年了。恰遇同庵居住的僧人，偷窃他写的诗，自称是建文帝，往见思恩知州岑瑛，大模大样地说："我是建文皇帝！"岑瑛大为惊骇，上报布政司，便将僧人囚禁，并连同建文帝，飞驰奏报朝廷。明英宗下诏将他们带上枷锁押解北京。程济随从。

【编】明英宗命侍讲学士马愉、侍讲曹鼐一起入直文渊阁，参预机务（马愉、曹鼐入阁，《明史·英宗本纪》、曹鼐、马愉本传、《明史·七卿年表》等皆记在正统五年二月）。　【纪】起先，王振对杨士奇说："朝廷事赖三位老先生。但三位老先生也年岁高迈，倦于政事，以后该怎么办呢？"杨士奇说："老臣应当鞠躬尽瘁，死而后已。"杨荣说："先生怎么能这么说？我辈年老，不能效力了，应当挑选人才来侍奉皇上。"王振很高兴。过了一天，即推荐曹鼐、苗衷、陈循、高穀等人，即依次擢拔任用。杨士奇因此埋怨杨荣，杨荣说："他讨厌我们，我们纵然能够自立，有所建树，但他就能容忍吗！一旦从宫中出片纸，命某某入阁，到那时我们就束手无策了。现在推荐的四个人，究竟是我们一类的人，有什么不好？"杨士奇认为杨荣说的对。

【编】秋七月，少师、大学士杨荣去世。

【编】九月，僧人与建文帝被押送到北京。　【纪】明英宗命监察御史审讯。僧人说他年九十余，快要死了，想死后葬在祖父的陵墓旁边。监察御史说："建文君生于洪武十年，到正统五年，应当是六十四岁，怎么会九十余岁？"经考察其实情，僧人实为杨行祥（杨行祥，原本误"行"为"应"，据《明英宗实录》卷73，正统五年十一月丁巳条改。另，据《明英宗实录》，杨行祥于正统五年十一月下狱，四个月后死，与原本时间纪述有异），钧州（今河南禹县）白沙里人。监察御史将此事上奏，这个僧人被判以死刑，先囚禁在锦衣卫狱。建文帝自白了自己的实情，监察御

内。程济闻之,叹曰:"今日方终臣职矣!"往云南焚庵,散其徒。建文帝既入宫,宫中人皆呼为老佛,以寿终,葬西山,不封不树。

【编】辛酉,六年,夏四月,太监王振矫诏以工部郎中王佑为工部右侍郎。 【纪】振既弄权,佑以谄媚超擢,与兵部侍郎徐晞极意逢迎之。佑貌美而无须,善伺候振颜色,一日振问曰:"王侍郎何无须?"对曰:"老爷所无,儿安敢有!"闻者鄙之。

【编】秋八月,召山东提学佥事薛瑄为大理寺左少卿。 【纪】初,王振问杨士奇曰:"吾乡人谁可大用者?"士奇荐瑄,乃有是召。瑄至京朝见,不谒振,振至阁下,问:"何不见薛少卿?"二杨为谢,振知李贤素与瑄厚,召至阁下,令致己意。贤至朝房与瑄言,瑄曰:"厚德亦为是言乎?拜爵公朝,谢恩私室,吾不为也。"久之,振知其意,亦不复问。一日,会议东阁,公卿见振皆拜,一人独立,振知其为瑄也,先揖之,且告罪,然自是益深衔之。

【编】冬十月,作奉天、谨身、华盖三殿成。 【纪】三殿工成,宴百官。故事,宦者虽宠,不得预外庭宴。是日,上使人视王先生何为。振方大怒,曰:"周公辅成王,我独不可一坐乎?"使以闻,上为蹙然,乃命开东华中门,听振出入。振至问故,曰:"诏命也。"至门

史加以秘密奏报。宦官吴亮年已老迈。曾经侍奉过建文帝，便令他前去探视。建文帝见到吴亮，就问道："你不是吴亮吗？"吴亮说："不是。"建文帝说："我过去在便殿，你来进献饭食，吃的是小鹅，丢一片肉在地上，你手上拿着壶，趴在地上像狗一样舔着吃，怎么说你不是吴亮呢？"吴亮伏地哭泣。建文帝左脚趾有黑痣，吴亮抚摸而视，抱着建文帝的脚后跟又哭起来，不能仰视，回去后就上吊自杀。于是迎接建文帝入西内，程济得知，叹息说："今日我才尽到臣职了。"便前往云南烧毁僧庵，遣散僧徒。建文帝既入宫，宫中人都呼他为老佛，后来寿终正寝，葬在西山，坟墓不聚土，不植树，没有标志。

【编】正统六年（辛酉，1441）夏四月，太监王振假托皇帝诏令，任命工部郎中王佑为工部右侍部。　【纪】太监王振既已得宠弄权，王佑以谄媚得到破格提拔，兵部侍郎徐晞竭意逢迎王振。王佑貌美而不长胡须，善于看着王振的脸色行事。一天，王振问道："王侍郎为什么不长胡须？"王佑回答说："老爷所无，儿怎么有！"听到这话的人都非常鄙视王佑。

【编】秋八月，明英宗召回山东提学佥事薛瑄，任命为大理寺左少卿。　【纪】起初，王振问杨士奇道："我的同乡人谁可以大用？"杨士奇推荐薛瑄，于是将薛瑄召回。薛瑄回到北京朝见皇帝，不拜见王振。王振到内阁的办公处所，问道："怎么不见薛少卿？"杨荣、杨溥代薛瑄致谢。王振知道李贤向来与薛瑄有厚交，便把李贤叫来，令李贤向薛瑄传达自己想让其前来拜见之意。李贤到处理公务的朝房对薛瑄说了，薛瑄说："您也说这种话吗？我拜受爵命于公朝，而到私人那里去谢恩，我不会那样做的。"过了好长时间，王振得知薛瑄的心意，就不再追问。一天，在东阁集合大臣商议政务，公卿大臣见到王振，都纷纷下拜，只有一人独立不动，王振知道那一定是薛瑄，先上前对他作揖行礼，而且向他致歉，但从此更加忌恨薛瑄。

【编】冬十月，修建奉天、谨身、华盖三殿完成。　【纪】三殿修建完工，设宴招待百官。按照旧例，宦官虽受宠信，也不能参加外庭宴会。这一天，明英宗差人去察看王振在干什么，王振正在发怒，说："周王辅佐成王，我就不能一坐吗？"差去的人回来如实奏报，明英宗为之局促

外，百官皆望风拜，振悦。

【编】十一月，右副都御史吴讷乞致仕，许之。

【编】壬戌，七年，夏六月，少保、工部尚书吴中卒。 【纪】中以国子生累官至尚书。性贪鄙，其妻甚严正。一日，迎诰，其妻呼子宣之问曰："此诰词是主上自言邪，是翰林代草邪？"曰："亦翰林代草耳。"叹曰："翰林先生果不虚妄，吴中一篇诰文，止说他平生为人，何尝有'清廉'二字！"中闻之，虽恚，强笑容而已。

【编】以礼部侍郎王直为吏部尚书。

【编】冬十月，太皇太后张氏崩。 【纪】初，宣宗崩，上冲，年践祚，事皆白太后，然后行。委用三杨，政归台阁；每数日，太后必遣中官入阁，问施行何事，具以闻。或王振自断不付阁议者，必立召振责之。太后既崩，振益无所惮矣。

【编】十二月，太监王振矫诏以徐晞为兵部尚书。

【编】癸亥，八年，夏四月，雷震奉天殿鸱吻，诏求直言。下侍讲刘球狱，杀之。 【纪】球素为王振所憾，锦衣指挥彭德清，球乡人也，往来振门用事，公卿率趋谒，球独不为礼，德清衔之。至是球应诏上言十事，德清乃激振曰："公知之乎？刘侍讲疏之三章，盖诋公也。"振怒，欲置之死。会编修董璘自陈愿为太常，而球疏有"太常不可用道士，宜易儒臣"语，乃逮璘及球俱下狱。振即令其党锦衣卫指挥马顺以计杀球。一夕五更，顺独携一校，推狱门入。球与璘同卧，小校前持球，球知不免，大呼曰："死诉太祖、太宗！"校持刀断球颈，流血被体，屹立不动。

不安，下令打开东华中门，任凭王振出入。王振问为什么打开东华中门？回答说："是皇帝的诏命。"王振到东华中门外，百官都望风下拜，王振感到高兴。

【编】十一月，右副都御史吴讷乞请退休，明英宗允许了。

【编】正统七年（壬戌，1442）夏六月，少保、工部尚书吴中去世。【纪】吴中从国子生不断升迁，最后官至尚书。他性情贪婪卑鄙，而其妻甚为严正。一天，在家拜迎授官的诰命，其妻唤来儿子吴宣之问道："这诰命中的文词是皇上自己说的呢，还是翰林代拟的？"吴宣之说："也是翰林代拟的。"其妻叹息说："翰林先生果不虚妄，任命吴中的一篇诰文，只说他平生为人，哪里有'清廉'二字！"吴中听到妻子的话，虽然心中怨恨，但仍强作笑容而已。

【编】明英宗任命礼部侍郎王直为吏部尚书。

【编】冬十月，太皇太后张氏去世。【纪】起初，宣宗去世，明英宗年幼即皇帝位，事事都禀报太后，然后施行。委用三杨（杨士奇、杨荣、杨溥），政事处理归于内阁。每隔数天，太后必定要派遣宦官到内阁，询问施行什么事，都上报给太后知道。或有王振擅自决断不送内阁商议的事，必定立即召见王振，予以斥责。太后去世之后，王振就更加肆无忌惮了。

【编】十二月，太监王振假托皇帝诏旨，任命徐晞为兵部尚书。

【编】正统八年（癸亥，1442）夏四月，雷震奉天殿鸱吻（鸱吻，殿脊上的一种装饰物），明英宗下诏求直言。将侍讲刘球逮捕，投入监狱杀死。【纪】刘球向来为王振所忌恨，锦衣卫指挥彭德清，是刘球的同乡人，往来王振门下，能管点事，公卿大臣大都前去谒见彭德清，惟有刘球不去，彭德清就忌恨于他。到这时，刘球应诏命而上书，奏陈十件事。彭德清便挑动王振说："你知道吗？刘侍讲奏疏中所讲的第三件事'辨别贤与不贤，以清正士'，那是诋毁您的。"王振恼怒，想致刘球于死地。其时正逢翰林院编修董璘自己奏陈愿作太常寺官，而刘球奏疏中有"太常寺不可任用道士，应当改由儒臣充任"的话，于是，把董璘与刘球一同逮捕投入监狱。王振即令其党羽锦衣卫指挥马顺设计杀害刘球。一天晚上五更时分，马顺只带领一个小校，推开狱门而入。刘球与

【编】下大理寺少卿薛瑄狱,寻除名,放归田里。 【纪】瑄素不为王振屈,振衔之。会有武吏病死,其妻有色,振侄山欲夺之,妻持不可,妾因诬告妻毒其夫。都御史王文究问,已诬服;瑄辨其冤,屡驳还之。文诣事振,谮之,嗾御史劾瑄受贿,故出人罪。廷鞫,竟坐以死,下狱,瑄怡然曰:"辨冤获罪,死何愧焉!"在狱读易以自娱。初,瑄既论死,子淳等三人请一人代死,二人戍赎父罪;不许。将决,振老仆泣于爨下。振问之,曰:"薛少卿不免,是以泣。"曰:"何以知之?"曰:"乡人也。"因述其平生,振少解。会侍郎王伟申救之,得免死除名,放归田里。

【编】瓦剌太师顺宁王脱欢卒,子也先嗣。 【纪】自脱欢并吞诸部,势浸强盛,至也先益横,屡犯塞北,边境自此多事。

【编】秋八月,王振枷祭酒李时勉于国子监门,寻释之。【纪】振尝诣监,衔时勉无加礼,令人廉其事,无所得。彝伦堂有古树,故许衡所植也,时勉嫌其阴翳,妨诸生班列,稍命伐其旁枝。振遂诬以伐官木,私家用,矫旨令荷校,肆诸成均。监生石大用乞以身代,号哭奔走阙下,上疏求解者数千人。会昌伯孙继宗言于孙太后,太后为上言之,始知振所为也,命立释之。

【编】立妃钱氏为皇后。
【编】甲子,九年,春正月,新建太学成,帝临视,祗谒先圣,行

董璘同卧一处，小校上前抓住刘球，刘球知道死不可免，大呼道："就是死了，也要向太祖、太宗控诉！"小校用刀砍断刘球的脖颈，鲜血染遍了全身，仍屹立不动。

【编】大理寺左少卿薛瑄被捕入狱，不久削职为民，放归故乡。【纪】薛瑄向来不为王振所屈，王振怀恨在心。恰逢一武吏病死，其妾有姿色，王振的侄子王山想夺为己有，武吏妻坚决不答应，妾就诬告其妻毒死丈夫。都御史王文查问此事，妻已屈打成招，薛瑄为其申辩冤屈，屡次将王文的案判驳回。王文谄事王振，诬陷薛瑄，唆使监察御吏弹劾薛瑄接受武吏之妻的贿赂，故意使其免罪。经过廷讯，竟判薛瑄死罪，投入监狱囚禁。薛瑄怡然说："为人辩冤而获罪，死有何愧？"在狱中读《易经》，聊以自娱。起初，薛瑄被定为死罪，其子薛淳等三人请求一人代死，二人戍边，以赎其父的死罪，不被接受。薛瑄将被处决时，王振的一位老仆在灶旁哭泣，王振问他，老仆说："薛少卿不免一死，我所以哭泣。"王振问："你怎么知道的？"老仆说："是同乡啊。"接着叙述薛瑄的生平事迹，王振听了，怨恨稍有缓解。正遇侍郎王伟申救薛瑄，才得以免死，削职为民，放归故乡。

【编】瓦剌太师顺宁王脱欢去世，其子也先嗣顺宁王。【纪】自从脱欢吞并周围各部之后，势力渐渐强盛，到也先时更加凶横，多次侵犯塞北，边境从此多事。

【编】秋八月，王振将祭酒李时勉戴上枷锁，在国子监大门示众，不久释放。【纪】王振曾到国子监，恨李时勉对他不够礼貌，便令人暗中查察，企图借故惩处他，结果，一无所获。彝伦堂有棵古树，元代时许衡栽种的，李时勉嫌树阴掩盖，妨碍诸生列班，命人稍稍砍伐掉大树的旁枝。王振便乘机诬陷李时勉砍伐官木，供自己家用，并假托皇帝旨意，将李时勉戴上枷锁，在国子监大门示众。监生石大用乞求由自己代替受刑；号哭着跑到皇城门下，上疏请求释放李时勉的达数千人。会昌伯孙继宗告知孙太后，太后又告知明英宗，才知道是王振所为，便命立即释放李时勉。

【编】明英宗册立妃钱氏为皇后。

【编】正统九年（甲子，1444）春正月，新建太学完工，明英宗亲

释奠礼。【纪】先是,太学犹因元陋,吏部主事李贤上言:"国家建都北京以来,所废弛者莫甚于太学,所创新者莫多于佛寺,举措如是,可谓舛矣!若重修太学,虽极壮丽,不过一佛寺之费。请及时修举,以致养贤及民之效。"从之,至是成。

【编】三月,少师、兵部尚书兼华盖殿大学士杨士奇卒。
【编】夏四月,以翰林院学士陈循直文渊阁,与机务。
【编】乙丑,十年,秋七月,下霸州知州张需狱。【纪】需善字民,顺天府丞王铎尝旌异之。有牧马官扰民,需置于法。牧马官以谮王振,遂被逮,箠楚几死,谪戍边;并坐铎私举,下于理。

【编】丙寅,十一年,春三月,贬巡抚山西、河南兵部侍郎于谦为大理寺少卿,寻复命巡抚。【纪】谦抚梁、晋十余年,惧盈满,举参政孙原贞、王来自代。时王振方用事,谦每入京,未尝持一物交当路。又御史有姓名类谦者尝忤振,振意以为谦,嗾言官劾之,罢为大理少卿。二省民倍道赴阙乞留,亲藩亦以"不可无谦"请,乃复命巡抚。

【编】秋七月,少师、礼部尚书兼武英殿大学士杨溥卒。
【编】丁卯,十二年,春正月,巡抚宣、大金都御史罗亨信,奏请增置城卫以备边,不报。【纪】亨信上言:"瓦剌也先专候衅端图入寇,宜预于直北要害,增置城卫土城备之,不然,恐贻大患。"奏闻,兵部尚书邝野畏王振,不敢主议,遂寝不行。

【编】以于谦为兵部侍郎。

自往观，敬谒先圣孔子，行释奠礼（奠礼，古代学校的一种典礼，陈设酒食祭奠先圣先师）。　【纪】起先，太学是利用元代的房舍，简陋破旧，吏部主事李贤上疏说："国家建都北京以来，破败的莫过于太学，而新建壮丽的莫过于佛寺多，这样处理事务，真是本末倒置！如果重修太学，虽使其极为壮丽，只不过是一座佛寺的费用，请求及时重修太学，以便收到养贤而惠及于百姓的效果。"明英宗依从了，到此时修成。

　　【编】三月，少师、兵部尚书兼华盖殿大学士杨士奇去世。

　　【编】夏四月，明英宗命翰林院学士陈循入直文渊阁，参预机务。

　　【编】正统十年（乙丑，1445）秋七月，逮捕霸州（今河北霸县）知州张需，投入监狱。　【纪】张需善于抚恤百姓，顺天府（治大兴县，在今北京市城内）府丞王铎曾表彰过他。有个牧马官骚扰百姓，张需以法惩治。牧马官到王振面前说张需的坏话，张需便被逮捕，遭杖刑痛打，几乎死去，贬谪戍边；王铎也因举荐过张需而被牵连，受到处罚。

　　【编】正统十一年（丙寅，1446）春三月，贬谪巡抚山西、河南兵部侍郎于谦为大理寺少卿，不久又复职。　【纪】于谦巡抚河南、山西十余年，担心高官厚禄久了，盈满招损，便推荐参政孙原贞、王来代替自己。当时，王振正专擅权力，于谦每次赴京奏事，未曾拿一物送给当权的。又有一御史姓名与于谦相似，曾得罪过王振，王振以为就是巡抚于谦，便唆使言官弹劾于谦，被贬为大理寺少卿。河南、山西两省百姓得知，及时赶到朝廷，乞求于谦留任。分封到河南、山西的藩王也以"不能没有于谦"向朝廷请求，于是，明英宗又命于谦巡抚河南、山西。

　　【编】秋七月，少师、礼部尚书兼武英殿大学士杨溥去世。

　　【编】正统十二年（丁卯，1447）春正月，巡抚宣府（今河北宣化市）、大同（今山西大同市）佥都御史罗亨信奏请增置城卫，以加强边境防御。不给回答。　【纪】罗亨信上奏说："瓦剌的也先专门寻找机会企图入侵，应该预先在直隶北面要害之处，增置城卫、土城，以便防御。不然，恐会留下大的祸患。"奏疏送到朝廷，兵部尚书邝野畏惧王振，不敢支持这个建议，便压下不理。

　　【编】明英宗下诏以于谦为兵部侍郎。

【编】以都督佥事石亨为左参将,守万全。

【编】戊辰,十三年,春二月,修大兴隆寺。 【纪】寺初名庆寿,在禁城西,金章宗建。王振言其敝,命役军民修之。费巨万,壮丽甲于京都,上临幸焉。

【编】己巳,十四年,春二月,瓦剌也先遣使进马。 【纪】也先遣使二千余人进马,诈称三千人。王振怒其诈,减去马价,使回报,遂失和好。

先是,也先遣人入贡,通事辈利其贿,告以中国虚实。也先求结婚,通事私许之,朝廷不知也。至是贡马,曰:"此聘礼也。"答"诏无许婚意"。也先益愧忿,谋寇大同。

【编】夏六月,谨身、奉先、华盖三殿复灾。 【纪】丙辰夜,雷电大震,风雨骤作,谨身殿火起,延奉天、华盖二殿,奉天诸门皆毁。自王振擅权,灾异叠见。振略不警畏,很恣愈甚,且讳言天变。时浙江绍兴山移于平地,官不敢闻。又地动,白毛遍生,奏入不省。陕西二处山崩,山移有声三日不绝,移三里,不敢详奏。黄河改往东流于海,淹没人家千余户。又振宅新起,未逾时,一火而尽。南京宫殿火,是夜大雨,殿基上荆棘二尺高。始下诏赦天下。

【编】秋七月,瓦剌也先大举入寇,帝下诏亲征。 【纪】也先图犯边,其势甚张,侍讲徐珵语其友刘溥曰:"祸不远矣!"亟命妻子南归。皆重迁,有难色,珵怒曰:"尔不急去,不欲作中国妇邪!"

【编】明英宗任命都督佥事石亨为左参将，守万全（万全都司，治宣府卫，今河北宣化市）。

【编】正统十三年（戊辰，1448）春二月，修建大兴隆寺。 【纪】大兴隆寺原名庆寿，在皇城之西，金章宗时期修建。王振对明英宗说，寺庙破旧，便命役使军民修筑，花费巨万，其壮丽为京师之最。明英宗亲自前往参观。

【编】正统十四年（己巳，1449）春二月，瓦剌也先派遣使臣向朝廷进献马匹。 【纪】也先派遣二千余人向朝廷进献马匹，谎称三千人。王振因其欺诈而怒，减去马价，使者回去报告，于是与瓦剌也先失去和好。

起先，也先遣人向朝廷进贡，通事官员为得到也先的贿赂，就将国内的虚实情况告诉使者。也先请求与明朝结婚姻，通事官员私自作主答应了，而朝廷不知。到这时使者进贡马匹，说："这些马匹是聘礼。"回答说："诏命没有许婚之意。"也先既羞愧又愤怒，便谋划入侵大同。

【编】夏六月，南京谨身、奉天、华盖三殿又遭火灾（原本无"南京"，据《明英宗实录》卷179补。"奉天"，原本误"天"为"先"，据下文改）。 【纪】初八日（丙辰）夜里，电雷大震，风雨突起，南京谨身殿起火，蔓延到奉天、华盖二殿，奉天殿各门都被烧毁。自从王振专权，灾异屡次发生。王振一点不知警惕畏惧，反而更加恣意横行，而且忌讳说及天变。当时，浙江绍兴山滑坡移到平地，地方官不敢奏报。又有地震，地上遍生白毛，奏报朝廷，也不省察。陕西有两个地方发生山崩，移动有声，三日不绝，山移动了三里，地方官也不敢详细奏报。黄河改道，往东流入大海，淹没千余户人家。又有王振新宅第盖成，未过多久，就一把火烧个精光。南京宫殿遭到火灾，这天晚上下起大雨，殿基上长出二尺高的荆棘。于是，明英宗才下诏赦天下。

【编】秋七月，瓦剌也先大举入侵，明英宗下诏亲征。 【纪】也先图谋侵犯边境，其势甚大，侍讲徐珵对友人刘溥说："祸不远了。"急命妻子南归故乡，都不愿迁家，显出为难的表情，徐珵发怒说："你不立即回去，不想做中国妇了吗！"其妻才启程回乡。初八日，也先大举入侵，

乃行。八日，也先大举入寇，兵锋锐甚，大同兵失利，塞外城堡，所至陷没，边报日至，乃遣驸马都尉井源等四将各率兵万人出御之。源等既行，王振劝上亲征，从之。

【编】车驾发京师，命弟郕王祁钰居守。【纪】亲征命下，二日即行，事出仓卒，举朝震骇。命太师英国公张辅、太师成国公朱勇率师以从，户部尚书王佐、兵部尚书邝野、学士曹鼐、张益等扈征。吏部尚书王直及大小群臣伏阙恳留，不允。命太监金英辅郕王居守，遂偕王振并官军五十余万人出居庸关，过怀来至宣府，未至大同，兵士已乏粮，僵尸满路，寇亦佯避，诱师深入。

【编】八月，车驾至大同，下诏班师。【纪】师至大同，王振又欲进兵北行，钦天监正彭德清斥振曰："象纬示警，不可复前，若有疏虞，陷乘舆于草莽，谁执其咎！"曹鼐曰："臣子固不足惜，主上系天下安危，岂可轻进！"振怒曰："倘有此，亦天命也。"于是井源等报败踵至，会暮，复有黑云如伞罩营，雷雨大作，振恶之。会前军西宁侯朱瑛、武进伯朱冕全军覆没，镇守大同中官郭敬密言于振："势决不可行。"振始有还意。明日，班师。

【编】车驾至土木，大军与瓦剌兵战，败绩，帝被拥以去。【纪】大同总兵郭登告曹鼐等："车驾入，宜从紫荆关，庶保无虞。"王振不听。振，蔚州人，因欲邀驾幸其第，既又恐损其禾稼，行四十里复转而东，还至狼山，追骑且及。庚申，遣朱勇等率三万骑御之。勇进军鹞儿岭，敌于山两翼邀阻夹攻，杀掠殆尽。

是日，驾至土木，日尚未晡，去怀来二十里。众欲入保怀来，以王振辎重千余两未至，留待之。邝野再上章请车驾疾驱入关，而严

兵锋锐利得很。大同兵作战失利，也先兵所经过的塞外城堡都一一陷没，每日都有边境的奏报送到朝廷。明英宗便派遣驸马都尉井源等四将各率兵万人前往防御。井源等出发后，王振劝说明英宗亲征，明英宗依从了。

【编】明英宗率兵从北京出发，命弟郕王朱祁钰居守。【纪】亲征的诏命一下达，仅两天就出发，事出仓卒，举朝震骇，明英宗命太师、英国公张辅，太师、成国公朱勇率领兵马从征；户部尚书王佐、兵部尚书邝野、学士曹鼐、张益等随驾征讨。吏部尚书王直及大小群臣伏在殿廷之下恳切劝阻，明英宗不允。命太监金英辅佐郕王居守，便偕同王振及五十余万官军出居庸关，经过怀来，抵达宣府。还未到大同，兵士已经缺粮，倒毙的尸体满路；也先兵假装退避，引诱明英宗率军深入。

【编】八月，明英宗抵达大同，下诏班师。【纪】明英宗率军抵达大同，王振还想向北进军，钦天监正彭德清斥责王振说："天象已经示警，不可再向前进军。如果有什么意外，使皇上陷于草莽危境，谁负罪责！"曹鼐说："臣子固然不足惜，而主上系天下安危，岂可轻率冒进！"王振发怒说："如果有那种情况，也是天命。"于是井源等战败的消息接踵而至，正遇夜幕将临，又有黑云像伞一样笼罩军营，雷雨大作，王振心中厌恶这种情况。此时前军西宁侯朱瑛、武进伯朱冕全军覆没，镇守大同的宦官郭敬秘密对王振说："根据目前形势，决不能再进。"王振这才有回师之意。第二天，下诏班师。

【编】明英宗抵达土木堡（在今河北怀来县东南），大军与瓦剌兵交战失败，明英宗被瓦剌兵簇拥而去。【纪】大同总兵郭登对曹鼐等人说："皇上应当从紫荆关（在今河北易县北紫荆岭上）进入，方才可保没有意外。"王振不听。王振是蔚州（今河北蔚县）人，因为想邀明英宗临幸他家，但又担心损坏其庄稼，走了四十里，又转而向东，抵达狼山（在今河北易县西），瓦剌骑兵将要追到。十三日（庚申），派遣朱勇率三万骑兵抵御，朱勇进军鹞儿岭，瓦剌兵从山两边阻击夹攻，朱勇军几乎全遭杀戮或俘虏。

十四日（辛酉）（原本作"是日"，据《明英宗实录》卷181改补），明英宗抵达土木堡，尚未到黄昏时分，离怀来二十里。群臣将帅都想赶到怀

兵为殿，不报。又诣行殿力请，振怒曰："腐儒，安知兵事！"遂驻土木，旁无水泉，又当敌冲。辛酉，欲行，敌已逼，不敢动，人马不饮水已二日，饥渴之甚，掘井深二丈，不得水。

也先分道自土木傍麻谷口入，守口都指挥郭懋拒战终夜，敌益增。壬戌，敌遣使持书来，以和为言，上遂召曹鼐草敕与和，遣二通事与北使偕去。振急传令移营，南行未三四里，敌复四面攻围，兵士争先奔逸，势不能止。敌奋长刀以砍大军，大呼："解甲投戈者不杀！"众裸袒相蹈藉死，蔽野塞川，宦侍、虎贲矢被体如猬。上与亲兵乘马突围，不得出，被拥以击。张辅、邝野、王佐、曹鼐、张益而下数百人皆死。

初，师既败，上乃下马盘膝面南坐。有一敌将索衣甲，不与，欲加害，其兄来曰："此非凡人，举动自别。"拥出雷家站见也先之弟赛刊王。上问曰："子其也先乎？其伯颜帖木儿乎？赛刊王乎？大同王乎？"赛刊王闻语大惊，驰见也先，曰："部下获一人甚异，得非大明天子乎？"也先乃召使中国二人问是否。二人见，大惊，曰："是也。"也先喜曰："我常告天，求大元一统天下，今果有此胜！"问众何以为计。其中一人名乃公，大言曰："天以仇赐我，不如杀之。"伯颜帖木儿大怒，呼也先为"那颜"——"那颜"者，华言"大人"也——"安用此人在旁！"攉其面曰"去"，因力言："两军交战，人马必中刀箭，或践伤压死；今大明皇帝独不践压、中刀箭，而问那颜，问我等，无惊恐怨怒。我等久受大明皇帝厚恩赏，虽天有怒，推而弃之地下，而未尝死之，我等何反天！那颜若遣使告中国迎返

来，入内自保，由于王振装载衣物的千余辆车未到，就停留在土木堡等待。邝野再次上疏，请皇上疾驱奔入关内，而令兵马戒备断后，未给回答。他又到行殿竭力请求，王振发怒说："腐儒怎知用兵之事！"便在土木堡驻扎下来。土木堡周围没有泉水，又直接面对瓦剌军的前锋。十五日（壬戌）（原本作"辛酉"，据《明英宗实录》卷181改），打算开拔入关，但瓦剌军已经逼近，不敢行动，人马已经两天没有喝水，饥渴难忍，就地掘井深达二丈也见不到水。

也先分兵自土木堡旁的麻谷口进入，守卫麻谷口的都指挥郭懋抵抗了一整夜，也先军越来越多。也先派遣使者送来书信（原本作"壬戌，敌遣使持书来"。"壬戌"，衍文，据《明英宗实录》卷181删），说是要讲和。明英宗便召曹鼐草拟敕书同意讲和，派遣二位通事与来使一同前往。王振急忙传令移营，向南还未行三四里，也先军又四面围攻，兵士争先奔逃，势不能止。也先军挥起长刀砍杀明军，大呼道："解去铠甲，放下兵器者不杀！"明军赤身露体相互践踏而死的，遮蔽了原野，塞满了山川，宦官和虎贲军士全身中了箭矢，像刺猬一样。明英宗与亲兵乘马突围，不得出，被也先军簇拥而去。张辅、邝野、王佐、曹鼐、张益以下数百人皆被杀死。

起初，明军既已溃败，明英宗便下马盘腿，面向南方而坐。有一敌将向明英宗索要铠甲、衣服，明英宗不给，敌将想杀死他，其兄到来说："此人相貌非凡，举动也与别人不一样。"便将明英宗簇拥出了雷家站，见也先的弟弟赛刊王。明英宗问道："你是也先吗？是伯颜帖木儿吗？是赛刊王吗？是大同王吗？"赛刊王听到这种问话，大为吃惊，飞马去见也先。说："部下获一人很特别，莫非是大明天子吗？"也先便召曾出使过中国的两个人问是不是大明天子。那两个人去看，大惊，回答也先说："是大明天子。"也先高兴地说："我常告天，求大元一统天下，今天果然取得这样的胜利！"问众将怎么对待大明天子。其中一人名叫乃公，大言道："天以仇人赐我，不如杀了他。"伯颜帖木儿大怒，呼也先为"那颜"，"那颜"，即华语"大人"之意，"怎么能用这种人在身旁！"便上前击打乃公脸面说："滚！"因而坚持说道："两军交战，人马必定中刀中箭，或践踏受伤，或被压死。现在大明皇帝一个人独独没有被践踏

天子,那颜不有万世好男子名乎?"众皆曰"者",犹华言"然"也。于是也先以上送伯颜帖木儿营,令护之。报至京师,皇太后遣使赍重宝文绮,载以八骑,皇后钱氏尽括宫中物佐之,诣也先营请还车驾,不报。

【编】皇太后诏立皇长子见深为皇太子,命郕王为辅,代总国政。

【编】籍王振家,族诛之。 【纪】帝之北狩也,护卫将军樊忠从帝旁,以所持棰捶死振,曰:"吾为天下诛此贼!"遂突围,杀数十人,死之。至是廷臣请族诛振,振所亲马顺及王、毛二侍,一时被击死。都御史陈镒奉郕王令旨籍其家,并振从子山禽于市,族属无少长,皆斩。振家当京城内外凡数处,重堂邃阁,拟于宸居,器服绮丽,尚方不逮,玉盘百面,珊瑚高六七尺者二十余株,金银六十余库,币帛珠宝无算。

【编】皇太后以于谦为兵部尚书。

【编】也先拥帝至大同,寻复拥帝去。 【纪】也先拥帝至大同城下索金币,约赂至即归帝。都督郭登闭门不纳,帝传旨曰:"朕与登有姻链,何外朕若此?"登遣人传奏曰:"臣奉命守城,不敢擅启闭。"随侍校尉袁彬以头触门大呼,于是广宁伯刘安等括公私金银共万余两出迎驾,既献,复不应。

初,也先来索赂,郭登曰:"此绐我耳。莫若以计伐其谋,劫营夺驾入城,此为上策。"乃谋以壮士七十余人,饷之食,令奋前执其弓刀,因拥帝还。会有沮者,既淹久,寇觉,惊扰而去。

兵伤，没被压死，也没中刀箭，而问那颜，问我们这辈人，没有惊恐怨怒的样子。我们长期受到大明皇帝优厚的赏赐和恩惠，虽上天有怒，推而弃大明皇帝于地下，而未尝使之死去，我们为什么要违反天意呢！那颜如果遣使告知中国来迎接天子返回，那颜不就有了好男子之名，万世流传吗！"众人都说："者"（犹华语"是"）。于是，也先将明英宗送往伯颜帖木儿的军营，令其好好保护。边情奏报到达北京，皇太后遣使带着重宝文绮，用八匹马驼运，皇后钱氏把宫中的物品全部拿出来加在一起运去。使者抵达也先军营，请求让皇上还京，也先不作回答。

【编】皇太后下诏立年仅二岁的皇长子朱见深为皇太子，命郕王为辅，代理国政。

【编】抄没王振家，全族被杀。 【纪】明英宗被也先军俘去时，护卫将军樊忠正随侍在旁，用所持的棍棒将王振捶打而死，说："我为天下杀此贼！"便奋力突围，杀敌数十人，力战而死。此时，廷臣请求杀死王振全族，王振的亲信马顺及王长随、毛贵二个宦官，一时全被击死。都御史陈镒奉郕王令旨抄没王振家，连王振之侄王山一起拉到闹市中，一块一块地切割其肉处死，其族人不论老幼，全部斩首。王振的宅第，在京城内外共有好几处，重重庭堂，高阁深院，与皇帝的居室差不多，器物之光彩华丽，连皇帝所用器物都赶不上。玉盘有一百面，六七尺高的珊瑚二十余株，金银六十余库，币帛珠宝不计其数。

【编】皇太后任命于谦为兵部尚书。

【编】也先拥明英宗至大同，不久又拥明英宗离去。 【纪】也先拥明英宗到大同城下索要金币，约定送交的财物一到，就立即归还皇帝。都督郭登紧闭城门不让其进入，明英宗传旨说："朕与郭登有姻亲关系，为何对朕如此见外？"郭登遣人传达奏报说："臣奉命守城，不敢擅自随意开关城门。"随从侍奉明英宗的校尉袁彬用头撞门大声呼唤，于是广宁伯刘安等收刮公私金银共一万余两，出城迎驾，既已将金银献上，也先仍不答复。

起初，也先来索取财物，郭登说："这是欺骗我罢了。不如以计破其阴谋（原文作"莫若以计代其谋"，误"伐"为"代"），去劫也先军营，夺回皇上入城，此为上策。"于是计划以壮士七十多人，吃饱之后，令他

也先拥帝道宣府,总兵杨洪闭城门不出。事闻,逮洪系诏狱。

帝出塞过猫儿庄、九十海子,历苏武庙、李陵碑至黑松林,也先营在焉。帝始入也先营,也先屡欲谋害。会夜大雷雨,震死也先所乘马,谋乃止,且加礼焉。袁彬侍左右,颇知书,性警敏。又有哈铭者,先随使臣吴良羁留在北,至是亦与彬同侍。又有卫沙狐狸者,亦随上至漠北,供薪水,劳苦备至。

【编】皇太后命郕王即帝位,群臣奉表劝进。 【纪】太后遣太监金英传旨:"皇太子幼冲,郕王宜早正大位以安国家。"时议者以时方多故,人心危疑,思得长君以弭祸乱。于是文武群臣交章劝进。王再辞让,众请遵太后命,允之,遂择日行礼。

【编】九月,也先遣使来。 【纪】使言欲送帝还京师。使还,以金百两,银二百两,彩币二百匹赐也先。

【编】郕王即皇帝位,遥尊帝为太上皇,诏赦天下,改明年为景泰元年。

【编】也先复遣使致书。 【纪】也先书辞悖慢,兵部尚书于谦见上泣言曰:"寇贼不道,势特长驱深入,不可不预为计。迩者各营精锐尽遣随征,宜急遣官分设召募;京师九门,宜用都督统领。通州、霸上仓粮,不可捐弃以资寇,令在官者悉诣阙支,准为月粮之数,庶几两得。"上嘉纳之。

【编】以陈循为户部尚书,高穀为工部尚书。
【编】出杨洪、石亨于诏狱,命洪仍守宣府,亨总京师兵马。

们奋勇上前拿了也先的弓、刀，趁机拥皇上返回。遇到有人从中阻拦，耽误了很久，敌人觉察，便惊扰而去。

也先拥明英宗取道宣府，总兵杨洪关闭城门不出。朝廷得知，逮捕杨洪投入锦衣卫监狱。

明英宗出塞过猫儿庄、九十海子，经苏武庙、李陵碑到黑松林，也先的军营就设在那里。明英宗初入也先军营，也先多次想加以谋害。正好当天夜里大雷雨交加，震死也先乘坐的马匹，谋害明英宗的企图才停止，并且待之以礼。袁彬侍奉在左右，他读了不少书，性格机警敏捷。又有叫哈铭的，早先随使臣吴良羁留在北边，到这时也与袁彬一起侍奉明英宗。还有一位叫卫沙狐狸的，也随明英宗到漠北，供应柴薪和饮水，劳苦备至。

【编】皇太后命郕王朱祁钰即皇帝位，群臣奉表劝进。 【纪】太后遣太监金英传旨："皇太子年幼，郕王应该早点即皇帝位以安国家。"当时议者以为当前事故正多，人心危惧而疑虑重重，希望能有年长的君主，以消除祸乱。于是文武群臣交替上章劝郕王即皇帝位，郕王再三辞让，文武群臣请他遵奉太后之命，郕王方才答应，便择定吉日举行即位礼。

【编】九月，也先遣使来到北京。 【纪】使者说想送明英宗回北京。使者返回，朝廷以金一百两、银二百两、彩币二百匹赐给也先。

【编】郕王即皇帝位，遥尊明英宗为太上皇，下诏赦天下，改明年为景泰元年。

【编】也先再次遣使前来传送书信。 【纪】也先在书信中用词悖乱傲慢，兵部尚书于谦见明景帝，哭泣着说："寇贼无道，看其势头，将会长驱深入，不可不预先为防御之计。近来各营精锐全部随从出征，应该急速遣官分头召募；京师九门，应该派都督统领。通州（今北京通县）、霸州仓库的粮食，不能丢弃以资敌，令在职官员和将士前往通州支领，以月俸数额为准，这样才能使通州有粮和官俸支给都得到解决。"明景帝嘉许地采纳了于谦的建议。

【编】明景帝以陈循为户部尚书，高谷为工部尚书。

【编】明景帝将杨洪、石亨从锦衣卫监狱中释放出来，命杨洪仍

【纪】亨有威望，方面，巨躯，须垂至膝。初协守万全，坐不救乘舆，械系诏狱，至是以于谦言赦出之，使总京营兵马赎罪。

【编】冬十月，也先挟上皇与可汗脱脱不花寇紫荆关，京师戒严。　【纪】先是，太监喜宁，故鞑靼也，土木之败，降于也先，尽以中国虚实告之，为彼向道，奉上皇入寇。七日至大同城下，守臣郭登曰："赖天地祖宗之灵，国有君矣。"也先知有备，不攻去。九日至广昌，破紫荆关。朝野汹汹，人无固志。侍讲徐珵方有时名，亦锐意功业，太监金英召珵问计，珵曰："验之星象、历数，天命已去，请幸南京。"英叱之，令人扶出。明日，于谦上疏抗言："京师，天下根本，宗庙、社稷、陵寝、百官、万姓、帑藏、仓储成在，若一动则大势尽去，宋南渡之事可鉴也。珵妄言，当斩！"金英宣言于众曰："死则君臣同死，有以迁都为言者，上命必诛之。"乃出榜告谕，固守之议始决。

谦闻寇迫关，思各处刍粟数万计，恐为敌资，急遣使焚之，然后奏闻。或请姑待报，谦曰："寇在目前，若少缓彼将据之，适以赍盗粮耳。独不见宋牟驼冈事乎！"众皆是之。

【编】也先军围京师，石亨等击却之，也先北遁。　【纪】也先长驱至京城西北关外。命石亨等军于城北，于谦督其军都督孙镗军于城西，刑部侍郎江渊参其军，皆背城而阵。以交址旧将王通为都督，与御史杨善守城。谦率先士卒，躬擐甲胄，出营德胜门，以示必死。泣以忠义谕三军，人人感奋，勇气百倍。喜宁嗾也先遣使来议和，索大臣出迎驾。众莫敢出，乃以通政参议王复为礼部侍郎、中

镇守宣府,石亨总督京师兵马。【纪】石亨有威望,方脸,身躯高大,胡须垂到膝盖。他起初奉命协守万全,因不救明英宗,被逮捕,投入锦衣卫监狱,到这时以于谦进言而被赦免出狱,使其总督京营兵马以赎罪。

【编】冬十月,也先挟持太上皇,与可汗脱脱不花侵犯紫荆关,京师戒严。【纪】起先,太监喜宁,原系鞑靼人,土木堡之败,投降也先,把中国虚实情况全都告诉了也先,为也先作向导,奉太上皇入侵。七日,抵达大同城下,守臣郭登说:"赖天地祖宗之灵,国家已有皇帝了。"也先知其有备,不攻而离去。九日,抵达广昌(今河北涞源),攻破紫荆关,朝廷内外动荡不安,人无坚定之志。侍讲徐珵当时正有名气,也专意于建立功业,太监金英召徐珵询问计策,徐珵说:"从星象、历数验察,本朝的天命已去,应该请皇帝迁到南京去。"金英一听,大声呵斥徐珵,令人将他扶出门去。第二天,于谦上疏坚定地说:"京师,是天下的根本,宗庙、社稷、陵寝、百官、万民、帑藏、仓储都在这里,若一动则大势尽去,宋朝南渡的事可以作为鉴戒。徐珵妄言,应当斩首!"金英当众宣称:"死就君臣同死,若有以迁都为言者,皇上命令必须将他处死!"于是,出榜告谕全城,固守京师之议才决定下来。

于谦得知也先军已逼近长城关口,考虑到各处粮食数以万计,担心被也先军夺去食用,急忙遣使前往烧毁,然后奏报皇帝。有人请于谦待皇帝批准再烧毁,于谦说:"敌军就在眼前,若稍有迟缓,他们将据为己有,这就像给盗贼送粮一样。你不知道宋朝牟驼冈的事吗!"(宋钦宗靖康元年,金朝将领斡离不率军抵达汴城,占据牟驼冈,所积粮食尽被其所得)大家都觉得于谦的话有理。

【编】也先军围攻京师,石亨等率军加以击退,也先向北逃遁。【纪】也先率军长驱直入,抵达京城西北关外。明景帝命石亨等率军在城北,于谦督其军;都督孙镗率军在城西,刑部侍郎江渊参赞其军;皆背城摆开军阵。又命交阯旧将王通为都督,与监察御史杨善守城。于谦身先士卒,披上甲胄,到德胜门外安营,以表示与也先军决一死战的决心。哭泣着以忠义激励三军,人人感动奋发,勇气百倍。喜宁唆使也先遣使前来议和,要求大臣出城迎接明英宗。大臣无人敢出城,明景帝

书舍人赵荣为鸿胪寺卿,出朝上皇于土城庙。也先、伯颜帖木儿擐甲持弓矢侍上皇。复等见上皇进书敕,也先曰:"尔皆小官,急令王直、胡濙、于谦、石亨来。"上皇谕复、荣曰:"彼无善意,汝等宜急去。"二人辞归。

寇益四出剽掠,攻城益急。既而宣府杨洪援兵至,军声大振。时诸军二十二万列城下,寇见大军盛而严,不敢轻犯。

石亨出安定门,与其从子彪持巨斧突入敌中坚,所向披靡。敌却而西;亨追战城西,复却而南。彪率精兵千人诱寇至彰义门,寇见彪兵少,逼之,亨率众乘之,寇败走。神机营都督范广以飞枪火箭杀伤甚众,于是也先气稍沮。于谦使谍谍知上皇移驾远,命石亨等夜举火大炮击其营,死者万人。也先以上皇北遁。脱脱不花闻之,遂不敢入关,亦遁。

【编】十一月,京师解严。杨洪等班师还京,封洪昌平侯,石亨武清侯。加于谦少保,总督军务;谦固辞,不许。

【编】伯颜帖木儿妻令侍女迎上皇驾;寻值圣节,也先上寿。【纪】上皇北至小黄河苏武庙,伯颜帖木儿妻阿挞剌阿哈剌令侍女设帐迎驾,宰羊递杯进膳。寻值圣节,也先上寿,进蟒衣貂裘,筵宴。哈铭、袁彬常宿御寝傍,天寒甚,每夜上皇令彬以两胁温足。一日晨,起谓铭曰:"汝夜手压我胸,我俟汝醒,乃下手。"因言光武与子陵共卧事,铭顿首。上皇夜出帐房,仰观天象,指示二人曰:"天意有在,我终当归也。"上皇使哈铭致意伯颜妻,令劝伯颜送还朝。妻曰:"我妇人,何能为?然官人洗濯,我侍巾帨,亦当进一言。"铭

便升迁通政司参议王复为礼部侍郎、中书舍人赵荣为鸿胪寺卿(《明英宗实录》卷184,正统十四年冬十月己未条载:"升通政司左参议王。复为右通政,中书舍人王荣为太常寺少卿,遣复、荣出城朝见,"与原本记载有异。似当以《实录》为准),出城到土城庙朝见太上皇。也先、伯颜帖木儿身披甲胄,手拿弓箭,侍奉着太上皇。王复等朝见太上皇,呈上书敕,也先说:"你们都是小官,赶快回去令王直、胡濙、于谦、石亨前来。"太上皇对王复、赵荣说:"也先不怀好意,你们应该赶快离开。"二人于是辞归。

也先军四出劫掠,攻城也更急。不久,宣府守将杨洪率援兵到来,军声大为振作。当时各路兵马二十二万列阵城下,也先见明军强盛而纪律严整,不敢轻易进攻。

石亨率军出安定门,和他侄子石彪,手拿巨斧冲入敌军的主力部分,所到之处,敌军纷纷溃败。敌军向西退去,石亨追到城西再战,敌军又向南退去。石彪率领精兵千余人,引诱敌军到彰义门。敌军看到石彪兵少,逼了上来,石亨率军趁机击杀,敌军败逃。神机营都督范广用飞枪火箭杀伤很多也先军,于是也先的气焰才稍为低落。于谦派遣探子探知太上皇已远远转移,便命石亨等在夜间点火,用大炮轰击也先军营,击毙万人。也先挟持太上皇向北逃遁。脱脱不花得知,不敢入关,也向北逃遁。

【编】十一月,京师北京解除戒严。杨洪等班师回京,明景帝封杨洪为昌平侯、石亨为武清侯。加于谦少保、总督军务;于谦坚决辞不接受,明景帝不许。

【编】伯颜帖木儿妻令侍女迎接太上皇,不久,逢太上皇生日,也先祝寿。 【纪】太上皇北到小黄河苏武庙,伯颜帖木儿妻阿挞剌阿哈剌令侍女设帐迎驾,宰羊,递杯,进食。不久逢太上皇生日,也先祝寿,送上蟒衣貂裘,设席宴请。哈铭、袁彬常睡在太上皇寝室近旁,天气极为寒冷,每天晚上太上皇都让袁彬用两腋温暖其两脚。一天早晨起来,对哈铭说:"夜里你的手压住我的胸脯,我等你醒了,才把你的手拉下来。"因而谈到了汉光武帝与严子陵睡在一起的事,哈铭叩头。太上皇夜间走出帐房,仰头观察天象,指着天象对二人说:"天意有在,我终

时时设喻慰上皇勿忧或成疾。

【编】十二月，尊皇太后孙氏曰上圣皇太后，生母吴氏曰皇太后，立妃汪氏为皇后。

景皇帝

【编】庚午，景皇帝景泰元年，春正月，上皇书至，索大臣来迎。　【纪】上命公卿集议，廷臣因奏请遣官使北贺节，进冬衣。上谓必能识太上皇帝者始可行。群臣惧，谢罪，事遂寝。

【编】瓦剌兵入朔州，大同总兵郭登击走之。　【纪】登以八百骑破寇数千，追奔四十里，夺回人口牛马军器以万计，捷闻，进封登定襄伯。

【编】二月，叛臣喜宁伏诛。　【纪】宁教也先扰边，且不欲送上皇还，上皇深恶之。宁又忌袁彬，诱彬出营，将杀之，上皇急救之乃免。彬与上皇谋，遣宁传命入京，令军士高磐与俱，密书系磐髀间，令至宣府与总兵等官计擒之。既至，宣府参将杨俊出与宁饮城下，磐抱宁大呼，俊纵兵遂缚宁，送京诛之。也先闻宁诛，与赛刊王等分道入寇。

【编】大同参将许贵请遣使与瓦剌修好，不许。　【纪】贵请遣使腆币以款寇兵，而徐为讨伐计。于谦曰："前者固非不遣使，都指挥季铎、指挥岳谦遣而寇骑已至关口，通政王复、少卿赵荣遣而不获征太上一信。其狡焉侮我而龁我，何似而可言和！况也先不共戴天仇也，理固不可和。万一和而彼遂肆无厌之求，从之则坐弊，不

当还回。"太上皇派哈铭向伯颜帖木儿妻致意,令她劝伯颜帖木儿送太上皇还朝。伯颜帖木儿妻说:"我是一个妇人,有什么作为!但可在丈夫洗濯时,我侍候他,也对他说说。"哈铭时时用一些比喻宽慰太上皇。不要忧虑而酿成疾病。

【编】十二月,明景帝尊皇太后孙氏为上圣皇太后,生母吴氏为皇太后,立妃汪氏为皇后。

景皇帝

【编】景皇帝景泰元年(庚午,1450)春正月,太上皇的书信到达北京,要求大臣来迎。 【纪】明景帝命公卿大臣共同商议,廷臣们因而奏请派遣宦官到瓦剌祝贺节日,进献冬衣。明景帝说必须能认识太上皇的人才可派遣。群臣恐惧,叩头谢罪,此事不了了之。

【编】瓦剌兵侵入朔州(今山西朔县),大同总兵官郭登将其击退。 【纪】郭登以八百骑兵击退数千瓦剌兵,追奔四十里,夺回人口、牛马、军器数以万计。捷报送到京师,明景帝进封郭登为定襄伯。

【编】二月,叛臣喜宁被杀。 【纪】喜宁教唆也先骚扰边境,而且不想送太上皇返还北京,太上皇对他深恶痛绝。喜宁又忌袁彬,引诱袁彬走出营帐,准备杀害,太上皇急忙搭救,袁彬才免于一死。袁彬与太上皇商量,派遣喜宁到北京传达太上皇的旨意,令军士高磐与喜宁一同前往,将密信缚在高磐的大腿间,让他到宣府后与总兵官等设计擒拿喜宁。到了宣府,参将杨俊出来与喜宁在城下饮酒,高磐抱住喜宁大声呼喊,杨俊即令兵士捆绑喜宁,然后押送北京处斩。也先得知喜宁被杀,便与赛刊王等分道入侵。

【编】大同参将许贵上奏请与瓦剌讲和修好,明景帝不许。【编】许贵上奏请求朝廷派遣使臣,以丰厚的财宝去同瓦剌讲和,然后从容地商议讨伐的计策。于谦说:"以前并不是不派遣使臣。都指挥季铎、指挥岳谦奉命出使而瓦剌骑兵已经抵达关口。通政王复、少卿赵荣派遣去了,而未得太上皇一封书信。也先狡诈且侮辱我们、毁伤我们,怎么能同他们言和!何况也先是不共戴天的仇人,按理实不可同

从则生变，势亦不可和。贵，介胄之臣而委靡退怯，法当诛！"是时，上任谦方专，疏既入，于是边将人人言战守，也先不得挟重相恫喝，抱空名不义之质，始谋归太上矣。

【编】秋七月，也先遣其参政完者脱欢等赍书来请和，诏遣礼部右侍郎李实等赍敕报之。【纪】也先以和议不成，命其知枢密院阿剌为书，遣完者脱欢等五人至京师请和。礼部会议，尚书胡濙等奏奉迎上皇，上不允。次日上御文华殿，召文武群臣谕曰："朝廷因通和坏事，欲与寇绝，而卿等屡以为言何也？"吏部尚书王直对曰："上皇蒙尘，理宜迎复，乞必遣使，勿使有他日之悔。"上不怿曰："我非贪此位，而卿等强树焉！今复作纷纭何？"众不知所对。于谦从容曰："大位已定，孰敢他议！答使者，冀以舒边患得为备耳。"上意始释，曰："从汝，从汝！"言已即退。

群臣出文华门，太监兴安传呼曰："孰堪使者？有文天祥、富弼乎？"众未答，王直面赤厉声曰："是何言！臣等惟皇上使，谁敢勿行者！"安语塞入复。时李实任礼科都给事中，上命安传旨，欲遣之，对曰："实不才，然朝廷多事，安敢辞！"安入复命，遂以李实为礼部右侍郎充正使，罗绮为大理寺少卿充副使，马显授指挥使为通事，赍玺书以行。时阁臣及府部诸臣承上意，止言息兵讲和，不及迎复上皇意，实等遂偕完者脱欢北行。

他讲和。万一讲和了，而他就肆意提出永不能满足的要求，到那时，如答应他们，便成了我们极大负担，会因之困敝；如不依他们，就会发生变故。情势如此，也不会和好。许贵，是一位披甲戴胄的武臣，而委靡不振，退让怯懦，按军法当诛！"这时，明景帝对于谦最为信任，于谦的奏疏呈上之后，边将人人谈论战守之策，也先不能再用挟持太上皇来虚声恫吓朝廷，而实际上徒然担着不义之名，方才考虑如何归还太上皇。

【编】秋七月，也先派遣其参政完者脱欢等带着书信来北京请和。明景帝派遣礼部右侍郎李实等带着敕书到瓦剌回报。【纪】也先因议和不成，命其知枢密院阿剌写了书信，派遣完者脱欢等五人到京师请求讲和。礼部官员商议，尚书胡濙等上奏请求去迎回太上皇，明景帝不答应。第二天，明景帝在文华殿召集文武群臣告谕说："朝廷鉴于讲和容易坏事，想同瓦剌断绝来往，而你们屡次请求与瓦剌讲和，这是为什么呢？"吏部尚书王直回答说："太上皇陷敌蒙尘，按理应该迎接回京，恢复皇位。乞求一定派遣使臣前往迎接，不要以后悔恨莫及。"明景帝不高兴地说："我不贪图现在的皇位，而是你们强使我即位的！现在又说得纷纷扬扬，这是为什么？"群臣不知如何回答。于谦从容地说："皇帝大位已定，谁敢有别的议论！派遣使臣回报，目的在于使边境祸患缓和，得以加强防备罢了。"明景帝方始疑虑消除，说："依你说的办，依你说的办！"说完即退。

群臣刚出文华门，太监兴安传呼道："谁能当使者？有文天祥、富弼这样的人吗？"（宋恭宗朝，元伯颜率军逼近京城，太皇太后遣使捧玺投降。伯颜要与执政大臣面议。太后便以文天祥为右丞相兼枢密使到元军军营，被俘。宋仁宗朝，契丹王耶律宗真遣使来索求关南之地，迁富弼为枢密直学士，带着敕书回报）群臣百官不曾回答，王直红着脸严厉地大声说："这是什么话！臣等只听从皇帝派遣，谁敢不去！"兴安哑口无言，回报皇上。当时李实任礼科都给事中，明景帝命兴安传旨，想派遣李实，李实回答说："我没有什么才能，但现在朝廷多事，怎敢推辞！"兴安又回去复命，便升迁李实为礼部右侍郎充任正使，罗绮为大理寺少卿充任副使，

【编】李实等辞归。　【纪】实等至也先营,地名失八秃儿。既见,也先读玺书毕,乃引见上皇。上皇居伯颜帖木儿营,所居毡毳帐服,食饮皆膻酪,牛车一乘为移营之具,左右惟校尉袁彬暨哈铭侍。实等见上皇泣,上皇亦泣。上皇曰:"朕非为游畋而出,所以陷此者,王振也。"因问太后、皇上、皇后俱无恙,又问二三大臣,上皇曰:"也先欲归我,卿归报朝廷,善图之。"实等因问上皇:"居此亦思旧所享锦衣玉食否?"又问:"何以宠王振至此,致亡国?上皇曰:"朕不能烛奸,然振未败时,群臣无肯言者,今日皆归罪于我。"日暮,实等归宿也先营,酌酒相待。也先曰:"南朝,我之世仇,今天使皇帝入我国,我不敢慢;南朝若获我,肯留至今日乎?"又言:"皇帝在此,吾辈无所用之,每遣使南朝令来迎,竟不至,何也?"实等反覆譬晓,欲奉迎上皇意。也先曰:"南朝遣汝通问,非奉迎也。若归,亟遣大臣来。"实等遂辞归。

【编】脱脱不花遣其平章皮儿马黑麻来请和,诏遣右都御史杨善等报之。　【纪】李实未至京,会脱脱不花亦遣皮儿马黑麻来请和。右都御史杨善慨然请行,中书舍人赵荣亦请往,乃遣善、荣等同皮儿马黑麻往。道遇实,实告以故,善曰:"得之矣,即敕书所无,可权以集事也。"实既还朝,具述也先情及上皇起居状,奏请遣使奉迎,文武大臣上疏恳请遣使,皆不许。上问实也先讲和之意虚实,对曰:"论其和意,似有实情。"上曰:"待杨善归再议。"

马显授指挥使任通事（翻译），带着玺书出发。当时内阁阁臣及五军都督府、六部、都察院的大臣都承奉皇上的旨意，只说罢兵讲和，不谈迎复太上皇的事。李实等便与完者脱欢一同北行，前往瓦剌。

【编】李实等告辞也先回京。　【纪】李实等抵达也先军营，该地名叫失八秃儿。见了也先，也先读完玺书，便引李实等去见太上皇。太上皇居住在伯颜帖木儿军营，住的是毛毡筑成的帐篷，吃的喝的是羊膻味很浓的奶浆，有一辆搬移营帐用的牛车，左右只有校尉袁彬和哈铭侍候。李实等见到太上皇时都哭泣起来，太上皇也哭了。太上皇说："朕不是为了游玩打猎而出都，之所以陷于此地，全是王振的罪过。"接着问太后、皇上、皇后的身体是否都健康，又问及二三位大臣。太上皇说："也先想让我回去，你们回去后上报朝廷，好好计划一下。"李实等问太上皇："住在这里也思念在皇宫中享用锦衣玉食吗？"又问："为什么宠信王振到那种地步，以致亡国？"太上皇说："朕不能洞察奸邪之人；但王振未败露时，群臣没有谁说他不好，现在都归罪于我。"日落的时候，李实等回到也先军营住宿。也先斟酒相待，说："南朝，是我的世仇，现在使皇帝到了我国，我不敢怠慢；南朝若把我擒获，肯把我留到今日吗？"又说："皇帝在这里，对我们没有什么用处，每次遣使南朝，令来迎接，竟然不来，这是为什么？"李实等反复陈述朝廷想奉迎太上皇的意愿。也先说："南朝派你们来通音问，不是来奉迎皇帝的。你们回去，要立即派遣大臣前来。"李实等便告辞返回北京。

【编】脱脱不花派遣其平章皮儿马黑麻前来请求和好，明景帝下诏派遣右都御史杨善等回报。　【纪】李实等还没有回到北京，脱脱不花就派遣皮儿马黑麻前来请求和好，右都御史杨善慷慨地请求前往。中书舍人赵荣也请求前往，于是派遣杨善、赵荣等与皮儿马黑麻同往。在路中遇见李实，李实告以也先派大臣迎回太上皇之事。杨善说："这就好了，对于敕书上没有提及的事，我们可以变通而完成之。"李实回到北京，详述也先的情况及太上皇的生活起居情状，奏请遣使奉迎太上皇，文武大臣上疏恳请派遣使臣，明景帝一律不许。明景帝问李实也先讲和之意是真是假，李实回答说："也先讲和之意，看来是出于真心。"明景帝说："待杨善回来之后再商议。"

【编】八月，上皇还京师，帝送上皇居南宫。【纪】杨善等至也先营，也先见善等，甚喜。善因请上皇还京，历述累朝恩遇之厚，不可忘，反覆辨论数千百言。也先问："上皇还，更临御否？"善言："天位已定，不得再易。"也先问："古尧、舜事如何？"善言："尧让位于舜，今日兄让位于弟。"也先悦服。平章昂克问善："欲迎复来，何操？"善言："若操贿来迎，后人以尔贪贿归上皇；今无所操而归，书之史册，后世皆称述。"也先然其言。伯颜帖木儿请留使臣，遣使欲南朝更请上皇临御。也先曰："曩令遣大臣来迎，大臣至矣，不可无信。"乃引善见上皇。明日，也先设宴饯上皇于其营，善侍，也先与妻妾以次起为寿。也先令善坐，上皇曰："从太师言坐。"善曰："虽草野，不敢失君臣礼。"也先顾羡曰："中国有礼。"罢酒，送上皇出。明日，宴使臣。又明日，伯颜帖木儿设宴饯上皇。又明日，亦宴使臣。又明日，上皇驾行，也先率众头目罗拜而别，伯颜送至野狐岭，恸哭良久，始别去，仍命其部将率五百骑护送至京。既入塞，礼部议迎复仪注未定，上皇先遣使诏谕避位，免群臣迎。

丙戌，百官迎上皇于安定门。上皇自东安门入，上迎拜，上皇答拜，各述授受意，逊让良久，乃送上皇至南宫，群臣就见而退。大赦天下。

【编】冬十二月，礼部尚书胡濙请明年正旦，百官朝上皇于延安门，不许。

【编】命靖远伯王骥守备南宫。

【编】辛未，二年，春二月，上皇在南宫。

【编】八月,太上皇回到北京,明景帝送太上皇居住南宫。【纪】杨善等到了也先军营。也先见到杨善等,十分高兴。杨善便提出请太上皇回京,历述前几代恩德礼遇之厚,不可忘记,同也先反复辩说了千言百语。也先问:"太上皇回到北京之后,还再当皇帝吗?"杨善回答说:"皇位已定,不能再改变。"也先问:"古代尧、舜的事如何?"杨善回说:"尧让位于舜,今日兄让位于弟。"也先听了心悦诚服,平章昂克问杨善:"你想迎接太上皇回京,带来了什么礼物?"杨善说:"若带了礼物来,后人会说你们贪图财物才让太上皇回去。今天不带礼物而迎太上皇回去,载入史册,后世都会称颂的。"也先觉得杨善说得对,伯颜帖木儿建议留下杨善等使臣,遣使到南朝,要求南朝再请太上皇当皇帝。也先说:"以前令派遣大臣来迎,大臣已经来到,不能不讲信用。"于是带领杨善去见太上皇。第二天,也先在其军营设宴为太上皇饯行,杨善侍立在左右。也先与妻妾依次站起来祝太上皇长寿。也先令杨善坐下,太上皇说:"听太师的话,坐下吧。"杨善说:"即使是草野匹夫,也不敢不遵守君臣之礼。"也先看了羡慕地说:"中国讲究礼节。"酒宴结束,也先送太上皇回到住处。次日,也先宴请杨善等使臣。又次日,伯颜帖木儿设宴为太上皇饯行。又次日,伯颜帖木儿宴请杨善等使臣。又次日,太上皇启程回京,也先率众头目四面围绕着太上皇下拜告别,伯颜帖木儿送到野狐岭(在今山西大同市西北),痛哭了很久,才拜别离去,仍令其部将率五百骑兵护送到北京。太上皇进入边塞,礼部商议迎回太上皇的礼仪还未确定,太上皇先派遣使者到北京诏谕避位,免去群臣迎接。

十五日(丙戌),百官到安定门迎接太上皇。太上皇从安定门入城,明景帝下拜迎接,太上皇下拜答礼,各自陈述皇位授受之意,谦让很久,才送太上皇到南宫;群臣就地拜见退去。大赦天下。

【编】冬十二月,礼部尚书胡濙建议在明年正月初一日,令百官到延安门朝见太上皇,明景帝不许。

【编】明景帝命靖远伯王骥守备南宫。

【编】景泰二年(辛未,1451)春正月(春正月,原本误"正"为"二",据《明英宗实录》卷200改),太上皇在南宫。

【编】二月，命右佥都御史王竑巡抚江、淮诸郡。【纪】时淮、徐大饥，死者相枕藉，山东、河南流民踵至。竑不待奏报，大发仓储赈之，近者日饲以粥，远者给米，被鬻者赎归其家。择医四十人，空庚六十区，处流民之病者，死则给以棺，为丛冢葬之。穷昼夜，竭精虑，事事穷理，有所委任，出于至诚，人人为尽力。共用米一百六十余万石，全活数百万人，人述其行事为救荒录，世传焉。先是，上闻淮、徐大饥，惊曰："奈何！"后得竑奏，大喜曰："好御史，不然饥死我百姓矣。"

【编】秋七月，诏择颜子、孟子后裔一人，并授翰林院世袭《五经》博士。

【编】冬十月，以李贤为兵部右侍郎。

【编】壬申，三年，春正月，上皇在南宫。

【编】夏五月，废皇太子见深为沂王，立皇子见济为皇太子。【纪】先是，上欲易储，语太监金英曰："七月初二日，东宫生日也。"英顿首对曰："东宫生日是十一月初二日。"上默然。至是上意既定，恐文武大臣不从，乃分赐内阁诸学士金五十两，银倍之，陈循、王文等遂以太子为可易。时有广西浔州守备都指挥黄竑者，思明土知府㭎庶兄也。㭎老，子钧袭知府。竑欲谋夺之，与其子矫军门令征兵思明，率骁悍数千人夜驰入㭎家，支解㭎父子，纳瓮中，瘗后圃。总兵武毅知之，疏闻于朝。竑惧，乃遣千户袁洪走京师，上疏请易太子。上大喜曰："万里外有此忠臣。"亟下廷臣集议，且令释竑罪，予官都督。尚书胡濙、侍郎薛琦、邹干会廷议，王直、于谦相顾错愕久之。司礼太监兴安厉声曰："此事不可已，即以为不可者，勿署名。"群臣皆唯唯署议。于是胡濙等上言："陛下膺明命，中兴邦家，统绪之传，宜归圣子。黄竑奏是。"诏从之。

【编】二月,明景帝命右佥都御史王竑巡抚江、淮诸郡。 【纪】当时淮安、徐州一带大饥,死者枕藉,山东、河南的流民,也前后到来。王竑不待奏报,就发放仓库粮食赈济,近的每天供给米粥,远的供给粮食,被卖的人赎回送还其家,又挑选了四十位医生,空出六十处堆积谷物的房子,让有病的流民居住,死者供给棺木,集中埋葬。王竑夜以继日地费尽精力,认真思虑,处理得事事合理,有什么委派,都出于诚心诚意,人人都尽力办事。共用米一百六十余万石,救活数百万人。人们将其赈济事迹编述为《救荒录》,传于后世。起先,明景帝得知淮安、徐州一带大饥,震惊地说:"怎么办呢?"后来得到王竑的奏报,十分高兴地说:"好御史,不然就会饿死我的百姓了!"

【编】秋七月,明景帝下诏选择颜子、孟子的后裔各一人,都授职为翰林院世袭《五经》博士。

【编】冬十月,明景帝任命李贤为兵部右侍郎。

【编】景泰三年(壬申,1452)春正月,太上皇在南宫。

【编】夏五月,明景帝废皇太子朱见深为沂王,立皇子朱见济为皇太子。 【纪】起先,明景帝想更换皇太子,对太监金英说:"七月初二日,是东宫的生日。"金英叩头回答说:"东宫生日是十一月初二日。"明景帝沉默无语。到这时明景帝已打定主意,担心文武大臣不从,便分别赏赐内阁诸学士金五十两,白银一百两,陈循、王文等即认为太子可以更换。其时有广西浔州府(治桂平县,即今广西桂平)守备都指挥黄玹,是思明(在今广西宁明县东)土知府黄㻞的庶兄,黄㻞年老,其子黄钧袭职为知府。黄玹图谋夺取知府一职,便与其子假托总督命令向思明征调兵马,率骁悍兵士数千人乘夜奔驰到黄㻞家,将黄㻞父子斩断四肢,放在瓮中,埋于后花园。总兵武毅得知,奏报朝廷。黄玹恐惧,便派遣千户袁洪奔赴京师,上疏请求改立太子。明景帝得疏大喜,说:"万里之外有这样的忠臣。"立即令廷臣会集商议,而且下令免去黄玹之罪,升迁为都督。尚书胡濙、侍郎薛琦、邹干召集廷臣一起商议,王直、于谦相互对视,惊愕了很久。司礼太监兴安厉声说:"此事不能不有个了结,如谁认为不可,不要署名。"群臣都唯唯诺诺署上姓名,表示赞同。于是胡濙等奏报说:"陛下承受明命,中兴国家,帝统的传袭,应该归于圣

【编】废皇后汪氏,立妃杭氏为皇后。 【纪】后,太子生母也。

【编】冬十月,命太子太保、左都御史王文入阁,参预机务。

【编】癸酉,四年,春正月,上皇在南宫。

【编】吏部尚书何文渊罢。 【纪】时言官劾文渊贪纵,下狱。文渊自言:"易储有功,诏书所云'天佑下民作之君,父有天下传之子',己所属对也。"乃令致仕。

【编】冬十月,以左谕德徐有贞为右佥都御史。 【纪】有贞初名珵,以倡南迁之议,为太监金英所叱,遂怀怅惘。陈循教之更名,无使内臣习知,庶朝廷忘其议而荐可行也。遂更名,乃有是命。

【编】十一月,皇太子见济卒。

【编】甲戌,五年,春正月,上皇在南宫。

【编】积雪恒阴,诏求直言。

【编】夏四月,南京大程寺少卿廖庄应诏上书,不报。 【纪】庄言:"上皇被留北庭,陛下屡降诏书,以銮舆未复为意。今幸上皇迎归,伏望笃亲亲之恩,时时朝见于南宫,或讲明家法,或论权治道。仍令群臣亦得朝见,以慰上皇之心。如此则孝弟刑于国家,恩义通于神明,灾可弭而祥可召矣。然所系之重,又不特此。太子者,天下之本。臣以为上皇诸子,陛下之犹子也,宜令亲近儒臣,诵读经书,以待皇嗣之生,使天下臣民晓然知陛下有公天下之心。盖天下者,太祖、太宗之天下,仁宗、宣宗之继体守成者,此天下也,上皇之北征,亦为此天下也。今陛下抚而有之,必能念祖宗创业之艰难,思所以系属天下之人心矣。"不报。

【编】御史钟同上疏请复储。 【纪】先是,同尝因待漏与仪制

上的儿子。黄竑所奏是对的。"明景帝下诏依从群臣的意见。

【编】废掉皇后汪氏，立妃杭氏为皇后。　【纪】皇后杭氏，是皇太子朱见济的生母。

【编】冬十月，明景帝命太子太保、左都御史王文入直内阁，参预机务。

【编】景泰四年（癸酉，1453）春正月，太上皇在南宫。

【编】吏部尚书何文渊罢免。　【纪】当时言官弹劾何文渊贪得无厌，被投入监狱。何文渊上奏自陈说："改立太子有功，诏书中所说的'天佑下民作之君，父有天下传之子'，是我撰成的对句。"于是，明景帝令其退休。

【编】冬十月，明景帝任命左谕德徐有贞为右佥都御史。　【纪】徐有贞初名珵，因倡议南迁，为太监金英所训斥，便怏怏失意，陈循教他改名，不要使内廷宦官得知，才有希望令朝廷忘掉他南迁之议而可能加以推荐。徐珵便改名为有贞，才被升迁为右佥都御史的任命。

【编】十一月，皇太子朱见济去世。

【编】景泰五年（甲戌，1454）春正月，太上皇在南宫。

【编】积雪不化，长久天阴，明景帝下诏求直言。

【编】夏四月，南京大理寺少卿廖庄响应诏书上书言事，不予回答。　【纪】廖庄说："太上皇被留在瓦剌，陛下多次下达诏书，以上皇未返为意。今幸得太上皇迎归北京，希望看重亲亲之恩，时时到南宫朝见，或讲明家法，或商讨治国之道。仍令群臣亦得前去朝见，以慰太上皇之心。这样，则孝弟示范于国家，恩义上通于神明，灾异可以消除，而吉祥可以招至。但其关系之重大，还不仅在于此。太子，是天下之本。臣以为太上皇诸子，是陛下的侄子，应该令其亲近儒臣，诵读经书，以待皇嗣之生，使天下臣民明明白白地知道陛下有公天下之心。而天下，是太祖、太宗的天下，仁宗、宣宗继体守成的，也是这个天下，太上皇率兵北征，也为了这个天下。现在陛下据有这个天下，一定能思念祖宗创业的艰难，考虑如何凝聚天下的人心。"明景帝不予回答。

【编】监察御史钟同上疏，请求恢复沂王朱见深为皇太子。

郎中章纶论易储事,继之以泣,至是遂上疏言:"宗社之本在储位,宜复不宜缓。"闻者韪之。

【编】五月,下礼部仪制郎中章纶、御史钟同于狱。【纪】纶上修德弭灾十四事,又曰:"太上皇帝君临天下十四年,陛下尝亲受册封为臣子,是天下之父也。陛下宜率群臣每月朔望及岁时节旦,朝见于延安门,以极尊崇之道;而又复皇后于中宫,以正天下之母仪,复皇储于东宫,以定天下之大本。"疏奏,下锦衣狱鞫讯,体无完肤。钟同先亦有言,故并逮之。

【编】以进士杨集为六安州知州。【纪】集上书于谦曰:"奸人黄𬭚进易储之说以迎合上意,本逃死之计耳。公等国家柱石,乃恋官僚之赏,而不思所以善后乎!脱章纶、钟同死狱下,而公坐享崇高,如清议何!"谦以示王文,文曰:"书生不知朝廷法度,然有胆,当进一级处之。"进士选知州始此。

【编】谪给事中徐正戍铁岭卫。【纪】正密请召见便殿,屏左右言:"今日臣民有望上皇复位者,有望废太子沂王嗣位者,陛下不可不虑。宜出沂王于沂州;增高南城数尺,伐去城边高树,宫门之锁,亦宜灌铁,以备非常。"上怒,谪戍。御史高平亦言:"城南多树,事叵测。"遂尽伐之。时盛暑,上皇常倚树憩息;及树伐,得其故,大惧。

【编】乙亥,六年,春正月,上皇在南宫。
【编】秋八月,杖大理寺少卿廖庄、礼部郎中章纶、御史钟同于阙。【纪】同死杖下,纶仍诏狱,谪庄定羌驿丞。先是,庄上疏忤

【纪】起先，钟同曾在早晨入朝等待时，与仪制郎中谈论改立太子的事，接着哭了起来。到这时，便上疏说："宗庙社稷的根本在太子，应当恢复沂王朱见深为皇太子，不应迟缓。"得知此事的官员，都以为他说得是。

【编】五月，逮捕礼部仪制司郎中章纶、监察御史钟同，投入监狱。 【纪】章纶上奏修德弭灾十四事，又说："太上皇帝君临天下十四年，太上皇是天下之父，陛下曾亲受册封为臣子，陛下应率群臣于每月初一、十五及每年的节日，到延安门朝见，以正尊崇之道；而又应恢复皇后于中宫，以正天下为母的典范；恢复皇太子于东宫，以定天下之根本。"奏疏呈进去，即被逮捕，投入锦衣卫狱审讯，被打得体无完肤。钟同在章纶之前也上书进言，所以被一同逮捕。

【编】进士杨集被任命为六安州（今安徽六安）知州。 【纪】杨集上书给于谦说："奸人黄竑进改立皇太子之说以迎合皇上旨意，本来是作为逃避死罪之计罢了。公等国家柱石，竟贪恋当官可以得到的赏赐，而不考虑宗庙社稷的将来！如果章纶、钟同死于狱中，而您坐享高位厚禄，怎么来面对清议呢？"于谦把杨集的书信拿给王文看，王文说："书生不知朝廷法度，但他有胆量，应当进升一级。"明代进士被任命为知州，由此开始。

【编】明景帝下令贬谪给事中徐正戍守铁岭卫（今辽东铁岭）。 【纪】徐正秘密请求明景帝在便殿召见他，让左右侍从退避之后说："现在臣民有的希望太上皇复位，有的希望由废太子沂王继承皇位，陛下不能不考虑。应当把沂王迁出到沂州（今山东临沂市）；将南城城墙增高数尺，砍去城边高树，宫门的锁，也应当灌铁，以防备非常事件发生。"明景帝听罢发怒，下令将其谪戍于铁岭卫。监察御史高平也说："城南树木很多，情况难以预测。"于是将南城边的树全部砍伐。其时正逢盛暑，太上皇经常靠着树歇息；待树木全部砍伐，又得知其中缘故，大为恐惧。

【编】景泰六年（乙亥，1455）春正月，太上皇在南宫。

【编】秋八月，大理寺少卿廖庄、礼部郎中章纶、御史钟同，在宫门受杖刑。 【纪】钟同死于杖刑之下，章纶受刑后仍投入锦衣卫监狱，

旨，至是赴京陛见，上念及，命杖之。

【编】丙子，七年，春正月，上皇在南宫。
【编】夏五月，帝遣太监兴安、舒良视少保于谦疾。【纪】谦以疾在告，上遣安、良视之，见谦自奉俭，相与叹息，因以闻。上为计所资用，一切上方给之，至辍尚膳醯酱、蔬菜以赐。驾幸万岁山，伐竹为沥，为和药丸，尤异数也。言官有言谦柄用过重者，兴安言："只说日夜与国家分忧，不要钱，不爱官爵，不问家计，朝廷正要用此等人，可寻一个来换于谦。"众皆默然。

英宗睿皇帝

【编】丁丑，英宗皇帝天顺元年，春正月，武清侯石亨、副都御史徐有贞等迎上皇复位。【纪】先是，景帝不豫，以储位未定，中外忧惧。兵部尚书于谦日与廷臣疏请立东宫，盖谓复宪宗也。中外籍籍，谓大学士王文与太监王诚谋白太后，迎取襄王世子。都御史萧维桢同百官问安于左顺门外，太监兴安自内出曰："若皆朝廷大臣，不能为社稷计，徒问安邪！"维桢集御史议曰："今日兴安之言，若皆达其意否？"众曰："皇储一立，无他虑矣。"众谓上皇子宜复立。惟王文意他有所属，陈循知文意，独不言。李贤以问学士萧镃，镃曰："既退不可再。"文遂对众言曰："今只请立东宫，安知朝廷之意在谁！"维桢因举笔曰："我更一字。"乃更"早建元良"为"早择"，疏进。

时石亨知景帝疾必不起，念请复立东宫，不如请太上皇复位可得功赏，遂与都督张𫐐、太监曹吉祥以南城复辟谋叩太常卿许彬，

廖庄贬谪为定羌驿丞。起先，廖庄上疏触犯了皇帝旨意，这时赴京朝见，皇上想到此事，就命施以杖刑。

【编】景泰七年（丙子，1456）春正月，太上皇在南宫。

【编】夏五月，明景帝派遣太监兴安、舒良探望少保于谦的病情。
【纪】于谦因病休息，明景帝派遣太监兴安、舒良前去探望，见于谦自奉节俭，相互叹息，因将此情奏告明景帝。明景帝计算于谦所需用的一切都由上方（专管皇帝御用器物的官署）供给，甚至把自己食用的食品醋浆、蔬菜之类，赏赐给于谦。明景帝到万岁山（今北京市城内景山），砍伐竹子，用竹叶上的水滴，为于谦和成药丸，这尤其是特殊的礼遇。有的言官说于谦掌握的权力太重，兴安说："只说于谦日夜为国家分忧，不要钱，不爱官爵，不问家庭生计，朝廷正要用这种人。你们谁可以找一个人来代替于谦！"众人听了，默然不语。

英宗睿皇帝

【编】英宗皇帝天顺元年（丁丑，1457）春正月，武清侯石亨、副都御史徐有贞等迎太上皇恢复皇位。　【纪】起先，明景帝有病，因皇太子未曾确定，朝廷内外忧虑担心。兵部尚书于谦每天与廷臣上疏请求立皇太子，说的大都是要求恢复沂王朱见深为皇太子。朝廷内外议论纷纷，说是大学士王文与太监王诚商议禀报太后，迎召襄王的世子。都御史萧维桢同百官到左顺门外问安，太监兴安从宫内出来说："你们都是朝廷大臣，不能为社稷考虑，只知道问安吗？"萧维桢召集御史们商议说："今日兴安说的话，你们都懂得他的意思吗？"御史们说："皇太子一立，就不会有什么问题了。"众人都说太上皇的儿子沂王应该仍立为皇太子。只有王文有另外的考虑，陈循知道王文的心思，但他不说。李贤问学士萧镃，萧镃说："既然废了，就不可再立。"王文便对群臣说："今天只请求立皇太子，哪里知道朝廷之意立谁！"萧维桢即拿起笔说："我改一个字。"于是便改"早建元良"为"早择元良"（元良，即太子的代称），将奏疏呈进。

当时，石亨知道明景帝病重，一定会死，考虑到与其请求再立皇太子，不如请太上皇恢复皇位更可以立功得赏，于是，与都督张𫐄、太监

彬曰："此社稷功也。彬老矣，无能为矣，盍图之徐元玉！"元玉，徐有贞字也。亨、轨遂往来有贞家，有贞亦时时诣亨，人莫知也。是月十四日夜，会有贞宅。有贞曰："如公所谋，南城亦知之乎？"亨、轨曰："一日前已密达之。"有贞曰："俟得审报乃可。"亨、轨去。至十六日既暮，复会有贞曰："得报矣，计将安出？"有贞乃升屋步览乾象，亟下曰："事在今夕，不可失！"遂相与密语。会有边吏报警，有贞曰："宜乘此以备非常为名，纳兵入大内，谁不可者！"亨、轨然之。计定，仓皇出，有贞焚香祝天，与家人诀曰："事成，社稷之利；不成，门户之祸。归人，不归鬼矣！"遂与亨、轨往会吉祥及王骥、杨善、户部侍郎陈汝言，收诸门钥，夜四鼓，开长安门，纳兵千人，宿卫士惊愕不知所为。时天色晦冥，亨惶惑，叩有贞曰："事当济否？"有贞大言曰："时至矣，勿退！"率众薄南宫，毁垣坏门而入。亨、轨等入见，上皇烛下独出，呼亨、轨曰："尔等何为？"众俯伏，合声："请陛下登位。"遂共掖上皇登舆以行。忽天色明霁，星月皎然。上皇顾问有贞等为谁，各自陈官职姓名。入大内，门者呵止之。上皇曰："吾太上皇也。"门者不敢御。遂升奉天殿，登御坐，鸣钟鼓，启诸门。是日百官入候景帝视朝，有贞号于众曰："上皇复辟矣，趣入贺！"百官震骇，乃就班贺。景帝闻钟鼓声，大惊，问知为上皇，连声曰："好！好！"明日，上皇临朝，诏改景泰八年为天顺元年。

【编】诏逮少保于谦、王文、学士陈循、萧镃、商辂、尚书俞士

曹吉祥，以恢复太上皇皇位的复辟之谋，征求太常寺卿许彬的意见，许彬说："这是社稷之功呵！我年纪老迈，无能为力，何不与徐元玉商量！"元玉，是徐有贞的字。石亨、张𫐄便往来徐有贞家，徐有贞也时时去见石亨，外人都不知道。这一月十四日的晚上，都会合在徐有贞的宅第。徐有贞说："你们所谋划的这件事，太上皇也知道吗？"石亨、张𫐄回答说："一天前已秘密告知了。"徐有贞说："得等到太上皇的确切答复才行。"石亨、张𫐄离去。到十六日傍晚，石亨、张𫐄再次会见徐有贞说："得到了太上皇的答复，下一步该怎么办？"徐有贞便登上房顶，观览与帝位相应的星象，急忙下来说："事在今晚，机不可失。"便相互秘密商谈。当时正遇边境官吏报警，徐有贞说："应当利用这个机会，以防备非常事件发生为名，调兵进入皇宫，谁敢不同意！"石亨、张𫐄表示赞成。计划确定，就匆匆离去。徐有贞焚香祝天，与家人诀别说："此事成功，是社稷之利；若不成功，是我全家之祸。此事我能回来，还是个活人；不能回来，就死而成鬼了。"便与石亨、张𫐄一起前往会合曹吉祥及王骥、杨善、户部侍郎陈汝言，收取皇城各门的锁钥，晚四鼓时分，打开长安门（长安门，原本误"安"为"天"，据《明史·徐有贞传》改），引兵士千人进入宫中，宿卫兵士惊愕不知所措。当时天色昏暗，石亨惶惑不安，询问徐有贞说："此事能成功吗？"徐有贞大言道："时分已到，不要退避！"率众逼近南宫，毁坏墙垣，破门而入。石亨、张𫐄等入内，太上皇在烛光下一个人独坐，呼唤石亨、张𫐄问道："你们要干什么？"众人伏在地上，同声说："请陛下登位。"于是，一同掖扶太上皇上车出行，天色忽然明朗，星月皎洁，朱祁镇回头问徐有贞等都是什么人。徐有贞等各自说了自己的姓名、官职。将进入皇宫，门卫呵斥，令其停步，太上皇说："我是太上皇。"门卫不敢阻拦。于是，太上皇升奉天殿，登上御坐，敲响钟鼓，打开各门。这一天，百官入宫等候明景帝上朝，徐有贞召唤百官说："太上皇已经复位，赶紧进去朝贺。"百官个个震惊恐惧，就按朝班次序，进殿祝贺，明景帝听见钟鼓声，大为吃惊，经询问，得知是太上皇复位，连声说："好！好！"第二天，太上皇临朝，下诏改景泰八年为天顺元年。

【编】明英宗下诏逮捕少保于谦、王文、学士陈循、萧镃、商辂、尚

悦、江渊、都督范广、太监王诚、舒良、王勤、张玉下狱。命副都御史徐有贞以本官兼翰林院学士，直内阁与机务；寻晋兵部尚书，兼职如故。

【编】出前礼部郎中章纶于狱，擢为礼部侍郎。 【纪】上以纶建议复储，出之狱，嗟叹良久，遂有是擢。

【编】杀少保、兵部尚书于谦。 【纪】先是，城下之役，石亨功不如谦而得侯爵，心愧之，乃推谦功。诏予一子千户，谦固辞，且曰："纵臣欲为子求官，自当乞恩于君父，何必假手于石亨！"亨闻，恚甚。亨从子彪贪暴，谦奏出之大同，亨益衔之。徐有贞尝因谦求祭酒，景帝召谦，辟左右谕之曰："有贞虽有才，然奸邪。"谦顿首退。有贞不知，亦恨谦。及上之复辟也，有贞嗾言官以迎立外藩议劾王文，且诬谦；下狱，所司勘之无验。有贞曰："虽无显迹，意有之，"法司萧维桢等阿亨辈，乃以"意欲"二字成狱。奏上，上犹豫未忍，曰："于谦曾有功。"有贞直前曰："不杀于谦，今日之事无名。"上意乃决，遂与王文及太监舒良、王诚、张永、王勤斩东市，妻子戍边。

谦有再造功，上北狩，廷臣或主和，谦辄曰："社稷为重，君为轻"，以故也先抱空质，上得还，然谦祸机亦萌此矣。谦死之日，阴霾翳天，行路嗟欢。

都督范广勇而知义，为谦所任，亨恶之，并斩广。

【编】论迎复功，封武清侯石亨为忠国公，都督张𫐐为太平侯，张𫐏为文安侯，都御史杨善为兴济伯，并世袭。
【编】论随驾功，擢哈铭、袁彬并为锦衣卫指挥佥事。

书俞士悦、江渊、都督范广、太监王诚、舒良、王勤、张玉，投入监狱。命副都御史徐有贞以本官兼翰林院学士，入直文渊阁，参预机务；不久，晋升为兵部尚书，兼职如旧。

【编】明英宗下令释放原礼部郎中章纶出狱，提升为礼部侍郎。【纪】明英宗以章纶曾建议恢复沂王为皇太子，释放他出狱，叹息很久，便有提升为礼部侍郎之命。

【编】杀少保、兵部尚书于谦。　【纪】起先，北京城下之战，石亨的功劳不如于谦而得到了侯爵，内心惭愧，便推举于谦的功劳，明景帝下诏，以于谦一子为千户，于谦坚决推辞，且说："即使臣要为儿子求官，自当直接向君父乞求恩典，何必假手于石亨呢！"石亨得知，极为怨恨。石亨的侄子石彪贪婪横暴，于谦奏报皇帝，令其出守大同，石亨更加怀恨在心。徐有贞曾通过于谦求得国子监祭酒的官职，明景帝召见于谦，让左右侍从退去，对于谦说："徐有贞虽有才能，但为人奸邪。"于谦叩头而退。徐有贞不知其中缘故，也怨恨于谦。待明英宗恢复皇位，徐有贞嗾使言官弹劾王文曾主张迎立外藩襄王世子，并且诬陷于谦，将他们逮捕，投入监狱，有关衙门调查勘验，没有证据。徐有贞说："虽然没有明确的迹象，但他们有此意图。"负责审讯的萧维桢等阿谀奉迎石亨等人，便以"意欲"二字定罪。将此案件奏报上去，明英宗犹豫不决，不忍心杀于谦，说："于谦曾有功。"徐有贞立即上前说："不杀于谦，今日恢复皇位就名不正。"明英宗才下了决心，便将于谦与王文和太监舒良、王诚、张永、王勤押到东市处斩，妻子发配戍边。

于谦对国家有再造之功，明英宗被俘北去，廷臣中有的主张与也先讲和，于谦就说："社稷为重，君为轻。"因此，也先抱着无用的人质，明英宗终于才得返回北京，然而于谦的祸因也就萌生于此，于谦被杀那天，阴云蔽空，路上的行人为之叹息。

都督范广勇而知义，为于谦所重用，石亨也憎恶他，与于谦一同处斩。

【编】明英宗论迎复之功，封武清侯石亨为忠国公，都督张𫐐为太平侯，张𫐑为文安侯，都御史杨善为兴济伯，皆为世袭。

【编】明英宗论随驾侍从功劳，提升哈铭、袁彬同为锦衣卫指挥

【编】召廖庄于定羌驿，赐还官。赠故御史钟同大理寺左丞，荫其子入太学。

【编】二月，皇太后诏废景泰帝仍为郕王，寻薨。【纪】太后谕郕王归西内，废皇后汪氏仍为郕王妃。钦天监奏革除景泰年号，上曰："朕心有所不忍，可仍旧书之。"郕王薨，祭葬礼悉如亲王，谥曰戾。

【编】出左都御史萧维桢于南京。召南京副都御史轩輗为刑部尚书，巡抚陕西；副都御史耿九畴为右都御史，掌院事。

【编】三月，封直内阁兵部尚书徐有贞为武功伯兼华盖殿大学士，掌文渊阁事。

【编】夏四月，复立元子见深为皇太子。

【编】襄王瞻墡来朝。【纪】先是，土木之变，王两上疏慰安皇太后，乞命皇太子居摄天位，急发府库，募勇敢之士，务图迎复，仍乞训谕郕王尽心辅政，疏上，景帝已立八日矣。至是得疏宫中，上览之感叹，手敕取王入朝，礼待甚隆。王辞归，上送至午门。王伏地不起，上曰："叔父欲何言？"王顿首曰："万方望治如饥渴，愿陛下省刑薄敛。"上拱手谢曰："敬受教。"

【编】六月，逮徐有贞下狱。【纪】曹吉祥、石亨憾有贞，嗾诸阉巧诋，数为巧语触上，上殊不为动。锦衣官门达复劾其阿比，排陷石亨。诏执鞫之，降广东参政。既有以飞章谤国是者，其语复多侵亨、吉祥，于是复诉上，谓有贞实主使。逮归置狱，穷治锻炼无所得，摘其诰词"缵禹神功"语为所自草，大不敬，无人臣礼，当死；以雷震奉天门，宥为黔首，谪戍云南金齿。有贞去，而曹、石益专横矣。

佥事。

【编】明英宗下令将廖庄从定羌驿召回，赐复官职。赠已死监察御史钟同大理寺左丞，荫其子钟珉启入太学读书。

【编】二月，皇太后下诏令废明景帝仍为郕王，不久去世。【纪】太后告谕郕王，令其返居西内，废皇后汪氏仍为郕王妃，钦天监奏请革除景泰年号，明英宗说："朕心有所不忍，可仍旧书景泰年号。"郕王去世，祭葬的礼仪全部按亲王的规制，谥为戾。

【编】调左都御史萧维桢为南京都察院左都御史。召南京副都御史轩輗为刑部尚书，巡抚陕西；副都御史耿九畴为右都御史，掌都察院事。

【编】三月，封入直内阁兵部尚书徐有贞为武功伯兼华盖殿大学士，掌文渊阁事。

【编】夏四月，复立皇长子朱见深为皇太子。

【编】襄王朱瞻墡进京朝见。【纪】起先，土木堡之变，襄王朱瞻墡两次上疏安慰皇太后，乞求命皇太子即皇帝位，立即发放府库钱财，召募勇敢兵士，力图迎回明英宗，仍乞皇太后训谕郕王尽心辅政，奏疏呈上去，景帝已即皇帝位八天了。到这时，明英宗在宫中得到襄王所进奏疏阅览，感叹不已，立即亲写敕书催襄王入朝，待以隆重的礼遇。襄王告辞回去，明英宗送到午门，襄王伏地不起，明英宗问道："叔父有什么话要说。"襄王叩头说："全国盼望国家安治如饥似渴，愿陛下减少酷刑峻法，轻徭薄赋。"明英宗拱手感谢说："敬受教诲。"

【编】六月，明英宗下令逮捕徐有贞，投入监狱。【纪】曹吉祥、石亨忌恨徐有贞，唆使宦官设计诋毁他，多次用花言巧语去刺激明英宗，都不为所动。锦衣卫官员门达又弹劾徐有贞朋比结党，排挤陷害石亨。明英宗下诏逮捕徐有贞加以审讯，降为广东参政。不久，发现有毁谤朝廷的匿名信，其中很多言辞又是攻击石亨、曹吉祥的，于是，石亨、曹吉祥又上诉明英宗，说是徐有贞实为背后主使者。明英宗下令逮捕徐有贞投入监狱，经彻底追查，用尽酷刑，也没有结果，便摘录徐有贞封官诰词中"缵禹神功"一语，说是徐有贞自己撰写的，属大不敬罪，无人臣礼，应当处死。因雷震奉天门，才从宽处理，削去官职，降为平民，谪

【编】以户部侍郎陈汝言为兵部尚书。　【纪】汝言附石亨、曹吉祥谋夺门，故亨荐用之。及理部事，益阿比，表里为奸。

【编】秋七月，谪内阁赞善岳正为广东钦州同知。　【纪】初，正入直文渊阁，上尝召问曰："卿何以辅朕？"正曰："今内臣、武臣权过重。"上颔之。正退语曹钦、石彪，令谢兵归第。钦、彪走告曹吉祥，吉祥诣上垂泣，免冠请死，具道所由。上曰"无之"，乃召正，责其漏言。正曰："固也。臣观二家必有背叛之灭，即今无可按之诛，臣欲全君臣共难情，故令早自为计。"上不悦。会承天门灾，上命正草诏罪己，历陈奸邪蒙蔽状。石亨见之怒，遂指为谤讪，因有是谪。陈汝言故恨正，复中以私事，戍肃州卫。

【编】九月，敕左顺阍者："今后非有宣召，总兵官不得辄入。"　【纪】上颇知石亨等骄恣，然念其功。间屏人语大学士李贤，贤对曰："权不可下移，惟独断乃可。"既又与贤语及夺门功，贤曰："迎驾则可，'夺门'二字岂可传示后世！陛下顺天应人以复大位，门何必夺？且内府门宁当夺邪！当时亦有以此事邀臣者，臣辞不与。"上惊问故，对曰："景帝不起，群臣自当表请陛下复位。此名正言顺，无可疑者，何至夺门！假事泄，此辈固不足惜，不审置陛下于何地？此辈藉陛下图富贵耳，岂有为社稷之心哉！"上大悟，浸疏之。

戍云南金齿（今云南保山）。徐有贞一去，而曹吉祥、石亨就更加专横了。

【编】以户部侍郎陈汝言为兵部尚书。【纪】陈汝言依附石亨、曹吉祥参与恢复明英宗皇位的夺门之谋，因此石亨推荐任用他。陈汝言掌理兵部事务，更加与石亨等阿附朋比，内外勾结为奸。

【编】秋七月贬谪内阁赞善岳正为广东钦州（今广东钦县）同知。【纪】起初，岳正入直文渊阁，明英宗曾召见他，问道："你怎样辅佐朕？"岳正说："现在宦官、武臣的权力过重。"明英宗点头表示赞同。岳正退下后，将此事告诉曹钦、石彪，要他们交出兵权，返回宅第。曹钦、石彪赶快去告诉曹吉祥，曹吉祥到明英宗面前痛哭流泣，脱掉官帽，请求处死，并详细说了事情的原由。明英宗说："没有这回事。"于是把岳正召来，责备他说话不慎。岳正说："是的。我看曹、石二家必定会因背叛而遭到灭亡，现在还没有暴露，无法定其死罪。臣想保全君臣共同经历艰难的情谊，所以要他们早点自为保全之计。"明英宗很不高兴。这时恰遇承天门遭受火灾，明英宗令岳正草拟罪己诏，一一陈述奸邪之徒欺诈蒙蔽的情状。石亨见到罪己诏，心中恼怒，便说是岳正故意毁谤讥笑，因而有这次贬谪，陈汝言本来就忌恨岳正，又利用岳正的私事中伤他。最后，岳正遣戍到肃州卫（今甘肃酒泉市）。

【编】九月，明英宗敕令左顺门守门宦官："今后没有宣召，总兵官不得随便进入。"【纪】明英宗颇知石亨等人骄横放纵，但念其有功，间或屏退左右侍从，而对大学士李贤谈及此事，李贤回答说："权力不可下移，只有独断才行。"不久，又与李贤谈起夺门的功劳，李贤说："说迎驾是可以的，'夺门'二字怎能传示于后世！陛下顺天命应人意而恢复皇位，门何必夺！而且内廷宫门难道可以夺取的吗！当时也有以此事邀臣的，臣辞而没有参与。"明英宗听后惊问他其中缘故。李贤回答说："景泰皇帝病重去世，群臣自当奏请陛下复位。这样做名正言顺，不会引起任何疑虑，何至于夺门！如果此事走漏消息，未能成功，石亨、曹吉祥等人，本来就死不足惜，但不知他们原来考虑的将置陛下于何地。石亨、曹吉祥等人，不过是借陛下给自己谋取富贵罢了，哪有为宗庙社稷之心呢！"明英宗大为醒悟，便渐渐地疏远了石亨、曹吉祥等人。

【编】冬十一月，逮陈汝言下锦衣狱，籍其家。 【纪】给事中高明等交章劾汝言怙势乱法，赃私藉甚，故逮之。上命所司陈籍汝言物于大内庑下，召大臣入视，且曰："景泰间任于谦久，籍没无馀物。汝言未期，得赂多若是邪！"时上怒甚，色变，石亨等皆俯首。自是上渐悟谦冤而恶亨等矣。

【编】冬十一月,逮捕兵部尚书陈汝言,投入锦衣卫监狱,并抄了他的家。 【纪】给事中高明等纷纷弹劾兵部尚书陈汝言凭借权势,变乱成法,收受贿赂,脏物极多,因此加以逮捕。明英宗命掌管刑法的官员,把陈汝言的赃物在宫殿的廊庑下陈列,召大臣入内观看,并且说:"景泰年间,于谦任兵部尚书时间很长,抄没他的家产,没有多余的财物。陈汝言任兵部尚书还未满一年,收受的贿赂就这么多呵!"当时,明英宗极为愤怒,脸色都变了,石亨等人个个低下了头。自此时起,明英宗渐渐明白于谦的冤屈,而憎恶石亨等人了。

明鉴易知录卷六

明纪

英宗睿皇帝

【编】戊寅，二年，春正月，皇太子出阁读书。

【编】遣建庶人出居凤阳。【纪】庶人，建文君幼子也，入禁大内时方二岁，至是年五十六。上意欲宽之，谓李贤曰："亲亲之义，实所不忍。"贤对曰："陛下此一念，天下鬼神实临之，太祖在天之灵实临之，尧、舜之心不过如此。"左右或以为不可，上曰："有天命在，任自为之。"遂遣居凤阳，听其婚娶，出入自在。庶人出禁，见牛、羊亦不识。未几，庶人卒，懿文太子、建文君遂无后。

【编】己卯，三年，秋八月，定远侯石彪有罪，下狱。【纪】彪性阴狡凶暴，出镇大同，素侮总兵官。总兵官因彪尝奏城威宁海子，遂为流言，称彪有异志。上固疑彪，屡有功，屡召还。彪乃阴使大同千户杨斌等五十人诣阙，乞留为镇守。上知其诈，下彪狱。词连石亨，上犹念亨功，宥之，惟罢其兵权，令以本籍归第。

【编】庚辰，四年，春正月，石亨谋反，伏诛。【纪】初，亨见稍疏斥，怀怨望。尝往来大同，顾紫荆关谓左右曰："若塞此关守

明纪英宗睿皇帝

【编】天顺二年（戊寅，1458）春正月，皇太子朱见深出阁读书（《明英宗实录》卷290，天顺二年夏四月乙丑条载："皇太子初讲学于文华殿。"与原本记载有异。当以《实录》为准）。

【编】遣建庶人朱文圭到凤阳（今安徽凤阳）居住。（建庶人，即朱文圭，建文四年，朱棣率兵入南京，文圭二岁，被囚禁在中都广安宫，号为建庶人。）　【纪】建庶人，是建文君的幼子朱文圭，被囚禁时才二岁，到这时年已五十八（原作"年五十六"，误。建文四年文圭二岁，至天顺二年当为"五十八岁"。《明通鉴》于天顺元年十月记此事，谓年五十七，当得其实。据改。另《明英宗实录》卷283，天顺元年十月丙辰条载："释建文君子孙，安置凤阳。"与原本不同，当以《实录》为准）。明英宗想加以宽宥，对李贤说："亲亲之义，实在于心不忍。"李贤回答说："陛下这一念虑，天下鬼神实能看到，太祖在天之灵实能看到，尧、舜的仁爱之心不过如此。"左右侍从中有人认为不该宽宥朱文圭，明英宗说："有天命在，听凭他自己去生活吧。"便将朱文圭遣居于凤阳，听任他娶妻婚配，自由出入。庶人被释放出来之后，见到牛、羊也不认识。不久，庶人去世，懿文太子和建文君于是没有后嗣。

【编】天顺三年（己卯，1459）秋八月，定远侯石彪有罪，逮捕入狱。　【纪】石彪性格阴险狡诈凶残，奉命镇守大同，经常侮辱总兵官。总兵官因石彪曾经上奏请求在威宁海子（在今内蒙古察哈尔右翼前旗境）筑城，便制造流言蜚语，说石彪有反叛的意图。明英宗本来就怀疑石彪，所以屡次立功，又屡次召还。石彪便暗中指使大同千户杨斌等五十人到北京，乞求朝廷留石彪镇守大同。明英宗知道其中有诈，就下令将石彪投入监狱。经过审讯，供词牵连到石亨，皇上还思念石亨的功劳，宽宥其罪，只罢去石亨的兵权，令其以原官归第闲住。

【编】天顺四年（庚辰，1460）春正月，石亨阴谋反叛被处死刑。【纪】起初，石亨觉得自己被皇帝疏远、斥责，心怀怨望。他曾往来于大

之,据大同,京师何由得至!"一日,退朝归私第,语锦衣指挥使卢旺、彦敬曰:"吾所居官,皆尔等所欲者。"旺、敬不知所谓,对曰:"旺、敬以公得至此,他何敢言!"亨曰:"陈桥之变,史不称其篡。尔能助吾,吾官非尔官乎?"旺、敬股栗莫敢对。会訾人童先出妖书曰,"惟有石人不动",劝亨举事。亨谓其党曰:"大同士马甲天下,吾抚之素厚。今石彪在彼,可恃也。异日以彪代李文佩镇朔将军印,专制大同,北塞紫荆关,东据临清,决高邮之堤以绝饷道,京师可不战而困矣。"遂请以卢旺守里河。会孛来寇延绥,上命亨往御之。先又力劝亨,亨曰:"为此不难。但天下都司除代未周;待周,为之未晚也。"先曰:"时者难得而易失。"亨不听。先私谓所亲曰:"此岂可与成大事者!"会彪败,上犹念亨功,置不问,罢其兵,而亨之谋渐急,事益露。其家人上变告亨谋反,逮治之,死狱中。斩彪于市,其党童先等俱坐死。

【编】二月,诏令冒报迎驾功升官者,许自首改正。 【纪】时法司奏石亨等冒功升官者,俱合查究。上召问李贤曰:"此事恐惊动人心。"贤对曰:"不若令其自首免罪。"上曰:"然。"遂行之,于是冒功升职者四千余人,皆自首改正。

【编】辛巳,五年,秋七月,太监曹吉祥及昭武伯曹钦反,杀恭

同，顾望紫荆关（在今河北易县西北紫荆岭上）而对左右随从说："如果堵住此关，严为把守，据有大同，京师兵马无论如何也难以到来！"一天，石亨退朝回到家里，对锦衣卫指挥使卢旺、彦敬说："我现在所做的官，都是你们所希望得到的。"卢旺、彦敬不懂石亨话中含意，回答说："我卢旺、彦敬是因您的提携才能到今天这种地步，还敢有其他什么奢望！"石亨说："宋太祖的陈桥（陈桥驿，在今河南开封市东北）兵变，历史上的记载不称为篡夺。你们若能帮助我，我现在做的官不就是你们可以做的官吗？"卢旺、彦敬听了石亨的话吓得两腿发抖，不敢答对。恰逢一位盲人叫童先的出示妖书说"唯有石人不动"，并且劝说石亨起兵反叛。石亨对他的党羽说："大同的兵马是天下最强大的，我素来厚待他们，现在石彪在大同，可以作为依靠。他日，以石彪代替李文佩镇朔将军印，专门节制大同，北边把守紫荆关，东边据有临清（今山东临清市），再掘开高邮（今江苏高邮）堤坝，放水断绝粮饷运输通道，京师可以不战而使之危困。"于是，石亨上奏，请求命卢旺守卫里河（今江苏淮阴市至扬州市南瓜洲间的运河的别称）。其时，正遇孛来侵犯延绥（延绥镇治榆林卫，今陕西榆林），明英宗命石亨率兵前往抵御。童先又竭力劝说石亨，石亨说："起兵之事不难。但现在全国各都司长官的任满调动和重新任命还没有全部完成，待此事结束，再起兵也不算晚。"童先说："时机难得而容易失去。"石亨不听。童先暗地里对他亲近的人说："石亨哪里是可以与他成就大事的人！"到石彪被捕入狱，明英宗仍思念石亨的功劳，宽宥不究，仅罢去其兵权；而石亨策划反叛之谋愈加急迫，其事更加暴露。石亨的家人到朝廷告发石亨谋反，加以逮捕审讯，死于狱中。将石彪押到闹市斩首，其党羽童先等都因罪处死。

【编】二月，明英宗下诏，令曾冒报迎复皇帝位的功劳而升官的人，允许自首改正。【纪】当时掌管刑法的官员奏报，石亨等冒功升官的人，都要追究。明英宗把李贤召来问道："此事恐怕要惊动得人心不安。"李贤回答说："不如令其自首免罪。"明英宗说："对。"便依此施行，于是冒功升职的四千余人，都自首改正。

【编】天顺五年（辛巳，1461）秋七月，太监曹吉祥和昭武伯曹钦

顺伯吴瑾、都御史寇深。怀宁伯孙镗、兵部尚书马昂率兵讨平之，吉祥、钦俱伏诛。 【纪】方石亨之败也，上命由亨冒功以进者许自首革。吉祥念与亨同功，亨败，己且不得独完，因日犒诸降丁金帛，倚为腹心。诸降丁亦念由吉祥冒功进，一旦不测，身且随后，相与为死党。吉祥之客有冯益者，钦一日问曰："自古有宦官子弟为天子者邪？"益曰："君家魏武，盖中官腾之后。"钦大喜，由是阴畜异志。锦衣百户曹福来曾役钦家，钦虑其泄，箠楚濒死。上闻，谕钦曰："速改过；不悛，罪无赦！"先是，石彪得罪，上亦先谕之，钦以故大惧。又，锦衣指挥逯杲伺钦甚急，会孛来寇甘、凉，上使孙镗统京军往征之，马昂监其军，择庚子昧爽出师。于是钦与诸昆季其党都督伯颜也先数十人谋曰："县官持我急，不发，我为石彪续矣！"遂分勒死士蕃、汉军五百人，约以是日昧爽朝门开则拥杀镗、昂，夺门入，此时吉祥素所部禁兵且可为内应。

谋定，以其夕饮诸降丁酒。酒半，夜可二鼓，镗与吴瑾、广义伯琮方待漏朝房，都指挥完者秃亮从钦席上亡走，见瑾、琮告变。瑾、琮趋告镗，相与去匿他所，手作奏，投门罅闻上。上止开门，缒入吉祥，锁系之，钦不知也，与弟铉、鏱，铎率蕃将伯颜也先至东长安门，门闭。钦知事泄，即召死士驰至逯杲门，杲出，杀之，恨杲为上伺己也。寇深素善钦，既乃与言官疏劾之，钦亦以此为恨，与铎驰入西朝房，索深杀之。大学士李贤待朝东朝房，钦复驰索之。贤惊，出被执。钦持果头示贤曰："今日直为此激变，非得已也。可为我草疏进上。"又执尚书王翱，贤乃就翱所索纸为草疏，同翱投入长安左门隙。门坚不启，钦火之。钦往来啸呼，拟贤刃者数，舍之驰

反叛，杀恭顺伯吴瑾、都御史寇深。怀宁伯孙镗、兵部尚书马昂率兵讨平，曹吉祥、曹钦都被杀。　【纪】当石亨反谋败露被惩处时，明英宗命由石亨冒功而升官的人，允许自首革除。曹吉祥想到自己与石亨同享其功，石亨已死，自己肯定不得独自保全，所以每天用金帛犒赏那些投降而来的兵丁，作为心腹。那些投降而来的兵丁也想到由曹吉祥冒功而得到了升迁，一旦发生意外之事，自己也随曹吉祥遭受灾祸，所以便互相结为死党。曹吉祥的门客中有个名叫冯益的，曹钦有一天问他："自古以来有宦官子弟当天子的吗？"冯益回答说："您的本家魏武帝曹操，就是宦官曹腾的后代。"曹钦听后大喜，从此便暗蓄反志。锦衣卫百户曹福来曾在曹钦家服役，曹钦担心他泄露秘密，打得他几乎死去。明英宗得知，告诫曹钦说："马上改正过失，如若不改，一定严惩，绝不赦免。"起先，石彪得罪，明英宗也是先行告诫，曹钦因此极为恐惧。又有锦衣卫指挥逯杲暗中监视曹钦很紧，恰遇孛来侵犯甘州（今甘肃张掖市）、凉州（今甘肃武威市），明英宗命孙镗统率京军前往征讨，由兵部尚书马昂监军，选择初三日（庚子）黎明时出发。于是曹钦与诸兄弟及党羽都督伯颜也先等数十人密谋说："皇帝急着要对我下手，若不起兵，我将随石彪之后被逮处死了！"便分别部署死士，计蕃、汉士兵五百人，约定在初三日黎明朝门打开时，就一拥而入，杀死孙镗、马昂，夺门进入宫中，此时曹吉祥平时所统领的禁兵就可作为内应。

阴谋既定，当天晚上就召集那些投降来的兵丁喝酒。酒喝到一半，已到夜里二鼓时分，孙镗与吴瑾、广义伯吴琮正在宫内朝房，等待时辰一到，便率兵出发。都指挥完者秃亮从曹钦的酒席上逃走，见到吴瑾、吴琮就告发曹钦反谋。吴瑾、吴琮急忙告孙镗，便一同躲避到安全的地方，手写奏疏，从门缝塞进去奏报皇上。明英宗下令禁止开门，把曹吉祥用绳子捆了，从墙头放下来，上锁囚禁，曹钦不知其情，与弟曹铉、曹鐇、曹铎率领蕃将伯颜也先到了东长安门，大门紧闭。曹钦知道此事已经泄露，他恨逯杲为皇上监视自己，立即召集敢死兵士奔驰到逯杲门前，逯杲出门，就杀了他。都御史寇深向来与曹钦友善，后来与言官一起上疏弹劾曹钦，曹钦也因此恨寇深，便与曹铎奔驰到西朝房，搜寻到寇深加以杀害。大学士李贤在东朝房等待朝见，曹钦又奔去搜寻。

去。又索马昂,不得,时已昧爽矣。既而征西军稍集至二千人,孙镗曰:"不见长安门火邪?曹钦谋反,兵少,击杀者予金。"皆曰"诺。"工部尚书赵荣被甲跃马奋呼市中曰:"能杀贼者从我!"从者亦数百人。镗之东安门逐贼,军锐甚,贼众披靡。吴瑾将五骑出觇,贼猝与遇,力战死。镗子辄遇钦于道,奋砍中其膊;辄亦死。钦惧,夜窜归。镗督兵与战,马昂以精兵殿,会昌侯孙继宗兵又集,鏖战,军士奋呼而入。钦迫,投井死,遂屠其家,亲党同谋一时尽死。下吉祥都察院狱,明日,磔于市。

【编】壬午。六年,秋九月,皇太后孙氏崩。
【编】太傅、吏部尚书致仕王直卒。
【编】癸未,七年,春正月,以姚夔为礼部尚书。

【编】追谥宣德废后胡氏为恭让章皇后。【纪】孙太后崩,钱皇后屡为上言:"胡后贤而无罪,其死也,人畏太后,敛葬皆不如礼",劝上复其位号;上从之。

钱皇后素性孝谨,绝无妒忌。上北狩,每夜哀吁拜天,倦则卧地,因损一肢;哭泣太多,复损一目。上在南城,每不快,后曲为慰解。复辟之后,待景皇后尤尽礼焉。

李贤吃惊而出，被曹钦捉住。曹钦手拿逯杲的头让李贤看，说道："今天正是因为逯杲才激起事变，真是不得已呵！你可替我草拟奏疏呈奏皇上。"又捉拿吏部尚书王翱。李贤就在王翱那里找来纸笔替曹钦草拟奏疏，同王翱一起把奏疏投入长安左门的门缝。长安左门的大门十分坚固，难以打开，曹钦就点火焚烧。曹钦往来呼叫，好几次用刀比划着要杀李贤，终于放掉李贤离去。又搜寻兵部尚书马昂，没有找到，此时天已黎明了。不久，征西军士稍集至二千人，孙镗说："你们没有看见长安门起火吗？曹钦谋反，京城兵少，凡能击杀反叛者赏给金银。"众军士齐声说："好！"工部尚书赵荣披甲跃上战马，在市中奋勇呼喊说："能杀反贼的跟我来！"（赵荣，原本误"荣"为"梁"，据《明史·七卿年表》改）响应的也有数百人。孙镗率兵到东安门追逐反贼，军势锐利，贼众溃败而逃。吴瑾带五名骑兵出去探视贼情，突然与贼相遇，力战而死。孙镗的儿子孙辄与曹钦在路中相遇，奋勇砍杀，砍中曹钦肩膀，孙辄也力战而死。曹钦恐惧，乘夜逃窜，回到家里。孙镗指挥作战，马昂率精兵在后，会昌伯孙继宗率兵马赶到，双方展开激战，军士奋勇呼喊着杀入曹钦家宅，曹钦穷迫无路，投井自杀，便屠杀其家人，亲信党羽、同谋，一时全被杀死。将曹吉祥投入都察院监狱，第二天，押解到闹市处以磔刑，裂尸而死。

【编】天顺六年（壬午，1462）秋九月，皇太后孙氏去世。

【编】退休的太傅、吏部尚书王直去世。

【编】天顺七年（癸未，1463）春正月，明英宗任命姚夔为礼部尚书。

【编】明英宗追谥宣德废后胡氏为恭让章皇后。　【纪】孙太后去世，钱皇后屡次对明英宗说："胡皇后贤而无罪，她去世时，人们都害怕太后，所以入殓、安葬都不如礼。"劝明英宗恢复她的位号，皇上听从了。

钱皇后素性孝顺谨慎，绝无有妒忌之心。明英宗身陷瓦剌时，钱皇后每天晚上都哀呼拜天，祈求上天保佑，疲倦了就地而睡，因此有一条腿得了病；还因哭泣太多，又有一只眼睛失明。明英宗在南宫居住时，每遇不快，皇后就想尽办法宽解安慰。恢复皇位之后，对待景泰皇后

【编】秋八月,少师、礼部尚书致仕胡濙卒。

【编】下锦衣卫指挥佥事袁彬狱,寻释之,调南京锦衣卫。【纪】时都指挥门达有宠,自计得进言于御前者惟李贤于彬二人而已,谋排去之,乃使逻卒摭彬阴私数十事上之。上欲法行不以彬沮,谕之曰:"从汝逮问,只要一个活袁彬还我。"彬遂下狱。有彩漆军匠杨埙者,愤然不平,上疏论救,言"昔者驾留北庭,独彬以一校尉保护圣躬,备尝艰苦。今猝然付狱,乞御前审录,则死无憾。"并陈达不法三十余事,击登闻鼓以进。上令达逮问。达逼埙令供李贤主使。埙惧拷死于狱,乃佯诺曰:"此实李阁老教我。但我言于此,无人证见;不若请多官廷鞫,我对众言之,彼乃无辞。"达信之,以闻,命中官会法司讯于午门。埙大言曰:"死则我死,何敢妄指他人!鬼神昭鉴,此实门指挥教我扳指也。"达失色,计沮,彬得从轻调南京。

【编】甲申,八年,春正月,帝崩。 【纪】上不豫,既而大渐,乃处分后事,命太监牛玉执笔,口占,使书之,一曰东宫即位百日成婚,二曰定后妃名分,三曰勿以嫔御殉葬,四曰殡敛器服从旧。书毕,命玉持付阁臣润色。李贤与学士陈文、彭时捧读惊怆,叹曰:"所言皆关大体,而止殉葬一事尤为盛德。"是月,上崩。

【编】太子见深即位。

【编】尊皇后曰慈懿皇太后,生母贵妃周氏曰皇太后。 【纪】

更加尽礼。

【编】秋八月，已退休的少师、礼部尚书胡濙去世。

【编】锦衣卫指挥佥事袁彬被捕投入监狱，不久释放，调到南京锦衣卫。　【纪】当时锦衣卫都指挥使门达受到明英宗的宠信，他自己盘算能够在皇帝面前说话的只有李贤和袁彬二人，便企图将这两人排挤掉，于是遣巡逻的士卒搜集袁彬的阴秘私事数十件奏报上去。明英宗正想使法律施行，不能由于袁彬而使之半途而废，就对门达说："此事由你逮捕审问，只要给我留一个活着的袁彬就行了。"袁彬便被逮捕投入监狱。有一个彩漆军匠名叫杨埙的（杨埙，原本误"埙"为"喧"，据《明英宗实录》卷359、《明史·门达传》改，下同），对袁彬被捕愤愤不平，上疏营救，说："过去皇上留居北庭瓦剌，只有袁彬以一个校尉保护皇帝，备受艰难困苦。现在突然被捕投入监狱，乞求当着皇帝的面加以审讯，就是死了也没有遗憾。"同时陈诉门达不法之事三十余件，击登闻鼓以呈进奏疏。皇上命门达逮捕审问杨埙。门达威逼杨埙，令其招认是李贤指使。杨埙害怕被严刑拷打死在监狱里，便假装答应说："这实是李阁老教我做的。但我在这里说，没有人作见证；不如多请几位官员当廷审讯，我对众官说，他就没有话说了。"门达信以为真，奏报明英宗，即命宦官会同法司官员在午门审讯杨埙。杨埙大声说："要处死就处死我，我怎么敢胡乱诬指别人！天地鬼神明察，这实是门指挥使教我来扳指李阁老的。"门达大惊失色，陷害袁彬、李贤的诡计失败；袁彬才得从轻处罚，调往南京锦衣卫。

【编】天顺八年（甲申，1464）春正月，明英宗去世。　【纪】明英宗得病，不久病情危重，便处理后事，命太监牛玉执笔，他口授其词，牛玉书写，一是东宫皇太子即皇帝位，百日后成婚；二是确定后、妃名分；三是不要用嫔女殉葬；四是入殓和下葬的器皿服饰用旧的。书写完毕，命牛玉拿到内阁交阁臣修改润色。李贤与学士陈文、彭时捧读震惊悲伤，叹息说："所言都关系到礼制的大体，而禁止殉葬一事，尤为盛德。"就在这一月，明英宗去世。

【编】皇太子朱见深即皇帝位（以明年为成化之年）。

【编】尊皇后钱氏为慈懿皇太后，生母贵妃吴氏为皇太后。

时周贵妃传旨："钱后无子，不得称太后。宣德自有例。"彭时曰："胡后上表让位，退居别宫，故正统初不加尊号。今日名分固在，若推大孝之心，宜两宫同尊。"得允所请。李贤复议曰："正宫宜加二字，不然无分别。"因定尊号，称皇后钱氏为慈懿皇太后，贵妃周氏为皇太后。

【编】葬裕陵。

【编】锦衣卫都指挥门达有罪下狱，谪戍南丹卫。召袁彬还。【纪】言官劾达欺罔，始系狱。彬自南京召还，复职，适达遣戍南丹，彬饯送出城如礼，人以为难。

【编】三月，加李贤少保兼华盖殿大学士，陈文吏部左侍郎，彭时吏部右侍郎。

【编】夏五月，以马昂为户部尚书，王竑为兵部尚书。

【编】六月，礼部左侍郎兼翰林院学士致仕薛瑄卒。

【编】冬十月，立妃王氏为皇后。

宪宗纯皇帝

【编】乙酉，宪宗皇帝成化元年，春正月，诏释戍边陈循、江渊、俞士悦等及王文子宗彝、于谦子冕、谦婿朱骥各回原籍，给还家产。【纪】冕讼父冤，上追复谦官，遣行人往祭其墓，复冕世袭千户。

【编】夏四月，荆、襄流民刘千斤反。

【编】秋八月，以彭时为兵部尚书，仍兼翰林院学士。

【编】丙戌，二年，春二月，重修阙里庙成，帝制文纪之。

【编】起复大学士李贤，贤固辞，不许。【纪】贤以父丧去位，诏夺情起复。贤固乞终制，不许。命内侍林兴护送贤还乡视葬。

【纪】当时周贵妃传旨:"钱皇后没有生下儿子,不得称太后。宣德年间自有先例。"彭时说:"胡皇后上表让位,退居别宫,所以正统初年不加尊号。现在名分本来存在,如果推大孝之心,应该两宫同尊。"彭时的请求得到允准。李贤又提议说:"正宫应该加二字,不然就没有分别。"因此确定尊号,称皇后钱氏为慈懿皇太后,贵妃周氏为皇太后。

【编】明英宗安葬在裕陵(在今北京市昌平县北天寿山东,明十三陵之一)。

【编】锦衣卫都指挥使门达有罪,被捕投入监狱,谪贬戍守南丹卫(今广西南丹)。召袁彬从南京回到北京。 【纪】言官弹劾门达欺骗蒙蔽,被捕投入监狱。袁彬奉命从南京回到北京,恢复锦衣卫指挥佥事的官职,正遇门达谪戍南丹卫,袁彬为门达饯行,送其出城,一切如礼,人们以为袁彬此举难能可贵。

【编】三月,加李贤少保兼华盖殿大学士,陈文吏部左侍郎,彭时吏部右侍郎。

【编】夏五月,以马昂为户部尚书,王竑为兵部尚书。

【编】六月,退休的礼部左侍郎兼翰林院学士薛瑄去世。

【编】冬十月,册立妃王氏为皇后。

宪宗纯皇帝

【编】宪宗皇帝成化元年(乙酉,1465)春正月,明宪宗下诏释放戍边的陈循、江渊、俞士悦等及王文的儿子王宗彝、于谦的儿子于冕、于谦的女婿朱骥各回原籍,归还其家产。 【纪】于冕上奏陈诉其父于谦蒙受冤屈,明宪宗追复于谦官职,派遣使者前往祭奠于谦坟墓,恢复于冕世袭千户。

【编】夏四月,荆州、襄阳流民刘千斤聚众造反。

【编】秋八月,明宪宗以彭时为兵部尚书,仍兼翰林院学士。

【编】成化二年(丙戌,1466)春二月,重修阙里庙完工,明宪宗亲自撰文以纪其事。

【编】起用服丧未满的大学士李贤,李贤坚辞,明宪宗不许。
【纪】李贤因父亲丧事而去职,明宪宗诏令夺情起用。李贤坚决乞求守

【编】夏五月，李贤还京，命入阁视事。 【纪】贤还京，复上疏乞终丧，不允，命入阁视事。修选罗伦上疏劾贤，谓："宋仁宗起复富弼，孝宗起复刘琪，二人皆不从，纲常伦理，所关甚大。"上恶伦狂妄，谪福建市舶司副提举。编修尹直引文彦博待唐介故事，请贤留伦，贤曰："潞公市恩，归怨朝廷，吾则不敢。"

【编】襄阳贼刘千斤僭号于南漳，命抚宁伯朱永、尚书白圭督兵讨平之。

【编】冬十二月，少保、吏部尚书、大学士李贤卒。

【编】丁亥，三年，春三月，召商辂至京，复为兵部侍郎兼翰林院学士，入内阁办事。

【编】召罗伦还，复为翰林院修撰。

【编】下刑部郎中彭韶狱，既而释之。 【纪】周太后弟长宁伯彧与真定武强县民争田，命韶往勘之。韶至田所，环视之，归奏曰："田本民有，虽其间地有多余，然岁有旱潦，地有高下，安有空闲可以别给！且民者国之本，食者民之天，食足民始安，民安则国安，岂可以民田给贵成，重伤国本邪！"疏上，下韶锦衣卫狱；言官交章救之，得释。先是，韶以论都御史张岐幸进事下狱，寻宥复职，至是复下狱，直声震一时。

【编】秋七月，追封汉儒董仲舒为广川伯，宋儒胡安国为建宁伯，蔡沈为崇安伯，真德秀为浦城伯。

【编】以李秉为吏部尚书。

【编】戊子，四年，春二月，固原土官满四据石城反；官军讨之，失利。

丧期满，明宪宗不许，命宦官林兴护送李贤回家安葬父亲。

【编】夏五月，李贤回到北京，明宪宗命其入阁视事。【纪】李贤回到北京，又上奏乞求守丧到满期，明宪宗不许，命其入内阁视事。翰林院修撰罗伦上疏弹劾李贤，说："宋仁宗起复富弼，宋孝宗起复刘琪，二人都不听从，纲常伦理，关系重大。"明宪宗厌恶罗伦狂妄，下令贬谪罗伦为福建市舶司副提举。翰林院编修尹直引文彦博对待唐介的故事，请李贤向皇上说情留下罗伦，李贤说："文彦博施恩而讨好他人，把怨恨归于朝廷，我可不敢那样做。"

【编】襄阳流民刘千斤在南漳（今湖北南漳）僭称为王，明宪宗命抚宁伯朱永、兵部尚书白圭督率兵马前去讨伐平定。

【编】冬十二月，少保、吏部尚书兼华盖殿大学士李贤去世。

【编】成化三年（丁亥，1467）春三月，明宪宗召商辂到北京，复官为兵部侍郎兼翰林院学士，入内阁办事。

【编】明宪宗召罗伦回北京，复官为翰林院修撰。

【编】逮捕刑部郎中彭韶投入监狱，不久释放。【纪】周太后弟长宁伯周彧与真定（府治真定县，今河北正定）武强县（在今河北武强县西南）百姓争夺田地，明宪宗命刑部郎中彭韶前往勘查。彭韶到达所争夺的田地所在，环顾四周，回京奏报说："争夺的土地，本来属百姓所有，虽然当地有多余的土地，但每年有旱有涝，土地有高有低，哪有空闲的土地给别人！何况民为国之本，食为民之天，食物充足百姓才能安宁，百姓安宁国家才能安定，怎能用百姓的土地送给贵戚，而重伤国家的根本呢！"奏疏呈进，明宪宗命逮捕彭韶投入锦衣卫监狱，言官纷纷上疏营救，才得到释放。在此之前，彭韶曾经因弹劾都御史张岐侥幸升官的事，被捕入狱，不久得宽宥复职，到这时又被捕入狱，敢于直言的声望震动一时。

【编】秋七月，明宪宗追封汉儒董仲舒为广川伯，宋儒胡安国为建宁伯，蔡沈为崇安伯，真德秀为浦城伯。

【编】明宪宗任命李秉为吏部尚书。

【编】成化四年（戊子，1468）春二月，固原（今宁夏固原）土官满四占据石城（在今宁夏固原县西北）反叛，官军前往征讨，作战失利。

【编】夏六月,慈懿皇太后钱氏崩。 【纪】钱太后崩,命大臣议葬所。众相视,莫敢先发。大学士彭时曰:"此一定之礼,无可议者。梓宫当合葬裕陵,神主当祔庙。"礼部尚书姚夔曰:"此正礼也。"太监夏时曰:"慈懿无子,且有疾,宜别葬。"彭时曰:"太后母仪天下近三十年,臣子岂忍议别葬!"已而上御文华殿,召内阁诸大臣面议。彭时曰:"合依礼而行,庶全圣孝。"上曰:"朕岂不知!但与太后有碍。"学士刘定之曰:"孝子从义不从令,虽圣母有言,亦不可从也。"上默然良久,曰:"合葬固是孝;若因此失圣母心,亦岂得为孝乎?"彭时曰:"陛下大孝当以先帝之心为心。先帝待慈懿太后始终如一,今若安葬于左,而虚其右以待后来,则两全其美矣。"上感悟。明日,传谕:"卿等如前议行。"

【编】秋八月,命都督同知刘玉充总兵官,右副都御史项忠提督军务,太监刘祥监军,帅京营兵四万讨满四。

【编】冬十月,以商辂为兵部尚书,仍兼学士。

【编】十一月,刘玉、项忠等讨满四,擒之,余党悉平。

【编】己丑,五年,春正月,吏部尚书李秉罢。 【纪】秉素刚介,给事中萧彦庄受属诬劾之,遂致仕。

【编】三月,命礼部左侍郎万安兼翰林院学士,入内阁参预机务。

【编】夏六月,以姚夔为吏部尚书。

【编】庚寅,六年,秋七月,皇子祐樘生。 【纪】纪妃所生也。初,妃有娠,万贵妃知而恚之,百方谋害,胎竟不堕。至是生,妃乳少,太监张敏使女侍以粉饵哺之。弥月,西内废后吴氏保抱惟谨,不

【编】夏六月，慈懿皇太后钱氏去世。 【纪】钱太后去世，明宪宗命大臣商议安葬地点。群臣相互看着，谁也不敢先说话。大学士彭时说："这事有一定之礼，没有什么可商议的。钱太后的棺材应当与先皇合葬在裕陵，神主应当附祭于宗庙。"礼部尚书姚夔说："这是正礼。"太监夏时说："慈懿太后没有儿子，而且身体有病，应该另选地方安葬。"彭时说："太后作为天下为母的典范将近三十年，臣子怎么能忍心商议另找地方安葬！"不久，明宪宗在文华殿召集内阁各位大臣当面商议。彭时说："应当依礼去做，这样圣上才可以保全孝道。"明宪宗说："朕难道会不知道！但这样做对太后有妨碍。"学士刘定之说："孝子依从义理不依从令旨，虽是圣母（指明宪宗的生母周太后）有话，也不可以依从。"明宪宗沉默了很久之后才说："合葬固然合乎孝道，如果因此而违背了圣母太后的心，也难道符合孝道了吗？"彭时说："陛下大孝应该以先帝之心为心。先帝对待慈懿太后始终如一，现在若将慈懿太后安葬在先帝左侧，而空出右侧等待后来（指周太后），就两全其美了。"明宪宗听了，才为之感悟，第二天，传下谕旨："你们按照昨天商议的办法执行。"

【编】秋八月，明宪宗命都督同知刘玉充任总兵官，右副都御史项忠提督军务，太监刘祥监军，率领京营兵马四万征讨固原的满四。

【编】冬十月，明宪宗升迁商辂为兵部尚书，仍兼翰林院学士。

【编】十一月，刘玉、项忠等征讨满四，一举擒获，其余党羽全部平定。

【编】成化五年（己丑，1469）春正月，吏部尚书李秉罢职。【纪】李秉索性刚正耿介，给事中萧彦庄受人指使上疏诬劾李秉，李秉便退休去职。

【编】三月，明宪宗命礼部左侍郎万安兼翰林院学士，入内阁参预机务。

【编】夏六月，明宪宗任命姚夔为吏部尚书。

【编】成化六年（庚寅，1470）秋七月，皇子朱祐樘出生。 【纪】朱祐樘系纪妃所生。起初，纪妃怀孕，万贵妃得知后心怀怨恨，千方百计地加以谋害，胎儿竟不堕落。到这时生下皇子，纪妃奶水少，太监张敏

使贵妃知之。

【编】辛卯,七年,春正月,定漕米长运法。

【编】冬十月,立皇子祐极为皇太子。
【编】壬辰,八年,秋七月,陇州大风,雨雹。

【编】雹有大如牛者五,长七八尺,六日方消。陇州北山吼三日,裂成沟,长半里。
【编】癸巳,九年,春二月,吏部尚书姚夔卒。
【编】以尹旻为吏部尚书。
【编】命中官至兵部查西洋水程。 【纪】时上好宝玩,有言宣德间尝遣王三保出使西洋,所获奇珍异货无算。上乃命中官至兵部查三保至西洋水程,时项忠为兵部尚书,刘大夏为车驾司郎中。忠遣都吏往库中检旧案。大夏先入,检得之,藏置他处。都吏检之不得;大夏亦秘不言。会言官交章谏,其事遂寝。后忠呼都吏诘之曰:"库中案卷,焉得失去!"大夏在旁微笑曰:"三保太监下西洋,费钱粮数十万,军民死者亦万计。此一时弊事,旧案虽在,亦当毁之以拔其根,尚何追究其有无哉!"忠耸然降位,揖而谢之,曰:"公阴德不细,此位不久当属公矣。"

【编】夏五月,以商辂为户部尚书,万安为礼部尚书,仍兼旧职。
【编】冬十一月,帝谕大学士彭时编纂《宋元纲目》。
【编】甲午,十年,冬十一月,复郕王帝号。 【纪】上谕群臣曰:"曩者朕叔郕王践祚,戡难保邦,莫安宗社,亦既有年,属寝疾弥留之际,奸臣贪功生事,妄兴谗构,请去帝号。先帝寻知诬枉,深怀悔恨,以次抵奸于法,不幸上宾,未及举复。朕嗣承大统,一纪于

使女侍用米粉喂养。皇子满月后，西宫废后吴氏谨慎小心地加以抚养，不让万贵妃知道。

【编】成化七年（辛卯，1471）春正月，制定漕米长运法（漕米，指通过水道运输的官府所征粮米）。

【编】冬十月，明宪宗立万贵妃所生的皇子朱祐极为皇太子。

【编】成化八年（壬辰，1472）秋七月，陇州（今陕西陇县）大风，天降冰雹。

【纪】冰雹有五个大如牛，长七八尺，六天才完全消融。陇州北山吼啸三天，崩裂成沟，长半里。

【编】成化九年（癸巳，1473）春二月，吏部尚书姚夔去世。

【编】明宪宗任命尹旻为吏部尚书。

【编】明宪宗命宦官到兵部查西洋水程。　【纪】当时，明宪宗爱好宝玩，有人说宣德年间曾派遣王三保出使西洋，所获得的奇珍异货不计其数。明宪宗便命宦官到兵部查王三保出使西洋的水程。当时项忠任兵部尚书，刘大夏任车驾司郎中。项忠派都吏前往库中翻检保存的旧档案。刘大夏先进入库中，把查检到出使西洋水程的档案，藏到别处。都吏在库中翻检不到，刘大夏也秘而不说。正好遇上言官纷纷上疏谏阻，此事便不了了之。后来项忠叫来都吏诘问说："库中案卷，怎么会失去！"刘大夏在旁边微笑着说："三保太监下西洋，费去钱粮数十万，军民死去的也数以万计。这是一时的弊政，旧案虽在，也应该烧毁，以拔其根，还为什么要追究案卷的有无呢！"项忠受惊似的站起身，从座位上下来，对刘大夏一边作揖，一边感谢说："公阴德不小，兵部尚书的职位不久就应当属于你了。"

【编】夏五月，明宪宗升迁商辂为户部尚书、万安为礼部尚书，仍兼旧职。

【编】冬十一月，明宪宗令大学士彭时编纂《宋元纲目》。

【编】成化十年（甲午，1474）冬十一月，恢复郕王的帝号。　【纪】明宪宗告谕群臣说："过去朕叔郕王即皇帝位，平定祸难，保卫国家，使社稷宗庙稳定，也有很多年份，直到卧病将死之时，奸臣贪图功名，制造事端，妄造谗言，加以陷害，请求除去帝号。先帝不久就知道这是被

兹，敦念亲亲，用承先志。郕王宜复帝号，其上尊谥曰恭仁康定景皇帝。"

【编】乙未，十一年，春三月，少保文渊阁大学士彭时卒。

【编】命吏部侍郎刘珝兼翰林院学士，入内阁典机务。

【编】皇太子祐极薨。　【纪】皇太子薨，内官渐传西宫有一皇子六岁矣。万贵妃惊曰："何独不令我知？"遂具服进贺，召皇子入昭德宫，徙纪氏于永寿宫。

【编】夏六月，皇妃纪氏薨。　【纪】妃薨日天色皆赤，人疑为万贵妃所鸩云。

【编】冬十一月，立皇子祐樘为皇太子。

【编】丙申，十二年，秋七月，命宋儒朱熹十世孙燧为翰林院《五经》博士，奉祠祀。

【编】命增孔子庙笾豆、佾舞之数。　【纪】国子监祭酒周宏谟言："臣比言孔子封号、冕服、笾豆、佾舞等事，礼部尚书邹干以谥号器数之加否不足为孔子重轻，请仍旧为宜。臣窃以孔子自唐开元封文宣王，被以衮冕，乐用宫县，当时衮冕虽通乎上下，而宫县者，天子之乐也。乐既用天子之宫县，服必用天子之衮冕，是唐之奉孔子已用天子礼乐矣。宋承五代衰弊之制，至徽宗始加冕为十二旒。元时孔子庙貌遍天下，而被天子衮冕，圣朝因之。则孔子服冕已用天子之礼，佾舞止用诸侯之乐。以礼论乐则乐不备，以乐论礼则礼为僭。乞敕廷臣议增笾豆为十二，佾数为八，则佾数与冕服相称，礼明乐备，补前代缺略之典，备圣明尊崇之制。"上曰："尊崇孔子，乃朝廷盛典，宜从所言。其笾豆、佾舞俱如数增用，仍通行天下，悉遵此

诬陷而受到冤枉,深怀悔恨,依次将奸臣按法惩处,不幸去世,未能来得及恢复郕王帝号。朕继承皇位,至今一纪(一纪,为十二年,明宪宗即位至此为十一个年头。古人记数,常依成数,故曰"一纪"),恩念亲亲之情,以继承先皇的意愿。郕王应当恢复帝号,其上尊谥为恭仁康定景皇帝。"

【编】成化十一年(乙未,1475)春三月,少保、兵部尚书兼文渊阁大学士彭时去世。

【编】明宪宗命吏部左侍郎刘珝兼翰林院学士入直内阁,参预机务。

【编】皇太子朱祐极去世。 【纪】皇太子朱祐极去世,内宫渐渐传说西宫有一位皇子年纪已经六岁了。万贵妃吃惊地说:"为什么独独不令我知道?"便穿戴整齐向明宪宗祝贺,明宪宗召皇子入昭德宫,将纪妃迁徙到永寿宫(《明宪宗实录》《国榷》记此事在成化十一年五月丁卯(十九日))。

【编】夏六月,皇妃纪氏去世。 【纪】皇妃纪氏去世的那一天,天色都是红的,人们怀疑是万贵妃用毒酒毒死的。

【编】冬十一月,明宪宗立皇子朱祐樘为皇太子。

【编】成化十二年(丙申,1476)秋七月,明宪宗任命宋儒朱熹十世孙朱燉为翰林院《五经》博士,承奉祖祠祭祀。

【编】明宪宗命增加孔子庙笾豆、佾舞的数量(笾豆,即笾和豆,古代祭祀时盛食品的用器。佾舞,古时乐舞的行列)。 【纪】国子监祭酒周宏谟说:"臣近曾奏言孔子封号、冕服、笾豆、佾舞等事,礼部尚书邹幹以为谥号、器数增加与否,都不足以表示对孔子尊重的程度,仍以原来的规定为适当。臣以为孔子自唐代玄宗开元年间封为文宣王,穿戴衮冕(衮冕,即衮和冕。衮衣是古代帝王及上公的礼服,冕是古代帝王、诸侯及卿大夫的礼帽),乐用宫县(宫县,县即悬,指悬挂的钟磬,是天子用的乐器)当时衮冕虽上下通用,而宫县却是天子之乐。乐既用天子的宫县,衣帽就必用天子的衮冕,这是因为唐代奉祀孔子已经用天子的礼乐了,宋代继承五代衰弊的制度,到徽宗时才加冕为十二旒(旒,冕冠前后悬垂的玉串)。元代时,孔子庙遍布全国,而披戴天子衮冕,本朝也承袭不改。可见孔子服冕已用天子之礼,而佾舞只用诸侯的乐。以礼来论乐,则乐不

制。"

【编】丁酉,十三年,春正月,置西厂,命太监汪直调刺外事。【纪】直年少黠谲,上宠之。先是,妖人李子龙以左道惑众,内使鲍石、郑忠敬信之,夤缘入内府,时引至万岁山观望,谋不轨。锦衣官校发其事,伏诛;自是上锐意欲知外事,乃选锦衣官校善刺事者百余人,别置厂于灵济宫前,号西厂。永乐中,尽戮建文诸臣,怀疑不自安,始设东厂,主刺奸。至是名西厂,以别东厂也。纵直出入,分命诸校广刺督责,大政小事,方言巷语,悉采以闻。

【编】夏五月,罢西厂。 【纪】汪直罗织人罪,数起大狱。任用锦衣百户韦瑛纵肆贪暴,臣民悚怵。大学士商辂疏言:"近日伺察太繁,政令太急,刑纲太密,人情疑畏,汹汹不安,盖缘陛下委听断于汪直,而直又寄耳目于群小也。中外骚然,安保其无意外不测之变!往者曹钦之反,皆逯杲有以激之。一旦祸兴,卒难消弭。望陛下断自宸衷,革去西厂,罢汪直以全其身,诛韦瑛以正其罪。"疏入,上命去西厂,遣太监怀恩数直罪责之,谪韦瑛戍宣府。

【编】六月,复西厂,命汪直仍刺事。 【纪】御史戴缙言:"近年灾变洊臻,未闻大臣进何贤,退何不肖。惟太监汪直厘奸剔弊,允合公论,而止以官校韦瑛张皇行事,遂革西厂。伏望推诚任人,命

完备，以乐来论礼，则礼超过了规定。乞请皇上敕令廷臣商议增加笾豆为十二副、舞为八佾，共六十四人。这样就使佾数与冕服相称，礼明乐备，补全前代制度的缺略，完备皇上尊崇孔子的制度。"明宪宗说："尊崇孔子，是朝廷的重要典制，应听从周宏谟的意见。所用的笾豆、佾舞都如数增加，并令全国都遵守这一制度。"

【编】成化十三年（丁酉，1477）春正月，设置西厂，明宪宗命太监汪直侦察刺探宫廷以外之事。　【纪】汪直年轻聪慧狡诈，明宪宗宠爱他。起先，妖人李子龙用邪门歪道蛊惑众人，为内使宦官鲍石、郑忠所尊敬相信，靠他们的关系，得以进入内府，时常引他到万岁山（今北京城内景山）观望，图谋不轨。锦衣卫官校揭发其事，李子龙被处死刑。从此时起，明宪宗非常想知道宫廷外的事情，便挑选善于侦察刺探的百余名锦衣卫官校，另在灵济宫前设厂，名为西厂。永乐年间，明成祖尽杀建文朝诸臣，怀疑人心不测，自己也感到不安全，即创设东厂专门掌管刺探奸谋之事。到这时设厂，名为西厂，以便与东厂相区别。明宪宗任凭汪直自由出入，分别命令锦衣卫诸官校，广为刺探，对官员进行督察和责罚，重大政务，细小私事，街谈巷语，都一一刺探搜集，奏报皇上知道。

【编】夏五月，罢除西厂。　【纪】汪直虚构罪名，陷害无辜，多次制造重大冤狱。任用锦衣卫百户韦瑛，横行贪暴，官吏百姓，人人恐惧。大学士商辂上疏说："近来侦察刺探太繁，政令施行太急，刑网太密，官吏百姓心怀疑虑和畏惧，汹汹不安。这都是陛下把审理裁决刑狱都委之于汪直，而汪直又依靠一批无赖小人做耳目的缘故。朝廷内外骚扰不已，哪能担保没有意外不测的事变发生！过去曹钦谋反，都是因为逯杲激逼的结果。一旦祸乱发生，就很难消除。希望陛下自己下定决心，革去西厂，罢免汪直使其保全性命，斩韦瑛以正其罪。"商辂的奏疏呈进后，明宪宗命革去西厂，派遣太监怀恩列举汪直的罪过，加以斥责；贬谪韦瑛，发配戍守宣府（今河北宣化市）。

【编】六月，恢复西厂，明宪宗命汪直仍行刺探之事。　【纪】监察御史戴缙进言："近年灾害、天变接连地到来，没有听说朝廷大臣推荐哪个贤明的官员，斥退哪个不肖的官员。只有太监汪直清理奸邪，剔除

两京大臣自陈去留,断自圣衷。"上悦。时缙九年不迁,以觊进,故颂直。其自陈一事,尤直所喜,盖直常恶商辂、左都御史李宾,难于施行也。御史王亿言:"汪直所行,不独可为今日法,且可为万世法。"天下闻而唾之。上以三人言,复西厂,直仍刺事。

【编】大学士商辂、尚书薛远、董方、左都御史李宾并致仕,以王越为兵部尚书兼左都御史,掌院事。 【纪】时越附汪直,嗾御史冯瑾排诸大臣。辂既致仕,远等相继自陈去。

【编】秋七月,以余子俊为兵部尚书,加太子少保。
【编】冬十一月,以冯瑾为大理寺丞;戴缙为尚宝司少卿,缙寻擢佥都御史王亿为湖广按察副使。
【编】戊戌,十四年,春二月,命皇太子出阁请学。 【纪】时东宫内官覃吉,温雅诚笃,知大体,通书史,议论方正,虽儒生不能过。辅东宫,悉道以正,暇则开说五府、六部及天下民情、农桑、军务以至宦者专权蠹国情弊,悉直言之;曰:"吾老矣,安望富贵!但得天下有贤主足矣。"上尝赐东宫五庄,吉曰:"天下山河,皆主所有,何以庄为!徒劳民伤财,为左右之利!"竟辞之。太子尝呼吉为"老伴"。一日,太子念蒿里经而吉适至,骇曰:"老伴来矣!"即以《孝经》自携。吉跪曰:"主得无念经乎?"曰:"否,读《孝经》耳。"其见畏如此。太子出讲,必使左右讲官迎请;讲官讲毕,则语讲官云"先生吃茶"。左右不以为然,吉曰:"尊师重傅,礼当如此。"

弊端，实为符合公论。而只以官校韦瑛肆意行事，便革除西厂。希望陛下推诚任人，命南京、北京的大臣自己陈述该去或该留，然后由陛下裁决。"明宪宗十分高兴。当时戴缙在任已经九年没有升迁，企图升官，所以颂扬汪直。其中令大臣自己陈述去留之事，尤其使汪直高兴。这是因为汪直一直怨恨商辂、左都御史李宾而难以除掉他们。监察御史王亿说："汪直所做的，不仅可以作为现在之法，而且可以作为万世之法。"国人闻之，无不加以唾骂。明宪宗鉴于戴缙、王亿所说的话，恢复西厂，命汪直仍行刺探之事。

【编】大学士商辂、南京兵部尚书薛远、刑部尚书董方、左都御史李宾先后退休（原本作"并致仕"，据下文载，其致仕不是同时，且《明史·宰辅年表》《明史·七卿年表》载，商辂于六月加少保致仕，董方于七月致仕。故译作"先后退休"），以王越为兵部尚书兼左都御史，掌都察院事。【纪】当时王越依附汪直，唆使监察御史冯瓘排陷各位大臣，商辂既已退休，薛远等相继自己上疏乞求退休还乡。

【编】秋七月，明宪宗任命余子俊为兵部尚书，加太子太保。

【编】冬十一月，明宪宗任命冯瓘为大理寺丞；戴缙为尚宝司少卿，不久又提升为佥都御史；王亿为湖广按察司副使。

【编】成化十四年（戊戌，1478）春二月，明宪宗命皇太子出阁讲学。　【纪】当时东宫的宦官覃吉，温文尔雅，忠诚老实，懂得大体，通书史，议论方正，虽是儒生也不能超过他。他辅导皇太子，都教以正道，闲暇之时，便对皇太子直言解说五府、六部的职责及天下民情、农桑、军务以至宦官专权害国的情形和弊病；并对皇太子说："我已经老了，还希望什么富贵！只是希望天下有一位贤明的君主就满足了！"明宪宗曾经赐给皇太子五处庄田，覃吉说："天下山河，都是君主所有，还要庄田做什么！白白劳民伤财，为左右的人从中取利！"皇太子竟推辞不要。皇太子常常呼覃吉为"老伴"。一天，太子念《蒿里经》，而覃吉恰好到来，太子惧怕地说："老伴来了呀！"立即把《孝经》拿在手上。覃吉跪下问道："我主念经了没有？"太子回答说："没有，在读《孝经》。"可见太子是多么害怕覃吉。太子每次出阁听讲，必令左右随从迎请讲官，讲毕，则要对讲官说："先生喝茶。"左右随从不以为然，覃吉说："尊

【编】夏六月,命太监汪直往辽东处置边务。

【编】己亥,十五年,春正月,加吏部尚书尹旻太子太保。

【编】夏六月,逮整饬辽东边务、兵部右侍郎马文升下锦衣狱。 【纪】初,陈钺巡抚辽东,行事乖方,文升更置之,约束不得动。汪直至辽东,钺戎服伏道左,文升独与直抗礼。左右多誉钺,毁文升,钺又潜之。会给事中张良劾钺激变属部,逮至京。钺赂直,言:"海西皆以文升禁农器,不与交易,故屡寇边。"直遂奏文升"妄启边衅,擅禁农器"。乃遣直同刑部尚书林聪往讯。直缪致恭敬,深自结纳于聪。聪上报竟如直言,遂逮文升下狱,谪戍重庆。

【编】秋七月,命汪直行边。
【编】冬十月,辽东巡抚陈钺请讨海西,以抚宁侯朱永为总兵,陈钺提督军务,汪直监之。 【纪】直既至辽东,有头目郎秀等四十人入贡,遇直于广宁,直诬以窥伺,掩杀之,出塞,掩不备,焚其庐帐而还,以大捷闻。论功,加汪直岁禄,监督十二团营,朱永进保国公,陈钺户部尚书。已而海西诸部,以复仇为辞,深入云阳、青河等堡,杀掠男妇,皆支解以徇。边将敛兵不出,钺隐匿不以闻。以太仆少卿王宗彝为佥都御史,巡抚辽东。宗彝,故大学士文子也,以郎中督饷辽东,阿汪直得骤进。

师重傅，礼当如此。"

【编】夏六月，明宪宗命太监汪直前往辽东（治广宁卫，今辽宁北镇）处理边境事务。

【编】成化十五年（己亥，1479）春正月，明宪宗加吏部尚书尹旻太子太保。

【编】夏六月，明宪宗逮捕整饬辽东军务、兵部右侍郎马文升，投入锦衣卫监狱。　【纪】起初，陈钺巡抚辽东，办事违反章法，马文升一一纠正，并约束陈钺，不能任意行动。汪直到辽东，陈钺身穿军服，拜伏在道路左边，马文升独与汪直以平等的礼节相见。汪直的左右随从多赞誉陈钺而诋毁马文升，陈钺又在汪直面前说马文升的坏话。当时正逢给事中张良弹劾陈钺促使属下部落发生变乱，陈钺被逮捕押送到北京。陈钺贿赂汪直，说："海西（系金后裔所居，明置海西卫，在今辽宁辽河以东及吉林松花江以西之地）人都因为马文升禁止农器，不与交易，才屡次侵扰边境"。汪直便奏马文升"轻举妄动，挑起边衅，擅自禁止农器交易"。于是，明宪宗派遣汪直同刑部尚书林聪前往审问。汪直假装对林聪恭敬，以求更好去结交林聪。林聪回京，竟依汪直所说的奏报，结果就逮捕马文升投入狱中，贬谪戍守重庆（今四川重庆市内）。

【编】秋七月，明宪宗命汪直巡行边境。

【编】冬十月，辽东巡抚陈钺请求征讨海西，明宪宗任命抚宁侯朱永为总兵官，陈钺提督军务，汪直为监军。　【纪】汪直既到辽东，有头目郎秀等四十人向朝廷进贡，在广宁与汪直相遇。汪直诬陷他们前来刺探军情，派兵突然袭杀了他们，又到塞外，乘人不备，烧毁海西人的庐帐而回，并以获得大胜奏报朝廷。明宪宗论功行赏，加汪直每年俸禄，监督十二团营；朱永晋爵保国公，陈钺进升户部尚书。不久，海西各部，以复仇为名，深入云阳（在今辽宁凤城县东北）、清河堡（在今辽宁本溪县东北），杀掠男子、妇女，都加以肢解碎尸。边将敛兵不出，陈钺隐瞒此事不奏报朝廷。明宪宗任命太仆寺少卿王宗彝为佥都御史，巡抚辽东。王宗彝，是已故大学士王文的儿子，以郎中的官职在辽东督运粮饷，因阿附汪直，得以很快的升迁。

【编】十二月,以陈钺为户部尚书,掌部事。

【编】庚子,十六年,春三月,命太监汪直、保国公朱永、尚书王越率兵出塞袭敌于威宁,破之。

【编】夏五月,以周洪谟为礼部尚书。

【编】秋七月,逮巡抚陕西右副都御史秦纮下锦衣狱,既而释之。 【纪】时秦府旗校肆横,民苦之,纮擒治不少贷。秦王奏纮欺灭亲藩,上怒,逮纮下狱。命籍其家,止得黄绢一匹,敝衣数件。上亲阅,嘉叹良久,诏释纮系,且赐钞万锭以旌其廉。调纮巡抚河南,汪直亦以事至,纮与抗礼。不为屈。直以上知其廉,亦加敬焉。

【编】以陈钺为兵部尚书。

【编】冬十月,以国子监祭酒邱浚为礼部侍郎,仍掌监事。

【编】辛丑,十七年,夏四月,命汪直监督威宁伯王越军务,赴宣府,相度击贼事宜。

【编】冬十二月,命王越佩征西前将军印,镇守大同,仍与汪直提督各路军马。

【编】壬寅,十八年,春三月,复罢西厂。 【纪】先是,有盗越皇城入西内,东厂校尉缉获,太监尚铭以闻。上喜甚,厚赐赍。汪直闻,怒曰:"铭,吾所用,乃背吾独擅功。"思有以倾之。铭惧,潜以直构祸事达于上。上自直行后,李孜省用事,万安结昭德宫,颇揽权,恶直浸淫,上亦渐疏之。于是科道交章奏:"西厂苛察,非国体。"万安亦谓宜罢。刘翊不可。上竟罢西厂,中外欣然,翊有惭色。

【编】冬十二月,进吏部尚书万安太子太傅、华盖殿大学士,户

【编】十二月，明宪宗任命陈钺为户部尚书，掌管户部事务。

【编】成化十六年（庚子，1480）春三月，明宪宗命太监汪直、保国公朱永、尚书王越率兵出塞，袭敌于威宁，攻破其城。

【编】夏五月，明宪宗任命周洪谟为礼部尚书。

【编】秋七月，明宪宗下令逮捕巡抚陕西右副都御史秦纮，投入锦衣卫监狱，不久释放。　【纪】当时秦王府的旗校肆意横行，百姓大为受苦，秦纮加以捕获惩治，决不宽免。秦王奏报秦纮欺迫皇亲藩王，明宪宗发怒，下令逮捕秦纮押解北京，投入锦衣卫监狱。并命抄没秦纮的家产，结果仅得黄绢一匹、破衣数件。明宪宗亲启过目，赞许感叹了很久，于是诏令释放秦纮，且赏赐钞一万锭，以表彰他的廉洁，调秦纮巡抚河南。汪直也因事到了河南，秦纮与他以平等的礼节相见，不低三下四。汪直因为皇上知道秦纮廉洁，也敬重他。

【编】明宪宗任命陈钺为兵部尚书。

【编】冬十月，明宪宗升迁国子监祭酒邱浚为礼部侍郎，仍掌理国子监事。

【编】成化十七年（辛丑，1481）夏四月，明宪宗命汪直监督威宁伯王越军务，前往宣府，相机谋划攻击来犯之敌的事宜。

【编】冬十二月，明宪宗任命王越佩征西前将军印，镇守大同，仍与汪直提督各路军马。

【编】成化十八年（壬寅，1482）春三月，再次罢除西厂。　【纪】起先，有盗贼越过皇城进入西宫，东厂校尉搜查捕获，太监尚铭奏报皇上，明宪宗非常高兴，给予许多赏赐。汪直得知，愤怒地说："尚铭，是我所用的人，居然背着我独自居功！"便想寻找机会整治他。尚铭恐惧，就暗中将汪直制造祸乱等事奏报明宪宗。自从汪直监军出塞后，李孜省得宠弄权，万安结纳昭德宫的皇太子，也颇揽权，憎恶汪直权力越来越大；明宪宗也渐渐疏远汪直。于是，科道官纷纷上奏说："西厂以烦琐苛刻为明察，不符国体。"万安也说应该罢除西厂。刘珝以为不应该罢除。明宪宗最后决定罢除西厂，朝廷内外欣然称快，刘珝则感到惭愧。

【编】冬十二月，明宪宗晋升吏部尚书万安太子太傅、华盖殿大学

部尚书刘珝太子太保、谨身殿大学士，礼部尚书刘吉太子太保、武英殿大学士。

【编】癸卯，十九年，夏六月，调汪直南京御马监。 【纪】直与总兵许宁不协，巡抚郭镗以闻，故有是命。

【编】秋八月，汪直有罪，罢。 【纪】御史徐镛上疏劾汪直欺罔罪，曰："汪直与王越、陈钺结为腹心，自相表里，肆罗织之文，振威福之势。兵连西北，民困东南。天下之人但知有西厂，而不知有朝廷，但知畏汪直而不知畏陛下，渐成羽翼，可为寒心。乞陛下明正典刑，以为奸臣结党怙势之戒。"上深纳其言，遂罢直；削越威宁伯，追夺诰券，编管安陆州；钺及戴缙革职为民。召还马文升，以为左副都御史，巡抚辽东。

初，汪直用事久，势倾中外，天下凛凛。有中官阿丑，善诙谐，恒于上前作院本，颇有诡谏风。一日，丑作醉者酗酒状，前遣人佯曰"某官至"，酗骂如故；又曰"驾至"，酗亦如故；曰"汪太监来！"醉者惊迫帖然。旁一人曰："驾至不惧而惧汪太监，何也？"曰："吾知有汪太监，不知有天子。"又一日，忽效直衣冠，持双斧，趋跄而行。或问故，答曰："吾将兵，惟仗此两钺耳。"问钺何名，曰："王越、陈钺也。"上微哂，自是而直宠衰矣。及其罢斥，中外莫不快之。寻尚铭亦有罪黜，籍其家。韦瑛谪万全卫，寻伏诛。

【编】冬十月，以僧录司继晓为左善世，惠昇为右善世。
【编】甲辰，二十年，春正月，京师地震。
【编】三月，命太监陈准提督东厂。 【纪】准为人平恕清俭，莅事之初，下令军校曰："大逆者告我，非此，则有司之事也。"由是中

士，户部尚书刘珝太子太保、谨身殿大学士，礼部尚书刘吉太子太保、武英殿大学士。

【编】成化十九年（癸卯，1483）夏六月，明宪宗调汪直到南京御马监。　【纪】汪直与总兵官许宁不和，巡抚郭镗奏报朝廷，所以有这个调令。

【编】秋八月，汪直有罪，罢免。　【纪】监察御史徐镛上疏弹劾汪直欺骗蒙蔽的罪过，说："汪直与王越、陈钺互相勾结，成为心腹，内外应和，肆意罗织别人的罪名，以张扬其作福作威之势。西北连年用兵，东南百姓饥困。全国之人只知道有西厂，而不知道有朝廷；只知道畏惧汪直，而不知道畏惧陛下。汪直权势熏天，实在令人寒心。乞求陛下将他们明正典刑，作为奸臣结党营私、依势乱法的鉴戒。"明宪宗深深感到其言有理，加以采纳，便下令罢免汪直；削去王越的威宁伯爵位，追夺诰命铁券，编管（受管制）于安陆州（今湖北钟祥）；将陈钺及戴缙等削职为平民。召还马文升，任命为左副都御史巡抚辽东。

起初，汪直当权有很长时间，势倾朝廷内外，全国之人都怕他。有个宦官名叫阿丑，非常幽默，常在明宪宗前演杂剧，颇有借戏来劝谏的意思。一天，阿丑扮作醉酗酗的样子，先遣人假装说：'"某官来到"，阿丑仍醉骂如故；那人又说："皇上驾到"，阿丑也醉骂如故；又说："汪太监来了！"阿丑扮的醉汉惊得醉意全无，帖然不动。旁边一人问道："皇帝驾到你不害怕而害怕汪太监，这是为什么？"阿丑说："我只知道有汪太监，不知道有天子。"又一天，阿丑穿着模仿汪太监的衣服，手拿两把斧子，急速走动，有人问他做什么？阿丑回答说："我统率兵马就靠这两把钺罢了。"问钺为何名，阿丑回答说："一是王越，一是陈钺。"明宪宗听了哂笑。从此，汪直的宠信衰落了。等到汪直被罢免，朝廷内外莫不称快。不久，尚铭也有罪遭受罢黜，被抄没家产。韦瑛谪到万全卫，不久被杀。

【编】冬十月，明宪宗任命僧录司继晓为左善世，惠昇为右善世。

【编】成化二十年（甲辰，1484）春正月，京师地震。

【编】三月，明宪宗任命太监陈准提督东厂。　【纪】陈准为人平和宽恕，清正俭约，任职之初，向军校下令说："有大逆不道的事前来告

外安之。

冬十月，建永昌寺，下刑部员外郎林俊、后府经历张黻狱。【纪】僧继晓始以淫贪欺诳楚府事败，走匿京师，夤缘梁芳等引入禁中。其术得售，尊为善世，赐美妹十余，金宝不可胜纪。乃言于上，发内库银数十万两，于西华门外拆毁民居，创建永昌寺。大臣谏官皆不言，于是林俊上疏言："今岁以来，灾异屡见，京师地震，陵寝动摇，鉴戒之昭，莫此为甚。陕西、山西、河南连年饥馑，人民流离，可以流涕。而僧继晓欺罔圣德，发内库银建永昌寺，以有用之财，供无益之费，工役不息，人怨日兴。臣谓不斩继晓，异日之祸未可言也。然纵之者，梁芳也。芳倾覆阴很，引用奸邪，排斥忠良，数年之间，假进贡买办为名，盗祖宗百余年之府库殆尽。家赀山积，尚铭不足多；所在风扰，汪直莫能过。饥民之死，莫不欲食梁芳、继晓之肉，而不敢以此言进者，所惜者官，所畏者死耳。臣何忍畏死不言，以为陛下仁圣之累！"上览疏，大怒，下俊锦衣卫狱，贬云南姚州判官。

判官张黻上言："今三边未靖，四方灾旱，军民愁苦万状，凡有世道之忧者，惟恐陛下不得尽闻。今林俊上言而反得罪，则远近相传，以言为讳，岂朝廷之福哉！伏乞察俊忠直，恕其僭越，使士气益张，谠论无隐。"上以黻回护林俊，贬云南师宗州知州。

南京兵部尚书王恕上疏曰："迩闻刑部员外郎林俊陈言过直，干冒天威；后府经历张黻，为林俊陈情，亦蒙逮问。臣当以二人为

我，除此以外，都是其他有关官员管理的事，我一律不管。"从此京城内外的官民都感到安心了。

【编】冬十月，明宪宗下令创建永昌寺，逮捕刑部员外郎林俊、后军都督府经历张黻，投入监狱。　【纪】僧继晓起初因贪淫和欺骗楚王府的事情败露，逃到京师躲藏，后攀附梁芳等人，把他引入宫中，其欺骗之术才得逞，明宪宗任命他为僧录司左善世，赐以美女十余人、金宝不计其数。继晓奏请明宪宗，发放内库银数十万两，在西华门外拆毁百姓的房屋，创建永昌寺。大臣谏官都不说话，于是林俊上疏说："今年以来，灾异屡次发生，京师地震，皇陵动摇，上天鉴戒的昭示，没有比这更明白的了。陕西、山西、河南连年遭灾饥困，百姓流离失所，可为痛心而流涕。而僧继晓欺蒙皇上恩德，发内库银创建永昌寺，以有用的资财，供无益的费用，工役不停，人们的怨恨日益增加。臣认为不斩继晓，以后的灾祸就难说了。然而纵容继晓的，是梁芳。梁芳阴险毒狠。引用奸邪小人，排斥忠良之臣，数年之间，借进贡采办物品为名，把祖宗百余年来的府库储蓄几乎盗窃光了。他家产堆积如山，连尚铭也比不上他；所到之处骚扰，连汪直都超不过他。饥民冻饿而死，没有不想吃梁芳、继晓之肉的。而不敢向朝廷奏报这一情况的，所爱惜的是官职，所惧怕的是死。臣怎能忍心，因怕死而不上疏进言奏报，以致造成陛下仁义圣德的亏累！"明宪宗看到奏疏大怒，下令逮捕林俊，投入监狱，贬谪为云南姚州（今云南姚安）判官。

后军都督府经历（"后军都督府经历"，原文作"判官"。《明宪宗实录》卷257成化二十年十月壬申条载："调后军都督府经历张黻为云南师宗州判官。"据改）张黻上奏说："现在三边（指榆林、宁夏、甘肃三镇）不安定，四方有旱灾，军民愁苦万状，凡是对世道担忧的人，只担心陛下不能全部知道。现在林俊上疏言事反而遭到贬谪，则远近相传，都以上疏言事为忌讳，这岂是朝廷之福！乞求陛下洞察林俊的忠心鲠直，宽恕他越职言事，从而使士气振奋，公正的言论言而不隐。"明宪宗认为张黻袒护林俊，贬为云南师宗州（今云南师宗）知州。

南京兵部尚书王恕上疏说："近日听说刑部员外郎林俊上疏言事过于直率，触怒陛下；后军都督府经历张黻为林俊说情，也被逮捕审

戒，而复敢进言者，实为天下国家虑也。今都城内外佛寺不知有几千百区，兹又欲营建，迁移军民数千百家，计费帑银数十万两。人皆知此事之非而不言，独林俊言之；人皆知林俊之是而不言，独张黻言之。今悉置之于法，人皆以言为讳，设再有奸邪误国，陛下何由知之？乞复林俊等以慰天下，停建寺以理兵荒，庶宗社可巩固，天命可永保矣。"疏入，留中。

【编】乙巳，二十一年，春正月，星陨有声，诏求直言。 【纪】工部主事张吉、中书舍人丁玑、进士敖毓元俱上疏斥李孜省、僧继晓等罪恶。疏入，俱留中，寻皆以他事谪之。孜省，江西人，尝为吏，坐赃，巡按御史杨守随逮问充军。孜省逃至京师，夤缘入禁中，以符水得幸，授太常寺丞。守随寻还朝，即劾孜省罪恶。不宜典郊庙百神之祀。命改上林苑监；未几，擢礼部侍郎，掌通政司事，受密命，访察百官贤否，书小帖以所赐图书封进，其宠眷如此。

【编】复林俊、张黻原职。 【纪】初，林俊之劾继晓下狱也，事且不测，独太监怀恩叩头语曰："自古未闻有杀谏官者，臣不敢奉诏。"上大怒曰："汝与林俊合谋讪我！"举所用御砚掷之。恩免冠号哭不起，曰："臣不能复事陛下。"上命左右扶出。恩至东华门，使人谓镇抚司曰："若等谄梁芳，合谋倾林俊，俊死，若等不得独生！"俊狱得解。

时星变，黜传奉官，御马监太监王敏请于上，凡马房传奉不复动。恩怒曰："星象示变，专为我辈内臣坏朝廷之法，外官何能为！今甫欲正法，汝等又来坏之，他日天雷击汝矣！"敏郁郁而死。章瑾以进奉宝石授镇抚司，命怀恩传旨，恩曰："镇抚掌天下刑狱，奈何

问。臣本该以林俊、张黻二人为戒，而又敢上疏进言，实在是为国家考虑。现在都城内外佛寺不知有几千几百所，如今又要营建，迁移军民数千百家，需要花费内府库银数十万两，人人都知道此事的错误而不言，只有林俊说出此事的错误；人人都知道林俊说得正确而不为他说情，只有张黻上疏进言。现在林俊、张黻二人都加以治罪，人们都以上疏言事为忌讳，倘若再有奸邪误国，陛下还怎么能够知道？乞求恢复林俊等的官职，以慰天下人心；停止营建永昌寺，以处理兵情和灾荒，这样才可以使宗庙社稷巩固，天命可以永保。"王恕的奏疏呈进后，被留下不予答复。

【编】成化二十一年（乙巳，1485）春正月，陨星降落有声，明宪宗下诏求直言。　【纪】工部主事张吉、中书舍人丁玑、进士敖毓元都上疏指斥李孜省、僧继晓等人的罪恶。奏疏呈进，都留下不理，不久都以其他事贬谪。李孜省，江西人，曾为吏员，因贪赃罪，被巡按御史杨守随逮捕审问，发配充军。李孜省逃到京师，攀附宦官进入宫中，以符水之术得到明宪宗的宠幸，授职为太常寺丞。杨守随不久回到北京，立即揭发李孜省的罪恶，不应该管理郊庙百神的祭祀，明宪宗令改任上林花监；没过多久，又提拔为礼部侍郎，掌管通政司事，接受明宪宗的秘密使命，访察百官的贤或不贤，然后用小帖子书写，盖上所赐的图章，密封呈送给明宪宗。由此可见明宪宗对他多么宠信。

【编】恢复林俊、张黻原来的官职。　【纪】起初，林俊揭露继晓的罪恶而被捕入狱，生死难以预料，独有太监怀恩叩头对明宪宗说："自古都没有听说杀谏官的，臣不敢奉行诏命。"明宪宗大怒道："你与林俊合谋讥谤我！"拿起御用砚向怀恩掷去。怀恩摘掉帽子伏地痛哭不起，说："臣不能再侍奉陛下了。"明宪宗令左右随从把怀恩扶出去。怀恩走到东华门，令人对镇抚司说："你们谄媚梁芳，合谋陷害林俊，林俊若被处死，你们也不得好活！"于是林俊的狱案得到解脱。

当时出现星象变异，罢黜了传奉官。御马监太监王敏请求明宪宗，凡马房的传奉官不要再罢免。怀恩发怒地说："星象示变，专门警戒我们破坏朝廷法度的宦官，同外廷百官有什么关系！现在正要严肃法度，你们又来破坏，以后天雷必定要击杀你们！"王敏郁郁不乐而死。章瑾

以小人得之?"不肯传。上曰:"汝违我!"恩曰:"非敢违命,恐违法也。"上命覃昌传之。恩曰:"倘外廷有谏者,吾言尚可行也。"时尚书余子俊在兵部,恩语之曰:"第执奏,吾从中赞之。"子俊谢不敢,恩叹曰:"吾固知外廷之无人也!"时尚书王恕屡上疏切直,恩曰:"天下忠义,斯人而已!"

【编】三月,泰山屡震。 【纪】泰山凡大震者七次。时椒寝渐繁,上颇有易储意而未宣露。钦天监奏言:"泰山震动,应在东宫。"上大惊,意遂已。

【编】秋九月,大学士刘珝致仕。

【编】冬十月,以詹事彭华为吏部左侍郎兼翰林院学士,入内阁参预机务。

【编】丙午,二十二年,春三月,罢南京兵部尚书王恕。 【纪】先是,因星变,传奉官多革罢,既而夤缘复进用。恕上言:"政令必信,不宜数改。"语多激切,忤上意,遂令恕致仕。

【编】秋七月,致仕大学士商辂卒。 【纪】辂字弘载,淳安人,乡、会、殿试皆第一,奉敕纂修《续资治通鉴纲目》。卒,年七十三,谥文毅。

【编】以马寅为山东布政使。 【纪】寅在郎署三十年,为副使十六年,未尝以淹抑降志。尝语坐客曰:"君子有三惜:此生不学,一可惜;此日闲过,二可惜;此身一败,三可惜。"客叹为名言。

【编】冬十月,加大学士万安少师,刘吉少傅,彭华为礼部尚书,尹直为兵部尚书,并加太子少保。

【编】丁未,二十三年,秋八月,帝崩。 【纪】上不豫,命皇太子视朝于文华殿。己丑,上崩,年四十岁。

以进献宝石而被任命为镇抚司官,明宪宗令怀恩传旨,怀恩说:"镇抚司掌管天下刑狱,奈何让小人得以此官?"不肯传旨。明宪宗说:"你违抗我!"怀恩说:"不是我敢违命,是怕违反法度。"明宪宗令覃昌去传旨。怀恩说:"倘朝廷有人谏诤的,我的话还可行得通。"其时尚书余子俊在兵部,怀恩对他说:"你只要上疏谏阻,我会从中支持你。"余子俊辞谢说不敢。怀恩叹息说:"我本来就知朝廷无人呵!"当时尚书王恕屡次上疏,恳切率直,怀恩说:"天下忠义之人,就只此人而已。"

【编】三月,泰山(在今山东泰安市北)屡次发生地震。【纪】泰山大的地震有七次。其时皇后生子渐多,明宪宗颇有更易皇太子之意而没有说出来。钦天监上奏说:"泰山地震,应在东宫。"明宪宗大惊,改易皇太子的心思才消除了。

【编】秋九月,大学士刘珝退休还乡。

【编】冬十月,明宪宗任命詹事府詹事彭华为吏部左侍郎兼翰林院学士,入直内阁参预机务。

【编】成化二十二年(丙午,1486.)春三月,罢免南京兵部尚书王恕。【纪】起先,因星象变异,传奉官多被革除,不久又设法攀附,再次被任用。王恕上奏说:"政令必信,不应一改再改。"言语十分激烈切直,违反了明宪宗的心意,便令王恕退休。

【编】秋七月,退休大学士商辂去世。【纪】商辂,字弘载,浙江淳安(今浙江淳安)人,乡试、会试、殿试都是第一名,奉敕命纂修《续资治通鉴》纲目。去世时年七十三,谥文毅。

【编】马寅被任命为山东布政使。【纪】马寅在六部衙门任郎官三十年,出任按察副使十六年,从未以长久得不到提拔重用而消磨自己的志向。曾对在坐的客人说:"君子有三惜:此生不学无术,一可惜;此日清闲度过,二可惜;此身声名败裂,三可惜。"坐客叹为名言。

【编】冬十月,明宪宗加万安为少师,刘吉为少傅;彭华为礼部尚书,尹直为兵部尚书,都加太子少保。

【编】成化二十三年(丁未,1487)秋八月,明宪宗去世。【纪】明宪宗得病,命皇太子在文华殿临朝处理政事。二十二日(己丑),明宪宗去世,年四十岁。

【编】九月，太子祐樘即位。尊皇太后曰太皇太后，皇后曰皇太后。

【编】立妃张氏为皇后。

【编】李孜省伏诛，僧继晓发原籍为民。 【纪】太常卿道士赵玉芝、邓常恩谪戍边，番僧国师领占竹等悉革职，斥佞竖梁芳、陈喜等往孝陵司香，先朝妖佞之臣放斥殆尽。继晓寻伏诛。

【编】冬十月，召王恕为史部尚书。 【纪】初，太监怀恩以直道屏居凤阳，上素知之，至是召还。恩言大学士万安谀佞，王恕刚方，请上去安而召恕，遂有是命。

【编】十一月，谥生母淑妃纪氏为孝穆皇太后。 【纪】上念吴后保抱之恩，命宫中进膳如太后礼。

【编】大学士万安罢。 【纪】先是，安结万贵妃兄弟，进妖僧继晓以固其宠，与李孜省结纳，表里奸弊，上在东宫，稔闻其恶。至是于内中得一箧，皆房中术也，悉署曰"臣安进"。上遣怀恩持至阁下，曰："是大臣所为乎？"安惭汗，不能出一语。已而科道交章论之，遂命罢去。安在道，犹夜望三台星，冀复进用，寻卒。

【编】礼部右侍郎邱浚进所著《大学衍义补》，擢礼部尚书。【纪】先是浚以真西山《大学衍义》有资治道，而治国、平天下之事缺焉，乃采经、传、子、史有关治国平天下者，分类汇集，附以己意，名曰《大学衍义补》。至是书成，进之。上览之甚喜，批答曰："卿所纂书，考据精详，论述该博，有辅政治，朕甚嘉之。"赐金币，遂进尚书，仍命礼部刊行。

【编】葬茂陵。

【编】九月，皇太子朱祐樘即皇帝位。尊皇太后为太皇太后，皇后为皇太后。

【编】立妃张氏为皇后。

【编】李孜省被杀，僧继晓被削为平民，发还原籍。 【纪】太常寺卿、道士赵玉芝、邓常恩被贬谪戍边，番僧国师领占竹等被全部革职，贬斥佞幸的宦官梁芳、陈喜等前往孝陵司香。成化时妖佞之臣几乎全被贬谪。不久，继晓被处死刑。

【编】冬十月，皇上召王恕为吏部尚书。 【纪】起初，太监怀恩因直言谏诤被安置在凤阳居住，皇上向来知晓怀恩忠直，到这时将他召还京师。怀恩说："大学士万安阿谀奉承，王恕刚直方正。"请求皇上除去万安，召还王恕。于是有召还王恕为吏部尚书之命。

【编】十一月，皇上尊谥生母淑妃纪氏为孝穆皇太后。 【纪】皇上思念吴后保护养育之恩，命宫中呈进膳食，像对待太后一样。

【编】大学士万安被罢免。 【纪】起先，万安结纳万贵妃的兄弟，把妖僧继晓引入宫中，以巩固皇帝对他的宠信，又与李孜省勾结，内外呼应，胡作非为。皇上做皇太子时，就熟闻他的罪恶。这时在宫中得到一个箱子，里面装的全是关于房中术的，都署有"臣安进"字样。皇上令怀恩将这个箱子拿到内阁，说："这是大臣做的事么？"万安惭愧得出了一身汗，连一句话也说不出来。接着，科道官纷纷上疏弹劾万安的罪过，皇上便命令罢免万安。万安在回家的路上，夜里还观望三台星，希冀能再次得到进用。不久去世。

【编】礼部右侍郎邱浚呈进所著《大学衍义补》，被提升为礼部尚书。 【纪】起先，邱浚认为宋代真西山（真德秀人称西山先生）《大学衍义》有助于治理天下，但缺治国、平天下的事例，于是采择经、传、子、史中有关治国、平天下的事例，分类汇集，附以自己的见解，名为《大学衍义补》。到这时全书编成，进呈朝廷。皇上阅览之后，十分高兴，批答说："你编撰的《大学衍义补》，考据精确详尽，论述博大概括，有助于政治，朕非常赞赏。"赏赐邱浚金币，便进升为礼部尚书，并命礼部刊行该书。

【编】明宪宗埋葬于茂陵（在今北京昌平县聚宝山东，明十三陵之

孝宗敬皇帝

【编】戊申，孝宗皇帝弘治元年，春正月，召南京兵部尚书马文升为左都御史。　【纪】文升陛见，赐大红织金衣一袭，盖上在东宫时素知其名故也。文升感殊遇，自奋励，知无不言。

【编】闰正月，诏天下举异才。

【编】二月，帝耕藉田。　【纪】上耕藉田毕，宴群臣，教坊以杂伎承应，或出亵语。马文升厉色曰："新天子当知稼穑艰难，岂宜以此渎乱宸聪！"即斥去。

【编】以刘健为礼部右侍郎兼翰林院学士，直文渊阁。

【编】三月，帝视学，释奠先师。

【编】起用谪降主事张吉、王纯、中书舍人丁玑、进士敖毓元、李文祥。　【纪】先是，五人并以言事远谪，南京吏部主事储瓘上言："五人者既以直言徇国，必不变节辱身。今皆弃之岭、海之间，毒雾瘴气，与死为伍，情实可悯。乞取而置之风纪论思之地，则言论风采必有可观，与其旋求敢谏之士，不若先用已试之人。"上命吏部起用之。

【编】加赠前少保于谦特进、光禄大夫、柱国、太傅，谥肃愍。

【编】初开经筵。　【纪】少詹事杨守陈上《开讲勤政疏》，上嘉之，诏开经筵。讲毕，赐讲官程敏政等茶及宴，上皆呼先生而不名。

【编】冬十月，以耿裕为礼部尚书。

一)。

孝宗敬皇帝

【编】孝宗皇帝弘治元年（戊申，1488）春正月，召南京兵部尚书马文升回北京，任命为都察院左都御史。【纪】马文升上殿进见，明孝宗赐以大红织金衣一袭，这是皇上做皇太子时就知马文升名望的缘故。马文升深感特殊的知遇之恩，自己就更为奋发勉励，知无不言。

【编】闰正月，明孝宗下诏，令天下官员荐举特异的人才。

【编】二月，明孝宗耕藉田。【纪】明孝宗耕藉田毕，设宴招待群臣，教坊司用杂伎来侍候，其中有人口出猥亵之言。马文升严肃地说："新天子应当知道农业的艰难，怎么能用这种杂伎来淆乱皇帝的视听！"立即把杂伎斥去。

【编】明孝宗任命刘健为礼部右侍郎兼翰林院学士，入直文渊阁。

【编】三月，明孝宗到国子监巡视，祭祀先师孔子。

【编】明孝宗命吏部起用被降谪的主事张吉、王纯、中书舍人丁玑、进士敖毓元、李文祥。【纪】起先，张吉等五人都是因上疏言事被远谪的。南京吏部主事储巏上疏说（储巏，原本误"巏"为"瓘"，据《明史·储巏传》改）："这五人都以直言报国，一定不会变节辱身。现在都被黜弃在岭海（指现在的广东、广西）之间，毒雾瘴气，去死不远，其情实在可怜。乞求将他们召回，安置在监察、言官一类官位上，则言论风采一定可观。与其寻求直言敢谏之士，不如先用已经考验的人。"明孝宗命吏部起用张吉等五人。

【编】明孝宗加赠前少保于谦特进、光禄大夫、柱国、太傅，谥肃愍（万历中，改谥忠肃）（《明史·于谦传》载："弘治二年，用给事中孙需言，赠特进、光禄大夫、柱国、少傅，谥肃愍。"与此所记时间略异）。

【编】初次开设经筵。【编】少詹事杨守陈呈进《开讲勤政疏》，明孝宗加以赞赏，下诏开设经筵。讲毕，赏赐讲官程敏政等喝茶，在用宴时，明孝宗都称程敏政等为先生而不直呼其名。

【编】冬十月，明孝宗任命耿裕为礼部尚书。

【编】己酉，二年，春二月，以马文升为兵部尚书。

【编】下御史汤鼐、寿州知州刘概狱。　【纪】先是，万安、刘吉、尹直在政府，尝语鼐朝廷不欲开言路，鼐即以其言劾之。已而安、直皆免官，鼐与李文祥等以为小人退则君子进，虽刘吉在，不足虑也。吉使客徐鹏唊御史魏璋以殊擢，使伺鼐。鼐家寿州，知州刘概与书言："梦一人牵牛陷泽中，鼐手提牛角引之而上，人牵牛，象国姓，此国势滨危，赖鼐复安之兆也。"鼐大喜，出书示客。璋以劾之，谓其妖言诽谤，下锦衣狱。连庶吉士邹智，智身亲三木，仅余残喘，神色自若。议者欲处以死，刑部侍郎彭韶辞疾，不为判案，获免，左迁石城吏目。大理寺评事夏鍭上言："主事李文祥、庶吉士邹智、御史汤鼐等，皆以言获罪，实大学士刘吉误陛下，岂知刘吉之罪，不减万安、尹直乎？"疏奏，留中。鍭谢病归。

【编】夏五月，以彭韶为吏部左侍郎。　【纪】王恕为尚书，得韶为贰，皆不避权贵，请谒路绝。

【编】庚戌，三年，夏四月，定预备仓。

【编】冬十一月，有星孛于天津。诏大臣极言时政得失。【纪】吏部侍郎彭韶言："正近侍，慎宫爵！厚根本，减役钱。"上嘉纳之。礼部尚书耿裕率群臣条时政七事，上谓有防微杜渐之意。左侍郎倪岳上言："当今民日贫，财日匮，宜节俭以为天下先。"又言："减斋醮，罢供应，省营缮。"上采纳之。

【编】辛亥，四年，春正月，刑部尚书何乔新致仕。　【纪】乔新执法不回，每重王恕，不平刘吉。吉衔之，嗾御史邹鲁诬秦乔新受馈

【编】弘治二年（己酉，1489）春二月，明孝宗任命马文升为兵部尚书。

【编】监察御史汤鼐、寿州（今安徽寿县）知州刘概被捕投入监狱。【纪】起先，万安、刘吉、尹直在内阁，曾对汤鼐说朝廷不想广开言路，汤鼐即以他们的话上疏揭发。不久，万安、尹直都被罢免，汤鼐与李文祥等以为小人退去则君子进用，虽刘吉还在内阁，也不足为虑。刘吉指使门客徐鹏以破格升迁引诱监察御史魏璋，令其刺探汤鼐。汤鼐的故乡是寿州，寿州知州刘概给他写信说："夜里梦见一人牵牛陷入沼泽之中，您手提牛角拉了上来。人牵牛，象国姓朱，这是国势濒于危亡，依赖您才得恢复安宁的征兆。"汤鼐十分高兴，将刘概的书信拿给客人看。魏璋向朝廷揭发此事，说汤鼐、刘概用妖言诽谤朝廷，于是被逮捕投入锦衣卫监狱。汤鼐、刘概的供词牵连到庶吉士邹智。邹智的脖颈、手、足带上枷锁，仅余残喘，而神色自若。议刑的官员都想判处邹智死刑，刑部侍郎彭韶借口有病，不给判案，邹智才免于一死，被降谪为石城（今广东廉江）吏目。大理寺评事夏鍭上疏说："主事李文祥、庶吉士邹智、监察御史汤鼐等都以上疏直言获罪，实是大学士刘吉欺误陛下。岂知刘吉的罪恶，不少于万安、尹直呢？"奏疏呈进，明孝宗压下不理。夏鍭以病请求退休回家。

【编】夏五月，明孝宗任命彭韶为吏部左侍郎。【纪】王恕为吏部尚书，得彭韶作为副手，都不避权贵，断绝了请托说情的门路。

【编】弘治三年（庚戌，1490）夏四月，决定建立预备粮仓。

【编】冬十一月，有彗星显现于天津，明孝宗下诏令大臣无保留地直言时政得失。【纪】吏部左侍郎彭韶上疏说，要"正近侍，慎宫爵，厚根本，减役钱"。明孝宗加以赞赏并采纳了。礼部尚书耿裕率领群臣奏上时政得失七事，明孝宗说这七事有防微杜渐之意。左侍郎倪岳上疏说："现在百姓日益贫穷，资财日益困乏，应该实行节俭，并且成为天下的楷模。"又说："减少斋醮祈祷之事，罢去供应，减省营建。"明孝宗一一采纳。

【编】弘治四年（辛亥，1491）春正月，刑部尚书何乔新退休。【纪】何乔新执法严厉，无所忌避，尊重王恕，而瞧不起刘吉。刘吉恨何

遣,下狱鞫讯无验,遂致仕归。

【编】以彭韶为刑部尚书。

【编】秋八月,吏部尚书王恕上疏乞致仕,不许。 【纪】恕时有建白,众议谓业已行矣。恕言:"天下事苟未得其当,虽十易之不为害;若谓已行不及改,则古之纳谏如流,岂皆未行乎?"恕遇事敢言,有不合即引疾求退,上每温诏留之。

【编】九月,大学士刘吉罢。 【纪】时上欲封张皇后弟伯爵,吉言必尽封周、王二太后家乃可。上恶之,使中官至其家,勒令致仕去。初,吉屡被弹章,仍进秩,人呼为"刘棉花",谓其愈弹愈起也。

【编】冬十月,命礼部尚书邱浚兼文渊阁大学士,典机务。

【编】壬子,五年,春二月,立皇子厚照为皇太子。

【编】右谕德王华上疏,请帝恒御经筵。 【纪】略曰:"每岁经筵不过三四御,而日讲或间旬日始一行,则缉熙之功毋乃或间,虽圣德天健,自能乾乾不息。而宋儒程颐所谓'涵养本源,薰陶德性'者,必接贤士大夫之时多,宦官宫妾之时少,始可免于一暴十寒之患。"上嘉纳之。

【编】夏四月,大学士邱浚上疏言时政之弊。 【纪】大略言:"陛下端身以立本,清心以应务,谨好尚勿流于异端;节财费,勿至于耗国;公任用,勿失于偏听;禁私谒,以肃内政;明义理,以绝奸佞;慎俭德,以怀永图;勤政务,以弘至治;度可以回天灾消异物:帝王之治可几也。"因拟为二十二条,以为朝廷抑遏奸言,杜塞希求,

乔新，嗾使监察御史邹鲁诬告何乔新收受馈赠，被逮捕投入监狱，经审问，没有根据，何乔新便请求退休回家。

【编】明孝宗任命彭韶为刑部尚书。

【编】秋八月，吏部尚书王恕上疏乞求退休，明孝宗不许。【纪】王恕时常有所建议，许多人都说这些事已经施行了。王恕说："天下事如果未曾允当，就是改易十次也没有害处；若说已经施行了就不要再改，那么古代所说的纳谏如流，难道都没有实行吗？"王恕遇事敢于直言，有不合他的心意的，即以身体有病上疏求退，明孝宗每次都好言挽留。

【编】九月，罢免大学士刘吉。【纪】当时，明孝宗想封张皇后弟为伯爵，刘吉说一定要尽封周太后、王太后两家的人才可以。明孝宗憎恶刘吉，派宦官到刘吉家，勒令他退休而去。起初，刘吉屡次被言官上疏弹劾，不仅没有罢免，反而加官进秩，人们都呼他为"刘棉花"，意思是说他愈弹愈起。

【编】冬十月，明孝宗任命礼部尚书邱浚兼文渊阁大学士，入直内阁，参预机务。

【编】弘治五年（壬子，1492）春二月，明孝宗立皇子朱厚照为皇太子。

【编】右谕德王华上疏，请求明孝宗经常开经筵听讲。【纪】王华上疏说："每年经筵不过三四次，而日讲或者相隔十来天才举行一次，则光明之功不能有所缺失，虽皇上能自强不息，而宋儒程颐所说的'滋润培养素质，涵养本源，薰陶德性'，必须多与贤明的士大夫在一起，少与宦官、官妾接触，才能避免一曝十寒的毛病。"明孝宗赞赏地加以采纳。

【编】夏四月，大学士邱浚上疏言时政的弊病。【纪】邱浚疏中大略说："陛下端正自身以立根本，清心寡欲以应政务；谨慎于爱好，不要流于异端；节省财物费用，不至于消耗国库；公正任用臣僚，不失于偏听偏信；禁止私人请托，以整肃内政；宣明义理，以杜绝奸佞；慎保俭约之德，以谋长治久安；勤于政务，以弘扬至治。只有这样，才能消除天灾异物，接近古代帝王之治。"因而拟撰二十二条，以有助于朝廷

节财用,重名器之助,凡万余言。上览奏甚悦,以为切中时弊。

【编】冬十一月,诏停生员吏典开纳事例。 【纪】王恕言:"永乐、宣德、正统间,天下亦有灾伤,各边亦有军马,当时未有开纳事例,粮不闻不足,军民不闻困弊。近年以来,遂以此例为长策。既以财进身,岂能以廉律己?欲他日不贪财害民,何由而得乎!"上从之。

【编】癸丑,六年,春三月,刑部尚书彭韶罢。
【编】吏部尚书王恕致仕。
【编】改礼部尚书耿裕为吏部尚书,加太子太保。以礼部左侍郎倪岳为礼部尚书。

【编】甲寅,七年,春二月,河决张秋。命太监李兴、平江伯陈锐协同都御史刘大夏往治之。下山东按察副使杨茂仁狱。 【纪】大夏既受命,循河上下千余里,周览形势,上言:"河性湍悍,张秋乃下流襟喉,势难猝治,当于上流分导南下,再筑长堤以御横波,且防大名、山东之患,俟其循轨,而后决可塞也。"杨茂仁上疏言:"官多则民扰。治河既委刘大夏,又差李兴、陈锐,事权分而财力匮。乞将兴、锐取回,专委大夏。水阴也,其应为内官,为外寇,宜戒饬后戚,防御边患。"疏入,兴等奏茂仁为妖言,逮系锦衣卫狱;科道交章论救,乃谪长沙府同知。

【编】秋八月,加徐溥少傅、吏部尚书、谨身殿大学士;邱浚少保、户部尚书;刘健太子太保,并兼武英殿大学士。

抑止奸言，杜塞非分的请托，节约财用，珍重官爵名位，共万余言。明孝宗阅览完奏疏，甚为喜悦，以为切中时政的弊端。

【编】冬十一月，明孝宗下诏停止生员、吏典开纳事例（开纳：允许缴纳一定的财物和银两，即可取得生员和吏典的身份）。【纪】王恕上疏说："永乐、宣德、正统年间，全国各地也有灾害损伤，各个边地也有军马费用，当时没有实行开纳事例，而没有听说粮食不足，没有听说军民困弊。近年以来，便以开纳事例为良策。既然用财得到生员、吏典的身份，岂能以廉洁来严格要求自己！想要他们日后不贪财害民，怎么可能做到呢！"明孝宗听从了。

【编】弘治六年（癸丑，1493）春三月，刑部尚书彭韶被罢免。

【编】吏部尚书王恕致仕。

【编】明孝宗改任礼部尚书耿裕为吏部尚书，加太子太保。升迁礼部左侍郎倪岳为礼部尚书（《明史·七卿年表》载，王恕于弘治六年闰五月致仕，耿裕于同年六月改任吏部尚书，倪岳亦于同年六月升迁为礼部尚书，彭韶于同年七月致仕）。

【编】弘治七年（甲寅，1494）春二月，黄河在张秋（在今山东寿张县东北）决口，明孝宗命太监李兴、平江伯陈锐协同都御史刘大夏前往治理。逮捕山东按察副使杨茂仁，投入监狱。【纪】刘大夏受命之后，沿着黄河上下千余里，考察地理形势，上疏说："黄河水性湍急凶悍，张秋正处于下游咽喉之地，势难很快治理好。应当在上游分流南下，再修筑长堤以抵御横波，而且要预防大名、山东的水患，等河水沿河床正道而下，而后才可以堵塞决口。"杨茂仁上疏说："派遣的官员太多，百姓会受其扰害。治理黄河既已委任刘大夏，又差遣李兴、陈锐，事权分散而财力困乏。乞请将李兴、陈锐召回，专门委任刘大夏。水，属于阴，它当应在宦官、外寇，应该戒谕后宫亲戚，防御边地祸患。"奏疏呈进后，李兴等奏称杨茂仁制造妖言，明孝宗下令逮捕杨茂仁，囚禁在锦衣卫监狱；科道官纷纷上疏救他，才被谪贬为长沙府（治长沙县，今湖南长沙市）同知。

【编】秋八月，明孝宗加徐溥少傅、吏部尚书兼谨身殿大学士；邱浚少保、户部尚书，刘健太子太保，二人并兼武英殿大学士。

【编】冬十月，西域进狮子。 【纪】倪岳言："狮者外域之兽，真伪不可知。纵真，非中国宜畜；非真，无为外域所笑。"诏还之。

【编】冬十月，西域进献狮子。 【纪】倪岳上疏说："狮子是外域的野兽，真假都不能知道。即使是真的，也非中国所宜畜养；如果不是真的，势必会遭到外域的讥笑。"明孝宗下诏把狮子退还给西域。

明鉴易知录卷七

明纪

孝宗敬皇帝

【编】乙卯，八年，春二月，少保、大学士邱浚卒。

【编】命礼部侍郎兼侍读学士李东阳、詹事兼侍讲学士谢迁参与机务。

【编】张秋堤成，召刘大夏为户部右侍郎。

【编】秋八月，设江西巡抚于南赣。【纪】时汀、漳多盗，岭南奸民附之，故添设宪府于要地，以节制焉。

【编】丙辰，九年，春闰三月，谕德王华日讲文华殿。【纪】华讲唐李辅国与张后表里用事。时内侍李广方贵幸，招权纳贿，华以讽上。上乐闻之，特命赐食。

【编】夏四月，以吏部左侍郎周经为户部尚书，礼部左侍郎徐琼为礼部尚书。

【编】秋八月，大学士徐溥、刘健、李东阳、谢迁上疏谏烧炼、斋醮之事。【纪】溥等以内官李广、杨鹏引用刘良辅左道惑乱，乃上疏曰："我祖宗自洪武至天顺间，皆召儒士谘议政事，今朝参外不得一睹天颜。夫人君之心必有所系，不系于此则必系于彼，正士既疏则邪说乘闲而入。近有以斋醮、烧炼进者，此乃异端惑世之术，圣王之所必禁也。宋徽宗崇信道流，卒使乘舆播迁，社稷倾覆。至若烧炼金石之药，性多酷烈，唐宪宗药发致疾，其祸甚惨！矧荧惑失度，太阳无光，天鸣地震，草妖木异。四方奏报，殆无虚日。今望

孝宗敬皇帝

【编】弘治八年（乙卯，1495）春二月，少保、户部尚书兼武英殿大学士邱浚去世。

【编】明孝宗命礼部侍郎兼侍读学士李东阳、詹事府詹事兼侍讲学士谢迁入阁，参预机务。

【编】张秋河堤筑成，明孝宗召刘大夏为户部右侍郎（《明孝宗实录》卷95，弘治七年十二月甲戌条载："筑塞张秋决口功成。"同书卷97，弘治八年二月己卯条载：刘大夏兴工筑塞黄凌冈，"凡旬有五日而完"）。

【编】秋八月，在南赣（即赣州府，治赣县，今江西赣州市）设江西巡抚。　【纪】当时汀州（治长汀县，今福建长汀）、漳州（治龙溪县，今福建漳州市）强盗很多，岭南（指今广东）奸民依附，所以添设巡抚于要地，以便节制各路军马。

【编】弘治九年（丙辰，1496）春闰三月，谕德王华在文华殿日讲。　【纪】王华讲唐代李辅国与张后内外专权用事。当时宦官李广正受皇帝宠信，招权纳贿，王华借此以讽劝明孝宗。明孝宗很爱听，特为赏赐王华食物。

【编】夏四月，明孝宗升迁吏部左侍郎周经为户部尚书，礼部左侍郎徐琼为礼部尚书。

【编】秋八月，大学士徐溥、刘健、李东阳、谢迁上疏谏阻烧炼丹药和斋醮求长生之事。　【纪】徐溥等因宦官李广、杨鹏引用刘良辅以邪门歪道蛊惑皇上，便上疏说："我祖宗自洪武至天顺年间，都召见儒士询问商议政事，现在除朝参外，很难见皇上一面。人君之心必须有所寄托，不寄托于此必寄托于彼，正人君子既被疏远，则妖妄邪说就会乘虚而入。近来有以斋醮乞求长生和烧炼丹药之术进奉的，这是异端惑世之术，圣王所必须严厉禁止的。宋徽宗崇信道教，终于使徽、钦两帝被俘北迁，社稷覆亡。至于烧炼金石之药，其性十分酷烈，唐宪宗服后，药性发作而得病，其祸甚惨！况且火星运行失度，太阳无光，雷鸣

严早朝之节,复奏事之规,远邪佞之人,斥诬罔之说,太平之业可保矣。"上嘉纳之。

【编】丁巳,十年,春三月,命内阁及翰林院官纂修《大明会典》。

【编】帝罢游后苑。　【纪】上屡游后苑,侍讲王鏊侍经筵,讲文王不敢盘于游田。上悟,纳之,召李广等戒之曰:"今日讲官所指,盖为若辈,好为之!"竟罢游。

【编】夏五月,京师风霾,各省地震,诏求直言。　【纪】祠祭郎中王云凤上言纳忠言,罢左道斋醮、采办、传奉诸事。上嘉纳之。

【编】戊午,十一年,春二月,进内阁大学士徐溥少师兼太子太师,刘健少傅,李东阳、谢迁并太子少保,许进兵部尚书,马文升少傅兼太子太傅,刑部尚书白昂太子太保,户部尚书周经、礼部尚书徐琼、工部尚书徐贯、左都御史闵珪太子少傅。

【编】皇太子出阁讲学。

【编】夏六月,有熊入京城,乾清宫灾。　【纪】京师西直门有熊入城。马文升谓:"野兽入城,宜严武备以防不虞。"兵部郎中何孟春谓同列曰:"熊之为兆,宜慎火。"未几,礼部毁,禁中亦火,乾清宫灾。或问孟春:"此占出自何书?"孟春曰:"予不晓占书,曾见宋纪,绍兴中,永嘉灾前数日,有熊至城下,州守高世则谓其件赵允绦曰:'熊,于字"能火",郡中宜慎火。'果延烧官民舍十之七八。予忆此事,不料其亦验也。"

地震，出现草妖木怪，四方纷纷奏报，几乎没有一天停止过。希望严格遵守早朝的时间，恢复奏事的规定，疏远奸邪小人，摒斥虚妄欺人的邪说，太平江山就可以保住了。"明孝宗赞许地采纳了。

【编】弘治十年（丁巳，1497）春三月，明孝宗命内阁及翰林院官员纂修《大明会典》。

【编】明孝宗罢止游玩后苑。　【纪】明孝宗屡次游后苑，侍讲王鏊侍奉经筵，讲周文王出游打猎时不敢盘桓逗留。明孝宗从中受到启发而醒悟，领悟了王鏊说的意思，加以采纳，便将李广等人召来告诫说："今天日讲官所说的，都指的你们，要好自为之。"于是，竟罢止游玩后苑。

【编】夏五月，京师刮起夹着尘土的大风，各省地震，明孝宗下诏求直言。　【纪】祠祭郎中王云凤上疏谈采纳忠言，罢除旁门左道的斋醮，停止四出采办贡品和传奉官等事，明孝宗赞许地采纳了。

【编】弘治十一年（戊午，1498）春二月，明孝宗进升内阁大学士徐溥少师兼太子太师，刘健少傅，李东阳、谢迁并为太子少保。进升兵部尚书马文升少保兼太子太傅（原本作"许进兵部尚书，马文升少傅兼太子太傅。""许"为衍文，且误"少保"为"少傅"，故加删改），刑部尚书白昂太子太保，户部尚书周经、礼部尚书徐琼、工部尚书徐贯、左都御史闵珪并为太子少傅。

【编】皇太子出阁讲学。

【编】夏六月，有一只熊进入京城，乾清宫遭受火灾。　【纪】有一只熊从京师西直门入城。马文升说："野兽入城，应当严格注意武备以防止不测之事发生。"兵部郎中何孟春对同僚说："熊作为征兆，应该注意起火。"不久，礼部毁于火，宫中也起火，乾清宫遭受火灾。有人问何孟春："你视先兆而预言此事根据什么书？"何孟春回答说："我不知道占卜的书，曾经看《宋纪》，在宋高宗绍兴年间，永嘉（今浙江温州市）遭受火灾前几天，有一只熊来到永嘉城下，永嘉州知州高世则对他的副手赵允绦说：'熊'，于字是'能、火'，郡中应该注意防火。果然发生了火灾，大火蔓延，官民房屋的十分之七八都被烧毁。我回忆起此事，不料也应验了。"

【编】冬十月,少师、华盖殿大学士徐溥致仕。

【编】太监李广有罪自杀。 【纪】广以左道见宠任,权倾中外。会幼公主痘殇,太皇太后归罪于广;广惧,饮鸩死。上命搜广家,得纳贿簿籍,中言"某送黄米几百石,某送白米几千石"。上曰:"广食几何?而多若是?"左右曰:"黄米,金也;白米,银也。"上怒,籍没之。

【编】己未,十二年,春正月,给事中杨廉上疏请讲大学衍义,从之。

【编】冬十一月,宁王觐锡卒,上高王宸濠嗣。 【纪】宸濠,宁康王觐锡庶子,初封上高王,至是觐锡卒,宸濠嗣为宁王。

【编】庚申,十三年,夏五月,吏部尚书屠庸、户部尚书周经、礼部尚书徐琼、刑部尚书白昂、工部尚书徐贯罢。

【编】以右都御史佀钟为户部尚书,掌詹事府,礼部左侍郎傅瀚为礼部尚书,左都御史闵珪为刑部尚书,工部左侍郎曾鉴为工部尚书。

【编】夏六月,召南京兵部尚书倪岳为吏部尚书,南京刑部尚书戴珊为左都御史。加兵部尚书马文升少傅。

【编】辛酉,十四年,春正月,陕西地震。 【纪】马文升上言:"祇畏变异,痛加修省。"劝上"积金帛以备缓急,罢斋醮以省浪费,止传奉之官,禁奏计之地,将陕西织造羢褐内臣早取回京,以苏军民之困。"上嘉纳之。

【编】秋九月,太子太保、吏部尚书倪岳卒。

【编】冬十月,以马文升为吏部尚书,刘大夏为兵部尚书。

【编】壬戌,十五年,春二月,佀钟罢,以南京兵部尚书韩文为户部尚书。

【编】冬十月,少师、华盖殿大学士徐溥退休(《明史·宰辅年表》载,徐溥于弘治十一年七月致仕)。

【编】太监李广有罪自杀。 【纪】太监李广以旁门左道得到皇帝的宠信重用,权势极大。恰逢小公主得牛痘死亡,太皇太后归罪于李广;李广恐惧,喝毒酒自杀。明孝宗命搜查李广家,得到李广收受贿赂的簿册,其中记着"某送黄米几百石,某送白米几千石。"明孝宗说:"李广能吃多少,而送的黄米、白米就有这么多?"左右侍从说:"黄米,指的是黄金;白米,指的是白银。"明孝宗极为愤怒,下令将其家产全部没收。

【编】弘治十二年(己未,1499)春正月,给事中杨廉上疏请讲解《大学衍义》,明孝宗听从了。

【编】冬十一月,宁王朱觐钖去世,上高王朱宸濠嗣宁王位。【纪】朱宸濠,是宁康王朱觐钖的妾所生的儿子,初封上高王,到这时朱觐钖去世,朱宸濠嗣为宁王。

【编】弘治十三年(庚申,1500)夏三月,吏部尚书屠庸、户部尚书周经、礼部尚书徐琼、刑部尚书白昂、工部尚书徐贯退休。

【编】明孝宗任命右都御史佀钟为户部尚书,掌詹事府事,礼部左侍郎傅瀚为礼部尚书,左都御史闵珪为刑部尚书,工部左侍郎曾鉴为工部尚书。

【编】夏六月,明孝宗召南京兵部尚书倪岳为吏部尚书,南京刑部尚书戴珊为左都御史。加兵部尚书马文升少傅。

【编】弘治十四年(辛酉,1501)春正月,陕西地震。 【纪】马文升上疏说:"应该敬畏变异,痛加修身反省。"规劝明孝宗"积蓄金银财物以备急需,罢除斋醮以省浪费,停止传奉之官,禁止奏请赏赐田地,将督催陕西织造羢衣的宦官早日召回京师,以解军民之艰困"。明孝宗赞赏而采纳了。

【编】秋九月,太子太保、吏部尚书倪岳去世。

【编】冬十月,明孝宗任命马文升为吏部尚书,刘大夏为兵部尚书。

【编】弘治十五年(壬戌,1502)春二月,户部尚书佀钟罢职,明孝宗召南京兵部尚书韩文为户部尚书(《明史·七卿年表》载,佀钟于弘治

【编】夏四月,命御史王哲巡按江西。 【纪】哲所至,恤民隐,作士风,表先贤祠墓。时天旱,种不入土。哲乃亲录系囚,出其所当原者数百人。翌日,雨。是岁,有秋。民有女奴自逃,其雠指为故杀,讼于官。狱既成,哲复讯,见其有冤色,使人密访女奴所在,得之,民得不坐。又有大家被盗,因诬其所怨者,赂镇守,欲置于法。哲察其诬,出之。镇守怒,众亦以为疑,久之,真盗得,始皆愧服。民为之谣曰:"江西有一哲,六月飞霜雪;天下有十哲,太平无休歇。"

【编】癸亥,十六年,春二月,进刘健少师兼太子太师、吏部尚书、华盖殿大学士,李东阳户部尚书、谨身殿大学士,谢迁礼部尚书、武英殿大学士,并加太子太保,吴宽礼部尚书兼翰林院学士,掌詹事府。

【编】夏五月,京师大旱。 【纪】刘大夏因言兵政之弊,未能悉革,乞退;不允,令开陈所言弊端。大夏条上十事,上览奏,嘉纳之。上尝问大夏:"天下何时太平?朕如何得如古帝王?"对曰:"求治不宜太急。凡用人行政,即召内阁并执政大臣面议行之,但求顺理以致太平。"时刑部尚书闵珪持法忤旨,上与大夏语及之而怒。大夏曰:"人臣执法,不过效忠朝廷。珪所为,无足异!"上曰:"古亦有之乎?"对曰:"舜为天子,皋陶为士,执之而已。"上默然,徐曰:"珪第执之过耳,老成人何可轻弃!"竟允珪请。

【编】甲子,十七年,春三月,太皇太后周氏崩。

十七年五月致仕，秦纮于同时任户部尚书，十月致仕（未到任），韩文于同年十一月任户部尚书）。

【编】夏四月，明孝宗命监察御史王哲巡按江西。【纪】王哲所到之处，体恤百姓的痛苦，整饬士风，整修先贤的祠堂坟墓。当时正值天旱，难以耕作下种。王哲亲自审理监狱中的囚犯，释放了应该宽免的数百人。第二天下了雨。这一年获得了收成。一个百姓家的女奴自己逃跑，其仇家指说是那个百姓故意杀害，告到官府。此案已经判决，王哲再予审理，见那个百姓面有冤色，便遣人秘密查访女奴的踪迹，结果找到了女奴，那个百姓得以不被判罪。又有一大户人家被盗，就诬告与其有仇怨的人，贿赂镇守官。想以法处治那个有仇怨的人。王哲核查出这是诬告，就释放了。镇守官恼怒，众人也表示怀疑。过了很长时间，捕获了真正的盗贼，众人才都感到愧服。百姓为此编歌谣说："江西有一哲，六月飞霜雪；天下有十哲，太平无休歇。"

【编】弘治十六年（癸亥，1503）春二月，明孝宗进升刘健少师兼太子太师、吏部尚书、华盖殿大学士；李东阳户部尚书、谨身殿大学士，谢迁礼部尚书、武英殿大学士，二人并加太子太保；吴宽礼部尚书兼翰林院学士，掌詹事府事。

【编】夏五月，京师大旱。【纪】刘大夏因京师大旱，上疏说兵政的弊端没有完全革除，乞求退体还乡；明孝宗不许，命其列条陈述所说的弊端。刘大夏列条奏上十件事，明孝宗看完奏疏，赞许地采纳了。明孝宗曾问刘大夏："天下什么时候才能太平？朕怎样做才能如古代帝王一样？"刘大夏回答说："求治不宜过急。凡任用官员和施行政事，可以召见内阁官员及执政大臣当面商议而后施行，但求顺理以达到天下太平。"当时，刑部尚书闵珪坚持依法办事，与明孝宗的旨意相抵触，明孝宗与刘大夏谈到这件事时就发怒。刘大夏说："人臣执法办事，不过是效忠朝廷。闵珪那样做，不足为怪！"明孝宗问道："古代也有这样的事吗？"刘大夏回答说："虞舜为天下，皋陶为士，坚持依法办事而已。"明孝宗沉默了很久才慢慢地说："闵珪坚持得也太过分了。老成人怎么能轻易弃之不用呢！"明孝宗终于答应按闵珪坚持的意见处理。

【编】弘治十七年（甲子，1504）春三月，太皇太后周氏去世。

【编】秋七月,掌詹事府礼部尚书吴宽卒。

【编】乙丑,十八年,夏五月,帝崩。 【纪】上不豫,召大学士刘健等受顾命。健等入,叩头榻下,上曰:"朕蒙皇考厚恩,选张氏为皇后,生东宫,今十五岁矣,尚未选婚,社稷事重,可即令礼部举行。"皆应曰:"诺。"上曰:"东宫聪明,但年幼好逸乐,诸先生须辅之以正道,俾为令主。"健等皆叩头曰:"臣等敢不尽力!"诸臣出,翼日上崩。

【编】太子厚照即位。尊皇太后曰太皇太后,皇后曰皇太后。

【编】秋九月,恒星昼见。

【编】葬泰陵。

武宗毅皇帝

【编】丙寅,武宗皇帝正德元年,春正月,天鸣地震。

【编】命都御史杨一清总制陕西三边军务。

【编】以神机营中军二司内官太监刘瑾管五千营。 【纪】瑾,陕西兴平人,故姓淡。景泰中,自宫,为刘太监名下,因其姓。成化时,领教坊,见幸。弘治初,摈茂陵司香。其后得侍东宫,以俳弄为上所悦。上即位,瑾朝夕与其党八人为狗马、鹰犬、歌舞、角抵以娱上,上狎焉。八人者,马永成、高凤、罗祥、魏彬、邱聚、谷大用、张永,其一瑾。瑾尤狯给,颇通古今,常慕王振之为人。至是渐用事。

【编】夏四月,少师、吏部尚书马文升罢。以焦芳为吏部尚书。召南京兵部尚书张敷华为左都御史。

【编】秋七月，掌詹事府事礼部尚书吴宽去世。

【编】弘治十八年（乙丑，1505）夏五月，明孝宗去世。 【纪】明孝宗得病，召大学士刘健等接受临终遗命。刘健等进入，在床榻前叩头。明孝宗说："朕蒙皇考的厚恩，选张氏为皇后，生下皇太子，今年十五岁了，还未选妃成婚。社稷之事重大，可立即令礼部举行。"众臣都回答说："好。"明孝宗又说："皇太子聪明，但年纪尚幼，爱好玩乐，诸位先生必须辅导他走上正道，使他成为一位好的君主。"刘健等都叩头说："臣等怎敢不尽力！"诸臣退出。第二天，明孝宗去世。

【编】皇太子朱厚照即皇帝位，改明年为正德元年，尊皇太后为太皇太后，皇后为皇太后。

【编】秋九月，恒星白天出现。

【编】明孝宗葬于泰陵（在今北京昌平县笔架山东，明十三陵之一）。

武宗毅皇帝

【编】武宗皇帝正德元年（丙寅，1506）春正月，雷鸣地震。

【编】明武宗命都御史杨一清总制陕西三边（榆林、宁夏、甘肃三镇）军务。

【编】明武宗命神机营中军二司内官太监刘瑾掌管五千营。【纪】刘瑾，陕西兴平（今陕西兴平）人，原姓谈。景泰年间，自行阉割，跟在刘太监名下，就随了他的姓。成化时，掌领教坊，受到皇帝宠信。弘治初年，被贬谪到茂陵（宪宗陵）管理香火。后来，得侍奉皇太子，以俳优戏弄为太子所喜爱。太子即皇帝位，每天早晚，刘瑾与其党羽八人都做些狗马、鹰犬、歌舞、摔跤等游戏让明武宗娱乐，明武宗也同他们很亲昵。那八人是：马永成、高凤、罗祥、魏彬、邱聚、谷大用、张永，还有一个就是刘瑾。刘瑾特别狡猾，而且能说会道，还颇通晓古今之事，常常羡慕正统时的太监王振的为人，到这时逐渐当权。

【编】夏四月，少师、吏部尚书马文升罢职。明武宗任命焦芳为吏部尚书，召南京兵部尚书张敷华为左都御史（《明史·七卿年表》载：张敷华于正德元年正月任左都御史，十二月致仕）。

【编】六月,雷震郊坛禁门、太庙脊兽、奉天殿鸱吻。 【纪】大学士刘健、谢迁、李东阳闻上与八人戏亡度,连疏请诛,略曰:"政在于民生国计,则若罔闻知;事涉于近幸责戚,则牢不可破。臣等叨居重地,徒拥虚衔,或旨从中出,略不与闻;或众所拟议,竟行改易。若以臣言为是,则宜传赐施行;臣等言非,亦宜明加斥责。而往往留中不发,视之若无。臣等因循玩愒,窃禄苟容,既负先帝,又负陛下。"语甚切直,不报。

【编】秋七月,彗星见参、井,扫太微垣。

【编】太白经天。

【编】八月,立妃夏氏为皇后。

【编】九月,兵部尚书刘大夏致仕。

【编】以总督宣、大军务都御史刘宇为兵部尚书。

【编】冬十月,命刘瑾入掌司礼监兼提督团营。瑾矫诏罢大学士刘健、谢迁,杀内司礼监太监王岳、范亨等,下刑科给事中吴翀、山西道御史刘玉狱。 【纪】户部尚书韩文具疏,合九卿诸大臣上言:"伏睹近岁以来,太监马永成、谷大用、张永、罗祥、魏彬、刘瑾、邱聚、高凤等置造巧伪,浮荡上心,或击毬走马,或放鹰逐兔,或俳优杂剧,错陈于前。或导万乘之尊与人交易,狎昵媟亵,无复礼体;日游不足,夜以继之,劳耗精神,亏损圣德。遂使天道失序,地气靡宁,雷异星变,桃李秋花,考厥占候,成非吉祥。先帝临崩,顾命之语,陛下所闻也,奈何姑息群小,置之左右为长夜之游,恣无厌之欲以异圣德乎?伏望陛下将永成等缚送法司,以消祸萌。"疏入,上

【编】六月，雷震郊坛禁门、太庙脊兽、奉天殿鸱吻。 【纪】大学士刘健、谢迁、李东阳得知明武宗与刘瑾等八人戏乐无度，接连上疏乞请诛杀这些人。疏中大略说："治理政事在于民生国计，然则置若罔闻；事若涉及宠幸的宦官和贵戚，则牢不可破。臣等身居重地，徒拥虚衔，或者圣旨直接从宫中发出，臣等一点也不知道；或者由大臣们商议拟定的事，竟随便更改。如果认为臣等所言为是，就应该传旨施行；如果认为臣等所言为非，也应该公开地加以斥责。而往往将奏疏留在宫中不予答复，视之若无。臣等因循偷安，无功受禄，得过且过，既辜负先帝，又辜负陛下。"言语十分恳切直率，明武宗不予答复。

【编】秋七月，彗星出现在参、井二宿座，扫过天帝南宫的太微垣。

【编】太白星在白天出现，直到午时过后才消失。

【编】八月，明武宗立妃夏氏为皇后。

【编】九月，兵部尚书刘大夏退休（《明史·七卿年表》载：刘大夏于正德元年五月致仕）。

【编】明武宗任命总督宣府、大同军务都御史刘宇为兵部尚书（《明督抚年表》载：刘宇于弘治十七年二月以右副都御史巡抚大同回都察院。《明史·七卿年表》载：正德元年五月接任兵部尚书的是许进。刘宇于正德二年闰正月任左都御史，四月改任兵部尚书）。

【编】冬十月，明武宗命刘瑾入宫掌管司礼监兼提督团营。刘瑾假托明武宗诏旨，罢免大学士刘健、谢迁，杀（内）司礼监太监王岳、范亨等，逮捕刑科给事中吕翀（吕翀，原本误"吕"为"吴"，据《明史》卷188改）、山西道监察御史刘玉，投入监狱。 【纪】户部尚书韩文草拟奏疏，联合九卿各大臣签名呈进，说："看到近年以来，太监马永成、谷大用、张永、罗祥、魏彬、刘瑾、邱聚、高凤等设计制造奇巧的东西，淫荡皇上之心，或击毬走马，或放鹰逐兔，或俳优排演杂剧，纷陈在皇上面前。或诱导皇上以万乘之尊与别人做买卖，相互亲昵戏弄，不再有礼仪体统。白天游玩仍不满足，继之以夜，耗费精神，亏损皇上品德。因此，使天道失去秩序，地气不得安宁，雷鸣地震，星象变异，桃李秋天开花，考察这些情况，都不是吉祥的征兆。先帝临终遗命中的话，陛下是听到

惊泣不食。诸阉大惧，自求安置南京，而阁议持不从。

时内司礼监太监王岳，亦东宫旧臣，素刚直，颇恶其侪所为，与司礼太监范亨、徐智等亦助韩文等密奏上。上允之，待明旦发旨捕瑾等下狱。而吏部尚书焦芳者，故与瑾善，遂以所谋泄之瑾。瑾等亦廉知岳等密奏事，八人者遂夜趋上前，环跪哭曰："微陛下恩，瑾等碟餧狗矣。"上色动。瑾辄进曰："害瑾等者，王岳也。夫狗马鹰犬，岳买献否？而独咎瑾等。"上怒曰："吾收岳矣。"瑾曰："狗马鹰兔，何损万几！今左班官敢哗无忌者，司礼监无人也；有，则惟陛下所欲为，谁敢言者！"上怒，是夜，立命瑾入掌司礼监兼提督团营，邱聚提督东厂，谷大用提督西厂，张永等并司营务，分据要地，瑾夜传命榜岳、亨、智，逐之南京，而外廷未知也。晨伏阙，则旨下。

刘健等知事不可为，各上疏求去。瑾矫诏勒健、迁致仕，惟李东阳独留。盖前阁议时，健尝推案哭，迁亦訾瑾等不休，惟东阳稍缄默，故得独留。健、迁滨行，东阳祖道，歔欷。健正色曰："何用今日哭为！使当日出一语，则与我辈同去耳！"东阳无以应。瑾寻矫诏追杀岳、亨于途，击折徐智臂，得免。

初，举朝必欲诛瑾，兵部尚书许进曰："此属得疏斥足矣，若峻

的，为什么宽容那群小人，令其侍奉左右，为长夜之游，放纵于难以满足的欲望，而改变皇上的圣德呢？希望陛下将马永成等捆送执法衙门，以消除祸乱的萌芽。"奏疏呈进后，明武宗震惊地哭泣，连饭也不吃。马永成等宦官大惧，自己请求安置到南京，而内阁坚持其议，不答应将他们安置南京。

当时内司礼太监王岳，也是明武宗做皇太子时的东宫旧臣，为人向来刚直，颇为痛恨马永成等人的所作所为，与司礼太监范亨、徐智等也协助韩文等秘密向皇上进言，明武宗答应，等到第二天一早就发下圣旨逮捕刘瑾等人投入监狱。而吏部尚书焦芳，过去就与刘瑾友善，便将韩文等人所谋之事泄露给刘瑾。刘瑾等也侦察得知王岳等秘密奏报的事，那八人即乘夜赶到明武宗面前，围着他跪下痛哭说："若没有陛下开恩，我刘瑾等人就会被碎尸万段去喂狗了。"明武宗听了面色有些改变，刘瑾就趁机说："陷害我们的，是王岳。所说的狗马鹰犬，王岳购买进献了没有？而只归罪于我们。"明武宗发怒说："我要逮捕王岳。"刘瑾说："狗马鹰兔，哪会有损于皇上日理万机？现在左班官员敢于肆无忌惮地喧哗，是因为司礼监无人；若司礼监有人，则任凭陛下想做什么就做什么，谁敢说话！"明武宗发怒，这天夜里，立即命刘瑾入掌司礼监兼提督团营，邱聚提督东厂，谷大用提督西厂，张永等一起掌管团营事务，分别占据重要的职位。刘瑾连夜传命拷打王岳、范亨、徐智，放逐到南京，而外廷一点也不知道。第二天早晨诸臣跪伏殿廷之下，则任命刘瑾等人和放逐王岳等人的圣旨已经下达。

刘健等知道事情已无能为力，便各自上疏乞求退休离去。刘瑾假托皇帝诏命，勒令刘健、谢迁退休，只有李东阳一人留任。这是因为在内阁商议时，刘健曾推倒几案痛哭，谢迁也对刘瑾等人痛骂不休，只有李东阳一人稍微保持沉默，所以才得独留。刘健、谢迁临离京前，李东阳为他俩饯行，抽泣不已，刘健严肃地说："今天哭有什么用！假若当日说一句话，就可以和我辈一起离去了。"李东阳无言可答。不久，刘瑾又假托皇帝诏命，在途中追杀了王岳、范亨，击断了徐智的臂膀，免于一死。

起初，朝廷百官都一定要处死刘瑾，兵部尚书许进说："此类人

其事，恐有甘露之变。"既而果如进言。吴翀、刘玉俱上疏论刘瑾佞幸，弃逐顾命大臣。乞留刘健、谢迁而以瑾正典刑。上怒，下狱，斥为民。

瑾既得志，于是内揣合上意，外日以深文诛求诸臣，使自救不暇，而莫敢进言。上喜，益谓瑾可委任矣。

【编】以吏部尚书焦芳兼文渊阁大学士，入阁办事。 【纪】芳潜通刘瑾党，瑾遂引芳入阁，表里为奸，凡变紊成宪，桎梏臣工，杜塞言路，酷虐军民，皆芳导之。

【编】逮南京给事中戴铣、御史薄彦徽等下锦衣卫狱。 【纪】初，刘健等致仕，给事中吕翀、刘蒀上疏留之，南京兵部尚书林瀚闻而叹息。于是南京六科给事中戴铣等、十三道御史薄彦徽等上疏请斥权阉，正国法，留保辅，托大臣以安社稷。刘瑾矫旨遣缇骑逮系锦衣卫狱，寻蒀、翀及铣、彦徽等二十人各廷杖，除名为民。

【编】罢户部尚书韩文。 【纪】刘瑾恨文，令人日伺其过。会有进纳内府折银者，内有假伪，瑾矫旨文不能防奸，落职闲住。滨归，瑾阴遣逻卒伺于途，文乘一骡，宿野店而去。文子高唐州知州士聪、刑部主事士奇皆削籍。

【编】十二月，罢左都御史张敷华。
【编】进李东阳少师兼太子太师、吏部尚书、华盖殿大学士，焦芳太子太保、武英殿大学士，王鏊户部尚书、文渊阁大学士。以许

只要疏远斥退就行了，若一定要去极端行事，恐怕会发生甘露之变。"（甘露之变，唐文宗大和九年时，宰相李训、节度使郑注谋诛宦官，李训先在左金吾大厅设伏兵，诈称后院石榴树上有甘露，诱使宦官仇士良等前往观看，即加诛杀。仇士良等至，见幕下有伏兵，大惊而逃，事遂败。李训、郑注、舒元舆等皆被杀，族诛十余家，死者千余人。史称"甘露之变"）后来情况果然像许进说的那样。吕翀、刘玉都上疏弹劾刘瑾佞幸弄权，弃逐遵奉先帝遗诏的顾命大臣，乞求留刘健、谢迁而将刘瑾明正典刑。明武宗发怒，逮捕吕翀、刘玉，投入监狱，削职为平民。

刘瑾既已得志，于是在内揣摸迎合明武宗的旨意，在外用法律条文陷人于罪，以严厉责求群臣百官，使他们自救不暇，而不敢上疏进言。明武宗感到高兴，更觉得刘瑾可以委任了。

【编】明武宗任命吏部尚书焦芳兼文渊阁大学士，入内阁办事。【纪】焦芳暗中结交刘瑾党羽，刘瑾便荐引焦芳入内阁，于是内外勾结，为非作歹。凡变乱成法，以刑狱迫害群臣，杜塞言路，残酷虐待军民，都是焦芳引起的。

【编】逮捕南京给事中戴铣、监察御史薄彦徽等投入锦衣卫监狱。【纪】起初，刘健等退休，给事中吕翀、刘蒨上疏请求留下他们。南京兵部尚书林瀚得知而叹息。于是，南京六科给事中戴铣等人、十三道监察御史薄彦徽等人，上疏请求斥退专权的宦官，以正国法，留辅佐之阁臣，委托大臣以安社稷。刘瑾假托皇帝诏旨，派遣锦衣卫校尉逮捕戴铣、薄彦徽等投入锦衣卫监狱。不久，刘蒨、吕翀及戴铣、薄彦徽等二十人各处以廷杖，除名为平民。

【编】罢免户部尚书韩文。【纪】刘瑾忌恨韩文，派人每天探察韩文的过失。恰逢有向内府交纳的折银，其中有假的，刘瑾便假托皇帝旨意，说韩文不能防奸，落职闲住。临回故乡，刘瑾暗中派遣巡察的士卒在途中刺探，韩文骑一匹骡子，住野店而去。韩文的儿子高唐州（今山东高唐）知州韩士聪、刑部主事韩士奇都被削职为民。

【编】十二月，左都御史张敷华罢职。

【编】明武宗进升李东阳少师兼太子太师、吏部尚书、华盖殿大学士，焦芳太子太保、武英殿大学士，王鏊户部尚书、文渊阁大学士。任命

进为吏部尚书,起屠滽为左都御史。

【编】谪兵部主事王守仁贵州龙场驿丞。【纪】守仁上疏言:"戴铣等职居司谏,以言为责。其言而善,自宜嘉纳;如其未善,亦宜包容,以开忠谠之路。乃今赫然下命,遽事拘囚,下民无知,妄生疑惧。在廷之臣莫不以此举为非,然莫敢为陛下讼言者,恐复以罪铣等者罪之,则无补国事,而徒增陛下之过举耳。臣恐自兹以往,虽有上关宗庙危疑之事,陛下孰从而闻之?苟念及此,宁不寒心!况今天时冻沍,万一遣去官校督束过严,铣等在道,或遂失所填沟壑,使陛下有杀谏臣之名,然后追咎左右莫有言者,则既晚矣。伏愿追收前旨,使铣等仍旧供职。"疏入,刘瑾怒,矫诏杖五十,毙而复苏,谪贵州龙场驿丞。既谪后,瑾使人伺之途,将置之死。守仁至钱塘,虑不免,乃乘夜佯为投江,而浮冠、履水上。遗诗有"百年臣子悲何极,夜夜江涛泣子胥"之句。浙江藩、臬及郡守杨孟瑛皆信之,祭之江上,家人亦成服。守仁遂隐姓名,入武夷山中,已而虑及其父华,卒赴驿。华时为南京吏部尚书,瑾勒令致仕。

【编】帝悉以天下章奏付刘瑾。【纪】瑾时杂构戏玩娱上,候上娱,则多上章奏请省决。上曰:"吾安用尔为?而一烦朕。"瑾由是自决政。

【编】丁卯,二年,春三月,刘瑾矫诏榜奸党于朝堂,颁示天下。【纪】略曰:"朕以幼冲嗣位,惟赖廷臣辅弼其不逮。岂意去岁奸臣王岳、范亨、徐智窃弄威福,颠倒是非,私与大学士刘健、谢迁、尚书韩文、杨守随、林瀚、都御史张敷华、戴珊、郎中李梦阳、

许进为吏部尚书，起用屠滽为左都御史。

【编】贬谪兵部主事王守仁为贵州龙场驿（今贵州修文）驿丞。
【纪】王守仁上疏说："戴铣等人为谏诤之官，以进言为职责。其言正确，自然应该受到赞扬并予采纳；若其言不正确，也应该包涵宽容，以便广开忠诚直言的渠道。可是现在居然下令，突然逮捕囚禁，下民无知，会乱生怀疑和恐惧。在朝廷的群臣无不认为这样做是错误的，但没有人敢于向陛下争辩，其原因是耽心陛下像处治戴铣那样而加以处治，这不仅于国事无所补益，而且只会增加陛下的过失。臣担心从此以后，虽然有上关宗庙社稷危险疑虑的大事，陛下将从何处得知呢？如果考虑到这种情况，岂不令人寒心！何况现在天时严寒冰冻，万一所遣官校督束过于严厉，戴铣等在途中，或者有所闪失身填沟壑，使陛下有杀谏臣之名，然后反过来归罪于左右侍从当时都不说话，就为时已晚了。但愿陛下追回先前发出的圣旨，使戴铣等仍旧任职。"奏疏呈进，刘瑾发怒，假托诏旨，杖打王守仁五十，死而复生，贬谪为贵州龙场驿驿丞。王守仁被贬谪之后，刘瑾遣人伺候在路中，准备置王守仁于死地。王守仁抵达钱塘（今浙江杭州市），忧虑不免遇害，便乘夜假装投入钱塘江，让帽子和鞋飘浮在江上，写下遗诗，其中有"百年臣子悲何极，夜夜江涛泣子胥"的诗句。浙江布政使、按察使及知府杨孟瑛都信以为真，在江上祭奠，王守仁的家属也身穿孝服为其治丧。王守仁便隐姓埋名，进入武夷山（在今福建崇安县西南）中。过后王守仁考虑到这样做会牵连父亲王华，终于前往贵州龙场驿。王华当时任南京吏部尚书，刘瑾勒令王华退休。

【编】明武宗把全国的章奏全部交给刘瑾处理。 【纪】当时刘瑾设置许多杂剧、玩具供明武宗玩乐，待明武宗玩得高兴时，便拿来很多章奏请求省阅裁决。明武宗说："我任用你做什么，把这些东西拿来麻烦我！"刘瑾从此就自己裁决政务。

【编】正德二年（丁卯，1507）春三月，刘瑾假托圣旨，在朝堂立榜公布奸党名单，颁示天下。 【纪】刘瑾假托的诏旨大略说："朕以幼年即皇帝位，惟赖廷臣辅助，以弥补朕不足之处。岂料去年奸臣王岳、范亨、徐智窃弄威福，颠倒是非。私下与大学士刘健、谢迁，尚书韩文、杨

主事王守仁、王纶、孙槃、黄昭、检讨刘瑞、给事中汤礼敬、陈霆、徐昂、陶谐、刘菈、艾洪、吕翀、任惠、李光翰、戴铣、徐蕃、牧相、徐暹、张良弼、葛嵩、赵任贤、御史陈琳、贡安甫、史良佐、曹兰、王弘、任诺、李熙、王蕃、葛浩、陆崑、张鸣凤、萧乾元、姚学礼、黄昭道、蒋钦、薄彦徽、潘镗、王良臣、赵祐、何天衢、徐珏、杨璋、熊偁、朱廷声、刘玉、翰林倪宗正递相交通！反侧不安，因自陈休致。其敕内有名者，吏部查令致仕，毋俟恶稔，追悔难及。"是日朝罢，令廷臣跪金水桥南听诏。

【编】秋八月，进焦芳少傅兼太子太傅、谨身殿大学士，王鏊少傅兼太子太傅、武英殿大学士。

【编】总制三边都御史杨一清罢。

【编】以杨廷和为户部尚书兼文渊阁大学士，参与机务。

【编】戊辰，三年，春三月，逮前总制三边都御吏杨一清下狱。【纪】先是，一清巡边，上疏陈战守之策，请开屯田数百里，省内运。奏上，报可。一清遂兴筑边墙，克期完工；而刘瑾憾一清，罢之，工亦止。至是又恶其筑边糜费，下诏狱。王鏊言于瑾曰："一清有高才重望，为国修边，可以为罪乎！"李东阳亦力救，乃得释。

【编】夏四月，致仕吏部尚书王恕卒。

【编】六月，执朝官三百余人下诏狱。【纪】时早朝，有遗书丹墀者，上命拾以进，则告刘瑾不法状也。瑾大怒，矫旨跪百官奉天门下，诸监立门东监之。时暑甚，僵偾十数人，命曳出，至暮，尽送下诏狱。明日，李东阳疏救，瑾微闻出内寺，乃得释。

守随、林瀚，都御史张敷华、戴珊，郎中李梦阳，主事王守仁、王纶、孙槃、黄昭，检讨刘瑞，给事中汤礼敬、陈霆、徐昂、陶谐、刘蒨、艾洪、吕翀、任惠、李光翰、戴铣、徐蕃、牧相、徐暹、张良弼、葛嵩、赵士贤（赵士贤，原本误"士"为"任"，据《明武宗实录》卷24改），监察御史陈琳、贡安甫、史良佐、曹闵（曹闵，原本误"闵"为"兰"，据《明武宗实录》卷24改）、王弘、任讷（任讷，原本误"讷"为"诺"，据《明武宗实录》卷24改）、李熙、王蕃、葛浩、陆崑、张鸣凤、萧乾元、姚学礼、黄昭道、蒋钦、薄彦徽、潘镗、王良臣、赵祐、何天衢、徐珏、杨璋、熊倬、朱廷声、刘玉、翰林倪宗正，互相交通勾结，心中不安，因而自己陈请乞求退休。凡敕命中有名的人，由吏部查明，令其退休，不要留下祸根，以免将来追悔莫及。"这一天朝见完毕，令廷臣跪在金水桥（今北京天安门外桥）下聆听诏命。

【编】秋八月，明武宗进升焦芳少傅兼太子太傅、谨身殿大学士，王鏊少傅兼太子太傅、武英殿大学士。

【编】总制三边都御史杨一清被罢免。

【编】明武宗任命杨廷和为户部尚书兼文渊阁大学士，入直内阁，参预机务。

【编】正德三年（戊辰，1508）春三月，逮捕前总制三边都御史杨一清投入锦衣卫监狱。【纪】起先，杨一清巡视边塞，上疏陈述战守之策，请求开垦屯田数百里，以减省从内地运去军粮。奏疏呈进后，明武宗批准了，杨一清便修筑边塞城墙，要求按时完工；而刘瑾怨恨杨一清，罢免其官，修筑边墙的工程随之停止。到这时，刘瑾又说杨一清修筑边墙造成浪费，便将杨一清逮捕，投入锦衣卫监狱。王鏊对刘瑾说："杨一清有高才和重望，为国家修筑边墙，也可以算是罪过吗！"李东阳也尽力搭救，杨一清才得到释放。

【编】夏四月，退休吏部尚书王恕去世。

【编】六月，逮捕朝见的官员三百余人，投入锦衣卫监狱。【纪】当早朝时，有人把一封书信丢在宫殿前的石阶上，明武宗令人拾起呈进，原来是告发刘瑾不法情状的。刘瑾大怒，假托圣旨令百官跪在奉天门下边，一批太监站立在奉天门东边监视。当时天气酷热，中暑而倒地

【编】逮前户部尚书韩文下锦衣卫狱。

【编】秋八月,逮前兵部尚书刘大夏、南京刑部尚书潘蕃下狱,谪戍。

【编】刘瑾矫诏以刘宇为吏部尚书,曹元为兵部尚书。

【编】己巳,四年,春二月,勒原任大学士刘健、谢迁为民。【纪】先是,诏举怀才抱德之士,以余姚周礼、徐子元、许龙、上虞徐文彪应诏。刘瑾以四人皆迁乡人,而草诏由健,欲因而害之,矫旨下礼等镇抚司鞫之。吏部尚书刘宇阿瑾意,劾有司访举失实。镇抚词连健、迁,瑾持至内阁,欲籍其家。李东阳徐为劝解,得少释。焦芳抗声曰:"从轻处,亦尝除名!"既而旨下,健、迁除名,礼等戍边,令余姚人从此毋选京朝官。

【编】三月,以钱玑为户部尚书。

【编】夏四月,大学士王鏊致仕。

【编】五月,大学士焦芳以老病致仕。

【编】六月,进吏部尚书刘宇少傅兼太子太傅、文渊阁大学士,入阁办事。以吏部左侍郎张彩为吏部尚书。

【编】冬十二月,追夺大学士刘健、谢迁、尚书马文升、刘大夏、韩文、许进等六百七十五人诰敕为民,充军。

【编】庚午,五年,春二月,以曹元为吏部尚书兼文渊阁大学士,入阁办事。

【编】夏四月,安化王寘鐇反,起都御史杨一清,命太监张永提督讨之。【纪】一清与永西行。一日,叹息,泣谓永曰:"藩宗乱易除,国家内乱不可测,奈何?"永曰:"何谓?"一清曰:"公岂一日忘情,顾无能为公画策者。"遂促席手书"瑾"字。永曰:"瑾日夜在

的有十余人，刘瑾命人拖出去，到日落的时候，那些跪着的百官全部被投入锦衣卫监狱。第二天，李东阳上疏援救他们，刘瑾稍微得知这是出于宦官的意思，被囚禁的百官才得到释放。

【编】逮捕前户部尚书韩文，投入锦衣卫监狱。

【编】秋八月，逮捕前兵部尚书刘大夏、南京刑部尚书潘蕃，投入监狱，不久贬谪戍边。

【编】刘瑾假托皇上诏旨任命刘宇为吏部尚书、曹元为兵部尚书。

【编】正德四年（己巳，1509）春二月，强制原任大学士刘健、谢迁为平民。　【纪】起先，明武宗下诏举荐怀才抱德之士，地方官应诏举荐了余姚（今浙江余姚）周礼、徐子元、许龙，上虞（今浙江上虞县丰惠镇）徐文彪。刘瑾认为四人都是谢迁的同乡，而诏令又是刘健起草的，想以此陷害他们，便假托圣旨，把周礼等投入锦衣卫监狱，由镇抚司审讯。吏部尚书刘宇迎合刘瑾旨意，弹劾地方官访举失实。镇抚司审讯的供词牵连到刘健、谢迁，刘瑾把供词拿到内阁，想抄没刘健、谢迁的家产。李东阳尽力劝解，才稍稍得到宽缓。焦芳坚持说："就是从轻处治，也应该除名！"不久圣旨下达，刘健、谢迁除名为平民，周礼等戍边，令余姚人从此不得选为京朝官。

【编】三月，明武宗任命钱玑为户部尚书。

【编】夏四月，大学士王鏊退休。

【编】五月，大学士焦芳以老病退休。

【编】六月，明武宗进升吏部尚书刘宇为少傅兼太子太傅、文渊阁大学士，入阁办事。升迁吏部左侍郎张彩为吏部尚书。

【编】冬十二月，明武宗下诏追夺大学士刘健、谢迁，尚书马文升、刘大夏、韩文、许进等六百七十五人的封官诰敕，降为平民，充军。

【编】正德五年（庚午，1510）春二月，明武宗任命曹元为吏部尚书兼文渊阁大学士，入阁办事。

【编】夏四月，安化王朱寘鐇起兵反叛，明武宗起用都御史杨一清，总制宁夏、延绥、甘肃凉州军务（原本意不明，据载《明通鉴》载：杨一清任总制宁夏、延绥、甘肃凉州军务），令太监张永提督军务，前往讨伐。【纪】杨一清与张永向西进发。一天，杨一清叹息，哭着对张永说："宗

上傍，上一日不见瑾则不乐。今其羽翼已成，耳目广矣，且奈何！"一清曰："公亦天子信幸臣，今讨逆不付他人，付公，上意可知。公试班师入京，诡言请上闲语宁夏事，上必就公问。公于此时上寘鐇伪檄，并述渠乱政凶狡，谋不轨，海内愁怨，天下乱将起。上英武，必悟，且大怒诛瑾。瑾诛，柄用公，公益矫瑾行事。吕强、张承业暨公，千载三人耳！"永曰："即不济，奈何？"一清曰："他人言，济不济，未可知；言出公，必济。顾公言时，须有端绪，且委曲。脱上不信，公顿首请死，愿死上前，即退，瑾必见杀，又涕泣顿首。得请，即行事，毋缓顷刻；漏事机，祸不旋踵。"永攘臂起曰："我亦何惜余生报主乎！"

【编】刘宇罢。【纪】宇附刘瑾，排斥正人，知瑾将败，先乞身免。

【编】秋八月，刘瑾伏诛。【纪】寘鐇就擒。是月望日，张永至自宁夏献俘，上迎之东华门，赐宴。比夜，瑾先退。夜半，永出疏怀中，谓瑾激变宁夏，心不自安，阴谋不轨状。永党张雄、张锐亦助之。上曰："罢矣，且饮酒。"永曰："离此一步，臣不复见陛下也。"上曰："瑾且何为？"永曰："取天下。"上曰："天下任彼取之。"永曰："置陛下何地？"上悟，允其奏，当夜即命禁兵逮瑾。永等劝上亲

藩的祸乱容易消除，国家的内乱不可预料，该怎么办呢？"张永问："你指的是什么？"杨一清说："这事您岂会一日忘之于怀！只是没有为您出谋划策的人。"便紧紧坐到一起，各在手上写一"瑾"字。张永说："刘瑾日夜在皇上身旁，皇上一天见不到刘瑾就闷闷不乐。现在刘瑾的羽翼已经养成，耳目很广，该怎么办才好！"杨一清说："您也是皇帝亲信宠幸之臣，现在讨伐叛逆的重任不托付别人，而托付于您，皇帝的旨意由此可知。您利用班师入京报捷的机会，假说请求与皇上单独奏报宁夏之事，皇上必定向您询问。您在此时呈上朱寘鐇的起兵反叛的文书，并陈述刘瑾凶残狡猾，扰乱朝政，图谋不轨，致使全国愁怨，天下祸乱将要发生。皇上英武，必能醒悟，而且会大怒而杀死刘瑾。刘瑾被杀，皇上就会重用您，您再纠正刘瑾所推行的事。东汉末年的吕强、唐朝末年的张承业，还有您，就是千载难逢的三人了！"张永问："若是事不成功，该怎么办？"杨一清说："若是别人向皇上进此言，事情成功与不成功，难以预料；此言若是出自您的口，必定成功。但是您在谈此事时，必须讲得有条有理，把事情的始末经过都讲清楚。倘若皇上不信，您就叩头请死，表示愿意死在皇上面前，说完就退下。这样，刘瑾必定会被杀，您再流泣叩头，一旦得到皇上批准处死刘瑾，就马上施行，连片刻也不能延缓；如果事机泄漏，立刻就会大祸临头。"张永捋袖伸臂，振奋地站起来说："我怎么能爱惜余生不去报答皇上呢！"

【编】少傅兼太子太傅、吏部尚书、文渊阁大学士刘宇退休。(《明武宗实录》卷64，正德五年六月丙午条载："少傅兼太子太傅、吏部尚书、文渊阁大学士刘宇以展祭还，至是乞致仕，许之。") 【纪】刘宇依附刘瑾，排斥正人，知道刘瑾将要失败，先行乞求退休，以免牵连得祸。

【编】秋八月，刘瑾被处死刑。 【纪】朱寘鐇被擒。这一月十五日，张永从宁夏回到北京进献俘虏朱寘鐇，明武宗到东华门迎接，赏赐宴饮。到了晚上，刘瑾先退去。半夜，张永从怀中拿出奏疏，说了刘瑾激变宁夏，心中不安，阴谋反叛的情状。张永的同党张雄、张锐也从旁相助。明武宗说："先不说了，喝酒吧。"张永说："离开此地一步，臣就不能再见到陛下了。"明武宗说："刘瑾还要干什么？"张永说："取天下。"明武宗说："那就任他取天下吧。"张永说："那样将陛下置于何

至瑾第观变。时漏下三鼓，瑾方熟寝，禁兵排闼入。瑾披衣起，趋出户，被执，就内狱。明日，降为奉御，闲住之凤阳，命廷臣议其罪。

初，上尚未有意诛瑾。瑾闻凤阳之命，曰："犹不失富太监也。"及籍其家，得金二十四万锭又五万七千八百两，元宝五百万锭又一百五十八万三千六百两，宝石二斗，金甲二，金钩三千，玉带四千一百六十二束，蟒衣四百七十袭，衮袍八爪金龙四，盔甲三千，弓弩五百。上大怒曰："瑾果反！"乃付狱；吏部尚书张彩送都察院狱。于是六科、十三道其劾瑾罪三十余条，上是之，命法司锦衣卫执瑾午门，廷讯之。瑾大言曰："满朝公卿皆出我门，谁敢问我者！"皆稍稍却。驸马都尉蔡震曰："我国戚也。不出汝门，得问汝。"使人批瑾颊曰："公卿，朝廷所用，何由汝？抑汝何藏甲也？"曰："以卫上。"震曰："何藏之私室？"瑾语塞，既上狱，上命："毋覆奏，凌迟之。"三日，枭其首，诸被害人争买其肉啖之。瑾亲属皆论斩，张彩死狱中。大学士刘宇、曹元、前大学士焦芳、宇子编修刘仁、芳子侍读焦黄中、户部尚书刘玑、兵部侍郎陈震，并削籍为民。

【编】封张永兄张富为泰安伯，弟张容为安定伯，魏彬弟魏英为镇安伯，马永成弟马山为平凉伯，谷大用弟谷大圯为永清伯。封义子朱德为永寿伯，给诰卷，世袭。 【纪】李东阳奏："旬月之间，二难交作，悉底平定，皆永等之功。"故加恩典。

【编】命太监魏彬掌司礼监事。 【纪】四川巡抚都御史林俊

地？"明武宗醒悟过来，答应张永的奏请，当夜就命禁兵逮捕刘瑾。张永等劝明武宗亲自到刘瑾家中观看事变。当时已是漏下三鼓时分，刘瑾正在熟睡，禁兵推门而入。刘瑾披着衣服起床，急忙出门，被禁兵捉拿，囚禁在内狱。第二天，降刘瑾为奉御，到凤阳（今安徽凤阳）闲住，命廷臣商议定他的罪。

起初，明武宗还没想杀刘瑾，刘瑾听到将他降为奉御、到凤阳闲住的诏命后，说："我仍不失为一位富太监呵。"待没收刘瑾的家产，得黄金二十四万锭又五万七千八百两，银元宝五百万锭又一百五十八万三千六百两，宝石二斗，金甲两副，金钩三千个，玉带四千一百六十二条，蟒衣四百七十件，八爪金龙衮袍四件，盔甲三千副，弓弩五百个。明武宗大怒说："刘瑾果然谋反！"于是下令把刘瑾交付监狱囚禁；吏部尚书张彩送都察院监狱囚禁。于是六科、十三道共揭发刘瑾罪状三十余条，明武宗认可，命法司锦衣卫把刘瑾押到午门，由廷臣一起审讯。刘瑾大言不惭地说："满朝公卿大臣都出于我的门下，谁敢审问我！"朝臣们稍稍退却。驸马都尉蔡震说："我是皇帝的亲戚，不出于你的门下，可以审问你。"使人打刘瑾的耳光，说："公卿大臣，是朝廷所任用的，为什么会由你任用？然而，你为什么藏匿盔甲？"刘瑾回答说："用以保卫皇上。"蔡震说："为什么把盔甲藏在私人家里？"刘瑾无言答对。刘瑾罪案审定后奏呈，明武宗朱厚照下令："不要再奏了，将刘瑾凌迟处死。"悬其头示众三天。众多被害人争相买刘瑾的肉吃。刘瑾的亲属都被判斩首，张彩死在狱中。大学士刘宇、曹元，前大学士焦芳、刘宇的儿子编修刘仁、焦芳的儿子侍读焦黄中、户部尚书刘玑、兵部侍郎陈震，都削职为平民。

【编】明武宗封张永的哥哥张富为泰安伯，弟弟张容为安定伯，魏彬的弟弟魏英为镇安伯，马永成的哥哥马山为平凉伯（哥哥马山，原本作"弟马山"，据《明史·武宗本纪》改），谷大用的弟弟谷大圮为永清伯，又封义子朱德为永寿伯，赐给诰券，世代相袭。【纪】李东阳上奏说："旬月之间，朱寘鐇、刘瑾二难交替发生，终于全部平定，都是张永等人的功劳。"因此才有加封伯爵的恩典。

【编】明武宗命太监魏彬掌司礼监事。【纪】四川巡抚、都御史

上疏请上还内宫,择宗室之贤者养于别宫,收召老臣刘健、谢迁、林瀚、王鏊、韩文等以修旧政。又言:"刘瑾虽死,而权柄犹在宦竖,安知后无复有如瑾者!"词旨剀切,大忤左右,不报。御史张芹劾"大学士李东阳,刘瑾专权乱政之时,阿谀承顺,不能力争。及陛下任用得人,潜消内变,又攘以为功,冒膺恩荫,乞赐罢斥。"不听。时魏彬、马永成等擅执朝政,两河南北、楚、蜀盗遂起。

【编】召杨一清为户部尚书,加太子太保。进杨廷和少傅、谨身殿大学士;刘忠少傅,梁储少保,并武英殿大学士。

【编】辛未,六年,夏四月,大学士刘忠致仕。

【编】五月,致仕兵部尚书刘大夏卒。

【编】江西、四川盗起。【纪】攻破州县,到处劫掠官民。流贼刘六、刘七、齐彦名等横行畿甸,京师戒严。
【编】秋八月,命惠安伯张伟等统京营兵讨流贼。
【编】流贼刘六、赵风子等分寇河南、山东州县。【纪】张伟、都御史马中锡讨贼无功,逮下狱;伟革爵,中锡死狱中。

【编】冬十月,命太监谷大用总督军务,调宣府、大同边兵讨贼。流贼攻徐州,掠淮西。

【编】十二月,赵风子破裕州,同知郁采死之。

【编】进礼部尚书费宏文渊阁大学士,以礼部左侍郎傅珪为礼部尚书。

林俊呈进奏疏，请求皇上回到内宫，选择宗室子弟中的贤者养于别宫，召回老臣刘健、谢迁、林瀚、王鏊、韩文等人以治理朝政。又说："刘瑾虽死，而权柄还在宦官手里，怎么能知道以后再没有刘瑾那样的人！"词意切中事理，大大冒犯明武宗左右亲信，不予答复。监察御史上疏弹劾道："大学士李东阳在刘瑾专权乱政之时，阿谀奉承，不能力争。待陛下任用得人，暗中消除宫内变乱，又夺其功为己有，冒受恩荫，乞求将其罢免斥退。"明武宗不理。当时魏彬、马永成等专擅朝政，两河南北、湖广、四川盗贼便接连而起。

【编】明武宗召还杨一清为户部尚书，加太子太保，进升杨廷和为少傅、谨身殿大学士；刘忠为少傅，梁储为少保，同为武英殿大学士（《明史·宰辅年表》载：杨廷和进升在正德五年九月。刘忠、梁储的进升在正德五年九月以后不久，杨廷和、刘忠，少傅下还有太子太傅，梁储少保下有太子太保）。

【编】正德六年（辛未，1511）夏四月，大学士刘忠退休（《明史·宰辅年表》载：刘忠致仕在正德六年十一月）。

【编】退休的兵部尚书刘大夏去世。（《明武宗实录》卷137，正德十一年五月庚戌条载："致仕太子太保、兵部尚书刘大夏卒。"）

【编】江西、四川盗起。【纪】攻破州县，到处抢劫掠夺官民财产。流贼刘六、刘七、齐彦名等横行京师周围郡县，京师戒严。

【编】秋八月，明武宗命惠安伯张伟等统领京营兵马讨伐流贼。

【编】流贼刘七、赵风子等分别进攻河南、山东州县。【纪】惠安伯张伟、都御史马中锡征讨流贼，劳师无功，被逮捕投入监狱。张伟被革去伯爵，马中锡死于狱中。

【编】冬十月，明武宗命太监谷大用总督军务，调集宣府、大同边塞兵马讨贼。流贼攻破徐州（今江苏徐州市），掠夺淮西（指淮水以西，今安徽中部地区）。

【编】十二月，赵风子攻破裕州（今河南方城），裕州同知郁采被杀死。

【编】明武宗进升礼部尚书费宏为文渊阁大学士，升迁礼部左侍郎傅珪为礼部尚书。

【编】壬申,七年,春正月,黄河清。

【编】致仕少师、吏部尚书马文升卒。

【编】夏五月,赵风子被获,诛之。【纪】刘六等乘舟往来,至通州狼山,遇飓风,舟覆,贼尽死。

【编】冬十月,召大同游击江彬等入京师。【纪】彬,宣府人,骁勇狡险,时从宣府副总兵张俊征流贼于山东,惟杀掠良民以邀赏。班师入京,赂钱宁引入豹房,得见上。彬机警,善迎人意。上喜,留侍左右,升左都督,冒国姓,为义儿,时时在上前讲说兵事,因请尽调辽东、宣府、大同、延绥四镇精兵入京操练。时许泰、刘晖等皆有宠于上,号"外四家",而彬尤甚,边卒纵横骄悍,都人苦之。上尝于西内练兵,令彬等率兵入习营阵,校骑射,上戎服临之,铳炮之声不绝禁中。千户周麒常叱之,彬竟陷麒死,于是左右皆畏彬。

【编】十一月,少师、大学士李东阳乞致仕,从之。

【编】癸酉,八年,夏四月,宁王宸濠建阳春书院,僭号离宫。【纪】宸濠怀不轨,术士李自然妄称天命,谓宸濠当为天子。又招术士李日芳等,谓城东南隅有天子气,遂建书院当之。

【编】六月,以王琼为兵部尚书。
【编】冬十月,以钱宁掌锦衣卫事,赐姓朱。【纪】宁,镇安人。太监钱能镇守云南,宁幼鬻能家;能死,事刘瑾,因得见上。上甚悦之,尝醉枕宁卧,百官候朝至晡,莫得帝起居,但伺宁。宁内侍

【编】正德七年（壬申，1512）春正月，黄河从清河到柳家浦一段九十里，河水清澈。

【编】退休的少师、吏部尚书马文升去世（《明武宗实录》卷64，正德五年六月壬辰条载："致仕少师兼太子太师、吏部尚书马文升卒。"铳炮之声在宫内不绝于耳。千户周麒常常叱骂，竟被江彬陷害致死。于是明武宗左右侍从都害怕江彬）。

【编】夏五月，赵风子被擒获，处斩。【纪】刘六等乘船往来，抵达通州（今江苏南通市）狼山（在通州南，濒大江北岸），遇到飓风，船被吹翻，全部淹死江中。

【编】冬十月，明武宗召大同游击江彬等进入京师。【纪】江彬，宣府人，骁勇狡险，当时随从宣府副总兵张俊前往山东征讨流贼，惟杀害掳掠善良百姓以邀功请赏。班师入京，贿赂钱宁被引入豹房，才得见到皇上。江彬机警，善于迎合人意，明武宗高兴，就留在左右侍候，升左都督，冒姓朱，成为明武宗的义子。他时时在明武宗面前讲说兵事，因而请求全部调集辽东、宣府、大同、延绥四镇精兵入京操练。当时许泰、刘晖等都得到明武宗的宠幸，号称"外四家"，而江彬尤为受宠。边塞士卒暴横骄悍，北京百姓深受其害。明武宗常在西内练兵，令江彬等率兵进入西内演习营阵，比赛骑马射箭，明武宗穿上军服前来观看，火炮声在宫内就没有间断过。千户周麒常常呵斥江彬，江彬竟然将周麒陷害致死，于是左右的人都畏惧江彬。

【编】十一月，少师、大学士李东阳乞求退休，明武宗依从了（《明史·宰辅年表》载：李东阳于正德七年十二月致仕）。

【编】正德八年（癸酉，1513）夏四月，宁王朱宸濠修建阳春书院，非分地称其为离宫。【纪】朱宸濠心怀不轨，术士李自然妄称天命，说朱宸濠命里注定要当天子。朱宸濠又召术士李日芳等，说城东南角有天子气，于是就在此处修建阳春书院以应天子之气。

【编】六月，命王琼为兵部尚书。

【编】冬十月，明武宗命钱宁掌管锦衣卫事，赐姓朱。【纪】钱宁，镇安（今广西德保）人，太监钱能镇守云南，钱宁幼小时卖给钱能家；钱能死，钱宁跟随刘瑾，因而得见到皇上。明武宗十分喜爱钱宁，曾

帝,外招权纳贿,诸大臣造谒恐后,小拂意即中害。时内臣张锐掌东厂,威势与宁埒,中外号曰"厂卫"。

【编】甲戌,九年,春二月,命掌詹事府礼部尚书靳贵为文渊阁大学士。

【编】帝始微行。　【纪】上微行黄花镇等处。近幸朱宁、张锐、张雄等日导上游畋微行,不可谏止。

【编】三月,宁王宸濠自称国主。　【纪】妄传护卫为侍卫,改令旨为圣旨。宸濠欲令抚臣以下朝服见,抚臣俞谏不可,又尝去其左右为恶者,濠深衔之。

【编】乙亥,十年,春三月,大学士杨廷和罢。

【编】夏四月,命少傅、吏部尚书杨一清兼武英殿大学士。以陆完为吏部尚书,王琼为兵部尚书,彭泽掌都察院事。

【编】秋八月,以毛纪为礼部尚书。

【编】冬十月,江西按察司副使胡世宁劾奏宁王宸濠罪。诏下兵部移文宁府,令钤束其下。　【纪】时宸濠反迹已著,人莫敢言,世宁发愤上疏,略曰:"宁王自复护卫以来,骚扰闾阎,钤束官吏,礼乐政令,渐不出自朝廷臣恐江西之患,'不止群盗也。伏乞圣明广集群议,简命才节威望大臣,兼任提督、巡抚之职,假之以大权,销隙寝邪于无形。敕王自王其国,仰遵《祖训》,勿挠有司,以防未然。"疏上,宸濠颇惧,委过近属以自解。未几,宸濠奏:"胡世宁离间亲亲,妖言诽谤。"贿营内旨,逮系诏狱,寻谪戍。

经在酒醉时枕着钱宁睡卧，百官等候朝见，直到黄昏时分，都不知道皇上作息情况，只得探察钱宁的行踪。钱宁在内侍奉皇上，在外招权纳贿，大臣们争着去拜见他，唯恐落后，谁对他稍有不如其意，就会被他所害。当时太监张锐掌管东厂，威势与钱宁相等，朝廷内外称之为"厂卫"。

【编】正德九年（甲戌，1514）春二月，明武宗命掌詹事府事、礼部尚书靳贵为文渊阁大学士，入阁办事。

【编】明武宗开始隐藏自己的身份，改穿平民的衣服出行。【纪】明武宗隐藏自己的身份，改穿平民的衣服出行到黄花镇（在今北京昌平县北）等地。皇帝的亲信太监朱宁、张锐、张雄等人整天诱引明武宗出游打猎、微行，廷臣多次劝谏，也不能阻止。

【编】三月，宁王朱宸濠自称国主。【纪】朱宸濠狂妄地传呼护卫为侍卫，改称令旨为圣旨。朱宸濠想令巡抚以下官员穿上拜见皇帝的朝服谒见他，巡抚俞谏说不行，又曾把朱宸濠左右作恶的人罢去，朱宸濠因此深恨俞谏。

【编】正德十年（乙亥，1515）春三月，大学士杨廷和以父丧去位。

【编】夏四月，明武宗命少傅、吏部尚书杨一清兼武英殿大学士；命陆完为吏部尚书，王琼为兵部尚书，彭泽掌都察院事。

【编】秋八月，明武宗命毛纪为礼部尚书。

【编】冬十月，江西按察司副使胡世宁上疏揭发宁王朱宸濠罪恶。明武宗下诏，令兵部发文通知宁王府，要朱宸濠管束下属。【纪】当时朱宸濠反叛的迹象已经显著，但无人敢说。胡世宁发愤上疏，大略说："宁王自从恢复了护卫以来，骚扰乡里，钳制官吏，礼乐政令，逐渐地不受命于朝廷。臣担心江西的祸患，不只是群盗。乞求陛下广集群臣商议，选派有才能威望的大臣，兼任提督、巡抚之职，给予大权，将嫌隙奸谋消除在尚未形成之时。敕令宁王只管理王国之事，仰遵《祖训》，不要干扰地方事务，以防患于未然。"（据《明武宗实录》卷110及《明史·胡世宁传》记载，胡世宁上此疏时在正德九年三月，时为江西兵备副使）奏疏呈进后，朱宸濠颇为恐惧，归罪于亲近属官以给自己辩解。不久，朱宸濠上奏说："胡世宁妖言诽谤，离间我与皇帝的亲亲关系。"他贿赂

【编】以河南左布政孙燧为都察院右副都御史，巡抚江西。

【编】十一月，江西豕生象。

【编】丙子，十一年，秋七月，致仕大学士李东阳卒。

【编】八月，大学士杨一清致仕，以掌詹事府蒋冕兼文渊阁大学士。

【编】冬十月，以王守仁为都察院右佥都御史，巡抚南赣、汀、漳等处。

【编】丁丑，十二年，夏四月，命礼部尚书毛纪兼东阁大学士，以毛澄为礼部尚书。

【编】秋七月，召大学士杨廷和还京师。

【编】南赣巡抚王守仁请提督军务，许之。

【编】八月，帝出关游猎。【纪】先是江彬等屡导上出宫游戏近郊，因数言宣府乐，至是遂出居庸关至宣府，临塞下。巡关御史张钦上疏谏，不报。彬为上营镇国府第于宣府，辇豹房珍玩女御其中，时时入民家益索妇女以进，上乐之忘归。

【编】九月，帝幸大同，猎阳和诸城。【纪】上时独乘一马，卤簿侍从皆不及。二十七日，方猎，天雨冰雹，军士有死者。是夜，又有星陨之异。明日，驾赴大同。北寇数万骑犯阳和，掠应州，上命诸将击之，引去。

【编】冬十月，帝还京师。【纪】南京吏科给事中孙懋上疏言："都督江彬自进用以来，专事从谀导非，或游猎驰驱，或声色货利，凡可以蛊惑圣心者，无所不至。今又导陛下出居庸关，既临宣府，又过大同，以致寇骑深入应州。使当日各镇之兵未集，强寇之众沓

宦官，营求圣旨，将胡世宁逮捕囚禁在锦衣卫监狱。不久，胡世宁遭贬谪。

【编】明武宗命河南左布政使孙燧为都察院右副都御史，巡抚江西。

【编】十一月，江西有猪生象。

【编】正德十一年（丙子，1516）秋七月，退休的大学士李东阳去世。

【编】八月，大学士杨一清退休。明武宗命掌詹事府事、礼部尚书蒋冕兼文渊阁大学士。

【编】冬十月，明武宗命王守仁为都察院右佥都御史，巡抚南赣、汀州、漳州等处。

【编】正德十二年（丁丑，1517）夏四月，明武宗命礼部尚书毛纪兼东阁大学士，命毛澄为礼部尚书。

【编】秋七月，明武宗召大学士杨廷和还京师。

【编】南赣巡抚王守仁请求提督军务，明武宗允许了。

【编】八月，明武宗出居庸关游玩打猎。【纪】起先，江彬等屡次导引明武宗出宫到近郊戏游，趁机多次说宣府特别好玩，到这时，便出居庸关到宣府，直至塞下。巡关监察御史张钦上疏谏阻，不给答复。江彬在宣府为明武宗营建镇国府宅第，把豹房的珍宝玩物、女乐搬到镇国府，时时进入百姓家，更索妇女呈进，明武宗乐而忘归。

【编】九月，明武宗到大同，在阳和（今山西阳高）等城打猎。【纪】明武宗经常独自乘一马，仪仗和侍从都赶不上。二十七日，正在打猎，天降冰雹，有的军士被冰雹砸死。这天夜里，又有流星陨落的变异。第二天，明武宗前往大同。北方边境外的敌寇数万骑侵犯阳和，劫掠应州（在今山西山阴县东北）。明武宗命诸将率兵还击，北寇退去。

【编】冬十月，明武宗返回京师。【纪】南京吏科给事中孙懋上疏说："都督江彬自从进用以来，专门奉承谄媚诱导为非，或者驰驱游猎，或者声色货利，凡可以蛊惑皇上之心的，无所不至。现在又诱引陛下出居庸关，既到宣府，又赴大同，以致敌骑深入应州。如果当时各镇兵马未曾调集，而强敌之众纷至沓来，差不多就会重蹈土木之变的

来，几何不蹈土木之辙哉！是彬在一日，国之安危未可知也。"不报。上还京，封江彬平卤伯，许泰安边伯，冒应州功也。

【编】戊寅，十三年，春正月，太皇太后王氏崩。　【纪】上郊祀毕，复出关游幸；太皇太后崩，乃还京。

【编】夏六月，帝复议北征。　【纪】宁夏塞有警，上议北征，自称威武大将军、太师、镇国公朱寿，巡边；以江彬为威武副将军扈行。令内阁草敕，大学士杨廷和、梁储、蒋冕、毛纪上疏力谏，不听。上御左顺门召梁储，面趣令草制，储对曰："他可将顺，此制断不可草！"上大怒，挺剑起曰："不草制，齿此剑！"储免冠伏地泣谏曰："臣逆命有罪，愿就死。草制则以臣名君，臣死不敢奉命。"良久，上掷剑去，乃自称之，不复草制。彬亦罢副将军命。

【编】七月，帝北巡。　【纪】先是上既还京，辄思宣府乐，称曰："家里"。至是，复历宣府，至大同。大同巡抚都御史胡瓒乞回銮，不听。

【编】冬十月，帝幸榆林。　【纪】上自偏头关渡河，幸榆林，江彬索金璧裘马数十万。南京礼部右侍郎杨廉、兵部尚书乔宇上疏谏止，不报。

【编】己卯，十四年，春二月，帝自榆林还京师。

【编】三月，帝自称总督军务、威武大将军、太师、镇国公朱寿，制下南巡。　【纪】上欲登岱宗，历徐、扬，至南京，临苏、浙，浮江、汉，祠武当，遍观中原。时宁王宸濠久畜异谋，制下，人情汹汹。翰林修撰舒芬等约群臣上疏乞留，俱会阙下。吏部尚书陆完迎谓曰："主上闻直谏，辄引刀为刎状。"完意盖以阻言者也。于是舒

覆辙！可以说江彬在一天，国家的安危就未可知。"奏疏呈上，不给答复。明武宗回京，封江彬为平卤伯，许泰为安边伯，这是假冒了应州的战功。

【编】正德十三年（戊寅，1518）春正月，太皇太后王氏去世。（《明武宗实录》卷159，正德十三年二月己卯条载："太皇太后崩。"）
【纪】明武宗祭祀郊庙结束，又出关游幸；太皇太后王氏去世，才回北京。

【编】夏六月，明武宗又计划北征。 【纪】宁夏边塞告急，明武宗计划北征，自称威武大将军、太师、镇国公朱寿，巡视边塞；命江彬为副将军随行。令内阁草拟敕命。大学士杨廷和、梁储、蒋冕、毛纪上疏竭力谏阻，明武宗不听。明武宗在左顺门召见梁储，当面催促他草拟制书。梁储回答说："其他事可以顺从奉命，这一制书绝对不能起草！"明武宗大怒，举剑而起说："不草拟制书，就得受剑！"梁储摘下帽子伏在地上哭着谏诤说："臣违背圣旨有罪，愿意去死。草拟制书则要以臣呼君之名（指'朱寿'），臣死也不敢奉命。"过了很久，明武宗把剑掷去，便自称威武大将军、太师、镇国公朱寿，不再草拟制书。江彬也罢去副将军的任命。

【编】明武宗到北方边塞巡视。 【纪】起先，明武宗既已回京，经常思念在宣府时的欢乐，将宣府称为"家里"。到这时又经过宣府，到达大同。大同巡抚都御史胡瓒乞请明武宗返回，不听。

【编】冬十月，明武宗到达榆林。 【纪】明武宗从偏头关（今山西偏关）渡黄河，到达榆林，江彬勒索金璧裘马数十万。南京礼部右侍郎杨廉、兵部尚书乔宇上疏谏阻，不予回答。

【编】正德十四年（己卯，1519）春二月，明武宗从榆林回到京师。（《明武宗实录》卷171，正德十四年二月壬申条载："上自宣府还京。"）

【编】三月，明武宗自称总督军务、太师、镇国公朱寿，下达制书，到南方巡视（《明武宗实录》卷171，《明通鉴》卷48，皆记此事在正德十四年二月己丑）。 【纪】明武宗想登泰山，经徐州、扬州到南京，过苏州、浙江，乘船浮游长江、汉水，祭祀武当山（在今湖北光化县西南），遍观中原。当时宁王朱宸濠蓄反谋已久，明武宗南下巡视的制书一下达，人

芬疏先入，郎中黄巩、倪宗正、员外陆震联疏入，吏部郎中夏良胜、礼部郎中万潮、太常博士陈九川疏继入，医士徐鏊以医谏，吏部郎中张衍庆、礼部郎中姜龙、兵部郎中孙凤、陆俸等率部僚合疏入，工部郎中林大辂等、大理寺正周叙等、行人司副余廷瓒等亦合疏先后入。上大怒，召江彬示之，以彬言，下黄巩、陆震、夏良胜、万潮、陈九川、徐鏊锦衣狱，命舒芬、张衍庆、姜龙、孙凤、陆俸等百有七人跪午门外五日，林大辂、周叙、余廷瓒等二十余人俱下狱。明日，黄巩等六人亦跪五日。于是京师连日阴霾昼晦，禁中水自溢，高桥四尺许，桥下七铁柱齐折如斩。金吾卫指挥张英者，肉袒挟两囊，土数升，当跸道哭谏，不允，即拔刀自刎，血流满地。侍卫人缚送诏狱，问英："囊土何为？"曰："恐污帝廷，洒土掩血耳。"殒命狱中。是日，内旨舒芬等百有七人，俱廷杖三十，疏首谪外任！黄巩等七人俱廷杖五十，徐鏊戍边；巩、震、良胜、潮俱削籍；林大辂，周叙、余廷瓒廷杖五十，降级外补。死杖下者，员外陆震，主事刘校、何遵，评事林公黼，行人司副余廷瓒，行人詹轼、刘概、孟阳、李绍贤、季惠、王翰、刘平甫、李翰臣，刑部照磨刘珏十余人。车驾竟不出，彬等亦知朝廷有人，稍畏惮之。

【编】夏六月，宁王宸濠反，都御史孙燧、按察司副使许逵死之。 【纪】先是，朝廷遣太监赖义、驸马都尉崔元、都御史颜颐寿戒饬宸濠。元等方行，而京师竞传以为且擒治宁王。宸濠侦卒林华者，即兼程逃归，以六月十三日至江西，值宸濠生日，宴镇、巡三司

情汹汹不安。翰林院修撰舒芬等人约群臣上疏乞求留明武宗不走，一起来到宫门前。吏部尚书陆完迎上前来，对众官说："皇上一听到上疏直谏，就举刀作出自杀的样子。"陆完的意思是阻止他们上疏谏诤。于是，舒芬先把自己的奏疏呈进，郎中黄巩、倪宗正、员外郎陆震把联名的奏疏呈进，吏部郎中夏良胜、礼部郎中万潮、太常博士陈九川的奏疏相继呈进，医士徐鏊以皇上的健康为言进行谏阻，吏部郎中张衍庆、礼部郎中姜龙、兵部郎中孙凤、陆俸等率领各部同僚联名进疏，工部郎中林大辂等、大理寺正周叙等、行人司副余廷瓒等也联名撰写奏疏，先后呈进。明武宗大怒，召来江彬，把奏疏拿给他看。明武宗按江彬说的，把黄巩、陆震、夏良胜、万潮、陈九川、徐鏊投入锦衣卫监狱，命舒芬、张衍庆、姜龙、孙凤、陆俸等一百零七人在午门外跪五天，林大辂、周叙、余廷瓒等二十余人都被投入监狱。第二天，黄巩等六人也被从监狱拉到午门罚跪五天。于是，京师连日阴云蔽空，白天昏暗，宫中有水自行溢出，高出桥面四尺多，桥下七根铁柱像刀斩一样全部折断。金吾卫指挥张英，脱衣露体，挟着两个装有数升土的布袋，在皇上行走的跸道上痛哭谏阻，不被采纳，便拔刀自杀，血流满地。侍卫兵士将张英捆绑送到锦衣卫监狱，问他："装两口袋土做什么？"张英回答说："恐怕鲜血弄脏了宫廷，为了洒土掩血。"死在监狱中。这一天，从宫中传下圣旨：舒芬等一百零七人，都在殿廷杖打三十，奏疏中为首的人贬谪到京外任用；黄巩等七人，都在殿廷杖打五十；徐鏊戍边；黄巩、陆震、夏良胜都被削去官籍；林大辂、周叙、余廷瓒都被在殿廷杖打五十，降级贬谪京外任职。被在殿廷杖打而死的有员外郎陆震，主事刘校、何遵，评事林公黼，行人司副余廷瓒，行人詹轼、刘概、孟阳、李绍贤、季惠、王翰、刘平甫、李翰臣，刑部照磨刘珏等十余人。明武宗终于没有外出巡行，江彬等也知朝廷有人，稍有畏惧。

【编】夏六月，宁王朱宸濠反叛，都御史孙燧、按察司副使许逵被杀。 【纪】起先，朝廷派遣太监赖义、驸马都尉崔元、都御史颜颐寿告诫朱宸濠。崔元等正要启程前往，而京师竟相传说宁王将要被擒获惩治。朱宸濠派往京师的探辛林华，急忙逃回，于六月十三日到江西，正遇朱宸濠生日，设宴款待总兵、巡抚及三司（都司、布政司、按察司）

等官，闻报，大惊。罢宴，遂密召奸党刘养正、刘吉等谋之。养正曰："事急矣！明早，镇、巡三司官入谢宴，可就擒之，杀其不附己者，因而举事。"乃夜集鄱阳贼首吴十三、凌十一、闵廿四等，饬兵器以候。

待旦，急召致仕侍郎李士实入，以谋反告之，士实唯唯而已。寻各官入谢，拜毕，左右带甲露刃侍卫者数百人，宸濠出立露台，大言曰："太后有密旨，令我起兵入朝监国，汝等知之乎？"都御史孙燧毅然曰："密旨安在？"宸濠曰："不必多言。我今往南京，汝保驾否？"燧张目直视宸濠，厉声曰："天无二日，臣安有二君！太祖法制在，谁则敢违！"宸濠大怒，命缚燧。众骇愕，相顾失色。按察司副使许逵大呼曰："孙都御史，朝廷大臣，汝反贼，敢擅杀邪！"顾燧语曰："我欲先发，不听；今制于人，尚何言！"宸濠并缚之，讯逵且何吉，逵曰："惟有赤心耳，岂从汝反！"且缚且骂。宸濠喝校尉火信等拽燧、逵出惠民门外杀之。遂执御史王金、主事马思聪、金山、右布政胡濂、参政陈杲、刘斐、参议许效濂、黄宏、佥事顾凤、都指挥许清、白昂，并太监黄宏俱械锁下狱。思聪、黄宏不食死。

刘养正常言帝星明江、汉间，故属意宸濠。至是与李士实谋，令参政季敩、佥事潘鹏、师夔特檄谕降诸郡县。左布政梁宸、廉使杨璋、副使唐锦为所胁，移咨府部，传檄远近，革正德年号，指斥乘舆。以李士实、刘养正为左、右丞相，参政王纶为兵部尚书、总督军务大元帅。分遣逆党娄伯、王春等印出收兵，闵廿四、吴十三等夺船顺流攻南康，知府陈霖等遁走；进攻九江，兵备副使曹雷、知府汪颖等亦遁，城俱陷。

官员。朱宸濠一听到林华的报告，大为震惊，便罢停宴席，秘密召集奸党刘养正、刘吉等商议。刘养正说："事已紧急，明天早上，总兵、巡抚及三司官员前来答谢，可以把他们擒获，杀死不归附您的官员，然后起兵举事。"于是，趁夜召集鄱阳湖的盗首吴十三、凌十一、闵廿四等，整顿兵马，配备兵器，等待举事。

等到天亮，朱宸濠急忙把退休侍郎李士实召来，告诉他谋反之事，李士实唯唯而应，但是不表可否。不多一会儿，各官前来答谢，互相答拜完毕，左右出来带甲露刃的侍卫数百人，朱宸濠站立在露台上，夸大地说："太后有密旨，令我起兵入朝代理国政，你们知道吗！"都御史孙燧果毅地问道："密旨在那里？"朱宸濠说："不必多说！我现在去南京，你们愿意随从吗？"孙燧瞪着双眼直看着朱宸濠，厉声说："天无二日，臣子怎么会有二君！有太祖法制在，谁敢违反！"朱宸濠大怒，命左右侍卫捆绑孙燧。在场的众官相顾失色。按察司副使许逵大呼道："孙都御史是朝廷大臣，你这个反贼，敢擅自杀他吗！"又看着孙燧说"我想先发制人，你不听；现在受制于人，还有什么话说！"朱宸濠令左右把许逵也捆绑起来，问许逵还要说什么。许逵说："我只有对朝廷的赤胆忠心，岂能跟从你反叛！"一边绑他，他一边骂。朱宸濠喝令校尉火信等人把孙燧、许逵拉到惠民门外杀死。接着捉拿监察御史王金、主事马思聪、金山、右布政使胡濂、参政程杲（程杲，原本误"程"为"陈"，据《明史·宁王传》改）、刘斐、参议许效濂、黄宏、佥事赖凤（赖凤，原本误"赖"为"顾"。据《明武宗实录》卷175改）、都指挥许清、白昂及太监黄宏等，都被戴上枷锁投入监狱。马思聪、黄宏绝食而死。

刘养正常说帝星应照于长江、汉水之间，所以特别寄希望于朱宸濠。到这时，他与李士实商议，令参政季敩、佥事潘鹏、师夔拿着朱宸濠的檄文，告谕各郡县降附。左布政使梁宸、按察使杨璋、副使唐锦等被朱宸濠胁迫，向北京六部及都督府送去咨文，又将起兵之事传檄远近，宣布革除正德年号，指斥皇帝，任命刘养正、李士实为左、右丞相，参政王纶为兵部尚书、总督军务大元帅。分别派遣逆党娄伯、王春等四出收集兵士，闵廿四、吴十三等抢夺船只顺流进攻南康（治星子县，今江西星子），知府陈霖等人逃跑；又进攻九江（今江西九江市），兵备副

【编】提督南雄军务都御史王守仁起兵讨宸濠。【纪】先是，福州三卫军人进贵等作乱。兵部尚书王琼知宸濠且反，谓主事应典曰："进贵乱，小事，不足烦王守仁，但假此便宜敕书在彼手中，以待他变可也。"乃具题降敕，令守仁查处福州乱军。故宸濠之叛，江西守臣俱遇害被执，惟守仁以往勘福建出。

六月初九日，自赣起行，十五日，守仁至丰城，知县顾佖告宸濠反，守仁易服潜至临江，知府戴德孺闻守仁至，喜，迎入城调度，守仁曰："临江居大江之滨，与省会近，且当道路之冲，莫若抵吉安为宜。"递行。庚辰，守仁飞报宸濠反。王琼宣言曰："有王伯安在，何患！不久当有捷报耳。"

丁亥，守仁集兵粮，传檄四方诸郡县，知府伍文定等皆至，议所向。守仁曰："兵家之道，急冲其锋，攻其有备，皆非计之得。我故示以自守不出之形，彼必他出，然后尾而图之，先复省城以捣其巢穴。俟彼还兵来援，然后邀而击之，此全胜之策也。"宸濠果使人探，守仁不出。

【编】秋七月，宸濠率兵出江西攻安庆，知府张文锦、都指挥杨锐、指挥崔文悉力御之。【纪】宸濠留其党宜春郡王拱樤同内官万锐等守南昌，自与拱枟、李士实、刘养正、闵廿四等六万人，号十万，以刘吉为监军，王纶为参赞，指挥葛江为都督，载其妃媵、世子从，总一百四十余队，出鄱阳，舳舻蔽江而下，声言直取南京。戊

使曹雷、知府江颖等也逃跑了（江颖，原本误"江"为"汪"。据《明武宗实录》卷175改），九江城陷落。

【编】提督南雄（府治保昌县，今广东南雄）军务都御史王守仁率兵征讨朱宸濠。 【纪】起先，福州（府治闽县，今福建福州市）三卫军人进贵等作乱。兵部尚书王琼知道朱宸濠将要起兵反叛，对主事应典说："进贵作乱，是件小事，不必麻烦王守仁；但借此事请求皇帝赐一便宜行事的敕书交给王守仁手中，以待有其他变乱就可以用了。"便以此为题上奏，请求下达令王守仁查处福州乱军的敕书。所以，朱宸濠起兵反叛，在江西的官员都被害或被俘，惟有王守仁因前往福州查处乱军，不在江西。

六月初九日，王守仁从赣州（今江西赣州市）出发，十五日到丰城（今江西丰城），丰城知县顾似告知朱宸濠起兵反叛，王守仁改变穿戴暗中抵达临江（今江西清江县西南）。临江知府戴德孺得知王守仁到来，高兴地迎接进城，请他调度谋划。王守仁说："临江位于长江边，与省会南昌靠近，而且地居道路的要冲，不如到吉安（今江西吉安市）为宜。"便出发去吉安。六月十八日（庚辰），王守仁派轻骑飞驰北京奏报朱宸濠起兵反叛。王琼声言："有王守仁在，还有什么忧虑的！不久就会有捷报到来！"

六月二十五日（丁亥），王守仁调集兵马、粮饷，向四方郡县发布文告，吉安知府伍文定等先后赶到，商议向何处进兵。王守仁说："依照用兵之道，急冲敌人兵锋，攻敌之所备，这都不得已而采取的计策。我故意示以自守城池不出兵攻击的样子，朱宸濠必定会派兵攻其他地方，然后我尾随其后而设法击败他，先收复省城以捣毁他的巢穴。等他回兵援救省城，然后在途中拦截攻击。这是获得全胜的良策。"朱宸濠果然派人来探察王守仁的动静，王守仁守城不出。

【编】秋七月，朱宸濠率兵从江西出发，进攻安庆（今安徽安庆市），安庆知府张文锦、都指挥杨锐、指挥崔文全力抵御。 【纪】朱宸濠留其党羽宜春郡王朱拱樤与宦官万锐等守卫南昌，自己与朱拱栟、李士实、刘养正、闵廿四等六万人，号称十万，以刘吉为监军，王纶为参赞，指挥葛江为都督，妃媵、世子都乘船随行，总共一百四十余队，从鄱

戌，宸濠趋安庆，张文锦、杨锐、崔文令军士鼓谋登城，大骂之，宸濠遂留攻安庆。时九江、南康既陷，远近震骇，三人凭孤城，以忠义激士誓众死守。佥事潘鹏，安庆人也。宸濠令鹏遣家属持书入城谕降，崔文手斩之，磔其尸投城下。震濠令鹏至城下说之，文引弓欲射鹏，鹏走免，文锦即鹏家尽诛之。宸濠尽攻击之术，不能克。时朝廷闻宸濠反，乃收交通宸濠太监萧敬、秦用、卢明、都督钱宁、优人臧贤、尚书陆完等俱下狱，籍其家。后萧敬罚二万金得免；秦用、陆完谪戍边；余死狱中。

【编】提督南赣军务都御史王守仁率知府伍文定等攻南昌，克之。宸濠解安庆围，还兵援江西。文定等率兵迎击，大败之，遂擒宸濠，江西平。　【纪】守仁率文定等起兵，会于临江樟树镇。于是知府戴德孺引兵自临江，徐琏引兵自袁州，邢珣引兵自赣州，通判胡尧元、童琦引兵自瑞州，通判谈储、推官王暐、徐文英、新淦知县李美、太和知县李楫、宁都知县王天与、万安知县王冕各以其兵至。

己酉，至丰城，众议所往。或谓："宁王经画旬余始出，留备南昌必严，攻之恐难猝拔。今宁王攻安庆久不克，兵疲意沮。若以大兵逼之江中，与安庆夹攻之，必败。宁王败，南昌不攻自破矣。"守仁曰："不然。我师越南昌下，与宁王持江上。安庆之众仅能自保，必不能援我于中流，而南昌兵议其后，绝我粮道，南康、九江又合势乘之，腹背受敌，非利也。不若先攻南昌，宁王久不克安庆，精锐皆出，守御必单弱；我兵新集气锐，南昌可克也。宁王闻我攻南昌，必解安庆围，还兵自救。暨来，我师已克南昌，彼闻之自夺气。首尾牵制，

阳湖出发，船只相连，遮蔽江面，顺江而下，扬言直接攻取南京。七月初七日（戊戌），朱宸濠奔向安庆。张文锦、杨锐、崔文命令军士呼喊着登上城楼，大声斥骂，朱宸濠便停下来进攻安庆。当时九江、南康已经陷落，远近震惧，张文锦等三人凭依安庆孤城，以忠义激励士卒，誓死守城。按察司佥事潘鹏，安庆人。朱宸濠命潘鹏派家属拿着书信，入城劝降，崔文亲手杀死潘鹏的家属，把尸体切成碎块投到城下。朱宸濠令潘鹏到城下劝说，崔文挽弓想射死潘鹏，潘鹏立即逃走，才免于一死。张文锦到潘鹏家，将其全家杀死。朱宸濠用尽了进攻的办法，不能攻克安庆。当时朝廷得知朱宸濠起兵反叛，便把与朱宸濠勾结的太监萧敬、秦用、卢明、都督钱宁、优人臧贤、尚书陆完等全部逮捕投入监狱，抄没其家产。后萧敬罚二万金，获得宽免；秦用、陆完被贬谪戍边；其余的人死在狱中。

【编】提督南赣军务都御史王守仁率领吉安知府伍文定等进攻南昌，攻克该城。朱宸濠放弃对安庆的包围，回兵救援江西。伍文定等率兵迎击，大败朱宸濠，遂即擒获朱宸濠，江西平定。 【纪】王守仁率领伍文定等起兵，在临江樟树镇（今江西清江县）会合。于是知府戴德孺从临江率兵，徐琏从袁州（今江西宜春）率兵，邢珣从赣州率兵，通判胡尧元、童琦从瑞州（今江西高安）率兵，通判谈储、推官王暐、徐文英，新淦（今江西新干）知县李美、太和（今安徽太和）知县李楫、宁都（今江西宁都）知县王天与、万安（今江西万安）知县王冕等，各自率兵赶来。

七月十八日（己酉），王守仁率各路兵马抵达丰城，集众人商议进攻何地。有的说："宁王朱宸濠经过十多天的谋划才率兵而出，留守防备南昌必定很严密，进攻起来恐难很快攻克。现在宁王攻安庆很长时间，还未攻下，兵士疲惫，士气低落。如果派遣大兵从江上进逼，与安庆兵马两面夹攻，必定可以打败他。宁王一败，南昌就会不攻自破。"王守仁说："不对。我军越过南昌而下，与宁王相持在长江之上，安庆的兵马仅能自保，绝无可能到长江中来援助我们。而南昌兵马攻我后路，断我粮道，南昌、九江的兵马又合势攻我，致使我腹背受敌，这是不利的。不如先攻南昌，宁王围安庆久攻不下，精锐兵马都在那里，南昌的

此成擒矣。"乃令文定等各攻一门。十九日发兵,以二十日昧爽各至汛地。守仁下令曰:"一鼓,附城;再鼓,登;三鼓,不登,诛;四鼓,不登,斩其队将。"又先期为榜,入谕城中居民,令各闭户自守,勿助乱,勿恐畏逃匿。遂舁攻具至城下,梯絙而登。城上虽设守御,闻风倒戈,城门有不闭者,兵遂入。守仁乃入城抚定之,擒拱樤及万锐等十余人,散遣胁从,城中始安。

时宸濠愤安庆不下,方自督兵填濠堑,期在必克。闻守仁率兵攻南昌,大恐。李士实等劝宸濠勿还兵,舍安庆径取南京,既即大位,江西自服。宸濠不从,解安庆围,移兵泊阮子江,先遣兵二万还援江西,宸濠自率大军继之。

二十二日,谍报至江西,守仁乃集众议。或谓:"宁王兵盛。凭其愤怒,悉众而来,我援兵未集,势不能支。不若坚壁自守,以待四方之援。彼久顿坚城之下,兵孤援绝,将自溃矣。"守仁曰:"宁王兵力虽强,然所至徒恃焚掠,劫众以威。今进取不能,巢穴又覆,沮丧退归,众心已离;我以锐卒乘胜击之,彼将不战自溃矣。"是日抚州知府陈槐亦率兵至。

二十三日,谍报宸濠先锋已至樵舍。守仁乃遣诸将率兵迎击之:令伍文定以正兵当其前,余恩继文定后,邢珣率兵绕出贼背,徐琏、戴德孺张两翼分击之。诸将各受命出。

二十四日,贼兵乘风鼓噪而前,逼黄家渡,气骄甚。文定、恩佯北致之,贼争进趋利,前后不相及。珣兵从后急击,横贯其阵,贼

守御必定单弱；我们的兵马刚刚调集，士气强锐，南昌是可以攻下的。宁王得知我军攻南昌，必定解安庆之围，回兵救援。等他们来到，我军已经攻克了南昌，他们得知就自然会泄气。首尾加以牵制，宁王一定会被擒获的。"于是，命令伍文定等各攻一门。十九日发兵，约定各路兵马在二十日天微明时，到达指定地点。王守仁下令说："一鼓，到达城下；二鼓，登城；三鼓，不登城的，处斩；四鼓，不登城的，斩杀其队将。"又事先写好榜文告示，射入城中，告谕城中居民，令各户闭门自守，不要协助叛乱，不要恐惧逃跑躲藏。便抬着攻城器具到城下，用云梯、大绳，攀援登城。城上虽有守御兵士，但都闻风倒戈，城门也有不关闭的，兵马遂即进入南昌城。王守仁便入城安抚稳定居民，擒获了朱拱樤及万锐等十余人，遣散胁从，城中才安定。

　　当时朱宸濠愤于安庆久攻不下，正亲自督兵填护城沟壕，期在必克。他得知王守仁率兵进攻南昌，大为恐惧。李士实等劝朱宸濠不要回兵救援南昌，舍去安庆直接攻取南京，只要登上皇位，江西自会降服。朱宸濠不从，解了安庆之围，移兵停船，泊于阮子江岸，先遣兵马二万回援江西，自己率领大军紧跟其后。

　　二十二日，谍报送到江西，王守仁便召集众人商议。有人说："宁王兵势强盛，满腔愤怒，率全部兵马到来，我们的援兵还未调集，恐怕难以抵挡。不如坚固壁垒自守，以便等待四方援兵。他们长久停留在坚城之下，兵马孤立，外援断绝，就将自行溃败。"王守仁说："宁王的兵力虽强，但所到之处只靠烧杀抢掠，以兵胁迫官民。现在不能进取，巢穴又倾覆，安庆久攻不下，沮丧而退兵返回，众心已离；我们精锐兵马乘胜进击，他们将不战自溃。"这天，抚州（府治临川县，今江西抚州市）知府陈槐也率兵来到。

　　二十三日，探卒报知朱宸濠的先锋已经抵达樵舍（在今江西新建县西北）。王守仁便派遣诸将率兵迎击：令伍文定以正兵在前边迎击，余恩紧随伍文定之后，邢珣率兵绕到敌军背后，徐琏、戴德孺张开两翼分别夹击。诸将奉命率兵出发。

　　二十四日，贼兵乘风呼喊着前进，逼近黄家渡，气焰非常骄横。伍文定、余恩假装失败，后退诱敌，贼兵争着前进，以图获取战功，前

败走。文定、恩还兵乘之,琏、德孺兵合势夹击,贼不知所为,遂大溃,追奔十余里,擒斩二千余级,溺水死者万计。贼气大沮,退保八字脑。是日,建昌知府曾玙等率兵至。

守仁谓:"九江、南康不复,则道终梗,且湖广援兵不能达。"乃别遣陈槐率兵四百,合知府林械兵攻九江;曾玙率兵四百,合知府陈朝佐兵攻南康。宸濠大赏将士,当先者千金,被伤者百金,使人尽发南康、九江兵至。明日,并力合战,官兵败死者数百人。文定急斩先却者以徇,身立炮铳间,火焚其须鬓,不移足。士殊死战,兵复振,炮及宸濠舟,贼遂大败,擒斩二千余级,溺水死者甚众。

贼复退保樵舍,联舟为方阵,尽出其金帛赏士。文定等乃为火攻之具,珣击其左,琏、德孺击其右,恩等分兵四伏,期火发兵合。

明日,宸濠朝群臣,执其不尽力者将斩之。争论未决,官兵四集奋击之,火及宸濠副舟,贼复大溃。宸濠与诸妃嫔泣别,妃嫔皆赴水死。将士执宸濠及其世子、郡王并伪丞相、元帅等官李士实、刘养正、徐吉等数百余人,擒斩贼党三千余级,溺水死者约三万。曹玙、陈槐亦攻复九江、南康二郡。

将士执宸濠入江西,军民聚观,欢呼之声震动天地。宸濠见守仁,呼曰:"王先生,我欲尽削护卫,请降为庶民,可乎?"守仁曰:"有国法在。"遂顿首不言。

初,宸濠谋反,妃娄氏泣谏,不听。及被擒,于槛车中泣语人曰:"昔纣用妇人言而亡天下,我以不用妇人言而亡其国,今悔恨何

后拉开距离，不能互相照应。邢珣率兵从后急击，从旁边横杀过去，把敌阵断为两截，贼兵败逃。伍文定、余恩回兵追击，徐琏、戴德孺率兵联合夹击，贼兵不知所措，大溃逃跑，伍文定等追赶十余里，擒获斩杀二千余人，落水淹死的数以万计。贼兵气势大为沮丧，退保八字脑（在今江西波阳县西）。这天，建昌（府治南城县，今江西南城）知府曾玙等率兵到来。

王守仁说："九江、南康不收复，则道路终究梗塞，而且湖广的援兵也不能到达。"于是另遣陈槐率领四百兵士，与知府林械的兵士一同进攻九江（林械，《明史·宁王传》作"林棫"）；曾均率领四百兵士，与周朝佐的兵士一同进攻南康（周朝佐，原本误"周"为"陈"，据《明史·宁王传》《明史·王守仁传》改）。朱宸濠大赏将士，奋勇当先的赏千金，受伤的赏百金，派人将南康、九江的全部兵马调来。第二天，合力作战，官兵败死数百人。伍文定立杀先退的兵士示众，亲自站立在炮铳之间，火焰烧掉了他的胡须和鬓发，仍站立不动。兵士拼命厮杀，军势又重新振作。炮火击到朱宸濠乘坐的船只，贼兵大败，擒获斩杀二百余人，在水中淹死的很多。

贼兵又退保樵舍，把船只联结起来摆成方阵，拿出全部金银财物奖赏兵士。伍文定等便作了火攻的器具，邢珣从左边攻击，徐琏从右边攻击，余恩等分兵在四面埋伏，等火攻发起时合兵攻击。

第二天，朱宸濠朝见群臣，捉拿作战不尽力的将士将要处斩。争论还没有结束，官兵从四面奋力进击，火烧到朱宸濠的副船，贼兵再次溃败。朱宸濠与各妃嫔哭泣告别，妃嫔都投水而死，将士捉住朱宸濠及其世子、郡王和伪丞相、元帅等官李士实、刘养正、徐吉等数百人，擒获斩杀朱宸濠的党羽三千余人，在水中淹死的约三万人。曾玙、陈槐也攻克收复了九江、南康二府。

将士押解朱宸濠进入江西，军民聚观，欢呼之声震动天地。朱宸濠见到王守仁，喊道："王先生，我想把我的护卫全部削去，请求降为平民，可以吗？"王守仁说："有国法在。"朱宸濠便叩头不语。

起初，朱宸濠谋反，妃娄氏哭泣谏阻，朱宸濠不听。到被擒获时，在槛车中哭泣着对人说："过去纣王听了妇人的话而失去天下，我以不

及!"守仁为求娄妃尸,葬之。

【编】八月,帝下诏亲征。 【纪】时王守仁擒宸濠捷书未至,诸将各献擒宸濠之策,上亦欲假亲征南游。太监张永等见钱宁、臧贤事败,又欲因此邀功。于是上自称奉天征讨威武大将军、镇国公,边将江彬、许泰、刘晖、张永、张忠等俱称将军,所下玺书,改称军门檄。上方出师,驻跸良乡,而守仁捷书至,且虑有沿途窃发,欲自献俘阙下。奏入,上屡檄止之,令以俘候车驾至。大学士梁储、蒋冕屡请回銮,不听。

【编】九月,帝至南京。 【纪】王守仁发南昌,将献俘阙下,张忠、江彬等谓"当纵之鄱湖,俟上亲与遇战而后奏凯论功",屡遣人至广信止之。守仁不得已,乘夜过玉山,械系宸濠等取道由浙江以进。张永已候于杭州,守仁至杭谓永曰:"江西之民既经大乱,继以旱灾,又供京、边军饷,困苦既极,必逃聚山谷为乱。昔助宸濠为胁从,今将成土崩之势,然后兴兵定乱,不亦难乎!"永深然之,乃徐曰:"吾之此出,为群小在君侧,调护左右以默转圣躬,非为掩功来也。但皇上意,将顺而行,犹可挽回万一;若逆其意,徒急群小之怒,无救于天下大计矣!"于是守仁信其无他,以宸濠付之,乘夜渡浙江过越,还江西。

【编】命王守仁巡抚江西,擢吉安知府伍文定为江西按察司,赣州知府邢珣为江西布政司右参政。 【纪】初,江彬、张忠等谋欲夺功,诬守仁初附宸濠,及知其势败,然后擒宸濠攘功。太监张永

听妇人的话而失去藩国。现在悔恨何及！"王守仁为寻找娄氏尸体，加以安葬。

【编】八月，明武宗下诏亲征朱宸濠。　【纪】当时王守仁擒获朱宸濠的捷报还未送到北京，诸将各献擒获朱宸濠的计策，明武宗也想借亲征的机会到江南游玩。太监张永等看到钱宁、臧贤事情败露受到惩处，又想因皇帝亲征而邀功请赏。于是，明武宗自称奉天征讨威武大将军、镇国公，边将江彬、许泰、刘晖、张永、张忠等都称将军，所发下的玺书，改称军门檄。明武宗正率兵出师，暂在良乡（今北京市房山县东北良乡镇）停留，而王守仁的捷报送到。王守仁又担心在沿途被人抢劫朱宸濠，打算亲自押送朱宸濠献于朝廷。王守仁的奉疏呈进，明武宗多次下达檄文加以阻止，令王守仁看管朱宸濠等，等待他南下。大学士梁储、蒋冕屡次请求明武宗回驾，明武宗不听。

【编】九月，明武宗到达南京。　【纪】王守仁从南昌出发，将献俘于朝廷，张忠、江彬等说："应当把朱宸濠释放到鄱阳湖，等皇上亲自与他作战而后得胜论功。"多次派人到广信（府治上饶县，今江西上饶）要王守仁停止献俘。王守仁不得已，乘夜过玉山（今江西玉山县），将朱宸濠等上了镣铐，取道由浙河（指今钱塘江上游信安江）而行。张永已在杭州等候，王守仁到杭州，对张永说："江西的百姓既经大乱，继而遭受旱灾，又供应京军、边军粮饷，困苦已达到极点，必有逃亡的人聚集在山谷作乱。过去助朱宸濠为胁从，现在将成为土崩瓦解之势，然后再派兵平乱，不是很难吗！"张永很同意王守仁的意见，便慢慢地说："我这次随皇上南下，是因为有一群小人在皇帝身边，需要我从中周旋，好好处理，以求在不言中转变皇上的旨意，我并不是为邀功而来的。但对皇上的旨意，只有先顺着他，才可能挽回于万一；如果违抗皇上的旨意，只会激起那一群小人的怨恨，对天下大计一点好处也没有。"于是，王守仁相信张永无其他目的，便将朱宸濠交付给他，乘夜渡浙江（指钱塘江）过绍兴，回到江西。

【编】明武宗命王守仁巡抚江西，提升吉安知府伍文定为江西按察使，赣州知府邢珣为江西布政司右参政。　【纪】起初，江彬、张忠等图谋夺取擒获朱宸濠的功劳，诬陷王守仁初附朱宸濠，等到得知其

知其谋,语家人曰:"王都御史忠臣为国,今欲以此害之,他日朝廷有事,何以教臣子之忠!"至是永复命,先见上,备言守仁之忠并江彬等欲害之之意;彬等毁遂不入。张忠又言:"守仁在杭,竟不至南京,陛下试召之,必不来,无君可知。"上召之,守仁即奔命至龙江,将进见。忠殊失意,又从中阻之。守仁乃纶巾野服,入九华山。永闻之,又力言于上曰:"王守仁忠臣,今闻众欲争功,欲弃其官入山为道士。"由是上益信之,乃有是命。

【编】冬十二月,宸濠至南京。 【纪】上欲自以为功,乃与诸近侍戎服整军容,出城数十里,列俘于前,为凯旋状;既入,囚禁之。

【编】庚辰,十五年,冬十月,帝自南京班师还京。 【纪】先是上以大将军钧帖,令巡抚江西都御史王守仁重上捷书。守仁节略前奏,入江彬、张忠等姓名于内上之。疏入,始议北旋。

【编】十二月,宸濠伏诛。 【纪】上至通州,赐宸濠死,燔其尸,余党至京师,磔诛之。独抑王守仁功未叙。

【编】辛巳,十六年,春正月,帝至京师。 【纪】江彬益骄横,其所部边卒桀骜不可制。

【编】加蒋冕少傅、谨身殿大学士,毛纪少保、武英殿大学士。以石珤为礼部尚书,兼翰林院学士,掌詹事府。

【编】三月,帝崩。皇太后与大学士杨廷和等定议,奉遗诏迎立兴献王世子厚熜。 【纪】上寝疾豹房,既而大渐。丙寅,上崩。皇

将要失败，然后才擒获朱宸濠夺为己功。太监张永得知江彬等的阴谋，对家人说："王都御史忠臣为国，现在他们要以此害他，他日朝廷有事，用什么来教臣子忠心为国！"到这时张永回来复命，先见明武宗，详说王守仁忠心耿耿及江彬等人想陷害王守仁的事；江彬等人对王守仁的毁谤才不为明武宗所信。张忠又说："王守仁在杭州，竟然不到南京，陛下试着召他前来，他必定不来，即可知他目无君王。"明武宗下令召王守仁，王守仁立即奉命奔赴龙江（在今南京市西兴中门外），准备进见。张忠殊为失意，又从中阻止王守仁朝见。王守仁便戴上纶巾，穿着便服，进入九华山（在今安徽青阳县西南）。张永得知，又竭力在明武宗面前说："王守仁是忠臣，现在听到好多人争功，想丢弃其官职，入九华山做道士。"由此，明武宗更加信任王守仁，才有令王守仁巡抚江西的任命。

【编】冬十二月，朱宸濠被押送到南京。【纪】明武宗想以擒获朱宸濠为自己的功劳，便与近侍们穿上军服，整顿军容，出城数十里，把俘虏排列在前面，做出凯旋的样子；待进入南京城，便将朱宸濠囚禁起来。

【编】正德十五年（庚辰，1520）冬十月，明武宗从南京班师还北京。【纪】起先，明武宗以威武大将军名义发下钧帖，令巡抚江西都御史王守仁重新呈上擒获朱宸濠的捷报。王守仁把以前的捷报摘要抄录，在里边添上江彬、张忠等人的姓名，奏报上去。这个奏疏呈进后，明武宗才准备回京。

【编】十二月，朱宸濠被处死刑。【纪】明武宗抵达通州（今北京通县），赐朱宸濠死，烧毁其尸，余党到北京，车裂处死，独独压抑王守仁的功劳不予叙赏。

【编】正德十六年（辛巳，1521）春正月，明武宗回到京师。【纪】江彬更加骄横，所统领的边塞士卒桀骜不能控制。

【编】明武宗加蒋冕少傅、谨身殿大学士，毛纪少保、武英殿大学士，任命石珤为礼部尚书兼翰林院学士，掌詹事府事。

【编】三月，明武宗去世。皇太后张氏与大学士杨廷和等商议决定，遵奉遗诏，迎立明宪宗第四子、兴献王朱祐杬的世子朱厚熜为帝。

太后与杨廷和等定议，遵《祖训》"兄终弟及"之文，乃为遗诏，遣太监谷大用、韦霖、张锦、寿宁侯张鹤龄、定国公徐光祚、驸马都尉崔元、大学士梁储、礼部尚书毛澄赍金符往安陆藩府，迎兴献王世子厚熜入继大统。

【编】江彬伏诛。　【纪】初，上崩，彬偶不在左右，皇太后召杨廷和等议，恐彬为乱，秘不发丧，以上命召彬入。彬不知上崩，并其子入，俱收之。皇太后下制暴彬罪恶，论磔于市。籍其家，金七十柜，银二千二百柜，金银珠玉珍宝首饰不可胜计，隐匿奏疏百余本。

【编】夏四月，兴献王世子厚熜至京师，即位。　【纪】诏以明年为嘉靖元年。

【编】命礼部会议崇祀兴献王典礼。　【纪】礼部尚书毛澄请于大学士杨廷和，廷和出汉定陶王、宋濮王事授之曰："此篇为据，异议者即奸谀，当诛！"澄会公卿台谏等官六十余人上议："汉成帝立定陶王为嗣，以楚孝王孙景为定陶王，奉共王祀。今上入继大统，宜以益王子崇仁主后兴国。其崇号则袭宋英宗故事，以孝宗为考，兴献王及妃为皇叔父母，祭告上笺称侄署名，而令崇仁主考兴献王，叔益王。"上览曰："父母可互易若是邪！其再议。"

【编】五月，葬康陵。

【编】太保兼武英殿大学士梁储致仕。
【编】以袁宗皋为礼部尚书，兼文渊阁大学士。
【编】遣中官迎帝母兴献妃。以彭泽为兵部尚书。
【编】召王守仁为南京兵部尚书，封新建伯。

【纪】明武宗在豹房得病，既而病情危重。十四日（丙寅），明武宗去世。皇太后张氏与杨廷和等商议决定，遵守《皇明祖训》"兄终弟及"之文，草拟遗诏，派遣太监谷大用、韦霖、张锦、寿宁侯张鹤龄、定国公徐光祚、驸马都尉崔元、大学士梁储、礼部尚书毛澄，携带金符前往安陆（今湖北安陆）兴王府，迎接兴献王世子朱厚熜入继大统。

【编】江彬被处死刑。　【纪】起初，明武宗去世，江彬偶尔不在左右。皇太后张氏召杨廷和等商议，担心江彬乘机作乱，秘不发丧，以明武宗的诏命召江彬入宫。江彬不知道明武宗去世，和儿子一起进入宫中，都被逮捕。皇太后张氏下达制书公布江彬的罪恶，判决在闹市中车裂处死，抄没家产，得金七十柜，银二千二百柜，金银珠玉珍宝首饰不计其数，隐藏奏疏一百余本。

【编】夏四月，兴献王世子朱厚熜到达北京，即皇帝位。　【纪】皇上下诏改明年为嘉靖元年。

【编】皇上命礼部会集公卿大臣商议祭祀兴献王的典礼。【纪】礼部尚书毛澄请教大学士杨廷和，杨廷和拿出史书中汉朝定陶王、宋朝濮王（定陶共王，汉哀帝刘欣生父。濮安懿王，宋英宗赵曙生父）的事例对他说："依这篇为根据，有不同意见的即为奸邪阿谀，应当处死！"毛澄会集公卿大臣及台谏官六十余人将商议的结果奏报："汉成帝立定陶王为嗣，另以楚孝王的孙子刘景为定陶王，作为共王的后嗣。现在陛下即皇帝位，应当以益端王朱祐槟的儿子崇仁王朱厚炫作为兴献王的后嗣。至于崇号则应按照宋英宗时的事例，以孝宗为皇考，以兴献王及妃为皇叔父母，祭告上笺署名称侄，而令崇仁王称兴献王为皇考，称益王为叔父。"皇上阅览奏疏后说："父母能这样互相更换吗！你们再好好商议。"

【编】五月，明武宗葬于康陵（在今北京昌平县金岭山东，明十三陵之一）。

【编】太保兼武英殿大学士梁储退休。

【编】皇上任命袁宗皋为礼部尚书兼文渊阁大学士。

【编】皇上派遣宦官迎母亲兴献王妃。

【编】皇上任命彭泽为兵部尚书。

【编】秋七月，观政进士张璁上《大礼疏》。　【纪】璁疏曰："朝议谓陛下入嗣大宗，宜称孝宗皇帝为皇考，改称兴献王为皇叔父，王妃为皇叔母者，不过拘执汉定陶王、宋濮王故事耳。夫汉哀、宋英皆预立为皇嗣，而养之于宫中，是明为人后者也，故师丹、司马光之论，施于彼一时犹可。今武宗皇帝已嗣孝宗十有六年，比于崩殂，而廷臣遵《祖训》、奉遗诏迎取陛下入继大统，遗诏直曰'兴献王长子伦序当立'，初未尝明著为孝宗后；比之预立为嗣、养之宫中者，较然不同。夫兴献王往矣，称之以皇叔父，鬼神固不能无疑也。今圣母之迎也，称皇叔母，则当以君臣礼见，恐子无臣母之义。礼，长子不得为人后，况兴献王惟生陛下一人，利天下而为人后，恐子无自绝父母之义。故陛下为继统武宗而得尊崇其亲则可，谓嗣孝宗以自绝其亲则不可。臣窃谓今日之礼，宜别为兴献王立庙京师，使得隆尊亲之孝。且使母以子贵，尊与父同，则兴献王不失其为父，圣母不失其为母矣。"疏入，上遣司礼监官送至内阁。谕曰："此议实遵祖训，据古礼，尔曹何得误朕！"杨廷和曰："书生焉知国体！"复持入。上熟览之，喜曰："此论一出，吾父子必终可完也。"

【编】九月，兴献王妃至通州。　【纪】帝母至通州，闻朝廷欲考孝宗，恚曰："安得以我子为人之子！"谓从官曰："尔曹已极宠荣，献王尊称胡犹未定？"因留通州不入。上闻之，涕泗不止，启慈圣皇太后，愿避位奉母归。群臣惶惧。

【编】皇上召王守仁为南京兵部尚书，封新建伯。(《明世宗实录》卷4，正德十六年七月丁丑条载："升提督南赣军务右副都御史王守仁为南京兵部尚书，参赞军务。"同书卷8，正德十六年十一月丁巳条载："命封王守仁新建伯。")

【编】秋七月，观政进士张璁呈进《大礼疏》。 【纪】张璁在《大礼疏》中说："朝臣商议，说陛下入承帝位，应当称孝宗皇帝为皇考，改称兴献王为皇叔父、兴献王妃为皇叔母，不过是拘泥于汉朝定陶王、宋朝濮王的事例罢了。汉哀帝、宋英宗都是预先被立为皇嗣，而养育于宫中，作为汉成帝、宋仁宗的儿子，这道理是十分明白的。所以师丹、司马光的言论在那时施行还是可以的。现在武宗皇帝作为孝宗皇帝嗣子十六年而去世，而廷臣遵守《皇明祖训》、奉遗诏之命迎取陛下入继帝位，遗诏直接说'兴献王长子，依伦序当立'，当初未曾明确说陛下为孝宗皇帝的嗣子，比之预先立为嗣子、养于宫中者，显然不同。兴献王已经去世，称之为皇叔父，鬼神都不能不产生怀疑。现在去迎圣母，称为皇叔母，则应该以君臣礼节相见，恐怕儿子没有以母为臣之义。依礼，长子不得过继给别人作儿子，何况兴献王只生陛下一人，利于天下而作别人的儿子，但恐作为儿子没有自绝于父母之义。所以陛下继承武宗的皇位，而得以尊崇生身父母，这是可以的；至于说作为孝宗皇帝的嗣子而自绝其亲生父母，那就不可以了。臣认为今日之礼，应该另外为兴献王在京师立一庙，使皇上得以尊崇对生身父母的孝道。而且，使母以子贵，尊崇之礼仪与对父亲者相同，这样做，兴献王不失其为父，兴献王妃不失其为母。"《大礼疏》呈进后，皇上派遣司礼监官送到内阁，告谕说："《大礼议》真正遵守《皇明祖训》，依据古礼，你们为什么要欺误朕！"杨廷和说："一个书生，哪里知晓国体！"又拿着送给皇上。皇上反复阅览，高兴地说："此论一出，我父子情义就可保全了。"

【编】九月，兴献王妃抵达通州。 【纪】皇上的母亲抵达通州，得知朝廷想以孝宗为皇考，怨怒地说："怎么能让我的儿子做别人的儿子呢！"对随从官员说："你们已极为得宠和荣耀，兴献王的尊称为什么还没有定下来？"因而停留在通州不进入北京。皇上得知，痛哭流涕不止，便去启禀慈圣皇太后，愿意退避皇帝位而侍奉母亲回到安陆藩

【编】冬十月，兴献后至自通州。 【纪】先是，杨廷和见追崇兴献之礼势不得已，乃草敕下礼部曰："圣母慈寿皇太后懿旨，以朕缵承大统，本生父兴献王宜称兴献帝，母宜称兴献后，宪庙贵妃邵氏称皇太后。仰承慈命，不敢固违。"帝从之，廷和意假母后，示非廷议意也。至是兴献后自通州至京师，由大明中门入，上迎于阙内。廷和以追崇礼成，拟上慈寿皇太后及武宗皇后尊号。帝因遣司礼监谕廷和曰："邵太后、兴献帝、后亦各拟上尊号。"廷和等上言："不可。宜俟明年大婚礼成，庆宫闱，加之可也。"

【编】十二月，除张璁南京刑部主事。 【纪】先是，帝下大礼，或问于礼部。时杨一清家居，遗书吏部尚书乔宇曰："张生此论，圣人不易，恐终当从之。"宇不听。至是杨廷和衔璁，授意吏部，除为南京主事。石珤语璁曰："慎之，大礼说终当行也。"璁怏怏而去。

【编】起林俊为工部尚书。 【纪】都御史林俊致仕家居，杨廷和寓书于俊以定国是，俊上疏曰："孔子谓'观过知仁'，陛下大礼未协，过于孝故耳。司马光有言：'秦、汉而下，入继大统，或尊崇其所生，皆取议当时，贻笑后世。'陛下纯德，何忍袭之！"疏入，留中。廷和遂奏起林俊为工部尚书。

【编】帝下御札谕加兴献帝、后以"皇"字。大学士杨廷和等乞罢归，不报。 【纪】廷和等上言："汉宣帝继孝昭后，追谥史皇孙、王夫人曰悼考、悼后而已；光武上继元帝，巨鹿、南顿君以上，立庙章陵而已；皆未尝追尊。今日兴献帝、后之加，较之前代，尊称已极。若加'皇'字，与慈寿、孝庙并，是忘所后而重本生，任私恩而弃

国，群臣为之惶惧不安。

【编】冬十月，兴献皇后从通州到达北京。【纪】起先，杨廷和见追尊兴献王之礼势在必行，于是草拟敕书下达礼部，敕书称："圣母慈寿皇太后懿旨，以朕继承皇帝之位，本生父兴献王应当称兴献帝，母应当称兴献后，宪宗贵妃邵氏称皇太后。仰奉慈命，不敢违背。"皇上依从了。杨廷和借慈寿皇太后懿旨名义下达，以此表示不是朝廷群臣的意见。到这时，兴献后从通州到达北京，由大明中门进入，皇上在宫门内迎接。杨廷和以追尊兴献王之礼议定，准备奉上慈寿皇太后及武宗皇后尊号。皇上便派遣司礼监告谕杨廷和说："邵太后、兴献帝、兴献后也要各拟上尊号。"杨廷和等上疏说："不行。应该等到明年皇上举行过大婚礼，庆贺后宫时，才能上尊号。"

【编】十二月，任命张璁为南京刑部主事。【纪】起先，皇上令礼部商议追尊兴献王的大礼时，有人到礼部询问。当时杨一清家居，给吏部尚书乔宇写信说："张璁的意见，圣人都难以改变，恐怕最后还得按他的意见办。"乔宇不听。到这时，杨廷和怨恨张璁，授意吏部，任命张璁为南京刑部主事。礼部尚书石珤对张璁说："你要谨慎，《大礼疏》的意见最终是要施行的。"张璁怏怏而去。

【编】起复退休的都御史林俊为工部尚书。【纪】都御史林俊退休家居，杨廷和给林俊写信，以定追尊兴献王大礼如何为是。林俊上疏说："孔子说'观过知仁'，陛下追尊兴献王的大礼还未妥善决定，是过于考虑孝道的缘故。司马光曾说：'秦、汉以来，凡入继皇帝大位的，或有尊崇其亲生父母的，都受到当时人的讥讽，成为后世的笑柄。'陛下纯德，为什么忍心沿袭呢！"奏疏呈进后，压下不予答复。杨廷和便上奏请求起用林俊为工部尚书。

【编】皇上下达亲笔谕旨，告谕加兴献帝、后以"皇"字。大学士杨廷和等上疏乞求退休回乡，不予答复。【纪】杨廷和等上疏说："汉宣帝继汉昭帝为后嗣，追谥史皇孙（汉武帝的卫太子娶史良娣，生子名进，号史皇孙）、王夫人（史皇孙娶王夫人，生子名病已，即宣帝）为悼考、悼后而已；汉光武上继汉元帝，而钜鹿、南顿君以上（钜鹿都尉刘回生南顿令刘钦，刘钦娶樊氏生刘秀，即光武帝），仅在章陵（在今湖北枣阳县东）立庙

大义，臣等不得辞其责。"吏部尚书乔宇等奏曰："皇者，正统大义，若加'皇'字于本生之亲，则与正统溷而无别。揆之天理则不合，验之人心则不安，非所以重宗庙、正名分也。"上曰："兹寿皇太后懿旨有谕：'今皇帝婚礼将行，其兴献帝宜加与'后'号，母兴献皇太后。'朕不敢辞，尔群臣其承后命！"廷和等见不可争，乃俱求罢归，不报。

而已；都没有追奉尊号。现在加兴献王、妃为帝、后，比起前代，尊称已经达到极点。若再加'皇'字，与慈寿皇太后、孝宗皇帝并立。这样做就是忘了自己的嗣父而只重本生父母，任私恩而弃大义。臣等也难以推卸其责。"吏部尚书乔宇等上奏道："皇者，系正统大义，若给本生父母加'皇'字，就与正统混淆而没有区别，揆之天理则不合，验之人心则不安，这不是重宗庙、正名分的正确做法。"皇上说："慈寿皇太后懿旨中有谕：'今皇帝婚礼将要举行，兴献帝应当加与"皇"号，母称兴献皇太后'，朕不敢推辞，你们群臣应该承奉慈寿皇太后之命！"杨廷和等见此事不能再争，便一起上疏乞求退休回家，未予答复。

明鉴易知录卷八

明纪

世宗肃皇帝

【编】壬午，世宗皇帝嘉靖元年，春正月，郊祀甫毕，清宁宫小房灾。　【纪】杨廷和、蒋冕、毛纪、费宏上言："火起风烈，此殆天意。况迫清宁后殿，岂兴献帝、后之加称，祖宗神灵容有未悦乎？"上乃议称孝宗为"皇考"，慈寿皇太后为"圣母"，兴献帝、后为"本生父母"，而"皇"字不复加矣。

【编】三月，上孝宗太后尊号曰昭圣慈寿皇太后，武宗皇后曰庄肃皇后，圣祖母邵氏曰寿安皇太后，本生父曰兴献帝，母曰兴国太后。

【编】秋九月，立妃陈氏为皇后。

【编】冬十一月，寿安皇太后邵氏崩。

【编】癸未，二年，春正月，五星聚于营室。

【编】南京刑部主事桂萼上正大礼疏。　【纪】萼大略言："陛下入继大统，非为人后，尝考兴献帝，母兴国太后。"并录巡抚湖广都御史席书、吏部员外郎方献夫二疏以闻。下群臣集议。

【编】秋九月，刑部尚书林俊致仕。冬十一月，少师、吏部尚书、华盖殿大学士杨廷和致仕。

【编】甲申，三年，春三月，诏奉兴献帝为本生皇考恭穆献皇帝，兴国太后为本生母章圣皇太后。

【编】夏五月，前户部尚书武英殿大学士王鏊卒。

【编】六月，以张璁、桂萼、方献夫为翰林院学士。少傅蒋冕致仕。以石珤为文渊阁大学士。

【编】秋七月，逮学士丰熙等百三十有四人下狱。吏部右侍郎何孟春等八十有六人令待罪。　【纪】先是上命内阁拟撰本生圣母章圣皇太后册文，至是上采张璁、挂萼议，谕大学士毛纪等去册文

世宗肃皇帝

【编】明世宗嘉靖元年（壬午，1522），春正月，郊祀刚刚结束，清宁宫的小房发生火灾。　【纪】杨廷和、蒋冕、毛纪、费宏等人上书说："起火，风势又猛烈，这或许是天意。何况着火处临近清宁宫的后殿，难道是给兴献帝和兴献后加称'皇'后，祖宗神灵或者不高兴了吧？"明世宗就议称孝宗为"皇考"，慈寿皇太后为"圣母"，兴献帝、后称"本生父母"，而不再加上"皇"字了。

【编】三月，给孝宗太后奉尊号为昭圣慈寿皇太后，武宗皇后为庄肃皇后，圣祖母邵氏为寿安皇太后，亲生父亲为兴献帝，母亲为兴国太后。

【编】秋九月，立妃子陈氏为皇后。

【编】冬十一月，寿安皇太后邵氏去世。

【编】嘉靖二年（癸未，1523）春正月，五星聚集在营室星座中。

【编】南京刑部主事桂萼呈上正大礼疏。　【纪】桂萼的奏疏大略说："陛下入宫是继承帝位大统，不是给先皇作后嗣，应当以兴献帝为考，兴国太后为母。"并且抄录巡抚湖广都御史席书、吏部员外郎方献夫的两篇奏疏给皇帝看。皇帝把奏章交给群臣共同评议。

【编】秋九月，刑部尚书林俊退休。冬十一月，少师、吏部尚书、华盖殿大学士杨廷和退休。

【编】嘉靖三年（甲申，1524）春三月，明世宗下诏尊奉兴献帝为本生皇考恭穆献皇帝，兴国太后为本生母章圣皇太后。

【编】夏五月，前任户部尚书武英殿大学士王鏊去世。

【编】六月，明世宗任命张璁、桂萼、方献夫为翰林院学士。少傅蒋冕退休。任命石珤为文渊阁大学士。

【编】秋七月，把学士丰熙等一百三十四人逮捕入狱，令吏部右侍郎何孟春等八十六人等候问罪。　【纪】起初，明世宗命内阁草拟尊奉本生圣母章圣皇太后的册文。到这时，明世宗采用了张璁、桂萼的建

"本生"字。纪等力言不可。上召百官至左顺门敕曰："本生圣母章圣皇太后，今更定尊号曰圣母章圣皇太后。"何孟春与尚书秦金、学士丰熙等及翰林、寺部、台谏诸臣，各上言，力争"本生"二字不宜削。章十三上，俱留中不报。

戊寅，上朝罢，斋居文华殿。尚书金献民、徐文华倡言曰："诸疏留中，必改孝宗为伯考，则太庙无考，正统有问矣。"孟春曰："宪宗朝，尚书姚夔率百官伏哭文华门争慈懿皇太后葬礼，宪宗从之，此国朝故事也。"修撰杨慎曰："国家养士百五十年，仗节死义正在今日。"给事中张翀、王元正等遂遮留群臣于金水桥南，曰："万世瞻仰在此一举，今日有不力争者，共击之！"孟春、献民、文华复相号召，于是秦金等凡二十有三人，丰熙等凡二十人，谢赉等凡十有六人，余翱等凡三十有九人，马理等凡十有二人，黄待显等凡三十有六人，余才等凡十有二人，陶滋等凡二十人，相世芳等凡二十有七人，赵儒等凡十有五人，毋德纯等凡十有二人，俱赴左顺门跪伏，有大呼高皇帝、孝宗皇帝者。上闻之，命司礼监谕退，不去。金献民曰："辅臣尤宜力争。"礼部侍郎朱希周乃诣内阁告毛纪，纪与石珤遂赴左顺门跪伏。上复遣司礼太监谕之退。群臣仍伏不起，自辰迄午。上怒，命司礼监录诸姓名，收系诸为首者丰熙、张翀、余宽、黄待显、陶滋、相世芳、毋德纯等八人于狱。杨慎、王元正乃撼门大哭。一时群臣皆哭，声震阙廷。上大怒，遂命逮系马理等凡一百三十有四人于狱，何孟春等八十有六人姑令待罪，总二百有二十人。命拷讯丰熙等八人编伍，其余四品以上者俱夺俸，五品以下者杖之。于是编修王相等一百八十余人各杖有差。

议，谕令大学士毛纪等人把册文中的"本生"两个字去掉，毛纪等人极力争辩说不可以。明世宗把百官召集到左顺门，下敕命说："本生圣母章圣皇太后，现在改定尊号为圣母章圣皇太后。"何孟春和尚书秦金、学士丰熙等人以及翰林、寺部、御史台的诸臣，各自上书，极力争辩说"本生"两个字不宜去掉，奏章送上去十三次，都被扣留在宫中，不予答复。

戊寅日，明世宗上朝过后，到文华殿斋戒。尚书金献民、徐文华首先提出来说："各位的奏章都留在禁中，皇上一定是要改孝宗为伯考，这样太庙里就没有'考'，皇帝的正统谱系就有了空缺了。"何孟春说："宪宗时，尚书姚夔率领百官在文华门伏地痛哭，为慈懿皇太后的葬礼抗争，宪宗依从了他们。这是本朝有过的事情。"修撰杨慎说："国家养士一百五十年了，坚持气节，为道义献身，就在今天。"给事中张翀、王元正等人就在金水桥南挡住群臣，说："要让万世瞻仰，就在此一举。今天如果有不肯出力抗争的，大家一起抨击他。"何孟春、金献民、徐文华又向大家号召，于是秦金等一共二十三人，丰熙等一共二十人，谢蕡等一共十六人，余翱等一共三十九人，马理等一共十二人，黄待显等一共三十六人，余才等一共十二人，陶滋等一共二十人，相世芳等一共二十七人，赵儒等一共十五人，毋德纯等一共十二人，全都到左顺门跪伏在地，有人大喊高皇帝、孝宗皇帝。明世宗听到后，命司礼监传旨让他们退去，他们不退。金献民说："辅佐大臣更应该出力争谏。"礼部侍郎朱希周就到内阁去告诉毛纪，毛纪和石珤就来到左顺门跪伏请命。明世宗又派司礼太监来谕令群臣退去，群臣仍然伏地不起，从辰时（七至九点）直到午时（十一点至一点）。明世宗发怒了，命令司礼监记下各人的姓名，把为首的丰熙、张翀、余宽、黄待显、陶滋、相世芳、毋德纯等八个人逮捕起来关进监狱。杨慎、王元正就摇撼着宫门大哭，一下子群臣都哭起来，声震宫廷。明世宗大怒，就命令逮捕了马理等一共一百三十四人关进监狱，何孟春等八十六人等候问罪，总共有二百二十人被问罪。又命拷打审问丰熙等八个人，处以充军，其余官员中四品以上的人全都免去俸禄，五品以下的人都加以杖刑。于是编修王相等一百八十多人都受到了数目不等的杖刑。

【编】诏上本生皇考恭穆献皇帝尊号曰皇考恭穆献皇帝,本生圣母章圣皇太后曰圣母章圣皇太后。 【纪】初,给事中陈洸言事忤旨,出为按察司佥事。至是上言曰:"陛下察几致决,毅然去'本生'二字,有人心者咸谓始全父子之恩,无不感泣。"上悦,复以洸为给事中。逮系修撰杨慎、编修王元正、给事中刘济、御史张原等于诏狱,复扑之,谪杨慎、王元正、刘济戍边,何孟春调南京工部,毛纪罢。

【编】八月,以吏部左侍郎兼翰林院学士掌詹事府贾咏为礼部尚书,兼文渊阁大学士。

【编】九月,诏称孝宗敬皇帝曰皇伯考,昭圣皇太后曰皇伯母。

【编】乙酉,四年,春三月,建献皇帝庙。

【编】冬十二月,席书上大礼集议。 【纪】上命颁赐藩府及中外群臣,仍令各省刊布以传。

【编】进费宏少师、谨身殿大学士,石珤、贾咏并太子太保、武英殿大学士。

【编】丙戌,五年,夏六月,进费宏华盖殿大学士,起杨一清少师、谨身殿大学士,石珤、贾咏并进少保。

【编】秋九月,帝奉章圣皇太后谒见世庙。

【编】丁亥,六年,春二月,少保、武英殿大学士石珤致仕,以少保席书为武英殿大学士,寻卒。

【编】夏四月,大学士费宏致仕。以礼部右侍郎翟銮入阁办事。

【编】以新建伯王守仁为兵部尚书,总制两广及江西、湖广军务。 【纪】初,田州土官岑猛反,总督两广都御史姚镆讨之。猛奔归顺州,知州岑璋诛之。已而猛党卢苏、王绶复叛。御史石金诬奏:"镆轻信寡谋,安攘无术。"上怒,落镆职,命王守仁代之。

【编】明世宗下诏,给本生皇考恭穆献皇帝上尊号为皇考恭穆献皇帝,本生圣母章圣皇太后为圣母章圣皇太后。【纪】起初,给事中陈洸谈论政事时触犯了皇帝的旨意,被调出朝廷做按察司佥事。这时他上奏说:"陛下洞察细微,果敢决断,毅然去掉'本生'二字,有人心的人都说这样方才顾全了父子之间的恩情,没有不被感动得流下眼泪的。"明世宗感到高兴,重新任命陈洸为给事中。下令把修撰杨慎、编修王元正、给事中刘济、御史张原等人逮捕投入专门关押朝廷罪官的诏狱,又拷打他们,并且把杨慎、王元正、刘济流放到边境去戍守,何孟春调到南京工部任职,毛纪罢官。

【编】八月,任命吏部左侍郎兼翰林院学士掌詹事府贾咏为礼部尚书,兼文渊阁大学士。

【编】九月,下诏书,称孝宗敬皇帝为皇伯考,昭圣皇太后为皇伯母。

【编】嘉靖四年(乙酉,1525)春三月,修建献皇帝庙。

【编】冬十二月,席书呈上《大礼集议》。【纪】明世宗命令把《大礼集议》颁赐给藩王和中央、地方的群臣,同时命各省刻印出来传布。

【编】晋升费宏为少师、谨身殿大学士,石珤和贾咏都晋升为太子太保、武英殿大学士。

【编】嘉靖五年(丙戌,1526)夏六月,晋升费宏为华盖殿大学士,起用杨一清为少师、谨身殿大学士,石珤、贾咏都晋升少保。

【编】秋九月,明世宗奉陪章圣皇太后拜谒世庙。

【编】嘉靖六年(丁亥,1527)春二月,少保、武英殿大学士石珤退休,任命少保席书为武英殿大学士,不久席书就去世了。

【编】夏四月,大学士费宏退休,任命礼部右侍郎翟銮入内阁办事。

【编】任命新建伯王守仁为兵部尚书,总制两广和江西、湖广的军务。【纪】起初,田州(今广西百色西)的土官岑猛反叛,总督两广都御史姚镆去征讨他。岑猛逃到顺州,被知州岑璋杀死。过了不久,岑猛的余党卢苏、王绶再次反叛,御史石金诬告说:"姚镆轻信少谋,安抚

【编】秋八月,进杨一清华盖殿大学士,以张璁为礼部尚书、文渊阁大学士。

【编】戊子,七年,夏五月,提督两广军务王守仁讨广西叛蛮,平之。 【纪】捷闻,桂萼忌之,论守仁挟诈专兵。礼部尚书霍韬上疏曰:"伏遇圣明,特起王守仁抚剿田州。命下之日,臣窃为守仁计曰:前巡抚调三省兵若千万,军饷支费若千万,杀死疫死民兵若千万,仅得田州安靖五十日,自是而思恩叛矣。守仁乘此大坏极敝之后,虽合四省兵力,支银米数百万,剿平报捷,亦且曰天下大功也。而守仁不役一卒,不费斗粮,只宣扬圣德,遂令稽首来服。若八寨、断藤峡之贼,又非田州、思恩可比。广西在万山之中,土恶水迅,气习凶悍。八寨贼,洪武间所不能平。断藤峡贼,成化初仅得讨平,余孽复炽。今守仁沉机不露,掩贼不备,一举荡平。百数十年虎豹窟穴,扫而清之,如拂尘然。臣是以叹服守仁能体陛下之仁,以怀绥思恩、田州向化之民;能体陛下之义,以讨服八寨、断藤峡梗化之贼。不以为功,反以为罪,可乎?守仁擒宸濠,奸臣许泰等欲掩其功,扬言守仁初与贼同谋,反谓宸濠金帛守仁满载以去。当时阁臣亦忌守仁之功,不为辨白。臣谓守仁江西之功不白,无以功效忠之臣;广西之功不白,无以劝策勋之臣。守仁,大臣也,岂以功赏有无为重轻哉!第恐当时有功之人,及守官立功之人,视此解体,则在外镇臣,遂无所激劝矣。"疏奏,不报。

无术。"明世宗发怒，免去姚镆的职务，命王守仁代替他。

【编】秋八月，晋升杨一清为华盖殿大学士，任命张璁为礼部尚书、文渊阁大学士。

【编】嘉靖七年（戊子，1528）夏五月，提督两广军务王守仁讨伐广西叛乱的蛮人，平定了他们。【纪】捷报传来，桂萼妒忌王守仁，论王守仁之罪，说王守仁怀有诡诈之心，独掌军权。礼部尚书霍韬上疏说："幸遇陛下的圣明，特意起用王守仁去剿平叛乱，安抚田州。命令下达的时候，臣私下为王守仁设想：前任巡抚调动三省的士兵若千万人，花费了若千万两军饷，被杀的和得疫病死去的百姓、士兵又有若千万人，仅能让田州安定了五十天，此后思恩府（今广西武鸣县）就反叛了。王守仁赶上这种大破坏大凋敝之后，即使是聚集了四省的兵力，支用数百万银钱粮食，只要平叛报捷，也可以说是天下的大功了。而王守仁没有调动一兵一卒，没有花费一斗粮食，只是宣扬了圣上的仁德，就使得叛乱的人叩首降服。像八寨、断藤峡的贼人，又不是田州、思恩的叛乱所能相比的。广西地处万山之中，土地恶劣，水流湍急，民风习俗凶悍。八寨的贼人，在洪武年间都不能平定；断藤峡的贼人，在成化初年刚刚得以讨平，而残余的势力又炽盛起来。现在王守仁沉着稳定，不露迹象，趁着敌人没有防备，一举平定了叛乱。把一百几十年来的敌人巢穴扫荡干净，就像扫去尘土一样。臣因此叹服王守仁能够体会陛下的仁，去绥抚思恩、田州等地倾慕王化的百姓；能体现陛下的义，去讨伐征服了八寨、断藤峡等地顽梗不化的贼人。不把王守仁做到的这些当作功劳，反而当作罪过，可以这样吗？王守仁攻克宸濠，奸臣许泰等人想要掩盖他的功劳，扬言说王守仁当初曾经和贼人同谋，说宸濠的金银布帛都被王守仁满载而去。当时内阁大臣也妒忌王守仁的功劳，不替他辩白。臣认为王守仁在江西的功劳得不到辩白，就不能激励效忠的臣子；王守仁在广西的功劳得不到辩白，就不能激励有功勋之臣。王守仁，是大臣，难道还会把有没有功勋赏赐这件事看得很重吗？只是恐怕当代有功的人和坚守职责立下功劳的人看到这个例子后心志涣散，那么在外镇守的大臣，也没有办法去振奋他们、鼓励他们了。"奏疏送上去后，没有回复。

【编】六月,《明伦大典》成,加张璁少傅兼太子太傅、吏部尚书、谨身殿大学士。 【纪】追夺议礼诸臣官。敕曰:"大学士杨廷和谬主濮议,尚书毛澄不能执经据礼,蒋冕、毛纪转相附和,林俊著论迎合。乔宇为六卿之首,乃与九卿等官交章妄执。汪俊继为礼部,仍注邪议。吏部郎中夏良胜胁持庶官,望遂邪志。何孟春以侍郎掌吏部,鼓舞朝臣伏阙喧呼。朕不欲已甚,姑从轻处:杨廷和为罪之魁,法当僇市,特宽宥削籍为民;毛澄、林俊俱已病故,各夺其生前官职;蒋冕、毛纪、乔宇、江俊俱已致仕,各夺职闲住;何孟春情犯特重,夏良胜酿祸独深,俱发原籍为民。尔礼部揭示承天门下,俾在外者成自警省。"

【编】冬十月,皇后陈氏崩。闰月,立妃张氏为皇后。

【编】己丑,八年,春二月,新建伯、兵部尚书兼都察院左都御史王守仁卒于南安。

【编】三月,前大理寺评事林希元上《荒政丛言》。 【纪】其言曰:"救荒有二难:得人难,审户难。有三便:极贫民便赈米,次贫民便赈钱,稍贫民便赈贷。有六急:垂死贫民急饘粥,疾病贫民急医药,病起贫民急汤水,已死贫民急埋瘗,遗弃小儿急收养,轻重系囚急宽恤。有三权:权借官钱以籴籴,权兴工作以助赈,权贷牛种以通变。有六禁:禁侵渔,禁攘盗,禁遏籴,禁抑价,禁宰牛,禁度僧。有三戒:戒迟缓,戒拘文,戒遣使。"上以其切于救民,皆从之。

【编】秋七月,以少保、吏部尚书兼翰林院学士桂萼为武英殿大学士。九月,少师、吏部尚书、华盖殿大学士杨一清致仕。

【编】六月，《明伦大典》撰写完成，加封张璁为少傅兼太子少傅、吏部尚书、谨身殿大学士。【纪】追免议论尊号礼制的诸臣官职，明世宗下敕令说："大学士杨廷和谬误地坚持关于尊奉濮王的主张，尚书毛澄不能够秉执经义，依据礼制，蒋冕和毛纪互相附和，林俊写作议论加以迎合。乔宇是六卿之首，还和九卿等官员，纷纷上书，坚持谬论。汪俊继任礼部，仍然向着邪说。吏部郎中夏良胜胁持众官，希望能达到邪妄的目的。何孟春以侍郎的身份掌管吏部，鼓动朝臣在宫门跪伏喧嚷。朕不想过分追究，姑且从轻处分：杨廷和是罪魁，依法当在市中斩首，现在特别宽宥，削除官籍，降为平民；毛澄、林俊都已病故，把他们各人生前的官职全部削除；蒋冕、毛纪、乔宇、汪俊都已经退休，把他们每个人的官职削除，让他们回家闲住；何孟春犯的案情特别严重，夏良胜造成的祸害最深，把他们都发回原籍为民。礼部把这个敕令公布张贴在承天门下，使在朝廷以外的官员们全都自我警惕，有所反省。"

【编】冬十月，皇后陈氏去世。闰十月，立妃张氏为皇后。

【编】嘉靖八年（己丑，1529）春二月，新建伯、兵部尚书兼都察院左都御史王守仁在南安去世。

【编】三月，前大理寺评事林希元呈上《荒政丛言》。【纪】《荒政丛言》中说："救济灾荒有二件难事：得到人才难，审查户口难。有三'便'：极度贫困的灾民便于用米去赈济，贫困程度次一点的灾民便于用钱去赈济，稍感贫困的灾民便于用借贷去赈济。有六件急需办的事：垂死的贫民急需粥饭，有病的贫民急需医药，病情好转的贫民急需汤水，已经死亡的贫民急需埋葬，被遗弃的儿童急需收养，被关押的轻重囚犯急需宽宥轻刑。有三个权宜措施：暂时借用官府的钱用来买粮卖粮，暂时兴办一些工役来帮助赈济，暂时出借耕牛和种子来帮助农耕。有六件要禁止的事：禁止侵吞中饱钱财，禁止抢劫偷盗，禁止囤粮不卖，禁止压低物价，禁止宰杀耕牛，禁止寺院剃度平民为僧。有三戒：戒办事迟缓，戒死守公文规定，戒派遣使者视察。"明世宗因为这些建议对于拯救灾民是切要的，全部依从了它。

【编】秋七月，任命少保、吏部尚书兼翰林院学士桂萼为武英殿大学士。九月，少师、吏部尚书、华盖殿大学士杨一清退休。

【编】庚寅,九年,秋八月,致仕大学士杨一清卒。

【编】冬十月,改号孔子为先师,易像为主。十二月,挂萼致仕。

【编】辛卯,十年,春正月,帝改张璁名孚敬,字懋恭,御书赐之。

【编】诏三途并用。 【纪】诏:"吏、礼二部循洪武十九年以后弘治十一年以前例,三途并用,务在得人,以称朕用贤之意。"

【编】夏六月,以少保、吏部尚书兼翰林院学士方献夫为武英殿大学士。

【编】闰月,雷震午门西角楼。

【编】张孚敬致仕。

【编】秋九月,以太子太保、礼部尚书兼翰林院学士李时为武英殿大学士。

【编】壬辰,十一月,春二月,进张孚敬华盖殿大学士。

【编】秋七月,彗星见东井,东北行,历天津,扫太微垣。诏群臣修省。

【编】八月,张孚敬致仕。

【编】以汪鋐为吏部尚书,加太子太保。

【编】冬十月,下御史冯恩狱。 【纪】恩上疏劾张孚敬、汪鋐、方献夫曰:"张孚敬之奸久露,汪鋐、方献夫之奸不测。陛下去孚敬而不去此二人,天下事未可知也。臣谓孚敬根本之彗也,鋐腹心之彗也,献夫门庭之彗也。乞斩三奸以应更新之象。"上怒,下恩狱。

【编】癸巳,十二年,春正月,进张孚敬少师。方献夫致仕。

【编】河南巡抚吴山献白鹿。

【编】嘉靖九年（庚寅，1530）秋八月，退休的大学士杨一清去世。

【编】冬十月，改称孔子为先师，把孔子的塑像改为"主"。十二月，桂萼退休。

【编】嘉靖十年（辛卯，1531）春正月，明世宗给张璁改名叫孚敬，字懋恭，亲笔写下来赐给他。

【编】诏令三途出身的人同样录用。【纪】诏书说："吏、礼二部要遵循洪武十九年以后到弘治十一年以前这一期间的先例，三途出身的人同样录用，务必要选得人才，以符合朕任用贤者之意。"

【编】夏六月，任命少保、吏部尚书兼翰林院学士方献夫为武英殿大学士。

【编】闰六月，雷电击中了午门的西角楼。

【编】张孚敬退休。

【编】秋七月，任命太子太保、礼部尚书兼翰林院学士李时为武英殿大学士。

【编】嘉靖十一年（壬辰，1532）春二月，晋升张孚敬为华盖殿大学士。

【编】秋七月，彗星出现在东井星座中，向东北方运行，经过天津星座，扫过太微垣所在的星空。明世宗下诏令群臣修身反省。

【编】八月，张孚敬退休。

【编】任命汪鋐为吏部尚书，加太子太保。

【编】冬十月，把御史冯恩投入监狱。【纪】冯恩上疏弹劾张孚敬、汪鋐、方献夫说："张孚敬的奸恶久已暴露，汪鋐、方献夫的奸恶不易测知。陛下除去张孚敬而没有除去这两个人，天下大事还不知道能不能办好。臣认为张孚敬是根本之害，汪鋐是腹心之害，方献夫是门庭之害，请求陛下将这三个奸人斩首以适应更新的气象。"明世宗发怒，把冯恩投入监狱。

【编】嘉靖十二年（癸巳，1533）春正月，晋升张孚敬为少师。方献夫退休。

【编】河南巡抚吴山献白鹿。

【编】夏四月,应天巡抚陈轼献白兔。

【编】秋九月,以张孚敬摄都察院事。

【编】甲午,十三年,春正月,废皇后张氏,立德妃方氏为皇后。

【编】乙未,十四年,春正月,庄肃皇后崩。

【编】夏四月,张孚敬罢,召费宏入阁。

【编】秋九月,汪鋐罢。

【编】丙申,十五年,秋九月,进李时少师、谨身殿大学士。

【编】冬十一月,少师费宏卒。

【编】十二月,以南京吏部尚书严嵩为礼部尚书,兼翰林院学士。【纪】时礼部选译字诸生,嵩至即受货赂,已而苞苴过多,更高其价。御史桑乔列其状,请罢黜之。嵩乃疏辨求免。给事中胡汝霖复劾其秽行既彰,招致论列,不得饰辞自明,以伤大体。帝乃令以后大臣被劾,宜自省修,勿得疏辨。嵩惧,益为恭谨以媚上。

【编】进李时华盖殿大学士,以少傅、礼部尚书兼翰林院学士夏言为武英殿大学士。

【编】丁酉,十六年,夏五月,雷震谨身殿。

【编】戊戌,十七年,秋八月,以礼部尚书掌詹事府顾鼎臣为文渊阁大学士。

【编】九月,追尊太宗文皇帝为成祖,皇考献皇帝为睿宗。【纪】初,通州致仕同知丰坊上言:"请复古礼,尊皇考献皇帝庙号称宗,以配上帝。"下礼部集议。严嵩上言:"万物成形于秋,故王者秋祀明堂,以父配之。自汉武迨唐、宋诸君,莫不皆然,主亲亲也。若称宗之礼,则未有帝宗而不祔太庙者,恐皇考有所不宁。"上悦。已而嵩复阿上旨,请尊文皇帝称祖,献皇帝称宗。上从之,乃尊文

【编】夏四月，应天巡抚陈轼献白兔。

【编】秋九月，任命张孚敬代管都察院事务。

【编】嘉靖十三年（甲午，1534）春正月，废皇后张氏，立德妃方氏为皇后。

【编】嘉靖十四年（乙未，1535）春正月，庄肃皇后去世。

【编】夏四月，罢免张孚敬，召费宏进入内阁。

【编】秋九月，罢免汪鋐。

【编】嘉靖十五年（丙申，1536）秋九月，晋升李时为少师、谨身殿大学士。

【编】冬十一月，少师费宏去世。

【编】十二月，任命南京吏部尚书严嵩为礼部尚书，兼翰林院学士。　【纪】当时礼部挑选译读文字的书生，严嵩一到任就接受贿赂，以后收的礼物太多，就提高收取贿赂的数目。御史桑乔把他的罪状列举出来，请求罢黜严嵩。严嵩就上疏分辩，请求免罪。给事中胡汝霖再弹劾严嵩，说他的肮脏行为已经显露，招致批评论罪，不应该用言辞粉饰，给自己辩白，因而有伤大体。明世宗就下令以后大臣被弹劾时，应该自己反省修养，不可以上疏分辩。严嵩害怕了，就更加谨慎恭顺，以取媚于皇帝。

【编】晋升李时为华盖殿大学士，任命少傅、礼部尚书兼翰林院学士夏言为武英殿大学士。

【编】嘉靖十六年（丁酉，1537）夏五月，雷电击中了谨身殿。

【编】嘉靖十七年（戊戌，1538）秋八月，任命礼部尚书掌詹事府顾鼎臣为文渊阁大学士。

【编】九月，追上尊号，尊太宗文皇帝为成祖，皇考献皇帝为睿宗。　【纪】起初，退休的通州同知丰坊上书说："请恢复古礼，尊皇考献皇帝的庙号称作宗，以配上帝。"明世宗把这份上书交给礼部去讨论，严嵩上奏说："天下万物在秋天长成成熟，所以帝王在秋天祭祀明堂，以父亲配祀。从汉武帝到唐、宋的各位皇帝，没有不是这样的，这是为了亲其所亲。如果按照称'宗'的礼，那么，从未有过称帝为宗却不把神位附在太庙里的，否则，恐怕皇考之灵会不得安宁。"明世宗感到

皇帝为成祖，献皇帝为睿宗，配上帝，诏天下。

【编】冬十二月，少师华盖殿大学士李时卒。

【编】章圣皇太后蒋氏崩。

【编】己亥，十八年，春正月，立皇次子为皇太子。进夏言少师，顾鼎臣少保、武英殿大学士。

【编】二月，景云见。【纪】夏言、顾鼎臣以闻，严嵩请上御朝受群臣贺，嵩乃作《庆云赋》及《大礼告成颂》上之；诏付史馆。

【编】诏诣承天府视显陵。

【编】车驾发京师。

【编】三月，以方士陶典真为神霄保国宣教高士。【纪】典真一名仲文，黄冈人，少为县掾，喜神仙方术。嘉靖初授辽东库大使，秩满至京师。时致一真人邵元节贵幸。会宫中黑眚见，元节治之无验，遂荐仲文代己。试宫中，稍能绝妖。上宠异之。至是扈驾南巡，至卫辉，白昼有旋风绕驾不散。上以问仲文，对曰："当火。"遣仲文禳之。仲文曰："火终不免，可谨护圣躬耳。"是夜行宫果灾。宫中死者无算。锦衣陆炳排闼入，负帝出，竟无恙。明日，敕行在吏部授仲文是职，给诰印，许携其家于官。

【编】夏四月，车驾至承天府。【纪】上至承天，居卿云宫。辛巳，诣纯德山，降辇稽首。甲申，享上帝于龙飞殿，奉皇考配。阅陵毕，诏告天下。壬辰，车驾发承天。

高兴。不久严嵩又奉迎明世宗的旨意，奏请尊文皇帝称为祖，尊献皇帝称为宗。明世宗听从了他的所奏，就尊文皇帝为成祖，献皇帝为睿宗，以配上帝，用诏书布告天下。

【编】冬十二月，少师华盖殿大学士李时去世。

【编】章圣皇太后蒋氏去世。

【编】嘉靖十八年（己亥，1539）春正月，明世宗立皇次子为皇太子，晋升夏言为少师，顾鼎臣为少保、武英殿大学士。

【编】二月，天空出现祥云。【纪】夏言和顾鼎臣把出现祥云上告明世宗。严嵩请明世宗临朝接受群臣的庆贺。严嵩于是写了《庆云赋》和《大礼告成颂》呈上。明世宗下诏把这二篇文字交给史馆。

【编】明世宗下诏宣布要到承天府（今湖北安陆）去拜谒显陵。

【编】明世宗的车队从京师出发。

【编】三月，封方士陶典真为神霄保国宣教高士。【纪】陶典真又名仲文，黄岗（今湖北安岗）人，少年时担任过县里的掾吏，喜欢神仙方术。嘉靖初年，被任命为辽东库大使，任期满后来到京师。当时致一真人邵元节显贵受宠，正遇上皇宫中出现黑色的妖气，邵元节整治没有效验，就推荐陶仲文代替自己。陶仲文在宫中试验，稍稍能使妖气断绝，皇帝特别宠幸他。这时随从明世宗的车驾南巡，到了卫辉县（今河南卫辉县）时，白天里有一股旋风围绕着明世宗的车子旋转不散，明世宗问陶仲文这是为什么，陶仲文回答说："要有火灾。"明世宗令陶仲文祭禳以求消灾。陶仲文说："火终于无法避免，只可以谨慎地保护住圣上的身体罢了。"这天夜里皇帝行宫中果然发生火灾，宫中被烧死的人数都数不过来。锦衣卫陆炳推门冲进去，把明世宗背了出来，皇帝竟没有受到一点伤害。第二天，明世宗敕令随从皇帝出巡的吏部官员授给陶仲文神霄保国宣教高士之职，发给他诰命和官印，允许他把家属携带到官任上。

【编】夏四月，明世宗的车驾来到承天府。【纪】明世宗到了承天府，住在卿云宫。辛巳那一天，明世宗去显陵所在的纯德山，从车辇中下来跪拜行礼。甲申那一天，在龙飞殿祭祀上帝，奉皇考的神位配祭。看视完陵墓后，下诏布告天下。壬辰那一天，明世宗的车驾从承天出发。

【编】五月，帝还京。

【编】以翟銮为礼部尚书、武英殿大学士。

【编】庚子，十九年，春二月，京城黄雾四塞。

【编】秋七月，授方士段朝用紫府宣忠高士。

【编】冬十月，大学士顾鼎臣卒。

【编】十一月，进陶仲文为忠孝秉一真人，领道教事。【纪】寻加少保、礼部尚书，又加少傅，食一品俸。

【编】辛丑，二十年，夏四月，九庙灾。【纪】时久旸不雨，是日初昏，阴雨骤至，大雷电以风。忽震火起仁庙，烈风嘘之，须臾毁其主，延及成祖主亦毁，遂及太祖昭穆群庙，惟献庙独存。

【编】御史叶经劾严嵩罪，赦弗治。【纪】交城王绝。辅国将军表柚谋袭之，遣校尉任得贵至京，以黄白金三千两赂严嵩，复赂仪制司令史徐旭及王府科胥。人皆受焉。嵩乃题覆从之。东厂逻卒执其籍以闻，下法司问；受赂者皆戍边，嵩无恙。既而永寿共和王庶子惟熜与嫡孙怀熺争立，以白金三千赂嵩。亦受之，为覆允。永寿庄怀王妃遣人击登闻鼓奏诉。于是御史叶经劾嵩贪状，乞赐敕正。嵩急归诚于上。上悯之，乃曰："表柚、惟熜袭爵应否，行所司勘之。嵩安心任事，勿以介意。"

【编】秋八月，昭圣皇太后崩。

【编】壬寅，二十一年，夏六月，大学士夏言罢。

【编】进翟銮少傅、谨身殿大学士。

【编】秋八月，以礼部尚书严嵩为武英殿大学士，参预机务，仍掌部事。【纪】吏科都给事中沈良材、御史童汉臣等首论嵩奸汗，

【编】五月,明世宗回到北京。

【编】任命翟銮为礼部尚书、武英殿大学士。

【编】嘉靖十九年(庚子,1540)春二月,京城里到处弥漫着黄色的雾气。

【编】秋七月,授方士段朝用为紫府宣忠高士。

【编】冬十月,大学士顾鼎臣去世。

【编】十一月,晋封陶仲文为忠孝秉一真人,管理道教事务。【纪】接着加陶仲文少保、礼部尚书,又加少傅,领受一品官的俸禄。

【编】嘉靖二十年(辛丑,1541)夏四月,皇室祭祀祖先的九庙遭到火灾。【纪】当时久旱不雨,这一天近黄昏时,突然天阴下雨,狂风挟带着大雷电,忽然雷电击中仁庙起火,猛烈的风吹着火苗,不一会儿就把仁庙的神主烧毁了。火延烧到成祖的神主,也将其烧毁了。接着就烧到太祖的兄弟父子各个宗庙,只有献庙单独保存了下来。

【编】御史叶经弹劾严嵩的罪行。明世宗赦免了他,不予治罪。【纪】交城王没有后嗣,辅国将军朱表柚图谋承袭王位,就派遣校尉任得贵到京师,用黄金、白银共三千两贿赂严嵩,又贿赂仪制司的令史徐旭和王府的官员胥吏,这些人都接受了贿赂。严嵩就写了批复答应他的请求。东厂的巡逻士兵扣住了任得贵,上报其事,下令把任得贵送交司法部门审问。受贿赂的人都被判处发配去守边疆,只有严嵩没有受到追究。后来永寿共和王的庶出儿子朱惟熜与嫡孙朱怀熺争着继承王位,用三千两白银贿赂严嵩。严嵩也收下了,回覆应允。永寿庄怀王的王妃派人到登闻院击鼓上奏诉冤。于是御史叶经弹劾严嵩贪赃的情况,请求明世宗赐敕加以纠正。严嵩急忙向明世宗表示忠诚。明世宗可怜他,就说:"朱表柚、朱惟熜应不应该承袭王爵,由主管官署勘察办理。严嵩可以安心去办理公务,不要为此事介意。"

【编】秋八月,昭圣皇太后去世。

【编】嘉靖二十一年(壬寅,1542)夏六月,大学士夏言免职。

【编】晋升翟銮为少傅、谨身殿大学士。

【编】秋八月,任命礼部尚书严嵩为武英殿大学士,参预机要事务,仍掌管礼部事务。【纪】吏科都给事中沈良材、御史童汉臣等人首

不当乘君子之器。南京给事中王晔、御史陈绍等复论嵩并其子世蕃同恶相济，关通苞苴，动以千百计。嵩疏辨乞休。上优诏慰留之。

【编】癸卯，二十二年，春二月，段朝用伏诛。

【编】宫婢杨金英等谋弑帝，伏诛。　【纪】上曰："朕非赖天地鸿恩，遏除宫变，焉有今兹！朕晨起至醮，朝天宫七日。"醮之日，白鹤四十余翔空中。群臣贺。

【编】夏四月，下给事中周怡狱。　【纪】严嵩既入内阁，窃弄威权。内外百执事有所建白，俱先白嵩，许诺然后上闻，于是副封苞苴，辐辏其户外。大学士翟銮位望先嵩而势实不竞，遂至不相能。周怡上疏论之，语多侵嵩。疏入，下怡狱。已而銮以二子幸第，削籍去。

【编】秋九月，杀山东巡按御史叶经。　【纪】初，经劾严嵩受表柚、惟燨赂。嵩衔之。及经监山东乡试，嵩摘试录中有讽上语，激帝怒，逮之至京，杖阙下死。布政使陈儒以下皆远谪。自是中外益侧目畏嵩矣。

【编】甲辰，二十三年，秋八月，以吏部尚书许赞、礼部尚书张璧为文渊阁大学士。

【编】冬十月，加秉一真人礼部尚书陶仲文为少师。

【编】大同边卒获叛人王三，上曰："叛恶就擒，固义勇之效力，实神鬼有以默戮之。"遂加仲文为少师，其少傅、少保如故。前此大臣，无兼总三孤如仲文者。

先上书说严嵩奸邪污浊，不应该登上君子的名位。南京给事中王晔、御史陈绍等人又上书说严嵩和他的儿子严世蕃同恶相济，非法交结收取贿赂，一次就是成千上百。严嵩上疏分辩，请求退休，明世宗下诏慰问挽留他。

【编】嘉靖二十二年（癸卯，1543）春二月，段朝用被处死刑。

【编】宫女杨金英等人谋划杀死皇帝，被处死刑。 【纪】明世宗说："朕不是依靠天地鸿恩，制止并消除了宫中的变乱，哪里能有今天！朕从早晨起设醮，在朝天宫设醮七天。"设醮的日子，有四十多只白鹤在空中飞翔，群臣向明世宗祝贺。

【编】夏四月，把给事中周怡逮捕入狱。 【纪】严嵩进入内阁之后，盗窃威望，任意弄权。朝廷内外各种执事官员凡有所建议和上奏，都要先禀告严嵩，待严嵩许诺以后才能上奏明世宗。于是各处上奏的文书副件和贿赠的财物都聚集到严嵩的家门外。大学士翟銮的地位和声望都在严嵩之上但是势力无法和严嵩相比，所以就和严嵩不和。周怡上疏论他们的关系，辞语多处触犯严嵩。奏疏送上去后，把周怡逮捕入狱。后来翟銮因为两个儿子在考试时经过非法手段登第，被削去官籍放逐回乡。

【编】秋九月，杀山东巡按御史叶经。 【纪】起初，叶经弹劾严嵩接受朱表柚、朱惟燆的贿赂，严嵩记恨他。到了叶经去监管山东省的乡试时，严嵩从试卷的录文中摘取了讽刺明世宗的语句，激起明世宗的愤怒，把叶经逮捕，押来北京，在宫门前受杖刑被打死。布政使陈儒以下的有关官员全都被降职贬到远方。从此以后，朝廷内外对严嵩都侧目而视，十分畏惧。

【编】嘉靖二十三年（甲辰，1544）秋八月，任命吏部尚书许赞、礼部尚书张璧为文渊阁大学士。

【编】冬十月，加秉一真人礼部尚书陶仲文为少师。

【纪】大同府的边防士兵捉住了叛逃者王三。明世宗说："叛逃的恶人被擒捉住，固然是士兵义勇效力的结果，实在也有神鬼在暗中帮助诛戮他。"就加陶仲文为少师，他原来的少傅、少保官衔和以前一样。在此之前，从没有一个大臣像陶仲文这样兼少师、少傅、少保三种

【编】乙巳，二十四年，春三月，以严世蕃为尚宝司少卿。

【编】秋七月，太庙成，布诏天下。

【编】冬十一月，许赞削籍去。

【编】十二月，复召夏言入阁。【纪】自严嵩入相，同事者多罢去，嵩独相。以太庙工成，加太子太师。后上微闻其横，厌之，于是诏起夏言。言至，尽复其原官，且加少师，位在嵩上。嵩甚恨之。是时嵩子世蕃为尚宝司少卿，通赂遗，且代输户转纳钱谷，多所朘削。言知之，欲以上闻。嵩惧甚，挈世番诣言求哀。言称疾不出。嵩赂其门者，直走言榻下，及世蕃长跪泣谢。言遂置不发。嵩父子愈恨之。

【编】丁未，二十六年，秋七月，以尚宝司少卿严世蕃为太常寺少卿，仍掌尚宝司事。【纪】世善纳贿日盛。嵩惮夏言知之，乃疏遣世善归。上特命驰驿往还，世蕃益横。

【编】冬十一月，皇后方氏崩。

【编】戊申，二十七年，春正月，夏言罢。【纪】严嵩既忌言，都督陆亦怨言持己，阴比嵩图之。会都御史曾铣议复河套，言主之，而嵩则极言其不可，语颇侵言。会澄城山崩裂，又京师大风，上疑言。以套议问嵩，嵩因诋言擅权自用。及退，复上疏劾铣开边启衅，言雷同误国，并自求去甚力。上温旨留嵩，而切责言。于是吏部尚书闻渊、礼部尚书费寀、左都御史屠侨皆谓言误国，上乃命缇骑捕铣至京。因尽夺言师、傅，俾以尚书致仕。

官职的。

【编】嘉靖二十四年(乙巳,1545)春三月,任命严世蕃为尚宝司少卿。

【编】秋七月,太庙建成,下诏布告天下。

【编】冬十一月,许赞被削除官籍,放逐回乡。

【编】十二月,又征召夏言入内阁。 【纪】自从严嵩入阁为相,同在内阁的大多去职,严嵩独自一人为相,由于太庙工程完成,加太子太师。以后明世宗隐约听到严嵩专横的情况,讨厌他,于是就下诏起用夏言。夏言来到以后,明世宗恢复他原来的所有官位,而且还加为少师,位在严嵩之上,严嵩非常恨他。当时严嵩的儿子严世蕃任尚宝司少卿,经手贿赂和馈赠的财物,而且代替交纳粮款的户主转手交纳钱粮,从中多所克扣剥削。夏言知道这些后,要把它禀报给明世宗。严嵩十分害怕,带着严世蕃去见夏言,求夏言哀怜。夏言借口有病不出来见客,严嵩贿赂了夏言家的看门人,一直来到夏言的床榻前,和严世蕃长跪地上,哭着向夏言谢罪。夏言就把要上呈的奏章放起来没有发出去。但是严嵩父子因此更加恨夏言了。

【编】嘉靖二十六年(丁未,1547)秋季七月,任命尚宝司少卿严世蕃为太常寺少卿,仍然掌管尚宝司的事务。 【纪】严世蕃收受贿赂越来越厉害,严嵩惧怕夏言知道,就上奏章说明让严世蕃辞职回家。明世宗特命严世蕃来回可以乘用官府驿站的马匹。严世蕃就更加骄横。

【编】冬季十一月,皇后方氏去世。

【编】嘉靖二十七年(戊申,1548)春季正月,夏言被免职。【纪】严嵩本来就忌恨夏言,都督陆炳也怨恨夏言挟持自己的短处,暗地勾结严嵩算计夏言。正遇上都御史曾铣建议收复河套地区,夏言同意这个主张,而严嵩则极力说这件事不可行,有些话对夏言很不利。正赶上澄城山崩裂,京城又刮大风,明世宗对夏言起了疑心,就收复河套的建议询问严嵩的意见,严嵩借机诋毁夏言专断权力,刚愎自用。等到退朝以后,他又上疏弹劾曾铣开拓边疆挑起战衅,夏言附和曾铣,伙同误国,并且竭力请求将自己免职。明世宗下旨,用好话劝严嵩留任,而且痛斥夏言。于是吏部尚书闻渊、礼部尚书费寀、左都御史屠侨全都说夏言

【编】三月，杀都御史曾铣。　【纪】铣既被逮，严嵩复令仇鸾讦之。刑部侍郎詹瀚等阿嵩意，谓铣行贿夏言，论斩，弃西市。

【编】冬十月，杀大学士夏言。　【纪】先是言既归，舟至丹阳，复就逮至京。上疏极陈为严嵩所陷。帝不听。刑部尚书喻茂坚等据曾铣律以请，而谓言实当八议，所谓议贵议能者。上怒责茂坚等阿附言。值居庸报警，嵩复以开衅力持，竟坐与铣交通律，弃西市。言既死，大权悉归嵩矣。

【编】十二月，谪给事中厉汝进为典史。　【纪】汝进劾严嵩及其子世蕃奸恶，谪为典史，寻以大计削籍。

【编】己酉，二十八年，春二月，以南京吏部尚书张治为文渊阁大学士，国子祭酒李本入阁办事。

【编】三月，皇太子薨。

【编】冬十月，以夏邦谟为吏部尚书。

【编】庚戌，二十九年，夏六月，以仇鸾为宣、大总兵。　【纪】以重赂严世蕃得之。

【编】秋八月，俺答薄都城，谪司业赵贞吉于岭南。　【纪】俺答入犯宣府，由蓟州入古北口，转掠怀柔、顺义，遂逼通州。复自北河东渡，直薄京师。令人持书入朝，求入贡，言多悖慢。

上召严嵩及礼部尚书徐阶于西苑，曰："事势至此，奈何？"嵩曰："此穷寇乞食耳，毋足患。"上曰："何以应之？"嵩无以对。乃命

误国。明世宗就命锦衣卫校尉将曾铣逮捕押至北京，并因此把夏言的少师、少傅官衔全部免去，让夏言以尚书的身份退休。

【编】三月，杀都御史曾铣。 【纪】曾铣被捕以后，严嵩又令仇鸾攻击他。刑部侍郎詹瀚等人附和严嵩的心意，说曾铣向夏言行贿，按法律应该斩首，在西市处死曾铣。

【编】冬季十月，杀大学士夏言。 【纪】在此之前，夏言被罢官回乡，乘船到了丹阳（今江苏丹阳），又被逮捕押回北京。夏言上疏极力说明自己是被严嵩陷害。明世宗不听。刑部尚书喻茂坚等人根据对曾铣的判决，建议同样判处夏言，但又说夏言符合八议中所谓"议贵""议能"两条规定，可从宽议处。明世宗愤怒地斥责喻茂坚等人阿附夏言。当时正值居庸关（今北京昌平西北）报警有敌人进犯，严嵩又坚持说是夏言挑起边境战衅。夏言终于由于与曾铣交结的罪被处以刑罚，在西市被斩首。夏言既死，朝廷大权就全归严嵩一人之手了。

【编】十二月，给事中厉汝进谪贬为典史。 【纪】厉汝进弹劾严嵩和他的儿子严世蕃奸恶，被贬为典史，不久又由于官员大考察而被削去官籍。

【编】嘉靖二十八年（己酉，1549）春二月，任命南京吏部尚书张治做文渊阁大学士，国子祭酒李本入内阁办事。

【编】三月，皇太子去世。

【编】冬十月，任命夏邦谟为吏部尚书。

【编】嘉靖二十九年（庚戌，1550）夏六月，任命仇鸾为宣府、大同总兵。 【纪】仇鸾的任命是靠大量贿赂严世蕃才得到的。

【编】秋八月，俺答（鞑靼部首领）逼近都城。将司业赵贞吉谪贬放逐到岭南。 【纪】俺答入侵宣府，从蓟州（今河北蓟县）进入古北口（今北京密云县东北），转而抢掠怀柔（今北京怀柔）、顺义（今北京顺义）等地，接着逼近通州（今北京通县）。又从北河渡河向东，直逼京师。俺答派人带着书信入朝，要求让他们入朝进贡，信中的话很傲慢狂妄。

明世宗把严嵩和礼部尚书徐阶召到西苑，说："事势到这种地步，怎么办？"严嵩说："这是走投无路的敌人来要饭罢了，不值得担心。"

阶集群臣议。司业赵贞吉抗言其不可。上壮之，予金五万募战士，而敕中无督战语，不得统摄诸将。因谒嵩。嵩故与贞吉有隙，辞。贞吉怒。会通政赵文华趋入，谓曰："公休矣，天下事当徐议之。"贞吉愈怒，骂曰："汝权门犬，何知天下事！"叱守门者。嵩大恨。

已而贞吉单骑出城，遍谕诸营将，诸将皆感奋。仇鸾统大同军入援，肆掠畿甸，有诏勿问。俺答大掠金帛子女而还。鸾率诸镇兵尾之。俺答厄险不得出，乃稍弃余物，从东南行至昌平，猝与鸾兵遇，纵骑蹂躏，几获。鸾遂循古北口故道出塞。论功进鸾太保。嵩论贞吉狂诞，谪戍岭南。

【编】杀兵部尚书丁汝夔。　【纪】初，俺答薄都城。严嵩授汝夔计，谓地近丧师难掩，当令诸将勿轻战，寇饱自去。诸将固怯战，辄相谓曰："有禁勿战。"故民间归罪汝夔，诏收之。嵩恐露前画，绐曰："毋虑，吾为若地。"汝夔信之，弗自辨，论死，临刑大呼曰："严嵩误我！"遂弃市。

【编】冬十一月，以易州、昌平州、通州为三辅，置经略大臣。

【编】辛亥，三十年，春正月，杖锦衣卫经历沈炼于阙廷。【纪】初，俺答薄都城，求通贡。赵贞吉以为不可。炼在众中申贞吉指不休。吏部尚书夏邦谟目之曰："何小吏而言若是？"炼曰："大吏不言，故小吏言之。"已而上疏请以万骑护陵寝，万骑护通州军储，

明世宗说："用什么办法去对付呢？"严嵩回答不上什么。明世宗就命徐阶召集群臣商议，司业赵贞吉激烈反对严嵩的说法，明世宗感到赵贞吉很豪壮，就给他五万两银子，去招募士兵。但是明世宗给赵贞吉的敕命中没有派他督战的话，赵贞吉不能统率各路将领，因此去拜见严嵩。严嵩本来就和赵贞吉不和，推辞不管。赵贞吉大怒，正赶上通政赵文华快步进去，对赵贞吉说："您就算了吧，天下大事应该慢慢来商议。"赵贞吉更加愤怒，骂道："你这条权门的走狗，知道什么天下大事！"又喝斥看门的人。严嵩非常愤恨。

接着赵贞吉一个人骑马出城，向各营的将领传达明世宗的旨意，各位将领都感动振奋。仇鸾率领大同军入关援救，在京城附近大肆抢掠，明世宗下诏不加追问。俺答大肆抢掠金银布帛男女人口后退回。仇鸾率领各镇士兵跟在后边。俺答被阻于险要之地不能出去，就丢弃了一些多余的物品，改走东南方向，行军到昌平（今北京昌平县）时，突然和仇鸾的军队遭遇。仇鸾的骑兵冲击践踏，差一点俘获了俺答。仇鸾就沿着古北口的旧路出长城。评论军功，仇鸾晋升为太保。严嵩奏说赵贞吉狂妄荒诞，把他贬职发配到岭南戍守。

【编】杀兵部尚书丁汝夔。　【纪】当初俺答逼近都城时，严嵩授计给丁汝夔，说作战的地区距离京城太近，如果损失了军队很难掩盖住，应该命令诸将军不要轻易作战，敌人抢掠够了自己会离开的。诸将本来就害怕作战，于是就互相说："有禁令不许出战。"所以民间把俺答的肆意劫掠归罪于丁汝夔。明世宗下诏逮捕丁汝夔。严嵩恐怕暴露自己以前的授计，欺骗丁汝夔说："不用担心，我给你出力做主。"丁汝夔相信了他，就不为自己辩解。经司法官员议定判处死刑。临刑时，丁汝夔大喊："严嵩害了我！"于是将丁汝夔斩首示众。

【编】冬十一月，把易州（今河北易县）、昌平州、通州作为三辅，设置经略大臣。

【编】嘉靖三十年（辛亥，1551）春正月，在朝廷中杖责锦衣卫经历沈炼。　【纪】当初，俺答逼近京城，要求通贡。赵贞吉认为不可以这么做，沈炼在官员中不停地宣扬赵贞吉的意见。吏部尚书夏邦谟瞪着他说："为什么你这么个小吏却说这些事呢？"沈炼说："大官们不说，所

而合勤王师邀击其惰归，必大捷。时严嵩数寝格边檄，不以上闻，故炼书奏不报。炼乃抗疏言："严嵩受国重任，贪婪愚鄙，不闻谘诹方略，治国安边，惟与子世蕃为全家保妻子计，以朝廷之赏罚为己出。故人皆计嵩爱憎，不知朝廷恩威。"因历数其十大罪，请戮之以谢天下。诏以炼诋诬大臣，廷杖之，谪田保安。

【编】三月，大计京官。 【纪】严嵩授指吏部，中伤善类甚众。初，刑部郎中徐学诗以劾嵩父子被斥，至是削籍，并黜其兄中书舍人应丰。吏部奏上。上察其枉，留之，然亦不问。

【编】贬兵部车驾司员外郎杨继盛为狄道县典史。 【纪】仇鸾密遣家丁时义结俺答义子脱脱，使贡马互市。俺答利货币，译书送总督苏祐。祐以闻，鸾与严嵩赞成之，上乃许。继盛上疏极言其不可。下内阁，嵩等议未决。鸾曰："竖子不知兵，宜其易之。"密疏诋继盛阻挠边计。上意遂中变，诏逮继盛下锦衣卫狱，贬狄道县典史。

【编】夏四月，开马市于大同。
【编】壬子，三十一年，春正月，俺答寇大同。
【编】二月，罢马市。
【编】三月，以少保、礼部尚书兼翰林院学士徐阶为东阁大学士。
【编】秋七月，俺答寇蓟州，仇鸾伏诛。 【纪】俺答寇蓟州，时仇鸾患疽，请舆疾督战。诏兵部尚书赵锦收鸾大将军印绶，以总兵

以小吏来说它。"接着，沈炼又上书请求用一万名骑兵保护陵寝，一万名骑兵保护通州的军用物资，而把勤王的军队集合起来截击退军迟缓的敌人，认为一定会取得大胜。当时严嵩多次扣压关于边防的军情报告，不让皇帝知道。所以沈炼的奏折也不给答复。沈炼就上疏直言说："严嵩受国家的重任，却贪婪愚鄙，从未听说他向别人咨询方略，去治理国家安定边疆，却只会和他的儿子严世蕃一起盘算保全自己一家妻子老小，把朝廷的赏罚当作他们自己给予的。所以人们都只计较严嵩的爱和憎，而不知道朝廷的恩威。"接着历数严嵩的十大罪状，请求处死他来向全国谢罪。明世宗下诏，认为沈炼诬蔑诋毁大臣，在朝廷杖责他，谪贬回保安县（今河北怀来县西南）种地。

【编】三月，对京城的官员举行三年一次的考查政绩。【纪】严嵩给吏部授意，中伤打击了很多的好官。起初，刑部郎中徐学诗因为曾经弹劾严嵩父子而被斥退，到了这时被削除了官籍，并且黜免了他的哥哥中书舍人徐应丰。吏部把这件事上奏皇帝。皇帝察觉到徐应丰是冤枉的，把他留任，然而也不追问究竟。

【编】将兵部车驾司员外郎杨继盛贬为狄道县（今甘肃临洮）典史。【纪】仇鸾秘密地派遣家丁时义去勾结俺答的义子脱脱，让俺答进贡马匹，双方进行贸易。俺答贪图金钱货币之利，把书信译成汉文送给总督苏祐。苏祐把这件事上奏皇帝。仇鸾和严嵩赞成这么办，明世宗就答应了。杨继盛上疏竭力说明这件事不可行。明世宗就把它交给内阁去商议。严嵩等人议论不决，仇鸾说："这小子不懂得兵事，所以他会轻视俺答。"就秘密上奏，诋毁杨继盛阻挠边防大计。明世宗的主意就中途改变，下诏把杨继盛逮捕投入锦衣卫监狱，贬为狄道县典史。

【编】夏四月，在大同（今山西大同）开设马市。

【编】嘉靖三十一年（壬子，1552）春正月，俺答侵犯大同。

【编】二月，停办马市。

【编】三月，任命少保、礼部尚书兼翰林院学士徐阶为东阁大学士。

【编】秋七月，俺答侵犯蓟州。仇鸾被处死刑。【纪】俺答侵犯蓟州，当时仇鸾患了痈疽，请求带病督战。明世宗下诏命兵部尚书赵锦

官陈时代之。鸾闻命，大恚而死。徐阶因奏鸾通敌误国，诏剖棺戮尸，全家斩于市，没其资产。

【编】冬十月，谪御史王宗茂为平阳县丞。　【纪】宗茂疏论严嵩负国大罪八。上谓其狂率，遂谪。

【编】癸丑，三十二年，春正月，日食。　【纪】巡按御史赵锦请罢严嵩以应天变。上怒，命逮锦系锦衣狱，久之削籍为民。

【编】兵部员外郎杨继盛上疏劾严嵩，坐绞，系狱。　【纪】初，仇鸾既诛，上思继盛言，自贬所月余迁主事，随迁兵部武选司员外。至是，上疏论严嵩十大罪、五奸。略曰："方今在外之贼为俺答，在内之贼惟严嵩。贼有内外，攻宜有先后，未有内贼不去而外贼可除者。故臣请诛贼嵩当在剿绝俺答之先。嵩之罪恶，徐学诗、沈炼、王宗茂等论之已详，然皆止言其贪汙之小，而未尝发其僭窃之大。去年春雷久不声，占云'大臣夺政。夫大臣夺政孰有过于嵩者？又冬日下有赤色，占云'下有叛臣'。凡心背君者，皆叛也。夫人臣背君，又孰有过于嵩者？如四方地震，与夫日月交食之变，其灾皆感应贼嵩之身，乃日侍左右而不觉。上天警告之心，亦恐怠且孤矣。不意陛下聪明刚断，乃甘受嵩欺，人言不信，虽上天示警亦不省悟，以至于此！臣敢以嵩之专政叛君十大罪为陛下陈之：我太祖高皇帝诏罢中书丞相而立五府、九卿分理庶政。殿阁之臣，惟备顾问视制草，故载诸训，有曰：'建言设立丞相者，本人陵迟，全家处死。'及嵩为辅臣，俨然以丞相自居，挟一人之权，侵百司之事，凡府部题覆，先面禀而后敢起稿，嵩之直房，百官奔走如市，府部堂司，嵩指使络绎不绝，一或少违，显祸立见，及至失事，又驾罪于人。是嵩无丞相之名，而有丞相之权，有丞相之权，而无丞相之责。坏祖宗之成法，一大罪也。权者，人君所以统御天下之具，不可一日下移。嵩以票本自

收缴仇鸾的大将军印绶,命总兵官陈时去接替仇鸾。仇鸾听到这个命令,大为怨怒而死。徐阶接着上奏揭发仇鸾私通敌人,贻误国事。明世宗下诏命令对仇鸾剖棺戮尸,把他的全家都在街市上斩首,没收他的家产。

【编】冬十月,把御史王宗茂贬为平阳县丞。 【纪】王宗茂上奏论严嵩有八项害国大罪。明世宗认为他狂妄轻率,就把他贬谪。

【编】嘉靖三十二年(癸丑,1553)春正月,日食。 【纪】巡按御史赵锦请求罢免严嵩以顺应天象变化。明世宗发怒,下令把赵锦逮捕投入锦衣卫监狱,很久以后,把赵锦削去官籍,贬为平民。

【编】兵部员外郎杨继盛上疏弹劾严嵩,被判处绞罪,关进监狱。【纪】当初,仇鸾被诛以后,明世宗想起杨继盛的话来,就在杨继盛被贬到狄道县一个多月后把他调回升为主事,接着又升任兵部武选司员外。到了这时,杨继盛上疏论严嵩有十项大罪,五项奸事,大致说:"现在国家外部之贼是俺答,内部之贼就是严嵩。贼有内外之分,打击他们应该有先有后。没有不除去内贼而能把外贼除去的。所以臣建议应该在剿灭俺答之前先诛杀严嵩这个贼子。严嵩的罪恶,徐学诗、沈炼、王宗茂等人论之已详,然而他们都只是揭发严嵩贪污的小事,而没有揭发严嵩企图篡权窃国的大罪。去年的春天久久不闻春雷,占卜表明是'大臣专政',在大臣们中间有哪一个专擅权力超过严嵩的?又在冬天的太阳下边有赤色,占卜说是'下有叛臣'。凡是在心里背离国君的,全是叛臣。而大臣背叛皇帝,又有哪一个超过严嵩的呢?其他像四方各地有地震和日月互蚀的变化,这些灾变全都应验在贼严嵩的身上。可是严嵩每天侍候在皇帝左右,皇帝却不察觉,上天用灾变来表示警告的心意,也恐怕会懈怠下去而减少了。想不到陛下这样的聪明刚毅果断,却甘心忍受严嵩的欺骗,别人说的话不相信,就是上天显示出警告来也不省悟,以至于到现在这种地步。臣斗胆敢把严嵩专断朝政,背叛君主的十项大罪向陛下陈述一下:我太祖高皇帝下诏罢设了中书丞相而设立了五府和九卿来分别处理日常政务,台阁之臣,只是供皇帝咨询顾问和为皇帝起草诏命。所以在《皇明祖训》中记载有这样的话:'建议设立丞相的人,本人陵迟,他的全家都要处死。'等到严嵩成了辅臣,俨然以丞

任，遂作威福。用一人，即先谓曰'我荐之也'；罚一人，则又号于众曰'此得罪于我，故报之也。群臣感嵩，甚于感陛下，畏嵩甚于畏陛下。窃君上之大权，二大罪也。人臣善则称君，过则归已。今陛下苟有一善，嵩必令子世蕃传于人曰：'上故无此意，我议而成之。'将圣谕及嵩所进揭帖刻板颁行，名曰嘉靖疏义，欲使天下后世谓陛下所行之善，尽出于彼而后已。掩君上之治功，三大罪也。陛下之令嵩票本盖取君逸臣劳之义，嵩何所取而令子世蕃代票，又何所取而约诸义子赵文华等群会而拟题？疏方上，满朝纷然；既下，若合符契。如锦衣卫经历沈炼劾嵩疏，发大学士李本拟旨，本即叩之世蕃，乃同赵文华自拟以上，此人所共知也。嵩既以臣而弄君之权，世蕃复以子而弄父之柄。京师有大丞相、小丞相之谣。纵奸子之僭窃，四大罪也。边事废坏，皆原于功罪赏罚之不明。嵩为辅臣，欲令孙冒功于两广，故置其表侄欧阳必进为总督，朋奸比党。将长孙严效忠冒征蛮功奏捷，遂升镇抚。效忠告病，严鹄袭代，加升锦衣千户。效忠、鹄，皆世蕃豢养乳臭子。冒朝廷之军功，五大罪也。仇鸾总兵甘肃，以贪虐论革。世蕃乃受鸾重贿，荐为大将；后知陛下疑鸾，遂互相诽谤以掩初迹。是通寇者逆鸾，而受贿引用鸾者嵩与世蕃也。进不肖蒙显戮，引悖逆之奸臣，六大罪也。俺答犯内深入，兵法击其惰归。嵩乃曰'京、边不同势，败于边可掩，败于京不可掩，且俺答饱自退耳。'故丁汝夔传令不战。及汝夔临刑，而后知为嵩所绐。误国家之军机，七大罪也。刑部郎中徐学诗以劾嵩、世蕃革任为民矣，又于考察京官之时，罢其兄中书舍人徐应丰。户科给事中厉汝进以劾嵩、世蕃降为典史矣，又于考察外官之时，逼吏部削汝进籍。夫考察，巨典也，陛下持之以激励天下之人心，贼嵩窃之以中伤天下之善类。乱黜陟之大柄，人大罪也。府部之权皆挠于嵩，而吏、兵二部尤大利所在。将官既纳贿于嵩，不得不剥削乎军士。有司既纳贿于嵩，不得不滥取于百姓。陛下虽累加抚恤，岂足以当嵩残虐之害。臣恐天下

相自居，他一个人把持了权力，侵夺和干预各部司的职事，凡朝廷府、部对奏折、公文的批复，都要先当面禀报严嵩以后才敢起草文稿。严嵩办公的地方，百官到那里去请示，奔走如市。各个府、部的办公部门，严嵩下达的指示接连不断，如果有一点违背，马上就会遭到明显的灾祸。到了事情办坏以后，严嵩又把罪失转嫁给别人。可见严嵩没有丞相的名义，却有丞相的权力；他拥有丞相的权力，却又不负丞相的责任。毁坏祖宗的成法，这是第一项大罪。权力，是人君用来统驭国家的工具，一天也不能把它交给下面的臣子。严嵩因为自己执掌了替皇帝代拟批示的大权，就作威作福。朝廷任用一个人，他就先声称：'这是我推荐的'，要处罚一个人，则又向大众宣扬：'这个人得罪了我，所以要报复他。'群臣们感激严嵩，甚于感激陛下，畏惧严嵩，甚于畏惧陛下。窃取了君主的大权，这是第二项大罪。作为人臣，有好处就要称诵国君，有了过失就归罪于自己。现在陛下如果做了一件善事，严嵩一定会叫他的儿子严世蕃向人们散布说：'皇帝本来没有这个意思，这是我建议后才做成的。'他把皇帝的谕旨和自己呈进的揭帖刻版刊印颁布出去，名叫《嘉靖疏义》，想要让天下的和后世的人，都认为陛下所施行的善举全部是出自于严嵩的建议。掩盖君主治理国家的功绩，这是第三项大罪。陛下令严嵩代陛下草拟批示意见，本来是取让君主安逸，让臣下勤劳的意思，严嵩根据什么去让他的儿子严世蕃代他为陛下草拟批示？又根据什么把他的义子赵文华等一群人约集到一起来聚会拟定批文？疏奏刚刚送上去时，满朝官员议论纷纷。等到批示发下来后，和严嵩的意思就像符契那样吻合。例如锦衣卫经历沈炼弹劾严嵩的疏奏，陛下发给大学士李本代草拟诏旨，李本就去问严世蕃应该如何写。严世蕃就和赵文华自行拟写了诏旨送上去。这是人们所共知的。严嵩既已以臣子而擅弄君主的权力，严世蕃又以儿子而擅弄父亲的权柄，以致京城有大丞相、小丞相的民谣。纵容奸邪的儿子窃取权力，这是第四项大罪。边疆事务废坏，都是由于对功罪赏罚的不明。严嵩为辅弼大臣，想让他的孙子假冒两广的军功，所以把他的表侄欧阳必进安排为总督，朋比结党。严嵩让他的长孙严效忠冒征蛮胜利之功，于是升为镇抚。严效忠因病告假，严鹄继承了世袭的官职，还被加升为锦衣千户。严效忠、严鹄，全

之患不在塞外而在域中。失天下之人心，九大罪也。先朝风俗淳厚，近自逆瑾用事，始一少变。至嵩为辅臣，守法度者以为固滞，尚巧猾者以为通材，励节介者以为矫激，善奔走者以为练事。风俗之坏，未有甚于此者。坏天下之风俗，十大罪也。

嵩有十大罪昭人耳目，以陛下之神圣而若不知者，盖有五奸以济之。嵩侦知陛下之意向者，莫过于左右侍从，厚以贿结之。圣意所爱憎，嵩皆预知，以得遂其逢迎之巧。是陛下之左右，皆嵩之间谍，其奸一。通政司纳言之官，嵩令义子赵文华为之。凡疏到，必有副本

都是严世蕃豢养的乳臭小儿。冒朝廷的军功，这是第五项大罪。仇鸾在甘肃任总兵，因为贪污暴虐被朝廷定罪革职。严世蕃竟接受仇鸾的大量贿赂，把他推荐为大将。后来得知陛下怀疑仇鸾，就互相进行诽谤以掩饰当初互相勾结的事实。这样，勾通敌寇的人是逆贼仇鸾，而接受贿赂、引用仇鸾的人则是严嵩和严世蕃。进用的不肖的人已遭到公开刑戮。引用的又是悖逆的奸臣，这是第六项大罪。俺答深入侵犯内地，按照兵法应该在他们懈怠而退兵时加以攻击，严嵩却说：'京城和边疆的形势不一样，在边疆打了败仗可以掩盖，在京城地区打了败仗就没有办法掩盖，而且俺答抢掠够了就自己会退兵的。'因此丁汝夔传达命令不许作战。等到丁汝夔临被处死时，才知道自己被严嵩所骗。贻误了国家的军机大事，这是第七项大罪。刑部郎中徐学诗已因弹劾严嵩、严世蕃而被革职为民，严嵩又在考察京官的时候，罢免了徐学诗的哥哥中书舍人徐应丰。户部给事中厉汝进已因弹劾严嵩、严世蕃被降职为典史，严嵩又在考察地方官的时候，逼迫吏部削去厉汝进的官籍。考察官员是国家的重要制度，陛下用它来激励天下人们的心，而贼人严嵩则窃取来用以中伤天下的好人。扰乱了官员升迁和黜免的大权，这是第八项大罪。各府、各部的权力全受到严嵩阻挠，吏部兵部尤其是严嵩获取大利的地方。将官们既向严嵩交纳贿赂，不得不剥削士兵。官员们既向严嵩交纳贿赂，不得不肆意榨取百姓。陛下虽然对军民屡屡加以抚恤，又怎么能够抵消严嵩残酷暴虐造成的危害呢？臣恐怕国家的忧患不是在塞外，而是在国内。使朝廷丧失天下的人心，这是第九项大罪。先皇在朝时风俗淳厚，近年自逆臣刘瑾掌权后，才开始有了一些变化。到了严嵩成为辅臣，遵守法度的人被看成是固执呆滞的人，崇尚奸巧狡猾的人被认为是通才，激扬节操的耿介的人被看成是矫情偏激的人，善于奔走奉迎的人被认为是干练能办事的人。风俗的败坏，从来没有像这样厉害的。败坏天下的风俗，这是第十项大罪。

"严嵩有十项大罪，明显得人人都可以看到、听到，但是以陛下的英明神圣却好像什么都不知道，这是因为严嵩有五奸来助成他。严嵩侦察了解到：知道陛下意向的人，没有谁能超过陛下左右的侍从，他就用大量贿赂结交他们。圣上心中的喜爱和憎恶，严嵩都预先知道，所以

送嵩、世蕃先阅而后进，早为弥缝。是陛下之纳言，乃嵩之鹰犬，其奸二。嵩既内外周密，所畏者厂、卫之缉访也。嵩则令世善笼络厂、卫，缔结姻亲。陛下试诘嵩所娶者谁女？立可见矣。是陛下之爪牙，乃嵩之瓜葛，其奸三。厂、卫既已亲矣，所畏者科道言之也。嵩于进士初选时，非亲知不得与中书行人之选，知县、推官非通贿不得与给事御史之列。是陛下之耳目，皆嵩之奴隶，其奸四。科道虽入其牢笼，而部臣如徐学诗之类亦可惧也。嵩又令子世蕃将各部之有才望者俱网罗门下，各官少有怨望者，嵩得早为斥逐。是陛下之臣工，多嵩之心腹，其奸五。夫嵩之十罪赖此五奸以济之。五奸一破，则十罪立见。陛下何不忍割一贼臣，顾忍百万苍生之涂炭乎！陛下听臣之言，察嵩之奸，或召问二王，令其面陈嵩恶，或询诸阁臣，谕以勿畏嵩威。重则置之宪典以正国法，轻则谕令致仕以全国体。内贼去，而后外贼可除也！"

疏奏，上怒其引用二王，命系锦衣狱诘讯主使者。继盛曰："尽忠则已，岂必人主使乎！"又问引用二王故。继盛大言曰："奸臣误国，非二王谁不畏嵩者！"狱具，杖百，送刑部。尚书何鳌受嵩意，欲坐以诈传亲王令旨。郎中史朝宾曰："疏中但云二王亦知嵩恶，原无亲王令旨，三尺法岂可诬也！"嵩怒，降朝宾为高邮判官。侍郎王

能够实行他逢迎之巧。可见陛下左右的这些侍臣，都是严嵩的间谍，这是他的第一种奸。通政司负责纳言的官员，严嵩令他的义子赵文华去担任，凡是有奏疏送到，赵文华一定会录下副本先送给严嵩、严世蕃看，然后再进呈皇帝，严嵩就可以在事先掩盖他所做的不法之事。所以陛下的纳言之官，就是严嵩的鹰犬，这是他的第二种奸。严嵩既然已经把宫廷内外都安排得很周密了，他所畏惧的就只有东厂、锦衣卫的暗中缉查探访了。严嵩就命严世蕃去笼络东厂、锦衣卫的官员，和他们结成儿女亲家。陛下只要试着问一下严嵩家娶的是谁家的女儿，就马上可以明白了。可见陛下的爪牙，就成了与严嵩有瓜葛的人。这是严嵩的第三种奸。东厂和锦衣卫既然已经结成亲戚了，严嵩所畏惧的是各部给事中各道御史这些谏官的言论。严嵩在进士开始选官时，不是和他有亲友关系的就不让作为中书行人的人选。地方上的知县、推官不送上贿赂就不委任他作给事中或御史。可见陛下的耳目，全成了严嵩的奴隶。这是严嵩的第四种奸。给事中和御史们虽然被严嵩控制住了，但是各部大臣像徐学诗这样的人，也还是让严嵩害怕的。严嵩又命他的儿子严世蕃把各部里面有才能、有名望的人全都网罗到他的门下，各官稍微有些怨恨不满的，严嵩都能够及早就把他们贬斥出去。可见陛下的臣子，大多是严嵩的心腹。这是严嵩的第五种奸。严嵩的十项大罪全依靠这五种奸恶来助成之。这五种奸一破除，那十项罪恶立刻会显露出来。陛下为什么不忍心割除一个贼臣，却忍心眼看百万苍生受苦呢？陛下要听臣的言论，察看严嵩的奸恶，或者把裕王、景王二人召来询问，让他们当面说出严嵩的罪恶，或者向内阁大臣们询问，告诫他们不要害怕严嵩的威风。要从重处罚严嵩，就把他按法律典章治罪，以正国法。要从轻处理严嵩，就下旨令他退休回家，以保全国体。国家的内贼去除掉，而后外贼就可以除掉了。"

奏疏送上去以后，明世宗对杨继盛的奏章中提到了裕王、景王二人十分震怒，就命令把杨继盛关到锦衣卫的监狱中去讯问他的主使人。杨继盛回答说："我只是尽忠心罢了，怎么一定要有人主使呢？"又审问他把裕王、景王二人拉扯上的原因。杨继盛大声说："奸臣误国，除了二王谁不害怕严嵩呢！"锦衣卫监狱审讯结束，把杨继盛打了一百

学益助成其说，竟坐绞，系狱。

【编】三月，以严世蕃为工部左侍郎。

【编】甲寅，三十三年，春正月，倭寇浙江，遣工部侍郎赵文华如浙。　【纪】倭贼犯浙江，文华请祷海神以杀贼。遂遣如浙，陵轹官吏，搜括财物，公私苦之。

【编】秋七月，命驸马都尉邬景和、安平伯方承裕、吏部尚书李默、礼部尚书王用宾、左都督陆炳、吏部左侍郎程文德、礼部左侍郎闵如霖、吏礼右侍郎郭朴、吴山并直西内撰玄文。　【纪】景和以不谙玄理辞免，俄以金币赐玄修诸臣，犹及景和。景和自疏无功，辞，愿洗心涤虑，效马革裹尸之报。上怒曰："景和故出不祥语，当拟怨讪律。"乃革爵，安置昆山。

【编】乙卯，三十四年，春三月，以杨博为兵部尚书。

【编】冬十月，杀兵部员外杨继盛。　【纪】初，继盛自谪所累迁至武选司员外，常感激思报。妻张氏曰："公休矣！一鸾困公几死，今相公嵩父子，百鸾也，公何以报为？"继盛不听。密具疏，疏成，斋三日乃上，遂得罪。

继盛每出朝审，诸内臣士庶夹道拥视，共指曰："此天下义士！"又指其三木，窃叹曰："奈何不以此囊嵩头！"司业王材诣嵩曰："人言籍籍，谓继盛且不免，公不忧万世邪！"嵩曰："吾行当救之。"令其子世蕃谋之其党胡植、鄢懋卿，懋卿曰："此养虎自遗患

棍，再送交刑部审理。刑部尚书何鳌接受了严嵩的授意，想要按诈传亲王令旨的罪名判罪。刑部郎中史朝宾说："杨继盛的奏疏中只说二王也知道严嵩的罪恶，原本没有说亲王的令旨。国法岂可欺诬呢？"严嵩大怒，就把史朝宾降职为高邮判官。刑部侍郎王学益帮助何鳌确定了诈传亲王令旨罪名，最终把杨继盛定为绞刑，关在监狱里。

【编】三月，任命严世蕃做工部左侍郎。

【编】嘉靖三十三年（甲寅，1554）春正月，倭寇侵犯浙江，派遣工部侍郎赵文华到浙江去。 【纪】倭寇侵犯浙江，赵文华建议祈祷海神来帮助杀敌。明世宗就派遣他到浙江去。赵文华在浙江欺压凌辱官吏，搜括财物，官府和百姓都为此困苦不堪。

【编】秋七月，命驸马都尉邬景和、安平伯方承裕、吏部尚书李默、礼部尚书王用宾、左都督陆炳、吏部左侍郎程文德、礼部左侍郎闵如霖、吏部右侍郎郭村、礼部右侍郎吴山等人都到西内宫中值班去撰写玄文。 【纪】邬景和因为不熟谙玄理而免写玄文。不久明世宗把金银财物赏赐给撰写玄文的诸臣，也赏给邬景和。邬景和上疏，说自己没有功劳，辞去赏赐，表示愿意洗净心灵，涤除杂虑，仿效马革裹尸来报答国家。明世宗发怒说："邬景和故意说出不吉利的话来，应该按照埋怨讥讽罪的律条处罚。"就革去了邬景和的爵位，把他流放到昆山（今上海昆山）去安置。

【编】嘉靖三十四年（乙卯，1555）春三月，任命杨博为兵部尚书。

【编】冬十月，杀兵部员外杨继盛。 【纪】当初，杨继盛从被贬谪去的地方几次升迁，做到武选司员外，他经常感激皇帝的恩德，想要报答。杨继盛的妻子张氏说："您算了吧！一个仇鸾就把您害得几乎要死了。现在相国严嵩父子，抵得上一百个仇鸾。您怎么去报答国家呢？"杨继盛不听张氏的话，秘密写下奏疏。奏疏写成后，杨继盛斋戒了三天才送上去。接着就被判有罪。

杨继盛每次从监狱带出来去朝审，许多内臣和士人、百姓们都拥到道路两边来看，大家都指着他说："这是天下的义士。"又指着他颈上和手脚上的刑具偷着叹息说："怎么不用这些刑具去安在严嵩的头上。"国子司业王林去见严嵩，说："人们的传言说得有根有据，都说杨

也。"植亦言不可。嵩意遂决。

先是，倭犯江、浙，浙、闽总督张经、浙江巡抚李天宠以玩寇殃民，逮至京师，下狱论死。嵩乃以经、天宠疏覆奏，附继盛于尾。上览之，谓江南酿寇遗患，遂下旨行刑。是岁论大辟当刑者凡百余人，诏决九人，而继盛与焉。

将刑，张氏疏言："臣夫谏阻马市，预伐仇鸾，圣旨薄谪，旋因鸾败，首赐湔雪，一岁四迁。臣夫衔恩图报，误闻市井之言，尚狃书生之见，妄有陈说。荷陛下不即加戮，俾从吏议，杖后入狱，割肉二年，断筋二条，日夜笼箍，备诸苦楚。年荒家贫，臣纺绩供给。部臣两次请决，俱蒙特宥。今混入张经疏尾，奉旨处决。傥以罪不可赦，乞将臣枭首以代夫命。夫生一日，必能执戈矛御魑魅，为疆场效命之鬼，以报陛下。"奏入，为嵩所抑不得达。盖杀谏臣自此始，由是天下益恶嵩父子矣。

【编】丙辰，三十五年，春正月，赵文华自江南还京，擢为工部尚书，加太子太保。　【纪】文华与吏部尚书李默构隙，知默与嵩异，疏劾之，摘其部选策题有"汉武征四夷而海内虚耗，唐宪复淮、蔡而晚业不终"为谤讪。上怒，收系狱拷讯，竟死狱中。嵩德文华，遂有是擢。

【编】三月，以胡宗宪为兵部右侍郎兼右佥都御史，提督浙、闽

继盛将不免一死。您不替自己的后代子孙担心吗？"严嵩说："我就要想法救他。"严嵩令他的儿子严世蕃和他的同党胡植、鄢懋卿去商量。鄢懋卿说："救杨继盛，这是养虎给自己留下后患。"胡植也说不可以放杨继盛。严嵩杀杨继盛的主意就决定了。

在此之前，倭寇侵犯江、浙一带。浙闽总督张经和浙江巡抚李天宠由于玩忽职守，使人民遭到灾祸，被逮捕押到京师，关在监狱里判了死罪。严嵩就把对张经、李天宠的处理写了一份奏折送上去，把杨继盛的名字附在后面。明世宗看了以后，认为江南官员纵容敌寇，留下后患，就下旨命令行刑。这一年被判处死刑应该执行的一共有一百多人，诏书命令处决九人，而杨继盛也包括在内。

将要行刑的时候，张氏上疏说："臣夫曾劝谏阻止设立马市，早就抨击仇鸾。皇帝下圣旨，给他一点小小的惩罚。不久因为仇鸾的罪行败露，首先蒙受皇帝之赐，给他昭雪，在一年里四次升迁。臣夫受恩图报，但误听了市井的传言，而且固执于书生的偏见，向陛下妄加陈述。蒙陛下宽大，不马上加以诛戮，交官吏们去议罪。他受到杖刑后关到监狱里，割去腐肉二斤，打断了两条筋，日夜都被刑具拘箍，受尽了各种苦楚。荒年遭灾，家中贫苦，臣靠纺纱织布供给生活。刑部大臣两次请求处决，都蒙陛下特加宽宥。现在把他混入处决张经奏章的后面，奉旨处决。假使他的罪行真不能被赦免，乞求将臣斩首来替下丈夫的性命。臣夫在世一天，就一定能手持戈矛防御鬼怪，做一个在战场上牺牲的鬼，以报答陛下。"奏疏送上去后，被严嵩扣压下来，不能送到皇帝处。杀害谏臣从此开始，因此天下的人更加憎恶严嵩父子了。

【编】嘉靖三十五年（丙辰，1556）春正月，赵文华自江南回到北京，提升为工部尚书，加太子太保。　【纪】赵文华与吏部尚书李默有仇隙。赵文华知道李默和严嵩不和，就上疏弹劾李默，摘录李默在吏部选官时出的试题中有"汉武帝征伐四夷而海内财力耗尽，唐宪宗收复了淮、蔡地区而晚年不能保全大业"这样的话，说李默是在诽谤和讥讽。明世宗发怒，把李默逮捕，关在监狱中拷问，李默竟死在狱中。严嵩为此感谢赵文华，于是就有了这次提拔。

【编】三月，任命胡宗宪为兵部右侍郎兼右佥都御史，提督浙江、

军务。

【编】夏五月,命赵文华以工部尚书兼右副都御史,视师江、淮。

【编】秋八月,江、浙倭寇平。

【编】冬十一月,加赵文华少保,胡宗宪右都御史。

【编】丁巳,三十六年,夏四月,奉天、华盖、谨身三殿灾。

【编】秋八月,进徐阶少傅;李本太子太保。

【编】冬十月,严嵩及其子世蕃杀前锦衣卫经历沈炼。 【纪】初,炼既编保安,即子身至里,长老问知炼状,咸大喜,遣其子弟从学。炼稍与语忠义大节,乃争为炼骂嵩以快炼。炼亦大喜,尝束刍为偶人三,目为林甫、桧及嵩而射之。语稍稍闻,嵩父子衔之。而侍郎杨顺来为总督,故嵩党也,遣其私人经历金绍鲁、指挥罗铠走世蕃,告炼结死士,击剑习射,将以间而取若父子。世蕃曰:"吾固知之。"即以属巡按御史李凤毛,凤毛谬为谢曰:"有之,窃阴以解散其党矣。"凤毛得代归。而御史路楷来,又嵩党也。世蕃为酒寿楷,而使谓顺曰:"幸为我除吾疡。"楷至则兴顺合策捕诸白莲教通叛者,窜炼名籍中,以叛闻。下兵部议,尚书许论不为申理,嵩竟杀之,籍其家。嵩乃予顺一子锦衣千户,楷迁太常卿。顺犹怏怏曰:"丞相犹有所不足乎?"谋之楷,复取炼二子杖杀之,并系其长子襄,顺、楷败乃得脱。

【编】十二月,赵文华罢。 【纪】文华既得宠眷,乃稍欲结知

福建军务。

【编】夏五月，命赵文华以工部尚书兼右副都御史的身份，到江、淮一带视察军队。

【编】秋八月，江、浙一带的倭寇被平定。

【编】冬十一月，加赵文华少保，胡宗宪为右都御史。

【编】嘉靖三十六年（丁巳，1557）夏四月，奉天殿、华盖殿、谨身殿三座宫殿遭了火灾。

【编】秋八月，晋升徐阶为少傅，李本为太子太保。

【编】冬十月，严嵩和他的儿子严世蕃杀害前锦衣卫经历沈炼。【纪】当初，沈炼被编管到保安县。他就一个人到了乡里。乡间的老人们问清了沈炼的情况后，都十分高兴，派遣子弟们来跟沈炼学习。沈炼渐渐和他们讲什么是忠义的大节，这些子弟们都争着替沈炼斥骂严嵩来使沈炼快意。沈炼也很高兴，曾经把庄稼秸秆捆成三个假人，把它们看作是李林甫、秦桧和严嵩，用箭射它们。这些事情逐渐传了出来，严嵩父子听了后怀恨在心。而侍郎杨顺到当地做总督，他是严嵩同党。杨顺派他的亲信经历金绍鲁、指挥罗铠到严世蕃那里去，告发沈炼结交敢死的勇士，练习射箭和剑术，将寻找机会刺杀严嵩父子。严世蕃说："我本来就知道了。"就把这件事托付给巡按御史李凤毛。李凤毛就编了假话向严嵩告罪说："这件事有过，我已在暗地里把他们这伙人拆散了。"李凤毛由别人代替而调回，来的御史路楷，也是严嵩的同党。严世蕃摆下酒席为路楷祝寿，而让路楷去告诉杨顺："希望为我除去这个疮。"路楷到了河北，就和杨顺合谋去逮捕白莲教中和叛匪勾通的人，把沈炼的名字也写到这些人的名单中，用反叛的罪名报告上去。明世宗把这件事交给兵部议处，兵部尚书许论不为沈炼申明事理。严嵩终于把沈炼杀了，抄没了他的家产。严嵩就给杨顺一个儿子授职锦衣千户，把路楷升为太常卿。杨顺还不称心，怏怏不乐地说："丞相还有什么不知足的吗？"去和路楷商量，又把沈炼的两个儿子抓来用杖刑打死了，并且把沈炼的长子沈襄关了起来。沈襄在杨顺、路楷被免职判罪后才得到释放。

【编】十二月，赵文华被免职。　【纪】赵文华已经得到严嵩的宠

帝，不禀严嵩命。一日密进药酒方，言"授之仙，饮可不死，独臣与嵩知之。"上曰："嵩有是方不奏，乃文华奏我！"嵩闻之，大惧且恨，立召文华问之曰："若何所献？"对曰："无有。"嵩取疏示之。文华惭，顿首谢罪。嵩怒不令起，呼左右拽出，令门者毋得为文华通。文华日忧惧，不知所出，从世蕃乞怜，为白夫人。夫人以其儿也，怜之。然嵩意终未慊也。又文华初赂世蕃金丝幕一具，其姬二十七人皆宝髻一。世蕃以为薄，恨之。乃为疏草使上，引疾归。帝从之。而是时上方修玄，以其疏中有病语，怒削其职，子戍边。

【编】戊午，三十七年，春三月，给事中吴时来、主事张翀、董传策并上疏劾严嵩及其子世蕃罪；下狱，廷杖，谪戍岭南。

【编】夏四月，浙江总督胡宗宪献白鹿。

【编】己未，三十八年，夏五月，杀山西总督侍郎王忬。 【纪】严嵩以忬憨杨继盛死，衔之。忬子世贞又从继盛游，为之经纪其丧，吊以诗。嵩因深憾忬。严世蕃尝求古画於忬。忬有临幅类真者以应。世蕃知之，益怒。会俺答犯大同，入潘家口。都御史鄢懋卿乃以嵩意为草授巡按山西御史方辂，令劾忬。嵩即拟旨，逮系狱。刑部尚书郑晓拟"谪戍"奏上，竟以边吏陷城律弃市。

【编】冬十一月，以朱熹原籍婺源县子孙朱墅世袭五经博士。

爱，就想进而使皇帝赏识他，不再禀承严嵩的命令。有一天，赵文华秘密地送给皇帝一个药酒的配方，说："这是仙人交给我们的药方，喝了这种药酒可以不死，只有臣和严嵩知道这个药方。"明世宗说："严嵩有这个药方不奏，只有赵文华向我奏告。"严嵩听到后，非常害怕，又痛恨赵文华，就马上把赵文华叫来询问。严嵩问他："你把什么献给皇帝了？"赵文华回答说："没有。"严嵩把赵文华所上的奏章给他看，赵文华感到惭愧，叩头向严嵩请罪。严嵩发怒，不叫他起来，叫左右的侍从把赵文华拉出去，令看门的人不得给赵文华通报。赵文华整天担心害怕，不知该怎么办，就去向严世蕃乞怜，严世蕃替他转告严嵩夫人。严嵩夫人因为他是自己的养子，可怜他，但是严嵩心里终感不快。又因为赵文华当初曾贿赂严世蕃一套金丝帐幕，送给严世蕃的侍姬二十七人每人一个宝髻。严世蕃认为这些礼物微薄，也怨恨他，就替赵文华起草了奏章让他送上去，请求因病归家休养，明世宗就批准了。而在这个时候，明世宗正在修习道术，由于赵文华的奏疏中有不适当的语言而发怒，削除赵文华的官职，把他的儿子发配去戍边。

【编】嘉庆三十七年（戊午，1558）春三月，给事中吴时来、主事张翀、董传策都上疏弹劾严嵩和他的儿子严世蕃有罪。这三个人被关进监狱，在朝廷上施以杖刑，发配到岭南戍边。

【编】夏四月，浙江总督胡宗宪献上白鹿。

【编】嘉靖三十八年（己未，1559）夏五月，杀山西总督侍郎王忬。
【纪】严嵩因为王忬怜悯杨继盛的死，心中记恨他。王忬的儿子王世贞又和杨继盛有交往，给杨继盛料理丧事，写诗吊唁。严嵩因此深恨王忬。严世蕃曾经向王忬索求一幅古画，王忬用一幅临摹得很逼真的复制品来应付，严世蕃知道后，更加恼怒。正遇上俺答侵犯大同，打进了潘家口，都御史鄢懋卿就按照严嵩的意思起草了奏折交给巡按山西御史方辂，令他弹劾王忬。严嵩立即代拟了圣旨，把王忬逮捕关进监狱。刑部尚书郑晓拟判"谪戍"，上奏皇帝。最终竟然按照边疆官吏丢失城池的律条处以死刑。

【编】冬十一月，任命朱熹在原籍婺源县（今江西婺源）的后裔朱墅世袭五经博士。

【编】庚申,三十九年,夏六月,以都御史鄢懋卿总理天下盐运。 【纪】懋卿益通贿无虚日。御史林润劾其贪冒五罪。懋卿疏辨,不问。

【编】冬十一月,秉一真人领道教事、少傅、礼部尚书、恭诚伯陶仲文卒。

【编】辛酉,四十年,春正月,万寿宫灾。 【纪】命大学士徐阶、工部尚书雷礼兴工重建。

【编】冬十二月,吏部尚书吴鹏罢。 【纪】鹏,严嵩党也。御史耿定向劾其六罪,故罢。嵩复荐所亲欧阳必进代之,未久亦勒归。

【编】进礼部尚书袁炜太子太保,入阁参预机务。 【纪】时上渐有疑嵩意,密谕徐阶举堪辅政者。阶密奏曰:"人君以论相为职,陛下断自宸衷,则窥伺阴阻之私自塞矣。"上从之,遂有是命。

【编】壬戌,四十一年,春三月,万寿宫成。 【纪】加大学士徐阶少师,任一子;袁炜少保;严嵩加禄百石而已。

【编】夏五月,严嵩罢,其子世蕃下诏狱。以御史邹应龙为通政司参议。 【纪】自徐学诗、王宗茂、杨继盛、沈炼、吴时来、张翀、董传策或死或戍,缙绅皆畏嵩不敢言。至是徐阶日亲用事,廷臣多知之,未发。

御史邹应龙欲具疏,一夕梦出猎,见一高山,射之不中,东有培塿楼,其下甚壮,楼俯平田,有米草覆其上,一注矢拉然。醒而悟曰:"此小儿东楼之兆也。"遂上疏劾世蕃,数其通贿赂行诸不法状,乞置于理,因及嵩植党蔽贤,溺爱恶子,且曰:"如臣言不实,愿斩臣首悬之藁竿以谢世蕃父子。"上览之心动,命嵩致仕,乘传去,而

【编】嘉靖三十九年（庚申，1560）夏六月，任命都御史鄢懋卿总理全国的盐运。　【纪】鄢懋卿更加行贿受贿，没有一天空过。御史林润弹劾他贪污的五项罪状。鄢懋卿上疏申辩。明世宗不予追问。

【编】冬十一月，秉一真人领道教事、少傅、礼部尚书、恭诚伯陶仲文去世。

【编】嘉靖四十年（辛酉，1561）春正月，万寿宫遭到火灾。【纪】命大学士徐阶、工部尚书雷礼兴办工程，重新修建万寿宫。

【编】冬十二月，吏部尚书吴鹏被罢免。　【纪】吴鹏，是严嵩的同党，御史耿定向弹劾他的六条罪状，所以就把他免职了。严嵩又推荐他的亲信欧阳必进代替吴鹏为吏部尚书，不久欧阳必进也被勒令归乡。

【编】礼部尚书袁炜晋升为太子太保，入内阁参与机务。　【纪】当时明世宗逐渐有怀疑严嵩的意思。秘密告谕徐阶，让他推荐可以辅政的人。徐阶密奏说："人君以评论丞相作为自己的职责。陛下根据自己的内心想法去确定辅政的人，这样窥测皇上心意、暗地阻碍别人的私下图谋，就自然会断绝了。"明世宗听了他的建议，所以才有提升袁炜之命。

【编】嘉靖四十一年（壬戌，1562）春三月。万寿宫修建完成。【纪】加封大学士徐阶少师，把他的一个儿子任命为官。加袁炜少保，严嵩只增加一百石俸禄而已。

【编】夏五月，严嵩罢免，他的儿子严世蕃被关进诏狱。任命御史邹应龙为通政司参议。　【纪】自从徐学诗、王宗茂、杨继盛、沈炼、吴时来、张翀、董传策等人有的被杀，有的被戍边以后，官员们都畏惧严嵩，不敢说话。到了这时，徐阶日益得到明世宗的亲宠，掌握了朝政。廷臣们大多知道了这种情况，但没有行动。

御史邹应龙想要起草奏章，有一天晚上梦见自己外出打猎，见到一座高山，用箭去射它，没有射中，山的东面有一座小土丘似的楼房，楼房的下部很宽大，楼房俯视着平坦的田地，在上面复盖着稻草，一箭射过去，草就折断了。邹应龙醒后猛然省悟道："这是小儿东楼（小儿是严嵩对严世蕃的称呼，东楼是严世蕃的别号）的征兆啊！"于是，邹应龙就上疏弹劾严世蕃，历数他行贿受贿，做出种种不法行为的罪状，请

下世蕃于狱，擢应龙，嘉其敢言。

鄢懋卿等属法司量坐世蕃赃银八百两，拟罪上请，于是戍世蕃雷州卫，子鹄、鸿及其爪牙罗龙文、牛信等分戍边远卫，家人严年锢狱追赃。年最黠恶，即士大夫所呼为萼山先生者也。上犹以嵩故，特宥其孙鸿为民。嵩既去，上念之，谕徐阶曰："严嵩已退，伊子已服罪，敢有再言如邹应龙者俱斩。"

【编】六月，大理卿万寀、刑部侍郎鄢懋卿罢。【纪】御史郑洛劾寀、懋卿及太常少卿万虞龙皆朋比奸赃不职。寀、懋卿罢，虞龙降调。

【编】秋八月，三殿成。

求把严世蕃交付法庭审理，同时也谈到了严嵩培植党羽，压制贤人，溺爱为非作歹的儿子，并且说："如果臣的话不符事实，愿把臣的头砍下来挂在竿子上去向严世蕃父子道歉。"明世宗看了以后心里有所触动，就命严嵩退休，乘坐驿车回乡去，而把严世蕃关进监狱，同时提升了邹应龙，嘉奖他敢于直言。

鄢懋卿等人嘱咐司法官员量刑定严世蕃收取八百两赃银，按此拟定罪名向上报告。于是将严世蕃发配到雷州卫（今广东海康）去戍边，把严世蕃的儿子严鹄、严鸿和他的爪牙罗龙文、牛信等人分别发配到边远地区的卫所去戍卫。把严世蕃的家人严年关在监狱里追查赃银。严年最为狡猾奸恶，他就是被士大夫们称作"鄠山先生"的人。明世宗还由于严嵩，特别宽宥严嵩的孙子严鸿，免予刑罚，释放作平民。严嵩退休以后，明世宗还想念他，对徐阶说："严嵩已退，他的儿子也定罪受罚了，如果再有人胆敢像邹应龙那样上奏抨击严嵩一家的，都要斩首。"

【编】六月，大理卿万寀、刑部侍郎鄢懋卿被免职。【纪】御史郑洛弹劾万寀和鄢懋卿以及太常少卿万虞龙等人全朋比为奸，收取赃款，不尽职守。万寀、鄢懋卿被免职，万虞龙被降职调用。

【编】秋八月，三座宫殿修成。

明鉴易知录卷九

明纪

世宗肃皇帝

【编】癸亥，四十二年，春三月，以严讷为吏部尚书，李春芳为礼部尚书。

【编】夏四月，严世蕃逃归。【纪】世蕃未达雷州，至南雄而返。罗龙文亦逃伍。潜往歙县，藏匿亡命刺客，一日被酒大言曰："要当取应龙与徐老头泄此恨！"徐阶闻，厚为备。严嵩久之亦闻，惊曰："儿误我多矣！"

初，阶之入政府也，肩随嵩者且十年，几不敢讲钧礼。嵩惩夏言祸，亦颇自恭谨，惟世番多行无礼；阶既曲忍，嵩亦不知也。方应龙疏上，阶往谒，慰藉甚。嵩喜，顿首谢。世善亦尽出妻子为托。既归，其子密启曰："大人受侮已极，此其时已。"阶伪骂曰："吾非严氏不至此。负心为难，人将不食吾余！"嵩遣所亲探之，语如前。盖阶亦知上犹眷恋，未能即割也。嵩既去，书问不绝。久之世蕃亦忘旧事，谓"徐老不我毒。"鸠工大治馆舍，阴贼弥甚。

【编】甲子，四十三年，秋七月，以谕德张居正充裕王府讲官。

【编】冬十月，复逮严世蕃下狱。【纪】先是御史林润既劾鄢

世宗肃皇帝

【编】嘉靖四十二年（癸亥，1563）春三月，任命严讷为吏部尚书，李春芳为礼部尚书。

【编】夏四月，严世蕃从流放途中逃回来。【纪】严世蕃还没有到达雷州（今广东海康县），到了南雄（今广东南雄县）就跑回来了。罗龙文也从戍所逃走。他们偷偷地潜入歙县（今安徽歙县），招集亡命徒、刺客，把他们藏匿起来。有一天，严世蕃喝醉了，带着酒意说大话："一定要拿到邹应龙和徐阶老儿的脑袋以发泄仇恨！"徐阶听到以后，严加防备。严嵩过了很久也听到严世蕃说的这些话，吃惊地说："我儿子害得我可太厉害了。"

当初，徐阶入阁执政后，跟随在严嵩的身后将近有十年，几乎不敢和严嵩平起平坐，分庭抗礼。严嵩有鉴于夏言的权重一时而终于被杀之祸，自己也颇知恭谨小心，只有严世蕃常常对徐阶做出无礼的举动。徐阶一直委屈忍受，严嵩也不知道这种情况。当邹应龙弹劾严嵩的奏章送给皇帝后，徐阶去拜见严嵩，极力加以安慰。严嵩感到高兴，向徐阶叩头表示感谢。严世蕃也把妻子儿女都叫出来拜托徐阶照顾。徐阶回到家里，他的儿子悄悄地对他说："大人受严家的侮辱已到极点，现在正是报复的时候了。"徐阶假意骂他的儿子，说："我没有严家的照顾到不了这个地位，负心背义，与严氏为仇，人们将会不吃祭祀我后剩下的祭品了。"严嵩派遣自己的亲信去打探消息，听到的话和以前一样。这是因为徐阶也知道明世宗对严嵩还有眷恋之情，不能立即就弃绝他。严嵩罢官回乡后，徐阶不断通过书信向他问候。时间一久，严世蕃也忘掉了过去的旧事，说："徐老不会害我。"他招集工人来大力修建房屋堂馆，更加猖狂地在暗地里进行不法勾当。

【编】嘉靖四十三年（甲子，1564）秋七月，任命谕德张居正充任裕王府讲官。

【编】冬十月，又把严世蕃逮捕入狱。【纪】在此之前，御史林

懋卿罢去，知雠在必报。会袁州推官郭谏臣以公事过严嵩里，工匠千余方治园亭，其仆为督，谏臣至，箕踞不起。役人戏以瓦砾掷谏臣，亦不禁。谏臣遂具揭上之润。润得之，大喜，乃上疏言："臣巡视上江，备访江洋盗贼，多入逃军罗龙文之家。龙文卜筑深山，乘轩衣蟒，有负险不臣之志，推严世蕃为主，事之。世蕃自罪谪之后，愈肆凶顽，日夜与龙文诽谤朝政，动摇人心。近者假治第，聚众至四千人。道路汹汹，咸谓变且不测。乞早正刑章，以绝祸本。"疏入，诏以世蕃、龙文即付润逮捕至京。润下郭谏臣捕世蕃，徽州府推官粟祁捕龙文，自驻九江勒兵以待。

【编】乙丑，四十四年，春三月，严嵩削籍，没其家，其子世善及罗龙文伏诛。【纪】初，林润闻命，驰至九江。郭谏臣白监司，尽散其工匠四千人。龙文走匿世蕃家，捕得之。润因谕袁州府详具严氏诸暴横状，得之，复上疏数世善父子罪。上怒，诏下法司讯状。已而徐阶具疏以闻，疏中极言"事已勘实，其交通倭寇，潜谋叛逆，具有显证，请亟正典刑，以泄神人之愤。"上从之，命斩世善、龙文于市。二人闻，相抱哭；家人请写遗书谢其父，不能成一字。都人闻之，大快，各相约持酒至西市看行刑。已而籍嵩家，得银二百五万五千余两，其珍异充斥，逾于天府。

润已经弹劾鄢懋卿，使他免职。林润知道和他们结了仇，他们一定会报复的。正赶上袁州推官郭谏臣因为公事路过严嵩的家乡，那里有一千多名工匠正在修建园林亭子。严嵩的仆人在监工。郭谏臣到了这里，严嵩家的仆人仍伸开双腿坐在那里不起身迎接，工匠们开玩笑，用石子瓦块扔向郭谏臣，监工的仆人也不加禁止。郭谏臣就这些情况写下来呈报林润。林润得到这分呈文，十分高兴，就上奏章说："臣巡视上江地区，详细察访，了解到江洋盗贼大多到了逃跑的充军犯人罗龙文家中。罗龙文在深山里挑选地点建筑房舍，乘坐轩车，穿上蟒袍，有依靠险要之地图谋造反的志向，并推举严世蕃为主，为他效力。严世蕃自从获罪被流放后，更加肆意凶顽，日夜都和罗龙文在一起诽谤朝政，动摇人心。最近他们利用修建宅第，聚集的人众达到四千多人。路上的行人纷纷传言，都说可能发生意想不到的事变。乞求皇上早日根据刑法加以处理，以除去祸乱的根源。"奏章送呈以后，明世宗下诏令林润负责把严世蕃、罗龙文立即逮捕押到京城。林润派郭谏臣去逮捕严世蕃，派徽州府推官粟祁去逮捕罗龙文，自己驻扎九江（今江西九江市），部署军队，等待他们。

【编】嘉靖四十四年（乙丑，1565）春三月，严嵩被削除官籍，抄没家产，他的儿子严世蕃和罗龙文被处死刑。　【纪】起初，林润听到诏命后，骑马赶到九江。郭谏臣禀告按察使，把严嵩家里的四千名工匠全部遣散。罗龙文逃到严世蕃家中躲起来，被抓住了。林润就令袁州府详细地写出严嵩一家各种残暴专横的情状，收到以后，又上疏历数严世蕃父子的罪行。明世宗发怒，下诏把严世蕃等人交司法部门审问。接着，徐阶把全部情况写成奏疏禀报明世宗，奏疏中竭力指出："事情已经勘查确实，严世蕃他们和倭寇联络勾结，暗地里图谋叛逆，全都有明显的证据。请求尽快将他们明正典刑，以发泄天神和百姓所共有的愤恨。"明世宗听从了他，下令把严世蕃、罗龙文在街市中斩首。严世蕃、罗龙文两个人听到消息，互相抱着痛哭。家人请他们写下遗书向他们的父亲谢罪。他们连一个字也写不成。京城中的人听到这个消息，人心大快，互相约定，各自带着酒到西市去看行刑的场面。接着抄没严嵩家产，得到二百零五万五千多两白银。严嵩家中的珍宝异物到处都是，数

【编】冬十二月,诏万寀、鄢懋卿并充军。

【编】严嵩死。

【编】丙寅,四十五年,春正月,帝不豫。 【纪】先是方士王金、陶仿、刘文彬、申世文、高守中、陶世恩,伪造诸品仙方,以金石药进御,性燥热,帝服,稍稍火发,不能愈。至是谕徐阶欲幸承天拜显陵,取药服气,阶奏止之。

【编】下户部主事海瑞狱。 【纪】瑞上言:"陛下即位初年,敬一箴心,冠履分辨,天下忻忻,谓焕然更始。无何而锐精未久,妄念牵之,谬谓长生可得,一意修玄,土木兴作。二十余年不视朝政,法纪弛矣;数行推广事例,名器滥矣。二王不相见,人以为薄于父子;以猜疑诽谤戮辱臣下,人以为薄于君臣;乐西苑而不返大内,人以为薄于夫妇。今愚民之言曰:'嘉者,家也;靖者,尽也。'谓民穷财尽,靡有孑遗也。然而内外臣工修斋、建醮,相率进香,天桃、天药,相率表贺。陛下误为之,群臣误顺之。臣愚谓陛下之误多矣,大端在玄修。夫玄修所以求长生也,尧、舜、禹、汤、文、武之为君,圣之至也,未能久世不终;下之方外士亦未见有历汉、唐、宋至今存者。陛下师事陶仲文,仲文则既死矣,仲文不能长生,而陛下独何求之?至谓天赐仙桃、药丸,怪妄尤甚。桃必采乃得,药必捣乃成,兹无因而至,有胫行邪?云天赐之,有手授邪?然则玄修之无益可知矣。陛下玄修多年,靡有一获,左右奸人揣逆圣意,投桃设药,以谩长生,理之所无,断可见已。陛下诚翻然悟悔,日旦视朝,与辅宰、九卿、侍从、言官讲求天下利害,洗数十年君道之误,置身尧、舜、禹、汤、文、武之域;使诸臣亦洗心数十年阿君之耻,置身皋、夔、伊、傅、周、召之列。民熙物洽,薰为太和,陛下性中真药也。道与天通,命由我立,陛下性中真寿也。此理之所有,可旋至立效。乃悬思服食

量超过了朝廷的库藏。

【编】冬十二月,下诏书把万寀和鄢懋卿都发配充军。

【编】严嵩死去。

【编】嘉靖四十五年(丙寅,1566)春正月。明世宗患病。【纪】在此之前,方士王金、陶仿、刘文彬、申世文、高守中、陶世恩等人伪造了各种仙药配方,用金属矿石的药物送给皇帝服用。这些药物的药性燥热,明世宗服用以后,慢慢地心火发作,不能够痊愈。到了这时,明世宗传旨给徐阶,想要自己到承天府去拜谒显陵,取药物服下调气。徐阶上奏劝阻了他。

【编】把户部主事海瑞关入监狱。【纪】海瑞上奏说:"陛下即位的最初几年,敬事上天,心中有所警戒,尊卑上下有序,天下老百姓都欢欣鼓舞,认为气象焕然一新,有了新的开始。没有多久,陛下励精图治的锐气就坚持不下去了,被一些妄念牵动,荒谬地认为长生是可以得到的,一心一意地修炼道术,大兴土木。陛下有二十多年不上朝理政,国家的法纪松弛了。陛下多次施行扩大推恩任官的推广事例,使得官爵名位赐予过滥。二位王爷不能相见,让人们认为您薄于父子之情。您根据猜疑和诽谤之辞来杀戮和凌辱臣子们,让人们认为您不看重君臣关系。您乐于在西苑逗留却不返回皇后居住的内宫,让人们认为您不看重夫妇关系。现在平民百姓中有句话说:'嘉者家也,靖者尽也。'是说民穷财尽,没有一点剩余了。然而朝廷中和地方上的官员们设斋建醮,不断地进奉香火,出现所谓天桃、天药,又纷纷上奏章祝贺。陛下错误地这么做了,群臣又错误地顺从了。"臣认为陛下的错误很多,大错误在于修行道术。修行道术是为了求得长生。尧、舜、禹、汤、周文王、周武王他们作为国王,可说是至圣了,也不能一直活在世上不死。在下的方士道人们也未见有经历过汉代、唐代、宋代一直活到今天的。陛下曾经把陶仲文当作老师,陶仲文也已经死了。陶仲文不能长生不死,陛下又怎么独能求得长生呢?至于说上天赐给仙桃、药丸这些事更是怪诞虚妄。桃子一定要采摘才能得到,药品一定要捣、炼才能做成。这些东西没有来由地突然到来,是它们有腿自己走来的吗?说是上天赐给的,天神用手交给他吗?这样就可以知道修行道术是没有益处的了。陛下修

不终之饵,凿想遥兴轻举之方,求之终身,不可得已。"疏奏,上大怒,命逮系瑞镇抚狱。

【编】三月,以礼部尚书高拱为文渊阁大学士。

【编】冬十二月,帝崩。 【纪】上疾甚,自西苑还乾清宫,遂崩。大学士徐阶等启请皇子裕王主丧事,宣遗诏曰:"朕奉宗庙四十五年,享国长久,累朝未有。一念惓惓,惟敬天勤民是务。只缘多疾,过求长生,遂致奸人诳惑。自今建言得罪诸臣,存者召用,没者恤录,见监者即释复职。"

【编】皇子裕王载坖即位。

【编】释刑部主事海瑞于狱,擢为通政使。

穆宗庄皇帝

【编】丁卯,穆宗皇帝隆庆元年,春正月,立妃陈氏为皇后。

【编】诏录用先朝建言诸臣;杨继盛、沈炼等并复职、赠荫、谕祭。

【编】追赠王守仁为新建侯,谥文成。

行道术多年，没有一点收获，身边的奸人揣摩圣上的心意，顺从您，送桃设药，撒谎说长生不老，这在道理上面说不通，是绝对可以看出来的。陛下真能够翻然悔悟，每天早晨上朝理政，和辅宰大臣、九卿、侍从、谏议等官一起谈论天下大事的利弊，改正几十年里作为君主在治国之道中的错误，使自己置身于尧、舜、禹、汤、周文王、周武王等古代圣主的境界，也使群臣能洗净在几十年里阿谀奉承君王的可耻之心，置身于皋陶、夔、伊尹、傅说、周公、召公这些贤臣的行列中。民众欢欣，万物融洽，形成阴阳会和的气氛，这才是适合陛下性气的真正药物。大道和上天相通，命运由自己确立，这才是适合陛下性气的真正的寿命。这是理之所有，可以实行而且马上见效。陛下还是挂念着服食长生不死的药物，空想着得到轻身飞升的仙方，这样就是一直寻求到死，也不会找到的。"奏章送上去以后，明世宗大怒，下令逮捕海瑞，关进镇抚司的监狱。

【编】三月，任命礼部尚书高拱为文渊阁大学士。

【编】冬十二月，明世宗去世。　【纪】明世宗病得十分厉害，从西苑回到乾清宫，就去世了。大学士徐阶等人启奏，请皇子裕王主持丧事，宣读明世宗的遗诏，遗诏中说："朕奉承宗庙四十五年，在位时间之长，是过去几朝所没有的。我心中念念不忘的，只是专力于尊敬上天，勤劳为民。只因为身体多病，过分地去寻求长生不老，以致于受到奸人的欺骗迷惑。从现在起，由于劝谏而获罪的各位臣子，还活着的要召回朝廷任用，死了的加以抚恤，记录在册，现在还被关押的马上释放，官复原职。"

【编】皇子裕王朱载垕即皇帝位。

【编】从狱中释放了刑部主事海瑞，把他提升为通政使。

穆宗庄皇帝

【编】穆宗皇帝隆庆元年（丁卯，1567）春正月，立妃陈氏为皇后。

【编】下诏录用明世宗年代中各位劝谏的臣子。杨继盛、沈炼等人都被复职，赠官并优待子孙，下令祭祀他们。

【编】追赠王守仁为新建侯，谥号文成。

【编】进高拱少傅、武英殿大学士，谢病归。以礼部尚书陈以勤为文渊阁大学士。

【编】二月，以礼部右侍郎张居正为吏部左侍郎兼东阁大学士，直内阁。

【编】三月，葬永陵。方士王金、陶仿、申世文、刘文彬、高守中、陶世恩伏诛。

【编】四月，进张居正礼部尚书、武英殿大学士。

【编】戊辰，二年，春正月，进大学士张居正少保。进陈以勤太子太师、武英殿大学士。召南京礼部尚书赵贞吉为讲官，掌詹事府。

【编】二月，帝耕藉田。

【编】三月，立皇子翊钧为皇太子。

【编】科臣石星上疏言六事，诏廷杖、削籍。【纪】星上言六事：一曰养圣躬，长夜之饮不可不节；二曰勤圣学，经筵久辍，屡请未复；三曰勤视朝，总理万几，周知民隐；四曰速俞允，言涉圣躬者留中不下，事干内庭者稽迟不允；五曰广听纳，六曰察谗谮。疏奏，上怒，命廷杖，削其籍。

【编】秋七月，陕西民李良雨化为妇人。

【编】冬十月，户部尚书刘体乾罢。【纪】先是内降户部采买珍珠金玉等项，尚书高曜即召商收买应命。及体乾为尚书，抗论财用阙乏，请停采买。疏至，文思房不肯收，令赍本吏领回。体乾复令赍往，吏被驱逐，将原本送内阁，未及进呈，忽内降著致仕去。

【编】十一月，杖内监李芳，系狱禁锢之。【纪】芳数以直谏忤旨，同辈亦恨其正直，共短之。上命缇骑杖之，系狱待决。刑部

【编】晋升高拱为少傅、武英殿大学士,高拱由于有病辞职还乡。任命礼部尚书陈以勤为文渊阁大学士。

【编】二月,任命礼部右侍郎张居正作吏部左侍郎兼东阁大学士,入值内阁。

【编】三月,明世宗葬于永陵。方士王金、陶仿、申世文、刘文彬、高守中、陶世恩等人被处死刑。

【编】四月,晋升张居正为礼部尚书、武英殿大学士。

【编】隆庆二年(戊辰,1568)春正月,大学士张居正晋升为少保。陈以勤晋升为太子太师、武英殿大学士。召南京礼部尚书赵贞吉担任讲官,掌管詹事府。

【编】二月,明穆宗耕种藉田。

【编】三月,立皇子翊钧为皇太子。

【编】都察院的官员石星上疏说了六件事,下诏在朝廷中对他施刑杖,削除了他的官籍。 【纪】石星所奏六件事:一是圣上应该保养好自己的身体,整夜的喝酒不可以不加以节制;二是圣上应该勤奋学习,给皇帝讲经书的经筵已经停顿很久了,多次请求也没有恢复;三是勤于上朝,总理日常政务,普遍了解民间的隐情;四是迅速批复奏疏,而现在凡是奏章牵涉到圣上自身的都扣留在宫中不复,事情与内廷有关的都迟迟不予允准;五是广泛听取、接受意见;六是查察谗言。奏章送上去后,明穆宗发怒,命令在朝廷杖责石星,削除了他的官籍。

【编】秋七月,陕西平民李良雨变成了妇女。

【编】冬十月,户部尚书刘体乾被罢免。 【纪】在此之前,宫中降旨,命户部采购金器、玉器、珍珠等。尚书高曜就立即召来商人收买,以应上命。到了刘体乾作尚书时,上奏章抗命,论说国家的资财用费缺乏,请求停止采买宝物。奏章送上去后,文思房不肯接受,令送奏章的户部吏员带回去。刘体乾又令吏员把奏章送去,吏员被打了出来。又将原本奏章送交内阁。奏章还没有呈交皇帝,忽然宫中降旨令刘体乾退休回家。

【编】十一月,用刑杖责打宫中太监李芳,把他关到监狱里禁锢起来。 【纪】李芳多次因为直言劝谏违背皇上旨意。他的同僚们也恨他

尚书毛恺言："'刑人于市，与众弃之'，非惟死者不冤，亦令生者不犯。李芳供事内廷，罪状未明，莫知所坐？"上曰："芳无礼，第锢之。"

【编】己巳，三年，夏五月，逮御史詹仰庇，杖一百，削籍为民。【纪】仰庇言："陛下取户部银，尽以供造鳌山，修理宫苑，花栏、龙凤、秋千架、金玉器物之费，使群小因而乾没，为圣德累不小。"上怒，命锦衣卫逮治，杖一百，削籍为民。大学士李春芳等疏救，不听。

【编】六月，以海瑞为右佥都御史，总理粮漕，巡抚应天等处。

【编】秋七月，建极殿大学士徐阶致仕。诏起高拱为武英殿大学士。

【编】八月，以赵贞吉为文渊阁大学士。

【编】庚午，四年，春正月。太子太师陈以勤致仕。

【编】冬十月，俺答来请盟，通贡市马。【纪】俺答孙把汉那吉率其仆阿力哥等来降，总督王崇古纳之。边吏哗曰："此孤竖无足重轻，宜勿留。"崇古曰："此奇货可居。俺答即急之，留而为市，谕以执送叛人赵全等，我归其孙；若其弗急，则我因而抚之，如汉质子法，使招其故部居近塞。俺答老且死，其子黄台吉势不能尽有其众，然后以居耆、谷蠡秩置塞外，其与黄台吉构则两利而俱存之，弗构则以兵助之，外博兴灭扶危之名，而实收其用。"事闻，廷臣喧然以为不可，御史叶梦熊争之尤力。上曰："慕义来降，宜加奖励。其以把汉那吉为指挥使，阿力哥为正千户，各赐衣一袭。"

为人正直，共同说他的坏话。明穆宗命令锦衣卫的校尉用刑杖责打他，把他关到监狱里等候处决。刑部尚书毛恺说："古书上讲：'在市上处死犯人，是要和大众一起唾弃他。'这样不只是让死者感到不冤枉，也使活着的人不再犯法。李芳在宫中伺候，罪状不明，不知道他犯的是什么罪？"明穆宗说："李芳无礼，是暂时关起来的。"

【编】隆庆三年（己巳，1569）夏五月，逮捕御史詹仰庇，杖责一百下，削去官籍，贬为平民。　【纪】詹仰庇说："陛下拿来户部的银子，全用以供给修造鳌山，修理宫中的园苑、花栏、龙凤、秋千架和制造金器、玉器等的费用，使那帮小人趁机从中贪污吞没，给圣上的德行带来不小的牵累。"明穆宗听到后发怒了，命锦衣卫逮捕詹仰庇加以处治，杖打一百下，削除官籍，贬为平民。大学士李春芳等人上疏救他，明穆宗不听。

【编】六月，任命海瑞作右佥都御史，总理粮食漕运，巡抚应天府等地。

【编】秋七月，建极殿大学士徐阶退休。明穆宗下诏起用高拱为武英殿大学士。

【编】八月，任命赵贞吉为文渊阁大学士。

【编】隆庆四年（庚午，1570）春正月，太子太师陈以勤退休。

【编】冬十月，俺答来请求结盟，要求允许派使者入贡，在边境开辟马市。　【纪】俺答的孙子把汉那吉率领他的仆人阿力哥等人来投降，总督王崇古接纳了他。边境上的官吏吵吵嚷嚷地说："这个小孤儿对我们无足轻重，不应该留下他。"王崇古说："这是奇货可居啊！俺答如果因此着急，我们就留下他的孙子作为交换条件，向他说明，让他把叛变的赵全等人捆送回来，我们就送回俺答的孙子。如果他不着急，我们就趁机安抚他们，像汉代用儿子作人质的方法一样，让把汉那吉去招集旧部到接近边塞的地方居住。俺答已年老，快要死了，他的儿子黄台吉不能领有俺答的所有部众，我们就给把汉那吉加上居耆或谷蠡的王号，把他安置在塞外。他和黄台吉互相结怨，对我们有利，就让他们全都存在着。他们之间互不结怨，就用军队去帮助一方，这样对外可以博得复兴濒于灭绝者和扶助危难者的美名，而实际上收到为我所用的

俺答妻恐中国杀其孙，日夜怨俺答，俺答亦自悔，遂拥众十万压境。崇古命百户赵崇德往谕以国恩，要其缚叛示信。俺答夫妇感且愧曰："汉乃肯全吾孙，吾且啮臂盟，世世服属，何有于叛人。"遂定盟，通贡市马。

【编】十二月，诏进王崇古少保、兵部尚书。【纪】俺答执赵全等来献。崇古遣那吉归。那吉感泣，誓不敢负中国。论功，进崇古少保、兵部尚书，赐蟒玉，世袭锦衣千户。

【编】进大学士张居正吏部尚书、少傅，兼建极殿大学士。

【编】辛未，五年，春三月，封俺答为顺义王。

【编】夏四月，诏小吏得官本土。【纪】高拱言："国家用人，不得官于本土，此惟有民社之责者然耳。若仓库、驿递等官，官甚卑，家甚贫，一授远土，或弃官而不能赴，或去任而不能归，其情可怜。近日教官得选本省地方，人以为便，乞照此例。"从之。

【编】五月，少师李春芳致仕。

【编】秋八月，诏以故礼部左侍郎薛瑄从祀孔子庙庭。

【编】以高仪为礼部尚书，掌詹事府。

【编】壬申，六年，春正月，进大学士张居正少师。以高仪为文渊阁大学士，以吏部左侍郎吕调阳为礼部尚书。

【编】三月，皇太子出阁读书。

效果。"这件事报告上去，廷臣议论纷纷，认为不能这么办，御史叶梦熊争辩得尤其厉害。明穆宗说："把汉那吉羡慕仁义，前来投降，应该加以奖励。现任命把汉那吉为指挥使，阿力哥为正千户，各赐官服一套。"

俺答的妻子恐怕中国杀死他的孙子，日日夜夜埋怨俺答，俺答也感到后悔，就率领十万之众逼近边境。王崇古命百户赵崇德到俺答那里去向他们宣布朝廷对把汉那吉的恩惠，要求俺答把叛变的汉人绑起来送回以表示守信。俺答夫妇二人又感动又羞愧，说："汉人竟肯保全我的孙子，我要咬破胳膊来盟誓，世世代代服属中国，几个叛变的汉人值得什么呢？"于是双方就订定盟约，同意通使入贡，在边境开辟马市，进行交易。

【编】十二月，下诏晋升王崇古为少保、兵部尚书。　【纪】俺答把赵全等人抓起来送给朝廷，王崇古就将把汉那吉遣回。把汉那吉感动得哭了起来，发誓决不敢背叛中国。朝廷评功论赏，将王崇古晋升为少保、兵部尚书，赐给他蟒袍玉带，又赐他子孙世袭锦衣千户。

【编】晋升大学士张居正为吏部尚书、少傅，兼建极殿大学士。

【编】隆庆五年（辛未，1571）春三月，封俺答为顺义王。

【编】夏四月，下诏允许小吏得在原籍所在地方任官。　【纪】高拱说："国家用人，规定不许在原籍所在地作官，这只是负有管理土地人民之责的官员如此。如果是管仓库、驿站邮递等处所的官员，官位卑微，家境贫穷，一旦把他们派到远方去作官，有的放弃了官职不能去赴任，有的去上任了而没有能力还乡，他们的情况实在可怜。近来学校的学官们被允许在本省地方任官，人们都认为很适宜。乞求能按照这种事例，使小吏得在本乡任官。"明穆宗依从了这个建议。

【编】五月，少师李春芳退休。

【编】秋八月，明穆宗下诏以已故礼部左侍郎薛瑄在孔庙内陪祀。

【编】任命高仪为礼部尚书，掌管詹事府。

【编】隆庆六年（壬申，1572）春正月，晋升大学士张居正为少师。任命高仪为文渊阁大学士，吏部左侍郎吕调阳为礼部尚书。

【编】三月，皇太子出阁读书。

【编】夏五月,帝崩。 【纪】上不豫。己酉,大渐,召阁臣高拱、张居正、高仪至乾清宫受顾命。上倚坐御榻,皇后及皇贵妃咸侍,东宫立于左。上困甚,太监冯保宣顾命曰:"朕嗣统方六年,今疾甚,殆不起,有负先帝付托。东宫幼冲,以属卿等,宜协辅,遵守祖制,则社稷功也。"拱等泣拜而出。翼日,上崩。

【编】六月,太子翊钧即位。 【纪】时太监冯保方居中用事,矫传大行遗诏云:"阁臣与司礼监同受顾命。"廷臣闻之俱骇。一日内使传旨至阁,高拱曰:"旨出何人?上冲年,皆若曹所为,吾且逐若曹矣。"内臣还报,保失色,谋逐拱。拱与张居正俱负气不相下,居正乃结保自固。拱虑保专恣,与居正、高仪谋去之。居正阴泄之保,乃与保谋去拱。

【编】罢大学士高拱。 【纪】是月既望庚午昧爽,拱在直,张居正引疾。召诸大臣于会极门,促居正至,拱以为且逐冯保也。保传皇后、皇贵妃、皇帝旨曰:"告尔内阁、五府、六部诸臣,大行皇帝宾天先一日,召内阁三臣御榻前,同我母子三人亲受遗属。今大学士高拱揽权擅政,威福自专,通不许皇帝主管。我母子日夕惊惧,便令回籍闲住,不许停留。"拱即日出朝门,乘一牛车去,而高仪未几亦以病卒,居正衰然首辅矣。

【编】尊皇后曰仁圣皇太后,皇贵妃曰慈圣皇太后。
【编】秋八月,帝御经筵。 【纪】张居正请开经筵,复请更定常朝日期,御门听政,俱从之,上遂御文华殿日讲以为常。

【编】夏五月，明穆宗去世。【纪】明穆宗有病，二十五日，病情非常严重。明穆宗把内阁大臣高拱、张居正、高仪召到乾清官接受临终遗命。明穆宗倚靠着坐在御床上。皇后和皇贵妃们都在一起侍候，东宫太子站在左边。明穆宗已经病困到极点了。太监冯保在旁边宣布皇帝的临终遗命说："朕继承皇位才六年，现在病得很厉害，恐怕会一病不起，有负先帝的托付。东官太子年龄幼小，把他托给你们，你们应该辅佐太子，遵守祖制，这就是对社稷国家的功劳了。"高拱等人哭泣着叩拜后退出来。第二天，明穆宗就死了。

【编】六月，太子朱翊钧即皇帝位。【纪】当时太监冯保正在宫内当权，他假传去世的皇帝的遗诏说："内阁大臣和司礼监一同承受临终遗命。"廷臣们听到以后，全都十分惊惧。有一天宫中的内使到内阁来传达圣旨。高拱说："圣旨是什么人发出来的？皇帝年龄幼小，圣旨全是你们这些人所为。我就要把你们这些人都赶走了。"送信的宦官回去报知，冯保大惊失色，就算计要把高拱赶走。高拱和张居正两人都各恃意气，不肯相让，张居正就去结交冯保以巩固自己的地位。高拱担心冯保专权放恣，就和张居正、高仪一起商议把冯保除去。张居正暗地里把这件事泄漏给冯保，就和冯保图谋赶走高拱。

【编】罢免大学士高拱。【纪】这个月十六日（庚午）天快亮时，高拱在内阁值班，张居正因病请假。宫中传令把各位大臣召集到会极门来，又去催促张居正前来。高拱以为就要驱除冯保了。冯保来传达皇后、皇贵妃、皇帝的旨意，说："告诉你们内阁、五府、六部的诸位大臣，去世的皇帝归天的前一天，召集内阁的三位大臣来到御榻前面，和我们母子三人一同亲受遗嘱。现在大学士高拱独揽大权，专擅朝政，自己作威作福，政事全不让皇帝主管。我们母子日夜都惊恐不安。现在命他回到原籍闲住，不许在京城停留。"高拱当天出了朝门，乘着一辆牛车离开，而高仪不久也因病去世，张居正俨然成为首席辅臣了。

【编】尊皇后为仁圣皇太后，皇贵妃为慈圣皇太后。

【编】秋八月，明神宗到经筵听讲。【纪】张居正奏请开办经筵，又请重新确定平常举行朝会的日期，请皇帝到宫门听取政事。明神宗全都予以允准。从此，明神宗就把每天到文华殿听讲课当作常规了。

【编】冬十二月，张居正进《帝鉴图说》。 【纪】上见居正捧册进，喜动颜色。遽起立，命左右展册。居正从旁指陈大义。上应如响，因即宣付史馆，赐居正银币。

一日，上御文华殿讲毕，览至汉文帝劳军细柳事。居正因言："陛下当留意武备。祖宗以武功定天下，承平日久，武备日弛，不可不及早讲求也。"上称善。

神宗显皇帝

【编】癸酉，神宗皇帝万历元年，春正月，命成国公朱希忠、大学士张居正知经筵事。

【编】张居正及冯保谋杀前大学士高拱，未遂而罢。 【纪】庚子，早朝，上出乾清宫，见一无须男子伪作宦者状，袖有佩刀，趋走惶遽。左右执之。冯保立鞫之。曰："南兵王大臣。""奚自？"曰："自总兵戚继光来。"保使密报居正，而居正令附保耳曰："戚公方握南北军，禁无妄指，可借以除高氏。"

先是大臣为戚帅三屯营南兵不遂，流落都下，为人巧捷便佞，一中贵昵之。至是，令称拱使，改籍武进县，即令厕卒辛儒衣大臣蟒袴，予二剑，剑首饰猫精异宝，送系厂中，入以闻，请究主使人。居正亦上疏如保意。上即付保鞫。保令辛儒屏语大臣曰："第言高相君怨望，使汝来刺，愿先首免罪，即官汝锦衣赏千金；不然，重榜掠死矣。"儒日与大臣狎款，即令诬拱家人为同谋。

【编】冬十二月，张居正把《帝鉴图说》这本书进献给明神宗。【纪】明神宗见到张居正捧着书册进献上来，高兴得喜笑颜开。他马上就站起来，命左右侍从展开书册。张居正在旁边指点着讲述此书的大意，明神宗连声答应，当时就下令把这本书交给史馆收藏，并且赐给张居正银钱。

有一天。明神宗来到文华殿听讲完了，看书看到汉文帝到细柳军营去劳军的事。张居正就趁机说道："陛下应当多留心武备。祖宗是用武功平定天下的。现在天下太平无事的日子太长了，武备一天天松弛下来，不可以不趁早加以修整，做些研究。"明神宗说好。

神宗显皇帝

【编】神宗皇帝万历元年（癸酉，1573）春正月。命成国公朱希忠、大学士张居正管理经筵事务。

【编】张居正和冯保谋划杀死前大学士高拱，没有成功而作罢。【纪】十九日，早朝的时候，明神宗从乾清官出来，看到一个没有胡须的男人装扮成宦官的样子，在袖子里藏着佩刀，惊慌不安地迅速走开。明神宗的左右侍卫抓住了他，冯保马上就加以审问。这个人说："我是南方的士兵，叫王大臣。"冯保问："从哪里来？"他说："从总兵戚继光那里来。"冯保派人秘密地告知张居正这件事。而张居正让使者去对冯保附耳传话，说："戚公现在正掌握着南北军的军权，不许王大臣妄加指控。我们可以借此机会除去高拱。"

在此之前，王大臣想当戚帅属下的三屯营南兵，没有当成，就流落在京城里了。这个人为人机巧会说话，善于逢迎，有一个宫中的大太监很喜欢他。到了这时，冯保令王大臣说他是受高拱指使的，把他的籍贯改成武进县。接着就让役卒辛儒给王大臣穿上绣蟒的裤子，给了他两把剑，在剑的柄首上装饰着猫儿眼等珍宝，把王大臣送到东厂去关押。然后，冯保到宫中去奏告皇帝，请求追查主使的人。张居正也上呈奏章，说的和冯保的意思相同。明神宗就把王大臣交给冯保审讯。冯保令辛儒把别人支开，对王大臣说："你只要说是高相君（高拱）心中怨恨，派你来刺杀皇帝。你愿意先自首，以求免罪。这样就会让你作锦衣卫的官，

狱具，保飞发五校械拱仆。而居正前疏传中外，口语籍籍，谓且逮拱。居正乃密谋于吏部尚书杨博。博曰："迫之恐起大狱。抑上神圣英锐，持公平察，高公虽粗暴，天日在上，安得有此？"居正面不怿。左都御史葛守礼语杨博："过张公，必诤之。"博曰："向已告矣。"守礼曰："舆望属公，谓公能不杀人媚人耳。大狱将起，公奈何以已告为解？"即共诣居正，居正曰："东厂狱具矣。同谋人至，即疏处之耳。"守礼曰："愿以百口保高公。"居正默不应，博曰："愿相公持公议。"居正愤然入内，取厂中揭帖投博曰："是何与我？"揭帖有居正窜改四字曰"历历有据，"而居正忘之，守礼识居正字，笑而纳诸袖。居正觉曰："彼理法不谙，我为易数字耳。"守礼曰："机密重情，不即上闻，先政府邪？吾两人非为相公甘心高公，以回天非相公不能。"居正揖谢曰："何以教我？"博曰："此须得一有力世家，与国休戚者，乃可委治。"居正悟，言于上，命冯保与葛守礼、都督朱希孝会审。

希孝诣杨博问计，博曰："公第使善诇校尉入狱，讯刀剑、口语所从来，杂高家仆稠众中，令别识，且问见高公何所？今在何地？则立辨矣。"希孝如博言，使善诇校尉密询大臣何自来？则来自保所，语尽出保口。校尉即告大臣："入宫谋逆者，法族，奈何甘此？若吐

赏银千两。不然的话，就把你用重刑拷打至死。"辛儒每日和王大臣在一起，混得亲近熟习了，就让王大臣去诬陷高拱的家人为同谋犯。

　　罪犯案卷都具备了，冯保就马上派出五名校尉把高拱的仆人加上刑具抓来。而张居正前所呈上的奏章已经在宫内外传开了，人们纷纷传言，说是就要去逮捕高拱了。张居正就和吏部尚书杨博秘密地商议怎么办。杨博说："操之过急，恐怕会兴起大狱来。而且皇上神圣英明，见识敏锐，处事公平，明察秋毫。高公虽然办事粗暴，但是上有苍天白日，哪里会有谋刺这种事呢？"张居正听了脸上显出不高兴的样子。左都御史葛守礼对杨博说："您到张公那里，一定要直言劝告他。"杨博说："刚才我已经告诉他了。"葛守礼说："舆论向着您，认为您能不用杀人去取媚别人。一个大狱就要兴起了，您怎么能用已经告诉他了这么一句话替自己解脱呢？"于是他们就一起去见张居正。张居正说："东厂那里罪状等案卷已经齐全了。把同谋犯抓来后，就要上疏请求处治了。"葛守礼说："我愿意用我一家上百口人的性命来为高公担保。"张居正默不作声。杨博说："希望相公持论公正。"张居正愤愤地走到里屋去，拿出东厂里面的揭帖扔给杨博，说："这件事与我有什么关系？"揭帖上有张居正窜改的四个字"历历有据"，而张居正忘了这件事。葛守礼认识张居正的笔迹，笑着把这件揭帖收在袖子里。张居正发觉了，说："他们不大熟悉法律条文，我给他们改几个字罢了。"葛守礼说："这种机密的重大案情，不马上就奏告皇上，却先在主管的官府里处理吗？我们两个人不是认为相公一定要杀死高公才甘心，而是因为需要回天之力来救高公，非相公不能。"张居正作揖行礼，向葛守礼、杨博道歉说："请您们教我，该怎么做呢？"杨博说："这件事需要有一个与国家休戚相关的有力量的世家贵族，方才可以把这件事交给他去审理。"张居正省悟了，奏告明神宗，命冯保和葛守礼、都督朱希孝在一起会审。

　　朱希孝去见杨博，向他求计。杨博说："您只要派一个善于侦察的校尉到监狱里去，讯问王大臣的刀剑和他说的口供都是从哪儿得来的，再把那个被捕的高家仆人混杂在大批人里面，让王大臣去识别出来，并且问他在什么地方见到高公，现在高公在什么地方。这样就会立刻把真相分辨出来了。"朱希孝像杨博讲的那样，派善于侦察的校

实,或免罪。"大臣哭曰:"始绐我主使者罪大辟,自首无恙,官且赏,岂知当实言!"高家仆逮至,希孝杂诸校中,令物色,大臣不辨也。

及会审,风霾、大晦、雨雹,东厂理刑官白一清厉声曰:"天意若此,可不畏乎!"顷之,天稍明,出大臣会问。故事,先杂治,大臣呼曰:"故许我富贵,何杂治也!"冯保即问曰:"谁主使者?"大臣曰:"尔使我,乃问也。"保气夺。又问:"尔言高相公何也?"曰:"汝教我,我则岂识高相公。"希孝复诘其蟒裤、刀剑,曰:"冯家仆辛儒所予。"保益惧,遂罢审。保密饮大臣生漆酒瘖之,而密以拱行刺事上闻。

有殷内监者,年七十余,奏上曰:"高拱故忠臣,何为有此!"随顾保曰:"高胡子是正直人,张居正故怀忮刻,必杀之,我辈内官何须助彼。"保大沮,而内监张宏亦力言不可,于是上下刑部拟罪,竟论大臣斩。

拱被居正龁齕,杜门屏居。仕宦中州者不敢过新郑,率枉道他去。

【编】甲戌,二年,春正月,张居正进讲章。 【纪】居正上讲章疏略曰:"义理必时习而后能悦,学问必温故而后知新。臣谨将今岁

尉去秘密地询问王大臣从什么地方来的？结果得知他是从冯保那里来的，他说的谋刺的事也全都是出自冯保之口。校尉就对王大臣说："入宫谋杀皇帝的人，按照法律要灭全族，你怎会甘心担受这个罪名呢？如果你说出实话来，也许可以免除罪名。"王大臣哭着说："开始时他们骗我说，主使者要被判死刑，我自首了就没有事，还给我官做，而且有赏赐。我怎么知道应该说实话呢？"高拱家的仆人被逮捕来后，朱希孝把他混杂在军校们当中，令王大臣去识别，王大臣不能分辨出来。

到了会审那一天，风刮着尘土，天色阴晦，下着冰雹。东厂的理刑官白一清声色严厉地说："天意如此，可以不畏惧吗？"过了一会儿，天色稍微明亮了一点，就把王大臣提出来进行会审。按照旧例，先要用刑具责打。王大臣就喊道："原来答应过给我富贵，为什么还要责打我？"冯保就问他："谁是主使者？"王大臣说："是你指使我的，你还问什么。"冯保的气焰马上就丧失掉了。他又问："你为什么要说是高相公呢？"王大臣说："这是你教给我的，我怎么会认识高相公呢？"朱希孝又诘问他的绣蟒的裤子和刀剑是哪里来的。王大臣说："这是冯家的仆人辛儒给我的。"冯保更加害怕，就停止了审问。冯保偷偷地给王大臣喝了掺有生漆的酒，使他变哑了。冯保又秘密地把高拱派人行刺的事奏告了皇帝。

有一个姓殷的宦官，有七十多岁了，他向明神宗上奏说："高拱原是个忠臣，怎么会有谋刺这种事呢？"随即看着冯保说："高胡子（指高拱）是一个正直的人。张居正心地向来刻毒，一定要杀死高拱。我们这些内臣何必去帮助张居正呢？"冯保十分沮丧，而内监张宏也竭力陈说不可以处治高拱。于是明神宗就把这件案子交给刑部去拟定刑罚，最后判定将王大臣斩首。

高拱受到张居正的中伤，在家中闭门不出，杜绝宾客。在中原地区做官的官员们都不敢从高拱家所在的新郑（今河南新郑县）经过，大多绕道而过。

【编】万历二年（甲戌，1574）春正月，张居正向明神宗进献讲解经书的讲章。【纪】张居正关于进献讲章的奏疏中大略说："经书的义理

所进讲章重复删定,《大学》一册,《虞书》一册,《通鉴》四册,进呈睿览。虽浅近之言,然亦行远登高之一助也。"

【编】三月,帝自驾迎仁圣皇太后过大内赏花。【纪】上语辅臣曰:"昨日禁中花盛开,侍母后赏宴甚欢。"盖指慈圣也。张居正奏曰:"仁圣太后处多时寂寞,惟陛下念之。"上即起还宫白慈圣,自驾往迎仁圣过大内赏花,传觞欢宴而罢。

【编】秋九月,刑部请录囚。【纪】慈圣太后欲停之,上问张居正,对曰:"春生、秋杀,天道之常。陛下即位以来,停刑者再矣,稂莠不除,反害嘉禾,凶恶不去,反害良民。"上为请太后,从之。

【编】冬十二月,张居正率大臣上御屏。【纪】屏绘天下疆域及职官姓名,用浮帖以便更换。上命设于文华殿后,时加省览。

【编】乙亥,三年,秋八月,以吏部左侍郎张四维为礼部尚书,入东阁。【纪】张居正请增阁臣,许之,即日进四维为礼部尚书,入东阁。故事,入阁者止曰同某人办事,至是上手注"随元辅入阁办事",四维恂恂若属吏矣。

【编】丙子,四年,春正月,下御史刘台狱,夺职为民。【纪】台劾"大学士张居正专擅威福,如逐大学士高拱,私赠成国公朱希忠王爵,引用张四维、张瀚为党,斥逐言官余懋学、傅应祯,罔上行私,横黩无厌。"居正怒甚,见上辞政曰:"臣之所处者,危地也。

一定要经常学习，然后才能真心喜爱它们。学问一定要温习旧的知识，然后才能了解新的学问。臣谨将今年进献的讲章重新加以删削改定，有《大学》一册，《虞书》一册，《通鉴》四册，进呈请加阅览。这些讲章虽然是浅近的言论，但是对于求得更高深的学问，也还有些帮助。"

【编】三月，明神宗亲自去迎接仁圣皇太后到宫中赏花。【纪】明神宗对辅佐大臣们说："昨天宫里鲜花盛开，我侍奉母后去赏花饮酒，十分欢乐。"这是指侍奉慈圣皇太后。张居正上奏说："仁圣太后那里已经寂寞多时，希望陛下能想念到。"明神宗就起身回到宫中去禀告慈圣皇太后，然后自己亲自去迎接仁圣皇太后到宫中赏花，互相传杯饮酒，尽欢后才散去。

【编】秋九月，刑部奏请录囚，检察囚犯的罪案，决定判处死刑的名单。【纪】慈圣皇太后想要停止录囚，明神宗去询问张居正的意见，张居正回答说："春季生养，秋季肃杀，这是上天变化的常规。陛下即位以来，已经一再停止施行死刑。但是田中的害草不除去，反而会伤害好的禾苗；凶恶的坏人不除去，反而会伤害良民百姓。"明神宗为此去请示太后的意见，太后听从了张居正的建议。

【编】冬十二月，张居正率领大臣们进献御屏。【纪】御屏上画着全国疆域和不同职务官员的姓名，都用纸条贴挂在上面，以便于更换，明神宗命令把御屏放在文华殿后面，经常加以查阅。

【编】万历三年（乙亥，1575）秋八月，任命吏部左侍郎张四维为礼部尚书，入东阁办公。【纪】张居正请求增加内阁大臣。明神宗允许了，当天就晋升张四维为礼部尚书，入东阁办公。按照旧例，进入内阁的人只说是"同某人办事"。这时明神宗亲手加注："随元辅入内阁办事。"于是在张居正面前，张四维恭顺小心得好像一个下属官吏一样了。

【编】万历四年（丙子，1576）春正月，把御史刘台关进监狱，免去他的官职，黜为平民。【纪】刘台弹劾说："大学士张居正专擅权力，作威作福，例如赶走大学士高拱，私自追赠成国公朱希忠以王爵，引用张四维、张瀚为他的同党，斥逐言官余懋学和傅应祯，欺瞒皇上，谋取私利，横暴贪婪，没有满足的时候。"张居正十分愤怒，去见明神宗，要

言者以为擅作威福，而臣之所行正威福也。将巽顺以悦下邪，则负国；竭公以事上邪，无以逃专擅之讥。"伏地不肯起，上下御座手掖之，曰："先生起，朕当责台以谢先生。"诏："下台狱，杖一百，远戍之。"时议籍籍，居正不自安，复具疏为解，免杖夺职为民，然心终恨之，后竟置之死。

【编】冬十月，进张居正左柱国、太傅，加伯爵。【纪】敕曰："先生亲受先朝顾命，辅朕冲年。今四海升平，实赖匡弼，精忠大勋，言不能殚。惟我祖宗列圣佑尔子孙，与国成休，钦哉！"居正固辞伯爵，许之。

【编】丁丑，五年，夏五月，诏修慈庆、慈宁两宫，既而罢之。【纪】张居正言："两宫于万历二年落成，今壮丽如故，足以娱圣母。乃欲坏其已成，更加藻饰，非所急也。请辍工。"从之。

【编】秋九月，帝谕停刑。【纪】慈圣太后以大婚期近也。张居正上言："春生、秋杀，天道所以运行；雨露、霜雪，万物因之发育。明王奉若天道，刑赏予夺，皆奉天意以行事。若弃有德而不用，释有罪而不诛，则刑赏失中，惨舒异用矣。且臣近详阅所开诸犯，皆逆天悖理；其所戕害，含冤蓄愤。圣主明王不为一泄，彼以其怨恨冤苦之气，郁而不散，其上蒸为妖氛诊侵之变，下或致凶荒疫疠之疾，则其为害又不止一人一家也。请俟明年吉典告成，然后概免一年。"从之。

辞去职务，说："臣现在所处的地位，是一个危险的境地。进言者认为臣擅自作威作福，而臣之履行职务，正是与威福分不开的。如果我柔顺依从，来取悦下面的人吧，就会辜负国家。如果我竭力为公以侍奉皇上吧，就没有办法避免专擅威福的讥议。"张居正跪伏在地上不肯起来，明神宗走下御座亲手把他扶起来，说："先生起来。朕会责罚刘台来向先生谢罪。"明世宗下诏书说："把刘台关入监狱，杖打一百下，发配到远方去戍边。"当时朝廷中议论纷纷，张居正自己感到不安，又写了奏章为刘台解脱，免除对刘台的杖责，改为削职为民。然而张居正一直怀恨在心，后来终于把刘台置于死地。

【编】冬十月，晋升张居正为左柱国、太傅，加封伯爵。 【纪】明神宗的敕命说："先生亲受先皇临终遗命，辅佐朕于幼年。现在四海升平，实是依赖先生的辅弼和匡正。先生的忠诚纯正和巨大的功勋，言语不能尽述。只希望我列祖列宗的神灵保佑你的子孙，让他们和国家一起享受福祚。"张居正坚决要辞去伯爵，明神宗允许了。

【编】万历五年（丁丑，1577）夏五月，下诏修缮慈庆、慈宁两座宫殿，不久以后又停止了。 【纪】张居正说："慈庆、慈宁两座宫殿在万历二年才落成，现在还和刚修成时一样壮丽，足可以使得圣母欢娱。现在想要毁坏已经建成的宫殿，再加以装饰粉绘，这不是急迫的事情，请求停工。"明神宗听从了这个意见。

【编】秋九月，皇帝下令停止行刑。 【纪】慈圣太后因为皇帝结婚的日期临近而要停刑。张居正上奏说："春季生养，秋季肃杀，上天就是这样变化运行的。雨露和霜雪，万物依赖它们才能够发育。明君的作为就像天道运行一样，刑罚和赏赐，给予和剥夺，都是遵循天意来办理。如果丢弃了有德的人不予任用，放掉有罪的人不加诛罚，就会使得刑罚和奖赏都失去了准则，让人感到惨痛和舒畅这两种手段也用错了对象。而且臣近来详细查阅了刑部开具的各名罪犯，都背逆天理，被这些罪犯残害的人，含有冤枉，满怀悲愤。如果圣明的君主不为他们雪冤泄愤，那些人的怨恨痛苦的冤气，郁积不得消散，那股气向上蒸腾，会产生妖气，阴阳不调等种种怪异；向下散播，又可能造成灾荒凶年和疾病瘟疫。那么，为害的又不只是一个人，一家人了。请

【编】张居正以父丧欲去位,帝手诏慰留之。

【编】冬十月,张居正复上疏乞终制,不允。杖谪编修吴中行、检讨赵用贤、刑部员外艾穆、主事沈思孝等。【纪】居正既父丧夺情,吉服视事,中行、用贤、穆、思孝交章劾居正忘亲贪位,居正大怒。大宗伯马自强曲为营解。居正跪,而以一手捻须曰:"公饶我!公饶我!"掌院学士王锡爵径造丧次为之解。居正曰:"圣怒不可测。"锡爵曰:"即圣怒,亦为公。"语未讫,居正屈膝于地,举手索刀作刎颈状,曰:"尔杀我!尔杀我!"锡爵大惊趋出。

是月二十二日,中行等四人同时受杖,中行、用贤即日驱出国门,人不敢候视。许文穆方以庶子充日讲,镌玉杯一,曰"斑斑者何卞生泪,英英者何蔺生气,追之琢之永成器",以赠中行。镌犀杯一,曰"文羊一角,其理沉黝,不惜剖心,宁辞碎首。黄流在中,为君子寿",以赠用贤。

穆、思孝复加镣锁,且禁狱,越三日始签解发戍,为更惨毒。时邹元标观政刑部,愤甚,视四人杖毕而疏上;越三日受杖,谪戍贵州都匀卫。

【编】罢吏部尚书张瀚。【纪】先是瀚为南京工部尚书,廷推吏部,瀚名第三,以张居正言,上越次用之。居正以为德,希瀚报。夺情议起,遂邀中旨属瀚留居正,居正亦自为牍,风之使留己。瀚若

等到明年吉庆的婚典完成后，然后停刑一年。"皇上听从了。

【编】张居正因为父亲去世要辞去职位，明神宗亲手写诏书安慰他，挽留他。

【编】冬十月，张居正再次上疏请求让他去为父亲守丧，明神宗不允许。杖责并且贬谪了编修吴中行、检讨赵用贤、刑部员外艾穆、刑部主事沈思孝等人。　【纪】张居正在父亲去世后因皇帝之命，不服丧而留任，穿着红色的官服去处理公务。吴中行、赵用贤、艾穆、沈思孝等人纷纷上奏章弹劾张居正贪图官位、忘了亲情。张居正大怒。大宗伯马自强委婉地为之解说，劝张居正息怒。张居正跪在地上，用一只手捻着胡须说："您饶了我吧！您饶了我吧！"掌院学士王锡爵径直到张居正家停丧的地方去替吴中行等人解释。张居正说："只是圣上怒不可测。"王锡爵说："就是圣上发怒，也是为了您的缘故。"话还没有说完，张居正屈膝跪在地上，举起手来要刀，做出要割自己脖子的样子，说："你杀了我吧！你杀了我吧！"王锡爵大为吃惊，赶快跑出去了。

这个月的二十二日，吴中行等四个人同时受到杖责。吴中行和赵用贤在当天就被赶出京城，人们都不敢问候和看望他们。许文穆当时才以庶子的身分充当日讲官，他在一个玉杯上面刻上这样的文字："斑斑点点是什么？是卞和的眼泪。英姿勃勃是什么？是蔺相如的气概。雕它琢它，终于成器。"把这个玉杯赠给了吴中行。又在一个犀角杯上面刻上这样的文字："文羊的一只角，它的纹理是深深的青黑色，既不惜被剖出内心，怎么会拒绝将头颅粉碎。黄色的米酒盛在中间，用来为君子祝寿。"把这个犀角杯赠给赵用贤。

艾穆和沈思孝两个人更被加上镣铐枷锁，而且关在监狱里面，过了三天才由刑部签发递解，发配戍边，受罚更为惨毒。当时邹元标在刑部观察政务，十分恼怒，他看完这四个人被杖责后就呈上奏章。过了三天，邹元标也受到杖责，被贬谪戍边，发配到贵州都匀卫（今贵州都匀）。

【编】吏部尚书张瀚被罢免。　【纪】在此之前，张瀚是南京工部尚书。朝廷推选吏部尚书，张瀚名列第三位。因为张居正说了话，明神宗越级任用了他。张居正把这当作对张瀚施的恩德，希望张瀚报答他。

不喻其意者,谓"政府奔丧,当以殊典恤之,宗伯事也,何关吏部。"居正大不悦,于是有诏切责瀚,谓瀚奉谕不复,无人臣礼。瀚拊膺太息曰:"三纲沦矣!"居正益怒,嗾台省劾之,勒令致仕。

【编】起复大学士张居正入直内阁。 【纪】初居正在丧次,凡阁中事令吏赍奏就拟处分,手诏称元辅,称太师,称先生,皆尽古师臣之礼。至是,上召居正于平台,慰谕甚至,即日入直。

朝廷中抨击张居正不服丧而留任的议论产生后，张居正就请皇帝下旨嘱张瀚出面挽留张居正，张居正自己也写信给张瀚，示意他挽留自己。张瀚就像是不懂他的意思一样，说："执政大臣奔丧，应该按特殊的礼典加以抚恤。这是礼部的事，和吏部有什么关系？"张居正十分不高兴。于是就有诏书切责张瀚，说张瀚接受了谕旨而不予回复，无人臣之礼。张瀚抚胸叹息道："三纲已经沦丧了！"张居正更加愤怒，唆使御史台的官员弹劾张瀚，勒令张瀚退休。

【编】大学士张居正停止居丧，恢复职务，入值内阁。【纪】当初张居正在居丧期间，凡是内阁中的事务皇帝都令官吏带着奏章到张居正那里，由他拟写如何处理的批示。明神宗在亲手写的诏书中对张居正称元辅，称太师，称先生，全都尽到了古代尊重做帝王老师的大臣的礼节。到这时，明神宗把张居正召到平台，对他慰谕备至，当天就让张居正到内阁值班。

明鉴易知录卷十

明纪

神宗显皇帝

【编】戊寅,六年,春正月,帝冠。

【编】三月,立妃王氏为皇后。 【纪】大婚礼成,上两宫徽号。

【编】张居正乞归治葬,许之。 【纪】居正辞朝。上劳谕之曰:"朕不能舍先生,恐重伤先生怀,是以忍而允所请。然先生虽行,国事尚宜留心。"乃赐银印,曰"帝赉忠良",令得密封言事。

【编】以礼部尚书马自强为文渊阁大学士,掌詹事府;礼部左侍郎申时行为东阁大学士。

【编】夏六月,张居正还朝。 【纪】上召见于文华西室,问沿途所见稼穑何如,民生何如,边事何如?居正对甚悉。上大悦,赐休沐十日。

【编】秋八月,前少师高拱卒,复其官,予祭葬。

【编】己卯,七年,春二月,帝患疹。 【纪】慈圣太后命僧于戒坛设法度众。张居正上言:"戒坛奉皇祖之命禁止至今,以当时僧众数万,恐生变败俗也;今岂宜又开此端!圣躬违豫,惟告谢郊庙、社稷,斯名正言顺,神人胥悦,何必开戒坛而后为福哉!"事遂寝。

【编】二月,河工成。 【纪】先是淮安有水患,河决入淮,水势不敌,淮、扬成为巨浸,直逼泗州,患近寝陵。上以问张居正,因

神宗显皇帝

【编】万历六年（戊寅，1578）春正月，明神宗举行冠礼。

【编】三月，立妃王氏为皇后。　【纪】皇帝的婚礼完毕，给两宫皇太后奉上尊称的徽号。

【编】张居正请求允许他回家乡办理父亲的埋葬事宜，明神宗允许了。　【纪】张居正向皇帝辞行，明神宗慰劳他，对他说："朕舍不得先生离开，但担心会太伤先生的感情，因此强忍着答应了先生的请求。但是先生虽然离开了，还应该留心国家大事。"就赐给张居正一颗银印，上面刻着"帝赍忠良"四个字，令他可以用密封的方式上奏言事。

【编】任命礼部尚书马自强为文渊阁大学士，掌管詹事府；礼部左侍郎申时行为东阁大学士。

【编】夏六月，张居正回到朝廷。　【纪】明神宗在文华殿的西室召见张居正，向他询问沿途见到的庄稼长势怎么样，人民的生活怎么样，边境的情况怎么样？张居正回答得很详细。明神宗十分高兴，赐给张居正十天假期。

【编】秋八月，前少师高拱去世，恢复了他的官职，由朝廷赐予祭葬。

【编】万历七年（己卯，1579）春二月，明神宗患了麻疹病。【纪】慈圣太后命僧人开设戒坛，作法会诵经，剃度民众为僧。张居正上奏说："当初奉皇祖的命令，禁止开设戒坛，一直禁止到如今。这是因为当初僧人有数万名，恐怕会发生变故，败坏风俗。现在怎么能又再开设呢？圣上的身体不舒服，只应该去郊庙和社稷坛向祖宗神灵祈祷，那是名正言顺的事，天神和世人间都会喜悦，何必要开设戒坛而后谋求福祥呢？"开设戒坛的事就放下不提了。

【编】二月，河工完成。　【纪】在此之前，淮安地区有水灾。黄河决口后，流入淮河，水势太大，淮安到扬州一带都被大水淹没，洪水一直逼近泗州（今安徽泗县），皇帝祖先的陵寝也受到水患的威胁。明

上言故河道都御史潘季驯可使。乃降玺书，即其家拜都御史，使持节治河，一切假以便宜，久任，帑藏不问出入，诸奉行不及事者下诏狱鞫治之。于是当事者日夜焦劳，盖逾年而堤成，转漕无患。

【编】三月，帝疹愈。

【编】夏四月，命铸大钱进内库，既而罢之。　【纪】上以内库缺钱，赏赉不足，命部铸大钱以进。张居正上言："先朝铸钱呈式，非供上用也。万历二年进钱一千万，其后岁半之，已非本意；若缺钱铸进，是以外府之储取供内府，大失旧制矣。"上从之，乃罢铸钱。

【编】五月，封辽东总兵李成梁为宁远伯。　【纪】张居正言成梁屡立战功，忠勇为一时冠，加以显秩，此鼓励将士之法也。已而成梁使使馈以金，居正曰："而主以百战得功勋，我受其金，是得罪高皇帝也。"却不受。

【编】秋七月，给事中顾九思等请罢浙、直织造内臣，从之。【纪】九思、王道成等以江南水灾，请罢织造内臣孙隆。上语张居正曰："彼织币且完，当俟来春罢之。"居正曰："地方多一事，则有一事之扰，宽一分则受一分之惠。灾地疲民，不堪催督，暂去之，俟稍稔可复也。"上从之。

【编】冬十月，蓟、辽总督梁梦龙等击土蛮，走之。　【纪】梦龙报土蛮大举入寇。张居正奏言："臣谕边臣：'如敌骑入，勿轻战，坚壁清野，野无所掠，彼将自阻。'请令梦龙驻永平，戚继光驻一片石，

神宗就问张居正该怎么办，张居正便上奏说：过去曾做河道都御史的潘季驯可以派去治理。明神宗就降下诏书，遣使者到潘季驯家中，授以都御史之职，令他持着符节去治理河水，一切事务都允许他根据情况自行决定处理，让他长期担任这个职务，动用官府的钱财物资，不予过问，凡是办事的官员不得力的，做事迟缓的，都要抓到朝廷的诏狱中审问，加以处治。于是办事的官员们都不分昼夜地操心劳累，过了一年就把河堤修成了，漕运顺利，没有水灾了。

【编】三月，明神宗的麻疹痊愈了。

【编】夏四月，命铸造大钱送入宫中内库，过了不久又停止了。【纪】明神宗因为内库缺钱，赏赐的钱不够，就命令户部铸造大钱进奉内库。张居正上奏说："先前各朝在铸钱时呈献的是钱的式样，不是用来供给皇上使用的。万历二年送进宫中钱一千万，以后每年送钱五百万，这已经不是呈献钱式样的本意了。如果缺少钱，铸钱送入内库，这是把宫外国库中的储备拿来供给宫内府库使用，就大为违背原来的制度。"明神宗听从了张居正的意见，就停止铸造大钱。

【编】五月，封辽东总兵李成梁为宁远伯。　【纪】张居正说李成梁多次建立战功，忠勇为一时之冠，加以高官显爵，这是鼓励将士们的方法。后来李成梁派使者赠金给张居正，张居正说："你的主人靠身经百战获得功勋，我接受他的赠金，就是得罪了高皇帝呀！"张居正推辞了赠金。不肯接受。

【编】秋七月，给事中顾九思等人请求撤销浙江、直隶等地管理织造事务的太监，明神宗依从了。　【纪】顾九思、王道成等人由于江南水灾而请求罢去管织造的太监孙隆。明神宗对张居正说："他们今年的织造任务就要完成了，应该等明年春天再撤销。"张居正说："地方上多一件事，就多一件事的骚扰。对地方上宽一分，地方上就受到一分恩惠。受灾地方的人民疲困无力，经受不了官府督催赋役，可以暂时罢除，等到稍有收成可以恢复织造。"明神宗听从了他的意见。

【编】冬十月，蓟辽总督梁梦龙等人打退了土蛮部。　【纪】梁梦龙报告说土蛮部大举入侵。张居正上奏说："臣已告谕边防的官员们：'如果敌人的骑兵入侵，不要轻易和他们交战，只要坚壁清野，使敌人

伺间邀击。"上善之。既而土蛮以四万骑犯前屯,梁梦龙、李成梁率兵击却之。

【编】庚辰,八年,夏五月,纂修《大明会典》。

【编】冬十二月,张居正请修累朝《宝训》《实录》进呈。
【纪】居正请属儒臣以累朝《宝训》《实录》分四十余则,曰创业艰难,曰励精图治,曰勤学,曰敬天,曰法祖,曰保民,曰谨祭祀,曰崇孝敬,曰端好尚,曰慎起居,曰戒游佚,曰正宫闱,曰教储贰,曰睦宗藩,曰亲贤臣,曰去奸邪,曰纳谏,曰守法,曰敬戒,曰务实,曰正纪纲,曰审官,曰久任,曰重守令,曰驭近习,曰待外戚,曰重农,曰兴教化,曰明赏罚,曰信诏令,曰谨名分,曰却贡献,曰慎赏赉,曰甘节俭,曰慎刑狱,曰褒功德,曰屏异端,曰饬武备,曰御寇盗。仍敕次第进呈,俟明年开讲,其诸司章奏切要者,即讲毕面裁。时上留意翰墨,居正以为笔札小技,非君德治道所系,故有是请。上嘉纳之。

【编】辛巳,九年,夏四月,张居正以给事中傅作舟疏进览。
【纪】居正以作舟疏进览云;"今江北淮、凤及江南苏、松,连被灾伤,民多乏食,至以树皮充饥,或相聚为盗,大有可忧。"上曰:"淮、凤频年告灾,何也?"居正对曰:"此地从来多荒少熟。元末之乱,皆起于此,今当破格赈之。"上曰:"然。"居正又言:"江南、北旱,河南风灾,畿内不雨,势将蠲赈。惟陛下量入为出,加意撙节。如宫费及服御可减者减之,赏赉可裁者裁之,至若施舍缁黄,不如予吾赤子也。"上然之。

【编】冬十一月,加张居正上柱国、太师,支伯爵俸。居正固辞,许之。

【编】以宣、大巡抚右副都御史吴兑为都御史,总督蓟、辽。

在田野中什么也抢不到，他们会自己停下来的。，请皇上命令梁梦龙驻扎永平（今河北昌黎北），戚继光驻扎一片石（今河北秦皇岛东北），等有了机会再去攻击敌人。"明神宗认为他说得对。不久土蛮部以四万名骑兵侵犯前屯，梁梦龙和李成梁领兵把他们打退了。

【编】万历八年（庚辰，1580）夏八月，编纂、撰写《大明会典》。

【编】冬十二月，张居正建议编撰历朝的《宝训》和《实录》进呈皇帝。　【纪】张居正建议委派儒臣编撰历朝的《宝训》和《实录》，将内容分为四十多类，称作：创业艰难，励精图治，勤学，敬天，法祖，保民，谨祭祀，崇孝敬，端好尚，慎起居，戒游佚，正宫闱，教储贰，睦宗藩，亲贤臣，去奸邪，纳谏，守法，敬戒，务实，正纪纲，审官，久任，重守令，驭近习，待外戚，重农，兴教化，明赏罚，信诏令，谨名分，却贡献，慎赏赉，甘节俭，慎刑狱，褒功德，屏异端，饬武备，御寇盗。令他们按照顺序进呈上来，等明年开始讲解。那些各部门送上的奏章中内容切要的，就在讲完以后请皇上当面裁决。当时明神宗对书法很感兴趣，张居正认为这是纸笔小技，与国君的道德和治国方略无关，所以有这一请求。明神宗赞许地接受了张居正的请求。

【编】万历九年（辛巳，1581）夏四月，张居正把给事中傅作舟的奏章送给明神宗看。　【纪】张居正把傅作舟的奏章送给明神宗看时说："现在长江以北的淮安、凤阳和长江以南的苏州、松江等地接连遭受灾荒，人民大多缺少粮食，甚至用树皮充饥，有的聚在一起做强盗，非常令人担忧。"明神宗说："淮安、凤阳连年报灾，这是为什么呢？"张居正回答说："这些地方从来就是灾荒多，丰收年少。元代末年的战乱，都是由这里兴起的。现在应该破格予以赈济。"明神宗说："是的。"张居正又说："江南、江北旱灾，河南有风灾，京城附近不下雨，看情况这些地方需要减免赋税和赈济。希望陛下能量入为出，注意节约俭省。像宫中的花费和衣服车马等可以减省的就减省，赏赐可以裁减的就裁减。至于向僧众寺院施舍钱财，不如施给皇上的子民。"明神宗认为他说得对。

【编】冬十一月，加张居正上柱国、太师，领取伯爵的俸禄。张居正坚持推辞，明神宗答应了他的请求。

【编】任命宣府大同巡抚右副都御史吴兑为都御史，总督蓟辽地区。

【编】壬午,十年,春三月,加蓟、辽总督都御史吴兑兵部尚书。

【编】张居正有疾,求私宅票拟,从之。

【编】夏六月,张居正以疾再乞休,不允。 【纪】上以细务委张四维,大事即居正家平章。

【编】进张居正太师。

【编】命礼部尚书潘成、吏部左侍郎余有丁入阁办事。

【编】大学士张居正卒。 【纪】上震悼辍朝,遣司礼太监张诚监护丧事,赐赙甚厚。两宫太后及中宫俱赐金币,赐祭十六坛,赠上柱国,谥文忠。

居正性深沉机警,多智数,及揽大政,登首辅,慨然有任天下之志,劝上力行祖宗法度。上亦悉心听纳,十年来海内肃清,治绩炳然。惜其褊衷多忌,刚愎自用,初入政府,即以私憾废辽王。久直信任,奸佞好谀成风,至章疏不敢斥名,第称"元辅"。居正卒,余威尚在,言官奏事,尚称"先太师"。方夺情时,威权震主。上虽虚己以听,而内顾不堪。

初,上在讲筵读《论语》"色勃如也",误读作"背"字。居正忽从旁厉声曰:"当作'勃'字。"上悚然而惊。同列皆失色。上由此惮之。及居正卒后蒙祸,人比之霍氏之骖乘。

【编】发冯保南京闲住。

【编】复吴中行、赵用贤、艾穆、沈思孝、邹元标等官。 【纪】

【编】万历十年（壬午，1582）春季三月，蓟辽总督、都御史吴兑加兵部尚书之衔。

【编】张居正有病，请求允许他在自己的私宅草拟要进呈皇帝批准的处理意见，明神宗答应了。

【编】夏六月，张居正因为疾病再次请求退休。明神宗没有允许。
【纪】明神宗把具体的政务交给张四维办理，大事就让张居正在家中处理。

【编】进张居正为太师。

【编】命礼部尚书潘晟、吏部左侍郎余有丁入内阁办事。

【编】大学士张居正逝世。　【纪】明神宗震惊哀悼，停止上朝，派司礼太监张诚监护丧事，赐给张居正办丧事用的财物非常丰厚。两宫皇太后和皇后都赐给张居正家金银钱币，赐给十六个祭坛，赠给他上柱国的勋位，赐谥号为文忠。

张居正的性格深沉、机警，足智多谋，等到他独揽大权，登上首席辅臣的位置后，慨然有以天下为己任的志向。他劝说明神宗力行祖宗制定的法度，明神宗也全心全意地听取和采纳他的意见。十年来国家清平，治理国家的政绩辉煌。可惜他为人偏执，性多猜忌，做事刚愎自用，刚进入内阁执政时，就因为私怨废黜了辽王。入值内阁长期执政，受到皇上信任，喜欢别人奉承，奸佞阿谀成了风气。甚至官员们在奏章中都不敢直呼其名，只称"元辅"。张居正死后，他的余威尚在，言官奏事时还称他作"先太师"。张居正父亲死后，皇帝命他不去职守丧而留任时，张居正威权震主，明神宗虽然谦让地听取他的意见，但在内心中实际是忍受不了的。

起初，明神宗在讲筵上读《论语》，读到"色勃如也"一句，错把"勃"读作"背"的音。张居正忽然在旁边厉声地说："应当读作'勃'。"明神宗冷不防吃了一惊，在一起的官员们全都吓得变了脸色。明神宗从此就害怕张居正。到张居正死了以后蒙受灾祸时，有的人把这件事比作汉宣帝时霍光做陪乘。

【编】把冯保发配到南京闲住。

【编】恢复吴中行、赵用贤、艾穆、沈思孝、邹元标等人的官职。

时潞王婚礼所需珠宝未备，太后以为言。上曰："办此不难，年来廷臣无耻，尽献张、冯二家耳。"自此内中张先生称谓绝以为讳，而籍没之举亦胎于此。

【编】冬十一月，以吴兑为兵部尚书，加太子少保。

【编】癸未，十一年，春三月，太子少保、兵部尚书吴兑致仕。

【编】户部请停买金珠，不报。

【编】甲申，十二年，春正月，诏夺张居正封诰、赠谥，籍其家。其弟居易、子嗣修等俱远地充军。【纪】御史羊可弘追论居正罪恶。诏夺其官爵、赠谥；复从辽府次妃王氏奏请，籍没其家产。其产不及严嵩二十分之一，株连颇多，荆州骚动。上曰："张居正诬蔑亲藩，箝制言官，蔽塞朕聪，专权乱政，罔上负恩，谋国不忠。本当斲棺戮尸，念效劳有年，姑免尽法。伊属张居易、张嗣修、张顺、张书，俱令烟瘴地面充军。"有司勘居正家属，其长子敬修不胜刑，自缢死。刑部尚书潘季驯上言："居正家产奉旨钞没，国法已正，众愤已平。但其八旬老母衣食不周，子孙死亡相继，殊失罪人不孥之意。"上乃诏有司保全之。

【编】冬十二月，以礼部尚书王锡爵为文渊阁大学士，吏部左侍郎王家屏为东阁大学士。

【编】四川巡抚雒遵奏采木之害。

【编】乙酉，十三年，春正月，起前应天巡抚致仕海瑞为南京吏部右侍郎。

【编】夏五月，大旱。【纪】诏免灾伤地方本年钱粮。

【编】六月，慈宁宫成。【纪】宫建于万历二年，极壮丽，以居

【纪】当时潞王婚礼上需要用的珠宝还没有准备完全，太后就把这件事告诉了明神宗。明神宗说："置办这些东西不难。近几年来朝廷大臣们无耻，把珠宝都献给张、冯二家了。"从此以后皇宫里边绝对忌讳称呼张先生，抄没张居正家产的举动也就孕育在这种境况中了。

【编】冬十一月，任命吴兑为兵部尚书，加太子少保。

【编】万历十一年（癸未，1583）春三月，太子少保、兵部尚书吴兑退休。

【编】户部奏请停止购买金银珠宝，没有回复。

【编】万历十二年（甲申，1584）春正月，下诏剥夺张居正的封诰和赠给的谥号，抄没他的家产。张居正的弟弟张居易、儿子张嗣修等人都发配到远方去充军。　【纪】御史羊可弘上书追论张居正的罪恶，明神宗下诏剥夺张居正的官爵和谥号。又听从辽王府次妃王氏的奏请，抄没了张居正的家产。张居正的家产还不及严嵩的二十分之一，受张居正株连的人很多，荆州（今湖北江陵市）为之骚动不安。明神宗说："张居正蔑视并且诬陷亲王，箝制言官，遮蔽和堵塞了朕的耳目，他专权乱政，欺瞒于朕，辜负了朕对他的恩典，不肯忠心谋国。本当开棺戮尸，但念他多年效劳，姑且免于刑法。张居正的家属张居易、张嗣修、张顺、张书等人，全都发配到有瘴气的地方去充军。"官府审问张居正的家属，张居正的长子张敬修忍受不了用刑，上吊自杀。刑部尚书潘季驯上奏说："张居正的家产已经奉旨抄没了，国法已正，大众的愤恨已平。但是张居正的八十岁老母衣食不足，他的儿子、孙子相继死亡，实在违背了处罚罪犯不及妻儿的本意。"明神宗就下诏令官府保全张居正的家属。

【编】冬十二月，任命礼部尚书王锡爵为文渊阁大学士，吏部左侍郎王家屏为东阁大学士。

【编】四川巡抚雒遵上书，奏明采伐木材的害处。

【编】万历十三年（乙酉，1585）春正月，起用退休的前应天巡抚海瑞为南京吏部右侍郎。

【编】夏五月，大旱。　【纪】明神宗下诏，豁免受灾地区本年应交纳的钱粮。

【编】六月，慈宁宫改建完成。　【纪】慈宁宫在万历二年建成，非

慈圣皇太后。寻欲改造，因张居正疏谏而止。居正没，乃兴工，费财力巨万。

【编】丙戌，十四年，春正月，皇第三子生，进其母郑氏为贵妃。

【编】贬户科给事中姜应麟等为典史。【纪】应麟、吏部员外郎沈璟上言："贵妃虽贤，所生为次子，而恭妃诞育元子，主鬯承祧，反令居下。乞收回成命，首进恭妃，次及贵妃。"上怒，谪应麟广昌典史，璟调外任。上谓阁臣曰："朕非为册封事责言官。恶彼疑朕立幼废长，故先揣摩上意，置朕于不善之地。我朝建储，自有成宪，朕岂敢以私意坏祖宗之法。"刑部主事孙如法上言："恭妃诞育元嗣，五年未闻有进封之典，郑氏一生子，即有皇贵妃之封，此天下不能无疑也。"上怒谪如法朝阳典史。礼部左侍郎沈鲤请并封恭妃王氏，上谕待元子册立行。

【编】二月，大学士申时行等上疏请立东宫，不听。【纪】时行等疏言："国本系于元良，主器莫若长子。汉臣有云，'早建太子所以尊宗庙、重社稷也。'自万历十年，元子诞生，诏告天下，于兹五年，正名定分宜在今日。本朝故事，宣宗以宣德三年立英宗为皇太子，时年二岁，宪宗以成化十一年立孝宗为皇太子，时年六岁，孝宗以弘治五年立武宗为皇太子，尚未周一岁也。成宪具存，昭然可考。今元子睿龄渐长，阳德方亨，乞敕下礼部，速具仪注，择吉册立，以慰臣民之望。"上谕："少俟二三年举行。"

【编】三月，以海瑞为南京都察院右都御史。

【编】秋七月，南京太常寺卿沈子木上疏请立建文帝祠祀，不

常壮丽,给慈圣皇太后居住。不久又要改建,因为张居正上疏劝谏才停止。张居正死后,就动工改建,花费财物巨万。

【编】万历十四年(丙戌,1586)春正月,皇帝的第三个儿子诞生,把他的母亲郑氏晋封为贵妃。

【编】把户科给事中姜应麟等人贬为典史。 【纪】姜应麟和吏部员外郎沈璟上奏说:"贵妃虽然贤惠,但她生的是第三个儿子。而恭妃生育的是第一个儿子,是继承世系,主持祭祀的后嗣,却让恭妃位居贵妃之下,请求收回成命,首先晋升恭妃,然后再给贵妃晋封。"明神宗发怒,把姜应麟贬为广昌县典史,把沈璟调到外地任职。明神宗对内阁大臣们说:"朕不是因为册封的事情责罚言官。朕是憎恶他们怀疑朕要册立幼子,废黜长子,所以就先来揣摩皇帝的心意,把朕放在一个不好的地位。我朝立太子自有固定的法制,朕怎敢用自己的私意去毁坏祖宗之法呢?"刑部主事孙如法上奏说:"恭妃生育了第一个皇子,五年来也没有听说有过晋封的庆典。郑氏一生下儿子,就有了皇贵妃的封号。这是不能不让天下人产生怀疑的。"明神宗发怒,贬谪孙如法为朝阳典史。礼部左侍郎沈鲤奏请一同晋封恭妃王氏,明神宗说要等到长子册立时再办。

【编】二月,大学士申时行等人上疏,请求册立东宫太子,明神宗不听。 【纪】申时行等人上疏说:"国家的根本系于太子,立太子没有比长子更合适的。汉代的大臣曾说过:'早立太子,是为了尊崇祖先宗庙,重视国家社稷。'自从万历十年,皇上嫡长子诞生,下诏书向天下布告以后,到现在有五年了。现在应该确定名分了。本朝以前的例子有:宣宗皇帝在宣德三年立英宗为皇太子,当时英宗二岁。宪宗皇帝在成化十一年立孝宗为皇太子,当时孝宗六岁。孝宗皇帝在弘治五年立武宗为皇太子,当时武宗还没有满一岁。过去的成法全都保留着,可以清清楚楚地查考出来。现在皇上的嫡长子年龄渐长,阳气亨通,请求陛下给礼部下旨,命他们赶快准备礼仪,选择吉日,册立太子,以慰臣民们的期望。"明神宗批复说:"稍等二、三年以后再举行。"

【编】三月,任命海瑞为南京都察院右都御史。

【编】秋七月,南京太常寺卿沈子木上疏请求建立建文帝的祠庙进

报。【纪】子木疏言："建文皇帝御宇四年，死葬西山，不得一盂麦饭，下同庶民。近奉明诏祀死事诸王，而建文独不祀，于德意未称。宜敕礼官议立祠祀。"不报。

【编】丁亥，十五年，秋八月，南京都察院右都御史海瑞卒。【纪】卒年七十三。赠吏部尚书，谥忠介，加祭二坛，遣行人许子伟护丧至琼州，葬于滨涯山。瑞卒时，佥都御史王用汲入视，葛帏敝衣，有寒士所不堪者，叹息泣下。启其箧，仅十余金。士大夫为具敛，百姓哭之，罢市者数日。丧出江上，白衣冠送者两岸无隙地，箪食壶浆之祭，数百里不绝。

【编】戊子，十六年，春正月，命停讲《贞观政要》。【纪】上览《贞观政要》，谓辅臣曰："唐太宗多有惭德，魏徵大节有亏。宜停讲，自后讲《礼记》。"

【编】三月，国子监司业王祖嫡请复建文年号，从之。

【编】己丑，十七年，春三月，灵山吏目孙一谦卒。【纪】南京司狱孙一谦，麻城人。旧例，重囚米日一升，率为狱卒盗去，又散时强弱不均，多有不得食者。又囚初入狱，不得钱则驱之湿秽地。一谦一切严禁，手一秤秤米计饭，按籍以次分给甚均，囚衣敝为澣濯补葺。终其官，囚无冻饿陵虐死者。兵部侍郎王用汲闻之叹异，欲为之地，而一谦已满考，转灵山吏目去矣。一谦不之官，径归。未几，卒。

行祭祀，不予回复。　【纪】沈子木的奏疏中说："建文皇帝曾经治理天下四年，死后葬在西山，得不到一碗麦饭的祭品，和下层的平民相同。近来接奉陛下明诏要祭祀当时死去的诸王，而唯独不祭祀建文皇帝，这不符合陛下恩德的本意。应该发下赦命，令礼部官员商议，立祠祭祀。"不予回复。

【编】万历十五年（丁亥，1587）秋八月，南京都察院右都御史海瑞去世。　【纪】海瑞去世时七十三岁。朝廷赠他吏部尚书的官衔，谥号忠介，加设二个祭坛祭祀，派遣行人许子伟护送灵柩到琼州（今海南海口），埋葬在滨涯山。海瑞去世时，佥都御史王用汲进去看他。海瑞房中挂着葛布的帏帐，穿着破旧的衣服，这种境况连贫寒的读书人也无法忍受。王用汲不禁叹息着流下了眼泪。打开海瑞的箱子，里面只有十几两银子。士大夫们给海瑞收殓，老百姓们来哭祭他，连续几天市上都停止营业。海瑞的灵柩运到江上时，穿戴着白色衣帽来送灵的人挤满了两岸，岸上连一点空隙也没有。带着食物和酒浆来祭祀的人，连绵几百里不断。

【编】万历十六年（戊子，1588）春正月，明神宗命停止讲授《贞观政要》。　【纪】明神宗看了《贞观政要》，对辅佐大臣们说："唐太宗有很多德行不足的地方，魏徵在大节上有亏损的地方。应该停止讲授《贞观政要》，从此以后讲授《礼记》。"

【编】三月，国子监司业王祖嫡奏请恢复建文的年号，明神宗依从了。

【编】万历十七年（己丑，1589）春三月，灵山县（今广东灵山）的吏目孙一谦去世。　【纪】南京的司狱孙一谦，是麻城（今湖北麻城）人。按照旧例，重罪囚犯的食粮是每日一升，但大多被狱卒们偷走，又由于囚犯有的强壮，有的体弱，分饭不均，有很多囚犯吃不到饭。又有那些刚进入监狱的囚犯，没钱给狱卒，就被狱卒们赶到潮湿肮脏的地方去。孙一谦严厉地禁止了这一切恶习，亲手拿着一杆称，称米计算数量做饭，按照囚犯的名籍顺序分给他们，分得很均匀。囚犯的衣服破旧了，就给他们洗涤缝补好。在孙一谦任职期间，没有一个囚犯因为受冻受饿受虐待欺凌而死的。兵部侍郎王用汲听到这件事后，惊叹不

【编】房山人史锦请开矿,命下抚按。

【编】庚寅,十八年,春正月朔,帝御毓德宫,召阁臣申时行等入见。　【纪】大学士申时行、许国、王锡爵、王家屏至西室,御榻东向,时行等西向跪,贺朔毕,进曰:"臣等久不瞻仰天颜,诸事未能面陈,今幸蒙召见,敢不倾吐。近来圣体常欲摄静,但一月间或三四次临朝,亦足慰群情之望。"上曰:"朕疾虽愈,行立不便。"时行请册立东宫,上曰:"朕无嫡子,长幼自有定序。郑妃亦再三陈请,恐外廷有疑。但长子孱弱,俟其强健耳。"时行等言:"皇长子年已九龄,宜出阁读书,及时训教,乃能成德。"上曰:"朕知之。"命司礼监召皇长子、皇第三子至,上手引皇长子,向明端立。时行等注视良久,因言:"有此美玉,何不早加琢磨,使之成器。"上复曰:"朕知之。"时行等乃出。

【编】冬十月,两京九卿、科道交章请立东宫。诏切责之。【纪】群臣合辞请立太子。郑贵妃弟国泰特疏恳请,上谕曰:"皇子体弱,稍俟年月,长幼之序,岂有摇动。郑妃尝请定名分以免疑议,朕前已面谕卿等知之。今又来陈奏,朕不喜激聒,且看十四年至今,未有一日之不激聒者。此辈心怀无父,志欲求荣,顾于此时激朕加疾,离间父子,以成己卖直、图报之逆志耳!子乃朕子,岂肯越序更置!为臣者以言激之,其求荣乎?欲朕之疾剧乎?我朝戚臣,不敢干预国事,郑国泰出位妄奏,姑免罪。"

已,想要给他安排个地方,但这时孙一谦的任期已满,转任灵山吏目去了。孙一谦没有到灵山就任,径直回到家里去了,过了不久就逝世了。

【编】房山人史锦奏请允许开矿,明神宗下令把这件事交给巡抚、按察使处理。

【编】万历十八年(庚寅,1590)春正月初一,明神宗到毓德宫,召内阁大臣申时行等人入宫见面。 【纪】大学士申时行、许国、王锡爵、王家屏等人来到宫中西房。明神宗的卧榻向着东面。申时行等人向着西方跪下,向皇帝恭贺完朔日之礼,进前说道:"臣等很久没有能瞻仰到陛下的天颜了,各种事务不能当面陈述,今日幸蒙召见,怎敢不倾诉要说的话!近来圣上的身体要经常静养,但是一个月里如果能上朝三、四次,也足慰大家期望的心情了。"明神宗说:"朕的疾病虽然痊愈了,但是站立行走都不方便。"申时行就请求册立东宫太子。明神宗说:"朕没有嫡子,皇子们的长幼自有一定的顺序,郑妃也再三请求,恐怕外面朝廷中有人怀疑。但是长子身体孱弱,等他强壮起来罢了。"申时行等人说:"皇长子年已九岁,应该出阁读书,及时加以教育和训诲,才能修养成德。"明神宗说:"朕知道了。"就命司礼太监把皇长子和皇第三子叫来。明神宗手拉着皇长子,向着光亮端正地站着。申时行等人注视了好长时间,便说:"有这样的美玉,为什么不早点加以琢磨,让他成器呢?"明神宗又说:"朕知道了。"申时行等人就出去了。

【编】冬十月,南京、北京两京的九卿和都察院、给事中等官员纷纷上奏章请求册立东宫。明神宗下诏严厉斥责。 【纪】群臣们一致表示请求册立太子。郑贵妃的弟弟郑国泰特地上疏恳请。明神宗说:"皇子的体弱,要稍等一些岁月。长幼的顺序,难道会有变动吗?郑贵妃曾经请求确定名分以免众人的怀疑和议论。朕过去已经当面告诉你们知晓了。现在你们又来陈奏。朕不喜欢你们吵吵嚷嚷。看看万历十四年以来,一直到今天。没有一天不为此喧扰。这些人心中没有君父,想要谋求荣华,所以就在这时候来使朕激动,疾病加剧,离间我们父子,来达到他们想获得直言之名、图谋得到报答的丑恶目的。皇子是朕的儿子,朕怎么肯在立太子时越过长幼的顺序,变更原意呢?作为臣子的人用言论来催促这件事,是想求得荣耀呢?还是要使朕的病情加重呢?我朝

【编】十一月,改谥故少保于谦曰忠肃。

【编】辛卯,十九年,春正月,阁臣进累朝《宝训》《实录》。【纪】加恩申时行太师,许国少师,王锡爵少傅,王家屏太子少保。

【编】冬十月,大学士许国等合疏请建东宫。杖中书黄正宾,削给事中罗大纮籍。【纪】先是建储事既奉上旨,申时行与同官约,遵守稍需一岁,每诸司接见,亦以此告之,故是年自春及秋,曾无言及者。至是,工部主事张有德请备东宫仪仗,时行方在告,许国乃曰:"小臣尚以建储请,吾辈不一言可乎。"仓卒具疏,首列时行名以上。时行闻之,大愕,别具揭云:"臣已在告,同官疏列臣名,臣不知也。"故事,阁臣密揭皆留中。而是揭与诸疏同发,礼科罗大纮遂上疏论时行迎合上意以固位,武英中书黄正宾继之。上怒,杖正宾,削大纮籍。

【编】十二月,以礼部尚书赵志皋、吏部左侍郎张位并为东阁大学士。

【编】壬辰,二十年,春正月,礼科都给事李献可疏请皇长子出阁读书;削籍为民。【纪】献可既削籍,大学士王家屏具揭申救,封还御批。上怒。家屏乞归,许之。吏部主事顾宪成、章嘉祯等言家屏忠爱,不宜废置,请召还。上怒,宪成削籍,嘉祯谪罗定州州判。

【编】癸巳,二十一年,春正月,大学士王锡爵密疏请建东宫,

后妃的戚属大臣，都不敢干预国家大事。郑国泰越过了自己的地位随便上奏。这次姑且免了他的罪。"

【编】十一月，改已故少保于谦的谥号为忠肃。

【编】万历十九年（辛卯，1591）春正月，内阁大臣进呈历朝的《宝训》和《实录》。 【纪】皇帝赐恩，加申时行太师，许国少师，王锡爵少傅，王家屏太子少保。

【编】冬十月，大学士许国等人共同奏请册立太子。杖责中书黄正宾，将给事中罗大纮削去官籍。 【纪】在此之前，立太子的事已经奉有明神宗的旨意。申时行和同事的官员们约定，大约要有一年的时间遵照这个旨意办。每当接见各部门的官员时，也把这些告诉他们。所以在这一年里从春到秋，从没有人谈到册立太子的事。到了这时，工部主事张有德奏请备办东宫太子要用的仪仗。申时行正在休假，许国就说："小官还为册立太子这件事奏请，我们这些人一句话也不说，怎么行呢？"就匆匆忙忙地写了奏章，把申时行的名字写在第一位。申时行听到后，大为惊愕，就另外给皇帝写了一份密揭说："臣已经休假了，同事的官员在奏章中写上了臣的名字，这件事臣不知道。"按照惯例，内阁大臣们的密揭全留在宫中不发，但是这件密揭和各人的奏疏一齐发下送到内阁中公布了。礼科给事中罗大纮就上疏批评申时行是迎合皇帝的心意来巩固自己的地位。武英殿中书黄正宾也跟着上奏。明神宗发怒，下令杖责黄正宾，将罗大纮削去官籍。

【编】十二月，任命礼部尚书赵志皋和吏部左侍郎张位同时做东阁大学士。

【编】万历二十年（壬辰，1592）春正月，礼科都给事李献可上疏请皇长子出阁读书，被削去官籍贬为平民。 【纪】李献可被削去官籍以后，大学士王家屏写报告申救他，并且把皇帝的御批封起来退还宫中。明神宗发怒了，王家屏请求退休，明神宗允许了。吏部主事顾宪成、章嘉祯等人进言说王家屏忠君爱国，不应该废弃不用，请求把王家屏召回来任职。明神宗发怒了，把顾宪成削去官籍，降为平民，把章嘉祯贬谪为罗定州（今广东罗定）州判。

【编】万历二十一年（癸巳，1593）春正月，大学士王锡爵秘密上

不允。【纪】锡爵上言:"前者册典垂行,而辄为小臣激聒所阻。陛下亲发大信,定以二十一年举行。于是群嚣寂然,盖皆知成命在上,有所恃而无虞也。倘春令过期,外廷之臣必曰:'昔以激聒而改迟,今复何名而又缓?'伏乞降谕举行,使盛美皆归之独断,而天功无与于人谋。"上报云:"朕虽有今春册立之旨。昨读《皇明祖训》'立嫡不立庶',皇后年尚少,倘复有出,是二储也。今将三皇子并封王,数年后皇后无出,再行册立。"锡爵复疏曰:"昔汉明帝取宫人贾氏子,命马皇后养之;唐玄宗取杨良媛子,命王皇后养之;宋真宗刘皇后取李宸妃之子为子。与其旷日持久,待将来未定之天,孰若酌古准今,成目下两全之美。臣谨遵谕,并拟传帖二道,以思采择,然尚望陛下三思臣言,俯从后议,以全恩义,服人心。"上竟用前谕。

【编】冬十一月,诏皇长子、皇三子同行出阁礼。【纪】上御暖阁,召辅臣王锡爵,锡爵叩头力请建储,上允明年出阁听讲。寻又传谕,皇长子、皇三子龄岁相等,欲一并行出阁礼。锡爵复奏:"陛下有子而均爱之,固慈父一体之念。然自外廷而观,皇长子明年十三岁,皇三子明年九岁,大抵皇子生十岁而入学,以皇长子之太迟,形皇三子之太早,先后缓急之间,一不慎,而圣心又晦矣。"

【编】甲午,二十二年,春二月,皇长子出阁讲学。【纪】礼部侍郎冯琦进仪注,上以未册立,免侍卫仪仗。

【编】夏五月,吏部尚书陈有年罢,以孙丕扬为吏部尚书。

奏请求立东宫太子,明神宗不允许。【纪】王锡爵上书说:"前些时候册立太子的大典将要施行,却动不动就被小臣们的吵吵嚷嚷所阻碍了。陛下亲自作出确定的承诺,定在二十一年举行大典。于是众人的喧嚷都停止了,这是因为他们全知道了皇上已经有了成命,有所凭依而不必担心了。如果超过了春天的时令,外面廷臣们一定会说:'以前是因为吵吵嚷嚷而使册立的事推迟了,现在为什么又延缓举行呢?'请求陛下降下谕旨,举行册立太子的典礼,使美好的盛举全归功于陛下一个人的决断,而这是天功,与人谋无关。"明神宗回复说:"朕虽然有今年春季举行册立大典的谕旨,但是昨天读了《皇明祖训》中'立嫡子不立庶子'的话,觉得皇后的年纪还轻,倘若皇后再生了儿子,就有了两个继承皇位的人。现在把三个皇子一起封王,过了几年后皇后没有生子,再册立太子。"王锡爵又上疏说:"过去汉明帝取了宫女贾氏生的儿子,命马皇后抚养他;唐玄宗取了杨良媛生的儿子命王皇后抚养他;宋真宗的刘皇后取李宸妃生的儿子当作自己的儿子。与其旷日持久地拖下去,等待将来未能确定的情况,不如参照古人,衡量今天,做成当前两全其美的事。我谨遵皇上的旨意,同时草拟了两份传布的文书,请皇上考虑选用,但是还希望陛下能将我的话三思,听从下臣的建议,以保全恩义,收服人心。"明神宗最后还是实行前次所下的谕旨。

【编】冬十一月,明神宗下诏令皇长子、皇三子同时举行出阁的礼仪。【纪】明神宗来到暖阁,把辅佐大臣王锡爵召来。王锡爵叩头,竭力请求立太子。明神宗答应明年让皇子们出阁听讲。接着又传旨说:"皇长子和皇三子的年龄相等,要给他们一同举行出阁礼。"王锡爵又上奏说:"陛下有儿子,对他们一样疼爱,这本来是慈父的骨肉一体的想法。然而从外廷来看,皇长子明年十三岁,皇三子明年九岁。大致皇子生下来十岁入学,这样,以皇长子之太迟,与皇三子之太早比较起来,在先后缓急之间,稍有不慎,就会使陛下的心意晦而不明的。"

【编】万历二十二年(甲午,1594)春二月,皇长子出阁讲学。【纪】礼部侍郎冯琦进呈皇长子出阁的仪礼规定。明神宗认为皇长子没有册立为太子,免去了他的侍卫和仪仗。

【编】夏五月,吏部尚书陈有年被罢免,任命孙丕扬为吏部尚书。

【编】大学士王锡爵致仕。以沈一贯、陈于陛并为礼部尚书兼东阁大学士，直文渊阁。

【编】谪文选司郎中顾宪成，复削籍。　【纪】先是宪成以请召还王家屏，削籍，寻起为吏部文选郎。至是复以吉事被谪，给事中卢明陬、逯中立先后疏救。上益怒，宪成削籍，谪明陬、中立按察司知事。礼部郎中何乔远奏救宪成，谪广西布政司经历。

初，申时行性宽平，所斥必旋加拔擢。沈一贯既入相，以才自许，不为人下。宪成既谪，归讲学于东林，故杨时书院也。孙丕扬、邹元标、赵南星之流，謇谔自负，与政府每相持；附一贯者科道亦有人。而宪成讲学，天下趋之，一贯持权求胜，受黜者身去而名益高，此东林浙党所自始也。其后更相倾轧，垂五十年。

【编】乙未二十三年，秋七月，巡按直隶御史赵文炳劾吏部文选郎中蒋时馨罪，时馨削籍。　【纪】文炳劾时馨幸进鬻爵。下廷议，孙丕扬代时馨辨，时馨削籍。时馨贪黩，初知新喻，调嘉鱼，迁南京大理寺评事。故为敝衣冠，从邹元标讲学，历考功、文选二司。及被劾，请廷质，且曰："戎政兵部左侍郎沈思孝，庇浙江海道丁此吕，避察不得，又求少宰不得，遂同谕德刘应秋、大理右少卿江东之等，诋光禄寺卿李三才，授赵文炳，冀陷太宰而代之。"上怒其渎辨，逮故浙江海道丁此吕。蒋时馨既斥，丕扬谓衅由此吕，思孝以此吕建言不宜察。丕扬遂上此吕访单，贪婪赃迹，虽建言，无幸脱理。命逮下狱。丕扬遂与思孝交恶矣。

【编】大学士王锡爵退休。任命沈一贯、陈于陛二人同为礼部尚书兼东阁大学士,在文渊阁值班。

【编】贬谪文选司郎中顾宪成,接着就削除了他的官籍。 【纪】在此之前,顾宪成曾因请求把王家屏召回朝廷而被削除了官籍,不久又被起用为吏部文选郎。这时又因为上奏言事而被贬谪。给事中卢明陬、逯中立先后上疏救他。明神宗更加发怒,把顾宪成削去官籍,卢明陬和逯中立贬为按察司知事。礼部郎中何乔远上奏救顾宪成,也被谪贬为广西布政司经历。

起初,申时行的性格宽厚平和,对被贬斥的人总是在不久后就予以提拔。沈一贯进入内阁为辅相以后,以有才自许,不肯居人之下。顾宪成被贬斥后,回家在东林书院讲学。东林是过去宋代学者杨时办的书院。孙丕扬、邹元标、赵南星这些人,自负正直,同内阁执政官员们常常意见对峙。都察院等处的言官中也有人依附沈一贯。而顾宪成讲学,天下的读书人闻风而往。沈一贯把持权力,争强好胜,被他黜免的人离开了朝廷,而名声却由此更高了。东林浙党就是这样开始形成的。以后各派互相倾轧争斗,将近五十年。

【编】万历二十三年(乙未,1595)秋七月,巡按直隶御史赵文炳弹劾吏部文选郎中蒋时馨的罪行。蒋时馨被削去官籍。 【纪】赵文炳弹劾蒋时馨非法谋求升官,卖官鬻爵。明神宗把这件事交给朝廷评议。孙丕扬代蒋时馨申辩。蒋时馨被削除官籍。蒋时馨贪婪黩职,最初任新喻(今江西新喻县)县令,调任嘉鱼县(今湖北嘉鱼)令,又升任南京大理寺评事。他曾经故意穿着破旧的衣帽,去听邹元标讲学,又历任考功司、文选司二司的郎中。他被弹劾时,请求在朝廷对质,并且说:"戎政兵部左侍郎沈思孝,包庇浙江海道丁此吕。丁此吕想躲避考察没有避开,又想谋求少宰的官职也没有得到,就和谕德刘应秋、大理右少卿江东之等人诋毁光禄寺卿李三才,授意赵文炳出面,想要陷害吏部尚书,取而代之。"明神宗对他胡乱的辩白感到恼怒,下令逮捕了原任浙江海道丁此吕。蒋时馨被贬斥后,孙丕扬认为这件事是丁此吕造成的,沈思孝认为丁此吕只是提出意见,不应该加以查察。孙丕扬就呈上调查丁此吕的访单,揭发他贪婪受贿的劣迹,说丁此吕虽然是提意见,但也没有

【编】丙申,二十四年,秋八月,大学士张位乞罢,不许。【纪】时孙丕扬乞休,疏二十上,言"权官坐谋,鹰犬效力,义难再留",以位党丁此吕、沈思孝也。上责丕扬无大臣体,宜协恭,毋相抵牾。

【编】闰月,吏部尚书孙丕扬、右都御史兼兵部侍郎沈思孝罢。

【编】府军前卫副千户仲春请开矿助大工,从之。【纪】命户部、锦衣卫各一,同仲春开采。给事中程绍工、杨应文言:"嘉靖三十五年七月命采矿,自十月至三十六年,委官四十余,防兵千一百八十人,约费三万余金,得矿银二万八千五百,得不偿失。"不听。

【编】命户部郎中戴绍科、锦衣佥事杨宗吾开矿汝南。

【编】九月,詹事府录事曾长庆、锦衣卫百户吴应骐请山西夏邑开矿,府军后卫指挥王中允请青、沂等开矿,从之。

【编】编富民为矿头。

【编】冬十二月,遣太监张忠往山西、曹金往两浙、赵钦往陕西,各开矿。【纪】先是奸人王君锡奏开易州矿,下户部议。尚书林材上言:"山冶之害,小则争掠,大则啸聚,盗之囮,寇之薮也。"遂逐君锡。及张位秉政,以为"利出于天地之自然,可益国,无病民,采之便。"上遂从其言,矿使之害,几遍天下。

【编】丁酉,二十五年,春正月,御史况上进、给事中杨应文上

道理可以侥幸脱罪。明神宗命把丁此吕逮捕，关进监狱。孙丕扬就和沈思孝结下仇怨了。

【编】万历二十四年（丙申，1596）秋八月，大学士张位请求辞职，明神宗没有允许。　【纪】当时孙丕扬乞求退休，奏疏送上去二十次，疏中说："掌权的大官坐着策划，鹰犬们为他们效力，按理我实在难以留下。"说这话是因为张位和丁此吕、沈思孝结成一党。明神宗责备孙丕扬没有大臣应有的风度，应该协调谦恭，不要互相抵触争斗。

【编】闰八月，吏部尚书孙丕扬、右都御史兼兵部侍郎沈思孝二人被免职。

【编】府军前卫副千户仲春奏请开矿，以其收入帮助大的工程。明神宗依从了他。　【纪】明神宗命户部和锦衣卫各派一名官员和仲春一同去办理开采矿石。给事中程绍工、杨应文说："嘉靖三十五年七月命开采矿石，从那年十月起到三十六年，委派了四十多名官员，派了驻防的士兵一千一百八十人，大约花费了三万多两银子，得到的矿银才二万八千五百两，得不偿失。"明神宗不听。

【编】命户部郎中戴绍科、锦衣卫佥事杨宗吾在汝南（今河南汝南）开矿。

【编】九月，詹事府录事曾长庆、锦衣卫百户吴应骐奏请在山西夏邑（今山西闻喜南）开矿，府军后卫指挥王中允奏请在青州（今山东益都）、沂州（今山东临沂）等地开矿，明神宗依从了他们的意见。

【编】把富裕的平民编为管理矿工的矿头。

【编】冬十二月，派遣太监张忠去山西，曹金去两浙地区，赵钦去陕西，各自负责开矿。　【纪】在此之前，奸人王君锡上奏请开采易州（今河北易县）的矿石，明神宗把它交给户部评议。尚书林材上奏说："矿山冶炼的害处很多，小则争抢打斗，大则强盗聚集。这是招引强盗的诱饵，贼寇藏匿的地方。"于是就赶走王君锡。到张位执政以后，认为"这种利益是产生于天地间的自然物质，它可以有益于国家，又不危害人民，开采它有利。"明神宗就依从了他的话，而矿使的为害，几乎遍及全国。

【编】万历二十五年（丁酉，1597）春正月，御史况上进、给事中杨

言建昌采木之害，不报。　【纪】上进、应文上言："建昌采木人夫渡泸，触瘴死者被野，吏胥假公行私，毒流百姓。"不报。

【编】二月，给督征天津等处店租内官关防。

【编】夏四月，刑部侍郎吕坤上疏请收人心，不报。　【纪】坤言："洮、兰之绒，山西之绸，浙、直之段绢，积于无用；若服有定制，岁用千匹，而江南、山、陕之人心收。采木之害，饥渴瘴疫死者无论，一木初仆，千夫难移，遭险蹉跌死常百人；倘减其尺寸，少其数目，而川、贵、湖广之人心收。矿税无利，勒民间纳银，民不能支，括库银代，岂开矿之初意哉！诚敕各省使臣严禁散砂，不许借解，而各省之人心收。自赵承勋进获利之说而皇店开，朝廷有内官之遣而事权重。且冯保八店，为屋几何？而岁四千金，不夺市民，将安取乎？诚撤各店之内官，而畿内之人心收。"不报。

【编】戊戌，二十六年，夏五月，吏科给事戴士衡、全椒知县樊玉衡，削籍谪戍。　【纪】先是吕坤为山西按察，辑《闺范图志》，郑国泰重刻之，增刊后妃，首汉明德皇后，终郑贵妃。戴士衡指其书上言，谓"吕坤逢迎掖庭，语侵贵妃。"樊玉衡前疏皇长子册立中亦有"皇上不慈，皇长子不孝，皇贵妃不智"等语。贵妃闻之，泣诉于上，二臣谪戍。

【编】六月，命内监李敬采珠广东。

【编】秋七月，户部给事包见捷上疏谏开矿，不报。　【纪】见捷上言开矿之害："陛下谓徒取诸山泽，在矿使实夺取之间阎，搥击入山者十二载，虎狼出柙者半天下。"科臣赵完成、郝敬，道臣许闻

应文上奏章说建昌（今四川西昌）采伐树木的危害，不予回复。　【纪】况上进、杨应文上书说："建昌采伐木材的民夫渡过泸水后，受到瘴气毒害而死的人堆满了田野。吏员胥役假公济私，为害百姓。"不予回复。

【编】二月，将关防（官印）发给督查征收天津等处店租的太监。

【编】夏四月，刑部侍郎吕坤奏请收服人心，明神宗不予回复。

【纪】吕坤说："洮州（今甘肃临洮）、兰州的绒毛，山西的绸布，浙江、直隶的绢帛，积存起来没有用处。如果有一定的服饰制度，每年用一千匹就够了。这样就可以收服江南、山西、陕西的人心。采伐木材的危害太大，不用说受饥渴和中了瘴气瘟疫而死的人；一棵大树砍倒后，一千个人也很难移动它，运输中遇到险处而摔死的常有百人。如果能减少木材的尺寸，削减木材的数量，就会收服川、贵、湖广一带的人心。矿税没有利益可得，就强迫民间交纳银子，百姓无力交纳，就搜刮官库中的银子来代替，这难道是开矿的本意吗？如果真能命各省的使臣严格禁止散出矿砂，不许借用民间或库中银两来抵矿税，这样就可以收服各省的人心。自从赵承勋上奏说开店可以获利后，皇店就开设了。朝廷派出开店的内宫太监而且给他们很大的权力。冯保只开设了八个店，能够有几间店堂？而每年获利四千两银子，不从市民那里夺取，能从什么地方得到呢？真能撤销各个皇店的内监，就可以收服京都地区的人心。"明神宗不加回复。

【编】万历二十六年（戊戌，1598）夏五月，吏科给事戴士衡、全椒县知县樊玉衡两个人被削除官籍，谪戍到边境。　【纪】在此之前，吕坤任山西按察使，编辑了《闺范图志》，郑国泰重刻了这本书，增刻了后妃一部份，开首是汉明德皇后，最后是郑贵妃。戴士衡针对这本书呈上奏章，说是："吕坤迎合后宫，内容涉及贵妃。"樊玉衡在以前劝册立皇太子的奏章中也有"皇上不慈，皇长子不孝，皇贵妃不智"等语。贵妃听到后，向明神宗哭诉。这两个人都被贬去戍边。

【编】六月，命内监李敬去广东采珍珠。

【编】秋七月，户部给事包见捷上疏谏阻开矿，明神宗不予回复。

【纪】包见捷上疏说开矿的危害："陛下说开矿不过是取自山川湖泽之中，但是矿使实际上是从老百姓那里去夺取的。到山中去开凿矿石的人

造、姚思仁,交章言之,不报。

【编】夺保定巡抚李盛春等俸。【纪】以天津店税银解进迟延,故罚。

【编】冬十月,下云南大理采石。

【编】己亥,二十七年,春正月,分遣御马监高寀榷京口,供用库官暨禄榷仪真。

【编】二月,百户张宗仁请复浙江市舶。命太监刘成榷税浙江。

【编】千户陈保请榷珠,命内监李凤采珠广州兼征市舶司税课。设福建市舶司。

【编】夏五月,以光绿寺卿李三才为都察院右佥都御史,巡抚凤阳。

【编】谪户科给事包见捷为贵州布政司都事。【纪】见捷疏论矿、店滋蔓。又疏论临清税使扰民,必致生变。又疏辽左阽危,矿市为患尤烈。一月三疏,指数内使切直,时论韪之。谪贵州布政司都事。未几,临清百姓变,殴税使马堂几死。见捷言若左券。

【编】秋八月,逮荆州府推官华钰,贬荆州知府李商耕、荆门知州高则巽等。【纪】以税监陈奉诬劾也。初,奉由武昌抵荆州,商民鼓噪者数千人,飞砖击石,势莫可御。道府诸臣,身犯其冲,弹力防护,独华钰以公事至夷陵,奉疑之,又恶其禁革差官冠带,阻截可役书算,故受诬尤烈。又税课襄阳,商人聚徒鼓噪,李商耕治其参随,开镇荆门,增设税课。而荆门故非巨镇,往来商船颇少,诬知州高则巽阻挠,俱降调。

去了十二年,从笼子中跑出来危害人民的虎狼占了半个天下。"各科给事中赵完成、郝敬,各道监察御史许闻造、姚思仁都纷纷上奏章议论这件事,明神宗不予回复。

【编】免去保定巡抚李盛春等人的俸禄。【纪】因为天津商店的税银押送进京延迟了时间,所以处罚他们。

【编】冬十月,命到云南大理开采石头。

【编】万历二十七年(己亥,1599)春正月,分别派遣御马监高寀去征收京口(今江苏镇江东南)的关税,供用库官暨禄征收仪真(今江苏仪征)的关税。

【编】二月,百户张宗仁建议恢复对浙江的船舶收税。朝廷命太监刘成去浙江征税。

【编】千户陈保建议征收珍珠税,朝廷命内监李凤到广州采珠,同时兼管征收市舶司的税金。设置福建市舶司。

【编】夏五月,任命光禄寺卿李三才为都察院右佥都御史,巡抚凤阳。

【编】把户科给事包见捷贬为贵州布政司都事。【纪】包见捷上疏论矿山和商店到处都是,又上疏论临清(今山东临清)的税使扰害百姓,一定会导致民变。又有奏疏论辽左的形势危急,开矿和征税于市造成的危害尤为厉害。他一月里面上了三次奏章,指责当矿使、税使的内官,切实而率直,当时的舆论都说他是对的,而朝廷把包见捷贬为贵州布政司都事。过了不久,临清发生民变,把税使马堂差点打死。包见捷的话说得准极了。

【编】秋八月,逮捕了荆州府推官华钰,把荆州知府李商耕、荆门知州高则巽等人降职。【纪】因为税监陈奉诬陷和弹劾他们。起初,陈奉从武昌来到荆州(今湖北江陵),商人和市民有几千人呼喊叫骂,投砖石打陈奉,势头不可阻挡。道、府的各位官员都身当其冲,尽力保护陈奉。只有华钰由于公务到夷陵(今湖北宜昌)去了。陈奉怀疑华钰,又憎恨他禁止并革除了差官服用冠带,阻截了可以役使的会书写计算的人员,所以华钰受到的诬陷最厉害。陈奉又到襄阳(今湖北襄樊)去收缴税金,商人们聚众喧闹,李商耕惩治了陈奉的随从人员。陈奉在荆门

【编】九月,户部进大珠、龙涎香。

【编】庚子,二十八年,春正月,大学士沈一贯请皇长子冠婚,不报。

【编】二月,命太监暨禄兼征凤阳、安庆、徽、庐、常、镇税。

【编】内监鲁坤开彰德、卫辉、怀庆、开封等矿洞。

【编】凤阳巡抚李三才上疏请停矿税,不报。 【纪】三才疏言:"自矿税繁兴,万民失业。陛下为斯民主,不惟不衣之,且并其衣而夺之;不惟不食之,且并其食而夺之。征榷之使,急于星火,搜括之令,密如牛毛。今日某矿得银若干,明日又加银若干;今日某处税若干,明日又加税若干;今日某官阻挠矿税挐解,明日某官怠玩矿税罢职;上下相争,惟利是闻。如臣境内,抽税,徐州则陈增,仪真则暨禄;理盐,扬州则鲁保;芦政,沿江则邢隆。千里之区,中使四布,加以无赖亡命,附翼虎狼。如中书程守训尤为无忌,假旨诈财,动以万数。昨运同陶允明自楚来云:'彼中内使沿途掘坟,得财方止。'圣心安乎,不安乎?且一人之心,千万人之心也。陛下爱珠玉,人亦爱温饱。陛下爱万世,人亦恋妻孥。奈何陛下欲黄金高于北斗,而不使百姓有糠秕升斗之储?陛下欲为子孙千万年,而不使百姓有一朝一夕?试观往籍,朝廷有如此政令,天下有如此景象,而不乱者哉!"不报。

（今湖北荆门）开设市镇，增设了收税项目。但是荆门以前不是大市镇，往来的商船很少。陈奉就诬蔑知州高则巽阻挠税务。所以这些人都被降职调用。

【编】九月，户部进奉大珍珠和龙涎香。

【编】万历二十八年（庚子，1600）春正月，大学士沈一贯奏请让皇长子举行冠礼并成婚，明神宗不予回复。

【编】二月，命太监暨禄兼管征收凤阳、安庆（今安徽怀宁）、徽州（今安徽歙县）、庐州（今安徽合肥）、常州、镇江等地的税金。

【编】宫中太监鲁坤去彰德（今河南安阳）、卫辉（今河南汲县）、怀庆（今河南沁阳）、开封等地开矿。

【编】凤阳巡抚李三才上疏请求停收矿税，明神宗不予回复。

【纪】李三才上疏说："自矿税大量征收以来，万民失业。陛下是这些民众的主人，不但不给他们衣服穿，还连他们的衣服都抢走了；不但不给他们饭吃，还连他们的食物都夺走了。使者征收税金急如星火，搜刮财富的命令，密如牛毛。今天某矿采得银若干，明天又要增加采银定额若干银两。今天某地收了若干税银，明天又要加税银若干。今天某个官员以所谓阻挠矿税之罪被逮捕押走，明天某个官员以所谓对矿税怠慢忽视之罪而被免职。上下各级相争，唯利是闻。如臣所管辖的地区里，抽取税金，徐州是陈增，仪真是暨禄；管理盐税，扬州是鲁保；管芦苇的财税，沿着长江两岸是邢隆。一千里的范围内，到处布有宫中使者，还加上那些无赖和亡命徒，依附虎狼一样的宫使，为非作歹。如中书程守训最肆无忌惮，假冒圣旨去诈取财物，动辄上万。昨天运同陶允明从楚地来，说：'那些宫中的内使沿路上挖掘坟墓，得到财宝才算完。'圣上的心中安宁呢？还是不安呢？而且一个人的心，和千万人的心一样。陛下爱珠宝玉器，人们也爱温饱。陛下爱万世基业，人们也恋惜自己的妻子儿女。为什么陛下想要让黄金堆得比北斗星还高，却不让老百姓有一斗一升糠皮秕谷的储存？为什么陛下想要让子孙千年万载延续下去，却不让老百姓有一朝夕的安宁？试看过去的史籍，有过朝廷有这样的政令，天下有这样的景象，还会不产生动乱的时候吗？"明神宗不给回复。

【编】秋七月，巡按御史王立贤奏税监陈奉贪暴激变，不报。【纪】时陈奉道承天之金花滩，勒居民黄金，拷及妇人，并拘钟祥知县邹尧弼，远近大震。

【编】八月，命内监邱乘云往征四川成都、龙安盐茶，重庆、马湖名木。

【编】冬十月，谕内阁来春册储。下工科都给事王德完锦衣狱。【纪】德完上言："臣入京数月，道路相传，中宫役使止数人，忧郁致疾，贴危不保。臣窃谓不然。第臣得风闻言事，若如所传，则宗社隐忧。臣羡袁盎却坐之事，祈陛下眷顾中宫，止辇虚受。臣死且不朽。"上怒，下锦衣卫狱讯其由。吏部尚书李戴、御史周盘等谕救，俱切责之。

【编】辛丑，二十九年，春三月，武昌民变，逐陈奉。谪知府王禹声、知县邹尧弼为民。【纪】武昌民逐奉，奉列兵杀二人，匿楚府中，命甲骑三百余射死数人，伤二十余人。奉逾月不敢出，众执奉左右六人投之江，奉自焚公署门。事闻，谪禹声、尧弼为民。沈一贯论奉激变，不报。

【编】夏四月，督理直隶仪真等税、御马监暨禄疏请宽恤。【纪】禄言："臣征庐、凤、徽、安遗税，并沿江船税，各抚、按皆云重叠不敷，题请宽处；臣未敢凭。二项共二十万金，今征不满万，始信抚、按为可据，而原奏人无凭也。乞轸念民瘼，以实征解上，毋拘原奏人揣摩之数。"上从之。时榷使苛暴，独暨禄请宽恤，凡五上。

【编】秋七月，巡按御史王立贤上奏说税监陈奉贪婪暴虐，激起民变。明神宗不给回复。　【纪】当时陈奉路过承天府（今湖北安陆）的金花滩，向居民们勒索黄金，连妇女也一起拷打，并且拘捕了钟祥知县邹尧弼，远近大为震惊。

【编】八月，命宫中太监邱乘云去四川成都、龙安（今四川平武）征收盐、茶，去重庆、马湖（今四川屏山）征收名贵的木材。

【编】冬十月，传旨给内阁，来年春册立太子。把工科都给事王德完关进锦衣卫监狱。　【纪】王德完上奏说："臣入京来几个月，路人纷纷传言，皇后能使唤的只有几个人，皇后忧郁成疾，病情危险，难保性命。臣私意认为不会这样。这只是臣听到的传言。如果真像传说这样，那么宗庙社稷就有隐忧了。臣仰慕汉代袁盎把汉文帝宠幸的慎夫人的座位移开之事。祈求陛下爱护照顾中宫皇后，像汉文帝那样停下车来虚心接受臣下意见。这样，臣就是死了也是不朽的。"明神宗发怒，把王德完关进锦衣卫监狱，讯问他这些话的来源。吏部尚书李戴、御史周盘等人说情救援，都被明神宗加以痛斥。

【编】万历二十九年（辛丑，1601）春三月，武昌发生民变，要赶走陈奉。朝廷把知府王禹声和知县邹尧弼贬为平民。　【纪】武昌的民众追逐陈奉。陈奉排开士兵，杀死了两个人，自己藏到楚王府中去，命令铁甲骑兵三百多人向民众射箭，射死了几个人，伤了二十几个人。陈奉一个多月不敢出门。众人抓住陈奉的左右侍从六人，把他们扔到长江中。陈奉自己焚烧了公署的大门。事件报告上去后，朝廷把王禹声、邹尧弼贬为平民。沈一贯上奏章说陈奉激起民变，不予回复。

【编】夏四月，督理直隶、仪真等地税务的御马监暨禄上奏章请求宽限税金，体恤人民。　【纪】暨禄说："臣征收庐州、凤阳、徽州、安庆遗留下来的税金和沿江各地的船税。各地的巡抚和按察使都说税目重叠，无力交付，请求宽限和减免。我还不敢把他们的话作凭据。这两项税金一共二十万两，现在征收到还不满一万两，这才相信巡抚和按察使的话是可以相信的，而那些原来奏报税金数目的人是没有根据的。乞求陛下体谅百姓的病苦，把实际征收到的税金上缴，不要管原来上奏的人所预测的数目。"明神宗依从了他。当时征税的内使们苛刻又

【编】六月,杀苏州乱民葛成。 【纪】太监孙隆采税浙、直,驻苏州,激变市人,杀其参随黄建节等数人。抚、按诘乱民。有葛成独引服,不及其余,下狱论死。

【编】秋七月,大学士赵志皋卒。九月,以礼部尚书兼翰林院学士沈鲤、朱赓兼东阁大学士,直文渊阁。

【编】冬十月,立皇长子常洛为皇太子。 【纪】先是沈一贯上言:"陛下大婚及时,故得圣子早。今皇长子大礼,必备其仪,推及真情,不如早谐伉俪。陛下孝奉圣母,朝夕起居,不如早遂含饴弄曾孙之为乐。乞令先皇长子大礼,明春秋递举诸皇子礼,子复生子,孙复生孙,坐见本支之盛,享令名、集完福矣。"上心动,谕即日行之。至是,上以典礼未备,欲改期册立,一贯封还圣谕,力言不可。上从之,乃立皇长子为皇太子,暨封福王、瑞王、惠王、桂王,诏告天下。

【编】皇太子冠,福、瑞诸王俱冠。

【编】壬寅,三十年,春正月,增东宫官属。

【编】二月,册皇太子妃郭氏。 【纪】上偶不豫,免贺,急召沈一贯入,谕以勉辅太子,并及罢矿税、起废、释禁诸事。翌日上安,诸事遂寝。停税谕已出,上悔,急令追之。太监田义谏曰:"谕已颁行,不可反汗。"上怒,几欲手刃义,义不为动。一贯恐,亟缴前谕,义唾之。始吏部尚书李戴、左都御史温纯约即日奉行,且颁天下,刑部谓弛狱须再请,亡何而旨格矣。

残暴，只有暨禄请求宽限、抚恤民众，一共上了五次奏章。

【编】六月，杀苏州乱民葛成。【纪】太监孙隆在浙江、南直隶收税，驻在苏州，激起市民动乱，杀了他的参事随从人员黄建节等几个人。巡抚和按察使追问乱民中谁是杀人者，有一个叫葛成的人自己出来承认，不牵连其余的人。官府把他关进监狱判以死刑。

【编】秋七月，大学士赵志皋去世。九月，任命礼部尚书兼翰林院学士沈鲤、朱赓二人兼任东阁大学士，在文渊阁值班。

【编】冬十月，立皇长子朱常洛为皇太子。【纪】在此之前，沈一贯上书说："陛下的婚礼举行得及时，所以早就得到了圣子。现在皇长子举行大礼，一定要有完备的礼仪。推想到真情，不如早日成婚。陛下孝顺，侍奉圣母，早晚去问候起居，但这不如让圣母早日满足她含着饴糖去逗弄曾孙的愿望。请求陛下先让皇长子举行婚礼，明年春天、秋天再依次举行各位皇子的婚礼，让儿子再生儿子，孙子又生孙子，陛下就可坐见本支皇室的兴盛，享受美名，汇集了完全的福祇了。"明神宗的心被他说动了，命当天就举行。到这一天，明神宗因为典礼没有准备完备，想要改期册立。沈一贯把皇帝的谕旨封起来退回去，竭力陈说不可以这样做。明神宗依从了他，就册立皇长子为皇太子，同时还封了福王、瑞王、惠王、桂王，下诏书向天下宣告。

【编】皇太子举行冠礼，福王、瑞王等也一起举行冠礼。

【编】万历三十年（壬寅，1602）春正月，增置东宫的从属官员。

【编】二月，册封皇太子妃郭氏。【纪】明神宗偶然感到身体不适，免去朝贺，赶快把沈一贯召了进来，告诉他要努力辅佐太子，并且谈及罢除矿税，起用被废黜的官员，释放被监禁的官员等各件事情。第二天，明神宗病好了，这些事情都搁置起来了。但停收税的谕旨已经发出去了，明神宗后悔起来，赶快命令把圣旨追回来。太监田义劝谏说："谕旨已经颁发施行，就像流出的汗一样收不回来了。"明神宗发怒，几乎要亲手用刀杀了田义，田义也不改变态度。沈一贯害怕了，赶快缴还前面说过的谕旨。田义唾他。起初吏部尚书李戴、左都御史温纯两个人约定当天就执行圣旨，而且向天下颁布。刑部认为从监狱中放人必须再次请旨，但没有多久，这件谕旨就搁置起来了。

【编】夏五月,礼部侍郎冯琦上言矿税之害,不报。 【纪】饶州景德镇民变,税监潘相舍人激之也。相诬劾通判陈奇,逮下狱。云南税监杨荣肆虐激变,滇人不胜愤,火厂房,杀委官张安民。冯琦疏言:"矿税之害,滇以张安民故,火厂房矣;粤以李凤酿祸,欲劗刃其腹矣;陕以委官迫死县令,民汹汹不安矣;两淮以激变地方,劫毁官舍钱粮矣;辽左以余东彝故,碎尸抄家矣;土崩瓦解,乱在旦夕,皇上能无动心乎?"不报。

应天大风,拔富家树成穴。鲁保诬以盗矿,府尹徐申力白富家冤,而盛言帝京王气不可凿,保不能夺。

【编】秋九月,诏授杨州富民吴时修子弟各中书舍人。 【纪】以时修献银十四万两也。

【编】癸卯,三十一年,夏四月,楚王华奎与宗人华越等相讦,章下礼部。 【纪】初,楚恭王隆庆初废疾薨,遗腹宫人胡氏,双生子华奎、华璧。或云内官郭纶以王妃族人如绰奴产子寿儿,及弟如言妾尤金梅所出并入宫,长为华奎,次华璧。仪宾汪若泉尝讦奏,事下抚按,王妃坚持之,乃寝,华奎既嗣楚,华璧封宣化王,华越素强御,忤王。越妻又如言女,知其详,越遂盟宗人二十九人,入奏:"楚先王风痹,不能御内,乃令宫婢胡氏诈为身,临蓐时,抱妃兄王如言子为华奎,又抱妃族王如绰舍人王玉予为华璧,皆出于妻王氏口,王氏,如言女,故知之。二孽皆不宜冒爵。"章入,通政司沈子木持未上,楚王劾宗人疏亦至。事下礼部。右侍郎郭正域曰:"王奏华越事易竟,华越奏王非恭王子,乱皇家世系,事难竟。楚王袭封二十年,何至今始发,而又发于女子骨肉之间?王论华越一人,而二十九人同攻王,果有真见出真情否?王假则华越当别论,王真则华越罪不胜诛。"沈一贯以亲王不当勘,但当体访。正域曰:"正域,江夏人,一

【编】夏五月，礼部侍郎冯琦上书论矿税的危害，明神宗不予回复。　【纪】饶州景德镇（今江西景德镇）发生民变，是由于税监潘相的随员激起的。潘相诬陷并弹劾通判陈奇，把他逮捕下狱。云南的税监杨荣肆行暴虐，激起民变，云南人非常愤怒，烧了厂房，杀了委派的官员张安民。冯琦上疏说："矿税的危害，在云南，因为张安民的缘故，已经烧厂房了；在广东，由于李凤酿成的祸害，人们要用刀剖开他的肚子了；在陕西，因为委派的官员逼死了县令，人民已经动荡不安了；两淮地区因为收税激起地方动乱，已经抢劫了官府的钱粮，焚烧官府了；辽东因为余东蓥的缘故，已经砍碎了他的尸体，抄了他的家了。土崩瓦解，动乱就在旦夕之间，皇上能够不动心吗？"明神宗不予回复。

应天府刮大风，把富人家的大树拔出来，地上出了个洞。鲁保诬蔑那个富家在盗挖矿石。府尹徐申竭力辩白这家富人是冤枉的，而且大讲帝京有王气，不可以凿矿。鲁保不能改变他的意见。

【编】秋九月，下诏给扬州的富人吴时修的子弟，各授予中书舍人之职。　【纪】因为吴时修献上了十四万两银子的缘故。

【编】万历三十一年（癸卯，1603）夏四月，楚王朱华奎与宗人朱华越等人互相攻击。明神宗把他们的奏章交给礼部。　【纪】起先，楚恭王在隆庆初年因为疾病去世，宫女胡氏给他生了一对双胞胎的遗腹子，叫朱华奎、朱华璧。有的人说是楚王宫的太监郭纶把王妃同族人如绹家里女奴生的儿子寿儿和王妃弟弟如言的妾尤金梅生的儿子一起抱进宫中，这两个孩子大的叫朱华奎，小的叫朱华璧。仪宾汪若泉曾经上奏章加以揭发。朝廷把这件事交给当地的巡抚、按察使审理。因为王妃坚持说他们是楚王亲生的儿子，这件事就搁下了。朱华奎继承为楚王后，朱华璧被封为宣化王。朱华越素来强横，不顺从楚王。朱华越的妻子又是如言的女儿，知道这件事的详情。朱华越就和同宗的二十九人盟誓，入京上奏说："楚先王有风痹症，不能和妃妾行房，就令宫女胡氏假装怀孕，在临分娩时，抱来王妃的哥哥王如言的儿子为华奎，又抱来王妃族人王如绹的侍从王玉的儿子为华璧，这些全出自我妻子王氏之口。王氏是王如言的女儿，所以知道这些事。这两个孽子都不应该冒封王爵。"奏章送入后，通政司沈子木拿着奏章还没有送给皇帝时，楚王

有偏徇，祸且不测。非勘则楚王迹不白，各宗罪不定。"

时正域右宗人，而辅臣沈鲤又右正域。户部尚书赵世卿、仓场尚书谢杰、祭酒黄汝良皆谓王非假。一时阁部互相龃龉。给事中姚文蔚劾郭正域故王护卫中人，修怨谋陷王，都察院左都御史温纯劾御史于永清、姚文蔚，刺及沈一贯。刑科都给事中杨应文、给事中钱梦皋各劾郭正域，梦皋并及沈鲤。上卒以王为真，而正域罢去。寻楚府东安王英燧、武冈王华增、江夏王华煊等请复勘假王，不听。时票楚事皆朱赓，二沈引嫌不出。

【编】冬十一月，妖书事起，命锦衣严鞫之；皦生光自诬服，事得解。　【纪】时有飞语，曰《续忧危竑议》，凡三百余言，谓东宫不得已立之，而从官不备，寓后日改易之意。其特用朱赓，"赓"者，"更"也。内外官附赓者，文则戎政尚书王世扬、巡抚孙玮、总督李汶、御史张养志；武则锦衣都督王之祯、都督佥事陈汝忠、锦衣千户王名世、王承恩、锦衣指挥佥事郑国贤；又有陈矩朝夕帝前以为之主。沈一贯右郑左王，规福避祸，他日必有靖难勤王之事。吏科都给事中项应祥撰，四川道监察御史乔应甲刊。其书一夕间自宫门迄于衢巷皆遍。厥明，举朝失色，莫敢言。朱赓得于私宅，以闻。上大怒，令厂、卫搜缉，务得造书主名，责项应祥、乔应甲回奏。

弹劾这些宗人的奏章也送到了。这件事交给礼部处理，右侍郎郭正域说："楚王所奏朱华趆的事容易了结。朱华趆奏楚王不是楚恭王的儿子，扰乱皇家的世系，这件事难以了结。楚王继承王位已经二十年了。为什么到今天才揭发出来，而且又是由骨肉亲属中的妇女揭发出来呢？楚王只指责朱华趆一个人，而有二十九个人同时攻击楚王。他们中果然有人真见到了实际情况吗？楚王是假的，那么朱华趆就应当另作别论。楚王是真的，那么朱华趆就罪该万死了。"沈一贯认为亲王不能审问，只应该在下面查访。郭正域说："我是江夏人。如果有了偏向，徇私情，就会有意想不到的灾祸。不进行审问就不能把楚王的身世弄清白，各个宗人的罪也无法确定。"

当时郭正域偏向于宗人，而辅臣沈鲤又偏向于郭正域。户部尚书赵世卿、仓场尚书谢杰、祭酒黄汝良等人都认为楚王不是假的。一时间内阁与各部大臣互相争论。给事中姚文蔚弹劾郭正域原为楚王护卫人员，对楚王有怨恨，图谋陷害楚王。都察院左都御史温纯弹劾御史于永清、姚文蔚，也指责了沈一贯。刑科都给事中杨应文、给事中钱梦皋分别弹劾了郭正域，钱梦皋还涉及到了沈鲤。明神宗最后还是把楚王定为真的，而郭正域被罢免去官。不久，楚王府的东安王朱英㶷、武冈王朱华增、江夏王朱华煊等人又请求审察假楚王，明神宗不接受。当时批复楚王事件的意见全是朱赓草拟的，沈鲤和沈一贯都由于避嫌疑而不出面。

【编】冬十一月，发生了妖书事件，命锦衣卫严加审讯。皦生光自己说谎认了罪，这件事才得以解决。【纪】当时有流言飞语，流传着一篇叫《续忧危竑议》的文章，一共有三百多字，说东宫太子是在不得已的情况下册立的，而给太子配备的从官不齐全，隐含着以后还要改换太子的意思。皇帝特意任用了朱赓，"赓"是"更"的意思。内外官员中依附朱赓的人，文官有戎政尚书王世扬、巡抚孙玮、总督李汶、御史张养志；武官有锦衣都督王之祯、都督佥事陈汝忠、锦衣千户王名世、王承恩、锦衣指挥佥事郑国贤等人；又有陈矩朝夕都在皇帝面前为朱赓说话。沈一贯偏袒郑贵妃，不助王妃，求福避祸，以后一定会有举兵犯京、起兵勤王的事。文章署名吏科都给事中项应祥撰，四川道监察御史乔应甲刊刻。那本书在一天之内从宫门直到街巷间都传遍了。天亮时，满朝的官

沈一贯请严迹之。或曰："妖书似出清流之口，将以倾沈一贯者。"或曰："此奸人作之以陷郭正域。"正域时有清流领袖之目，见忌一贯。已，乔应甲、项应祥各回奏"奸书谤人，无自名理"，不问。上召皇太子慰安之。太子泣，上亦泣，随令内竖以慰安太子语谕内阁。

时一贯方以楚宗事恨郭正域。正域，沈鲤门生也，鲤闻告密，语人曰："此事何必张皇也？"一贯大不怿。

正域放归，待冻潞河之杨村，闻问不绝，一贯益侧目。给事钱梦皋直指正域并及沈鲤，御史康丕扬佐之。于是发卒围正域舟，捕其仆隶乳媪十三人。陈汝忠又获正域舍人毛尚文、江夏布衣王忠，康丕扬捕高僧达观、琴士钟澄、百户刘相、医人沈令誉下狱，考讯无所得。逻校且环逼鲤第，迫胁不堪。皇太子遣内监语阁臣曰："先生辈容我，乞全郭侍郎。"会都察院温纯上书讼之，陈矩亦力持之，鲤得安。

上命锦衣严鞫妖书。一贯、朱赓请宽疑狱。最后，锦衣百户崔德缉顺天黜生皦生光鞫之。生光性险贼，善胁人金，坐谴戍大同，赦归，终不悛，犹胁郑国泰家。方廷讯时，丕扬等皆欲坐郭正域。御史牛应元指天为誓，御史沈裕厉声折生光，从重论，恐株连多人，无所归狱。生光自诬服，叹曰："朝廷得我结案，如一移口，诸君何处求生活乎？"刑部尚书萧大亨必欲穷究之。礼部侍郎李廷机、赵世卿告赓，谓即此可以具狱。赓以语一贯，事得稍解。

员都大惊失色，没有人敢说话。朱赓在自己家里得到了这本书，拿来上告皇帝。明神宗大怒，令东厂和锦衣卫搜捕缉拿，务必要查到写书人的名字，责令项应祥、乔应甲来回报。

　　沈一贯请求严格追查。有的人说："妖书好像是出自清流的口中，想要用它排挤沈一贯的。"有的人说："这是奸人作的，用来陷害郭正域。"郭正域当时有清流领袖的名声，为沈一贯所忌。过后，乔应甲和项应祥分别回奏说："妖书诽谤人，没有署上自己名字的道理。"明神宗不再追问这件事。明神宗召来皇太子安慰他。太子哭泣，明神宗也哭了，接着就令太监把他安慰太子的话传达给内阁知道。

　　当时沈一贯正因为楚王宗人的事恨郭正域。郭正域是沈鲤的门生。沈鲤听到关于妖书告密之事后，对别人说："这件事何必张惶失措呢？"沈一贯听到后十分不高兴。

　　郭正域被放逐回家乡，在杨村等待潞河封冻，来探望他的人络绎不绝，沈一贯更加嫉恨。给事钱梦皋在奏章中把造妖书的事径直指向郭正域，并且牵及到沈鲤，御史康丕扬也支持钱梦皋，于是出动士兵包围了郭正域的船，逮捕了郭正域的奴仆、奶妈等十三个人。陈汝忠又逮捕了郭正域的随从毛尚文、江夏平民王忠，康丕扬逮捕了高僧达观、善于操琴的乐师钟澄、百户刘相和医生沈令誉，把他们关入监狱，加以拷打审讯，但什么也没有审出来。巡逻的兵校包围了沈鲤的府第，逼迫威胁得沈鲤不堪忍受。皇太子派宫中太监对内阁大臣们说："各位先生请包容我，乞求您们保全郭侍郎。"正好都察院温纯上奏章辨白这件事，陈矩也竭力保护沈鲤，沈鲤才得平安无事。

　　明神宗命锦衣卫严厉审讯妖书案，沈一贯和朱赓请求对这桩未能查实的疑案从宽处理。最后，锦衣卫百户崔德缉拿顺天府被黜斥的生员皦生光加以审问。皦生光为人阴险恶诈，惯于威胁别人以诈取金银，因此被判罪发配到大同戍边，遇赦放回，但终未改恶从善，还去威胁郑国泰一家。当朝廷上审讯妖书案时，康丕扬等人都想判郭正域有罪，御史牛应元指天起誓，御史沈裕厉声喝斥皦生光，要从重论处，恐怕会株连很多人，案件无法解决。皦生光自己诬认服罪，叹息地说："朝廷得我服罪就能结案。如果我一改口，诸君还能活下去吗？"刑部尚书萧大

【编】甲辰，三十二年，夏四月，瞰生光磔于市。【纪】提督东厂司礼太监陈矩上妖书狱，移瞰生光刑部论斩，上欲加等，以谋危社稷律论磔。矩素清直，妖书事保全善类为多。生光磔于市，妻子戍边。妖书非生光也，第其人可死，故人不甚怜之。或谓妖书出武英殿中书舍人永嘉赵士祯，后士祯疾笃自言之，肉碎落如磔。

【编】秋八月，户部尚书赵世卿上疏请停矿税，不报。【纪】时大雨，都城奔坏。世卿上言："苍生糜烂已极，天心示警可畏。矿税貂珰掘坟墓，奸子女。陛下尝曰'朕心仁爱，自有停止之日'，今将索元元于枯鱼之肆矣。"不报。

【编】乙巳，三十三年，春正月，考察京官。【纪】时主察当属吏部左侍郎杨时乔，沈一贯惮其方严，请以兵部尚书萧大亨主笔。疏上，上以时乔廉直，竟属之。时乔与都御史温纯力持公道，疏入，留中。

【编】秋九月，诏罢采矿，以税务归有司。释矿税在狱承天诸生沈机等十二人。【纪】先是礼部侍郎冯琦上言："矿使出而天下苦更甚于兵，税使出而天下苦更于矿。陛下欲通商而彼专欲困商，陛下欲爱民而彼必欲害民，陛下戒以勿信拨置而拨置愈多，陛下责以不报绎骚而绎骚更甚，陛下之心但欲裕国不欲病民，群小之心必自瘠民方能肥己。"疏留中，至是乃有是诏。

亨一定要追究到底。礼部侍郎李廷机和赵世卿告诉朱赓，说就这样已经可以结案了。朱赓把这些话告诉了沈一贯，事情才逐渐解决了。

【编】万历三十二年（甲辰，1604）夏四月，皦生光在市上被处以分裂肢体的磔刑。　【纪】提督东厂的司礼太监陈矩上报妖书案，把皦生光移交给刑部判处斩刑。明神宗要把刑罚加重一等，用阴谋危害国家的法律条文判处磔刑。陈矩一贯清廉正直，在妖书的案件上保全了很多好人。皦生光在市上被处磔刑，他的妻子儿女被发配戍边。妖书不是皦生光写的，但这个人也该死，所以人们不怎么可怜他。有的人说妖书出自武英殿中书舍人永嘉（今浙江温州）人赵士祯之手，后来赵士祯病危时，自己也说了。他身上的肉变成碎块掉落下来，像受了磔刑一样。

【编】秋八月，户部尚书赵世卿上疏，请求停收矿税，明神宗不予回复。　【纪】当时大雨，京城的城墙崩塌毁坏。赵世卿上奏说："天下百姓已经被摧残得十分厉害了，这是上天之心有所不满，示意警告，值得畏惧的。征收矿税的内监等人，挖掘坟墓，奸淫百姓的女子。陛下曾经说过：'朕心仁爱，自有停征矿税的一天。'现在百姓受苦，已像得不到水的活鱼成了干鱼一样了。"明神宗不予回复。

【编】万历三十三年（乙巳，1605）春正月，考察京城官员。　【纪】当时主管考察事务的，应该是吏部左侍郎杨时乔，沈一贯害怕他办事方正严格，奏请由兵部尚书萧大亨主持考察。奏章送上去后，明神宗因为杨时乔清廉正直，还是委派杨时乔主持。杨时乔和都御史温纯尽力主持公道，他们把有关考察结果的奏疏送上去后，奏章被留在宫中，不予回复。

【编】秋九月，明神宗下诏停止采矿，把税务交给有关官府管理。释放了因为反对矿税而被关在监狱里的承天府生员沈机等十二个人。【纪】在此之前，礼部侍郎冯琦上奏说："采矿的使者派出到各地以后，天下所受的苦难比在战乱时还深重。征税使者派出到各地后，天下所受的苦难比因采矿而来的苦难更为深重。陛下想要通商，而那些人专门想要困扰商人。陛下想爱民，而那些人一定要害民。陛下告戒他们不要随意拨置财物，而他们拨置的财物越来越多。陛下责备他们不报告在地方上引起的骚动，但是对地方上造成的骚扰越来越厉害。陛下的

【编】丙午，三十四年，春正月，逮咸阳知县宋时隆下狱。【纪】时命停矿，税监梁永坚执以为咸阳、潼关委官不宜罢，益树党布虐。巡抚顾其志捕恶党置之法。永大恨之。永又檄时隆取绒毡千五百，时隆不予，遂诬时隆劫税。阁臣申救，不听。

【编】三月，云南矿务太监杨荣被杀。【纪】荣久于滇，恣行威福，杖毙数千人，榜掠指挥樊高明等，尽捕六卫官，人人自危。指挥贺世勋、韩光大倡众杀荣，焚其署，徒党辎重皆烬。事闻，上怒不食，曰："荣不足惜，何纪纲顿至此！"罪其首事，罢中使不遣，以税课归四川税使邱乘云。世勋下狱死，光大戍边。

【编】夏六月，大学士沈一贯、沈鲤罢。【纪】吏科给事中陈良训、御史孙居相劾沈一贯奸贪；一贯连疏乞休，始允。鲤居位四载，尝列天戒、民穷十事，书之于牌，每入阁则拜祝之。或谗鲤为诅咒，上命取观之，曰："此非诅咒语也。"妖书事起，危甚，赖上知其心，得无恙。及放归，得旨不如一贯之优，各赐金币，鲤半之。出都日，犹有谗其衣红袍阅边者，中官陈矩为解乃已。居相夺岁俸，良训调外。

【编】丁未，三十五年，夏五月，以礼部左侍郎李廷机、南京礼部右侍郎叶向高为礼部尚书，兼东阁大学士，直文渊阁。复谕朱赓

心里只想要让国家富裕，不愿意使人民困苦，但那些小人们的心里想着只有让人民贫困，才能肥了他们自己。"奏章被留在宫中，到这时才有了这件诏书。

【编】万历三十四年（丙午，1606）春正月，逮捕咸阳知县宋时隆，把他关入监狱。【纪】当时命令停止采矿，税监梁永坚持认为在咸阳（今陕西咸阳）、潼关（今陕西渭南县东）委派的矿官不应该罢去，而且更加交结党徒，滥肆暴行。巡抚顾其志逮捕这些恶徒依法处治。梁永非常恨他。梁永又向宋时隆征取一千五百条绒毯。宋时隆不给，梁永就诬陷宋时隆劫夺税款。内阁大臣为他辩白，援救他，明神宗不听从。

【编】三月，云南的矿务太监杨荣被杀。【纪】杨荣在云南的时间久了，肆意作威作福，用刑杖打死了几千人，还拷打指挥樊高明等人，把六卫的官员全抓了起来，以致人人自危。指挥贺世勋、韩光大二人倡议于众，杀死了杨荣，烧了他的官署，把他的党徒和辎重物资全烧了。这件事上报朝廷后，明神宗发怒，气得不肯吃饭，说："杨荣死了不值得可惜，可是国家的纲纪法律怎么能荒废到这种地步呢？"他决定给带头闹事的人判罪，停止派遣官使，把征税事务交给四川税使邱乘云处理。贺世勋被关入监狱，死在狱中。韩光大被发配戍边。

【编】夏六月，大学士沈一贯、沈鲤被罢官。【纪】吏科给事中陈良训、御史孙居相二人弹劾沈一贯奸邪贪婪。沈一贯连续几次上疏请求退休，明神宗才答应了。沈鲤任内阁大臣四年，曾经列举了上天告戒、人民穷困等十件事，把它们写在木牌上，每次进入内阁时就向木牌行礼祷告。有的人进谗言，说沈鲤进行诅咒。明神宗命令把木牌拿来看，说："这不是诅咒的话。"妖书事件发生后，沈鲤处境很危险，靠着明神宗了解他的心意，得以没有出事。到让沈鲤退休回家时，给他的圣旨中所表露的皇帝对他的态度，比不上给沈一贯的圣旨。他们两个人都赐予金币，但沈鲤只是沈一贯的一半。沈鲤从京城出去的那一天，还有人说他坏话，上告沈鲤曾穿着红袍去视察边地，太监陈矩为他辩解才得无事。孙居相被剥夺一年的俸禄，陈良训被调到外地去。

【编】万历三十五年（丁未，1607）夏五月，任命礼部左侍郎李廷机、南京礼部右侍郎叶向高为礼部尚书，兼东阁大学士，在文渊阁

召旧辅王锡爵，辞不至。 【纪】时顾宪成移书向高，言近日辅相，以摸棱为工，贤否混淆，引张禹、胡广为戒。廷机故出沈一贯门，人多疑之。给事中王元翰、御史陈宗契等交章劾廷机。廷机故清介，而攻之者诋为赍金奥援，御史叶未盛极辨之。廷机伏阙辞，不允，上下旨切责元翰等。

【编】秋七月，撤陕西税监梁永还京。

【编】贬参政姜士昌广西佥事。 【纪】总督漕运李三才上言："废弃诸臣，只以议论意见，一触当路，永弃不收。总之于陛下无忤，今乃假主威以锢诸臣，又借忤主之名以饰主过，负国负君，莫此为甚！"参政姜士昌赍表入京，奏别遗奸，录遗逸。遗奸，指王锡爵、沈一贯、朱赓。又曰："古今称廉相，必称唐杨绾、杜黄裳，然二贤皆推贤好士，惟恐不及；而王安石用之，驱逐诸贤，竟以祸宋。"时李廷机有清名，故士昌规及之。赓、廷机上疏辨，降士昌广西佥事。御史宋寿论救，谪平定州判，加谪士昌兴安典史。

值班。又令朱赓去召还旧日的辅佐大臣王锡爵，王锡爵推辞不来。

【纪】当时顾宪成写信给叶向高，说近来的辅佐大臣，以模棱两可为能事，不分人之贤与不贤，信中并且引了汉代张禹、胡广的例子作为戒鉴。李廷机原出沈一贯的门下，人们大都怀疑他。给事中王元幹、御史陈宗契等人纷纷上奏章弹劾李廷机。李廷机本来为人清廉耿介，而攻击他的人诋毁他用成车的金银送人，得到有力者的援助，御史叶未盛竭力为他辩解。李廷机跪伏在宫门外请求辞职，明神宗不答应，下旨严厉斥责王元幹等人。

【编】秋七月，把陕西税监梁永撤回北京。

【编】把参政姜士昌贬为广西佥事。　【纪】漕运总督李三才上奏说："被废弃的各位臣子，只是因为建议提意见，一旦触犯了执政的大臣，就被永远抛弃，不再收用。起用他们对陛下没有触犯的地方。现在执政的人竟假借皇上的威严来禁锢诸臣，又借他们触犯皇帝之名来粉饰皇上的过失。辜负国家，辜负君主，没有比这更严重的了。"参政姜士昌带着奏章进京，上奏请求：要识别还没有被揭露出来的奸臣，录用隐逸的贤人才士。遗奸指的是王锡爵、沈一贯、朱赓。又说："古今能称得上清廉的丞相的，一定说是唐代的杨绾和杜黄裳。而这二位贤相都推举贤者，喜爱士人，惟恐做得不够。而宋代的王安石虽然清廉，他却驱逐各位贤者，最后竟以此祸害了宋朝天下。"当时李廷机有清廉的名声，所以姜士昌的规劝也谈到了他。朱赓和李廷机上奏章分辩。明神宗把姜士昌降职为广西佥事。御史宋寿上书，救姜士昌，被贬为平定州判，又加重处分，把姜士昌贬为兴安典史。

明鉴易知录卷十一

明纪

神宗显皇帝

【编】戊申，三十六年，夏五月，谪礼部主事郑振先普安州判。【纪】振先劾辅臣朱赓、李廷机大罪十二，指沈一贯、赓、廷机为过去、现在、未来三身，布置接受，从风而靡。上以其诬诋，遂谪。

【编】秋九月，起孙丕扬太子少保、吏部尚书。

【编】冬十月，起吏部文选郎中顾宪成为南京光禄少卿，辞不至。

【编】十一月，朱赓卒。　【纪】赓性淳谨，同乡沈一贯当国，善调护，故妖书、楚狱祸不蔓延。赓卒，李廷机当首揆，言路益攻之，廷机决计不出。叶向高独相，而攻廷机者未已也，遂移居演象所之真武庙。乞放，凡五年，至万历四十年始得请，寒暑闭门无履迹。

【编】以李化龙为兵部尚书。

【编】己酉，三十七年，春正月，北敌在边讲赏。　【纪】京民讹传警至，街市喧动。安定、德胜二门百姓争入城避难。大学士叶向高上言："今日事本无实，但敌人窥伺，民心惊惶之状，亦可概见矣。蓟镇去京师甚近，敌骑动辄数万，我边军皆饥寒穷困，势必不支。万一溃边而入，抵国门在呼吸间，安知今日之讹传，不为他日之实事！都下人民，以办役破家，谁肯效守？兵部、戎政两署，止李化龙一人，虽其威望才猷真堪倚任，但军务倥偬，难于肆应，况化龙抱病，岂能卧治。伏望陛下将所推兵部两侍郎先行检发，使缓急有人，不致临时失措。至户部库银止存八万两，即使尽发，所济几何？臣诚不知计

神宗显皇帝

【编】万历三十六年（戊申，1608）夏五月，把礼部主事邹振先贬为普安州判。　【纪】邹振先弹劾辅佐大臣朱赓、李廷机两个人十二条大罪，指说沈一贯、朱赓、李廷机三个人是佛教所谓的过去、现在、未来三世之身，上边有所布置，在下面的就接受，随着风就倒下来。明神宗认为他是诬蔑、诋毁大臣，就把他贬职。

【编】，秋九月，起用孙丕扬为太子少保、吏部尚书。

【编】冬十月，起用吏部文选郎中顾宪成为南京光禄少卿。顾宪成辞不到职。

【编】十一月，朱赓去世。　【纪】朱赓性情淳厚谨慎，他的同乡沈一贯执掌国政时，他善于调解回护，所以妖书和楚王两案的狱祸没有蔓延开来。朱赓死后，李廷机担任首席内阁大臣，向朝廷进言的官员更加攻击他，李廷机决计不出面管事。叶向高独自管理丞相的事务。而攻击李廷机的人还不停止。李廷机就移到演象所的真武庙去居住。李廷机乞求放他回家，一共历时五年，到了万历四十年才得到允许。李廷机不论寒暑，都闭门不出，门前没有足迹。

【编】任命李化龙为兵部尚书。

【编】万历三十七年（己酉，1609）春正月，北方的敌人在边境上阅兵，赏赐军队。　【纪】京城的人民中讹传，说敌人要来了。街道上、市集中都人声喧杂，动荡不安，安定和德胜两个城门外的老百姓争着进城来避难。大学士叶向高上奏说："今天的事本来不可靠，但是敌人的窥伺和民心惊惶不安的情况，也可以从这里大致看出来了。蓟镇距离京师很近，敌人的骑兵动不动就有几万人，我们边防的军队全处于饥寒穷困的境地，势必无力抵挡敌人。万一敌人冲破了边防入侵，到达京城大门也只用喘一口气的时间。怎么敢说今天这种讹传不会成为以后某一天的事实呢？京城的百姓，因为支应兵役而家产用尽，谁还肯为守城效力呢？兵部和戎政两个官署，只有李化龙一个人，虽然他的威望和才

之所出也。"

【编】二月,御史郑继芳劾工科右给事中王元翰,元翰亦奏辨劾继芳,俱不报。 【纪】初,给事中王绍徽善汤宾尹,营入阁甚急,尝语元翰曰:"公语言妙天下,即一札扬汤君,汤君且为公死,世间如汤君可恃也。"元翰辞焉。绍徽衔之,因嗾继芳摭元翰贪婪不法事。元翰奏辨,且劾继芳为王锡爵等吐气也。

【编】夏四月,吏科纠擅去诸臣。 【纪】初,工科给事中孙善继拜疏竟去,刘道隆继之,王元翰、顾天峻、李腾芳、陈治则各先后去。命削善继籍,道隆等各降秩。时南北科道互相攻讦,至不可问。

【编】户科给事刘文炳请召邹元标,不报。

【编】冬十二月,工部主事邵辅忠劾总督漕运李三才,工科给事中马从龙等疏救,俱不报。 【纪】辅忠论三才结党遍天下,前图枚卜,今图总宪,四岳荐鲧,汉臣谀莽,天下之大可忧也,时三才需次内台,辅忠首劾之,继以御史徐兆魁。三才奏辨,马从龙、御史董兆舒、彭端吾、南京工科给事中金在衡交章为三才辨,俱不报。三才负才名,初为山东藩臬,有声,民歌思之。抚淮十年,方税珰横甚,独能捕其爪牙,珰为之敛迹。三才多取多与,收采物情,用财如流水,顾宪成之左右誉言日至。宪成信之,亦为游扬。三才尝宴宪成,止蔬果三四色,厥明盛陈百味。宪成讶而问之。三才曰:"此偶然耳。昨偶乏即寥寥,今偶有故罗列。"宪成以此不疑其绮靡。至是挟纵横之术,与言者为难,公论绌之。

能确实可以胜任，但是军务繁忙，难于全部照管到。何况李化龙有病在身，岂能卧病处理军务呢？希望陛下把被推举的两个兵部侍郎先予以审定任命，让军情突然变化时有人处理，不致于在临时手足失措。至于户部库中现在只存有八万两银子，即使把它全部发散出去，能够解决多少问题？臣子实在不知道这时该采用什么计策才好。"

【编】二月，御史郑继芳弹劾工科右给事中王元翰，王元翰也上奏给自己辩白，并且弹劾郑继芳。两份奏章都没有得到回复。 【纪】起初，给事中王绍徽对汤宾尹很好，急于为汤宾尹谋求进入内阁。他曾经对王元翰说："您的语言精妙，天下闻名。您只要写一封书信称扬汤君，汤君就肯为您去死，世间像汤君这样的人是可以依靠的。"王元翰推辞了。王绍徽就记恨王元翰，因此嗾使郑继芳弹劾王元翰贪婪不法的事件。王元翰上奏辩解，并且弹劾郑继芳这样做是为了给王锡爵扬眉吐气。

【编】夏四月，吏科纠察擅自离职的诸臣。 【纪】起初，工科给事中孙善继上了奏折后就自己离职了。刘道隆接着也这样离开了，王元翰、顾天峻、李腾芳、陈治则等人也各自先后离去。明神宗命令削去孙善继的官籍，把刘道隆等人分别降官。当时南京和北京的给事中和御史们互相攻击诋毁，发展到无以复加的地步。

【编】户科给事刘文炳请求把邹元标召回朝廷，没有得到回复。

【编】冬十二月，工部主事邵辅忠弹劾总督漕运李三才。工科给事中马从龙等人上疏救助，都没有得到回复。 【纪】邵辅忠弹劾李三才结交朋党，遍及全国，以前图谋选官拜相，现在又图谋都御史之位。这就像尧时四岳推荐鲧，汉朝臣子们阿谀王莽一样，天下的形势实在大可忧虑。当时李三才在御史台等待依次序补官。邵辅忠首先弹劾他，接着御史徐兆魁也弹劾李三才。李三才上奏章分辩，马从龙、御史董兆舒、彭端吾、南京工科给事中金在衡纷纷上奏章为李三才辩白，全没有给予回复。李三才素有才干的名声。起初出任山东布政使、按察使，有好政绩，百姓编成歌，唱着来怀念他。李三才任巡抚，在两淮地区十年，当时收税的内使十分横暴，只有李三才能逮捕他们的爪牙，收税内使的行动为此收敛。李三才拿取的多，给与的也多，收买拢络人心，花钱像流水一样。顾宪成的左右侍从天天向顾宪成称赞李三才，顾宪成相信了，

【编】蓟镇地陷,辽东地震,甘肃地震如雷。

【编】江西、福建大水。【纪】溺死民人各十余万。

【编】是岁山西大旱,山东旱、蝗,真定、保定等府大旱,赤地千里。

【编】庚戌,三十八年,春正月,叶向高请补阁臣,又请东宫讲学,皆不报。

【编】夏五月,吏部主事王三善乞勘李三才,不报。【纪】前吏部郎中顾宪成遗书叶向高,谓三才至廉至淡漠,勤学力行,为古醇儒,当行勘以服诸臣心。时给事中金士衡、段然力保三才,给事中刘时俊、兵部郎中钱案争之,纷如聚讼。

【编】辛亥,三十九年,春二月,前大学士王锡爵卒。总督漕运李三才罢。

【编】夏四月,南京国子监祭酒汤宾尹、御史王绍徽、乔应甲等俱降调。

【编】五月,给事中朱一桂、御史徐兆魁上言京察尽归党人,不报。【纪】一桂、兆魁疏言:"顾宪成讲学东林,遥执朝政,结淮抚李三才,倾动一时。孙丕扬、汤兆京、丁元荐角胜附和,京察尽归党人。"不报。

【编】秋九月,皇贵妃王氏薨。【纪】妃虽生皇太子,失宠日甚,比疾笃,太子始知之,亟至,宫门尚闭,抉钥而入。妃手太子衣而

也替李三才游说宣扬。李三才曾经宴请顾宪成，只摆了三、四样蔬菜水果，等到第二天早上又摆出了许多种食物，十分丰盛。顾宪成惊讶地询问李三才，李三才说："这只是偶然如此罢了。昨天偶然缺乏食品就只有寥寥几种，现在偶然有了，就都罗列出来。"顾宪成因此不怀疑李三才生活奢靡。到了这时，李三才倚仗能言善辩、纵横多变的本领，同进言的官员们为难，公众的舆论就贬斥他。

【编】蓟镇地方大地陷落，辽东地区地震，甘肃地区地震时响声像雷一样。

【编】江西、福建发大水。 【纪】水灾中淹死的人民，两省各有十几万。

【编】这一年山西大旱，山东闹旱灾、蝗灾，真定（今河北正定）、保定等府大旱，赤地千里。

【编】万历三十八年（庚戌，1610）春正月，叶向高请求补充内阁大臣，又请求给东宫太子讲学，全都没有给予回复。

【编】夏五月，吏部主事王三善要求查勘李三才，没有给予回复。【纪】前吏部郎中顾宪成写信给叶向高，说李三才非常廉洁，非常淡漠于名利，勤奋学习，身体力行，是古代的醇儒，应当实行查勘以服诸臣之心。当时给事中金士衡、段然极力保荐李三才，给事中刘时俊、兵部郎中钱寀和他们争论，议论纷纭，就像在一起打官司一样。

【编】万历三十九年（辛亥，1611）春二月，前大学士王锡爵去世。总督漕运李三才被罢免。

【编】夏四月，南京国子监祭酒汤宾尹、御史王绍徽、乔应甲等人都降职调用。

【编】五月，给事中朱一桂、御史徐兆魁上奏说：对京官的考察，都为东林党人所掌握了。没有给予回复。 【纪】朱一桂、徐兆魁的奏疏中说："顾宪成在东林书院讲学，在远方控制朝政。他和淮安巡抚李三才交结，一时声势很盛，孙丕扬、汤兆京、丁元荐等人争相附和，京官的考察全归党人掌握了。"没有得到回复。

【编】秋九月，皇贵妃王氏去世。 【纪】皇贵妃王氏虽然生了皇太子，但失去了皇帝的宠爱，眼睛也生了白翳。等到病危了，太子才知道，

泣曰："儿长大如此，我死何憾！"太子恸，左右皆泣，莫能仰视，须臾薨。

【编】壬子，四十年，春二月，吏部尚书孙丕扬挂冠出都。

【编】夏四月，大学士叶向高上疏乞休，不报。

【编】秋九月，李廷机出都。

【编】冬十月，叶向高请福王之国。【纪】报明年春举行。

【编】癸丑，四十一年，春正月，礼部请东宫开讲，福王就国。不报。

【编】二月，御史刘廷元劾光禄寺少卿于玉立依附东林，风波翻覆，宜显斥。不报。

【编】夏六月，锦衣卫百户王日乾下狱。【纪】日乾讦奏："奸人孔学与皇贵妃宫中内侍庞、刘诸人，请妖人王子诏诅咒皇太子，刻木像圣母、陛下，钉其目，又约赵思圣在东宫侍卫，带刀行刺。"语多涉郑贵妃、福王。叶向高语通政使具参疏，与日乾奏同上之。向高密揭："日乾、孔学皆京师无赖，诪张至此，此大类往年妖书。但妖书匿名难诘，今两造具在，法司其情立见。陛下第静俟，勿为所动，动则滋扰。"上初览日乾疏，震怒，及见揭意解，遂不问。东宫遣取阁揭。向高曰："皇上既不问，则殿下亦无庸更览。"太子深然之。寻御史以他事劾日乾，下之狱，逾年而梃击之狱兴。

【编】冬十月，礼科给事中亓诗教劾东林顾宪成。【纪】诗教

急忙赶去，宫门还关闭着，太子撬开门锁才进去。皇贵妃拉着太子的衣服，哭着说："儿子都长得这么大了，我死了还有什么可遗憾的。"太子痛哭，左右侍从也都哭了，没有人抬起头来看。过了一会儿，皇贵妃就去世了。

【编】万历四十年（壬子，1612）春二月，吏部尚书孙丕扬辞去职务，离开京城。

【编】夏四月，大学士叶向高上疏请求退休，没有得到回复。

【编】秋九月，李廷机离开京城。

【编】冬十月，叶向高请求让福王到封国去。【纪】明神宗回复说明年春季举行。

【编】万历四十一年（癸丑，1613）春正月，礼部请求给东宫太子开始讲学，让福王到封国去。没有给予回报。

【编】二月，御史刘廷元弹劾光禄寺少卿于玉立依附东林党人，助长是非，兴风作浪，应该公开地贬斥他。没有给予回复。

【编】夏六月，锦衣卫百户王曰乾被逮捕，关入监狱。【纪】王曰乾向上奏章攻讦说："奸人孔学和皇贵妃宫中的内侍庞、刘等人，请来妖人王子诏诅咒皇太子，用木头刻成皇太后和陛下的像，用钉子钉了木像的眼睛。又约好赵思圣到东宫去侍卫，带着刀去行刺太子。"奏章中很多处涉及到了郑贵妃和福王。叶向高告诉通政使，让他准备上告的奏章，与王曰乾的奏章在同一天送上去。叶向高同时又附上秘密按语说："王曰乾和孔学都是京城里的无赖，胡言乱语，嚣张到如此地步。这件事和过去出现妖书的情况十分相似。但是妖书是匿名的，很难追问，现在这件事两方面争议的人都在。送到刑部法庭上就立刻可以见到真情了。陛下只要静静地等候，不要被他们所说动，如果陛下有所行动，就会更增加惊扰。"明神宗刚看到王曰乾的奏疏时，十分震怒，等到看了叶向高的揭帖，心里明白了，就不再追问。东宫太子派人去取内阁的揭帖看。叶向高说："皇上既然不追问了，太子殿下也就不用再看了。"太子认为他说得很对。不久，御史就别的事情弹劾王曰乾，把他关进监狱，过了一年就发生了梃击案件。

【编】冬十月，礼科给事中亓诗教弹劾东林党人顾宪成。【纪】

上言："今日之事始于门户，门户始于东林。东林倡于顾宪成，刑部郎中于玉立附焉。宪成自贤，玉立自奸，贤奸各还其人。而奔竞招摇，羽翼置之言路，爪牙列在诸曹，关通大内，操纵朝权，顾宪成而在，宁愿见之哉！"末刺及叶向高，向高奏辨。

【编】以吏部左侍郎方从哲、礼部左侍郎吴道南并为礼部尚书、东阁大学士，直文渊阁。

【编】甲寅，四十二年，春二月，慈圣皇太后李氏崩。

【编】命各省税课减三分之一。

【编】三月，福王常洵之国洛阳。

【编】秋八月，大学士叶向高致仕。

【编】乙卯，四十三年，夏五月，梃击事起，诏法司严刑鞫审，磔张差于市。　【纪】是月己酉，有不知姓名男子持枣木棍撞入慈庆宫，打伤守门内官李鉴，直至前殿檐下。内官韩本用等执缚付东华门守卫指挥朱雄等收之。次日，皇太子奏闻，命法司提问。庚戌，巡视皇城御史刘廷元奏："人犯供名张差，系蓟州井儿峪民。语言颠倒，形似风狂。臣再三考讯，本犯呶呶称吃斋讨封等语。话非实情，词无伦次，按其迹若涉风魔，稽其貌的系黠猾，情境叵测，不可不详鞫重拟。"

乙卯，刑部郎中胡士相、岳骏声等审张差。供"被李自强、李万仓烧差柴草，气愤，于四月内来京，欲赴朝声冤。从东进，不识门径，往西走适路遇男子二人，给曰'尔无凭据，如何进？尔拏棍子一条，便可当作冤状'等语。差日夜气忿，失志颠狂，遂于五月初四日手拏枣木棍一条，仍复进城，从东华门直至慈庆宫门首，打伤守门

丁诗教上奏说："今天的事从门户之分开始，而门户之分始于东林党人。东林党由顾宪成倡导，刑部郎中于玉立依附他。顾宪成自是贤者，于玉立自是奸人，应该把他们的贤名、奸名各自还给他们本人，而东林党人追求名利，争权，招摇声势，把他们的羽翼安排在言官的职位上，把他们的爪牙分布在各部衙门里，勾结清托关系直到皇宫内部，操纵朝廷大权。假使顾宪成还在，他会愿意见到这些吗？"奏章末尾也抨击到了叶向高，叶向高上奏章加以辩白。

【编】任命吏部左侍郎方从哲、礼部左侍郎吴道南同为礼部尚书、东阁大学士，在文渊阁值班。

【编】万历四十二年（甲寅，1614）春二月，慈圣皇太后李氏逝世。

【编】命令各省把税金减少三分之一。

【编】三月，福王朱常洵来到封国洛阳。

【编】秋八月，大学士叶向高退休。

【编】万历四十三年（乙卯，1615）夏五月，梃击事件发生。明神宗下诏命司法部门严刑审问，把张差在街市上处以磔刑。 【纪】这个月初四，有一个不知道姓名的男子手持枣木棍子撞进慈庆宫，打伤了守宫门的太监李鉴，一直冲到前殿的屋檐下面。太监韩本用等人把他抓住，绑起来交给东华门的守卫指挥朱雄等人，把这个男子关进监狱。第二天，皇太子把这件事奏报明神宗。明神宗命令司法部门提审。初五，巡视皇城御史刘廷元上奏说："犯人供称他的名字叫张差，是蓟州井儿峪的百姓。他说话颠三倒四，形状像个疯子。我再三审讯拷问，该犯只是喃喃地嘟囔说'吃斋讨封'等语。他说的都不是实情，语无伦次。按他的形迹来看，好像是得了疯魔症；但察他的面貌，确是狡猾装疯，情境难测，不可不详细地加以追查，从重治罪。"

初十，刑部郎中胡士相、岳骏声等人审问张差。张差供称："被李自强、李万仓二人烧了我的柴草，心情气愤，在四月里来京城，想到朝廷申诉冤情，从东边进城，不认识道路，往西边走，在路上正碰到两个男人，骗我说：'你没有什么凭据，怎么能进去告状？你拿上一条棍子，就可以把它当作申冤的状子。'我日夜气愤不平，失去了意识，疯狂颠倒，就在五月初四那天，拿着枣木棍子一条，再次进城，从东华门一直来到

官，走入前殿下被擒。"拟依宫殿前射箭、放弹、投砖石伤人律，斩决不待时。

戊午，刑部提牢主事王之寀言："本月十一日散饭狱中，末至新犯张差，见其年壮力强，非风颠人。臣问'实招与饭，不招当饥死。'即置饭差前。差见饭低头，已而云'不敢说'。臣乃麾吏书令去，止留二役扶问之。招称：'张差小名张五儿，父张义病故，有马三舅、李外父叫我跟不知姓名老公，说事成与尔几亩地种。老公骑马，我跟着走，初四到京。'问'何人收留？'复云：'到不知街道大宅子，一老公与我饭，说"汝先冲一遭，撞见一个打杀一个，打杀了我等救得汝。"遂与我枣棍，领我由厚载门进到宫门上，守门阻我，我击之堕地。已而老公多，遂被缚。'又招有柏木棍、琉璃棍，棍多人众等情，其各犯姓名至死不招。臣看此犯不颠不狂，有心有胆。愿陛下缚凶犯于文华殿前朝审，或敕九卿、科道、三法司会问，则其情立见矣。"

辛酉，户部郎中陆大受言："青宫何地？男子何人？而横肆手棍，几惊储跸。此乾坤何等时邪！北人好利轻生，有金钱以结其心则轻为人死，有臣子所不忍言者。张差业招一内官，何以不言其名？明说一街道，何以不知其处？彼三老、三太互为表里，而所供霸州武举高顺宁等今竟匿于何所？变岂无因，警甚非小，乞陛下大振乾纲，务在首恶必得，邪谋永销，明肆凶人于朝市以谢天下。"疏中有"奸戚"二字，上恶之，与之寀疏俱不报。

慈庆宫的门前，打伤了守门官员，走进去，到了前殿的下面被抓住了。"司法官员拟定依照在宫殿前射箭、放弹子、投掷砖石而伤人的律条，判处立即斩首，不再等到统一处刑的时候。

十三日，刑部提牢主事王之寀上奏说："本月十一日在监狱中分饭食，最后到了新犯人张差那里，见他年壮力强，不是疯颠的病人。我对他说：'你老实招供就给你饭吃，不说实话就让你饿死。'就把饭放在张差面前。张差见到饭后低下头，随后说：'不敢说。'我就挥手让书吏离开，只留下两个衙役扶起他来问他。他招供称：'张差小名叫张五儿，父亲张义已经病故。有马三舅、李外公叫我跟随一个不知姓名的太监走，说事情成了后给你几亩地种。太监骑着马，我跟着走，在初四到了北京。'问他：'什么人收留你？'他又说：'到一个不知街名的大宅子，有一个太监给我饭吃，说："你先去冲一次，碰见一个人就打死一个。打死了人我们可以救出你来。"就给我枣木棍，领我从厚载门进去到了宫门口。守门的人阻挡我，我把他打倒在地上。后来太监来得多了，就被绑住了。'张差又招供有柏木棍、琉璃棍，有很多棍子，很多人等情况，其他犯人的姓名他至死不招。我看这个凶犯不颠不狂，有心计，有胆量。希望陛下把凶犯绑到文华殿前进行朝审，或者令九卿、给事中及御史和刑部、都察院、大理寺等三部法司会同审问，就可以立刻了解到真实情况了。"

十六日，户部郎中陆大受上疏说："青官（指东宫）是何等的地方？那男子是什么人？竟拿着棍子横冲直撞，几乎惊动了储君。这个乾坤怎么能有这样的时候呢！北方人好利轻生，如果用金钱去结交他们，赢得他们的心，他们就会轻易地替别人去死，有些事是臣子所不忍心说出来的。张差已经招出了一个内宫太监，为什么不说他的名字呢？明明说出了一条街道，为什么不知道它在什么地方呢？那三老、三太互相勾结，内外呼应，而张差供出的霸州武举高顺宁等人现在到底藏匿在什么地方？变故难道会没有原因吗？这次警情可不是小事。请求陛下大振君权，务必要把首恶查获，永远消除邪恶和阴谋，公开地把凶犯在朝市上处死以向天下谢罪。"奏疏中有"奸戚"两个字，明神宗对此感到不快，陆大受和王之寀的奏章都没有给予回复。

御史过庭训为移文蓟州踪迹之。知州戚延龄具言其致颠始末。诸臣据为口实，以"风颠"二字定为铁案矣。

乙丑，刑部司官胡士相、陆梦龙、邹绍先、朱瑞凤等再审张差。供称"马三舅名三道，李外父名守才，同在井儿峪居住。又有姐夫孔道，住本州城内。不知姓名老公，乃修铁瓦殿之庞保，不知街道大宅子，乃住朝外大宅之刘成。三舅、外父常往庞保处送炭，庞、刘在玉皇殿商量，与我三舅、外父逼遣我来"等语。刑部行蓟州道提解马三道等，疏请法司提庞保、刘成对鞫。

给事中何士晋上言："顷者张差持梃突入慈庆宫，事关宗社安危，陛下宜何如震怒？三事大臣宜何如计安？乃旬日以来，似犹泄泄，岂刑部主事王之寀一疏，果无故而发大难之端邪？虽事涉宫闱，百宜慎重，然谋未成，机未露，犹可从容曲处；今形见势逼，业已至此，所谓'乱臣贼子，人人得而诛之'，明主可与忠言，此事宁无结局！"疏留中。阁臣促之，上谕曰："朕自圣母升遐，奉襄大典，追思慈恩罔极，哀慕不胜。方在静摄中，突有风颠奸徒张差持梃闯入青宫，震惊皇太子，致朕惊惧，身心不安。朕思太子乃国根本，岂不深爱，已传内宫添人守门防护。连日览卿等所奏，奸宄叵测，行径隐微，既有主使之人，即著三法司会同拟罪具奏。"是日，刑部据戚知州回文以上。

壬申，上再谕法司严刑鞫审，速正典刑。时语多涉戚臣郑国泰。国泰出揭自白。何士晋复奏："陆大受疏内虽有'身犯奸戚'等语，并未直指国泰主谋。此时张差之口供未具，刑曹之勘疏未成，国

御史过庭训向蓟州发出文书，让蓟州追查张差的情况。知州戚延龄把张差变成疯颠的起因和经过详细汇报上来，朝廷诸臣据此作为证据，以"风颠"两个字定成铁案，不能变更了。

二十日，刑部司官胡士相、陆梦龙、邹绍先、朱瑞凤等人再次审问张差。张差招供说："马三舅名叫三道，李外父名叫守才，都在井儿峪居住。又有一个姐夫叫孔道，住在本州的城里。以前说不知道姓名的老公，就是修铁瓦殿的庞保；不知道街道的大宅子，就是住在朝外大宅子里的刘成。马三舅和李外父常到庞保那里去送炭。庞保和刘成在玉皇殿商量，和我的三舅、李外父一起逼着我来的"等等。刑部给蓟州道行文提解马三道等人，上疏请求让司法部门把庞保、刘成提来对证。

给事中何士晋上奏说："前不久张差手持木棒冲进慈庆宫，这件事关系着宗庙社稷的安危，陛下该怎么样表现您的震怒？大臣们该如何计议来安定局势？可是这十几天以来，好像还在拖延迟缓，不予处理。难道刑部主事王之寀的一份奏章果真是无缘无故而挑起大难的事端吗？虽然这件事牵涉到宫中的人事，应该非常慎重，然而在阴谋没有形成，事机还没有暴露的时候，还可以从容地周旋处理。现在形迹暴露，局势逼迫，已经发展到这个地步。所谓'乱臣贼子，人人得而诛之。'英明的君主是可以对他讲忠言的，这件事怎么能没有结局呢？"这件奏章被留在宫中。内阁大臣们催促皇帝回复，明神宗告诉他们说："朕自从圣母升天以后，奉成丧葬大典，追想圣母的慈恩无限，不胜思慕哀痛。正在静心休养之中，突然有个疯颠的奸徒张差持梃闯入青宫，震惊了皇太子，致使朕惊惧，身心不安。朕想到太子是国家的根本，怎么会不加深爱，已经传令内宫添加人员看守宫门，加以防护。朕连日来阅览你们的奏章，看到奸恶的凶徒心怀叵测，行动诡秘隐蔽，既然有主使的人，就令刑部、都察院和大理寺三个司法部门会同拟定罪名上奏。"这一天，刑部根据戚知州的回文向皇帝上奏。

二十七日，明神宗再指示司法部门严刑审讯，尽快地按刑典加以处治。当时言论中很多涉及到皇上的亲戚郑国泰。郑国泰写申诉书给自己辩白。何士晋又上奏说："陆大受的奏疏中虽然有'身犯奸戚'等语句，并没有直指郑国泰是主谋。这时张差的口供还没有完备，刑部勘查

泰岂不能从容少待，辄尔具揭张皇，人遂不能无疑。若欲释疑，计惟明告宫中，力求陛下，速将张差所供庞保、刘成立送法司考讯。如供有国泰主谋，是大逆罪人，臣等执法讨贼，不但宫中不能庇，即陛下亦不能庇。设与国泰无干，臣请与国泰约，令国泰自具一疏告之陛下，嗣后凡皇太子、皇长孙一切起居，俱系郑国泰保护，稍有疏虞，即便坐罪，则人心帖服，永无他言。若今日畏各犯招举，一惟荧惑圣聪，久稽廷讯，或潜散党与使远遁，或阴毙张差使灭口，则疑复生疑，将成实事。惟有审处以消后祸。"不报。

癸酉，驾幸慈宁宫召见百官，辅臣方从哲、吴道南暨文武诸臣先后至，内侍引至圣母灵次行一拜三叩头礼，上西向倚左门柱设低座，皇太子侍御座右，三皇孙雁行立左阶下。上宣谕曰："昨忽有风颠张差闯入东宫伤人，外庭有许多闲说，尔等谁无父子，乃欲离间我邪？适见刑部郎中赵会桢所问招情，止将本内有名人犯张差、庞保、刘成即时凌迟处死，其余不许波及无辜一人，以伤天和，以惊圣母神位。"寻执东宫手示群臣曰："此儿极孝，我极爱惜。"乃以手约皇太子体曰："彼从六尺孤，养至今成丈夫矣。使我有别意，何不于彼时更置，今又何疑？且福王既已至国，去此数千里，自非宣召，彼能飞至邪！"因命内侍传呼三皇孙至石级上，令诸臣熟视，谕曰："朕诸孙俱已长成，更有何说。"顾问皇太子："尔有何语，与诸臣悉言无隐。"皇太子曰："似此风颠之人，决了便罢，不必株连。"又曰："我父子何等亲爱，外庭有许多议论，尔辈为无君之臣，使我为不孝之子。"上又持皇太子面向右问群臣曰："尔等俱见否！"众俯伏谢，乃命诸臣同出。

的奏疏还没有写成。郑国泰怎么不能从容地稍微等待一下，就匆匆写出申诉书，神色张惶，人们就不能没有怀疑了。如果想要消除大家的怀疑，只有向宫中明确宣告，极力请求陛下，迅速将张差供出的庞保、刘成立即送交司法部门拷问。如果他们供出有郑国泰做主谋，郑国泰是大逆不道的罪人，臣等就要执法讨贼，不但宫中后妃们不能包庇他，就是陛下也不能包庇。假如这件事与郑国泰无关，臣请求和郑国泰约定，让郑国泰自己写一个奏章告诉陛下，今后凡是皇太子、皇长孙的一切起居活动，全归郑国泰保护，稍有疏误，就马上判处罪名。这样就会让人心帖服，永远没有别的闲话了。如果今天害怕各个犯人招供检举出人来，就任从他们迷惑圣上的耳目，长久拖延，不进行廷讯，让贼人或者悄悄地遣散党徒，使他们逃得远远的；或者暗地里害死张差来灭口。这样就会疑上加疑，将变成为实事。只有审讯处理才能消除后来的灾祸。"没有给予回复。

　　二十八日，明神宗来到慈宁宫召见百官，辅臣方从哲、吴道南和文武诸臣先后到来，内侍引他们来到太后灵前，行了一拜三叩头的礼节。明神宗面向西方，靠着左门柱设置了一个矮座椅坐下。皇太子在皇上座位的右边侍奉，三个皇孙排成一行站在左面台阶下。明神宗对大家宣布说："往日忽然有一个疯颠人张差闯进东官来打伤了人，外面朝廷上对此有许多闲言碎语。你们这些人谁没有父亲儿子，就想要来离间我们父子吗？刚才见到刑部郎中赵会桢审问的结果和犯人供词，现在只把奏章中有名的犯人张差、庞保、刘成立刻处以凌迟的死刑，其余的无辜者一个也不许波及到，以免伤害上天的和气并惊动圣母的神位。"接着，明神宗拉着东宫太子的手对群臣说："这个孩子非常孝顺，我极其爱惜他。"就用手量着皇太子的身长，说："他从一个未成年孩子养到今天，成了一个大丈夫了。如果我有别的意思，为什么不在以前就改立太子？现在又有什么可怀疑的呢？而且福王既然已经到了封国，距离这里有几千里地，如果不去宣召他，他能飞到这里来吗？"接着命令内侍们传呼三个皇孙到石级上来，让诸臣仔细地看，对他们说："朕的几个孙子全都长大成人了，还有什么可说的。"明神宗回过头来看着太子说："你有什么话，可以毫不隐瞒地对诸臣说。"皇太子说："像这样的疯颠之人，

甲戌,决张差于市。寻刑部审马三道、李守才、孔道以左道从律论,应流;李自强、李万仓应笞。从之。寻毙庞保、刘成于内庭,王之寀为科臣所纠,黜闲住。补何士晋于外。

【编】秋八月,命内官吕贵暂提督浙江织造,江西税监潘相檄催福建、广东税课。

【编】九月,江西湖口税廨火。大学士吴道南请罢湖口商税,不报。

【编】丙辰,四十四年,夏四月,雷火焚通州税监张晔楼居。御史金汝谐请罢税使,不报。

【编】秋八月,皇太子出阁讲学。

【编】万寿节,加税监河南胡江、江西潘相、通湾张晔、天津马堂、四川邱乘云、南京刘朝用岁禄,赐吕贵绯鱼服。

【编】丁巳,四十五年,春三月,京畿旱。

【编】京察,革刑部主事王之寀职为民,户部郎中陆大受等被斥。 【纪】时叶向高既去,方从哲为相,无所短长。吏部尚书郑继之、主察科臣徐绍吉、台臣韩浚佐之。初,之寀以倡争梃击一案为韩浚所纠,大受议论与之寀合,至是并罢。时上于奏疏概留中无所处分,惟言路一纠,其人自罢去,不待旨也。

于是台省之势积重不返,有齐、楚、浙三方鼎峙之名,齐为亓诗教、韩浚、周永春,楚为官应震、吴亮嗣,浙为刘廷元、姚宗文,势

处决了就完了，不必株连别人。"又说："我们父子是何等的亲爱，外面朝廷中有许多议论。你们这些人做了不要国君的臣子，让我成了不孝之子。"明神宗又拉着皇太子，使他脸向右面，向大臣们问道："你们全都看见了吗？"诸臣都伏在地上谢罪。明神宗就命令诸臣一齐出去。

二十九日，在朝市上处决张差。接着刑部审讯马三道、李守才、孔道，按照处治旁门左道的刑法判罪，应该处以流放；李自强和李万仓应该处笞刑。明神宗批准了。接着又在内宫中打死了庞保和刘成。王之寀受到了御史们的纠察弹劾，被罢黜回家闲住。朝廷把何士晋调往外地作地方官。

【编】秋八月，明神宗命太监吕贵暂时监督管理浙江织造，命江西税监潘相发出文书去催福建、广东两省的税收。

【编】九月，江西湖口的税务官署发生火灾。大学士吴道南请求停收湖口的商业税，不予回复。

【编】万历四十四年（丙辰，1616）夏四月，雷电引起火灾，焚烧了通州税监张晔居住的楼房。御史金汝谐请求罢免税使，不予回报。

【编】秋八月，皇太子出阁来听讲学。

【编】万寿节，明神宗给河南的税监胡江、江西的税监潘相、通湾的税监张晔、天津的税监马堂、四川的税监邱乘云、南京的税监刘朝用增加了年俸，赐给吕贵绯鱼服。

【编】万历四十五年（丁巳，1617）春三月，京城附近地区遭了旱灾。

【编】考察京官，把刑部主事王之寀革职为民，户部郎中陆大受等人被贬斥。　【纪】当时叶向高已经离职回乡，方从哲任相，对政事不加评议，由吏部尚书郑继之、主管考察的给事中徐绍吉、御史韩浚辅佐他。当初，王之寀因为带头争谏处理梃击案而被韩浚纠察弹劾，陆大受的议论和王之寀相同，到了这时，两个人一同被罢免。当时明神宗把送来的奏章一概留在宫中不作处理。只是一有谏议官员加以弹劾，那些被纠劾的人就会自己罢去职务，也不等待圣旨了。

这时内阁的形势已积重难返，有齐、楚、浙三方鼎立之名。齐方是亓诗教、韩浚、周永春，楚方是官应震、吴亮嗣，浙方是刘廷元、姚宗

甚张，汤宾尹辈阴为之主。宾尹负才名而淫污，辛亥，京察被斥。至是察典竣，韩浚以问乡人给事中张华东，华东曰："王之寀论甚正，何为重处之？"浚惊愕不语。

【编】夏六月，江、浙旱、蝗。秋七月，山东、山西旱、蝗。

【编】大学士吴道南罢。

【编】九月，湖广飞蝗蔽天。

【编】江西大水。

【编】冬十一月，隆德殿、延禧宫灾。福建大水。

【编】戊午，四十六年，春正月，我大清，太祖高皇帝天命元年。【纪】夏四月，大清遣所部诣抚顺市，潜以兵踵至袭之。城陷，守将王命印死之，执游击李永芳，用汉字传檄清河，胁北关归顺。辽抚李维翰，趣总兵张承胤移师应援，大清兵佯退，明兵直前，遇伏，万骑突出，承胤及副将颇廷伯、游击梁汝贵等皆死之，一军尽没。京师震骇，命起旧将李如柏总辽镇兵，杜松屯山海关，征刘綎、柴国柱赴京调度。

【编】以前辽抚杨镐为兵部右侍郎，经略辽东。

【编】闰月，日中有黑子相斗。五月朔，有黑气掩日，日无光。

【编】秋七月，大清兵围清河，参将邹储贤、援辽游击张旆死之。【纪】大清兵从鸦鹘关入围清河，储贤拒守，旆请战，不许。大清兵冒版抉墙隳东北角登城，旆战死，储贤遥见李永芳招降，大骂赴敌而死。自三岔河至孤山并遭焚毁，惟参将贺世贤于瑷阳边外血战，斩首百五十四级。

文，他们的势力甚为张扬，有汤宾伊之流暗地里作他们的主使。汤宾伊负有才名却淫乱污浊，在京官考察中被贬斥。到了这时，考察结束了，韩浚向他的同乡、任给事中的张华东问对考察的看法。张华东说："王之寀的议论很正确，为什么这么重地处罚他？"韩浚感到惊愕，没有说话。

【编】夏六月，江、浙地区发生旱灾和蝗灾。秋七月，山东、山西天旱，有蝗灾。

【编】大学士吴道南去职。

【编】九月，湖广地区飞蝗蔽天。

【编】江西发大水。

【编】冬十一月，隆德殿和延禧宫发生火灾。福建发大水。

【编】万历四十六年（戊午，1618）春正月，我大清太祖高皇帝天命元年。　【纪】夏四月，大清派遣所属的部落到抚顺（今辽宁抚顺）去进行交易，暗地里派兵跟在后面，偷袭抚顺。抚顺城陷落，守抚顺的明军将领王命印战死。清军抓住了明军游击李永芳，用汉字文书传送给清河堡（今辽宁新宾西南），胁迫北关归顺。辽东巡抚李维翰催促总兵张承胤调兵去援救接应。大清兵假装退却，明朝军队一直向前，遇到了埋伏，清兵的一万骑兵冲了出来，张承胤和副将颇廷伯、游击梁汝贵等人全都战死，全军覆没。京师都被震动了，人心惧怕。朝廷命令起用旧将领李如柏总管辽东镇兵马，派杜松驻扎山海关（今河北山海关），征调刘綎、柴国柱来北京听候调遣。

【编】任命前任辽东巡抚杨镐为兵部右侍郎，经略辽东，主持辽东的军民事务。

【编】闰四月，太阳里边有黑子互相碰撞。五月初一，有黑色的太阳遮住了太阳，太阳失去了光辉。

【编】秋七月，大清兵包围了清河堡，参将邹储贤、援救辽镇的游击张旆战死。　【纪】大清兵从鸦鹘关（今辽宁新宾东南）入关，包围清河堡，邹储贤在城中防守，抵御敌人。张旆请求出战，邹储贤不答应。大清兵头上用木板掩护着去扒开城墙，挖塌了城墙的东北角，登上城去。张旆战死。邹储贤从远处看见李永芳在招降明军，大骂着冲向敌人而战死。从三岔河（今辽宁海城西）起，到孤山一带全遭到焚毁。只

【编】赐经略杨镐尚方剑,谕饬诸边。 【纪】镐至河东,瑷阳、宽奠之兵已去,乃斩清河逃将陈大道等以徇。议徙宽奠民人于辽阳,会朝鲜王遣其议政府右参赞姜洪立等统兵万人从征,议乃止。

【编】八月,以太常寺少卿周永春为辽东巡抚,设援辽饷司。

【编】己未,四十七年,春正月,趣经略辽东杨镐进兵。 【纪】上以四方援辽兵马大集,杨镐奏报稽延,恐师老财匮,下廷议。大学士方从哲、兵部尚书黄嘉善、兵科给事中赵兴邦等,发红旗趣镐进兵。时蚩尤旗长竟天,彗见东方,星陨地震,识者知为败徵。镐乃会总督汪可受、巡抚周永春、巡按陈王廷等议,以二月十一日誓师,二十一日出塞。

【编】二月,杨镐遣总兵官马林、杜松、李如伯、刘綖分道出师。 【纪】镐誓师,分为四路:林率游击麻岩、丁碧、都司窦永承督北关金台失兵由靖安堡出边趋开原、铁岭,攻其北;松率都司刘遇节等由抚顺关出边趋沈阳,攻其西;如柏率参将贺世贤、李怀忠等由鸦鹘关出边趋清河,攻其南;綖率都司祖大定、乔一琦督朝鲜兵由瞭马佃出边趋宽奠,攻其东。是月十九日出兵,值大雪,兵不前,师期泄。

【编】三月,明师与大清兵战,败绩。 【纪】杜松欲立首功,越五岭关,先期抵浑河。既渡遇伏,松血战突围,力竭而死,兵无存

有参将贺世贤在瑷阳（今辽宁凤城北）的边境外浴血奋战，斩敌人首级一百五十四个。

【编】赐给辽东经略杨镐尚方宝剑，命他去整顿各处边防事务。【纪】杨镐到了辽河东面，瑷阳、宽奠（今辽宁宽甸）的清兵已经撤走，就杀了清河战役中逃跑的将军陈大道等人，把他们的首级传送各地示众。杨镐又商议把宽奠的人民迁徙到辽阳，正赶上朝鲜国王派遣他们议政府的右参赞姜洪立等人率领一万名士兵来协助作战，徙民之议就停止了。

【编】八月，任命太常寺少卿周永春为辽东巡抚，设立援救辽东的军饷官署。

【编】万历四十七年（己未，1619）春正月，催促经略辽东的杨镐进军攻击清兵。【纪】明神宗因为四方调去援救辽东的军队大量集结，而杨镐向朝廷的奏报拖延进攻时日，他担心军队出征时间长了丧失士气，军用资财也会匮乏，就把这件事交给朝廷审议。大学士方从哲、兵部尚书黄嘉善、兵科给事中赵兴邦等人，发下红旗去催促杨镐进军。当时空中的蚩尤旗云气拖得很长，贯穿了天空；彗星在东方出现；流星陨落；又有地震。有见识的人知道这是失败的征兆。杨镐就会集总督汪可受、巡抚周永春、巡按陈王廷等人商议，决定在二月十一日誓师，二十一日出关作战。

【编】二月，杨镐派遣总兵官马林、杜松、李如柏、刘綎分道出兵。【纪】杨镐誓师，将军队分成四路：马林率领游击麻岩、丁碧、都司窦永承，督领着北关金台失的军队从靖安堡（今山西太原西北）出关直趋开原（今辽宁开原）、铁岭（今辽宁铁岭），攻击清军的北面。杜松率领都司刘遇节等人，从抚顺关出关外，奔向沈阳，攻打清军的西面。李如柏率领参将贺世贤、李怀忠等人，从鸦鹘关出关，直扑清河，攻打清军的南面。刘綎率领都司祖大定、乔一琦，督领着朝鲜军队从晾马佃出关，直扑宽奠，攻打清军的东边。这个月的十九日明军出兵，正遇上下大雪，军队无法前进，军队行动的时间泄露出去了。

【编】三月，明军与大清兵作战，打败了。【纪】杜松想要建立首功，越过了五岭关，在规定时间之前到达了浑河（今辽宁辽阳西北），

者。马林改由三岔堡出边抵二道关,闻松没,结营自固。大清兵乘胜来攻,林败,游击麻岩死之。刘𬘩独纵兵马家寨口,深入三百余里,克十余寨。大清兵诡作杜松兵,披其衣甲为向道,诱入重围,众溃,𬘩没于阵。惟清河一路李如柏,以经略令撤回获全。是役也,杨镐军机不密,诸事宣泄,大清军处处为备,故败。文武将吏死者三百一十余员,军士死者四万五千八百余人。事闻,京师大震。

【编】召陕西总督杨应聘为兵部左侍郎,甘肃巡抚祁光宗为兵部右侍郎。起前御史熊廷弼为大理寺丞,往辽东宣慰军民。

【编】征李如柏听勘,以如柏弟都督李如桢代将。谕经略杨镐戴罪视事。

【编】诏以山东巡抚李长庚为户部右侍郎,兼右佥都御史,出督辽饷,驻天津。

【编】夏五月,大清兵入抚顺,以偏师蹒铁岭抚安堡。

【编】六月,大清兵由静安堡入,遂克开原。 【纪】西部亦以三万骑由亮河入围镇西堡,于是沈阳、铁岭军民皆奔溃。

【编】以熊廷弼为都察院右佥都御史,兼兵部右侍郎,赐尚方剑,经略辽东。

【编】起泰宁侯陈良弼总督京营,召南京兵部尚书黄克缵协理戎政,改差御史张铨按辽。

【编】以科臣姚宗文查阅援辽兵马。

【编】秋七月,大清兵由三岔堡入,攻铁岭,克之。

【编】八月,逮前经略杨镐。 【纪】铁岭既失,熊廷弼率八百人抵广宁,是月三日受代,上度廷弼已受事,乃遣缇骑逮镐。

渡过河就遇到了埋伏。杜松血战突围，力竭而死，明军没有一个人能活下来。马林改从三岔堡出关，到达了二道关（今辽宁凤城西北），听说杜松战死，就筑起营盘来保全自己。大清兵乘胜进攻，马林打了败仗，游击麻岩战死了。刘綎独自领兵通过马家寨口，深入三百多里，攻克了十几个寨子。大清兵装扮成杜松的军队，披着他们的衣服甲胄给刘綎的军队领路，把明军诱骗进清兵的重重包围中。明军溃散，刘綎在军阵中战死。只有清河这一路的李如柏根据经略的命令撤回来，使军队得以保全。这次战役中，杨镐的军队机密没有保守住，各种事情都泄露了出去。大清军队处处有备，所以明军失败了。明军的文武将吏死者三百一十多人，士兵死者四万五千八百多人。情况被报告上去后，京师大为震动。

【编】朝廷召陕西总督杨应聘为兵部左侍郎，甘肃巡抚祁光宗为兵部右侍郎。起用前任御史熊廷弼为大理寺丞，到辽东去宣布旨意，抚慰当地军民。

【编】征召李如柏来听取审查，以李如柏的弟弟都督李如桢代李如柏统领兵马。下旨命令经略杨镐戴罪任职。

【编】下诏书任命山东巡抚李长庚为户部右侍郎兼右佥都御史，出京督管辽东军饷，驻在天津。

【编】夏五月，大清兵攻入抚顺，以偏师进扰铁岭抚安堡。

【编】六月，大清兵从静安堡进入，遂即攻克开原。【纪】清兵在西部也用三万名骑兵从亮河（今辽宁图昌西）进入，包围了镇西堡（今辽宁铁岭西北）。于是沈阳和铁岭的军队及百姓都溃散奔逃。

【编】任命熊廷弼为都察院右佥都御史兼兵部右侍郎，赐给他尚方宝剑，命他经略辽东。

【编】起用泰宁侯陈良弼总督京城驻军，召南京兵部尚书黄克缵协理京营戎政，改派御史张铨巡按辽东。

【编】任命给事中姚宗文去检阅核查援救辽东的军队。

【编】秋七月，大清兵从三岔堡进入，攻克铁岭。

【编】八月，逮捕前任经略杨镐。【纪】铁岭失守后，熊廷弼率领八百人抵达广宁（今辽宁北镇）。这个月的初三向杨镐交代公务。明

【编】熊廷弼奏李如桢罪，请亟调李怀信代将。

【编】是月，大清兵破金台失、白羊骨寨，北关遂亡。

【编】命李怀信赴辽。命少詹事徐光启兼河南道御史，训练候调诸营。予蓟、辽总督汪可受回籍。

【编】释罪弁郭有光、刘孔胤、麻承恩往援辽。

【编】冬十一月，大清兵入龙潭口，筑城抚顺边外。

【编】庚申，四十八年，夏四月，皇后王氏崩。

【编】五月，大清兵略地花岭。

【编】帝不豫。【纪】召大学士方从哲于卧榻前，谕以："东事告急，卿宜加意筹之。"

【编】六月，大清兵深入至浑河，总兵贺世贤、柴国柱拒却之。

【编】秋七月，帝崩。【纪】上疾大渐，召阁臣方从哲谕曰："朕嗣祖宗大统，历今四十八年，久因国事焦劳，致成痒疾，遽不能起，有负先皇付托。惟皇太子在青宫有年，实赖乡与司礼监协心辅佐，功在社稷，万世不泯。特谕卿知。"从哲出，皇太子不得入。兵科给事中杨涟、御史左光斗语东宫内侍王安曰："上疾甚而不召皇太子，非上意也。"安素忠直，东宫多赖其调护。是日上崩。

【编】皇太子令停止矿税。【纪】收税内监张晔、马堂、胡宾、潘相、邱乘云等并撤回。

【编】皇太子令发帑银一百万两解赴九边。

光宗贞皇帝

【编】八月，太子常洛即位。【纪】诏以明年为泰昌元年。上

神宗估计熊廷弼已经接受了公务，就派遣锦衣卫逮捕杨镐。

【编】熊廷弼奏明李如桢的罪行，请求尽快调李怀信来代替他带兵。

【编】这个月，大清兵攻破了金台失、白羊骨两个军寨，北关就丧失了。

【编】朝廷命令李怀信奔赴辽东，命令少詹事徐光启兼任河南道御史，去训练等候调动的各营军队。让蓟、辽总督汪可受回原籍。

【编】释放了有罪的军官郭有光、刘孔胤、麻承恩，派他们去援救辽东。

【编】冬十一月，大清兵进入龙潭口，在抚顺的关墙外筑城。

【编】万历四十八年（庚申，1620）夏四月，皇后王氏去世。

【编】五月，大清兵攻占地花岭。

【编】皇帝身体患病不适。　【纪】明神宗把大学士方从哲召到卧榻前，对他说："东方的军事告急，你应该加倍留意去筹划这件事。"

【编】六月，大清兵深入到浑河一带，总兵贺世贤、柴国柱抵御敌人，把他们打退。

【编】秋七月，明神宗去世。　【纪】明神宗病危，把内阁大臣方从哲叫来，对他说："朕继承了祖宗的大统，到今天经历了四十八年，长久以来因为国家大事操劳焦虑，致使朕得了痹疾，一病不起，有负先皇的托付。只是皇太子在东宫里多年，实赖你和司礼监同心辅佐，功在国家社稷，万世以后也不会泯灭。特别告谕你知道。"方从哲出宫后，皇太子不能进去。兵科给事中杨涟、御史左光斗对东宫内侍王安说："皇上病得很厉害而不召皇太子进见，这不是皇上的意思。"王安一向忠直，东宫多赖他调护。这一天明神宗去世。

【编】皇太子命令停止征收矿税。　【纪】收税的内官太监张晔、马堂、胡宾、潘相、邱乘云等人都一齐撤回。

【编】皇太子命令发出一百万两国库的银子解送到九边去。

光宗贞皇帝

【编】八月，皇太子朱常洛即皇帝位。　【纪】下诏以明年为泰昌元

宣大行皇帝遗命,欲尊郑贵妃为皇后,命查例。礼部尚书孙如游疏言:"祖宗朝,其以配而后者乃敌体之经,其以妃而后者则从子之义,故累朝非无抱衾之爱,终引割席之嫌者,以例所不载也。皇贵妃事先帝有年,不闻倡议于生前,而顾遗诏于逝后,岂先帝弥留之际遂不及致详邪!王贵妃诞育陛下,恩典尚尔有待,乃令他人得母其子,恐九原不无怨恫也。郑贵妃贤而习于礼,处以非分,必非其心所乐。书之史册,传之后世,有悖典礼,且昭先帝之失,非所以为孝也。臣不敢奉遗命。"从之。

【编】以汪应蛟为工部尚书,董从儒为工部右侍郎,邹元标为大理寺卿,刘光复为光禄寺丞,周日痒、朱一桂并为太仆寺少卿,朱国祚为南京礼部尚书,冯从吾为尚宝司卿,李宗廷为光禄寺少卿。

【编】以袁应泰为辽东巡抚。

【编】以翰林院侍读学士刘一燝、韩爌并为礼部尚书、东阁大学士,直文渊阁。

【编】帝不豫。 【纪】乙卯,上有疾,传谕礼部曰:"选侍李氏侍朕勤劳,皇长子生母薨逝后,奉先帝旨委托抚育,视如亲子,厥功懋焉。其封为皇贵妃。"丁巳,上力疾御门视事,圣容顿减。己未,内医崔文升下通利药,上一昼夜三四十起,支离床褥间。辛酉,上不视朝,方从哲等赴宫门候安,有"数夜不得睡,日食粥不满盂,头目眩晕,身体罢软,不能动履"之旨。乙丑,给事中杨涟上言:"医家有余者泄之,不足者补之。陛下哀毁之余,一日万几,于法正宜清补,贼臣崔文升反投相伐之剂,其肉宁足食乎!臣闻文升调护府第有年,不闻用药谬误;陛下一用文升,倒置若此,有心之误邪?无心之误邪?有心则齑粉不足偿,无心则一误岂可再误。陛下奈何置贼臣肘

年。皇帝宣示大行皇帝的遗命，想要把郑贵妃尊为皇后，命令查找以前有过的事例。礼部尚书孙如游上疏说："祖宗的朝代里，那些由于是元配而被确立为皇后者是符合地位相等的礼制根本的；那些以皇妃的身份被立为皇后者则是符合从子而贵的道理。所以各朝的先皇不是没有抱着被子来侍奉自己的宠爱的妃子，然而最终还是割席断爱，避免嫌疑，原因就是没有见之记载的先例。皇贵妃侍奉先帝很多年了，没有听说他在生前提到立为皇后这件事，却在他逝世后见到了遗诏，难道是先皇帝在临终的时候来不及详细考虑了吗？王贵妃生育了陛下，她还在等待着您的恩典，您却让别的人成为她儿子的母亲，恐怕她在九泉之下也不会没有怨恨和悲痛吧。郑贵妃贤惠又熟习礼节，让她处于不应有的高位上，也一定不是她的内心所高兴的。把这件事记录在史册上，传给后世的人，也违背典礼制度，而且显示了先帝的过失，这不是孝子应该做的事情。臣不敢接受先皇的遗命。"明光宗依从了。

【编】任命汪应蛟为工部尚书，董从儒为工部右侍郎，邹元标为大理寺卿，刘光复为光禄寺丞，周日痒、朱一桂两人同为太仆寺少卿，朱国祚为南京礼部尚书，冯从吾为尚宝司卿，李宗廷为光禄寺少卿。

【编】任命袁应泰为辽东巡抚。

【编】任命翰林院侍读学士刘一燝、韩爌二个人同为礼部尚书、东阁大学士，在文渊阁值班。

【编】皇帝身体不适。【纪】初十，皇帝患病，传谕告诉礼部说："选侍李氏侍奉朕辛勤劳苦。皇长子的生母去世以后，李氏奉先帝的旨意，被委托抚育皇长子，把他看作自己的亲儿子一样，此功很大。把她封为皇贵妃。"十二日，皇上带着病，勉强到宫门办理政务。圣上的容貌顿时憔悴了许多。十四日，内医崔文升开了通大便的药物，明光宗一昼夜间起床三四十次，在床上被褥之间挣扎辗转。十六日，明光宗不上朝办公。方从哲等人到宫门问候皇上身体安康。明光宗下旨说："朕几个夜晚都不能睡着，每天吃的粥不满一杯，头晕眼花，身体疲倦无力，不能举步走动。"二十日，给事中杨涟上奏说："医生对于体内的多余积存，要让它泄下；体内不足的，要补充它。陛下在服丧的哀痛以后，每天日理万机，从医法来讲，正应该清淡地补养。贼臣崔文升反而下了内部相攻

腋间哉!"

刑部主事孙朝肃、徐世仪、御史郑宗周上书方从哲,请册立皇太子,且移居慈庆宫。庚午,上召阁部九卿至榻前谕曰:"选侍数产不育,止存一女。"随传皇长子出见,上又言:"皇五子亦无母,亦是选侍抚育。"传皇五子出见。辛未,上召诸臣于乾清宫,又谕速封选侍。甲戌,上再召诸臣于乾清宫,仍谕封皇贵妃。语未既,选侍披帏立呼皇长子入呫呫语,复趣之出,皇长子向上曰:"要封皇后。"上不语。从哲等以册储原旨期宜改近。上因顾皇长子谕曰:"卿等辅佐为尧、舜。"又语及寿宫,辅臣以皇考山陵对,则自指曰:"是朕寿宫。"因问:"有鸿胪寺官进药何在?"从哲奏:"鸿胪寺丞李可灼自云仙丹,臣等未敢轻信。"上即命中使宣可灼至,诊视,具言病源及治法。上喜,命趣和药进。遂进红丸。上饮汤辄喘,药进乃受。上喜,称忠臣者再。诸臣出宫门外,俟少顷,中使传圣体用药后暖润舒畅,思进饮膳。诸臣欢跃而退,可灼及御医各官留。时日已午,比未申,可灼出,辅臣迎讯之,可灼具言:"上恐药力竭,复进一丸。"亟问复何状,可灼以如前对。

【编】九月,帝崩。 【纪】乙亥朔五鼓,内宣急召诸臣趋进,而

的剧烈药物，他的肉难道够让人们分食吗？臣听说崔文升为高级官员们调养护理不少年了，没有听说过他用药有错误。陛下一使用崔文升，竟然会这样本末倒置。他是有心的谬误呢？还是无心的过失呢？如果是有心的，把他成粉末也不足以补偿他的过失。如果是无心的，有一次错误，怎么可以再让他错误下去。陛下怎么能把贼臣放在自己的肘腋之间呢？"

刑部主事孙朝肃、徐世仪、御史郑宗周等人给方从哲上书，请求册封皇太子，并且把太子移到慈庆宫居住。二十五日，明光宗把内阁和各部大臣们召到床榻前面，对他们说："选侍几次生育都没有养活下来，只留有了一个女儿。接着传令皇长子出来见大臣，又说："皇五子也没有母亲，也是选侍抚育大的。"又传令皇五子出来见大臣。二十六日，明光宗把诸臣召到乾清宫，又下谕速封选侍。二十九日，明光宗再把诸臣召到乾清宫，仍是下谕要封皇贵妃。话还没有说完，李选侍掀开帏帐站着，把皇长子叫进去，对他悄悄说话，然后又催他出来皇长子对明光宗说："选侍要封皇后。"皇上不说话。方从哲等人认为册封太子的原有圣旨确定的日期应该改在近期。明光宗便看着皇长子对他们说："你们要辅佐他成为尧、舜啊！"又谈到自己的葬地，内阁大臣们用皇上的先考陵墓所在地来回答，明光宗就指着自己说："这也是朕的寿宫。"又问"有鸿胪寺官员送进来的药在什么地方？"方从哲上奏说："鸿胪寺丞李可灼自己说是仙丹臣等不敢轻易相信他。"明光宗就命令宫使去把李可灼召来，让他诊断皇上的病情。李可灼把病的根源和医治方法详细讲了一遍。明光宗很高兴，命令赶快把药配好送上来。李可灼就送上了红丸。明光宗这时喝下热水就喘息不止，吃了药以后就能喝水。明光宗很欢喜，再三称赞李可灼是忠臣。诸臣退出宫门外面，等候了一会儿：宫使传达说皇上用过药以后觉得身体温暖和润，很舒畅，想要吃饭喝水。诸臣欢跃而退。李可灼和御医都留在宫中，当时已经是正午了。到了未、申时分，李可灼出宫来，内阁大臣们迎上去问询情况。李可灼说："皇上恐怕药力过去了，我又送上一丸。"大家急切地问皇上身体怎么样，李可灼回答说同以前一样。

【编】九月，明光宗去世。　【纪】初一清晨五鼓时分，内宫急迫

龙驭以卯刻上宾矣。中外籍籍,以李可灼误下劫剂,恐有情弊。而方从哲拟旨赏可灼银五十两,御史王安舜首争之,疏言:"先帝之脉,雄壮浮大,宜清不宜助明矣。红铅乃妇人经水,阴中之阳,纯火之精也,而以投于虚火燥热之症,几何不速之逝乎!轻亦当治以庸医杀人之条,乃蒙殿下颁以赏格,臣谓不过借此一举,塞外廷之议论也。夫轻用药之罪固大,而轻荐庸医之罪亦不小。"疏入,乃改票罚俸一年,而议者蜂起矣。

御史郑宗周疏请寸斩崔文升以谢九庙,于是御史郭如楚、主事吕维祺交章论崔文升、李可灼。给事中杨涟语尚书周嘉谟、李汝华曰:"宗社事大,李选侍非可托少主者,急宜请见嗣主,呼万岁以定危疑;随拥出宫,移住慈庆为是。"二臣然之,以语方从哲,涟遂先诸臣排闼入,阍竖梃乱下,涟厉声曰:"皇帝召我等至此,今晏驾,嗣主幼小,汝等阻门不容入临,意欲何为!"阍者却,诸臣乃入哭临毕,请见皇长子。皇长子为选侍阻于暖阁不得出。青宫旧侍王安给选侍抱持以出,诸臣即叩头呼万岁,遂共请诣文华殿。王安拥之行,阁臣刘一燝掖左,勋臣张维贤掖右,内侍李进忠传选侍命召还皇长子者三,喝诸臣曰:"汝辈挟之何往!"涟叱之,共拥皇长子登舆至文华殿。群臣请即日登极,不允,谕初六日即位。复拥入慈庆宫,一燝奏曰:"今乾清宫未净,殿下请暂居此。"

丙子,尚书周嘉谟等合疏请选侍移宫。御史左光斗上言:"内廷之有乾清宫,犹外廷之有皇极殿也,惟皇上御天居之,惟皇后配天

地宣召诸臣赶快进宫，而明光宗已经在卯时去世了。宫内外人们纷纷议论，认为李可灼错误地下了厉害的药剂，恐怕有隐瞒的奸情。而方从哲拟写的圣旨是赏给李可灼五十两银子，御史王安舜首先提出争议，上奏章说："先帝的脉象显得雄壮浮大，宜于清火，不应该助火这是很明显的。红铅是妇女的经血，是阴中的阳气，是纯火之精，而把它用来医治属于虚火的燥热病症，怎么能够不加快去世呢？从轻处分也应该用庸医杀人的律条治罪，却蒙殿下给他颁下赏格。臣认为这不过是借这个举动来堵塞外边朝廷里的议论。那轻率用药的罪名本来就大，而轻率地推荐庸医这个罪过也不小。"奏章送进去，内阁就改拟为罚李可灼一年的俸禄，而议论也就蜂拥而起了。

御史郑宗周上疏请求把崔文升一寸一寸地斩砍来向皇帝的宗庙谢罪。于是御史郭如楚、主事吕维棋等人纷纷上奏章论斥崔文升和李可灼。给事中杨涟对尚书周嘉谟、李汝华说："宗庙社稷事大，李选侍不是可以托付少主的人。应该尽快请求拜见继位的皇上，山呼万岁，来平定怀疑，免除危难，随即把皇上簇拥出宫，移住到慈庆宫去才对。"这二位大臣认为他说的对，就去对方从哲讲。杨涟就在各位大臣的前面推开大门进入宫中。看门的太监抢起棍棒乱打，杨涟厉声喝斥道："皇帝召我们到这里来。现在皇上去世，继位的君主年龄幼小，你们这些人挡住门不让我们进去哭拜先皇，想要干什么？"看门的人退走了。诸臣就进宫去哭拜先皇，完毕后，请求见皇长子。皇长子被李选侍阻止在暖阁中，不能出来。东宫的旧侍从王安骗过李选侍，抱着皇长子出来，各位大臣们就叩头高呼万岁，并一同请皇长子到文华殿去。王安拥着皇长子走去。内阁大臣刘一燝扶着皇长子的左边，勋臣张维贤扶着皇长子的右边。内侍李进忠三次来传达李选侍的命令，叫皇长子回去。李进忠喝斥大臣们说："你们这些人拉着他上哪儿去？杨涟责骂他，后共同把皇长子拥乘，来到文华殿上。群臣请求皇长子当天就登基。长子没有应允；说在初六那天即位。大臣们又拥着皇长子进入慈庆宫。刘一燝奏明："现在乾清宫没有打扫净，请殿下暂时居住在这里。

初三，尚书周嘉谟等人联合上奏章请求李选侍移出乾清宫。御史左光斗上奏说："内宫中有乾清宫；就像外透朝廷中有皇极殿一样，

得共居之，其余嫔妃虽以次进御，遇有大故即当移置别殿，非但避嫌，亦以别尊卑也。今大行皇帝宾天，选侍既非嫡母，又非生母，俨然居正宫，而殿下乃居慈庆，不得守几筵，行大礼，名分倒置。臣窃惑之。且殿下春秋十六龄矣。内辅以忠直老成，外辅以公孤卿贰，何虑乏人，尚须乳哺而襁负之哉！即贵妃之请，许于先皇弥留之际，其意可知。且行于先皇，则俯锡之名犹可；行于殿下，则尊闻之称有断断不可者。倘及今不早断，借抚养之名，行专制之实，武氏之祸，将见于今。"

戊寅，选侍用李进忠谋邀皇长子同宫。杨涟遇进忠于宫门，问"选侍移宫何日？"进忠摇手曰："李娘娘怒甚，今母子一宫，正欲究左御史武氏之说。"涟叱曰："误矣！幸遇我。皇长子今非昨比，选侍移宫，异日封号自在；且皇长子年长矣，若属得无惧乎！"进忠默然去。

己卯，选侍尚无移宫意。杨涟上言："殿下登极已在明日矣，岂有天子偏处东宫之礼！先帝圣明，同符尧、舜，徒以郑贵妃保护为名，病体之所以沉锢，医药之所以乱投，人言籍籍，至今抱痛，安得不为寒心！此移宫一事，臣言之在今日，殿下行之亦必在今日。"疏上，涟复往趣方从哲，从哲曰："待初九、十二亦未晚。"涟曰："天子无复远东宫理，选侍今不移，亦未有移之日，此不可顷刻缓者。"内侍曰："独不念先帝旧宠乎？"涟怒曰："国家事大，岂容姑息，且汝辈何敢如是！"声彻大内。皇长子使人谕涟出，命收诸侍李进忠、刘逊等，选侍移居仁寿殿。

只有驾御天下的皇上可以住在里边，也只有配天的皇后可以共同居住在里边，其余的嫔妃们虽然按照次序进来侍奉皇帝，遇到有了大变故时就应当移到别的宫殿居住，这不只是避免嫌疑，也是用来区分尊卑的。现在大行皇帝去世了，李选侍既然不是嫡母，又不是生母，俨然居健在正宫，而殿下却居住在慈庆宫，不能够守在皇上的灵位前面，亲自行礼，这样让名分倒置过来，臣在私下感到十分迷惑，而且殿下已经十六岁了，在内宫中有忠直老成的人辅佐，在外有公卿大臣们辅弼，何必担心没有人。难道还需要喂奶和用襁褓来背着吗？至于李选侍封贵妃的请求，是先皇在弥留的时刻许下的，她的用意可想而知。而且这件事如由先皇帝实行，还可以说成是先帝赐给的名义。如果由殿下来实行，那么就绝对不可以给以贵妃的尊称。倘若现在不早日决断，让李选侍借着抚养的名义，而行专制之实，唐代武则天的祸害就将在今天再现。

初四，李选侍用了李进忠的计策邀请皇长子和自己同住个宫殿，杨涟在宫门遇见李进忠，就问："选侍在哪天移出宫呢？"李进忠摆着手说："李娘娘十分愤怒，现在母子在一个宫中，正想要追究左御史说武则天的那些话"杨涟叱责他说：你错了！幸亏遇到了我。皇长子今非昔比，李选侍移到别的宫中去，将来她的封自然还在而且皇长子年龄也大了，你们这些人难道不害怕吗？"李进忠默然不语地走了。

初五，李选侍还没有要移出乾清宫的意思，杨涟上奏说："殿下登基的日子已经定在明天了。岂有天子居住在侧面的东宫之礼！先帝的圣明，和尧舜相符；只出于以保护郑贵妃为名；使得圣上的病情变得严重，无法治疗，也使得医生们乱下各种药物。这些造成人们议论纷纷，至今仍让臣子们痛惜，怎么能不让人为此寒心。移宫这件事，臣在今天说了，殿下也一定要在今天实行！"奏章送上去后，杨涟又去催促方从哲，方从哲说："等到初九或十二日也不晚。"杨涟说："天子没有再返回东宫的道理。李选侍今天不移出宫去，也就再没有移出去的日子了。这是不可以有片刻拖延的。"内宫太监说："你就不念先帝旧日对她的恩宠吗？"杨涟发怒说："国家的事是大事，怎么容得姑息，而且你们这些人怎么敢这样呢！他的讲话声响彻了内宫。皇长子派人传令，叫杨涟出去；命令把李进忠、刘逊等内侍抓起来，李选侍移到仁寿殿居住。

【编】庚辰,皇长子由校即位。

【编】给事中惠世扬劾奏大学士方从哲。【纪】世扬上言:"郑贵妃包藏祸心,先帝隐忍而不敢言。封后之举,满朝倡义执争,从哲两可其间,是徇平日之交通,而忘宗社之隐祸也。无君当诛者一。李选侍原为郑氏私人,丽色藏剑,且以因缘近幸之故,欺抗先圣母。从哲独非人臣乎?及受刘逊、李进忠盗藏美珠,夜半密约请封贵妃,封妃不得,占居乾清,是视登极为儿戏,而天子不如宫嫔也。无君当诛者二。崔文升轻用剥伐之药,廷臣交章言之,从哲何心,必加曲庇?律之赵盾、许世子,何辞弑君之罪。无君尝诛者三。"诏责以轻诋大臣,有伤国体。

【编】御史冯三元疏论辽东经略熊廷弼。【纪】三元言廷弼无谋者八,欺君者三,廷弼不罢,辽之存亡未可知也。

【编】科臣姚宗文、御史顾慥等疏劾辽东经略熊廷弼。【纪】初,宗文为户部给事中,以父忧去职,谋起复不得,求廷弼代请,廷弼不从,由是怀怨。后夤缘得吏科,阅视辽东兵马,廷弼复不为礼。有辽人刘国缙者,以兵部主事赞画辽东军务,主募辽人为兵,所募万七千余人,逃者过半。廷弼闻于朝,国缙亦怨。两人相比倾廷弼。宗文还,即疏诋廷弼,又嗾其党顾慥、魏应嘉、郭巩等交章攻击,必欲去之;而御史张修德、科臣魏应科亦前后疏论廷弼。

【编】初六,皇长子朱由校即皇帝位。

【编】给事中惠世扬上奏弹劾大学士方从哲。 【纪】惠世扬上奏说"郑贵妃包藏祸心,先帝在心中忍耐又不敢说出来。封郑贵妃作皇后这一件事,满朝大臣本着道义坚持抗争;方从哲却在中间模棱两可,这是和他平常结交往的人徇私舞弊,却忘掉了宗庙社稷的隐祸。这是他目无君长,应该诛杀的原因。李选侍本来是郑贵妃的人,外表生得美丽,胸腹中隐藏有刀剑,而且她因为近侍得到宠幸的缘故,曾欺侮先圣母,和先圣母对抗。难道方从哲就不是人臣吗?等到他接受了刘逊和李进忠偷来藏匿起的精美珍珠,在半夜里秘密约定,请求给李选侍封贵妃。封妃没有成功,就占住乾清宫不出来,这是把皇帝登极这样的大事当作儿戏,而使天子的地位不如一个宫嫔了。这是他目无君长,应该诛杀的第二点。崔文升轻率地使用药性猛烈的药品,朝廷诸臣纷纷写奏章揭发这件事,方从哲是何居心,一定要对他加以偏袒包庇?按照古人赵盾、许世子的先例,他能够摆脱掉谋杀君主的罪名吗?这是他目无君长,应该诛杀的第三点。"明熹宗下诏书责备惠世扬轻易诋毁大臣,有伤国体。

【编】御史冯三元上奏章,论辽东经略熊廷弼之罪失。 【纪】冯三元说熊廷弼有八项缺乏谋略的过失,三项欺君的罪行。如果不罢免熊廷弼,还能不能保存住辽东尚未可知。

【编】给事中姚宗文、御史顾慥等人上奏章弹劾辽东经略熊廷弼。 【纪】起初,姚宗文任户部给事中,由于父亲去世离职。他曾谋求复职,没有成功,就求熊廷弼代他请求,熊廷弼没有答应,因此姚宗文怀恨在心。后来姚宗文凭借不正当关系任吏科给事中,被派去检阅辽东军队,熊廷弼也没有以礼相待他。有一个叫刘国缙的辽东人,以兵部主事的身份去参与谋划辽东军务。他主张招募辽东人为兵,在他招募来的一万七千多人中,逃亡的人超过了一半,熊廷弼把这件事报告给朝廷,刘国缙也怨恨熊廷弼。于是姚宗文和刘国缙互相勾结坑害熊廷弼。姚宗文回京后,就上书诋毁熊廷弼,又嗾使他的同党顾慥、魏应嘉、郭巩等人纷纷上奏章攻击熊廷弼,一定要除掉他,而御史张修德、给事中魏应科也前后上奏章抨击熊廷弼。

【编】诏熊廷弼回籍听勘。 【纪】兵科杨涟疏言："顷者传闻辽左村屯日劫，人民日掳，城堡日空，边疆日坏，经略熊廷弼以此日被人言矣。议经略者终难掩其功，怜经略者亦难掩其咎。功在支撑辛苦，得二载之幸安；咎在积衰难振，怅万全之无术。为廷弼者有二策焉；全副精力报效君父知遇之恩，一策也；如以封疆必不可支，病躯必不可起，当缴还敕书，求贤速代，又一策也。庙堂之上，常焦思远计，外料敌，内料己，求一的当之说。或循资，或破格，择一的当之人。宁议之而后用，毋用之而后议，东事其有瘳乎！"于是廷弼上疏自辨，前后凡数千言，并请敕冯三元、张修德往辽查勘辽事有无破坏，勿使后人代受其过。又疏缴还剑、敕。有旨：熊廷弼解任，回籍听勘。"

【编】冬十月，哕鸾宫灾。 【纪】先是，御史贾继春上书辅臣曰："天地之大德曰生，圣人之至德曰孝。先帝命诸臣辅皇上为尧、舜。夫尧、舜之道，孝弟而已矣。父有爱妾，其子终身敬之不忘；先帝之于郑贵妃三十余年，天下侧目之隙，但以笃念皇祖，涣然冰释。何不辅皇上取法，而乃作法于凉。纵云选侍原非淑德，夙有旧恨，此亦妇人女子之常态。先帝弥留之日，亲向诸臣谕以选侍产有幼女，歔欷情事，草木感伤，而况我辈臣子乎？伏愿阁下委曲调护，令李选侍得终天年，皇幼女不虞意外。"御史左光斗上言："选侍既移宫之后，自当存大体，捐其小过；若复株连蔓引，使宫闱不安，是与国体不便，亦大非臣等建言初心。伏乞陛下正刘逊、李进忠法外，其余概从宽政。"疏入，上传谕内阁："朕幼冲时，选侍气凌圣母，成疾崩逝，使朕抱终天之恨。皇考病笃，选侍威挟朕躬，传封皇后。朕

【编】下诏书命令熊廷弼回原籍听候审查。 【纪】兵科给事中杨涟上奏章说:"前不久听到传闻,说辽东的村庄屯落愈来愈遭到抢劫,人民受到抢掠,城堡愈来愈空虚下去,边疆的防卫愈来愈坏下去,经略熊廷弼因此愈来愈遭到人们的批评。抨击熊经略的人到底无法掩盖他的功劳,怜惜熊经略的人也很难遮掩他的过失。熊廷弼的功劳在于他辛苦地支撑局面,争得了两年的勉强安定;过失在于他很难振作辽东多年来形成的衰弱形势,恨无万全之术。现在熊廷弼有两个办法。一个办法是用全部的精力来报效君上的知遇之恩。另一个办法是:如果他认为边疆地区的局势一定不能支持下去,自己的疾病终究不能治愈,就应该缴还皇帝的敕书,尽快寻求一个贤人来代替自己。皇上在朝廷上经常费心思虑,考虑长远的计策,对外分析敌人的情况,对内分析自己的力量,寻求一个确当的计策;或者根据资历,或者破格提拔,选择一个恰当的人。宁可议论以后再去使用,不要在使用以后再去非议,这样辽东的事就会有所改善了!"于是熊廷弼就上奏章给自己辩解,前后一共写了几千字。熊廷弼还请求命令冯三元、张修德前往辽东查看辽东的军务有没有被破坏,不要让继任的人代为受过。又上奏章交回了赐给他的尚方剑和圣旨。朝廷有旨,说:"熊廷弼解职,回原籍听候审查。"

【编】冬十月,哕鸾宫遭火灾。 【纪】在此之前,御史贾继春给内阁大臣们上书说:"天地的大德叫作'生',圣人至高无尚的道德叫作'孝'。先帝命令各位大臣把皇上辅佐成尧舜那样的人。尧、舜之道,也就是孝悌而已。父亲有宠爱的妾侍,他的儿子会终身敬重她,不敢忘掉。先帝和郑贵妃之间有着三十多年天下人为之侧目而视的嫌隙,只因为先帝诚心怀念皇祖,使这些嫌隙像冰雪融化一样消失了。你们为什么不辅佐皇上效法先帝,却采取不确当的作法。即使说李选侍原来没有淑美的德行,一贯怀有怨恨,这也是妇女常有的心态。先帝临终的时候,亲自向诸臣说明李选侍生养有幼女,感慨流泪的情景,让草木都感到悲伤,何况我们这些作臣子的呢?我真心希望阁下能委婉曲折地加以调处维护,让李选侍能够终老天年,使皇幼女也不必顾虑有什么意外发生。"御史左光斗上书说:"李选侍自从移出乾清宫以后,对她自然应该保存大体,不论她的小过失。如果还株连很多人,使内宫里面人心不

心不自安，暂居慈庆，选侍复差李进忠、刘逊等，命每日章奏文书先奏选侍，方与朕览。朕思祖宗家法甚严，从来有此规制否？朕今奉养选侍于哕鸾宫，仰遵皇考遗爱，无不体悉。其李进忠等，事干宪典，原非株连，卿可传示遵行。"至是哕鸾宫灾，上谕选侍、皇妹俱无恙。

【编】诏改万历四十八年为泰昌元年。

【编】兵部尚书黄嘉善罢，命刑部尚书黄克缵摄兵部事，兼理戎政。

【编】葬定陵。

【编】以巡抚袁应泰经略辽东。

【编】命兵科给事中朱童蒙往勘辽事。【纪】御史冯三元、张修德、给事中魏应嘉复论熊廷弼，廷弼复疏辨，上谕阁部科道："魏应嘉、冯三元、张修德与熊廷弼互相奏扰，就著魏应嘉等前往辽镇会同彼处抚、按勘明具奏。"兵科杨涟等言："从来奉旨行勘，就令各地方抚、按官勘报，或遣官会勘，未有即以言事之官勘所言之事者。就令勘得逼真，谁肯心服！乞收回成命，毋伤从来勘事之体。"上乃改命朱童蒙往。

【编】征辅臣叶向高、朱国祚、史继偕、沈㴶、何过彦入阁。

【编】特简礼部尚书孙如游入阁办事。

【编】十二月，兵科都给事中杨涟疏请加恩李选侍及皇妹。

安,对于国体来说有不便之处,也与臣等当初建议的本意不同。乞求陛下除了将刘逊、李进忠正法之外,对其余的人一概宽大处理。"奏章送进去后,明熹宗传旨给内阁说:"朕年幼的时候,选侍盛气凌人,欺侮圣母,以致圣母得了病去世,这使朕怀有无穷的悲痛。皇父病重时,李选侍耍威风,挟持朕身,让朕传话封她皇后。朕心中感到不安,暂时居住于慈庆宫,选侍又派遣李进忠、刘逊等人来,命把每天的奏章文书等先奏明李选侍,然后再给朕看。朕心想祖宗的家法非常严格,以前有过这样的规矩吗?朕现在把李选侍送到哕鸾宫中奉养,就是上遵皇父对她的遗爱之情,无不加以尽心体谅。至于李进忠等人,事关国家的法律典章,本来就不是株连,你们可以传达下去,遵照办理。"这时哕鸾宫遇火灾,明熹宗告诉内阁,李选侍和皇妹都平安无事。

【编】下诏书将万历四十八年改为泰昌元年。

【编】兵部尚书黄嘉善被免职。命刑部尚书黄克缵暂时处理兵部事务,兼管戎政。

【编】将明神宗葬在定陵。

【编】命巡抚袁应泰经略辽东。

【编】命兵科给事中朱童蒙去查看辽东军事。　【纪】御史冯三元、张修德,给事中魏应嘉等人再次论熊廷弼的过失,熊廷弼再次上书辩白。明熹宗指示内阁、各部尚书和御史给事中等,说:"魏应嘉、冯三元、张修德和熊廷弼之间互相搅扰,不断上奏。现在命令魏应嘉等人前往辽镇会同那里的巡抚、按察使等人一起查明情况,详细回报。"兵科给事中杨涟等人说:"过去奉旨进行查勘,都是命令各地的巡抚、按察使们就地查勘报告,或者派遣官员去一起查勘,没有就让上奏言事的官员去查勘他所奏的事这种作法。即使他查勘到真实的情况,谁又肯心服呢?乞求收回已经下达的诏命,不要破坏历来查勘事务的体制。"明熹宗就改命朱童蒙前去查勘。

【编】征召辅佐大臣叶向高、朱国祚、史继偕、沈㴶、何宗彦进入内阁。

【编】特地委派礼部尚书孙如游进入内阁办事。

【编】十二月,兵科都给事中杨涟上奏章请求对李选侍和皇妹加

【纪】涟上言："臣初请李选侍移宫，盖以正体统而尊朝廷也。移宫之后，有倡言选侍徒跣踉跄欲自缢者，皇八妹失所遂投井者。事关他日不白之案，望陛下于皇弟、皇妹时时廑念，李选侍量加恩数，并祈传知阁部，以服中外之心。"疏入，上优诏答之。

【编】大学士方从哲乞归，许之。

恩。【纪】杨涟上奏说："臣当初请求李选侍移出乾清宫,是为了端正体统而维护朝廷的尊严。移宫以后,有人扬言说:李选侍光着脚跌跌撞撞地想上吊自尽,皇八妹无处依靠就跳入井中自杀。这些事关系到今后会出现不白之冤,希望陛下对皇弟、皇妹们经常关心惦念,对李选侍酌情加以恩典。并祈求陛下将这些情况告诉内阁和各部知道,以收服内外臣民的心。"奏章送进去以后,明熹宗下诏书答复,称赞他。

【编】大学士方从哲乞求退休回家,明熹宗允许了。

明鉴易知录卷十二

明纪

熹宗哲皇帝

【编】辛酉，熹宗皇帝天启元年，春正月，兵科给事中杨涟予告回籍。【纪】涟以移宫一案，御史贾继春侵之，涟因乞归。

【编】命吴宗达、黄立极、李标、钱谦益知诰敕。

【编】闰二月，兵科朱童蒙勘辽还京。【纪】童蒙还奏略曰："臣谨看得旧经略熊廷弼有挥霍之雄才，有沉毅之雅度，极其全力，固能担人之所不能担，骋其偏锋，亦能忍人之所最不忍。任事才十余月，而辽阳颓塌之城如新，丧胆之人复定。奉集、沈阳三空城，今且俨然重镇矣。曾几何时，而金汤鼎峙，恃以无恐，迄今民安于居，贾安于市，商旅安于途，使后之人因以为进战退守之地。臣入辽阳，官民士庶垂泣而思，遮道而愬，谓数万生灵皆廷弼一人之所留。是其精力在于此，其得谤亦在于此也。抑且督工修筑，刻期责报，缙绅子衿，役无割免，又束缚悍弁，斥逐庸吏，能无腾谤声乎！言官得之，风闻胪列入告。廷弼胜气相加，屡疏致辨，非所以待言官，亦非大臣所以自待。廷弼功在存辽。臣会同督臣文球、经臣袁应泰、抚臣薛国用、按臣张铨据实奏闻。"有旨："辽事会勘已明，熊廷弼力保危城，功不可泯。因言求去，情有可原。今中外多事，用人方急，该部仍议及时起用，以为劳臣任事者劝。"

熹宗哲皇帝

【编】熹宗皇帝天启元年（辛酉，1621）春正月，兵科给事中杨涟申请回原籍，被允准。　【纪】杨涟因为李选侍移出乾清宫一案，被御史贾继春攻击，就因此乞求归乡。

【编】命吴宗达、黄立极、李标、钱谦益负责起草敕书诰命。

【编】闰二月，兵科给事中朱童蒙勘查辽东情况后回到北京。【纪】朱童蒙回来后上奏的大致内容是："臣谨查看出原来的经略熊廷弼具有不羁的雄才，有深沉刚毅的高雅风度，发挥了他的全部能力，所以可以承担起别人所不能担负的责任；施展出他的出奇不意的计谋，也能够忍受人们所最不能忍受的情况。他任职才十几个月，就使辽阳颓塌的城墙和新的一样。使丧失了胆量的人们又安定下来。奉集（今辽宁沈阳西南）、沈阳和辽阳三个空城，现在俨然成为重镇了。这才没有多长时间，就有固若金汤的城池互相鼎立，依恃它得以不必恐惧敌人到了现在，人民在家中安居，商贾在市集上安心经营，旅人行商在路途中平安无事，让后来的人可以把这里作为进可以战、退可以守的地方。臣进入辽阳以后，官吏百姓、士绅平民都掉着眼泪思念熊廷弼，拦住道路上诉，说这里的几万生灵全都是熊廷弼一个人保留下来的。这是熊廷弼的精力祯注的所在，也是他遭受诽谤的原因。而且他督促工役修筑城墙，限定日期责令完成，当地的官宦人家和读书人都不能免除工役。他又约束凶悍的玉兵，贬斥、赶走庸庸碌碌的官吏，能够不惹起对他的诽谤攻击吗？谏议官员们听到后，根据风闻罗列事件上奏控告。熊廷弼盛气相对，多次上奏章分辨，这不是对待谏议官员的应有态度，也不是大臣对待自己的正确态度。熊廷弼的功劳在于保存了辽东。臣会同总督文球、经略袁应泰、巡抚薛国用巡按御史张铨，根据实情上奏有圣旨说："辽东的事务经过会勘已经明了，熊廷弼全为保存了危城，功劳不能泯灭。他因为遭到议论而请求离职，情有可原。现在内外多事，正是急于用人的时候，责令兵部仍进行商议，及时起用他，用来勉励负责任的

【编】是月辛酉，大清兵克沈阳，总兵贺世贤、尤世功等皆死之。　【纪】大清兵攻沈阳，世贤、世功出城力战，败还。明日，降人内应，城遂破，世贤、世功俱战死，总兵官陈策、童仲揆、石柱土官秦邦屏等皆力战而死。御史江秉谦上言："自杨镐失律丧师，开、铁沦没，其情形危急，诚有百倍于此时者，乃熊廷弼受命田间，仓皇赴召，单骑出关，收拾余烬，城守经年，敌终不能蹦入。何前此垂危之辽，敌不知其所攻？今此坚备之沈，我反失其所守？则廷弼之才识胆略，有大过人者矣！使廷弼得安其位，决不败坏至此。然昔之论廷弼者犹曰风闻，及查勘已明，而谗构复起。宁坏朝廷之封疆，必不肯消胸中之畛域；宁甘心以辽阳与仇敌，必不肯平气以议论宽劳臣！今日之事，何不持一疏以退敌邪？"

【编】以刘宗周为礼部主事，王之寀为刑部主事，高攀龙为光禄寺丞。

【编】大清兵克辽阳，经略袁应泰、巡按御史张铨等皆死之。【纪】时应泰已撤奉集、威宁诸军并力守辽阳，引水注壕，沿壕列火器，兵环四面，守备甚设。戊辰，大清兵薄城，应泰身督兵出城迎战，军败，应泰退宿营中。己巳，大清兵掘城西闸以泄壕水，分兵塞城东水口，击败明军，遂渡壕大呼而进。战良久，大清兵来益众。明兵败，望城而奔，杀、溺死者无算。

应泰乃入城，与张铨等分陴固守，诸监司高出、牛维曜、胡嘉栋、督饷郎中傅国并逾城遁。庚午，攻城急，应泰督诸军大战，又败。薄暮谯楼火，城中降人内应，大清兵从小西门入，城中大乱。应

勤劳的大臣。"

【编】这个月的辛酉日，大清兵攻克沈阳，总兵贺世贤、尤世功等人全都战死。【纪】大清兵攻打沈阳，贺世贤和尤世功出城奋勇作战，打败后退了回来。第二天，投降的人在城内响应城便被攻破贺世贤、尤世功全都战死。总兵官陈策、童仲揆、石柱土官秦邦屏等人都奋力作战而死。御史江秉谦上奏说："自从杨镐失利，丧失了军队，开、铁陷落以后，那时的情形危急，实在比现在危急一百倍以上。就是熊廷弼在回乡闲居时接受了命令；仓皇应召赴命，单枪匹马出关，收拾残局，守城一年多，使敌人终究不能闯入关内。为什么在此之前垂危的辽东，敌人不知道该怎么进攻？为什么现在这样坚固守备着的沈阳，我们反而失去了呢？可见熊廷弼的才识胆略，有远远超过别人的地方。假使熊廷弼能够安处在那个位置上，决不会败坏到这种地步。然而过去议论熊廷弼的人还说是风闻，到了查勘已经明了以后，又再次兴起谗言陷害。他们宁可毁坏朝廷的疆域，也一定不肯消除胸中的芥蒂。他们宁可甘心情愿地把沈阳交给仇敌，也一定不肯平心静气地用议论来宽慰勤劳的臣子。今天的事情，为什么不让他们拿着一份奏疏去打退敌人呢？"

【编】任命刘宗周为礼部主事，王之宷为刑部主事，高攀龙为光禄寺丞。

【编】大清兵攻克辽阳，经略袁应泰、巡按御史张铨等人全死了。【纪】当时袁应泰已经撤下奉集、威守的驻军集中兵力守卫辽阳，引水灌入护城河沟，又沿着护城壕沟排列火器，把军队分布在城的四面，守备设施安排得十分完备。大清兵逼近城池，袁应泰亲自督率士兵出城来迎战。明军战败，袁应泰退回来住在军营中。已巳日，大清兵掘开了城西的水闸来排泄城壕中的积水，又分兵去堵住了城东的进水口，打败明军，便渡过壕沟，大喊着向前进攻。双方交战时间很久，大清兵开来的士兵越来越多，明军战败，向着城里逃跑，被杀死和淹死的人数都数不过来。

袁应泰就进了城和张铨等人分别依凭城墙垛口固守高出、牛维曜、胡嘉栋等监司和督饷郎中傅国等人全都越城逃跑了。庚年日，清兵猛烈攻城，袁应泰督率各支军队大战，又打败了。天快黑的时候，城门

泰知事不济,叹息谓铨曰:"公无守城责,宜亟收拾余烬,为退守河西计,应泰死且不朽!"遂佩剑印自缢。铨亦以不屈死,守道何廷魁视其二女、二妾投井而后死,监军崔儒秀自缢于都司堂上。事闻,赠应泰兵部尚书,予祭葬,官其一子。

【编】夏四月,辽东巡抚薛国用以病免,以参议王化贞为巡抚。

【编】辽东死节诸臣张铨、崔儒秀、何廷魁、尤世功、秦邦屏等,各赠官、恤荫有差。

【编】立妃张氏为皇后。

【编】诏征前辽东经略熊廷弼赴京,御史冯三元、张修德、魏应嘉各降调,姚宗文革职为民。

【编】命何宗彦入阁办事。进刘一燝、韩爌少保,兼太子太保、武英殿大学士。

【编】秋七月,封乳母客氏为奉圣夫人,以其子侯国兴为锦衣卫指挥使。 【纪】客氏故定兴民侯二妻也,年十八进宫,又二年而嫠,生子国兴。至是客氏封夫人,授国兴锦衣指挥御史。刘兰疏谏,以为恩礼所加,权势归之。不报。

【编】复命熊廷弼经略辽东。 【纪】廷弼至京,赐敕书、尚方剑,起行日赐大红麒麟一品服,复赐宴都城外。

【编】以兵部尚书王象乾建节蓟镇,行总督事。

【编】辽东抚标练兵游击毛文龙克复镇江城堡。

【编】八月,内侍魏忠贤矫杀前太监王安。 【纪】忠贤初名进忠,肃宁人,少黠慧,无籍,好酒善啖,喜驰马,能右手执弓,左手彀弦,射多奇中,目不识丁而有胆力,猜很自用。尝与年少赌博,不

楼起了火；是城里原来投降的清人作为内应，大清兵从小西门冲进来；城里大乱。袁应泰知道事情已经无法挽救，叹息着对张铨说"您没有守城的责柱，应该尽快收拾残余的军队，退守辽河西岸的打算。我就是死了，逃会永垂不朽的"就佩带宝剑和官印，上吊自杀了。张铨也不肯屈服于清军而死去，分守道何廷魁看着他的两个女儿、两个侍妾都跳了井，而后自杀。监军崔儒秀在都司堂上上吊目杀。这些情况上报以后，朝廷赠给应泰兵部尚书的官衔，赐予祭葬，任命他的一个儿子为官。

【编】夏四月，辽东巡抚薛国用因为有病被免职，任命参议王化贞为巡抚。

【编】在辽东守节义而死的诸臣张铨、崔儒秀、何廷魁、尤世功、秦邦屏等人分别被赠予官衔，给以不同等级的抚恤和荫封

【编】把妃子张氏册立为皇后。

【编】下诏书征召前任辽东经略熊廷弼赴京，御史冯三元、张修德魏应嘉等人分别被降职调用，姚宗文被革去官职，贬为平民。

【编】命何宗彦进入内阁办事。将刘一燝、韩爌晋升为少保、兼太子太保、武英殿大学士

【编】秋七月，封乳母客氏为奉圣夫人，任命她的儿子侯国兴为锦衣卫指挥使。　【纪】客氏是已故的定兴平民侯二的妻子。十八岁进入宫中，过了两年后成了寡妇。她生的儿子叫侯国兴。到了客氏被封为夫人后，授给侯国兴锦衣卫指挥御史的职务。刘兰上疏劝谏，认为给客氏他们施加恩典礼数，也使权势归于他们。没有给以回复。

【编】又命熊廷弼经路辽东。　【纪】熊廷弼到了京师，明熹宗赐给他敕书和尚方宝剑，在他动身出发的那一天赐给他大红色绣有麒麟的一品官服，又在京师城门外设酒宴赐给他。

【编】命兵部尚书王象乾驻蓟镇（今河北蓟县），执行总督的事务。

【编】辽东抚标的练兵游击毛文龙攻克镇江城堡（今辽宁安东）

【编】八月，侍魏忠贤假借圣旨杀了前太监王安。　【纪】魏忠贤原来叫进忠，肃宁（今河北肃宁）人，少年时聪明又狡猾，不务正业喜好吃喝，爱骑马，能够用右手拿着弓，左手拉弓弦射出的箭，多能出人意外

儺，走匿市肆中，诸少年追窘之，恚甚，因而自宫。万历十七年，隶司礼监掌东厂太监孙暹。时熹宗为皇太孙，忠贤谨事之，导之宴游，甚得皇太孙欢心。孝和皇后，太孙生母也，忠贤夤入宫办膳，其介绍引进者魏朝。朝故属太监王安名下。安素刚正，主持一宫事，朝日誉忠贤，安善视之。朝初与太孙乳媪客氏私，忠贤亦通焉。光宗即位，册太孙为东宫。忠贤得充东宫典膳，客氏力也。光宗崩，东宫暂居慈庆，杨涟疏参及忠贤。忠贤无措，泣求魏朝于王安，力营救之。忠贤深德朝，结为兄弟。而两人皆客氏私人。上即位数月，一夕忠贤与朝争拥客氏于乾清宫暖阁，醉詈而嚣，声达御前。时上已寝，漏将丙夜，俱跪御榻前听上命。客氏久厌朝儇薄，而喜忠贤憨猛，上逆知之，乃退朝而与忠贤。忠贤卒矫旨发朝凤阳，缢杀之。自是得专客氏，而尾大不掉之患成焉。

初，上之立也，王安与诸大臣同受顾命，见忠贤侵权，欲重惩之，奏之帝。会御史方震孺上疏请逐客氏，帝乃令客氏出宫，忠贤发安鞫问。安诘责令其自新，忠贤得释。客氏夤缘复入宫，将甘心于安焉。时安奉旨掌司礼监，辞未赴，王体乾即欲起攘之，因忠贤以危言动客氏。忠贤遂嗾给事霍继华劾安，客氏从中附和之，于是矫旨革安职，而以体乾掌司礼监。忠贤必欲杀安，遂以刘朝提督南海子，而降安为南海净军，勒令自裁。安既死，而忠贤益无所惮矣。忠贤闭文义，乃取旧司礼监李永贞入备赞画，李实、李明道、崔文升各司监局，探上意为奸，忠贤自掌东厂。

地射中目标。虽然目不识丁但是有胆力性情凶狠猜忌,刚愎自用魏忠贤曾经和少年们赌博输了钱,无法偿付就逃走藏到市集中去。少年们追着他羞辱他。魏忠贤很恼怒,因此就自己阉割了自己。万历十七年,魏忠贤隶属司礼监掌东厂太监孙暹。当时明熹宗是皇太孙,魏忠贤恭谨地服待他,领着他游玩饮宴,很得皇太孙的欢心。孝和皇后是皇太孙的生母,魏忠贤曾经进入孝和皇后宫中办理膳食,把他介绍进去的太是魏朝。魏朝过去隶属在太监王安的名下。王安为人一向刚正,主持宫中的事务。魏朝天天称赞魏忠贤,王安对魏忠贤很好。魏朝起初和皇太孙的奶妈客氏有私情,魏忠贤也和客氏私通。明光宗即位后,册立皇太孙为东宫太子。魏忠贤被任命作东宫典膳,这是靠客氏出的力。明光宗去世后,东宫太子暂时住在慈庆宫。杨涟在奏章中也参劾到了魏忠贤,魏忠贤没有办法,哭着求魏朝向王安说情,竭力营救自己。因此,魏忠贤非常感激魏朝,就结为兄弟,而他们两个人都是客氏的相好。明熹宗即位几个月以后,有一天晚上,魏忠贤和魏朝在乾清宫的暖阁里争着拥抱客氏,带着醉意互相骂起来,吵闹声很大连皇帝都听见了。当时明熹宗已经睡下,时间已经快到半夜了。魏忠贤和魏朝两个人都跪在皇上的床前听候皇的命令。客氏一直讨厌魏朝为人轻薄,而喜爱魏忠贤憨直勇猛。明熹宗了解这种情况就叫魏朝退下,把客氏给了魏忠贤。魏忠贤终于假借圣旨把魏朝发配到凤阳,把他勒死了。从此魏忠贤得以独占客氏,而尾大不掉的危害也由此形成了。

当初,明熹宗被立为皇帝时,王安和诸大臣一同接受明光宗的遗命。他看到魏忠贤侵夺权力,想要从重惩治魏忠贤,便向皇帝奏明。正赶上御史方震孺上奏章请求赶走客氏,皇帝就命令客氏从皇宫中出去,把魏忠贤交给王安审问。王安训斥了魏忠贤,命令他改过自新。魏忠贤得到了释放,客氏通过关系再次进入宫中。他们将要杀王安而后才甘心。当时王安奉旨掌管司礼监,他推辞了,没有去任职。王体乾就想排挤王安,便通过魏忠贤用危言耸听的话说动了客氏。魏忠贤就唆使给事中霍继华弹劾王安,客氏从中附和,于是他们就假借圣旨革去了王安的职务,而让王体乾掌管司礼监。魏忠贤一定要把王安杀死,就派刘朝提督南海子,而把王安降职去作南海净军,勒令王安自杀。王安既死,

【编】九月，葬庆陵。　【纪】上以客氏保护圣躬，命户部择田二十顷，以为护坟香火之用。魏忠贤侍卫有功，命工部以陵工成叙录。御史王心一奏言："梓宫未殡，先规客氏之香火；陵工既成，强入忠贤之勤劳。于礼为不顺，于事为失宜。忠臣爱君，必防其渐。"上怒，责之。

【编】冬十月，降吏科给事中侯震旸于外。　【纪】初，客氏已出宫，复召入，震旸奏曰："陛下于客氏始而徘徊眷注，稍迟其出犹可言也，出而再入不可言也。中涓群小，炀灶借丛，王圣宠而煽江京、李闰之奸，赵娆宠而媾曹节、王甫之祸，可为寒心！"上怒，降之。时御史王心一、倪思蕙等相继疏劾，皆谪降。

【编】吏部尚书周嘉谟罢，大学士刘一燝回籍。
【编】十一月，以都察院左都御史张问达为吏部尚书，刑部左侍郎邹元标为左都御史。
【编】辽东经略熊廷弼驻劄右屯。　【纪】廷弼奏言："顷见兵部上疏，欲臣提兵出关，臣敢不出。惟是经略一出，观望非轻，西人视以为轻重，东敌视以为进退，兵将视以为勇怯。枢臣第知经略一出，足以镇定人心，不知无一兵之经略出，更足摇动人心也。前留援兵三千已尽出关矣，此外无一卒一骑，不知枢臣与臣何项兵马出关？又不知臣驻广宁，抚臣应驻何地？乞敕兵部速议，无使担安危之重臣，徒手出门，为敌所笑。"既而出关，驻劄右屯。

魏忠贤就更加没有忌惮了。魏忠贤不通文义，就选择了前司礼监李永贞来帮助谋划，又让李实、李明道和崔文升等人各自掌管各监、局，探听皇帝的心意，施行奸谋。魏忠贤自己掌管东厂。

【编】九月，把明光宗葬于庆陵。 【纪】明熹宗因为客氏保护了自己，命令户部选择二十顷田地，给客氏作为保护祖坟，供给香火祭祀之用。魏忠贤侍卫皇帝有功，命令工部把建庆陵的功劳记录在他的名下。御史王心一上奏说："先皇的灵柩还没有落葬，先规划客氏的香火；陵寝的工程完成以后，被强行归为魏忠贤的勤劳功绩。这样做在礼上来说是不顺，在处事来说是失宜。忠臣爱君，一定要防微杜渐。"明熹宗十分生气，叱责了他。

【编】冬十月，把吏科给事中侯震旸降职调到外地。 【纪】起初，客氏已经赶出宫外，又再次被召入宫中。侯震旸上奏说："陛下对客氏开始是加以关注，犹豫不定，稍晚一点赶出她去也还说得过去。但是赶出去后再让她回宫就说不过去了。中宫的太监们是一群小人，专擅权力，蒙蔽国君，都依仗着结帮成伙的力量。汉朝时，王圣受宠就煽动起江京和李闰这些奸党，赵娆受宠就造成了曹节、王甫的祸害。这些情况是让人寒心的！"明熹宗发怒，降了侯震旸的职。当时御史王心一和倪思蕙等人接连上奏章弹劾，都被贬谪降职。

【编】吏部尚书周嘉谟被免职。大学士刘一燝回到原籍。

【编】十一月，任命都察院左都御史张问达为吏部尚书，刑部左侍郎邹元标为左都御史。

【编】辽东经略熊廷弼驻扎右屯。 【纪】熊廷弼上奏说："刚才见到兵部的奏文，要臣率领军队出关，臣怎么敢不出？只是经略一出关，造成的影响不小。西边的人民根据它决定形势的轻重缓急。东方的敌人据此来决定他们的进退。我们军队的将士以此来看出臣是勇敢还是胆怯。中枢大臣们只知经略一出关就足以镇定人心，却不知道没有一个士兵的经略出关，更会动摇人心。以前留下的三千名援兵已经全都出关了，以外再没有一名士兵、一匹战马，不知道内阁大臣们把哪一批军队人马交给臣带着出关？又不知道让臣驻扎在广宁的话，巡抚应该驻扎在哪里？请求命令兵部尽快商议，不要让一个担负着国家安危重任的

【编】四川永宁宣抚使奢崇明叛。【纪】崇明性阴鸷,佯为恭顺,凡有征调,罔不应命。子奢寅有逆志。会以辽事急,征四方兵,崇明遂上疏请提兵三万赴援,遗其将樊龙、樊虎以兵至重庆。四川巡抚徐可求点核,汰其老弱发饷,饷复弗继。龙等遂鼓众反,杀可求。已而贼逼成都。御史薛敷政、左布政使朱燮元悉力捍御。贼围城久,岁且尽,会有俘民脱归者,言贼旦夕须旱船一决胜负。

【编】壬戌,二年,春正月,四川左布政使朱燮元大破贼兵成都下,奢崇明及其子寅走。诏以燮元为四川巡抚。【纪】贼数千自林中大噪而出,视之,有物如舟,高丈许,长五百尺,楼数重,簟弗左右,板如平地。一人披发仗剑,上载羽旗,中数百人各挟机弩毒矢,牛数百头运石毂行,旁翼两云楼,俯视城中。燮元曰:"此吕公车也,破之非驳石不可。"驳石者,巨木为杆柱,置轴柱间,转索运杆,千钧之石飞击如弹丸,贼舟不得近。燮元复募敢死士,以大炮击牛,中其当轭者,牛骇返走,乘势纵击,败之。

裨将刘养鲲言:"有诸生范祖文、邹尉陷贼中,遣孔之谭来约,贼将罗乾象欲自拔效用。"燮元即遣之谭复往,至则与乾象俱来。燮元方卧戍楼,呼与饮;乾象衷甲佩刀,燮元不之疑,就榻呼同卧,酣寝达旦。乾象感激,誓以死报,许之,缒而出。后贼营举动,纤悉无不知者,乾象之力也。逾数日,又使牙将周斯盛诈降,诱其来,设

大臣空着手出关去，被敌人讥笑。"不久以后熊廷弼出关，驻扎在右屯（今辽宁锦州）。

【编】四川永宁宣抚使奢崇明叛变。 【纪】奢崇明的性格阴险凶狠，表面上假作恭敬顺从，凡是朝廷的征发调动，没有不听从命令的。他的儿子奢寅有叛逆的想法。正赶上朝廷因为辽东战事紧急，征调四方的军队，奢崇明就上奏章请求带领三万士兵赶赴辽东救援，派遣他的部将樊龙、樊虎带兵到了重庆。四川巡抚徐可求点核军队，把他们军中的老弱士兵汰除出去，不给发饷。全军的军饷又不能接续供应。樊龙等人就鼓动士兵们造反，杀死了徐可求。不入叛军逼近了成都，御史薛敷政和左布政使朱燮元等人全力抵御。叛军长久地包围成都城。快到年底的时候，正巧有被俘的平民逃跑回来，他们说叛军不久就要用旱船来进攻，一决胜负。

【编】天启二年（壬戌，1622）春正月，四川左布政使朱燮元在成都城下大破叛军，奢崇明和他的儿子奢寅逃跑。下诏书任命朱燮元为四川巡抚。 【纪】有几千名叛军从树林中大喊冲出来。看去，有一个像船的器物，约一丈多高，五百尺长，上面有楼几层，用竹席遮挡着左右，上面铺着木板，像平地一样。有一个人披着头发，手持长剑。船上有羽毛旗。船中有几百个人拿着机弩和有毒的弓箭。用几百头牛拉着石制的车轮行走，两侧伸出两个高楼，可以俯视城中。朱燮元说："这是吕公车，要打退它，非得用驳石。"驳石，就是用大木做柱子，在柱子中间安上轴，用绳索牵动木杆，把上千斤重的大石头抛出去，像弹丸一样飞速打击敌人，叛军的旱船不能接近城墙。朱燮元又招募敢死之士，用大炮去轰击牛群，打中了负着车辄的牛，牛受了惊吓，掉头逃回去。明军乘势出兵攻打，把叛军打败了。

副将刘养鲲说："有身陷叛匪中的读书人范祖文、郑尉，派孔之谭来相约，叛军中的将领罗乾象想投降，给朝廷效力。"朱燮元就派遣孔之谭再回去，孔之谭回去后，和罗乾象一起来官军这里。朱燮元正在防守的城楼中躺着，就叫罗乾象一起来喝酒。罗乾象在外衣里面穿着铁甲，带着刀。朱燮元对他一点不怀疑，叫他和自己同睡一个床上。朱燮元躺下后，整夜酣睡不醒。罗乾象心中十分感动，发誓要以死报答。朱

伏待之。崇明果自至，伏起，获其从骑数人，崇明跳身免。乾象等内变，贼营四面火起，崇明父子拔营走，乾象皆来归。成都围解，贼归重庆。事闻，以燮元为巡抚。

【编】大清兵渡河。　【纪】先是，王化贞上疏请战，廷议赐化贞尚方剑便宜行事；化贞遂令总兵刘渠移军振武，而广宁遂空矣。

【编】二月，大清兵下广宁，监军高邦佐死之。　【纪】大清兵至振武，总兵刘渠方集阵，先锋孙得功乃王化贞心腹将也，未战，遽呼曰："兵败矣！"率所部走降。渠略阵，马蹶被杀。西平守将罗一贯死之。得功入广宁谕军民降，封府库以待。化贞卧方起，参将江朝栋排闼入曰："城中走空矣。"化贞股栗不知所为，索所坐马，已为左右窃去，仓皇乘朝栋马以行。及门，乱兵诃之曰："尔不得出。"将缚之。朝栋后至，挥刀与斗，乃得出。

广宁既失，化贞所招敌骑大肆杀掠，难民西奔者十不存一二，弃老幼于途，蹂践死者相望。化贞从数十人走闾阳，适经略熊廷弼自右屯引兵至。化贞向廷弼哭，廷弼曰："公不召募敌骑，不撤广宁兵于振武，当无今日。此时惟有护百万生灵入关，勿以资敌足矣！"乃整众西行。化贞与宁前道张应吾殿后，总督王象乾验放入关。

燮元答应了罗乾象的请求，把他用绳索放下城去。以后敌军里面的各种行动，不论大小，官军没有不知道的，这就是罗乾象效力的结果。过了几天，叛军又派偏将周斯盛假装投降。官军诱骗他们前来，设下了埋伏等待他们。奢崇明果然亲自到来，伏兵出来，抓住了几个奢崇明的随从骑兵，奢崇明自己逃跑了。罗乾象等人在叛军内部起兵，在叛军营地四面都放起火来。奢崇明父子二人拔营逃走。罗乾象等人全来归降。成都的包围解除了，叛军退回重庆。这些情况报告上去后，朝廷任命朱燮元为巡抚。

【编】大清兵渡过辽河。　【纪】在此之前，王化贞上奏章请求出战。朝廷商议，赐给王化贞尚方宝剑，允许他根据形势自行处置事务。王化贞就命令总兵刘渠把军队移到振武去，而广宁的兵力因此空虚了。

【编】二月，大清兵攻下广宁，明监军高邦佐自尽。　【纪】大清兵到了振武，明总兵刘渠正在部署军阵。明军先锋孙得功是王化贞的心腹将领，还没有交战，就突然叫喊道："我军打败了！"率领他的部下跑去投降了清兵。刘渠冲击敌阵，骑的马绊倒了，刘渠也被杀死了。西平的明军守将罗一贯也战死了。孙得功进入广宁，叫当地军民投降，把官府的仓库封起来等待清军接收。王化贞刚起床，参将江朝栋推开门闯进来说："城里的人都逃光了。"王化贞两腿直打战，不知该怎么办，找他骑的马，马已经被他的随从们偷走了。仓皇之间，王化贞骑上江朝栋的马出走。到了城门前，乱兵呵斥他说："你不能出去。"士兵们准备把王化贞绑起来，江朝栋从后面赶到，挥刀和乱兵们相斗，王化贞才得以逃出去。

广宁丢失以后，王化贞招收来的敌方骑兵大肆抢劫杀人，向西方逃跑的难民们十个人中活下来的不到一、二个。难民们把老人孩子扔在半路上，被践踏死的人接连不断。王化贞带着几十个人逃到闾阳驿（今辽宁北镇西南），正赶上辽东经略熊廷弼领着兵从右屯来到。王化贞向熊廷弼哭了起来，熊廷弼说："您不召募敌人的骑兵，不把广宁的军队撤到振武去，就不会有今天。这个时候只有把关外的上百万条生命保护好，让他们退进关内，不被敌人奴役利用，也就满足了。"熊廷弼就整顿人马向西前进。王化贞和宁前道的道台张应吾在后面押队。总督王象乾查验后把他们放进关内。

初，按臣方震孺在广宁，卧未起，闻抚臣走，亦单骑出奔。各道臣前后相继走，惟监军高邦佐沐浴衣冠望阙再拜，从容自缢。其仆高永从死焉。

【编】诏辽东抚臣王化贞逮问，经臣熊廷弼回籍听勘。【纪】御史谢文锦疏言："熊廷弼控扼山海，调度三方，广宁原非辖外，而必欲驱之右屯。初因边报紧急移驻闾阳，分兵应援，未为失策，迨至军民奔溃，与抚臣并辔而西，不能只身死敌，恶得无罪！王化贞专制一方，初意敌骑外助，辽人内应，侥幸奇功，不觉堕计，乃复守备不设，浪兵催战，弃广宁而奔，罪更何辞！然臣窃叹经臣责任虽重，事权实轻，不幸与兵部相忤，系手缚足，展布无由，欲图固守而不可得。抚臣意气既锐，荧惑复多，又不幸有兵部为主，言听计从，虽欲不战而不可得。是二臣之陷于刑辟者，皆尚书张鹤鸣致之也。"有旨："广宁失守，经、抚罪无所逃。王化贞逮问，熊廷弼回籍听勘。"

【编】以孙承宗为兵部尚书、东阁大学士，直文渊阁。

【编】三月，以王在晋为兵部尚书，兼都察院右副都御史，经略辽、蓟、津、莱军务。

【编】夏四月，会勘辽东经、抚熊廷弼与王化贞，并坐斩，诏从之。【纪】刑部尚书王纪、左都御史邹元标、大理寺卿周应秋会审熊廷弼、王化贞，狱成奏言："王化贞全不知兵，用敌而反为敌用，用间而反为间用。叛逆如孙得功者，日侍左右而不悟。及敌骑尚在百里之外，而弃广宁如敝屣，安所逃罪，宜服上刑！熊廷弼才猷气魄，睥睨一世，往年镇辽而辽存，去辽而辽亡，关系非小。及再起经

当初，按察使臣方震孺在广宁，躺着还没有起床，听说巡抚王化贞逃走了，也一个人骑马出逃，各道的官员们前后接连不断地逃走，只有监军高邦佐沐浴以后，穿好衣帽，向着皇宫的方向叩拜两次后，从容不迫地上吊自杀，他的仆人高永也跟着他自杀了。

【编】下诏书把辽东巡抚王化贞逮捕起来审问，命经略熊廷弼回原籍听候审查。【纪】御史谢文锦上奏章说："熊廷弼扼守住山海关，调度三方面的军队。广宁驻军本来不在他管辖范围之外，却一定要把他们赶到右屯去。当初由于边防报告军情紧急而把军队移到闾阳驻守，分兵应援，这不是失策，但等到军队和居民逃跑溃散时，熊廷弼和巡抚一同向西退兵，不能单身上阵与敌大作战牺牲，怎么能说是没有呢？王化贞独自控制了一个方面，起初认为有敌人的骑兵为外助，有辽东的居民作为内应，可以侥幸地建立奇功，没有觉察出自己落入敌人的套，就不再设守备设施，避意发兵，催促部下出战，然后丢弃了广宁城而逃跑，他的罪行是法推掉的。然而臣私下里感叹：经略大臣的责任虽然很重，实际掌管的权力却很轻。不幸的是他和兵部互相抵触，被捆绑住了手脚，没有办法施展他的才干，想要固守又不能实行。巡抚大臣的意很盛，但受到的迷惑却很多，又不幸有兵部给他做主，他言听计从，即使不想出战也不行。这两名大臣落入遭受刑罚的地步，都是尚书张鹤鸣造成的"明熹宗下旨说：广宁失守，经略和巡抚的罪责是无法逃脱的，把王化贞逮捕审问，熊廷弼回原籍听候审查。"

【编】任命孙承宗为兵部尚书东阁大学士，在文渊阁值班。

【编】三月，任命王在晋为兵部尚书，兼都察院右副都御史，经略辽、蓟、津、莱地区的军务

【编】夏四月，有关官员会同审查辽经略熊廷弼和巡抚王化贞，把他们都判处斩刑。皇帝下诏书允准了这个判决 【纪】刑部尚王纪左都御史邹元标、大理寺卿周应秋一起审讯熊廷弼和王化贞。罪名确定后，上奏皇帝说："王化贞全然不知道军事，想利用敌兵却而被敌利用了，想离间敌却而被敌人离间，像孙得功这样的叛逆，每天在他的身边他却不省悟。敌人的骑兵还在百多里外，他就像扔掉破鞋似地把广宁丢弃了。这些罪责，他都是无法逃脱的，应该受到最重的刑罚。熊廷弼的

略,即缴有控扼山海之旨,识者已知其无意于广宁矣。抵关以后,微有可观,使广宁告急之日,廷弼仗义誓师,收余烬以图恢复,反败为功,死且不朽。计不及此,一闻大兵既败,先奔榆关,即有盖世之气,亦不足赎丧师失地之罪矣!若引从前经略观之,比之杨镐更多一逃,比之袁应泰反欠一死。如厚诛化贞而少宽廷弼,罪同罚异,非刑也,俱坐斩。"从之。

【编】起杨涟为兵科都给事中。

【编】礼部尚书孙慎行劾前大学士方从哲罪。 【纪】慎行上言:"皇考宾天,缘医人进药不审,李可灼进红药两丸,乃原任大学士方从哲所进。夫丸不知何药物,而乃敢突以进。《春秋》许世子进药于父,父卒,世子自伤与弑,不食死。《春秋》尚不少假借,直书许世子弑君,然则从哲宜何如处焉?臣谓从哲纵无弑之心,却有弑之事,欲辞弑之名,难免弑之实,宜直书云'方从哲连进红药两丸,须臾帝崩',恐百口无能为天下万世解矣。乞将从哲速严两观之诛,李可灼严加拷问,置之极刑。"有旨:"会议具奏。"

【编】五月,授毛文龙总兵官。

【编】秋七月,贵州水西土目安邦彦叛。以太常寺少卿王三善为右佥都御史,巡抚贵州。

【编】诏李可灼著法司究问,崔文升仍发遣南京。 【纪】吏部尚书张问达、户部尚书汪应蛟会议:"孙慎行疏论方从哲,'弑逆'二字何忍加之?但李可灼进药之后,适会皇考宾天,台臣王安舜疏

智谋才干和气魄都是不可一世的,过去几年里在辽东镇守辽东就保存住了;他离开了辽东,辽东就失守了。他同辽东的安危关系不小。到再次超用他为经略以后,他就呈请允许他据守山海关,当时有见识的人已经知道他无意去守住广宁了。熊廷弼到达山海关以后,其成绩略有可观。假如在广宁告急的时候熊廷弼仗义誓师,收集残败的军队,谋划恢复失地,扭转败局建立战功,那么就是战死也会永垂不朽。但他却没有这样考虑。到大军已经失败,就先跑回榆关。即使他有盖世的气概,也不足以补偿他丧师失地的罪过。如果援引以前的经略来对比一下,熊廷弼比起杨镐来要多一项逃跑的罪过,比起袁应泰来又缺少一个殉节自杀。如果从重诛杀化贞却对熊廷弼稍加宽恕,那么是对相同的罪行处以不同的刑罚,这不是用刑的道理了。他们两个都应该依法斩首"明熹宗同意了。

【编】起用杨涟为兵科都给中。

【编】礼部尚书孙慎行弹劾前太学方从哲的罪行。 【纪】孙慎行上奏说:"先帝去世,原因是医生送的药物没有检查,李可灼送去的两丸红药,是原任大学士方从哲呈进的。那个药丸不知道是什么药物,就敢突然把它送进来。《春秋》记载许国的世子给父亲送上药物,其父死了,世子自悲做了弑父的事不食而死。《春秋》对他还不少加宽容就直书许世子弑君。那么方从哲这样的人应该如何对待呢?认为苏从哲即使没有弑君之心,也造成了弑君的事实。他想要推脱弑君的罪名,却难以免去弑君的事实。应该直书:"方从哲连续呈进红药两丸,皇帝就去世。这样就算他有百张嘴,恐怕也无法向天下人和千年万代的子孙辩解了。请求尽快数照朝廷法律从严处治方从哲,对李可灼严加拷问,处以极刑。"有旨说:"会同审议详细奏报。"

【编】五月,授任毛文龙总兵官。

【编】秋七月,贵州水西(今贵州黔西)的土人头领安邦彦叛乱。任命太常寺少卿王三善为右佥都御史,巡抚贵州

【编】下诏书命令司法官署追查审问李可灼,崔文升仍然被发配去南京安置 【纪】吏部尚书张问达、户部尚书汪应蛟会同商议,认为:"孙慎行上奏章论方从哲之罪,怎么能忍心给他加上'弑逆'两个

请严究,从哲先票罚俸,继票养病去,失之太轻。从哲已认罪,自请削夺,为法任咎矣,若李可灼,应拏解法司究问。至崔文升先进大黄凉药,及可灼进红丸又不详察,可否应与可灼并正典刑?"上曰:"李可灼本不知医,希图侥幸,委应重处。方从哲票拟太轻,然心迹自明,何可轻议。可灼著法司究问,崔文升仍发遣南京。此事纷纭多日,今处分已定,大小臣工不得再生事端。"

【编】以李若珪、杨涟并为太仆寺少卿。

【编】八月,左都御史邹元标、副都御史冯从吾并致仕。【纪】兵科给事中朱童蒙疏劾元标、从吾醵金讲学,比之妖贼;元标、从吾致仕归。

【编】冬十月,修撰文震孟、庶吉士郑鄤、太仆寺卿满朝荐并谪归。【纪】震孟上言勤政讲学之实,中云:"君臣相对如家人父子,则左右近习无缘可以蒙蔽。"疏入,魏忠贤不下,郑鄤复疏趣之曰:"经御览而留中,则非止辇转圜之义;不经御览而留中,必有藏伏奥援之奸。本朝故事,惟武宗及神宗末年有之。权珰炀灶,相顾太息,无可如何矣!"忠贤深恶之,承上观剧,摘震孟疏中"傀儡登场"语激怒上。时朝荐亦言之力,俱谪归。

【编】十一月,以赵南星为都察院左都御史。十二月,以顾秉谦、魏广微为大学士,入阁办事。

【编】以杨述中为川、贵总督。

【编】癸亥,三年,春正月,安邦彦复纠奢寅父子,与云南土司安效良等率众数万,并力攻陆广。【纪】先是贵抚王三善以仓储空

字呢？但李可灼进药之后，正巧遇上先皇升天，谏官王安舜上疏请求严加追究，方从哲起草处理意见，先拟罚俸，继拟为去职养病，失之太轻。但方从哲已经认罪，自己请求削职，于法来说已担负了罪责。对于李可灼，应该逮捕解送司法部门追究审问。至于崔文升，先送大黄这种凉性药品，在李可灼送进红丸时又不详细察看，是不是可以和李可灼同按法典处刑？"明熹宗说："李可灼本不懂医术，希图能侥幸见效，确实应该从重处理。方从哲的处罚决定拟定得太轻，但是他的心迹自属明白，怎么可以再轻易议罪？李可灼这个人命司法部门审问追究。崔文升仍旧发配到南京去。这件事大们已经议论很多天了，现在处分已经确定了，大小各级官员不许再就这件事引起事端。"

【编】任命李若珪、杨涟同任太仆寺少卿

【编】八月，左都御史邹元标、副都御史冯从吾两个人同时退休。　【纪】兵科给事中朱童蒙上奏章弹劾邹元标和冯从吾通过讲学搜敛金钱，把他们比作妖贼。邹元标和冯从吾退休回家。

【编】冬十月，鄢修撰文震孟、鄢庶吉士郑鄤、太仆寺卿满朝荐同时被贬职回乡。　【纪】文震孟上奏关于勤政讲学的实质内容奏章中说："国君和臣子相对时像父子一家人一样，那么国君的左右近侍就没有机会来蒙蔽国君。"奏章送上后，魏忠贤扣住它不发下来，郑又上奏章催促说："把奏章给圣上审后留在宫中，就不是纳谏如流的道理；如果奏章没有经过皇上御览而留在官中，就一定有隐藏在宫中互相勾结的奸人。在本朝过去的事例中，只有武宗和神宗的末年有过这种情况。宫中有掌权的内侍弄权，蒙蔽君主，只能相对长叹，无可奈何了！"魏忠贤非常厌恶他，奏章趁着服侍明宗看戏的时候，把文震孟的奏章中"愧儡登场"这句话摘出来激怒皇上。当时满朝荐也极力上言，所以他们都被贬职回乡

【编】十一月，任命赵南星为都察院左都御史。十二月，任命顾秉谦、魏广徽为大学士，进入内阁办事

【编】任命杨述中为川、贵总督。

【编】天启三年（癸亥，1623）春正月，安邦彦再次纠集奢寅父子，和云南土司安效良等人率领几万人马，合在一起全力攻打陆广（今贵州

虚，欲因粮于敌，又诸军视贼过易；前锋杨明楷率兵渡河列营三十里外，一军屯陆广，向大方奢社辉；一屯鸭池，向安邦彦巢穴。至是，贼攻陆广，明楷奋勇接战，众溃，溺水死者数千，明楷陷贼中。贼乘胜赴鸭池'，我兵退屯威清，三善收兵入城。土司苗仲见我军不利，复肆劫掠，自龙里至瓮城，尸横四十余里。

【编】秋八月，诏开内操。　【纪】开内操，钲鼓之声，喧阗宫禁。御史刘之凤上言："虎符重兵，何可倒戈授巷伯之手？假令刘瑾拥甲士三千，能束手就擒乎？"御史李应升、黄尊素、宋师襄交章论之。尊素疏有"阿保重于赵娆，禁旅近于唐末"等语，魏忠贤尤恶之，皆矫旨切责。

忠贤自杀王安后，益骄横，设内操万人，衷甲出入。内监王进尝试铳上前，铳炸伤进手，上几危。光宗选侍赵氏与客、魏不协，矫旨赐死，选侍尽出光宗所赐珍玩列于庭，再拜投缳而绝。裕妃张氏方娠，膺册封礼，客氏潜于上，绝饮食，闭襄道中，偶天雨，匍匐掬檐溜数口而绝。成妃李氏诞二公主而殇。先是冯贵人尝劝上罢内操，客、魏恶之，矫旨贵人诽谤赐死，成妃从容为上言之；乃矫旨革封，绝饮食。成妃故鉴裕妃饥死，密储食物壁间，数日不死。魏、客怒少解，斥为宫人。皇后张氏素精明，魏、客惮之。后方娠，腰痛。客氏密布心腹宫人，奉御无状，陨焉。又于上效天之日，掩杀胡贵人，以暴疾闻。

修文）。　【纪】在此之前，贵州巡抚王三善由于仓库空虚乏，想要去抢敌人的粮食，各部明军过于轻视敌人。前锋杨明楷率领军队渡过河去，在三十里地以外列营，一支军队驻扎陆广，面向大方（今贵州大方）地区的奢社辉，另一支军队驻扎鸭池，面向安邦彦的巢穴。到这时，敌军攻打陆广，杨明楷奋勇迎击，明军溃败，掉到河里淹死的有几千人，杨明楷也被敌军俘获了。敌军乘胜向鸭池进政，明军退却屯驻威清，王三善收兵退入城中。当地土司苗仲见到明军作战不利，又大肆抢掠，从龙里到瓮城之间，四十多里地的路上躺满了尸首。

　　【编】秋八月，下诏书在宫中操练内监。　【纪】内宫的操练开始以后，铜铙、战鼓的声音，喧闹不止，充满了内宫。御史刘之风上奏说："调兵的虎符和重兵，怎么可以把它们拱手交给宫中的宦官呢？假使刘瑾拥有三千名披甲的士兵，他能够束手就擒吗？"御史李应升、黄尊素宋师襄等人纷纷上奏章议论这件事。黄尊索的奏章中有"阿保比赵娆权力更重，禁卫军的威势也接近了唐末"等语，魏忠贤尤其痛恨，对他们都假借圣旨加以痛斥。

　　魏忠贤自从杀了王安以后，更加骄横，设了一万名内监操练，这些人都在外衣里面穿着甲胄出入宫禁。内监王进曾经在皇帝面前试放火铳，火铳炸伤了王进的手，皇帝也几乎受害。光宗的选侍赵氏与客氏及魏忠贤不和，魏忠贤假借圣旨赐赵氏去死。赵选侍把光宗赐给她的珍宝玩物全部拿出来排列在中庭里，两次叩拜后，上吊自杀。裕妃张氏正怀孕，受到册封的大礼。客氏向皇帝说她的坏话，断绝了她的饮食，把她关闭在襀道里面。偶然遇到天下雨了，张氏挣扎着爬在地上，用双手接着屋檐上流下来的雨水，喝了几口就死了。成妃李氏生育了两个公主都早夭了。在此之前，冯贵人曾经劝皇帝停止操练内监。客氏和魏忠贤憎恶冯贵人，就假传圣旨说冯贵人诽谤，赐她自杀，成妃从中调解为冯贵人向明熹宗加以解释。客氏和魏忠贤就假借圣旨革去成妃的封号，断绝了她的饮食。成妃有鉴于裕妃被饿死，秘密地在墙壁夹层里面储存了食物，几天后还没有死。魏忠贤和客氏的怒气稍稍缓解后，把成妃贬斥为宫人。皇后张氏一向精明，魏忠贤和客氏害怕她。皇后正在怀孕，腰痛，客氏秘密安排她的心腹宫人到皇后那里，让皇后没有节制地

【编】冬十月，以杨涟为左佥都御史，协理院事。

【编】贵州巡抚王三善自将兵六万击安邦彦，大败之，邦彦遁走。【纪】三善直趋大方，沿途杀贼，降者相继。

【编】十一月，王三善入大方。奢社辉及其子安位乞降，总督杨述中许之。【纪】时三善以元凶未穷，当用剿为抚。而述中一意主抚，议遂不合。三善驻大方，日久食尽，述中弗为援。安邦彦日夜聚兵自益，令其党陈其愚诈降。三善轻信之，多与参赞军务，由是纤悉尽知。

【编】甲子，四年，春正月，王三善自大方还贵州，为贼党陈其愚所杀。【纪】其愚从三善行，忽传其愚山后遇贼，三善勒马回视。其愚故纵辔冲三善堕地。三善知有变，将帅印付家人，属令护持先去，即抽袜中小刀自刎，颈皮已破。其愚下马夺其刀，贼蜂拥而至。三善骂贼不屈，贼割其首去。事闻，杨述中回籍听勘。既而监军御史傅宗龙获陈其愚，诛之。

【编】三月，以蔡复一为川、贵总督，兼巡抚贵州，赐尚方剑。

【编】荫魏忠贤弟侄一人锦衣百户。

【编】夏五月，以许显纯掌北镇抚司理刑。

【编】六月，左副都御史杨涟疏劾魏忠贤二十四大罪。【纪】涟言："忠贤原一市井亡赖人耳，中年净身，贪入内地，初犹谬为小忠、小信以幸恩，既而敢为大奸、大恶以乱政。祖宗之制，以票拟托重阁臣，责无他委，自忠贤擅权，旨意多出传奉，径自内批，坏祖宗

侍奉皇帝,使皇后流产了。客氏等人又在明熹宗去郊外祭天的时候,闷死了胡贵人,告诉皇帝说她是暴病而死。

【编】冬十月,任命杨涟为左佥都御史,协助管理都察院的事务。

【编】贵州巡抚王三善亲自率领六万士兵攻打安邦彦,大败安邦彦,安邦彦逃走了。　【纪】王三善直奔大方,沿路杀死叛军,来投降的人络绎不绝。

【编】十一月,王三善攻入大方。奢社辉和她的儿子安位乞求投降,总督杨述中答应了。　【纪】当时王三善由于叛乱的元凶没有全部被抓获,认为应该用进剿作为安抚的手段,而杨述中却一意主张安抚,两个人的想法不合。王三善驻扎在大方,时间一久,粮食用完了,杨述中不加援助。安邦彦白天黑夜都在聚集兵力,扩大自己力量,又令他的同党陈其愚假作投降。王三善轻信了陈其愚,经常和他在一起商议军务。因此明军的大小情况都被叛军了解了。

【编】天启四年(甲子,1624)春正月,王三善从大方回贵州,被叛军的陈其愚杀死。　【纪】陈其愚跟着王三善行军。忽然传告陈其愚在山后遇到敌人。王三善勒住马回头看,陈其愚这时故意纵马奔驰过去,把王三善撞下马来。王三善知道发生事变,就把帅印交给家人,嘱咐他保护着帅印先走,自己抽出藏在袜子中的小刀自杀。他已经把脖子上的皮肤割破了,却被陈其愚下马来夺去了刀子。敌军蜂拥而至,王三善大骂敌人,不肯屈服。敌军把他的头砍下带走了。这件事情报告给朝廷后,杨述中被命令回原籍听候审查。过了不久,监军御史傅宗龙抓住了陈其愚,杀死了他。

【编】三月里,任命蔡复一为川、贵总督,兼任贵州巡抚,赐给他尚方宝剑。

【编】赐恩魏忠贤,让他的一个侄子任锦衣百户。

【编】夏五月,任命许显纯掌管北镇抚司理刑。

【编】六月,左副都御史杨涟上奏章弹劾魏忠贤的二十四项大罪。　【纪】杨涟说:"魏忠贤原本只是一个市井无赖罢了。他在中年时阉割后进入内宫,起初还假装出小的忠信来侥幸骗取恩典,以后就敢做出大奸大恶来扰乱朝政。祖宗留下的制度,把起草处理意见,代皇

二百年来之政体，大罪一也。刘一燝、周嘉谟同受顾命之大臣也，忠贤急于剪己之忌，不容陛下不改父之臣，大罪二也。先帝一月宾天，进御、进药之间实有隐恨。执《春秋》讨贼之义者孙慎行也，明万古纲常之重者邹元标也，忠贤一则逼之告病去，一则嗾言官论劾去。顾于护党气殴圣母之人，曲意绸缪，终加蟒玉以赠其行。亲乱贼而雠忠义，大罪三也。王纪、钟羽正先年功在国本，及纪为司寇，执法如山，羽正为司空，清修如鹤，忠贤一则使人交谇于堂，辱而迫之去，一则与沈㴶交构，陷之削籍去。必不容盛时有正色立朝之直臣，大罪四也。国家最重无如枚卜，忠贤一手握定，力阻前推之孙慎行、盛以弘，更为他辞以锢其出。是真欲门生宰相乎？大罪五也。爵人于朝，莫重廷推，去岁南太宰、北少宰所推皆点陪贰，致一时名贤不安位去。颠倒有常之铨政，掉弄不测之机权，大罪六也。圣政初新，正资忠直，乃满朝荐、文震孟等九人，抗论稍忤忠贤，传奉尽令降斥，屡经恩典，竟阻赐环。长安谓陛下之怒易解，忠贤之怒难调，大罪七也。然犹曰外廷之臣子也；传闻宫中有一旧贵人，以德性贞静荷上宠注，忠贤恐其露己骄横，谋之私比，托言急病，立刻掩杀。是陛下且不能保其贵幸矣，大罪八也。犹曰无名封也；裕妃以有喜得封，中外欣欣相告，忠贤以抗不附己，属其私比，矫旨勒令自尽。是陛下不能保其妃嫔矣，大罪九也。犹曰在妃嫔也；中宫有庆，已经成男，乃绕电流虹之祥，忽化为飞星堕月之惨，传闻忠贤与奉圣夫人实有谋焉。是陛下不能保其子矣，大罪十也。先帝在青宫四十年，操心虑患，所以护持孤危者，仅王安一人耳。陛下仓猝受命，拥卫防护之中，亦不可谓无微忠。而忠贤以私忿矫旨掩杀于南海子。是不但雠王安，而实敢于雠先帝之老仆与陛下老犬马，略无顾忌，大罪十一也。今日奖赏，明日祠额，要挟无穷，王言屡亵。近又于河间府毁人房屋以建牌坊，镂凤雕龙，干云插汉，又不止于茔地擅用朝官规制，僭拟陵寝而已，大罪十二也。今日荫中书，明日荫锦衣，金

上拟批示的重任托付给内阁大臣，不能把责任委派别的人。自从魏忠贤擅权，皇帝的旨意经常由他传达，他就自行批示，破坏了祖宗二百年来的政体，这是第一项大罪。刘一燝、周嘉谟都是同时接受先皇遗命的大臣，魏忠贤急于翦除自己所忌惮的人，不容许陛下不改变先皇委派的大臣。这是第二项大罪。先帝在一月份升天，在皇帝面前侍奉和呈进药物的里面，实有隐秘的可引为恨的事。孙慎行在这件事上坚持《春秋》提倡的讨伐贼人的大义，邹元标在这件事上阐明万古纲常的重要。魏忠贤对这两个人，一个是逼他告病退休，一个是嗾使言官弹劾他去职。魏忠贤对于帮他维护使气殴打圣母者的同党，却曲意照顾交好，最后还让朝廷赐给他蟒袍玉带，给他送行。亲近乱臣贼子而以忠义大臣为仇敌，这是第三项大罪。王纪和钟羽正两个人早年为维护国家的根本立了功。王纪作刑部尚书时，执法如山，钟羽正作工部尚书时，清正廉洁，像仙鹤一样洁白。魏忠贤对这两个人，一个是派一些人在公堂上轮流责骂他，对他进行侮辱，迫使他离开朝廷；一个是和沈㴶勾结一道进行陷害，把他削除官籍使之离去。魏忠贤一定不肯容许有正直的大臣在兴盛的时代庄严地居于朝廷之上，这是第四项大罪。国家最重要的事没有能超过选用内阁大臣，魏忠贤对这件事一手把住，极力阻止已获推荐的孙慎行、盛以弘，还用其他的借口来禁锢他们出任。他是真的想要让宰相作自己的门生吗？这是第五项大罪。朝廷上授予人官位，没有比由大臣推荐，经皇帝批准任用的廷推更受人看重的了，而去年南京的吏部尚书和北京的吏部侍郎所推举的人全都被任为副职，致使当时有名望的贤者不能安心在职而离开。颠倒有一定常规的官员铨叙制度，玩弄人所难测的机变权术，这是第六项大罪。圣朝的政治刚有新的开始，正要依靠忠诚正直的大臣，而满朝荐、文震孟等九个人，在上奏时稍微抵触了魏忠贤，就传出旨意把他们全降职贬斥，虽然多次遇到皇上降下恩典的机会，到底还是阻止他们被召回复职。京城里都说陛下的怒气容易消解，魏忠贤的怒气难以调和，这是第七项大罪。然而这还是在说外边朝廷的臣子。传闻宫中有一个原来的贵人，由于德性贞静而蒙受皇上的宠爱和关注，魏忠贤恐怕她揭露自己的骄横无礼，和自己的私党商议，借口这个贵人有急病，立刻把她闷死了。这是连陛下都不能保

吾之堂，口皆乳臭，诰敕之馆，目不识丁，如魏良弼、魏良材、魏良卿等，五侯七贵，何以加兹？大罪十三也。因立枷之法以示威，枷号家人者，欲扳陷皇亲也；扳陷皇亲者，欲动摇三宫也。当时若非阁臣力持，椒房之戚，又兴大狱矣，大罪十四也。良乡生员章士魁，以争煤窑伤其坟脉，托言开矿而致之死。假令盗长陵一抔土，何以处之？赵高鹿可为马，忠贤煤可为矿，大罪十五也。伍思敬、胡遵道以侵占牧地细事，而径置囚阱，草菅士命，使青磷赤壁之气，先结于璧宫泮藻之间，大罪十六也。科臣周士朴执纠织监一事，原是在工言工，忠贤竟停其升迁，使吏部不得专其铨荫，言官不敢司其封驳。大罪十七也。北镇抚臣刘侨不肯杀人媚人，自是在刑言刑，忠贤以其不善锻炼，竟令削籍。明示大明之律令可以不守，而忠贤之律令不可不遵，大罪十八也。科臣魏大中到任已奉明旨，鸿胪寺传单忽传诘责，及科臣覆奏，台省交章，又再亵王言。而煌煌天语，朝夕纷更，令天下后世视陛下为何如主？大罪十九也。东厂原以察奸细非常，不以扰平民也，自忠贤受事，鸡犬不宁。野子傅应星等为之招摇引纳，陈居恭为之鼓舌摇唇，傅继教为之投罝设纲，片语违忤，驾帖立下。如近日之逮中书汪文言，不从阁票，不令阁知，而傅应星等造谋告密，日夜未已，势不至于兴同文之狱，刊党锢之碑不已者。当年西厂汪直之僭，恐未足语，此大罪二十也。前韩宗功潜入长安侦探虚实，往来忠贤私房之家，事露始令避去，大罪二十一也。祖制不蓄内兵，原有深意，忠贤创立内操，使羽党盘踞其中，安知无大盗、刺客、深谋不宄之人，识者每为寒心。昔刘瑾招纳亡命，曹吉祥倾结达官，忠贤盖已兼之，大罪二十二也。忠贤进香涿州，警跸传呼，清尘垫道，人人以为驾幸涿州。及其归也，以舆夫为迟，改驾驷马，羽幢青盖，夹护环遮，则已俨然乘舆矣，大罪二十三也。盖宠极则骄，恩多成怨。闻今春忠贤走马御前，陛下曾射杀其马，贷忠贤以不死。忠贤不自畏罪请死，且进有傲色，退有怨言，朝夕提防，介介不释。从来乱臣贼

护住他宠幸的贵人了，这是第八项大罪。这还是说的没有封号名分的宫人。裕妃由于有了身孕而得到封号，宫中和朝廷上都欢欣相告。魏忠贤因为裕妃不依附自己，嘱咐他的私党，假借圣旨逼迫裕妃自杀。这是陛下都不能保全他的嫔妃了。这是第九项大罪。这还是说的嫔妃。皇后有了身孕，已经孕育成男形，这是闪电环绕、彩虹流动的吉庆征兆，却突然变成了星飞月坠的惨祸，传闻这确实是魏忠贤和奉圣夫人谋划的。这样陛下都不能保全自己的儿子了。这是第十项大罪。先帝在东宫中四十年，只有王安一个人日夜操心忧虑，防备祸患，来保护危境中的孩子。陛下在仓促中接受继位的遗命，王安对陛下保卫维护，不能说他没有一点微薄的忠心。而魏忠贤却由于私怨假借圣旨把他杀死在南海子那里。这样不仅是把王安当作仇敌，而且实际上是竟敢把先帝的老仆人和陛下的老臣当作了仇敌，没有一点顾忌。这是第十一项大罪。魏忠贤今天索要奖赏，明天借口祠庙题额，要挟而没有满足的时候，多次亵渎了皇上的意见。近日他又在河间府拆毁人家的房屋来修建牌坊，上面雕刻龙凤花纹，高耸入云。这就不只是在坟茔地中擅自使用朝廷官员的规格制度，逾越身份去和帝王陵寝相比等作法了。这是第十二项大罪。给自己的亲属，今日荫官中书，明天荫官锦衣，禁卫军的大堂上，全都是乳臭小儿，草拟诏书敕文的馆阁中，都是目不识丁的粗人，像魏良弼、魏良材、魏良卿等人，这种情况，连汉代历史上的五侯、七贵也比不上。这是第十三项大罪。借着立枷的刑法来显示威权，对皇亲的家人用枷示众，这是想要拉扯上皇亲加以陷害；而陷害皇亲，是想要动摇皇帝、太后和皇后的地位。当时如果不是内阁大臣极力坚持，皇后的亲戚，又会兴起大狱来。这是第十四项大罪。良乡的生员章士魁，因为争开煤窑，伤了魏忠贤家的坟山气脉，他就借口章士魁在开银矿而致于死地。假如有人偷了皇陵的一捧泥土，该怎么处置他呢？赵高可以把鹿说成马，魏忠贤可以把煤说成是银矿。这是第十五项大罪。伍思敬和胡遵道因为侵占了放牧的草地这样的小事就把他们径置于囚阱之中，草菅人命，使得枉死鬼魂的不平冤气，凝结到学宫里面来了。这是第十六项大罪。给事中周士朴检举纠察织造太监的事，本来是就工务谈工务，魏忠贤竟停止升迁他的官职，使得吏部不能专管铨叙荫赠官员的职务；言官不

子，只争一念放肆，遂至收拾不住，奈何养虎兕于肘腋间乎！此又寸脔忠贤，不足尽其辜者，大罪二十四也。凡此逆迹，左右既畏而不敢言，外廷又皆观望而不敢言，即或内廷奸状败露，又赖有奉圣客氏为之弥缝其罪戾，而遮饰其回邪。举朝内外，但知有忠贤不知有陛下。且如忠贤已往涿州矣，一切事情必星夜驰请意旨，票拟必忠贤到始敢批发，嗟嗟天颜咫尺之间，忽漫不请裁，而驰候忠贤意旨于百里之外，事势至此，陛下威灵尚尊于忠贤邪！"疏入，忠贤亦惧祸，泣诉上前，客氏又从中委曲调之，遂令魏广微条旨。广微素固结忠贤，附为同姓，涟疏中复有"门生宰相"语，广微恨之，是时忠贤亦有疏辞厂，疏先下，备极温谕。次日乃下涟疏，切责不少贷。诸臣无不愤激，继涟申奏者不下百余疏，无不危悚激切，俱不听。

敢执行检举和批评。这是第十七项大罪。北镇抚司的刘侨不肯靠杀人来取媚别人，原本是根据刑法来判刑，魏忠贤认为他不善于罗织罪名，竟命令把他革去官籍。这明明在表示大明的法律条文可以不遵守，而魏忠贤的律法命令却不可以不遵守，这是第十八项大罪。给事中魏大中巴经奉有明确的旨意去到任，鸿胪寺传来的文件中忽然提出了诘责，等到魏大中上奏章回复，都察院和各部纷纷奏上，使得皇上的旨意再次遭到亵渎。而皇上的言语字字辉煌，如果早上说了的话到晚上就变更，让天下的人和后世子孙们把陛下看成是个什么样的君主呢？这是第十九项大罪。东厂原来是用以察访奸纠和重大事故的，不是用来扰乱平民的。自从魏忠贤管理东厂以来闹得鸡犬不宁，平民傅应星等人给他招引来人手，陈居恭给他摇唇舌地宣扬，傅继教给他设计安排圈套陷害人，只要句话不合他的意，通知逮捕人的驾帖会马上发下。像近几天逮捕中书汪文言这件事，不由内阁起草旨意不让内阁知道。而傅应星等人制造阴谋告密，日日夜夜没有个完发展下去，不发展到宋代同文馆狱那样的大狱和刊刻宋代那样的党锢碑，就不会停止。当年西厂太监汪直的僭越篡权，恐怕都不能和魏忠贤相比，这是第二十项大罪。以前韩宗功潜入长安，侦探虚实，来往于魏忠贤私人的家宅中，直到事情暴露，才让他避去，这是第项大罪。祖宗的制度不让聚集内官的军队，原来是有深刻含意的。魏忠贤创立了内操，使他的党羽盘踞在内宫里面怎么能知道这些人里没有大盗、刺客和图谋不轨的人呢？有见识的人常常为此寒心。过去刘瑾的招纳亡命之徒，曹吉祥和朝廷大官倾心勾结，魏忠贤已经兼而有之了，这是第二十二项大罪。魏忠贤去涿州进香，沿道军队禁止行人，洒扫沿途道路，垫上黄土，人们都以为是皇上亲自到涿州来了。等到他回来时，认为坐轿子太慢，就改乘四匹马拉的轿车；上面有羽毛的华盖和青布的帷帐，两边都有掩护遮挡，就俨然是陛下的御用车辆了。这是第二十三项大罪。总起来讲宠幸到了极点就骄傲，恩恶多了反而变成仇怨。听说今年春天魏忠贤在陛下前面骑马，陛下曾射死了他的马，宽恕魏忠贤以不死。魏忠贤不自己感到有罪，请求处死自己，而且进来时神色傲慢，退下后口出怨言，早晚都对陛下加以提防，心里的怒气不肯消释。自古以后的乱臣贼子，都是只为争到个人的放纵，便到了无法

【编】秋七月,大学士叶向高予告回籍。封光宗选侍傅氏为懿妃,李氏为康妃。

【编】九月,大学士孙承宗请贷杨镐、熊廷弼、王化贞死,许之。 【纪】承宗出关视师,请宽累臣杨镐、熊廷弼、王化贞死罪,遣戍效用。上许待以不死。

【编】冬十月,降吏科都给事魏大中、吏部员外夏嘉遇、御史陈九畴三级,调外。吏部尚书赵南星、左都御史高攀龙乞罢,许之。【纪】大学士韩爌力争,不报,南星等狼狈去国。

【编】削吏部左侍郎陈于庭、右都御史杨涟、左佥都御史左光斗籍。 【纪】赵南星之去也,铨部以陈于庭代署,西台以杨涟代

收拾的地步。为什么要把虎兕这样的凶猛野兽养在自己的身边呢？在这件事上，把魏忠贤寸寸地剐成肉块也不能抵偿他犯下的罪恶。这是第二十四项大罪。以上这些叛逆的行迹，陛下左右的侍从都害怕魏忠贤而不敢讲；外面朝廷中的臣子又都在一边观望也不敢讲。即使有时宫中暴露出一些他们的奸恶行为又依赖着奉圣夫人客氏给他们遮掩罪恶，弥补过失。满朝内外，只知道有魏忠贤，不知道有陛下。就比如魏忠贤已经到涿州了，一切事务还必须连夜派快马奔去请示魏忠贤的意思，草拟的旨意必须魏忠贤到了才敢发出批下。可叹皇上仅在咫尺之间，官员们却像没有看到一样，不请求皇上裁定，却骑马跑到百里以外去听候魏忠贤的意旨，事势已经发展到这种地步，陛下的威严还能高过魏忠贤吗？"奏章送上去以后，魏忠贤也害怕遭祸，到明熹宗面前去哭诉，客氏又从中曲意加以调护明，熹宗就命令魏广微撰写圣旨。魏广微一直和魏忠贤紧密勾结，附会为同姓，杨涟的奏章中又有"门生宰相"之语，魏广微很恨杨涟。这时魏忠贤也有奏章辞去管理东厂的职务。宫中先把魏贤的奏章批复出来，批语中十分周到温和地安慰了他。第二天才把杨涟的奏章批下来十分严厉地责备了杨涟，点也不宽恕诸臣没有一个不愤激的，继杨涟之后呈上的奏章不下一百多件，无不是辞意忧惧激烈痛切，但明熹宗全不接受。

【编】秋七月，大学士叶向高准许告假回原籍。封光宗的选侍傅氏为懿妃，李氏为康妃。

【编】九月，大学士孙承宗请求宽免杨镐、熊廷弼和王化贞的死罪，明熹宗允许了。　【纪】孙承宗出关检阅部队，请求宽恕关在监狱里的罪臣杨镐、熊廷弼、王化贞的死罪，把他们派遣到边防戍所来效力。明熹亲充许给予他们不死的优待。

【编】冬十月，把吏科都给事魏大中、吏部员外夏嘉遇、御史陈九畴三个人各降三级，调往外地。吏部尚书赵南星、左都御史高攀龙乞求免职，明熹宗允准。　【纪】太学士韩爌极力争辩，没有给回复。赵南星等人狼狈地离开了京城

【编】削去吏部左侍郎陈于庭、右都御史杨涟、左佥都御史左光斗的官籍。　【纪】赵南星离开以后，吏部由陈于庭为代理，都察院杨

署,俱留中。及会推冢宰,涟以注籍不与。其所会推乔允升、冯从吾、汪应蛟,上仍以南星私人责之,并责杨涟、河南道御史袁化中,一时尽去,部署为空。

【编】十一月,加援辽总兵官毛文龙左都督,赐银币。

【编】以崔景荣为吏部尚书。改户部尚书李宗廷掌都察院事。以徐兆魁为吏部左侍郎。

【编】十二月,复逮汪文言。

【编】乙丑,五年,春正月,起崔呈秀复为御史。 【纪】呈秀为高攀龙所纠,乃微服叩赂魏忠贤,愿为忠贤子,呼之以父。忠贤大悦,遂出中旨免其勘,起用。时忠贤窃柄,动曰中旨,兵科给事中李鲁生阿忠贤意,上言"执中者帝,宅中者王,旨不自中出而谁出?"时论鄙之。

【编】罢礼部侍郎何如宠、右谕德缪昌期。削太仆寺少卿刘宗周籍。起用阮大成等十一人。

【编】二月,大理寺丞徐大化劾杨涟、左光斗 【纪】大化奏涟、光斗党同伐异,招权纳贿;命俟汪文言逮至鞫之。

【编】削御史周宗建、李应升、黄尊素、张慎言籍。 【纪】工部主事曹钦程复刻赵南星、周宗建、张慎言、李应升、高攀龙、黄尊素、邹维涟、魏大中,大约诬以受熊廷弼赂,以汪文言为之证。

【编】夏四月,给事中霍维华疏论梃击、红丸、移宫三案。【纪】霍维华上疏论三案,其略曰:"选侍之请封也,请封妃也;妃之未封,而况于后;请之不得,而况于自后;不妃不后,而况于垂帘。臣谓宫不难移也,王安等故难之也。难移宫者,所以重选侍之罪,而

涟代为管理，这两件任命都扣留在宫中没有发出。等到朝廷会同推选吏部尚书时，杨涟由于被登录在册等待处分而没有参加，所被推选的乔允升、冯从吾、汪应蛟，明熹宗仍然认为他们是赵南星的恩科而斥责他们，并且斥责了杨涟和河南道御史袁化中，当时这些人都同时免职离去，各部官署都为之一空。

【编】十一月，加授辽总兵官王文龙为左都督，赐以银币。

【编】任命崔景荣为吏部尚书，户部尚书李宗廷掌管都察院的事务。命徐兆魁为吏部左侍郎。

【编】十二月，再次逮捕汪文言。

【编】天启五年(乙丑，685)春正月起用崔呈秀，再次任命他为御史。　【纪】崔呈秀被高攀龙检举，就穿着平民衣服去拜见魏忠贤，贿赂他，愿意当魏忠贤的儿子，叫他父亲。魏忠贤大为高兴，就传出宫中的旨意免去对崔呈秀的审查，且以超用。当时魏忠贤窃取了权柄，动不动就说是宫中的旨意，兵科给事李鲁生迎合魏忠贤的心意，上奏说："执掌中央的是帝，住在其中的是王，旨意不自宫中出来而从谁哪里出来呢？"当时人们的议论都鄙视他。

【编】罢免礼部侍郎何如宠、右谕德缪昌期。革除太诗少卿刘宗周的官籍。起用阮大成等十一个人。

【编】二月，理寺丞徐大化弹就杨涟和左光斗。　【纪】徐大化上奏说杨涟和左光斗与同党一起攻击异己招揽权力，收取贿赂，朝廷命令等把汪文言逮捕以后审问这件事。

【编】革去御史周宗建、李应升，黄尊素、张慎言的官籍。　【纪】工部主事曹钦程又弹劾赵南星、周宗建、张慎言、李应升、高攀龙、黄尊素、邹维涟、魏大中等人，主要是诬蔑他们接受了熊廷弼的贿赂，让汪文言来为他作证明。

【编】夏四月，给事中霍维华上奏章议论梃击、红丸和移宫这三件案子。　【纪】霍维华上奏章议论这三件案子大致：李选侍之所以求封是请求封为妃子。妃子还没有封上，怎么能说得上作皇后？请求封妃没有得到，怎么能说得上是自己要作皇后？不是妃子也不是皇后，怎么能垂帘听政呢？臣认为让选侍移宫不难，王安等人故意造成的困难。说

张拥戴之功。神祖册立东宫稍迟，诸臣群起而争之，然笃爱震器，始终不渝。倘果如奸邪所称，废立巫蛊之谋，则九阍邃密，乃藉一风癫之张差，有是理乎？非神祖、先帝慈孝无间，王之寀、陆大受同恶相济，开衅骨肉矣。神祖升遐，先帝哀毁，遽发瘈疾，而悠悠之口，致疑于宫掖，岂臣子所忍言！孙慎行借题红丸，诬先帝为受鸩，加从哲以弑逆，邹元标、钟羽正从而和之。两人立名非真，晚节不振，委身门户，败坏生平。伏乞严谕纂修诸臣，以存信史。"已而《三朝要典》成，魏忠贤矫宸翰弁之。

【编】五月，命锦衣卫指挥掌北镇抚事许显纯勘问汪文言狱。【纪】辞连赵南星、杨涟、左光斗、魏大中、缪昌期、袁化中、惠世扬、毛士龙、邹维琏、邓汉、卢化鳌、夏之令、王之寀、钱士晋、徐良彦、熊明遇、施天德等。已而忠贤矫旨命显纯复讯之，于是周朝瑞、黄龙光、顾大章并以求缓杨、熊狱入焉。

初，文言再下诏狱，锻炼两月余弗屈。有旨杖之百，其甥悲失声。文言叱曰："孺子真不才！死岂负我哉，而效儿女子相泣邪！"至是下狱，严鞫者四，酷刑备加，弗屈如故，最后不能堪，始仰视许显纯曰："吾口终不似汝心，任汝巧为之，我承焉可也。"显纯诬魏、周诸人以赃，文言蹶起曰："天乎冤哉！以此蔑清廉之士，有死不承！"

【编】秋七月，下杨涟、周朝瑞、左光斗、顾大章、袁化中于北镇抚司。【纪】初，狱上，拟涟以移宫一案。许显纯等相与谋，谓不可，

移宫难,是要因此加重选侍的罪名,而宣扬他们拥戴皇上的功劳,神宗皇帝册封太子稍微晚了一些,诸臣群起而争着请求封太子,但是神宗皇帝深深地喜爱着长子,始终没有改变。倘若果然像奸臣们讲的,有汉武帝时那样的巫蛊案而废立太子的谋划,那么,在严密的九重大门背后的深宫中,还要一个疯疯癫癫的张差来实现这个阴谋,有这样的道理吗?如果不是神宗皇帝和先帝父慈子孝,亲爱无间,王之寀、陆大受同恶相济,不就在骨肉之间造成仇隙了吗?神宗皇帝去世,先帝哀痛过度,突然复发了痼病,众人的泛泛议论,把后宫当作怀疑对象,这难道是作为臣子能忍心而说出的话吗?孙慎行借着红丸为话题,诬蔑说先帝是受了毒害,把方从哲加上弑君叛逆的罪名,邹元标、钟羽正跟着附和他。这两个人的名声不是真实的,晚节不能保持,委身于朋党,败坏了自己的一生。臣请求陛下严厉地训示从事编纂的诸臣,以保存真实的历史。"过了不久,《三朝要典》修成了,魏忠贤假借皇帝的御笔写了前言。

【编】五月,命锦衣卫指挥掌北镇抚事许显纯审讯汪文言的狱案。 【纪】案件牵连到赵南星、杨涟、左光斗、魏大中、缪昌期、袁化中、惠世扬、毛士龙、邹维琏、邓汉、卢化鳌、夏之令、王之寀、钱士晋、徐良彦、熊明遇、施天德等。不久魏忠贤假借圣旨命许显纯再次审讯汪文言。于是周朝瑞、黄龙光、顾大章都因请求缓和杨镐、熊廷弼的狱案而被牵连入汪文言案中。

起初,把汪文言再次投入奉诏关押的诏狱,拷打了两个多月,他也不屈服。有圣旨打他一百棒,汪文言的外甥悲痛得失声痛哭,汪文言叱责他说:"小子真不成器!死了又怎会辜负我呢?干什么学女人小孩子那样相对哭泣呢?"到这次关入监狱后,汪文言受到四次严厉审讯,各种酷刑都用遍了,也仍然不屈服。最后,汪文言实在忍受不住了,才抬起头来看着许显纯说:"我的嘴到底也不像你的心一样,随便你巧言编造,我可以承认它。"许显纯诬蔑魏大中、周朝瑞等人贪赃,汪文言猛地起来说:"天啊!冤枉啊!用这种罪名来诬蔑清廉之士,我就是死也不承认。"

【编】秋七月,把杨涟、周朝瑞、左光斗、顾大章、袁化中关入北镇抚司。 【纪】起初,将案件的卷宗送上去,拟用移宫这一案子加罪杨

入移宫则罪名不大，不假借封疆则难与追赃，遂坐以受熊廷弼贿。涟等不肯承，而显纯棰楚甚酷，无生理。左光斗曰："彼杀我有两法，乘我之不服而亟鞠以毙之，又或阴害于狱中，徐以病闻耳。若初鞠辄服，即送法司，或无死理。"于是靡焉承顺，遂五日一比，惨毒更甚，见者无不切齿流涕。

【编】八月，御史张讷请废天下书院。　【纪】讷上书论东林书院，诋邹元标、孙慎行、冯从吾、余懋衡；俱削籍。

【编】副都御史杨涟卒于狱。
【编】吏科都给事魏大中卒于狱，其子学洢死之。

【编】决熊廷弼于市。
【编】佥都御史左光斗卒于狱。
【编】九月，赐魏忠贤印，文曰"顾命元臣"，客氏印，文曰"钦赐奉圣夫人"。
【编】顾大章下狱卒。
【编】冬十月，皇子生。
【编】以兵部尚书高第经略辽东。
【编】十一月，戍赵南星于振武卫。
【编】以崔呈秀为工部右侍郎。　【纪】时殿工兴，魏忠贤借督工，无日不与呈秀屏人密语，呈秀授党人姓名如《天鉴》等录，忠贤奉为圣书。《天鉴录》首列东林叶向高、韩爌等十六人，次列东林之党孙鼎相、徐良彦等六人，又列真心为国不附东林顾秉谦、魏广微等十七人。《同志录》者陈宗器、韩维思、黄尊素、李应升、贺烺等十八人。《点将录》者首天罡星托塔天王李三才、及时雨叶向高、浪子钱谦益、圣手书生文震孟、白面郎君郑鄤、霹雳火惠世扬、大刀

涟。许显纯等人在一起商议，认为不可以，以移官一事罪名不够大，不借口他和封疆大吏来往就难以追查赃款，于是就用接受熊廷弼贿赂的罪名加在杨涟身上。杨涟等人不肯承认，而许显纯拷打他们十分残酷，没有活下去的希望。左光斗说："他们要杀我有两种方法，乘着我不屈服就极力审讯来打死我，或者在狱中把我暗害，然后再慢慢地说我病死了。如果初次审讯时认罪，就会被送到司法部门，也许还不会死。"于是没有顺口应承，就每五天一次被拷问，受到更惨酷毒辣的对待，见到的人没有一个不流下眼泪，切齿痛恨。

【编】八月，御史张讷请求废除天下的书院。　【纪】张讷上书评议东林书院，诋毁邹元标、孙慎行、冯从吾、余懋衡。朝廷把他们全革去官籍。

【编】副都御史杨涟死于狱中。

【编】吏科都给事魏大中死于狱中，他的儿子魏学洢为此也死去了。

【编】在朝市上处决熊廷弼。

【编】佥都御史左光斗死于狱中。

【编】九月，赐给魏忠贤一个印信，印文是"顾命功臣"。又赐给客氏一个印信，印文是"钦赐奉圣夫人"。

【编】顾大章被投入监狱而死。

【编】冬十月，皇子诞生。

【编】任命兵部尚书高第为辽东经略。

【编】十一月，把赵南星发配到振武卫去守边。

【编】任命崔呈秀为工部右侍郎。　【纪】当时兴修宫殿的工程正在进行，魏忠贤借着监督工程的时机，没有一天不和崔呈秀避开人秘密交谈。崔呈秀把《天鉴录》等写有党人姓名的书交给魏忠贤，魏忠贤把它们像圣书一样看待。《天鉴录》开首处列举了东林党的叶向高、韩爌等十六个人，下面列举了东林党人孙鼎相、徐良彦等六个人，又列举了真心为国、不依附东林党的顾秉谦、魏广微等十七个人。《同志录》上记录了陈宗器、韩维思、黄尊素、李应升、贺烺等十八个人。《点将录》上首列天罡星托塔天王李三才、及时雨叶向高、浪子钱谦益、圣手书生文

杨涟、智多星缪昌期等三十六人，地煞星神机军师顾大章、旱地忽律游大任、鼓上蚤汪文言等七十二人。

【编】丙寅，六年，春三月，辽东经略高第以病免。

【编】以王之臣总理辽东、蓟镇、天津、登莱等处军务。
【编】以宁前道袁崇焕巡抚辽东。
【编】逮前吏部主事周顺昌下狱，杀之。 【纪】顺昌，吴县人。时缇骑出，魏大中被逮过吴，顺昌周旋累日，临别涕泗，即以女许配其孙允神。缇骑趣大中行，语侵顺昌。顺昌张目叱之曰："若不知世间有不畏死男子邪！若曹归语而忠贤，我即故吏部郎周顺昌也。"大中下狱，御史倪文焕即以缔婚事劾顺昌，削籍。内臣李实复疏参顺昌、高攀龙、李应升、黄尊素、周宗建五人，俱矫旨逮系。缇骑挟威横行，所至索金数千。宗建逮行未三日，而逮顺昌者复至，吴中沸然。士民素德顺昌，闻其逮不胜冤愤。吴令陈文瑞，顺昌所拔士也，夜半叩户求见，抚床为恸。顺昌曰："吾固知诏使必至，此特意中事耳，毋效楚囚对泣！"颜色不变。语良久，令请顺昌入治装，举家号恸。顺昌改囚服出门，士民拥送者不下数千人。顺昌出赴使署开读。巡抚毛一鹭至署，诸生五六百人王节、杨廷枢、刘羽仪、文震亨等遮中丞，恳其疏救。一鹭流汗，不能出一语。缇骑见议久不决，厉声曰："东厂逮人，鼠辈何敢置喙！"于是市人颜佩韦等前问曰："旨出朝廷，乃东厂邪？"缇骑曰："旨不出东厂将谁出？"众怒，哄然而登，丛殴缇骑，立毙一人。顺昌步诣府署，手书别亲友，以是月二十六日行，人无知者。就诏狱，许显纯拷比倍酷，身无完肤，骂不绝口。显纯令狱卒私殒之。临死短章，祈以尸谏，狱卒见而毁焉。

震孟、白面郎君郑鄤、霹雳火惠世扬、大刀杨涟、智多星缪昌期等三十六人，又有地煞星神机军师顾大章、旱地忽律游大任、鼓上蚤汪文言等七十二人。

【编】天启六年（丙寅，1626）春三月，辽东经略高第由于有病被免职。

【编】任命王之臣总理辽东、蓟镇、天津、登莱等地的军务。

【编】任命宁前道袁崇焕巡抚辽东。

【编】把前任吏部主事周顺昌逮捕投入监狱，杀了他。【纪】周顺昌是吴县人（今江苏苏州市）。当时锦衣卫派人去逮捕魏大中，押着他经过吴县。周顺昌一连几天与魏大中周旋，临别时痛哭流涕，就把自己的女儿许配给魏大中的孙子允祯。锦衣卫催促魏大中上路，说话冒犯了周顺昌。周顺昌瞪着眼睛叱责他们说："你们不知道世上有不怕死的男子汉吗？你们这些人回去告诉魏忠贤，说我就是原来做过吏部郎的周顺昌。"顾大中关入监狱后，御史倪文焕就用缔结婚约这件事弹劾周顺昌，革去他的官籍。内侍李实又上奏章参劾周顺昌、高攀龙、李应升、黄尊素、周宗建五个人，假冒圣旨把他们五个人全部逮捕。锦衣卫的差役借着威势横行霸道，所到之处索要几千两金银。周宗建被抓走没有三天，抓周顺昌的人又来了。吴县人们愤愤不平，情绪沸腾起来。当地的士民一向认为周顺昌有道德，很尊重他，听到他被逮捕，为他的冤枉而不胜愤怒。吴县令陈文瑞，是周顺昌提拔的读书人，在半夜里去周顺昌家敲门求见，抚摸着周顺昌的床大哭。周顺昌说："我本来就知道带诏书的使者一定会来，这只不过是意料中的事情罢了，不要学楚国的囚徒那样相对哭泣吧。"脸上毫不变色。谈了很长时间，县令请周顺昌进里屋准备行装，全家老小痛哭失声。周顺昌改换了囚服出门，簇拥着他来送别的士民不下几千人。周顺昌来到使者的官署听候宣读诏书。巡抚毛一鹭来到官署，王节、杨廷枢、刘羽仪、文震亨等五、六百名生员挡住了巡抚，恳求他上奏救周顺昌。毛一鹭吓得直流汗，一句话也说不出来。锦衣卫的差役见总也商量不出结果，厉声地喊道："东厂来抓人，你们这些鼠辈怎么敢插嘴！"于是市民颜佩韦等人上前问道："圣旨出自朝廷，还是出自东厂？"锦衣卫差役说："圣旨不从东厂出，还从哪里

【编】水西苗老虎阿引等杀贼翁奢寅来降。

【编】夏六月,浙江巡抚潘汝祯请为魏忠贤建祠宇,乞赐额;从之。　【纪】时妆祯疏先至,而巡按刘之侍疏迟至一日,忠贤怒,削夺之。

【编】阁臣顾秉谦进《三朝要典》。

【编】秋八月,我大清太祖高皇帝崩。

【编】九月,我大清太宗文皇帝即位。

【编】苏、杭织造李实奏建魏忠贤祠宇成,乞命杭州卫百户沈尚文等永守祠宇,世为祝禧崇报;从之。　【纪】祠建于西湖之麓,备极壮丽,阁臣缙绅施凤来撰记,张瑞图书丹,赐额曰"普德"。子衿微有反唇者,则守祠之竖丛殴之。自是四方效尤,几遍天下。各曲意献媚,务穷工作之巧。攘民田墓,伐人树木,无敢发声。其上食享祀,一如王公。像以沉香木为之,眼耳口鼻手足宛转一如生人。腹中肺肠皆以金、玉、珠宝为之,衣服奇丽,髻上穴空其一以簪四时香花。一祠木像头稍大,小竖上冠不能容。匠人恐,急削而小之以称冠焉,小竖抱头恸哭,责匠人。

【编】皇子薨。大学士顾秉谦回籍。

【编】冬十月,以霍维华为太仆寺卿,毛一鹭为南京兵部右侍郎。

出?"众人大怒,一哄而上,成群结伙地殴打锦衣卫差役,当时就打死了一个人。周顺昌自己走到府衙,写下书信与亲友告别,然后在这个月的二十六日上路,没有一个人知道他离开了。周顺昌到了京城的诏狱,许显纯加倍残酷地拷打他,打得他身无完肤,周顺昌仍然骂不绝口。许显纯令狱卒在私下把周顺昌杀死。周顺昌临死时写了一封短信,请求用自己的尸体向皇上进谏。狱卒看到后就把信毁了。

【编】水西苗族人老虎阿引等人杀死了叛贼头子奢寅,来官府投降。

【编】夏六月,浙江巡抚潘汝祯请求给魏忠贤建造祠堂,乞求皇上赐写匾额,明熹宗答应了。 【纪】当时潘汝祯的奏章先到了,而巡按刘之侍的奏章晚到了一天,魏忠贤发怒,就把刘之侍削职。

【编】内阁大臣顾秉谦呈上《三朝要典》。

【编】秋八月,我大清太祖高皇帝去世。

【编】九月,我大清太宗文皇帝即位。

【编】苏杭织造太监李实上奏说,魏忠贤的祠堂已经建成,请求命令杭州卫的百户沈尚文等人永远守护祠堂,世世代代为之祭祝,明熹宗答应了。 【纪】魏忠贤的祠堂建在西湖边的山脚下,壮丽非凡,内阁大臣官绅施凤来撰写了题记,由张瑞图书写,明熹宗赐给的匾额是"普德"。读书人稍微有些嘲讽的话,守祠的那帮童仆就会群起而殴打他。从此四面八方都效仿这里建祠,几乎遍及天下。各自都想方设法献媚,在工程制作上务求精巧工细。抢夺了百姓的田地坟墓,砍伐了人们的树木,没有谁敢说一句话。给祠堂中供奉的祭品食物,就和王公的规格一样。魏忠贤的像用沉香木刻成,眼睛、耳朵、嘴、鼻子、手、脚都能活动,就像活人一样。木像肚子中的肺肠全用金、玉和珠宝做成,衣服非常华丽,发髻上有一个空洞,用来插上四季的香花。有一个祠堂的木像头稍微大了一点,守祠堂的童仆给木像戴冠帽时戴不下,工匠非常害怕,赶快把木像的头削小一点,让它和冠帽相配,童仆抱着木像的头大哭,还责骂匠人。

【编】皇子去世。大学士顾秉谦回原籍。

【编】冬十月,任命霍维华为太仆寺卿,毛一鹭为南京兵部右侍郎。

明鉴易知录卷十三

明纪

熹宗哲皇帝

【编】丁卯,七年,春正月,我大清太宗文皇帝天聪元年。

【编】削翰林陈仁锡、文震孟、郑鄤籍。拟孙文豸罪,坐斩。【纪】文豸,仁锡戚也,尝作策论嘲时。魏忠贤知之,因诬文豸造妖言,谤朝政,置重辟。所指妖言者,则韩愈《原道篇》、钦天监《步天歌》也。先是仁锡在讲筵因王恭厂火灾,又见正人屠戮,忠贤竭土木不休,讲时不避忌讳。忠贤怒,遂命许显纯拟文豸狱,词连仁锡等,因削职,追夺诰命。

【编】夏五月,大清兵围锦州城,分兵围宁远,俱不克而还。

【编】六月,海寇郑芝龙等犯闽山、同山、中左等处。

【编】秋七月,以田吉为兵部尚书,霍维华为蓟、辽总督。

【编】八月,起复崔呈秀为兵部尚书、少傅兼太子太傅,仍兼都察院左都御史。

【编】帝崩。【纪】上不豫。时魏忠贤张甚,中外危惧。上召皇弟信王入,谕以当为尧、舜之君,再以善事中宫为托,及委用忠贤语。信王出,上崩。忠贤自出迎王入,王危甚,袖食物以入,不敢食大官庖也。是时群臣无得见王者,王秉烛独坐。或曰忠贤欲自篡,而崔呈秀以时未可,止之。

【编】信王由检即位。【纪】王即位于中极殿,受百官朝,毋贺,朝时忽天鸣。

熹宗哲皇帝

【编】天启七年（丁卯，1627）春正月，我大清太宗文皇帝的天聪元年。

【编】革去翰林陈仁锡、文震孟、郑鄤的官籍。拟定孙文豸的罪名，定为斩首。【纪】孙文豸，是陈仁锡的亲戚，曾经写策论讽刺时政，魏忠贤知道以后，就诬蔑孙文豸制造妖言，诽谤朝政，要处以重刑。所谓妖言，其实是韩愈的《原道篇》和钦天监的《步天歌》。在此之前，陈仁锡曾给皇帝讲课，因为王恭厂发生火灾，他又看到正直的人士遭杀害，魏忠贤大兴土木，没有休止，就在讲课时无所顾忌地批评。魏忠贤发怒，就命令许显纯制造孙文豸的罪名，案卷中的供词牵连到陈仁锡等人，因此将他们革职，追夺发给他们的任官诰命。

【编】夏五月，大清兵包围锦州城，分出一支军队去包围宁远（今辽宁北镇县），但这两处全都没有攻克，退了回来。

【编】六月，海盗郑芝龙等人进犯闽山（今福建福州市）、同山、中左等地。

【编】秋七月，任命田吉为兵部尚书，霍维华为蓟、辽总督。

【编】八月，重新起用崔呈秀为兵部尚书、少傅兼太子太傅，仍兼都察院左都御史。

【编】明熹宗去世。【纪】明熹宗患病不愈。当时魏忠贤非常嚣张，宫内外都感到危险不安。明熹宗召皇弟信王入宫，告诉他要做一个尧、舜那样的国君，又托付他要好好对待皇后，以及委用魏忠贤的话。信王出宫后，明熹宗去世了。魏忠贤自己出去迎接信王进宫。信王感到很危险，在袖子里藏着食物进宫，因为不敢吃宫中厨房的饭菜。当时群臣谁也不能见到信王，信王点着蜡烛自己一个人坐着。有的人说魏忠贤想要自己篡位，而崔呈秀由于时机不合适劝阻了他。

【编】信王朱由检即皇帝位。【纪】信王在中极殿即位，接受百官的朝见，让官员们不必祝贺。朝见的时候忽然在天空出现声响。

【编】九月，东厂太监魏忠贤乞辞位，不许；奉圣夫人客氏出外宅。

【编】冬十一月，安置魏忠贤于凤阳，籍其家。【纪】初，上神明默操，忠贤党与林立，莫发其奸。御史杨维垣首纠崔呈秀，语侵忠贤，而崔、魏之势衰。后工部主事陆澄源、兵部主事钱元悫直攻忠贤，贡生钱嘉征上数忠贤十大罪。忠贤不胜愤，哭诉于上，上命内侍读嘉征疏使听之，忠贤震恐丧魄。客、魏相倚，知信邸内监徐应元为上所任，忠贤屈身事之，馈以货，告之辞东厂印，援为后劲，应元果为间。至是谪忠贤凤阳司香祖陵，籍客、魏二氏，安置徐应元于显陵，寻谪戍。

【编】魏忠贤、客氏伏诛。【纪】上谕兵部曰："逆恶魏忠贤擅窃国柄，诬陷忠良，罪当死，姑从轻降发凤阳，不思自惩，素蓄亡命之徒，环拥随护，势若叛然。令锦衣卫擒赴，治其罪。"忠贤宿阜城尤氏邸舍，其党密报上旨，知不免，夜自经。

命太监王文政严讯客氏，得宫人姙身者八人，盖出入掖庭多携其家侍媵，冀如吕不韦、李园事也。上大怒，立命赴浣衣局掠死。侯国兴、魏良卿等俱伏诛。

【编】追复太监王安官，予祭葬、立祠。

【编】以钱龙锡、杨景辰、来宗道、李标、周道登、刘鸿训并为礼部尚书、东阁大学士。

【编】罢苏、杭织造。

【编】命削田尔耕籍，籍其家。【纪】户部员外王守履奏逆党文臣崔呈秀、田吉、吴淳夫、李夔龙、倪文焕为"五虎"，武臣田尔

【编】九月，东厂太监魏忠贤乞求辞去职位，明怀宗不允许。奉圣夫人客氏出宫到外宅居住。

【编】冬十一月，把魏忠贤送到凤阳（今安徽凤阳县）安置，抄没了他的家产。　【纪】起初，明怀宗心中很清楚，暗中筹划，默不作声。朝廷中很多人是魏忠贤的党羽，没有人揭发他的奸恶。御史杨维垣首先出来揭发崔呈秀，话中触及到魏忠贤，崔呈秀和魏忠贤的势力逐渐衰弱。后来工部主事陆澄源、兵部主事钱元悫直接攻击魏忠贤，贡生钱嘉征上书历数魏忠贤的十项大罪。魏忠贤气愤极了，哭着向明怀宗诉说。明怀宗命内侍读钱嘉征的奏章让魏忠贤听，魏忠贤震惊害怕得丧魂落魄。客氏和魏忠贤互相倚靠，他们知道信王府邸中的内监徐应元受到明怀宗的信任。魏忠贤就屈身去奉迎徐应元，送给他财宝，告诉他自己要辞去掌管东厂的职务，把徐应元拉过来做自己的后援。徐应元果然替魏忠贤周旋。这时，把魏忠贤贬到凤阳，去掌管祖陵的香火，抄没了魏忠贤和客氏的财产，把徐应元安置在显陵，不久又贬到边地去担任守卫。

【编】魏忠贤和客氏被处死。　【纪】明怀宗命令兵部说："叛逆的恶徒魏忠贤擅窃国家的权柄，诬陷忠良，罪该处死。姑且从轻处治，把他发配凤阳。他不想着反省自己的罪过，还一直蓄养亡命之徒，让这些人在他左右，跟着他随身卫护，就像叛乱一样，令锦衣卫把他抓来治他的罪。"魏忠贤住宿在阜城尤氏的旅店里，他的徒党秘密地来告诉他皇上的旨意，魏忠贤知道自己无法逃免，当天夜里就上吊自杀了。

明怀宗命令太监王文政严审客氏，查出有八个宫女怀了孕。这是因为客氏出入后宫时常把她们家里的侍妾带进宫来，想要学战国时秦吕不韦、楚李园那样，用自家的儿子去冒充皇子。明怀宗大怒，立刻下令把客氏拉到浣衣局去打死。侯国兴、魏良卿等人全都被处死。

【编】恢复了太监王安的官职，给予祭祀和安葬，建立祠堂。

【编】任命钱龙锡、杨景辰、来宗道、李标、周道登、刘鸿训等人同为礼部尚书，东阁大学士。

【编】撤消苏、杭织造。

【编】命令革除田尔耕的官籍，抄没他的家产。　【纪】户部员外王守履上奏说：逆党中的文臣崔呈秀、田吉、吴淳夫、李夔龙、倪文焕五个

耕、许显纯、孙云鹤、杨寰、崔应元为"五彪"，乃命籍尔耕家。尔耕贪婪，好罗织诸臣，榜撩惨毒，皆尔耕为之。

【编】释大理寺少卿惠世扬、御史方震孺狱。

【编】罢各道镇守内臣。　【纪】上谕兵部："先朝于宣、大、蓟、辽东江之地，分遣内臣协镇，二柄两操，甚无谓也，且宦官观兵，古来有戒，其概罢之。"

怀宗端皇帝

【编】戊辰，怀宗皇帝崇祯元年，春正月，召前兵部尚书霍维华。　【纪】维华辞敕命，且述忤珰始末，荐周道登、郭巩；不允辞。

【编】许显纯、田尔耕伏诛。　【纪】法司追论魏忠贤等罪，上命磔忠贤尸于河间，斩崔呈秀于蓟州，又戮客氏尸，寻复诛显纯、尔耕，天下快之。

【编】命内臣俱入直，非受命不许出禁门。

【编】二月，以侍读学士温体仁直经筵日讲。免杨涟、熊廷弼等诬赃。

【编】三月，以周延儒为礼部右侍郎。

【编】夏四月，起袁崇焕为兵部尚书，兼右副都御史，总督蓟、辽、登、莱、天津军务。

【编】五月，戎政尚书霍维华罢。　【纪】兵部推维华署督师事。工科给事中颜继祖上言："维华狡人，珰炽则附珰，珰败则攻珰。击杨、左者，维华也。杨、左逮而阳为救者，亦维华也。以刑科给事中，三年蹿致尚书，无叙不及，有赏必加，即维华难以自解。乞

人是"五虎"，武臣田尔耕、许显纯、孙云鹤、杨寰、崔应元五个人是"五彪"。明怀宗就命令抄没田尔耕家产。田尔耕贪婪成性，好编织罪名陷害诸臣。使用毒刑残酷拷打，全是田尔耕干的。

【编】把大理寺少卿惠世扬、御史方震孺从监狱中释放出来。

【编】撤消在各道镇守的太监。　【纪】明怀宗通知兵部："先皇的朝代里，在宣化（今河北宣化县）、大同（今山西大同市）、蓟镇和辽东沿江等地分别派驻内监协助镇守，把权力分成两份让两个人掌管，实在没有用处。而且宦官监管兵权这件事，自古以来就有所告戒，该把他们一概撤消。"

怀宗端皇帝

【编】怀宗皇帝崇祯元年（戊辰，1628）春正月，召回前任兵部尚书霍维华。　【纪】霍维华推辞了敕命，而且叙述了他触犯宦官权臣的前后经过，向朝廷推荐周道登和郭巩两个人。明怀宗不允许他推辞。

【编】许显纯、田尔耕二人被处死。　【纪】司法官署追论魏忠贤等人的罪状。明怀宗命令在河间府（今河北河间县）把魏忠贤的尸体剁成碎块，在蓟州把崔呈秀斩首，又将客氏戮尸。不久又处死许显纯和田尔耕。天下人心大快。

【编】命令内监全在宫中值班，没有接受命令就不许出禁城的大门。

【编】二月，命侍读学士温体仁每天为皇帝讲解经书。免除杨涟、熊廷弼等人受诬陷而定的罪名。

【编】三月，任命周延儒为礼部右侍郎。

【编】夏四月，起用袁崇焕为兵部尚书，兼右副都御史，总督蓟、辽、登、莱、天津等地的军务。

【编】五月，罢免戎政尚书霍维华。　【纪】兵部推举霍维华署理督师事务。工科给事中颜继祖上奏说："霍维华是一个狡猾的人，宦党势力强盛时就依附宦党，宦党失败就攻击宦党。攻击杨涟和左光斗的是霍维华，杨涟、左光斗被逮捕后假装援救的也是霍维华。他以刑科给事中的官职在三年里越级升至尚书，没有一次升职他没有份，凡是有

褫革以做官邪。"遂罢维华行边，寻免官归。

【编】光禄寺卿阮大成罢。【纪】大成与左光斗同里，有隙。天启四年吏科都给事中阙，宜补大成，廷议以大成贪邪，遂授魏大中，其后左、魏被陷，皆大成意也。至是，御史毛羽健劾其党邪，明年追削籍。

【编】兵科给事中李鲁生、太仆寺少卿李蕃罢。【纪】鲁生当魏忠贤时迎合中旨，倡为执中之说。蕃督学建忠贤祠。至是，给事中颜继祖、御史王之朝劾罢之。鲁生、蕃故与礼科给事中李恒茂号"三李"。谣曰："官要起，问三李。"

【编】编修倪元璐追论大学士顾秉谦、魏广微媚珰；夺恩荫，广微寻削籍。

【编】六月，兵部议招海盗郑芝龙。

【编】是月，大清兵入内地，毁锦州、杏山、高桥三城。

【编】秋七月，袁崇焕入朝。【纪】召见平台，慰劳甚至。问以方略，对曰："陛下假臣便宜计五年，全辽可复。"上曰："五年复辽，朕不吝封侯之赏，卿其努力！"阁臣刘鸿训等请收还王之臣、满桂尚方剑以赐崇焕，令便宜行事。上从之。

【编】九月，郑芝龙降于巡抚熊文灿。

【编】冬十一月，府谷民王嘉胤倡乱，延安人张献忠从之。【纪】是岁延安大饥，嘉胤作乱，献忠从之。献忠阴谋多智，贼中号"八大王"，其部最强，旁掠延安诸郡邑。

赏赐一定会降临到他的身上，恐怕连霍维华自己也难以解释。请求革去他的官职以告诫自身为官却作奸邪活动的人。"于是朝廷罢去了霍维华巡行边地的职务，不久命他免官回乡。

【编】光禄寺卿阮大成被罢免。　【纪】阮大成和左光斗是同乡里人，两人有嫌隙。天启四年，吏科都给事中的职位空缺了，应该让阮大成补上。朝廷评议时，认为阮大成为人邪恶贪婪，就把这个职务授给了魏大中。后来左光斗、魏大中被陷害，全都是阮大成的主意。到了这时，御史毛羽健弹劾他是邪恶宦官的同党；第二年，追下诏书革除了阮大成的官籍。

【编】罢免了兵科给事中李鲁生和太仆寺少卿李蕃。　【纪】李鲁生在魏忠贤专权的时候迎合魏忠贤的心意，首先提出"皇帝执掌中央"的说法。李蕃督促各地学着建造魏忠贤的祠堂。这时，给事中颜继祖、御史王之朝弹劾他们，罢免了他们的官职。过去，李鲁生、李蕃和礼科给事中李恒茂三个人号称"三李"。民谣说："官要起，问三李。"

【编】编修倪元璐追论大学士顾秉谦、魏广微向魏忠贤献媚之罪。明怀宗剥夺了赏给他们的荫官，不久，又革除了魏广微的官籍。

【编】六月，兵部商议招降海盗郑芝龙。

【编】这个月，大清兵进入内地，拆毁了锦州、杏山（今辽宁锦州市西）、高桥（今辽宁锦州市东）三座城。

【编】秋七月，袁崇焕入朝。　【纪】明怀宗在平台召见袁崇焕，非常周到地慰问他。明怀宗问他有关辽东的方略，袁崇焕回答说："陛下能给臣五年权力，让臣可以根据情况自行处理事务，就可以收复整个辽东。"明怀宗说："五年收复辽东，朕不会吝惜封侯的奖赏，你努力吧！"内阁大臣刘鸿训等人请求把王之臣、满桂的尚方剑收回来赐给袁崇焕，让他根据情况自行处理事务。明怀宗答应了。

【编】九月，郑芝龙向巡抚熊文灿投降。

【编】冬十一月，府谷（今陕西神木县东北）百姓王喜胤带头造反，延安（今陕西延安市）人张献忠跟着叛乱。　【纪】这一年延安闹大饥荒，王喜胤造反，张献忠跟着他。张献忠多智，能策划密谋，叛军中把他叫作"八大王"。张献忠领的部队最强，外出抢掠延安各州县。

【编】起朱燮元仍总督贵、湖、云、川、广五省军务。

【编】十二月,米脂人李自成起为盗, 【纪】延安饥,不沾泥、杨六郎、王嘉胤等掠富家粟,有司捕之急,遂揭竿为盗。自成性狡黠,善走,能骑射。家贫,为驿书,往投焉。已而参政洪承畴击贼,破之,不沾泥等相次俘获,自成走匿山泽间,得免。

【编】己巳,二年,夏四月,秦、晋饥,盗起。 【纪】朝臣捐俸助饷,上曰:"诸臣兴利除害,国家受益多矣,何必言助。"

【编】袁崇焕杀左都督毛文龙。
【编】秋七月,以司礼太监曹化淳提督东厂。
【编】八月,总督贵、湖、云、川、广五省军务朱燮元讨奢崇明、安邦彦,诛之。 【纪】时燮元檄滇兵下乌撒,蜀兵出永宁,扼各路要害,而亲帅大军驻陆广,逼大方。崇明号大梁王,邦彦号四裔大长老,歹费小、阿鸟继、阿鲊怯等各号元帅,悉力趋永宁,先犯赤水。谍知之,燮元授意守将许成名佯北,诱贼深入。度贼已抵永宁,分遣林兆鼎从三岔入,王国祯从陆广入,刘养鲲从遵义入。邦彦分兵四应,力不支;罗乾象复以奇兵绕出其背,急击之。贼大惊溃,崇明、邦彦等皆被创,汉兵斩其首以献。

燮元不欲穷兵,乃移檄安位,赦其罪,许其归附。而位竖子,不能自决,其群下复谋合溃兵拒明。燮元乃大会诸将曰:"水西多山险,丛箐篁,蛮烟瘴雨,莫辨昼夜,深入难出,以此多败。当与诸君扼其要害,四面迭攻,渐次荡除,使贼乏粮,将自毙。"于是焚蒙翳,

【编】起用朱燮元，仍派他总督贵州、湖广、云南、四川、广西五省的军务。

【编】十二月，米脂（今陕西米脂县）人李自成起兵造反。【纪】延安发生饥荒，不沾泥、杨六郎、王喜胤等人抢夺富人家的粮食。官府追捕很急，他们就揭竿而起造反。李自成性情狡黠，善于奔跑，能骑马射箭。李自成家里贫穷，拿着驿站的文书，去投奔叛军。后来参政洪承畴攻打叛军，打败了他们。不沾泥等人相继被俘获。李自成逃走，躲藏在山林湖泽之间，得以脱身。

【编】崇祯二年（己巳，1629）夏四月，陕西、山西闹饥荒，造反的百姓纷纷而起。【纪】朝廷大臣们捐出薪俸来赞助军饷。明怀宗说："诸臣兴利除害，国家受到的益处很多了，何必说是助呢！"

【编】袁崇焕杀了左都督毛文龙。

【编】秋七月，任命司礼太监曹化淳提督东厂。

【编】八月，总督贵州、湖广、云南、四川、广西五省军务的朱燮元讨伐奢崇明、安邦彦，杀死了他们。【纪】当时朱燮元发出文书命令云南军队向乌撒卫（今贵州威宁县）进军，四川军队从永宁州（今四川叙永县）出发，扼守各条道路上的要害地点，他亲自率领大军驻扎在陆广（今贵州修文县境内），逼近大方（今贵州大方县）。奢崇明号称大梁王，安邦彦号称四裔大长老，歹费小、阿乌继、阿鲊怯等人各自号称元帅，他们全力直扑永宁，先进犯赤水（今贵州赤水县）。侦察的士兵了解到这个情况，朱燮元授意赤水的守将许成名假装败退，诱敌深入，估计敌军已经到达永宁时，就分别派出林兆鼎从三岔（今贵州普定县北）进攻，王国祯从陆广进攻，刘养鲲从遵义（今贵州遵义市）进攻。安邦彦分出兵力四面应战，力量无法支持。罗乾象又用奇兵绕到敌人背后出击，迅速地加以攻击。敌军大惊溃败，奢崇明、安邦彦等人全都受伤，明军士兵砍下了他们的头献给统帅。

朱燮元不想把战争持续下去，就给安位送去文书，赦免了他的罪，允许他归附官府。而安位是个小孩子，不能自己拿定主意，他的部下又在一起商议聚集被打散的士兵抵抗明军。朱燮元就大会诸将，对他们说："水西地区（今贵州黔西县）山险很多，竹林密布，蛮荒地区里烟雾

剔岩穴，截溪流，发劲卒，驰骋百余里，或斩樵牧，或焚积聚，暮还归屯，贼益不能测。凡百余日，所得首功万余级，生口数万。每得向导，辄发窖粟就食，而贼饥甚。刘养鲲遣其客入大方，烧其宫室，悬榜而出。安位大恐，乞降，燮元为奏请，诏许之。

【编】冬十月，我大清太宗亲率兵入边，蒙古诸部贝勒、台吉皆以兵会。

【编】李自成称闯将。【纪】都城警，诏天下勤王。山西巡抚耿如杞入援，兵溃于涿鹿，叛走秦、晋间山谷，李自成出与之合，旬日间众至万余。推高迎祥为首，称闯王，转寇山西、河南，贼中称自成为闯将。九年，官军击迎祥，斩之，群盗推自成为主。

【编】十一月，大清兵南下，京师戒严。【纪】始遣乾清宫太监王应朝监视行营，太监冯元升核军讫，始下户部发饷。又命太监吕直劳军。

【编】十二月，逮蓟、辽总督袁崇焕下狱。

【编】以礼部侍郎周延儒为礼部尚书、东阁大学士。

【编】是月，大清兵北去，京师解严。

【编】庚午，三年，春正月，大学士韩爌罢。复故大学士张居正荫，赐故都督戚继光表忠祠。命洪承畴巡抚延绥。

【编】二月，我大清太宗遣使持书至明议和。【纪】书言："满洲国皇帝致书明国皇帝：惟师旅频兴，互相诛戮，天之生民，罹祸实甚，言念及此，欲盟诸天地，共结和好，使两国获享太平。不然，何时

雨水不断，无法分辨出昼夜来，深入这个地区就很难出来，因此作战多败。我要和各位一起扼守住要害，从四面轮番进攻，逐渐扫荡，使敌人缺乏粮食，他们就会自己灭亡。"于是焚烧浓密的林木，清除深深的岩洞，截断溪流，派出强劲的士兵，让他们每天驰骋一百多里地，或者斩杀砍柴的人和牧人，或者焚烧积存的粮草，天黑时回到驻地。敌军更加无法了解到明军的动向。这样，凡一百多天，砍下的首级有一万多，抓到的俘虏有几万人。每当找到向导，就去挖出敌人窖藏的粮食来食用，而敌人却饥饿得很。刘养鲲派遣他的门客进入大方，烧毁了他们的宫殿，在那里悬挂了榜文后才出来。安位非常恐慌，乞求投降。朱燮元替他上奏，请求允许他投降。明怀宗下诏书允许了。

【编】冬十月，我大清太宗皇帝亲自率领军队攻入边境，蒙古各部的贝勒和台吉们都带着军队来会合。

【编】李自成自称为闯将。【纪】都城报警，下诏书命令天下各地军队来勤王。山西巡抚耿如杞前来救援，军队在涿鹿（今河北怀来县西南）被击溃了。败兵叛变，逃到陕西和山西之间的丛山中，李自成出兵和他们会合，十来天之间，就汇集到一万多人。叛军推举高迎祥为首领，称闯王，转而进犯山西、河南。叛军中称李自成为闯将。崇祯九年，官军攻击高迎祥，斩杀了他。群盗推举李自成为主。

【编】十一月，大清兵南下，京师戒严。【纪】首次派遣乾清宫太监王应朝去监视行营，太监冯元升核查军队完毕，才命令户部发军饷。又命令太监吕直去慰劳军队。

【编】十二月，把蓟、辽总督袁崇焕逮捕入狱。

【编】任命礼部侍郎周延儒为礼部尚书、东阁大学士。

【编】这个月，大清兵回到北方，京师地区解除了戒严。

【编】崇祯三年（庚午，1630）春正月，罢免大学士韩爌。恢复已故大学士张居正的荫官。赐给已故都督戚继光一座表忠祠。命洪承畴任延绥巡抚。

【编】二月，我大清太宗皇帝派遣使者拿着书信到明朝来议和。【纪】书信中说："满洲国皇帝致书明国皇帝：军队频繁出动作战，互相杀戮，使天下的老百姓遭受到深重的灾祸。我想到这些，就准备和您向

止息兵戈,以几治安邪?故特遣使持书议和,惟明示之。"又与锦州将士书,令其申奏和议,于是班师。

【编】三月,大清兵抵辽河,还沈阳。
【编】夏六月,进礼部尚书温体仁东阁大学士。
【编】王嘉胤陷黄甫川、清水二营,遂据府谷。 【纪】洪承畴与总兵杜文焕围之,贼夜劫营,官兵击败之。

【编】王嘉胤等掠延安、庆阳,城堡多陷。 【纪】总督杨鹤主抚,不以闻,与陕抚刘广生遣官持牌四出招贼,贼魁黄虎、小红娘、一丈青、龙江水、掠地虎、郝小泉等俱给牒免死,安置延绥、河西,但不焚杀,其劫掠如故,民罹毒益甚。有司莫敢告,而寇患成于此矣。

兵科给事中刘懋上言:"秦之流贼非流自他省,即延、庆之兵丁土贼也。边盗倚土寇为向导,土寇倚边盗为羽翼。六七年来,韩、蒲被掠,其数不多,至近年荒羊频仍,愚民影附,流劫泾、原、富、耀之间,贼势始大。当事以不练之兵剿之,不克,又议抚之。其剿也,所斩获皆饥民也,而真贼饱掠以去矣,其抚也,非不称降,聚众无食,仍出劫掠,名降而实非降也。且今斗粟金三钱,营卒乏食三十余月,即慈母不能保其子,彼官且奈兵民何哉?且迩来贪酷成风,民有三金不能供纳赋之一金,至于捕一盗而破十数人之家,完一赎而倾人百金之产,奈何民不驱为盗乎?若营兵旷伍,半役于司道,半折于武弁,所馀老弱,既不堪战,又不练习,当责督抚清汰操练,以备实用也。"

天地神灵盟誓，共同结为友好邻邦，让两国都能享受到太平。不然的话，什么时候才能让战争休止，让天下得到安定呢？所以特遣使节拿着书信来议和，请给以明确的回复。"又给锦州的明军将士写了信，叫他们向朝廷申奏议和的建议，清军也就此收兵回去。

【编】三月，大清兵到达辽河，退回沈阳（今辽宁沈阳市）。

【编】夏六月，礼部尚书温体仁晋升为东阁大学士。

【编】王喜胤攻陷黄甫川和清水（二地均在今陕西神木县东北）两座军营，于是进占了府谷。　【纪】洪承畴与总兵杜文焕包围了王喜胤。叛军在夜里来劫营，官兵把他们打败了。

【编】王喜胤等人在延安、庆阳（今甘肃庆阳县）一带抢掠，很多城堡都被攻陷了。　【纪】总督杨鹤主张招抚，不把这些情况报告上去。杨鹤和陕西巡抚刘广生派遣官员拿着令牌出发到四方去招抚叛军。贼人的首领黄虎、小红娘、一丈青、龙江水、掠地虎、郝小泉等人都由官府发给文书免除了死罪，被安置在延绥和河西等地。他们只是不再放火杀人，但是还和以前一样到处抢劫掠夺，老百姓受到的残害更加厉害。当地官员没有敢上报的，而寇患就此形成了。

兵科给事中刘懋上奏说："陕西的流寇不是从别的省里流窜过来的，就是延安、庆阳一带的士兵和当地贼寇。边境上的强盗倚仗着当地贼寇做向导，当地贼寇靠边境上的强盗给他们做羽翼。近六、七年以来，韩城（今陕西韩城县）、蒲城（今陕西蒲城县）被抢掠的次数不太多。到了近几年饥荒旱情接连不断，愚民像影子一样紧随着贼寇，在泾川（今甘肃泾川县）、固原（今宁夏固原县）、富平（今陕西富平县）、耀县（今陕西耀县）一带流窜劫掠，贼军的势力才开始大起来。当地官府用没有经过训练的军队去讨伐他们，没有成功，就又商议招抚他们。官军去进剿，杀死和俘虏的全都是饥饿的平民，而真正的贼寇已经抢足了物资逃走了。官府去招抚，贼寇不是不来投降，但他们大批聚在一起，没有粮食，仍然要外出抢劫，名为投降而实际上并非投降。而如今一斗谷子要卖三钱银子，军队的士兵已经缺食三十多月了。这样，即使是慈母也不能保全她的孩子了，那些当官的能把士兵、百姓怎么办呢？而且近来贪污和残酷迫害百姓成了风气。老百姓有三两银子，都不能满

【编】山西流贼破蒲州、潞安。

【编】冬十月,王嘉胤陷清水营,杀游击李显宗,复陷府谷。

【编】十二月,盗神一元破宁塞,据之,杀参将陈三槐,围靖边,遂陷柳树涧、保安等城。

【编】辛未,四年,春正月,刑科给事中吴执御请罢理财、加派等事,不听。【纪】执御言:"理财、加派,不得已而用之,未有年余不罢者。捐助、搜括二者,尤难为训。"上曰:"加派原不累贫,捐助听之好义,惟搜括滋奸,若得良有司奉行,亦岂至病民乎!"

【编】神一元陷保安,副总兵张应昌击败之。【纪】一元死,弟一魁领其众。

【编】命御史吴甡赍金赈陕西饥荒,招抚流盗,

【编】二月,神一魁围庆阳。【纪】宜君贼赵和尚等各分犯,不知其数。

【编】三月,贼帅孙继业、茹成名等诣总督杨鹤降。【纪】贼六十余人来降,鹤受之。设御座于固原城楼上,贼跪拜,呼万岁。因宣圣谕,令设誓,各解散,或归伍,或归农。自此群盗视总督如儿戏矣。

【编】夏五月,我大清太宗定官制,设立六部。

足要交纳的一两赋税。甚至为了抓一个强盗而使十几个人破家，为了赎回一个人而用光百姓上百两银子的家产，这怎么能不把老百姓驱之为盗呢？至于那些军队的士兵不能满员，一半去给司、道官员服劳役，一半被武官们差用，所剩下的老弱残兵，既不能作战，又不加以训练。应该责成总督、巡抚加以清查淘汰，进行操练，以供实战使用。"

【编】山西的流寇攻破蒲州（今山西运城县西北）和潞安城（今山西长治市）。

【编】冬十月，王喜胤攻占了清水军营，杀死了游击官李显宗，又占领了府谷。

【编】十二月，盗贼神一元攻破宁塞堡（今陕西靖边县西），占领了它，并且杀死了参将陈三槐，又包围了靖边（今陕西靖边县），接着攻陷柳树涧、保安（今陕西志丹县）等城。

【编】崇祯四年（辛未，1631）春正月，刑科给事中吴执御请求停止清理财产和加派赋税等事项。明怀宗不接受。 【纪】吴执御说："清理财产和加派赋税是不得已时才能用一下的措施，没有施行一年多还不停止。捐助军饷和向民间搜括财富这两件事，更是难以为训。"明怀宗说："加派赋税本来不会给贫穷的人增加负担。捐助是听凭他们出自好义之心。只有搜括会滋生奸邪，但如果有好的官员去执行它，难道还会危害百姓吗？"

【编】神一元攻陷保安城，副总兵张应昌打败了他。 【纪】神一元死了，他的弟弟神一魁率领他的部下。

【编】朝廷命御史吴甡带着金银去赈济陕西的饥荒，招抚流寇。

【编】二月，神一魁包围庆阳。 【纪】宜君（今陕西宜君县）的盗贼赵和尚等人分头来进犯，不知其数。

【编】三月，强盗的首领孙继业、茹成名等人向总督杨鹤投降。【纪】贼寇六十多人来投降，杨鹤接受了他们的投降。杨鹤在固原城楼上设下皇帝的御座。贼寇们跪下叩拜，高呼万岁。接着便宣读圣谕，命贼寇们起誓，把他们解散，有的归入军队，有的回家种田。从此群盗把总督看作儿戏一样了。

【编】夏五月，我大清太宗制定官制，设立六部。

【编】神一魁降于总督杨鹤。　【纪】一魁降，鹤责数其罪，俱伏谢。一魁有战骑五千，鹤侈其事，上言乞赐数万金赈济。时宜君、雒川盗蜂起，鹤又止巡抚练国事北征，宜、雒贼亦求抚于国事，从之，其胁从饥民各给牒回籍，首领置军中。省臣劾宣、大总督魏云中、陕西总督杨鹤恇怯玩寇，上切责云中等平盗自赎。时言官交论鹤，鹤疏引咎。

【编】六月，副总兵曹文诏击斩王嘉胤于阳城，贼复推王自用为首。　【纪】自用号曰紫金梁，其党自相名目，有老回回、八金刚、闯王、闯将、八大王、扫地王、闯塌天、破甲锥、邢红娘、乱世王、混天王、显道神、乡里人、活地草等，分为三十六营。

【编】秋七月，逮总督陕西三边都御史杨鹤下刑部狱，论戍边。

【编】八月，我大清太宗亲统诸军入边至旧辽河南营，蒙古贝勒各率兵来会。

【编】九月，以洪承畴总督三边，张福臻巡抚延绥。

【编】命太监张彝宪总理户、工二部钱粮，唐文征提督京营戎政，王坤往宣府，刘文忠往大同，刘允中往山西，各监视兵饷。

【编】给事中吴执御劾大学士周延儒疏，留中。　【纪】执御论延儒："揽权塞蔽，私其乡人，塘报奏章，一字涉边疆盗贼，辄借军机密封下部，明畏廷臣摘其短长，他日败可以捷闻，功可以罪案也。陛下习见延儒摘发细事，近于明敏，遂尔推诚，抑知延儒特借此以行其私乎？"上切责之。执御劾疏凡三上，俱留中。

【编】神一魁向总督杨鹤投降。　【纪】神一魁投降,杨鹤叱责他,历数他的罪行,盗贼们都伏在地上谢罪。神一魁有五千名骑兵。杨鹤夸大受降的事,上奏章请求赐给几万两银子赈济投降的人。当时宜君和洛川(今陕西洛川县)一带盗贼蜂拥而起,杨鹤又制止巡抚练国事向北出兵讨伐。宜君和洛川的盗贼也请求练国事来招抚。官府答应了他们,对被胁从造反的饥民分别发给证明文书,让他们回原籍,把造反的首领留在军队里面。都察院的官员弹劾宣、大总督魏云中和陕西总督杨鹤胆小软弱,畏惧贼寇,玩忽职守。明怀宗严厉地责备魏云中等人,命他们讨平贼寇以赎自己的罪过。当时言官们纷纷批评杨鹤,杨鹤上奏章承认自己有过失。

【编】六月,副总兵曹文诏攻击王喜胤,在阳城杀死了他。贼寇们又推举王自用为首领。　【编】王自用的绰号叫紫金梁。他的党徒自己互相起名号,有老回回、八金刚、闯王、闯将、八大王、扫地王、闯塌天、破甲锥、邢红娘、乱世王、混天王、显道神、乡里人、活地草等,一共分为三十六营。

【编】秋七月,逮捕总督陕西三边都御史杨鹤,关入刑部监狱,定刑为发配到边地戍卫。

【编】八月,我大清太宗亲自率领各军进入边境地区,到旧辽河扎营。蒙古的贝勒们也分别领兵前来会合。

【编】九月,任命洪承畴为三边总督,张福臻巡抚延绥。

【编】命太监张彝宪总理户部、工部的钱粮,唐文征提督京营戎政。命太监王坤到宣化府,刘文忠到大同,刘允中到山西,分别监视兵饷。

【编】给事中吴执御上奏章弹劾大学士周延儒,奏章被留在宫中。【纪】吴执御论周延儒的过失说:"周延儒揽权蒙蔽圣上,偏向他的同乡。各地送来的军情报告和奏章中,只要有一个字牵涉到边疆的盗贼,就借口是军事机密密封起来发下各部。明明是害怕廷臣指摘他的措施是否得当。以后作战失败也可以当作胜仗上报,有功也可能当作罪过而查问了。陛下常见到周延儒揭发细小的过失,做事近于机敏明断,就对他推诚相待,怎么知道周延儒只是在借此实行他自己的私欲呢?"明怀

【编】冬十月，命太监监军。　【纪】王应朝往关宁，张国元往蓟镇东协，王之心中协，邵希韶西协。

【编】十一月，以太监李奇茂监视陕西茶、马，吴直监视登岛兵饷。　【纪】初，上既要诸内臣，外事俱委督抚。然上英察，辄以法随其后，外臣多不称任使者。崇祯二年，京师戒严，乃复以内臣视行营。自是衔宪四出，动以威倨上官，体加于庶司，群相壅蔽矣。

【编】张献忠率众降于三边总督洪承畴。

【编】壬申，五年，春正月，延绥贼陷宜君，复陷保安、合水。【纪】贼伪为米商入宜君，遂陷之。复陷保安、合水，流入山西者陷蒲州、永宁，大掠四出。山西巡按御史罗世锦归咎于秦，谓"以邻为壑"。给事中裴君赐，晋人也，上言"责成秦之抚镇驱之回秦，而后再议剿抚。"盖当事之克定见如此。

【编】洪承畴请留陕西饷银二十万资剿费，并以劝农，从之。

【编】三月，削工部右侍郎高弘图籍。　【纪】弘图上言："臣部有公署，中则尚书，旁列侍郎，礼也。内臣张彝宪奉总理两部之命，俨临其上，不亦辱朝廷而亵国体乎？臣今日之为侍郎也，贰尚书，非贰内臣。国家大体，臣固不容不慎，故仅延之川堂相宾主，而公座毋宁已之，虽大拂彝宪意，臣不顾也。且总理公署，奉命别建，则在臣部者宜还之臣部，岂不名正言顺而内外平。"上以军兴，饷事重，应到部验核，不听。弘图遂引疾求去，疏七上，竟削籍。

宗重重地叱责了他。吴执御弹劾的奏章送上去三次，全都被留在宫中。

【编】冬十月，命太监监军。　【纪】王应朝去关宁，张国元到蓟镇东协，王之心去蓟镇中协，邵希韶去蓟镇西协。

【编】十一月，派太监李奇茂去监视陕西的茶税、马税，吴直去监视登岛的军饷。　【纪】起初，明怀宗已经撤回了宫中派出的内监，外边的事务全委托给总督和巡抚。然而明怀宗英明洞察，动不动就依法加以处罚，外边的大臣常有不称职的。崇祯二年，京城地区戒严，皇帝又派内臣来监视军队。从此太监带着圣命到处外出，动不动就摆威风，轻视地方长官，凌驾于各个官署之上，于是都互为蒙蔽，朝廷什么也不了解了。

【编】张献忠率领部下向三边总督洪承畴投降。

【编】崇祯五年（壬申，1632）春正月，延绥的贼寇攻陷了宜君，又攻陷了保安和合水（今甘肃合水县）。　【纪】贼寇伪装成米商进入宜君，随即攻陷了它。又攻陷了保安和合水，流窜进入山西的贼寇攻陷了蒲州（今山西永济县）和永宁，四出大肆抢掠。山西巡按御史罗世锦归罪于陕西官员，说他们"以邻为壑"。给事中裴君赐，是山西人，上奏说："应该责成陕西的巡抚把贼寇赶回陕西去，然后再谈是进剿还是招抚。"当时官员遇事没有一定主张，竟到了这种地步。

【编】洪承畴请求留下陕西应上交的饷银二十万两，供给剿匪的军费，并用它鼓励农耕。明怀宗答应了。

【编】三月，革除工部右侍郎高弘图的官籍。　【纪】高弘图上奏说："臣下的部里有公署衙门，中间是尚书，旁列侍郎，这是礼制的规定。内监张彝宪奉有总理工部、户部二部之命，俨然位居尚书、侍郎之上，这不是侮辱了朝廷而且亵渎了国体吗？臣今天作侍郎，是尚书的副职，不是内官太监的副职。国家的根本体制，臣决不容许不慎重对待，所以只是把内监请到厅堂中依宾主之礼相待，而公堂的座位不如就让它维持原状好了。虽然这样做让张彝宪非常不满，臣也不顾。而且总理的官署已经奉命在别处筹建，那么在臣部里的人应该回到臣部里去，岂不是名正言顺而且内外都平顺了。"明怀宗认为战事兴起，军饷的事务繁重，应该让内监到部里查验审核，不听从高弘图的奏议。高弘图就以

【编】三边总督洪承畴等击贼，大败之。斩贼首可天飞，擒其党郝临庵、独行狼，诛之。【纪】先是，延西诸寇，承畴偕曹文诏先后清荡，而铁角城乃边盗薮，郝临庵、可天飞为官军所败，独行狼跳入其伍，耕牧铁角城，为持久计。闻他盗尽平，甚惧。承畴、文诏击破之，斩可天飞，其二贼亦生得，就诛，军声益振。文诏忠勇善战，承畴与下同甘苦，得士卒心，转战四载，斩级三万，西人稍稍休息，然亦惫甚矣。

陕西原任通政使马鸣世奏曰："三秦为海内上游，延安、庆阳为关中藩屏，榆林又为延、庆藩篱。无榆林必无延、庆，无延、庆必无关中矣。乃自盗发以来，破城屠野，四载于兹，良以盗众我寡，盗饱我饥，内鲜及时之饷，外乏应手之援。揆厥所由，缘庙堂之上，以延、庆视延、庆，未尝以全秦视延、庆；以秦视秦，未尝以天下安危视秦。而且误视此流盗为饥民，势焰燎原，莫可扑灭，若非亟增大兵，措大饷，为一劳永逸之计，恐官军骛于东，贼驰于西，师老财匮，揭竿莫御，天下事尚忍言哉！乞救所司亟措饷二十万，给民牛、种，为兵士犒赏，急图安戢，庶全秦安而各镇安矣。"

【编】夏四月，湖广流盗自兴国入江西泰和、吉安等处。

【编】秋八月，山西巡抚宋统殷击贼于长子，贼奔沁水。

【编】以司礼监太监曹化淳提督京营戎政。

有病为名请求离职，奏章送上去七次，最后竟被革去官籍。

【编】三边总督洪承畴等人攻打叛贼，把他们打得大败。斩叛贼的首领可天飞，抓住他的党徒郝临庵、独行狼，杀了他们。　【纪】以前，洪承畴和曹文诏先后扫清了延西的各路贼寇。但是铁角城那里还是边境上盗贼的巢穴。郝临庵、可天飞被官军打败了，独行狼逃窜到他们的队伍中，在铁角城耕地放牧，准备为持久之计。他们听到其他盗贼都被消灭了的消息，十分恐惧。洪承畴和曹文诏打垮了他们，斩杀了可天飞。另外两个贼人也被活捉，加以处死，官军的声势益振。曹文诏忠勇善战，洪承畴和部下同甘共苦，深得兵心。官军转战四年，杀死了三万名敌人，西部的人民逐渐能够休养生息，然而他们也非常疲惫了。

陕西原任通政使马鸣世上奏说："关中是国内的上游地区，延安、庆阳是关中地区的屏障，榆林又是延安和庆阳的外围防护。没有榆林就一定不能保住延安、庆阳，没有延安、庆阳就一定会失掉关中地区。自从盗贼兴起以来，城市被攻破，乡村人民被屠杀，已经有四年了。主要是由于盗贼人多，官军兵少，盗贼可以吃饱而我军饿着肚子，内部缺少按时颁发的军饷，外部没有及时的援助。考虑出现这种情况的原因，是由于朝廷里面只从延安、庆阳本身来看延安、庆阳，而没有从整个陕西来看延安和庆阳；只是从陕西一省来看陕西，没有从天下安危来看陕西。而且错误地把这些流寇看作是饥民，现在他们的势头像火焰烧遍了原野一样，不能扑灭了。如果不赶快增派大量军队，筹措大量军饷，制定出一劳永逸的计划，恐怕官军奔向东边去征讨，盗贼就跑到西边去。军队疲劳无力，军饷用光了，各地的叛军就无法加以抵御。这样的话，还忍心谈天下事吗！乞求皇上命令主管官署尽快筹措二十万两饷银，供给平民耕牛和种子，也供犒赏士兵使用。同时火速商议安定局势的方法。这样可能会使整个陕西安定下来，而各个军镇也就安定了。"

【编】夏四月，湖南、湖北的流寇从兴国（今湖北阳新县）进入江西泰和（今江西泰和县）、吉安（今江西吉安县）等地。

【编】秋八月，山西巡抚宋统殷在长子（今山西长治市西）攻打贼寇，贼军逃往沁水（今山西阳城县西北）。

【编】任命司礼监太监曹化淳提督京城军队的军务。

【编】冬十一月，罢山西巡抚宋统殷，以许鼎臣代之。

【编】海盗刘香老犯福建小埕，游击郑芝龙击走之。

【编】张献忠复叛。

【编】癸酉，六年，春正月，副总兵左良玉败贼于涉县西，斩其渠。

【编】进副总兵曹文诏都督同知。【纪】文诏连败贼于忻、代间，斩首千五百级。

【编】二月，诏吏部荐举潜修之士。【纪】谕科道不必专出考选，馆员须应先历知、推，垂为法。

【编】大学士周延儒罢归。【纪】延儒以宣府阅视太监王坤疏劾，乞罢，不允。左副都御史王志道上言："王坤不宜侵辅臣。"上召廷臣于平台，谓志道曰："遣用内臣，原非得已。朕言甚明，何议论之多也！昨王坤之疏，朕已责其诬妄。乃廷臣举劾，莫不牵引内臣，岂处分各官皆为内臣邪？"对曰："王坤直劾辅臣，举朝皇皇，为纪纲法度之忧。臣为法度惜，非为诸臣地也。"上曰："廷臣于国家大计不之言，惟因内臣在镇，不利奸弊，乃借王坤疏要挟朝廷，诚巧佞也。"因诘志道者再，延儒曰："志道非专论内臣，实责臣等溺职。"上色稍霁，曰："职掌不修，沽名立论，何堪宪纪。"立命志道退，延儒遂放归。

【编】夏五月，命太监陈大金等监纪各路兵将功罪。【纪】上谕兵部，流寇蔓延，各路兵将功罪应有监纪，特命太监陈大金、阎思印、谢文举、孙茂霖为内中军，会各抚道，分入曹文诏、左良玉诸营。寻复以阎思印同总兵张应昌合剿，汾阳知县费甲鏲以逼迫苦供

【编】冬十一月，罢免了山西巡抚宋统殷，任命许鼎臣代替他。

【编】海盗刘香老进犯福建小埕，游击郑芝龙把他打跑了。

【编】张献忠又叛乱了。

【编】崇祯六年（癸酉，1633）春正月，副总兵左良玉在涉县（今河北涉县）以西打败了贼军，斩杀了他们的首领。

【编】把副总兵曹文诏晋升为都督同知。　【纪】曹文诏在忻（今山西忻定县）、代（今山西原平县东北）二地之间接连打败贼军，斩下了一千五百颗首级。

【编】二月，下诏书命令礼部推荐潜心修养之士。　【纪】下诏通知：御史和各部给事中的任用不必专门出自考察选举的人员；被任命的馆阁官员应该先经过了解和推举，把这些办法定为成法。

【编】大学士周延儒被免职回乡。　【纪】周延儒被宣府阅视太监王坤上奏章弹劾。周延儒请求免职，没有得到允准。左副都御史王志道进言说："王坤不应该侵犯内阁大臣。"明怀宗把朝廷大臣召到平台来，对王志道说："派遣内监，原属不得已的作法。朕讲得十分明确了。为什么还有这么多的议论呢？昨天王坤的奏章，朕已经斥责他是虚妄的诬告。可是廷臣们举报弹劾，没有一个不把内监牵扯上，难道朕处分各个官员全都是因为内监的缘故吗？"王志道回答说："王坤直接弹劾内阁大臣，满朝官员都惶惶不安，替国家的纲纪法度担忧。臣是为国家法度惋惜，不是为诸臣着想。"明怀宗说："廷臣对国家大政不发言，只因为内监在各镇，不利于你们作奸舞弊。就借着王坤的奏章来要挟朝廷，实在是奸巧的佞臣。"接着再三质问王志道。周延儒说："王志道不是只批评内监，实际也在责备臣等失职。"明怀宗的怒气稍微消了一些，说："不认真执行职责，制造舆论来沽名钓誉，国家法纪怎么能容许呢？"立刻命令王志道退下。周延儒就被免职归乡了。

【编】夏五月，命太监陈大金等人监管纪录各路兵将的功劳和罪过。　【纪】明怀宗谕告兵部，说流寇蔓延开来，各路兵将的功劳和罪过应该有人监管并加以纪录。特命太监陈大金、阎思印、谢文举、孙茂霖作内中军，会同各地巡抚、御史，分别进入曹文诏、左良玉各部军营。不久又派阎思印和总兵张应昌共同剿贼。汾阳知县费甲鑐因为苦于供

亿,坠井死。

【编】六月,海盗刘香老犯长乐。

【编】秋九月,总兵张应昌败贼于平山。 【纪】应昌获贼首张有义,即一盏灯也。

【编】冬十月,帝谕囚。 【纪】上素服御建极殿,召阁臣商榷,温体仁竟无所平反。陕西华亭知县徐兆麟,赴任七日,城陷,竟弃市,上颇心恻,体仁不为救,人皆冤之。

【编】十二月,延绥巡抚陈奇瑜击贼,大破之,贼首皆被诛,延水盗悉平。 【纪】时秦贼已尽入晋,流突畿辅、河南至数十万,而延绥贼首钻天哨、开山斧独据永宁关,前阻山险,下临黄河,负固数年不下。奇瑜谋取之,乃阳传总制檄发兵,简众七千人抵延川,潜师疾走入山。贼不虞大兵至,仓皇溃佚,焚其巢,纵击,斩首千六百级。二贼死,分兵击贼首一座城,斩之,延水盗悉平,奇瑜威名著关、陕。

【编】是年陕西、山西大饥。

【编】甲戌,七年,春正月,山西巡抚戴君恩诱执降盗王刚等,诛之。 【纪】降盗王刚、王之臣、通天柱等至太原挟赏。君恩设宴诱刚等,斩之,共斩四百二十九人。而岢岚大盗高加计号显道神尤横。会大旱,饥民投贼者愈众。

【编】李自成、张献忠走盩厔、鄠县间。 【纪】总督洪承畴率总兵曹文诏等先后剿诸贼,斩获甚众,群贼悉奔入商、雒、兴平大山

应粮饷，被逼迫无奈，跳井自杀。

【编】六月，海盗刘香老进犯长乐（今福建长乐县）。

【编】秋九月，总兵张应昌在平山打败了贼军。　【纪】张应昌抓住了贼首张有义，他就是号称一盏灯的人。

【编】冬十月，明怀宗给囚犯定罪。　【纪】明怀宗穿着素服来到建极殿，召集内阁大臣商议。温体仁竟没有提出给人平反或减轻罪名。陕西华亭知县徐兆麟，刚到任七天，县城被盗贼攻陷，竟被判处死刑，明怀宗心里颇为同情他，温体仁却不救援。人们全都感到徐兆麟死得冤枉。

【编】十二月，延绥巡抚陈奇瑜攻打盗贼，把他们打得大败。贼军的首领全都被杀死。延水的盗贼就全被平定了。　【纪】当时陕西的贼寇已经全部进入山西，流窜到京师地区和河南，达到几十万人。而延绥的贼寇首领钻天哨、开山斧独自占据着永宁关（今陕西延长县东南），前有山险阻隔，下临黄河，贼寇依仗地势固守，官军几年都没有攻下来。陈奇瑜设计去夺取它，就假传总督的命令发兵，挑选了七千名士兵到延川（今陕西延长县），暗地里派军队迅速地奔入山内。贼寇想不到大军到来，仓惶之间溃散逃走。官军烧毁了他们的巢穴，发兵攻击，砍下敌人首级一千六百颗。钻天哨等两个贼人也死了。官军分出一支军队去攻击贼军首领一座城，把他斩首。延水的贼寇全被平定了，陈奇瑜的威名响彻关中和陕西。

【编】这一年陕西和山西闹大饥荒。

【编】崇祯七年（甲戌，1634）春正月，山西巡抚戴君恩诱捕并抓获了投降的盗贼王刚等人，杀了他们。　【纪】投降的盗贼王刚、王之臣、通天柱等人到太原来要求赏赐。戴君恩设宴诱骗王刚等人，斩杀了他们，一共杀了四百二十九人。而岢岚（今山西五台县西南）的大盗高加计，绰号叫显道神的，尤为强横。正遇上天大旱，饥民投奔贼寇的越来越多。

【编】李自成、张献忠逃到盩厔（今陕西周至县）和鄠县（今陕西户县）之间。　【纪】总督洪承畴率领总兵曹文诏等人先后多次进剿各路贼寇，杀死和俘虏的敌人很多。贼寇全逃进商（今陕西商县）雒（今

中，自成、献忠奔蓥、鄂间。

【编】谪刑科给事中李世祺于外。【纪】以劾大学士温体仁、吴宗达也。山西提学佥事袁继咸上言曰："养风欲鸣，食鹰欲击。今鸣而箝其舌，击而绁其羽，朝廷之于言官何以异此？使言官括囊无咎，而大臣终无一人议其后。大臣所甚利，忠臣所深忧，臣所为太息也。且陛下所乐听者谗言，而天下误以攻弹贵近为天子所厌闻，其势将波靡不止。"上以越职言事，切责之。

【编】三月，山西自去秋八月不雨至于是月；大饥，人相食。

【编】总理太监张彝宪请入觐官投册，以隆体统，许之。【纪】袁继咸上言："士有廉耻，然后有风俗；有气节，然后有事功。如总理内臣有觐官赍册之令，陛下从之，特在剔厘奸弊，非欲群臣诎膝也。乃上命一出，靡然从风，藩、臬、守、令，参谒屏息，得免呵责为幸。嗟乎！一人辑瑞，万国朝宗，诸臣未觐天子之光，先拜内臣之座，士大夫尚得有廉耻乎！逆珰方张时，义子、干儿，昏夜拜伏，自以为羞；今且白昼公庭，恬不知耻。国家自有觐典，二百余年，未闻有此，所为太息也。"上以越职言事，责之。已，张彝宪亦奏辨，谓"觐官参谒，乃尊朝廷。"继咸复上言："尊朝廷莫大于典例，知府见藩、臬行属礼，典例也；见内臣行属礼，亦典例乎？诸司至京投册吏部各官，典例也；先谒内臣，亦典例乎？事本典例，虽坐受，犹以为安；事创彝宪，即长揖，只增其辱！高皇帝立法，内臣不得与外事；若必以内臣绳外臣，《会典》所不载。"上仍切责之。

陕西洛南县)、兴平(今陕西兴平县)一带的大山中,李自成和张献忠逃向盩厔、鄠县之间。

【编】把刑科给事中李世祺贬谪到外地。 【纪】由于李世祺弹劾大学士温体仁、吴宗达的缘故。山西提学佥事袁继咸上奏说:"养凤凰是想让它鸣叫,养老鹰是想让它搏击。现在它鸣叫却箝住它的舌头,它搏击却系住它的羽翼,朝廷对言官的态度和这有什么不同呢?让言官们闭上嘴不说话,免得惹祸,就会永远没有人在后边评议内阁大臣。这对内阁大臣是非常有利的,但忠臣对此深感忧虑,臣为此叹息。虽然陛下乐于听到正直的言论,但天下人会误认为天子不愿意听到攻击弹劾近侍贵臣的言论。那种影响会波及各地,无法制止。"明怀宗认为他越过了自己的职权来议论国事,加以切责。

【编】三月,山西省自从去年秋八月到这个月都没有下雨,闹大饥荒,出现人吃人的情况。

【编】总理太监张彝宪奏请到宫中进见的官员投递名册,以尊崇国家体统,明怀宗允许了。 【纪】袁继咸上书说:"士人有廉耻,然后才形成风俗;士人有气节,然后才能建立事业功勋。如果说总理内臣有让进见的官员送上名册的命令,陛下依从了他,也只为了分辨和惩治作奸舞弊的现象,不是想要群臣屈膝的。只是皇上的命令一发出,臣下们就随风而倒,布政司、按察司、知府、县令们,参见时屏住气息,以能够免除叱责为幸事。啊!一个人汇集了帝王的瑞兆,万国诸侯就来朝见。如果诸臣没有瞻仰到天子的光辉时,先去参拜内监的座位,士大夫还能有廉耻吗?叛逆的内监魏忠贤气焰嚣张时,他的义子、干儿子们,也是在夜晚去向他叩拜,他们自己也感到羞耻呀。现在却在公堂上大白天拜见内监,恬不知耻。国家自有进见的典礼,二百多年来没听说过有这种作法,臣为此叹息啊!"明怀宗认为他是越职言事,叱责他。以后,张彝宪也上奏给自己分辩说:"进见的官员参谒,是尊重朝廷。"袁继咸又上奏说:"尊重朝廷,莫过于尊重典章制度。知府见布政司、按察司行属下的礼仪,这是典章制度;见到内监们也行属下的礼仪,这也是典章制度吗?各省官员到京来向吏部各官员投送名册,这是典章制度;先去拜见内监,这也是典章制度吗?事情本来符合国家典章制度的,就是坐在

【编】夏四月,海盗刘香老犯海丰。

【编】六月,罢各道监视太监。

【编】总督陈奇瑜受李自成降,复给牌回籍。【纪】奇瑜围自成于汉中车厢峡。会连雨四十日,贼马乏刍,死者过半,弓矢俱脱,贼大窘,自成乃自缚乞降。奇瑜许之,各给免死票回籍,自是复纵横不可制矣。

【编】秋七月,李自成陷澄城,围郃阳。【纪】自成闻洪承畴兵至,解围去,转寇平凉、邠州。

【编】江西饥,观政进士陆运昌上抚字八条。

【编】九月,贼二十余营西至函谷关,东至河阳,连屯百余里。别贼万余,连营雒南、阌乡。

【编】陕贼陷扶风。

【编】命吴甡巡抚山西。

【编】冬十一月,侍读倪元璐上制实、制虚各八策。【纪】元璐上制实八策:曰离敌交,缮旁邑,优守兵,靖降戎,益寇饷,储边才,奠辇毂,严教育。又制虚八策:曰正根本,伸公议,宣义问,一条教,虑久远,昭激劝,励名节,明驾驭。疏入,上令确奏伐交实计,其抚降戎,储边才,留秦、晋饷,馆监教习,俱下部。其制虚八策多系奉旨,不必继陈。既而元璐再陈间敌之术,且请尽撤监视内臣以重边疆,不报。

那里受礼,心中也是安定的。这种作法却是由张彝宪创立的,就是作个大揖,也只能增加耻辱。高皇帝立下的法,内监不许参与朝外的事务。如果一定要让内臣来约束外面朝廷官员,这是《会典》上没有记载的。"明怀宗仍然狠狠叱责了他。

【编】夏四月,海盗刘香老进犯海丰(今广东海丰县)。

【编】六月,撤消了派往各道监视的太监。

【编】总督陈奇瑜接受李自成的投降,又给以免死票,让他们回籍。　【纪】陈奇瑜把李自成包围在汉中的车厢峡(今陕西安康县西),正赶上接连下雨四十天,贼军的马匹缺乏草料,大半都饿死了,弓和箭都因为开胶纷纷脱落。贼军非常窘迫,李自成就绑了自己来请求投降。陈奇瑜答应了,给贼军各个人都发了免死票,让他们回籍。从此以后,李自成又到处流窜,无法控制了。

【编】秋七月,李自成攻陷澄城(今陕西澄城县),包围了郃阳(今陕西合阳县)。　【纪】李自成听说洪承畴的军队来了,撤消包围而去,转攻平凉(今甘肃平凉市)、邠州(今陕西彬县)一带。

【编】江西闹饥荒。观政进士陆运昌呈上安抚灾民的八条意见。

【编】九月,贼寇二十多营驻扎在西起函谷关(今河南灵宝县西南),东至河阳(今河南孟县西)的一百多里地内,营地相连。另外有一万多名贼军,在雒南和阌乡县(今河南灵宝县西南)扎下连营。

【编】陕西贼寇攻陷扶风(今陕西扶风县)。

【编】命令吴甡为山西巡抚。

【编】冬十一月,侍读倪元璐呈上"制实"和"制虚"两种方案,各有八条计策。　【纪】倪元璐呈上的"制实"八条计策是:离间敌人之间的关系,修整邻近的城邑的防卫设施,优待守卫的士兵,安抚投降的外族,增用于平定盗寇的军饷,积蓄边防人才,稳定京师地区,严格教育。又有"制虚"的八条计策,是:端正根本,发挥公众的议论,宣传经义道理,统一教令规定,考虑长远大计,明示对臣子的激励,砥砺名节,明确对官员的使用方法。奏章送入后,明怀宗命他奏明详细实际的讨伐与交好之计。至于安抚投降的外族,积蓄边防人才,给陕西、山西留存饷银,馆监教学等各条建议,都交给有关各部办理。至于"制虚"

【编】逮陕西巡抚练国事,命李乔巡抚陕西。

【编】削总督陈奇瑜职,听勘。

【编】十二月,进洪承畴兵部尚书,总督河南、山西、陕西、湖广、保定、真定等处军务,其总督三边如故。

【编】总督两广熊文灿遣守道洪云蒸等招刘香老,被执。【纪】文灿令云蒸、巡道康承祖、参将夏之本、张一杰往谢道山招刘香老,被执。文灿奏"云蒸等信贼自陷",上以"贼渠受抚,自当听其输诚,岂有登舟往抚之理?弛备长寇,尚称未知,督臣节制何事?"命巡按御史确核以闻。已,令文灿戴罪自效。

【编】乙亥,八年,春正月,谪兵部职方主事贺王盛于外。

【编】河南贼分三道。

【编】张献忠掠庐、凤、安庆。

【编】夏四月,广东左布政王世德及福建游击郑芝龙合击刘香老,诛之。　【纪】芝龙合世德兵击刘香老于田尾远洋。香老胁洪云蒸出船止兵,云蒸大呼曰:"我矢死报国,亟击勿失!"遂遇害。香老势蹙自焚,溺死。康承祖、夏之本、张一杰脱归。寻以世德为云南巡抚,加芝龙参将。

【编】六月,免陕西巡抚李乔官,以甘学阔巡抚陕西。

【编】秦贼摇天动袭陷西和。

【编】秋七月,秦贼陷澄城,八月,陷咸阳。

【编】命湖广巡抚卢象升总理直隶、河南、山东、四川等处军务,统关、辽兵,赐尚方剑,便宜行事,专制中原。

的八条计策大多是奉旨而拟,不必再继续说明了。以后倪元璐再次陈述离间敌人的方法,而且请求把军中监视的内监们全部撤消,从而加强边疆军事,明怀宗不予回复。

【编】逮捕陕西巡抚练国事,命李乔任陕西巡抚。

【编】革除总督陈奇瑜的官职,命他等候审查。

【编】十二月,把洪承畴晋升为兵部尚书,总督河南、山西、陕西、湖广、保定、真定等地的军务,他的三边总督职务仍予保留。

【编】两广总督熊文灿派遣分守道洪云蒸等人去招降刘香老,被刘香老扣留。【纪】熊文灿令洪云蒸、巡守道康承祖、参将夏之本、张一杰等人到谢道山去招降刘香老,被刘香老扣留。熊文灿上奏说:"洪云蒸等人相信了贼人,自己陷入贼手。"明怀宗认为:"贼人的首领接受安抚,就应该让他们来表示诚心归顺,哪里有上敌船去安抚的道理?放松了警备,助长了敌寇气焰,还说不知道。总督大臣统制指挥的是些什么事?"命巡按御史查核确实后上报。不久,命熊文灿戴罪效力。

【编】崇祯八年(乙亥,1635)春正月,把兵部职方主事贺王盛贬职,放逐到外地。

【编】河南贼寇分成三路。

【编】张献忠在庐州、凤州、安庆抢掠。

【编】夏四月,广东左布政使王世德和福建游击郑芝龙合击刘香老,杀了他。【纪】郑芝龙与王世德在田尾远洋全兵攻击刘香老,刘香老逼迫洪云蒸出船仓去制止官兵进攻,洪云蒸大呼道:"我誓死报国,赶快攻击,不要错过机会。"他便被敌人杀害了。刘香老势穷自焚,落水淹死。康承祖、夏之本、张一杰脱身逃了回来。不久,任命王世德为云南巡抚,升郑芝龙为参将。

【编】六月,免去陕西巡抚李乔的官职,任命甘学阔为陕西巡抚。

【编】陕西贼寇摇天动偷袭并攻陷了西和(今甘肃西和县)。

【编】秋七月,陕西贼寇攻陷澄城,八月又攻陷咸阳。

【编】命湖广巡抚卢象升总理直隶、河南、山东、四川等地的军务,统帅关、辽的军队,赐给他尚方宝剑,准许他可以根据情况自行处理事

【编】进文震孟礼部左侍郎，兼东阁大学士。

【编】冬十月，老回回袭陷陕州。

【编】帝下诏罪己，避居武英殿，减膳彻乐，【纪】除典礼外，惟以青衣从事，以示与行间文武士卒甘苦相同之意。

【编】十一月，秦贼一字王等部众出关，钞掠诸路。【纪】一字王部众二十万，撞天王统十七万，自潼关出犯阌乡、灵宝。大队东行，尘埃涨天，阔四十里，络绎百里，老弱居中，精骑居外。左良玉与总兵祖宽两军相隔，东西七十里，遥望山头，不敢邀击。贼钞掠诸路，截烧粮草，诸军乏食。

【编】十二月，张献忠合诸贼围庐州，分道陷巢县、含山，遂陷和州，沿江下犯江浦。

【编】丙子，九年，春正月，以刘宗周为工部右侍郎。

【编】授淮安武举陈启新吏科给事中。【纪】启新上言："今天下有三大病，曰科目取人，资格用人，推知行取科道，惟陛下停科目以讪虚文，举孝廉以崇实行，罢推知行取以除积横之习。蠲灾伤钱粮，苏累困之民，而且专拜大将，举行登坛、推毂之礼，使其节制有司，便宜行事，庶几民怨平而寇氛靖。"上异其言，特授吏科给事中，命遇事直陈毋隐。

启新本庸人，时政府觇知上意，必有辟门特达之典，故令启新上书跪正阳门。曹化淳实闻之于内，立致省垣，将借以搏击善类。迨启新既得进，惟从事敝车羸马以逢迎上意，而政府有求皆不应，故

务,专管中原地区。

【编】晋升文震孟为礼部左侍郎、兼东阁大学士。

【编】冬十月,老回回袭击并攻陷陕州(今河南陕县)。

【编】皇帝下罪己诏,宣示自己有过失,避到武英殿居住,减少膳食品种,撤去奏乐。 【纪】除去典礼之外,皇帝只穿着青布衣办事,以表示和行军作战的文武官员士兵们同甘共苦之意。

【编】十一月,陕西贼寇一字王等部众出潼关,在各路抢劫掠夺。【纪】一字王的部众有二十万人,撞天王率领十七万人,从潼关出关进犯阌乡、灵宝(今河南灵宝县)。大队人马向东行进,尘土弥天,队伍排开四十里宽,前后接连一百里长,老弱在中间,精壮的骑兵在外面。左良玉和总兵祖宽两支军队被隔开,东西相距七十里,只能远望山头,不敢前往截击。贼寇沿路抢劫,截获粮草就烧毁,各路官军都缺少粮食。

【编】十二月,张献忠会合各路贼寇包围庐州(今安徽合肥市),分路攻陷巢县(今安徽巢湖市)、含山(今安徽含山县),接着又攻陷和州(今安徽和县),沿长江而下进犯江浦(今江苏江浦县)。

【编】崇祯九年(丙子,1636)春正月,任命刘宗周为工部右侍郎。

【编】给淮安府(今江苏淮安)的武举陈启新授官吏科给事中。

【编】陈启新上奏说:"现在天下有三种重大的弊病,是由科举选取人才,凭资格任用人,由御史和给事中等科道官审查了解推荐录取官员。希望陛下停止科举考试,以抑制无用的虚文,选拔孝廉以推崇实际的好品行,停止由科道官审查录用人才,以除去专横的积习。减免受灾地区的钱粮,让受累困苦的人民得以休养生息。而且要专门拜请大将,举行登坛拜将、由帝王推车的隆重典礼,让他能统制有关官署,根据形势自行决断。这样大概就能让老百姓的怨气平息,贼寇也会被平定了。"明怀宗认为他的话不同凡响,特为授予他吏科给事中的官职,命他遇到事情率直陈奏,不用隐瞒。

陈启新本来是一个庸人。当时执政的官员揣摩到明怀宗的心意,一定会有打开大门破格提拔的恩典,所以让陈启新跪在正阳门上书。实际上由曹化淳去上报宫中,马上使陈启新任职中枢官署,准备借用他去打击善良的人。但陈启新被提拔起来后,只是找破旧的车和病弱的

政府恨之，不见信任。工部右侍郎刘宗周上言："武生新授吏科给事中陈启新，一言投契，立置清华，此诚盛事。臣愚谓宜先令以冠带办事黄门，稍如试御史例，俟数月后果有忠言奇计，实授未晚，不然如名器可惜何！"

【编】总理户象升大败张献忠于滁州。【纪】献忠合群贼围滁州，象升大败之，贼窜河南。

【编】总兵陈永福败李自成于朱仙镇。【纪】自成出河南，攻固始。左良玉遇自成于阌乡，相持六日，承福援之，败之于朱仙填，自成走登封、密县。寻自成诱别部贼入河南当官兵，而自帅麾下奔汉南，循南山险厄，遵商雒而行，复出陕西，官军败绩于罗家山，失亡士马无算，自成自郿州至延绥。

【编】二月，山西饥，人相食。

【编】甘肃总兵柳绍宗败贼过天星于西宁州。【纪】过天星合九条龙等八营西掠兰、河，南扰会宁。洪承畴檄左光先与绍宗合兵击之，绝其西奔，贼复自万安走盐池，两军力战破之。贼穷蹙请降，陕西巡抚甘学阔受其降，安插其部数万人于延安，寻延河劫掠如故。

【编】三月，贼九条龙、张胖子从南漳、柳池陷校城、官山，逼保康。

【编】南阳浐饥。【纪】唐王聿键奏："南阳有母烹其女

马来乘坐，以迎合皇帝的心意，而执政官员的要求他都不答应，所以执政官员恨他，不信任他。工部右侍郎刘宗周上奏说："新任吏科给事中的武生陈启新，说了一句投合皇上心意的话，马上就被提拔到清要的高位，这确实是件盛事。臣的愚见是应该先让陈启新以官员的身份在官署办事，大致像试用御史的事例，等到几个月后，他果然有忠言和奇计，再授给他实职也不晚。不然的话，就要为国家的官职名分使用不当感到可惜了。"

【编】总理卢象升在滁州（今安徽全椒县）把张献忠打得大败。
【纪】张献忠会集贼军包围了滁州。卢象升把他们打得大败，贼军逃窜到河南。

【编】总兵陈永福在朱仙镇（今河南开封西南）打败了李自成。
【纪】李自成进入河南，攻打固始（今河南固始县）。左良玉在阌乡与李自成相遇，双方对峙了六天。陈永福去支援左良玉，在朱仙镇打败了李自成。李自成逃向登封（今河南登封县）、密县（今河南密县）。不久李自成把其他的贼军引诱到河南来抵挡官军，自己却率领部下奔向汉水南面，沿着南山的险路，从商雒地区经过，再次进入陕西。官军在罗家山吃了败仗，损失的士兵马匹不计其数。李自成从鄜州（今陕西富县）到了延绥。

【编】二月，山西闹饥荒，出现人吃人的情况。

【编】甘肃总兵柳绍宗在西宁州（今甘肃华池县、会宁县一带）打败了贼人过天星。【纪】过天星汇合了九条龙等八营军队向西抢掠兰州（今甘肃兰州）、河湟一带，向南骚扰会宁。洪承畴发文书命令左光先和柳绍宗把兵力会合起来去攻击他们，截断他们向西奔逃的道路。贼军又从万安（今甘肃宁县一带）逃向盐池（今宁夏盐池县）。柳绍宗等两支军队奋力作战打败了他们。贼军走投无路，请求投降。陕西巡抚甘学阔接受了他们的投降，把他们的几万名士兵安插在延安。不久，延河一带又像以前一样遭到抢掠。

【编】三月，贼人九条龙、张胖子从南漳（今湖北南漳县）、柳池出发攻陷谷城（今湖北谷城县）、官山，逼近保康（今湖北保康县）。

【编】南阳（今河南南阳）地区连续闹饥荒。【纪】唐王朱聿键

者。"

【编】陕西巡抚甘学阔削籍听勘,以孙传庭代之。

【编】夏四月,延绥总兵俞翀霄引兵逐李自成,被执。【纪】自成欲往绥德渡河入山西,定边副将张天机力战却之。贼沿河犯朝邑,将围绥德,翀霄引兵逐贼,陷贼伏中,翀霄被执,绥延精卒尽覆,贼分陷米脂、延安、绥德。贼本延安人,至是再入延安,衣锦绣昼游尚其亲戚,故从乱者益众。

【编】是月,我大清太宗建国号曰清,改天聪十年为崇德元年。

【编】六月,命司礼太监曹化淳同法司录囚。

【编】秋七月,我大清兵至居庸。遣内中军李国辅守紫荆关,许进忠守倒马关,张元亨守龙门关,崔良用守固关,勇卫营太监孙维武、刘元斌防鸟水沿河。

【编】以张元佐为兵部右侍郎,镇守昌平。【纪】时内臣提督天寿山者皆即日往。上语阁臣曰:"内臣即日就道,而侍郎三日未出,何怪朕之用内臣邪!"

【编】巡抚陕西孙传庭击贼于盩厔,大破之,【纪】擒贼首闯王高迎祥及刘哲等,献俘阙下,磔于市。

【编】八月,老回回焚开封西关。【纪】时群盗出没豫、楚间,散而复合。

【编】九月,我大清兵从建昌冷口还。【纪】守将崔秉德请率兵遏归路。总监高起潜不敢进,扬言当牛渡击之。侦骑报师已尽行四日,起潜始进石门山。报斩三级。

【编】以兵部侍郎王家贞巡抚河南,总理直隶、川、湖、山、陕军务。

上奏说:"南阳有的母亲把自己的女儿煮了吃。"

【编】陕西巡抚甘学阔被革去官籍,听候审查,任命孙传庭代替他。

【编】夏四月,延绥总兵俞翀霄领兵追赶李自成,被贼军抓住了。【纪】李自成想要到绥德(今陕西绥德县)去,渡过黄河进入山西,定边(今陕西定边县)副将张天机奋力作战打退了他。贼军沿着黄河去进攻朝邑,准备包围绥德。俞翀霄领兵去追赶敌人,陷入贼军的埋伏中。俞翀霄被抓住,延绥的精兵全部覆没。贼军分别攻陷米脂、延安、绥德。李自成本来是延安人,这时再次进入延安,白天穿着锦绣衣在街上游逛,向他的亲戚炫耀,所以跟着造反的人更多了。

【编】这个月,我大清太宗皇帝确定国号为"清",改天聪十年为崇德元年。

【编】六月,命司礼太监曹化淳和司法部门共同审核罪犯。

【编】秋七月,我大清兵到达居庸关。明朝派遣内中军李国辅守卫紫荆关,许进忠守卫倒马关,张元亨守卫龙门关,崔良用守卫固关,勇卫营太监孙维卫和刘元斌守卫马水(今河北境内拒马河)的沿河地带。

【编】任命张元佐为兵部右侍郎,镇守昌平。【纪】当时提督天寿山的内监全都当天就出发了。明怀宗对内阁大臣们说:"内监都当天就出发了,而侍郎却三天了还没出发,怎么能怪朕使用内监呢?"

【编】陕西巡抚孙传庭在盩厔攻打贼军,把他们打得大败。【纪】捉住了贼军的首领闯王高迎祥和刘哲等人,把他们送到宫阙之下向皇帝献俘,在市上处以分割肢体的磔刑。

【编】八月,老回回焚烧了开封城的西关。【纪】当时成群的贼寇在河南、湖北之间出没,被打散后又聚集起来。

【编】九月,我大清兵从建昌冷口(今辽宁建昌县内)退回。【纪】明守将崔秉德请求率领士兵堵住清军的退路,总监高起潜不敢前进,扬言要在清军渡河渡过一半时去发起进攻。侦察的骑兵报告说敌军已经退走四天了,高起潜才前进到石门山,上报说斩首三级。

【编】任命兵部侍郎王家贞为河南巡抚,总理直隶、四川、湖北、山西、陕西的军务。

【编】冬十月，工部侍郎刘宗周上疏谏用中官，不报。　【纪】宗周上言："人才之不竞，非无才之患，而无君子之患。今天下即乏才，亦何至尽出二三中官下，每当缓急之际，必依以大任。三协有遣，通津临德有遣，又重其体统，等于总督。中官总督，将置总督于何地？是以封疆尝试也。且小人与中官每相引重，而君子独岸然自异，故自古有用小人之君子，终无党比中官之君子。陛下诚欲进君子退小人，而复用中官以参制之，此明示以左右袒也。"不报。

【编】起复杨嗣昌为兵部尚书。

【编】命采平扬、凤翔诸矿以储国用。

【编】总督贵、湖、云、川、广等处军务朱燮元讨摆金、两江、巴香、狼坝、火烘。五洞叛苗，悉平之。　【纪】燮元既平叛苗，水西势益孤，又通上下六卫并清平、偏镇四卫道路，凡一千六百余里，设亭障，置游徼，以便往来滇中。沐氏土舍普名声乱，燮元奉命移兵讨诛之。

【编】丁丑，十年，春二月，左良玉大破贼于舒城、六安，连战三捷，　【纪】时总兵秦翼明败闯塌天于细石岭，擒贼首一条葱、新来虎。贼至英山分营山险，伐竹为筏，谋渡江潜窜大山中，应天巡抚张国维檄左良玉入山搜捕，良玉新立功，骄蹇不奉调发，惮入山险，屯于舒城，国维三檄之，始自舒城进发，贼已饱掠出境，山西总兵王忠以兵援河南，称病数月，不进一军，噪而西归，给事中凌义渠劾之。诏逮王忠入都；革良玉职，杀贼自赎。

【编】冬十月，工部侍郎刘宗周上奏章劝阻使用内监，没有给以回复。　【纪】刘宗周进言说："现在人才不多，不患没有人才，而患在没有君子。现在天下再缺乏人才，也不至于都不如那几个宫中内监，每当国家有了危急情况，一定把重大的责任交给内监。三协地区派内监去，通州、天津、临清、德州也派内监去，又给他们尊崇的地位，和总督相等。让内监当总督，要把总督放在什么位置去呢？这是以国家的疆土来给他们作官当试验之用。而且小人和内监们常常互相勾结，互相推重，而君子却严肃地自重自尊，所以自古以来有使用小人的君子，但决没有和内监结成私党的君子。陛下真心想要进用君子，斥退小人，却又任用内监和官员一起任职，来控制其他官员，这明显表示出对内监的偏袒。"没有给予回复。

【编】重新起用杨嗣昌为兵部尚书。

【编】命令开采平阳、凤翔诸矿，以增加国家的财政储备。

【编】总督贵州、湖广、云南、四川、广东等处军务的朱燮元去讨伐摆金、两江、巴香、狼坝、火烘、五洞各地叛乱的苗民，把这些地方全都平定了。　【纪】朱燮元平定了叛乱的苗民以后，水西的力量更加孤立了。朱燮元又开通了上、下六卫和清平、偏镇四卫的道路，一共有一千六百多里路，在路上设立了亭障，安排了巡逻兵，以便和滇中各地往来。沐氏土官普名声叛乱，朱燮元奉命把军队调过去讨伐他们。

【编】崇祯十年（丁丑，1637）春二月，左良玉在舒城（今安徽舒城县）、六安（今安徽六安县）大败贼军，连续打了三次胜仗。　【纪】当时总兵秦翼明在细石岭打败了闯塌天，抓住了贼寇首领一条葱、新来虎。贼军到英山，在险要处分别扎营，砍伐竹子做筏，计划渡过江去潜伏到大山里面。应天巡抚张国维用文书通知左良玉，让他进山去搜捕。左良玉刚立了战功，骄傲狂妄，不听调动，又害怕山路险峻，就驻扎在舒城不动。张国维发去三次命令，左良玉才从舒城出发进山，贼军已经抢够东西后离开这里了。山西总兵王忠带兵去支援河南时，说自己有病，拖了几个月不出兵作战，吵吵嚷嚷地向西退回去了。给事中凌义渠弹劾他们。明怀宗下诏书命令把王忠逮捕，押送京城；革去左良玉的官职，令他去杀贼寇赎自己的罪。

【编】命陕西巡抚孙传庭兼总理河南。

【编】夏闰四月，以熊文灿为兵部尚书，兼副都御史，总理直隶、山、陕、川、湖军务，督剿流寇。

【编】河南巡抚陈必谦罢，以常道立代之。

【编】六月，大学士温体仁以疾罢归。

【编】秋七月，以史可法为右佥都御史，巡抚安、庐、池、泰等处军务。

【编】江北贼陷六合，遂围天长。

【编】李自成寇泾阳、三原。西安大震。

【编】官军败张献忠于黄冈。　【纪】献忠复入江北，东掠至仪真。扬州告急。献忠寻西走入楚。

【编】八月，以薛国观为礼部左侍郎，兼东阁大学士。

【编】冬十月，陕贼过天星同李自成入蜀，混天王、蝎子块随之。川兵大败混、蝎二贼于广元，斩首千级。

【编】水西安位死，西南悉平。　【纪】位死无嗣，族属争立，朝议欲乘其弊，郡县之，朱燮元上书谏，乃止。燮元遂传檄土目，谕以威德，诸部争纳土献重器。燮元召将吏议，以为众建土司，使其势少力分，则易制；各欲保土地，传子孙，则不敢为逆。乃上奏曰："臣按西南之境，皆荒服也，杨氏反播；奢氏反蔺，安氏反水西。而滇之定番，弹丸小州，为长官司者十有七，二三百年未闻有反者。非他司好逆而定番忠顺也，盖地大者跋扈之资，而势弱者保世之策也。今臣发水西之壤授诸渠长〔又〕（及）有功汉人，咸俾世守，凡其俗虐政、苛敛一切除之，使参用汉法，可为长久计。"制曰"可。"西南遂底定焉。

【编】命令陕西巡抚孙传庭兼总理河南事务。

【编】夏闰四月,任命熊文灿为兵部尚书,兼副都御史,总理直隶、山西、陕西、四川、湖广军务,督师进剿流寇。

【编】罢免河南巡抚陈必谦,任命常道立代替他。

【编】六月,大学士温体仁因为疾病免职回乡。

【编】秋七月,任命史可法为右佥都御史,巡抚安庆、庐州、池州、泰州等地军务。

【编】长江北岸的贼寇攻陷了六合(今江苏六合县),接着包围天长(今安徽天长县)。

【编】李自成进犯泾阳(今陕西泾阳县)、三原(今陕西三原县),西安大震。

【编】官军在黄冈(今湖北黄冈市)打败了张献忠。【纪】张献忠又到了江北,向东抢掠,到了仪真(今江苏仪征县),扬州告急。不久,张献忠又向西奔入湖北。

【编】八月,任命薛国观为礼部左侍郎,兼东阁大学士。

【编】冬十月,陕西盗贼过天星和李自成进入四川,混天王、蝎子块跟随他们一起入川。四川官军在广元(今四川广元市)大败混天王、蝎子块两支贼军,斩首千级。

【编】水西的安位死了,西南全部平定。【纪】安位死后,没有继承人,他的同族亲属争着要立为首领。朝廷上商议要趁他们衰弱的机会把水西等地改成郡县,因朱燮元上奏章劝谏而中止。朱燮元于是给土人头领送去文书,向他们宣扬朝廷的威德,各个部落都争着归顺,献上宝器。朱燮元召集将领和官吏们商议,认为大量设置土司,让土人的势力减小,力量分散,就容易控制他们。土人各自想要保住自己的土地,把它传给子孙,就不敢叛乱。朱燮元就上奏章说:"臣查西南边境,全都是古代称作荒服的僻远地区,播州(今贵州遵义)有杨氏造反,蔺县(今四川古蔺)有奢氏造反,水西有安氏造反。而云南的定番,只是弹丸小州,设立了十七个土司长官,二三百年来,没听说过那里有造反的。这并不是其他的土司喜欢造反,而定番的土司忠诚顺服,是因为地域广大是跋扈的人所凭借的,而力量弱小的人只想保住自己

【编】十一月，以司礼太监曹化淳、杜勋等提督京营。

【编】戊寅，十一年，春正月，总兵左良玉、陈洪范大破贼于郧西，张献忠请降。【纪】初，献忠为盗，洪范捕获献忠，异其貌而释之，以是怀旧恩乞降于洪范，请率所部杀贼自效。总理熊文灿承制抚之。献忠请置家口于郧西。文灿为请于朝。诏贷其罪，立功自赎。

【编】二月，巡按河南御史张任学改都督佥事总兵官，镇守河南。【纪】任学觊得巡抚，且欲荐故丹徒知县张放，极诋诸总兵不足恃，盛称文吏有奇才，可御寇。上竟以总兵授之，意大沮悔。

【编】总督洪承畴大败李自成于梓潼。【纪】自成率残众数千走溪南，孑身入楚依张献忠，不许，至竹溪。献忠谋杀之。自成独乘骡日行六百里走商雒，至浙川老回回营，卧疾丰年余。老回回授以数百人，仍出剽掠。

【编】夏五月，宣、大总督卢象升以父忧罢，诏以陈新甲代之。

【编】六月，逮湖抚余应挂，以方孔绍为湖广巡抚。
【编】以杨嗣昌为礼部尚书，兼东阁大学士。
【编】秋九月，我大清兵薄墙子岭。总督吴阿衡及中军副将鲁宗文被执，皆不屈，死之。
【编】大清兵入密云。【纪】兵部檄宣、大、山西总兵杨国桂、

子孙的计策。现在臣把水西的土地分别授给各处酋长和有功的汉人，全让他们世代守护。凡是当地风俗中凶残的政令和苛刻的赋税全都免除掉，让他们参用汉族的法度，可以成为长久之计。"皇上批示说："可以。"西南地区于是就平定了。

【编】十一月，派司礼太监曹化淳、杜勋等人提督京城的军营。

【编】崇祯十一年（戊寅，1638）春正月，总兵左良玉、陈洪范在郧西大（今湖北郧西县）败贼军，张献忠请求投降。【纪】起初，张献忠为盗，陈洪范抓住了他，感到他相貌奇特，就放了他。张献忠因为怀念旧恩，就向陈洪范请降，请求让他率领自己的部下去杀贼寇，为朝廷效力。总理熊文灿秉承皇帝旨意加以招抚，张献忠请求把家属安置在郧西。熊文灿替他向朝廷请求，明怀宗下诏书宽免张献忠的罪行，让他立功赎罪。

【编】二月，巡按河南御史张任学改任都督佥事总兵官，镇守河南。【纪】张任学谋图获得巡抚一职，而且想推荐前任的丹徒知县张放，便极力诋毁各个总兵，说他们都不能依靠，大大夸奖文官有奇才，可以抵御贼寇。明怀宗却授给他总兵的职务，张任学心中十分沮丧懊悔。

【编】总督洪承畴在梓潼（今四川梓潼县）大败李自成。【纪】李自成率领残余的部众几千名逃往溪南，他单身一人到湖北去依附张献忠，张献忠不接纳他。李自成到了竹溪（今湖北竹溪县），张献忠谋划杀死他。李自成一个人骑着骡子，一天跑六百里路，奔向商雒山区，到了淅川（今河南淅川县）的老回回军营，在那里因病卧床半年多。老回回给了李自成几百人，仍然外出抢掠。

【编】夏五月，宣、大总督卢象升因为父亲去世离职，明怀宗下诏任命陈新甲代替他。

【编】六月，逮捕湖广巡抚余应桂，任命方孔绍为湖广巡抚。

【编】任命杨嗣昌为礼部尚书，兼东阁大学士。

【编】秋九月，我大清军队逼近墙子岭（今河北兴隆县内）。明总督吴阿衡和中军副将鲁宗文被俘，都不屈而死。

【编】大清兵进入密云。【纪】兵部发出文书，命令宣、大、山西

王朴、虎大威入援。总督卢象升立遣三帅入居庸，趋都城。陈新甲亦至，受敕印交代。象升入勤王，中途闻诏，仍赐尚方剑，总督天下援军。

【编】冬十月，京师戒严。　【纪】召孙传庭于陕西，洪承畴于三边；于是承畴、传庭率诸将合兵五万，先后出潼关入援。

【编】以丁启睿为都御史，巡抚陕西。
【编】大清兵逼京城。
【编】十一月，大清兵克高阳。前太傅、中极殿大学士、兵部尚书孙承宗死之。
【编】十一月，括废铜铸钱。
【编】十二月，改洪承畴蓟、辽总督，孙传庭保定总督。加传庭兵部右侍郎，赐尚方剑，督诸镇援军。
【编】大清兵下山东。

总兵杨国桂、王朴、虎大威来京城救援。总督卢象升立刻派遣三名总兵领兵进入居庸关，直奔京城，陈新甲也到了，接受了敕令和印信，接受了卢象升交代的职务。卢象升进京去勤王，半路上接到诏书，仍然赐给他尚方宝剑，让他总督天下援军。

【编】冬十月，京师戒严。【纪】到陕西征召孙传庭，到三边征召洪承畴。于是洪承畴、孙传庭率领各位将领，会合了五万士兵，先后出潼关来京城援救。

【编】任命丁启睿为都御史，巡抚陕西。

【编】大清兵逼近京城。

【编】十一月，大清兵攻克高阳（今河北高阳县），前太傅、中极殿大学士、兵部尚书孙承宗死于此役。

【编】十一月，搜括废铜铸造钱币。

【编】十二月，改任洪承畴为蓟辽总督，孙传庭为保定总督。加孙传庭兵部右侍郎官衔，赐给他尚方剑，监督诸镇的援兵。

【编】大清兵攻入山东。

明鉴易知录卷十四

明纪

怀宗端皇帝

【编】己卯,十二年,春正月,我大清兵克济南,德王被执。诏逮山东巡抚颜继祖下狱论死。

【编】二月,大清兵北旋。
【编】巡抚河南常道立削籍,以李仙风为河南巡抚。
【编】以司礼太监崔琳清理两浙盐课赋税。
【编】逮河南总兵张任学。
【编】三月,左良玉大败河南贼于内乡。
【编】夏四月,抚治郧阳戴东旻免,以王鳌永抚治郧阳。

【编】五月,张献忠叛于谷城,御史林铭球死之。【纪】初,贼首高迎祥既诛,李自成困,川西群盗失势。献忠连败,精锐俱尽,始乞抚以缓诛,初无降意。及据谷城,潜句诸贼为掎角,遂复思叛去。举人王秉贞为之谋主。至是,遂杀谷城知县阮之钿以叛。降贼罗汝才九营并起应之。献忠胁御史林铭球上书求封于襄阳,铭球不从,遂杀之。

【编】秋七月,总理熊文灿、总兵左良玉俱削职,杀贼自赎。【纪】文灿檄诸将进兵谷城,献忠焚谷城西走,与罗汝才合。良玉追贼于房县西,贼设伏罗猴山,良玉兵渡隘入伏中,贼四合围之。突围战,败绩,一军尽没,良玉失其符印,仅收残兵数百走回房县。事闻,文灿、良玉俱革职自效。

【编】诏撤各镇内监还京。大学士薛国观免。

怀宗端皇帝

【编】崇祯十二年（己卯，1639）春正月，我大清兵攻克济南（今山东济南市），德王被抓住。下诏书把山东巡抚颜继祖逮捕入狱，定为死罪。

【编】二月，大清兵退回北方。

【编】革除河南巡抚常道立的官籍，任命李仙风为河南巡抚。

【编】派司礼太监崔琳清理两浙地区的盐税和赋税。

【编】逮捕河南总兵张任学。

【编】三月，左良玉在内乡（今河南内乡县）大败河南贼寇。

【编】夏四月，抚治郧阳的戴东曼被免职，派王鳌永抚治郧阳（今湖北郧县）。

【编】五月，张献忠在谷城（今湖北谷城县）叛乱。御史林鸣球被杀。　【纪】当初，贼首高迎祥被杀以后，李自成陷入困境，四川西部的盗贼们处于劣势，张献忠接连打了几次败仗，精锐力量全丧失了，才请求招抚，想以此延缓被诛，并没有投降的意思。等到占据了谷城，张献忠暗地里和各支贼军勾结，形成犄角之势，于是就又想叛乱，举人王秉贞给他作谋主。到五月里，张献忠就杀了谷城知县阮之钿，起而叛变，已经投降了的贼人罗汝才和他的九营军队一起响应。张献忠威胁御史林鸣球向朝廷上书请求把襄阳封给他，林鸣球不依从，张献忠就杀了他。

【编】秋七月，总理熊文灿、总兵左良玉都被削去官职，令他们杀贼寇以赎免自己的罪责。　【纪】熊文灿发出文书，命令诸将向谷城进军。张献忠焚烧了谷城，向西逃走，和罗汝才会合。左良玉追赶贼军追到房县（今湖北房县）西，贼军在罗猴山设下埋伏，左良玉的军队越过山口，进入了埋伏圈里，贼军从四面包围上来。左良玉突围，打了败仗，全军都被消灭了。左良玉丢掉了他的官印和兵符，仅带着几百名残兵逃回房县。战况报告上去后，熊文灿、左良玉都被革职，令他们效力赎罪。

【编】下诏书把各镇的内监撤回京城。免去大学士薛国观的职务。

【编】安庆巡抚史可法以忧归。

【编】八月，命大学士杨嗣昌以兵部尚书督师讨贼，赐尚方剑。　【纪】初，熊文灿与嗣昌深相结纳，嗣昌冀文灿成功以结上知。文灿既败，嗣昌内不自安，请督师南讨，故有是命。

【编】九月，秦兵大破李自成于函谷。　【纪】自成众散略尽，其部下相继俱降。自成窜汉南，秦兵蹙之于北，左良玉阨武关以南，自成穷蹙不得他逸，食且尽，自经者数四，养子李双喜救之。自成因令军中尽杀所掠妇女，以五十骑冲围而南，遂逃入郧阳，息马深山中。时河南大饥，饥民所在为盗，自成乃自郧、均走伊、洛，饥民从者数万，势复大振。

【编】冬十月，杨嗣昌至襄阳。诏逮熊文灿入京，论死。

【编】拜左良玉为平贼将军。　【纪】良玉所部多降将，杨嗣昌谓可倚以办贼，为请于上，故有是命。

【编】是岁，两京、河南、山东、山西旱、饥。

【编】彗星见，谕停刑。

【编】庚辰，十三年，春正月，逮湖广巡抚方孔炤，命宋一鹤为湖广巡抚。

【编】闰月，督师杨嗣昌奏辟永州推官万元吉为军前监纪，从之。

【编】二月，杨嗣昌驻襄阳调兵剿贼。

【编】平贼将军左良玉大破张献忠于太平县之玛瑙山。　【纪】良玉斩贼首万级。献忠精锐俱尽，止千余骑自随，遁走兴、归山中，

【编】安庆巡抚史可法因为父亲去世离职回乡。

【编】八月,命大学士杨嗣昌以兵部尚书的身份监督军队讨伐贼寇,赐给他尚方宝剑。【编】起初,熊文灿与杨嗣昌结交,关系很密切。杨嗣昌希望熊文灿能获得成功,以此得到皇帝的知遇。熊文灿失败以后,杨嗣昌心中不安,请求让他监督军队到南方讨伐贼军,所以才有了这个诏命。

【编】九月,陕西军队在函谷关(今河南灵宝县西南)大败李自成。【纪】李自成的部众几乎都逃散了,他的部下相继都投降了。李自成逃窜到汉水南面,陕西军队从北面逼迫他,左良玉扼守住武关(今陕西商县西)以南。李自成走投无路,无法逃到别处去,粮食就要吃完了,几次要上吊自杀,养子李双喜把他救了下来。李自成就命令军中把抢来的妇女都杀死,用五十名骑兵冲出包围向南而去,逃进郧阳,在深山里休息。当时河南闹大饥荒,饥民们都在当地做了盗贼,李自成就从郧阳、均县(今湖北均县)奔向伊、洛地区(今河南洛阳以南地区),有几万名饥民来投奔他,他的声势再次大振。

【编】冬十月,杨嗣昌到了襄阳。下诏书把熊文灿逮捕,押进京城,判处死刑。

【编】拜左良玉为平贼将军。【纪】左良玉的部下有不少投降过来的将领,杨嗣昌认为可以倚仗他们来对付贼寇,替左良玉向皇帝请求封赏,所以有这个诏命。

【编】这一年,北京、南京、河南、山东、山西等地闹旱灾,出现饥荒。

【编】彗星出现,明怀宗宣布停止执行死刑。

【编】崇祯十三年(1640,庚辰)春正月,逮捕湖广巡抚方孔炤,命宋一鹤为湖广巡抚。

【编】闰月,督师杨嗣昌奏请任用永州推官万元吉为军前监纪,明怀宗批准了。

【编】二月,杨嗣昌驻守襄阳,调动军队剿贼。

【编】平贼将军左良玉在太平县的玛瑙山(今四川万源县北)大败张献忠。【纪】左良玉的军队斩贼首一万级,张献忠的精锐全损失完

寻自盐井窜兴、房界上。良玉屯兴安、平利诸山，连营百里，诸军惮山险，围而不攻，贼伏深箐中，重贿山氓市盐刍米酪。山中人安之，反为贼耳目，阴输兵情于贼。献忠得以休息，收散亡，养夷伤，群盗往往归之，兵复振。时罗汝才、过天星七股贼尽入蜀。

【编】风霾亢旱，诏求直言。

【编】谕户部以保定、永清等郡县刍粮给畿南饥民，发帑金六千赈山东。

【编】三月，免畿郡料匠等银，赈京城贫民各钱二百。

【编】杨嗣昌次荆门。【纪】嗣昌立大剿营，以新募湖南杀手二千人隶之，更以麾下骑兵为上将营，新抚降丁皆隶焉，以副将猛如虎将之。

【编】夏四月，罢郧抚王鳌永，以袁继咸抚治郧阳。

【编】五月，减商州、湖广田租。【纪】上以两京及山东、西、河南、陕西各处告饥，命地方有司设法赈济，招徕流徙，抚按躬行州县，定殿最以闻。

【编】截漕米万石赈山东。

【编】六月，张献忠自兴、房走白羊山。

【编】秋七月，发帑金二万赈顺天、保定。

【编】八月，发仓粟赈河东饥民，帑金三万赈真定、山东、河南饥民。

【编】九月，张献忠、罗汝才陷大昌。【纪】二贼屯夔城山背。贼行营辎重妇女甚众，而诸军多观望不前，但尾贼后，所至关

了，只有一千多名骑兵跟着他，逃到兴安（今湖北兴山县）、归州（今湖北秭归县）的山中躲起来。不久，张献忠又从盐井窜到兴安和房县交界的地区。左良玉的军队屯驻在兴安、平利各处山中，军营连绵百里，各路军队惧怕山险，包围着敌人而不进攻。贼军藏在山林深处，用重金收买山民，给他们买盐、米、草料、乳酪等，山里人安下了心，反而给贼人作耳目，探听消息，暗地里把官军的情况告诉贼人。张献忠因此得以休息，收集了流散的部众，养好了创伤，贼盗们不时来归附他，张献忠的兵势再次振作起来。当时罗汝才、过天星等七支贼军全部进入四川。

【编】大风刮得天空阴暗多尘，干旱不止。明怀宗下诏书寻求直言。

【编】明怀宗命令户部把保定、永清（今河北永清县）等州县的粮食草料发给京师南部地区的饥民，拨发六千两库银赈济山东。

【编】三月，免除了京师各郡向工匠征收的税银等项钱款，赈济京城的贫民，每人给了二百钱。

【编】杨嗣昌到达荆门（今湖北荆门市）。【编】杨嗣昌设立了大剿营，把新招募的二千名湖南杀手划归大剿营统属，又把自己帅营的骑兵编为上将营，新招抚的投降士兵都隶属于上将营，任命副将猛如虎统率上将营。

【编】夏四月，罢免郧阳抚治王鳌永，任命袁继咸抚治郧阳。

【编】五月，减收商州（今陕西商县）、湖广的田赋。【纪】明怀宗由于北京、南京和山东、山西、河南、陕西各地报告闹饥荒，命地方官设法赈济，招收安排流亡人口；要求巡抚和巡按御史亲自到各州县巡查，定出成绩的名次报告上来。

【编】截下经运河运来的官粮一万石米去赈济山东灾民。

【编】六月，张献忠从兴安、房县奔向白羊山。

【编】秋七月，拨发库银二万两赈济顺天和保定。

【编】八月，拨出仓库中的粮食赈济河东的饥民，国库银三万两赈济真定、山东、河南的饥民。

【编】九月，张献忠和罗汝才攻陷大昌（今四川巫山县北）。【纪】张献忠、罗汝才两支贼军驻扎在夔城山背后。贼军行营中的辎重

隘，防兵多远遁，贼长驱直过。二贼合兵趋达州，谋西渡。

【编】张献忠、罗汝才渡河入巴西。【纪】杨嗣昌命监军万元吉监诸军西行，尾击贼。

【编】冬十月，张献忠、罗汝才陷剑州。【纪】官军转战于绵州，二贼渡绵河而西。

【编】出帑金万两，市旧棉衣给京师贫民。

【编】十二月，李自成陷永宁，杀万安王采鏊。【纪】自成围永宁，陷之，焚杀一空，杀万安王，连破四十八寨。土贼一斗谷等群盗响应，遂陷宜阳，众至数十万。杞县诸生李岩为之谋主，贼每以剽掠所获，散济饥民，故所至咸归附之，其势益盛。

【编】加福建参将郑芝龙署总兵。【纪】芝龙既诛刘香老，海氛颇息，又以海利交通朝贵，浸以大显。

【编】是岁，两京、山东、河南、山西、陕西、浙江大旱、蝗，至冬大饥，人相食。

【编】辛巳，十四年，春正月，李自成陷河南府，杀福王，前兵部尚书吕维祺死之。自成自号闯王。【纪】自成围河南府，福王募死士逆战，斩获颇多，贼引退。贼以大炮环攻城，城守严不动，及昏而退。总兵王绍禹兵有驰而呼于城上者，外亦呼而应之，绍禹兵即执副使王胤昌于城上，绍禹驰解之，诸军曰："贼已在城下，即总镇其如我何？"挥刀杀守堞者数人，守堞者皆惊坠堞。贼缘堞而上，叛兵迎之，贼遂入。

物资和妇女很多,而官军各部大多观望不前,只在贼军后面尾随。贼军所到的关口,驻防的官军大多逃得远远的,贼军长驱直过关口,两支贼军会合在一起,直奔达州(今四川达县),图谋向西渡江。

【编】张献忠和罗汝才渡过巴水,进入巴西地区。 【纪】杨嗣昌命令监军万元吉监督各军向西前进,跟在敌军后面追击。

【编】冬十月,张献忠、罗汝才攻陷剑州(今四川剑阁县)。【纪】官军在绵州(今四川绵阳)转战。张献忠、罗汝才两支贼军渡过绵河向西去。

【编】拨出国库银一万两,购买旧棉衣发给京师地区的贫民。

【编】十二月,李自成攻陷永宁(今河南洛宁县),杀死万安王朱采鏊。 【纪】李自成包围了永宁城,攻占了它,把城里烧光杀尽,杀死了万安王,又接连攻下了四十八座寨子。当地贼寇一斗谷等人响应李自成,就攻下了宜阳(今河南宜阳县),李自成的军队增加到几十万人。杞县(今河南杞县)的生员李岩给李自成当谋主,贼军经常把抢掠来的物品散发给饥民,赈济他们,所以李自成所到之处,人民全都归附他,李自成的势力越来越强盛。

【编】加福建参将郑芝龙署总兵衔。 【纪】郑芝龙诛杀了海盗刘香老以后,沿海平息。郑芝龙又用沿海贸易所获之利去贿赂朝廷中的显贵大臣,和他们交好,就逐渐被提拔起来。

【编】这一年,南京、北京、山东、湖南、山西、陕西、浙江等地出现大旱灾、蝗灾,到了冬天闹大饥荒,出现人吃人的情况。

【编】崇祯十四年(辛巳,1641)春正月,李自成攻陷河南府(今河南洛阳市),杀死了福王。前兵部尚书吕维祺被杀死。李自成自己号称闯王。 【纪】李自成包围了河南府,福王招募敢死之士迎战,杀死和俘虏的敌人颇多。贼军后退。贼军用大炮环攻城墙,城守严密,无法攻破,到天快黑的时候就退下去了。总兵王绍禹部下的士兵中有人在城上奔跑呼喊,城外也呼喊起来和他们应和。王绍禹部下的士兵就在城上抓住了副使王胤昌,王绍禹跑过去解救他,这些士兵们说:"贼军已经到了城下,就是总兵来了,又能把我们怎么样?"挥起大刀杀死了几个守城的人,守城的人全都惊慌地从城墙上掉了下去。贼军爬上城墙,叛乱

贼焚福王府，福王及世子俱缒城走，士民被杀数十万，执王胤昌已下各官，皆不死，惟一典史不屈见杀。

河南方大饥，通判白尚文坠城死，其尸为饥民所食，顷刻尽。自成发藩邸及巨室米数万石，金钱数十万，赈饥民。自成迹福王所在，执之。并执前兵部尚书吕维祺。维祺遇王于西关，谓王曰："名义甚重，毋自辱！"王见自成，惶怖顿首乞命，自成责数其失，遂遇害。贼置酒大会，以王为俎，杂鹿肉食之，号"福禄酒"。维祺骂贼，不屈死。世子逸走，遇乱兵劫之，裸而奔于怀庆。

是时群盗辐辏，自成自称闯王，雄诸贼。事闻，上震怒，逮王绍禹，磔之，籍其家。

【编】副将猛如虎率诸将及张献忠、罗汝才于开县，大战，败绩，二贼东走。　【纪】初，贼南窜，督师监军元吉欲从间道出梓潼扼归路以待贼。杨嗣昌檄诸军蹑贼急追，不得距贼远，令他逸。诸将皆尽向泸州，贼折而东返，归路尽空，不可复遏。至是猛如虎率诸将及贼于开县，参将刘士杰奋先挥戈而进，如虎亦率亲兵从之。士杰奋勇前搏贼阵，连胜之。献忠凭高而望，见后军无继，左军皆前却不进，因以精锐绕谷中出官军后，驰而下，左军先溃，士杰及游击郭关、如虎子先捷皆战死。前军已覆，如虎突战，溃围出，马仗军符尽失。贼东走巫山、大昌。元吉赴开县收召残兵，祭阵亡诸将，哀动三军。嗣昌在云阳，闻开县失利，始悔不用诸将扼归路之谋矣。贼既度巫山，昼夜疾走兴、房山中。

的士兵迎接他们，贼军便进入城中。

贼军焚烧了福王府。福王和王世子全用绳子从城墙上滑下去逃走。有几十万官吏和平民被杀死。贼军抓住了王胤昌以下的各级官员，他们都没有死，只有一个典史因为不屈服而被杀。

河南正闹大饥荒，通判白尚文从城上掉下去摔死，他的尸体被饥民分吃，一会儿就吃光了。李自成把福王府和洛阳富户的几万石米、几十万金钱都发给饥民，赈济他们。李自成追踪找到福王藏身的地方，抓住了他，并且抓了前兵部尚书吕维祺。吕维祺在西关遇到福王，对福王说："名义是非常重要的，您不要自己侮辱自己。"福王见到李自成，惶恐不安，叩头请求饶命。李自成历数他的罪行，把他杀死了。贼军举行盛大的宴会，把福王剁成肉末，和鹿肉混合在一起吃，称作"福禄酒"。吕维祺骂贼，不屈而死。王世子逃走了，中途遇上乱兵，被抢劫一空，光着身子逃到怀庆（今河南沁阳县）去。

当时各路贼寇聚集到一起，李自成自称为"闯王"，成为诸贼之首。消息传到宫中，明怀宗大为震惊，十分愤怒，逮捕了王绍禹，处以碎尸的磔刑，抄没了他的家产。

【编】副将猛如虎率领诸将领在开县（今四川开县）与张献忠、罗汝才大战，打了败仗。张献忠、罗汝才向东行进。　【纪】起初，贼寇向南逃窜，督师的监军万元吉想要从近路穿过梓潼，扼守住敌人的归路，等待敌军。杨嗣昌发出文书命令各军跟在敌人后面紧追，不能距离敌人太远，使敌人逃往别处。诸将全都向泸州（今四川泸州市）前进，敌军却折回头东返，归路全都空虚无人，无法再阻挡他们。这时猛如虎率领诸将在开县追上敌人，参将刘士杰奋勇当先，挥动长戈向前冲去，猛如虎也率领亲兵跟上。刘士杰奋勇与敌军搏斗，接连取胜。张献忠在高处了望，见到官军没有后续部队，左军全退却不前。张献忠就派出精锐士兵绕道山谷来到官军背后，冲了下去。官军的左路首先溃散，刘士杰和游击郭开、猛如虎的儿子猛先捷全都战死。前军覆没之后，猛如虎只好突围，冲破敌军包围逃走，他的马匹、武器、军符等全丢失了。贼军向东奔向巫山（今四川巫山县）、大昌（今四川巫山县北）。万元吉奔到开县收拾残兵，祭奠阵亡诸将，三军都痛哭失声。杨嗣昌在云阳（今

【编】二月,李自成寇开封。巡按高名衡、周王恭枵悉力御之,贼乃退。

【编】诏逮河南巡抚李仙风,以高名衡巡抚河南。

【编】张献忠陷襄阳,杀襄王,兵备副使张克俭、推官郦曰广死之。　【纪】献忠、罗汝才走宜城,侦襄阳无备,简二十骑持符伪为官兵,夜至城下,守者验符信启关。贼既入,即挥刀大呼杀门者,城中先伏贼百余,俱起应之,纵火,光烛天。贼大队疾驰至,城中大乱,门洞开,昧爽,贼尽入城。知府王承曾突围走,克俭、曰广皆死。贼焚襄王府,执襄王。献忠据坐王宫,坐王堂下,劝之以卮酒曰:"吾欲断杨嗣昌头,而嗣昌远在蜀;今当借王头,使嗣昌以陷藩伏法。王其努力尽此一杯酒。"因缚王杀之,投尸火中。福清王常澄逃免,潜遣人索王尸,已烬,仅拾颅骨数寸以归。贼杀宫眷并贵阳王常法,尽掠宫女,发银十五万以赈饥民。襄阳守兵数千,军资器械山积,尽为贼有。左良玉同袁继咸发兵驰援,已不及。贼渡江破樊城,陷光州、新野。

【编】李自成陷归德。

【编】三月,督师大学士杨嗣昌自缢于军。　【纪】时李自成已陷河南,福王遇害。嗣昌以连失二郡,丧两亲藩,度不免,遂自尽。监军元吉部署行营,命猛如虎驻蕲、黄,防张献忠东逞。

【编】削平贼将军左良玉职,戴罪平贼,逮郧抚袁继咸入京。

四川云阳县），听到开县战败的消息，才后悔自己没有采用诸将领提出的扼守敌军退路的计策。敌军越过巫山以后，昼夜不停，迅速奔入兴安、房县的山中。

【编】二月，李自成进犯开封，巡抚高名衡、周王朱恭枵尽全力抵御，贼军就退走了。

【编】下诏书逮捕河南巡抚李仙风，派高名衡为河南巡抚。

【编】张献忠攻陷襄阳，杀死襄王。兵备副使张克俭和推官郦曰广被杀死。【纪】张献忠、罗汝才奔向宜城（今湖北宜城县），侦察到襄阳没有防备，就挑选了二十名骑兵，让他们拿着兵符伪装成官兵，在夜里到达城墙下面，守城的人查验过符信后打开城门。贼军入城后，就挥刀大喊，杀死守门的士兵，城里先埋伏了一百多名贼兵，全出来响应，到处放火，火光冲天。贼军的大队人马疾驰而至，城中大乱，城门大开。天快亮时，贼军全部进了城。知府王承曾突围逃走，张克俭和郦曰广全被杀死。贼军焚烧襄王府，抓住了襄王。张献忠坐在王宫大堂中一，让襄王坐在堂下，给他一杯酒喝，对他说。"我想要砍下杨嗣昌的头，但是杨嗣昌远在四川。现在要借王爷的头，让杨嗣昌因损失藩王而被处死刑。王爷请努力喝完这杯酒。"接着就把襄王绑起来杀死，把尸体扔到火中去。福清王朱常澄逃脱了，悄悄派人去寻找襄王的尸体，尸体已经全烧光了，只拾回来几寸长的头骨。贼军杀死了宫中的眷属和贵阳王朱常法，把宫女全抢走了，又拿出宫中银十五万赈济饥民。襄阳守军有几千人，军用物资和兵器堆得象山一样，全部被贼军缴获。左良玉和袁继咸发兵奔驰增援，已经来不及了。贼军渡过汉江，攻占了樊城（今湖北襄樊市），又攻下了光州（今河南璜川县）、新野（今河南新野县）等地。

【编】李自成攻下归德（今河南商邱市）。

【编】三月，督师大学士杨嗣昌在军中上吊自杀。【纪】当时李自成已经攻下了河南，福王被杀。杨嗣昌因为接连丧失了两个州城，损失了两位亲王，自己料想无法逃脱罪责，就自杀了。监军万元吉安排布置行营军务，命令猛如虎驻守蕲州（今河北蕲春县）、黄州（今湖北黄岗县），防备张献忠东进。

【编】削去平贼将军左良玉的职务，让他戴罪去讨平贼军。把郧阳

【编】夏四月，召前大学士周延儒入朝。

【编】进陕督丁启睿兵部尚书，代杨嗣昌督师讨贼。

【编】左良玉率兵击李自成于南阳。自成北走。 【纪】自成屯于卢氏。永宁宝丰举人牛金星向有罪，当戍边，降于贼。自成以其女为妻，金星荐卜者宋献策，善河、洛数，献策长不满三尺，见自成献图谶，云"十八孩儿当主神器"，自成大喜，拜军师。

【编】张献忠、罗汝才合兵陷随州，知州徐世淳死之。 【纪】世淳合户被杀，吏民屠僇不遗，血流成沟浍。

【编】五月，出兵部尚书傅宗龙于狱，以右侍郎都御史督陕西兵讨贼。

【编】秋七月，罗汝才北走李自成营。 【纪】汝才不合于张献忠，走邓州，与自成合营。时自成有众五十万，复得汝才军，众益炽。

【编】八月，左良玉击张献忠于信阳，大败之。 【纪】良玉败献忠于信阳，夺其马万余，降众数万。献忠负重伤，易服夜遁，窜入山中。良玉军声大振。

【编】九月，张献忠奔李自成。 【纪】初，献忠与自成并起延西，以狡诈雄长。自陷襄阳，杨嗣昌缢死，自以威名远出自成右。及败来归，仅从数百骑，自成方强，欲屈之，献忠不为下，自成怒，欲杀之。罗汝才知之，阴选五百骑资献忠，令他徙；献忠乃尽夜东驰，与回、革诸贼合，入霍山扼险拒守。

【编】陕西总督傅宗龙与保定总督杨文岳会兵讨李自成，败

抚治袁继咸逮捕，押解入京。

【编】夏四月，召前大学士周延儒入朝。

【编】晋升陕西总督丁启睿为兵部尚书，代替杨嗣昌督师讨贼。

【编】左良玉率领军队在南阳（今河南南阳市）攻击李自成，李自成向北退走。【纪】李自成驻扎在卢氏（今河南卢氏县），永宁府宝丰县（今河南宝丰县）的举人牛金星过去有罪，应该被发配到边疆戍卫，现在向贼军投降。李自成娶他的女儿做妻子。牛金星推荐一个占卜算命的人，叫宋献策。宋献策精通河洛术数，身高不足三尺。见到李自成后，宋献策献上图谶，谶语是："十八孩儿当主神器。"李自成大喜，拜宋献策为军师。

【编】张献忠和罗汝才把兵力合起来攻下了随州（今湖北随县），知州徐世淳被杀死。【纪】徐世淳全家被杀，官吏和平民也被屠杀得一个不剩，血流成河。

【编】五月，把兵部尚书傅宗龙从狱中放出来，任命为右侍郎都御史，督领陕西军队去讨贼。

【编】秋七月，罗汝才向北逃入李自成的军营。【纪】罗汝才与张献忠不合，逃到邓州（今河南邓县），和李自成合成一营。当时李自成有部众五十万，又得到罗汝才一军，势力更盛。

【编】八月，左良玉在信阳（今河南信阳市）攻打张献忠，把他打得大败。【纪】左良玉在信阳打败张献忠，夺取了一万多马匹，收降了几万名士兵。张献忠身负重伤，换了衣服在夜间逃跑，窜入山中。左良玉的军声大振。

【编】九月，张献忠投奔李自成。【纪】起初，张献忠和李自成都在延安以西造反。张献忠以狡诈雄豪著名，自从他攻下了襄阳，杨嗣昌上吊死后，自以为自己威名远在李自成之上。到打了败仗来投奔李自成时，只有几百名骑兵跟着他。李自成正在强盛时期，想要让张献忠屈服，张献忠不肯屈居人下。李自成发怒，想要杀张献忠。罗汝才知道后，暗地里挑选了五百名骑兵送给张献忠，让他到别处去。张献忠就连夜向东奔去，和老回回、革里眼等贼军会合，进入霍山，扼险拒守。

【编】陕西总督傅宗龙和保定总督杨文岳会合军队讨伐李自成，

绩，宗龙被执，死之。【纪】宗龙与文岳之兵会，诸将贺人龙、李国奇将秦兵，虎大威将保定兵，共结浮桥渡河，合兵趋项城。自成、罗汝才亦结浮桥于上流，觇官军至，尽伏精锐松林中，阳驱诸贼自浮桥西渡。宗龙、文岳两军并进，次孟家庄，诸军散行墟落以求刍牧。贼突起林中，搏官军，人龙、国奇两军俱溃。人龙、大威北奔，国奇从之。保定兵宵溃，文岳夜奔项城。

宗龙独立营当贼垒，贼筑重围以困之。夜漏二下，宗龙潜勒军突贼营，溃围出，诸军星散，宗龙徒步率散卒且战且走。翌日，至项城，贼及之，被执。至城下，贼呼于门曰："我秦督官军也，请启门纳秦督。"宗龙大呼曰："我秦督也，不幸堕贼手，左右皆贼耳，毋为所绐。"贼唾宗龙。宗龙骂曰："我大臣也，杀则杀耳，岂能为贼诈城以缓死！"贼抽刀击宗龙，中脑而仆，复厉声骂贼，断其耳鼻，死城下。遂陷项城，屠之。诏复宗龙兵部尚书、太子太保。

【编】冬十月，张献忠召六营贼复出，攻舒城。

【编】十二月，李自成围开封，总兵陈永福射中自成左目，自成退屯朱仙镇。【纪】自成、罗汝才合兵陷禹州，徽王遇害，复围开封。巡抚高名衡、永福等竭力守御，周王贮库金于城头，擒一贼者予百金，斩一首者五十金，战没者恤其家五十金，伤者以轻重为差，杀贼甚众。永福射中自成左目，自成屯朱仙镇。内乡、镇平、唐县、新野俱降于贼，邓州知州刘振世死之。

打了败仗。傅宗龙被抓住杀死。 【纪】傅宗龙和杨文岳的军队会合后,诸将贺人龙、李国奇率领陕西军队,虎大威率领保定军队,共同架起浮桥渡河,合兵直趋项城(今河南项城县南)。李自成和罗汝才也在上游架起浮桥,等到官军到来时,把精锐军队全部埋伏在松树林中,假装驱赶各支贼军从浮桥上向西过河。傅宗龙和杨文岳的两军一齐前进,到了孟家庄,士兵们分散在各村落之间寻找草料、放马。贼军突然从树林中冲出来,与官军搏斗。贺人龙和李国奇的两支军队全被击溃。贺人龙和虎大威向北逃走,李国奇跟着他们。保定的军队在夜里溃散,杨文岳连夜跑到项城去了。

傅宗龙独自设立营垒与贼军堡垒相对抗。贼军筑起重重堡垒来围困他。半夜二更时,傅宗龙悄悄地集合军队冲击敌营,突围逃走,士兵四散,傅宗龙徒步率领零散的士兵,边战边逃。第二天来到项城,敌人也追上来了,把傅宗龙抓住。到了城下,贼军叫门,喊道:"我们是陕西总督的官军,请你们打开门迎接陕西总督。"傅宗龙大喊道:"我是陕西总督,不幸落入敌人手中,周围都是贼人,你们不要受骗!"贼人向傅宗龙吐唾沫,傅宗龙骂道:"我是大臣,要杀就杀,怎么能给贼寇诈骗城池而求缓死呢!"贼军抽刀砍傅宗龙,砍中脑部。傅宗龙倒在地上,还大声骂贼,贼军割下了他的耳朵和鼻子,把他杀死在城下。贼军接着攻陷了项城,屠杀居民。皇帝下诏书恢复傅宗龙兵部尚书、太子太保的职衔。

【编】冬十月,张献忠召来六营贼军,再次出山,攻打舒城。

【编】十二月,李自成包围了开封。总兵陈永福射中了李自成的左眼。李自成退到朱仙镇驻守。 【纪】李自成、罗汝才会合军队攻陷禹州(今河南禹县),徽王被杀死。李自成等人又包围了开封。巡抚高名衡和陈永福等人尽全力防守。周王把库里的银子存放在城头上,抓住一个贼兵的给一百两;砍下一个贼人头颅的赏五十两;作战阵亡的人,给他家里五十两抚恤金;受伤的人根据伤势轻重给予不同的奖赏。杀死的敌人很多。陈永福射中李自成的左眼,李自成驻扎到朱仙镇去。内乡(今河南内乡县)、镇平(今河南镇平县)、唐县(今河南唐河县)、新野(今河南新野县)等城全向贼军投降,邓州知州刘振世被杀死。

【编】是岁,两京、山东、河南、浙江大旱、蝗。

【编】壬午,十五年,春正月,李自成攻开封,不克,解围去。【纪】自成攻开封益急,洞车附城,凿城搏土而空之,广数尺,实以火药,燃之,一烘而裂,曰小放;窟城纵横数丈,实火药,燃之,一发震天,曰大放。贼以精骑数千布围于外,执汴人畚土穴城为大窟十余,辇火药数万斤,百炬齐燃。贼擐甲持矛,望城崩,将拥入。贼穴城畚其土砾于外,累累成阜,火药一发崩天,砖缶皆飞鸣外向,贼之布围于外者,人马成血糜。城之未穿者坚如石犹寻丈。贼骇,解围去。

【编】起孙传庭兵部侍郎,总督陕西兵剿寇。

【编】二月,我大清兵破锦州,辽东巡抚邱民仰被执,不屈死之。【纪】先是锦州围急,民仰与总督洪承畴进至松山为声援,诸将王朴等军大溃,民仰、承畴入守锦州城,誓以同死。至是,民仰被执,不屈死。事闻,赠右都御史。

【编】李自成、罗汝才陷陈州,兵备副使关永杰等死之。【纪】自成、汝才合群盗八十万围陈州,永杰率士民死守,贼周围四十里,更番进攻。永杰力竭,城陷,战死城上。乡绅崔必之、举人王受爵等咸手刃数贼,被执,骂贼死,贼怒,屠陈州。

【编】夏四月,陕西总督孙传庭杀总兵贺人龙。【纪】传庭檄召诸将于西安听令,人龙以兵来会,传庭大集诸将,缚人龙坐之旗下而数之曰:"尔为大帅,遇寇先溃,致秦督委命贼手,一死不足塞责也!"因命斩之,诸将莫不动色。因以人龙兵分隶诸将,刻期进

【编】这一年,北京、南京、山东、河南、浙江出现大旱灾、蝗灾。

【编】崇祯十五年(壬午,1642)春正月,李自成攻打开封,没有攻克,就撤消包围退走。　【纪】李自成攻打开封越来越猛烈,用洞车贴近城墙,挖凿城墙的土石,挖成有几尺宽的大洞,在里边填满火药,点燃以后,轰的一声把城墙炸裂,叫作小放。在城墙中挖出长宽各几丈的洞窟,填满火药,点燃后爆炸震天,叫作大放。贼军用几千名精兵在城外布成包围线,抓来开封居民担土、挖城,挖出十几个大洞窟;用车拉来几万斤火药装好,上百个引火线一齐点燃。贼军穿上甲衣,手持长矛,等着城墙被炸毁,好一拥而入。贼军挖洞后,把挖出的土和砖瓦堆在洞外,积累起来像小山一样。火药一点燃,惊天动地地爆炸,砖瓦都被炸飞,向城外呼啸着飞去。贼军在城外布下包围的人马都被打成肉浆。但是还有一丈多宽的城墙坚如石块,未被炸穿。贼军惊骇,就撤消包围走了。

【编】起用孙传庭,任命他为兵部侍郎,总督陕西军队进剿贼寇。

【编】二月,我大清兵攻破锦州(今辽宁锦州),明辽东巡抚邱民仰被俘,不屈而死。　【纪】在此之前,锦州被包围,形势危急。邱民仰和总督洪承畴进到松山,声援锦州,诸将王朴等人的军队溃败,邱民仰和洪承畴进入锦州城防守,宣誓与锦州共存亡。这时,洪民仰被俘,不屈而死。皇帝听到消息后,赠给洪民仰右都御史的官衔。

【编】李自成、罗汝才攻陷陈州(今河南淮阳县),兵备副使关永杰等人被杀死。　【纪】李自成、罗汝才会合各支贼军一共八十万人包围陈州。关永杰率领士绅居民们死守。贼军形成四十里的包围圈,轮流进攻。关永杰用尽了力气,城仍被攻陷。关永杰在城墙上战死。乡绅崔必之、举人王受爵等人全亲手杀死了几个贼兵,被俘以后骂贼而死。贼军大怒,在陈州实行屠杀。

【编】夏四月,陕西总督孙传庭杀了总兵贺人龙。　【纪】孙传庭发出文书,召集各路将领来西安听取命令。贺人龙带着军队前来。孙传庭把将领们全集合起来,把贺人龙绑起来,让他坐在军旗下面,指责他说:"你是军队统帅,遇到贼寇先溃败,使陕西总督命丧敌人手中,你一

讨,人龙,米脂人,初以诸生效用,佐督抚讨贼,屡杀贼有功,总全陕兵。叛将剧贼多归之,人龙推诚以待,往往得其无力。朝廷尝疑人龙与贼通,密敕传庭杀之。贼闻人龙死,酌酒相庆曰:"贺风子死,取关中如拾芥矣。"

【编】李自成、罗汝才复攻开封。　【纪】先是贼再攻不克,士马多杀伤,群贼畏葸,日逃亡数千。贼乃申约,围而不攻,以坐困之。

【编】五月,以郑三俊为刑部尚书。

【编】张献忠袭陷庐州,知府郑履祥死之,　【纪】先是献忠遣英、霍游民阳为贸易者,潜入庐州城。适督学御史以较士至郡,献忠遣贼数百,负书卷,衣青衿,杂诸生应试者旅寓城中。夜漏三下,献忠卷甲疾驰入郡,城中贼纵火应之。城陷,学使者及兵备副使蔡如蘅俱走,知府郑履祥死之。庐州城池高深,贼屡攻不能克,至是一夕而陷。

【编】以马士英为兵部左侍郎兼右佥都御史,提督凤阳。

【编】六月,以蒋德璟、黄景昉、吴甡并为东阁大学士。

【编】张献忠复陷六安。　【纪】献忠将州民尽断一臂,男左女右。总兵黄得功、刘良佐兵救六安,再战败绩,得功归定远。献忠再陷六安,挫得功、良佐兵,谋渡江入南京,遂僭号改元,刻伪宝,选自宫男子,伪署总兵以下官。

【编】秋七月,诏援开封诸军皆溃,逮督师丁启睿下狱,保督杨文岳削职听勘。　【纪】贼围开封久,守臣告急援剿,总兵许定国以

死都不足以抵消你的罪责。"就命令将贺人龙斩首，诸将领莫不惊恐变色。孙传庭就把贺人龙的军队分别归属给各位将领，限定时间进军讨伐。贺人龙是米脂人，起初以生员的身份被录用效力，辅佐总督巡抚们讨伐贼寇，多次杀贼有功，统帅全陕西的军队。很多叛乱的军将和贼盗头领都来归顺他，贺人龙推诚相待，往往能得到他们死心塌地为他效力。朝廷曾经怀疑贺人龙和贼寇勾通，秘密下旨命令孙传庭杀了他。贼军听说贺人龙死了。举杯庆贺说："贺疯子一死，夺取关中就像捡拾芥子那么容易了。"

【编】李自成、罗汝才又攻打开封。【纪】起先贼寇两次攻打开封没有攻下，士兵和马匹损失很多，贼军士兵畏缩不前，每天逃亡几千人。贼军就互相约定，只包围不进攻，让城中自己陷入困境。

【编】五月，任命郑三俊为刑部尚书。

【编】张献忠偷袭并攻陷了庐州，知府郑履祥被杀死。【纪】在此之前，张献忠派遣英山（今湖北英山县）、霍山（今安徽霍山县）等地的游民假装作商人，潜入庐州城。正赶上督学御史到庐州来考试生员，张献忠派出几百名士兵，背着书卷，穿青布长衫，混杂在来应试的书生中间，住到城里的旅店中。半夜三更时，张献忠的军队不披甲衣，疾驰到庐州，城里的贼军士兵放火响应。庐州城被陷，督学使者和兵备副使蔡如蘅全逃走了。知府郑履祥被杀死。庐州的城墙高峻，护城河很深，贼人多次攻打不能攻下，这时一个晚上就被攻陷了。

【编】任命马士英为兵部左侍郎兼右佥都御史，提督凤阳。

【编】六月，任命蒋德璟、黄景昉、吴甡三人为东阁大学士。

【编】张献忠再次攻陷六安（今安徽六安县）。【纪】张献忠把州城的居民全都砍断一只手臂，男人砍左臂，女人砍右臂。总兵黄得功、刘良佐领兵救援六安，连续打败仗。黄得功退回定远县（今安徽定远县）。张献忠再次攻陷六安，打败了黄得功、刘良佐的军队，图谋渡过长江进入南京。张献忠就自称皇帝，改了年号，刻了伪造的皇帝印玺，挑选自己阉割了的男子作太监，私自任命了总兵以下的官员。

【编】秋七月，接受诏令去援救开封的各路军队全溃败了，把督师丁启睿逮捕入狱，保定总督杨文岳被削去官职听候审查。【纪】贼军

山西兵渡河援之，定国兵溃于覃怀，总督援剿诸军溃于河上，时丁启睿、杨文岳合左良玉、虎大威、杨德政、方国安诸军次于开封朱仙镇，与贼垒相望。启睿督诸军进战。良玉曰："贼锋方锐，未可击也。"启睿曰："汴围已急，岂能持久，必击之。"诸将咸惧。请诘朝战。良玉以其兵南走襄阳，诸军相次而走，督师营乱，启睿、文岳联骑奔汝宁。贼渡河逐之，追奔四百里，丧马骡七千，兵数万俱降贼。事闻，诏逮启睿下狱，革文岳职，听勘。

【编】八月，改郑三俊为吏部尚书，范景文为刑部尚书，进刘宗周左都御史。

【编】九月，河决开封，贼浮舟入城，肆掠以去。 【纪】开封久困，食尽，人相食。诏山东总兵刘泽清援开封。泽清立营朱家寨，贼攻之三日，诸兵不至，泽清引兵去开封城北十里，枕黄河。巡抚高名衡、推官黄澍等城守且不支，恃引河水环壕以自固，更决堤灌贼，可溃也。至是，河决开封，贼先营高处，然移营不及，亦沉其卒万人。河流直冲入城，势如山岳，水骤长二丈，士民溺死数十万。高名衡、陈永福成秉小舟至城头，周王府第已没，从后山逸出西城楼，督师侯恂以舟迎王，总兵卜从善以水师至开封城上，黄澍从王乘城夜渡，达堤口。诸军列营朱家寨。城中遗民尚余数万，贼浮舟入城，尽掠以去。

【编】黄得功大破张献忠于潜山。

【编】杀兵部尚书陈新甲。 【纪】初，周延儒为营解甚力，因奏。"国法，大司马兵不临城不斩。"上曰："他边疆即勿论，僇辱我亲藩七，不甚于薄城乎！"不听。

包围开封的时间很久了,守城的大臣们告急,请求援兵。总兵许定国带领山西军队渡过黄河去救援,在覃怀被击溃,总督援救的各路军队在黄河边被击溃。当时丁启睿、杨文岳会合了左良玉、虎大威、杨德政、方国安各军来到开封朱仙镇,和贼军的营垒相对。丁启睿督促各军进攻,左良玉说:"贼军的兵锋正锐,不可攻击。"丁启睿说:"开封被包围,情况已很紧急,怎么能长久坚持?一定要进攻。"诸将都很害怕,请求在第二天早上作战。左良玉带着他的军队向南撤向襄阳,其他各军也陆续跟着逃走,督师的军营乱了,丁启睿和杨文岳两个人骑马奔向汝宁。贼军渡河追赶他们,追赶了四百里地。官军丧失七千匹骡马,几万名士兵都投降了贼军。明怀宗听到消息后,下诏书把丁启睿逮捕入狱,免去杨文岳的官职,让他听候审查。

【编】八月,改任郑三俊为吏部尚书,范景文为刑部尚书,刘宗周晋升为左都御史。

【编】九月,黄河在开封决口,贼军坐船进城,大肆抢掠后离开。【纪】开封长期被围困,粮食吃完了,出现人吃人的情况。朝廷下诏书命令山东总兵刘泽清援救开封。刘泽清在朱家寨安下营寨,贼军攻打了三天,其他各路官军没有来,刘泽清就领兵到开封城北十里的地方驻扎,背靠黄河。巡抚高名衡、推官黄澍等人守城快坚持不住了。就想依靠引黄河水灌入护城河,来加固城防,再决开河堤淹贼军,可以把敌人击溃。这时河水在开封决口,贼军先在高地上立营,但还有来不及移动营地的部队,也淹死了上万名士兵。河水直冲入城,像山崩一样凶猛,水位猛然升高了二丈,淹死的士民有几十万。高名衡和陈永福都乘坐小船来到城头。周王府已经被淹没,周王从后山逃到西城楼上,督师侯恂用船把周王迎走。总兵卜从善率领水师来到开封城上。黄澍跟着周王从城上连夜坐船离开,到了黄河的堤口。各支军队在朱家庄排开营寨。开封城里还留有几万居民,贼军坐船进城,抢劫一空以后才离开。

【编】黄得功在潜山(今安徽潜山县)大败张献忠。

【编】处死兵部尚书陈新甲。 【纪】起初,周延儒极力营救陈新甲,就上奏说:"按照国法,不是让敌兵攻到城下,大司马就不斩首。"明怀宗说:"即使不算其他的边疆败仗,他在任时使得我的亲戚藩王

【编】冬十月,我大清兵自墙子岭入蓟州。

【编】刘良佐再破张献忠于安庆。　【纪】夺马骡五千,救回难民万余。献忠引兵西走蕲水。

【编】李自成复陷南阳,屠之。

【编】十一月,以赵光忭为兵部右侍郎兼右佥都御史,总督蓟州、永平、山海、通州、天津诸镇军务。

【编】左都御史刘宗周上言六事。　【纪】宗周言六事:曰建道揆。京师首善之地,先臣冯从吾立首善书院,臣请亟复之以昭圣明政治之本。曰贞法守。高皇帝读老氏"民不畏死,奈何以死惧之",立焚锦衣刑具。请一切狱词专听法司,不必下锦衣。曰崇国体。大臣自三品而上犯罪者,宜令九卿科道会详之后,乃付司寇,司寇议辟,始得收系,此于僇辱之中,不忘礼遇之意。曰清伏奸。凡禁地匿名文书,请一切立毁。曰惩官邪。京师士大夫与外官交际愈多愈巧。臣必为风闻弹劾之,惟祈严断。曰饬吏治。今吏治之败,无如催科火耗,词讼赎锾,已复为常例矣,至于营升谢荐,巡方御史尤甚。臣请以风宪受赃之律,为回道考察第一义,上是之。

【编】闰月,我大清分兵南下。

【编】李自成陷汝宁。保定总督杨文岳、分巡佥事王世琮被执,死之。　【纪】自成合诸贼围汝宁,监军孔贞会以川兵屯城东,杨文岳以保定兵屯城西。贼兵进攻,相拒一昼夜,川兵溃,保定兵不支。贼四面环攻,戴扉以障矢石,云梯如墙而立,城上矢石俱下,贼死伤众而攻不休,一鼓百道并登,执文岳及王世琮于城头。文岳、世琮厉

七人被杀被侮辱,这不比让敌人迫城更严重吗?"不接受周延儒的意见。

【编】冬十月,我大清兵从墙子岭进入蓟州(今河北蓟县)。

【编】刘良佐再次在安庆(今安徽安庆市)打败张献忠。 【纪】夺得五千匹骡马,救回一万多名难民。张献忠领兵向西逃往蕲水。

【编】李自成再次攻陷南阳,屠杀居民。

【编】十一月,任命赵光忭为兵部右侍郎兼右佥都御史,总督蓟州、永平、山海、通州、天津各镇的军务。

【编】左都御史刘宗周上书谈六件事。 【纪】刘宗周说的六件事是:一、确立用义理衡量事物的标准。京师是风气最好的首善地区,已故大臣冯从吾开办了首善书院,臣请求尽快恢复它来宣扬圣明政治的根据。二、端正法律制度。高皇帝读到《老子》中"民不畏死,奈何以死惧之"一句话,马上焚烧了锦衣卫的刑具。请求今后一切案犯的审问定案专门由司法部门处理,不要送交锦衣卫。三、尊崇国家的根本体制。三品以上的大臣犯罪时,应该令九卿和御史、给事中们会同查讯之后,才交给刑部。刑部定了罪名后,才可以逮捕入狱。这是在治罪处刑之中,也不忘掉对大臣应有的礼遇。四、清除隐藏的奸佞。凡是在宫禁中发现的匿名文书,请把它们全部马上毁掉。五、惩治官场的邪风。京城里的士大夫们和外地官员之间交往越来越多,越来越巧妙。臣一定根据情况,弹劾他们。只希望陛下能严厉惩治,断绝邪风。六、整顿吏治。现在吏治的败坏,没有比催收赋税的火耗钱和打官司时的赎罪钱更严重的了,这些已经成为常例了。至于营求升官,送礼感谢推荐等,各地的巡按御史最严重。臣请求把惩治御史接受赃款的条令作为对从地方回来的御史进行考察的首要条件。明怀宗认为他的意见是对的。

【编】闰月,我大清分兵南下。

【编】李自成攻陷了汝宁(今河南汝南县),保定总督杨文岳、分巡佥事王世琮被俘遇害。 【纪】李自成会合各路贼军包围了汝宁,监军孔贞会带领四川士兵屯守城东,杨文岳带领保定军队屯守城西。贼军进攻,官军抵抗了一个昼夜,四川军队溃散,保定队也支持不住。贼军从四面围攻,顶着门板来挡住石块和箭矢,攻城的云梯像墙一样竖

声骂贼。贼怒缚文岳等以大炮击之，洞胸糜骨以死，世琼初授河南推官，屡却贼，射矢贯耳不动，号"王铁耳"。贼屠士民数万，燔烧邸舍无遗。寻拔营走确山，向襄阳，掠崇王由樻及世子、诸王、妃嫔以行。

【编】下礼科给事中姜埰于狱。 【纪】先是上戒谕言官，又时有匿名书二十四气之说，隐诋朝士。埰言："陛下修省罪己，又致戒言官，唯视言官独重，故望之独切，若云代人规卸，安敢谓尽无其事。臣独展转而不得其故，皇上何所闻而云然乎？如诽语腾谤，必大奸巨憝，恶言官而思中之，谓不重其罪，不能激陛下之怒，箝言官之口。后将争效寒蝉壅蔽天听，谁为陛下言之哉！"上怒，立置狱。

【编】削左都御史刘宗周籍。 【纪】上召廷臣于中左门，问御敌及用督抚之宜。宗周曰："使贪使诈，此最误事，为督抚者须先极廉。"上曰："亦须论才。"宗周退。御史杨若桥举西洋人汤若望演习火器。宗周进曰："唐、宋以前，用兵未闻火器，自有火器，辄依为劲，误专在此。"上色不怿，曰："火器终为中国之长技。"命宗周退。群臣以次对，上色解。宗周又进请释姜埰、行人右司副熊开元，言："厂、卫不可轻信，是朝廷有私刑也。"上遽怒，仰视屋梁曰："东厂、锦衣卫俱为朝廷，何公何私？"宗周抗论不屈。左副都御史金光宸言宗周无他意。上益怒，责宗周，免冠谢，徐起退。寻廷杖姜埰、熊开元，仍下狱，宗周削籍，光宸降调。吏部尚书郑三俊、刑部尚书徐石麒各疏救。不听。石麒罢。

立着。城上投石，放箭，齐攻城下，贼军死伤众多，仍不停止进攻，一敲鼓，就从上百架云梯上攀登上城，在城头上抓住了杨文岳和王世琮。杨文岳、王世琮厉声骂贼，贼军发怒，把杨文岳等人绑起来，用大炮轰击，他们被炮弹打穿了胸膛，打碎了骨头而死。王世琮起初被授为河南府推官，多次打退贼军，箭射穿了他的耳朵，他仍兀立不动，被称为"王铁耳"。贼军屠杀了几万名士民，把房屋店铺焚烧无遗。不久，贼军拔营朝确山（今河南确山县）前进，攻向襄阳，把崇王朱由樻、王世子和各个王子、妃嫔等抓起来带走。

【编】把礼科给事中姜埰关进监狱。　【纪】在此之前，明怀宗告诫言官。当时又有匿名书信，提出二十四气的说法，隐含着对朝臣的攻击。姜埰说："陛下修养自省，检查自己的过失，又告诫言官，只因为把言官看得很重要，所以对他们的期望也很殷切。如果皇上指责言官代别人谋划脱卸责任，不敢说完全没有这种事。臣对此辗转不眠，反复思索，也找不出这么说的原因。皇上听到什么情况才这么说呢？像这样的诽谤言论张扬开来，一定是有大奸大恶之徒，憎恶言官，想要中伤他们。奸徒们认为不加重言官的罪名，就不能激怒陛下，以箝制言官的嘴。以后人们会争着效法冬天的蝉，不出一声，从而堵塞了陛下的耳目。谁还再向陛下讲话呢？"明怀宗发怒，立即把姜埰关进监狱。

【编】削除左都御史刘宗周的官籍。　【纪】明怀宗把廷臣召到中左门，问以防御敌人和任用总督巡抚的事宜。刘宗周说："任用贪污狡诈的人最会误事，作总督、巡抚的人首先要十分清廉。"明怀宗说："也要讲有没有才能。"刘宗周退下。御史杨若桥推举西洋人汤若望演习火器。刘宗周上前奏道："唐、宋以前用兵，没有听说用火器。自从有了火器，就把它作为依靠力量，误事正在于此。"明怀宗脸色不快，说："火器一直是中国擅长的技艺。"命令刘宗周退下。群臣相继回话，明怀宗的怒气才消除了。刘宗周又上前请求释放姜埰和行人右司副熊开元，说："东厂和锦衣卫都不能轻信，这样朝廷等于设了私刑。"明怀宗突然发怒，仰面看着房梁说："东厂、锦衣卫全都是朝廷部门，什么是公？什么是私？"刘宗周争辩，不肯屈服。左副都御史金光宸说刘宗周没有别的意思，明怀宗更为愤怒，责备刘宗周。刘宗周摘掉帽子叩头谢罪，慢慢

【编】十二月，李自成陷襄阳，分兵逼荆州。【纪】偏沅巡抚陈睿谟弃荆州，奉惠王走湘潭。自成至荆州，士民开门迎之。贼入荆州，荆州诸县土寇蜂起。

【编】河南巡抚高名衡免，以巡按御史王汉代之。

【编】是岁，两京、山东、河南、浙江大旱、蝗。

【编】癸未，十六年，春正月，李自成陷承天，巡抚宋一鹤、钟祥知县萧汉死之。【纪】自成围承天，知府开门迎贼。巡抚宋一鹤时守城，下城巷战，将士劝之走，一鹤不听，挥刃击杀贼数人而死。钟祥知县萧汉，有贤声，贼戒其部曰："杀贤令者死无赦！"乃幽之寺中，戒诸僧曰："令若死，当屠尔等！"僧谨视之。汉曰："吾尽吾道，不碍汝法。"遂自经。贼改承天府曰扬武州。

巡按李振声守显陵，迎降贼，贼列之上班。振声自以与贼同姓，肩舆出入营中，扬扬自得。贼欲发显陵，忽大声起山谷，若雷震，贼惧而止。总兵方国安等退屯汉口，左良玉退屯芜湖。

初，自成流劫秦、晋、楚、豫，攻剽半天下，然志乐狗盗，所至焚荡屠灭。既而连陷荆、襄、鄂、郢，席卷河南，有众百万，始侈然以为天下莫与争，思据有城邑，擅名号矣。群贼俱奉其号令，推自成为奉天倡义文武大元帅，号罗汝才曰代天抚民德威大将军。自成据襄阳，号曰襄京，其余所陷郡县俱改易名号。修襄王宫殿，设官分职。封崇王由樻为襄阳伯，邵陵王在城、保宁王绍坧、肃宁王术授俱降

起身退下。接着在朝廷上杖责姜埰和熊开元,仍然把他们关进监狱。刘宗周被削除官籍,金光宸被降职调用。吏部尚书郑三俊、刑部尚书徐石麒各自上奏章救助,皇帝不答应。徐石麒被罢职。

【编】十二月,李自成攻陷襄阳,分兵进逼荆州(今湖北江陵县)。【纪】偏沅巡抚陈睿谟放弃了荆州,奉惠王逃往湘潭(今湖南湘潭县)。李自成到了荆州,士民开城门迎接他。贼军进入荆州后,荆州各县的盗贼蜂拥而起。

【编】河南巡抚高名衡被免职,任命巡按御史王汉代替他。

【编】这一年,南京、北京、山东、河南、浙江大旱,发生蝗灾。

【编】崇祯十六年(癸未,1643)春正月,李自成攻陷承天府(今湖北安陆县),巡抚宋一鹤和钟祥知县萧汉死于此役。 【纪】李自成包围了承天,知府打开城门迎接贼军。巡抚宋一鹤当时守城,从城上下来进行巷战,将士们劝他逃走,宋一鹤不听,挥刀杀死几个贼兵,自己也战死了。钟祥知县萧汉,有贤良的名声,李自成告诫他的部下说:"有敢杀死贤县令的人,杀无赦。"便把萧汉软禁在寺庙中,告诫庙里的和尚们:"县令如果死了,就把你们杀光。"和尚们十分小心地看守住萧汉。萧汉说:"我尽我的道义,不会妨碍你们的佛法。"就上吊自杀了。贼军把承天府改名为扬武州。

巡按李振声守卫显陵,迎接贼军,向贼人投降。李自成把他列位于朝班之首。李振声因为自己和李自成同姓,坐着肩舆在军营中出入,扬扬自得。李自成要挖掘显陵,忽然山谷中发出巨大的响声,像雷鸣一样,李自成害怕了,就停止挖掘。总兵方国安等人退回驻守汉口,左良玉退兵驻守芜湖(今安徽芜湖)。

起初,李自成在陕西、山西、湖北、河南流动抢掠,攻击剽掠的地区几乎占天下一半。然而李自成的心志乐于做鸡鸣狗盗之事,所到之处都加以烧光杀尽。李自成后来接连攻下荆、襄、鄂、郢地区后,席卷河南,有部众一百多万,这才开始狂妄地认为天下没有人能和他抗争,想要占据城市,称王称帝了。贼寇们全都听从他的号令,推举李自成为奉天倡义文武大元帅,称罗汝才为代天抚民德威大将军。李自成占领了襄阳,把它称作襄京,其余被占领的郡县也全都改了名称。李自成修缮了

贼，改封伯。伪政府侍郎喻上猷荐列荆州绅士，贼下檄征之。江陵举人陈万策、李开先在所荐中。伪檄下，万策自经，开先触墙死。

【编】张献忠陷蕲水，屠之。

【编】二月，李自成陷郏县，知县李贞死之。【纪】自成分兵为四：老回回守承天，罗汝才守襄阳，革里眼往黄州，自将其一。自成攻郏县，李贞率士民坚守，一昼夜杀伤甚众。贼百道环攻，一鼓而拔，纵兵大杀。贞大声叱贼曰："驱百姓死守者，知县耳，妄杀何为！"骂贼不已。自成怒，褫其衣，倒悬于树。贞大呼曰："高皇帝有灵，我必诉之上帝以杀贼！"贼断其舌，剐之。母乔氏及妻俱死。

【编】三月，命大学士吴甡出督师以讨贼。【纪】甡出督师，给五万金旌功。以大理评事万元吉为职方员外郎，仍充督师，军前赞画。

【编】夏四月，大清兵北旋。

【编】李自成袭杀革里眼、左金王，并其众。

【编】李自成杀罗汝才，并其众。

【编】张献忠陷黄州，副使樊维城死之。【纪】献忠自蕲水疾驰至黄州，乘大雾攻城，黎明城陷。执维城，欲降之，维城骂贼不屈，贼刺之洞胸死。献忠据府自称西王。

【编】五月，张献忠陷武昌，参将崔文荣、前大学士贺逢圣、楚府长史徐学颜死之。【纪】总兵方国安率兵七千扼蕲州，献忠西向武昌，武昌武备积弛，闯、献交窥江、汉。时议募兵守城，而库藏空绌。楚王有积金百万，长史徐学颜请王发金数十万以赡军，不听。大学士贺逢圣家居，倡义捐赀募兵，金谓宜募土著，适承天、德安溃

襄王的宫殿，设立官制，分派官员。李自成封崇王朱由榥为襄阳伯。邵陵王朱在城，保宁王朱绍圯，肃宁王朱术援全投降了贼军，被改封为伯。伪政府的侍郎喻上猷列举了荆州的绅士名单向李自成推荐，李自成下了文书去征召他们。江陵举人陈万策、李开先在被推荐的名单中。伪政府的文书下达后，陈万策上吊自杀，李开先撞墙而死。

【编】张献忠攻陷蕲水（今湖北浠水县），屠杀了居民。

【编】二月，李自成攻占了郏县（今河南郏县），知县李贞被杀死。【纪】李自成把军队分成了四部分：老回回守承天，罗汝才守襄阳，革里眼往黄州，他自己率领一支军队。李自成攻打郏县，李贞率领士民坚守，一昼夜中杀死了很多敌人。贼军分成上百路围着城进攻，一鼓作气地攻进了城里，放纵士兵大肆杀戮。李贞大声叱贼说："驱使百姓死守的，是我知县，干什么乱杀无辜！"不住口地骂贼，李自成大怒，扒了李贞的衣服，把他倒吊在树上，李贞大呼道："高皇帝有灵，我一定要向上帝诉说，让他杀贼！"贼军割断他的舌头，乱刀杀死了他。李贞的母亲乔氏和妻子全被杀死。

【编】三月，命大学士吴甡出京督师讨贼。【纪】吴甡出发督师，明怀宗给他五万两银子奖赏有功者。任命大理评事万元吉为职方员外郎，仍充当督师，在军中参谋划策。

【编】夏四月，大清兵退回北方。

【编】李自成袭击杀死了革里眼、左金王，吞并了他们的部众。

【编】李自成杀死了罗汝才，吞并了他的部众。

【编】张献忠攻陷黄州，副使樊维城被杀。【纪】张献忠从蕲水疾驰到黄州，乘着大雾天攻城，黎明时黄州城陷落。张献忠抓住了樊维城，想让他投降。樊维城骂贼不屈，被贼人刺穿胸膛而死。张献忠占据了黄州，自称西王。

【编】五月，张献忠攻陷武昌，参将崔文荣、前大学士贺逢圣、楚府长史徐学颜都死于此役。【纪】总兵方国安率领七千士兵扼守蕲州。张献忠向西奔向武昌。武昌的军事防务长期松弛。李闯王和张献忠轮流窥测江、汉地区。当时商议招募士兵守城，但是府库空虚，没有储藏。楚王积藏有上百万两金银，长史徐学颜请求楚王拨发几十万两银子

兵俱下，楚王尽募之为军锋，以学颜领之，号"楚府兵"。

献忠沿江而上，悉师破汉阳，临江欲渡。武昌大震，议撤江上兵婴城守。参将崔文荣曰："守城不如守江，守江不如守汉。磨盘、煤炭诸洲浅不过马腹，纵之飞渡，而婴城坐困，非策也。"议者不从，贼果从煤炭洲而渡，直逼城下。文荣御之，小有斩获。贼攻武胜门，文荣率诸军拒之，多杀伤。

楚府新募兵为贼内应，开门迎贼。文荣跃马持矛大呼，杀贼三人，贼攒矛刺之洞腋死。逢圣与文荣俱守武胜门，城陷归家，衣冠北向再拜，以巨舟载其家出墩子湖，至中流，凿舟，全家溺者十二人。学颜与贼格斗，断左臂，右手持刀不仆，贼支解之，一门死者二十余人。

贼执楚王，尽取宫中积金百余万，辇载数百车不尽。楚人以是咸憾王之愚也。贼沉王于西湖，屠僇士民数万，投尸于江，尚余数万人，纵之出城，以铁骑围而蹙之江中，浮尸蔽江而下，武昌鱼几不可食。其遗民数百，多刖断手足，凿毁目鼻，无一全形者。献忠遂据楚王府，僭称武昌曰京城，伪设六部五府，铸西王之宝，开科取士，授郡县官。

初，李自成兵临汉阳，不克，闻献忠取之，自成怒，榜示远近曰："有能擒献忠以献者赏千金。"及闻取武昌，复遣人贺之曰："老

供给军用，楚王不答应。大学士贺逢圣在家中居住，首倡捐钱招募士兵，大家都说应该招募当地居民当兵。正巧承天、德安的溃兵全逃到武昌一带来，楚王就把他们全招来作前锋军队，派徐学颜去率领他们，称作"楚府兵"。

张献忠沿长江而上，用全军力量打下了汉阳（今湖北武汉市），到长江边上准备渡江，武昌城中极为震惊，官府商议撤掉长江上的守兵，围绕城池防守。参将崔文荣说："守城不如守江，守长江不如守汉水。磨盘洲、煤炭洲等地江水很浅，都淹不到马肚子。如果让敌军从那里渡过江来，我们却绕着城布防，坐等被围困，这不是好主意。"商议的官员们不听他的意见。贼军果然从煤炭洲渡江，直逼城下。崔文荣去抵御敌军，取得一些小胜利，杀了几个敌兵。贼军攻打武胜门，崔文荣率领各军去抵挡，杀伤了很多贼兵。

楚王府新招募的士兵给贼军做内应，打开城门迎接敌军。崔文荣手持长矛，大声呐喊，催马冲击，杀死了三个贼兵。很多贼兵把长矛集中一起刺向崔文荣，刺穿了他的腋部，崔文荣战死。贺逢圣和崔文荣一起守卫武胜门，城被攻陷后，他回到家中，穿好衣冠，向着北方再拜，然后用大船载上全家的人，出了墩子湖，到了江中心，把船凿沉，全家溺死者十二人。徐学颜与贼军格斗，左臂被砍断了，右手仍拿着刀，不倒下，贼军把他砍成几段。他一家死者二十多人。

贼军抓住楚王，把宫中积存的金银一百多万两全部运走，用几百辆车装载也装不完，湖北人因此全为楚王的愚蠢感到遗憾。贼军把楚王沉到西湖中淹死，又屠杀了几百名士民，把他们的尸体扔到长江中。城中还剩下几万人，贼军就放他们出城，然后用铁甲骑兵包围住他们，把他们逼到长江里，浮在水面上的死尸蔽江而下，以致武昌的鱼几乎无法食用了。遗存下来的几百个市民，大多被砍断手脚，或者被挖掉眼睛，毁去鼻子，没有一个完整的人。张献忠于是占据了楚王府，僭越地把武昌称为京城，设立了伪政府六部五府，铸造钱币，名叫"西王之宝"。又开办科举，录用读书人，委任了郡县的官员。

起初，李自成兵临汉阳城下，没有攻克。李自成听说张献忠夺取了汉阳，大怒，写出榜文向远近各地宣布："能够抓住张献忠并把他献来

回回已降，曹、革、左皆被杀，行将及汝矣。"献忠得书而惧，多赍金宝报使于自成。自成留其使，献忠恨之。

【编】大学士周延儒罢。进修撰魏藻德为礼部右侍郎，兼东阁大学士。

【编】六月，立赏格，购李自成万金，爵通侯；购张献忠五千金，官极品，世袭锦衣指挥；余各有差。

【编】进孙传庭兵部尚书，总制应、凤、江、皖、豫、楚、川、黔剿寇军务，仍总制三边。

【编】李自诚大造战舰于荆、襄，遣老回回攻常德。【纪】自成谋自王于荆，其亲信大帅二十九人分守所陷郡邑。自成自随骑兵五营，营精骑二千，步兵十四哨，哨精卒三千，刘宗敏总步，白旺总骑。每屯以骑兵一营外围巡徼，昼夜更番，余营以次休息，警候严密，人不得逃逸，逸者追获必磔之。营兵不许多携辎重。兵各携妻孥，生子弃之，不令举。男子十五以上四十以下，咸掠为养子，为奴隶，故每破一邑，众辄增数万。每一精兵则畜役人二十余，其驮载马骡不与焉，众实五六万，且百万也。虽拔城邑，不听屋居，寝处布幕，弥望若穹庐。其甲缝绵帛数十重，有至百者，轻而韧，矢镞铅丸不能入。每战，一骑兵必二三马，数易骑，终日驰骤而马不疲。严寒则掠茵荐布地以藉马足，或刳人腹为马槽，实以刍菽饲之，饮马则牵人贯耳流血杂水中，马习见之，遇人则嘶鸣思饮噉焉。行兵倏忽，虽左右不知所往。鸡再鸣，并起蓐食，鞴马以俟。百万之众，惟自成马首是瞻。席卷而趋，遇大川则囊土壅上流，虽淮、泗诸水，乱流而渡。百万合营不携粮，随掠而食，饱则弃馀，有断食断盐数月者。临阵铁骑三重，反顾则杀之，战不胜，马兵阳北，官军乘之，步兵

的人，赏给一千两银子。"等到听说张献忠攻取了武昌，李自成又派人去向张献忠祝贺说："老回回已经向我投降，罗汝才、革里眼、左金王全被我杀死，马上就轮到你了。"张献忠接到李自成的信，感到恐惧，就派人带了大量金银珠宝去李自成那里回复。李自成扣留了张献忠的使者，张献忠对此怀恨在心。

【编】罢免了大学士周延儒。把修撰魏藻德提升为礼部右侍郎兼东阁大学士。

【编】六月，设立奖赏条例，杀死或捕获李自成的人赏一万两银子，封为通侯，杀死或捕获张献忠的人赏五千两银子，官封极品，世袭锦衣卫指挥。对其余的人分别规定不同的赏赐。

【编】孙传庭晋升为兵部尚书，总制应天、凤阳、江苏、安徽、河南、湖北、四川、贵州等地剿寇军务，仍然总制三边军务。

【编】李自成在荆襄地区大造战船，派遣老回回去攻打常德（今湖南常德）。【纪】李自成计划在荆州地区自立为王，派出他的二十九名亲信大将分守已攻占的州邑。李自成自己带领五营骑兵，每营有精骑二千名，还有十四哨步兵，每哨有精兵三千名。刘宗敏总管步兵，白旺总管骑兵。每个军营屯地都用一营骑兵在外围巡逻，白天黑夜轮流换班，其余的各营按顺序休息，警戒严密，营里的人无法逃走，有逃跑的人被追上抓住后，一定处以分裂肢体的磔刑。营中士兵不许多带行李物品。士兵们各自带着妻子儿女，在军中生了儿子都要扔掉，不许抚养。经过的地方，十五岁以上、四十岁以下的男人，都被他们抢来作为养子或奴隶。所以每攻破一个城市，他们的军队就立刻增加几万人。每一名精兵就役使着二十多人，他们驮运辎重的骡马还不在内。李自成的军队士兵说是五、六万，但总人数将近百万。他们虽然攻占了城市，但不在屋里居住，而是扎起帐篷住宿，看起来像蒙古包一样。他们的甲衣是用几十层丝绵缝成的，有多到百层的，又轻又坚韧，箭镞和铅弹都射不进去。每次作战时，每个骑兵总有二、三匹马，多次换马骑，可以整天疾驰而马也不会疲劳。严寒的时候，他们就抢来草垫子和褥垫给马垫在脚下，或者把人的肚子挖开，作为马槽使用，在里面装满草料喂马。饮马时就把人拉过来，刺穿耳朵，把流出的血混在水中。马见惯了这种情况，遇到

拒战，马兵绕而合围，无不胜矣。以牛金星为谋主，日讲经一章，史一通。每有谋画，集众计之，自成不言可否，阴用其长者，人多不测也。

其攻城分昼夜为三番，以铁骑布围，步兵内薄向城，人戴铁胄，蒙铁衣，携椎斧凿城，得一砖甓即还，易人以进穴城，可容一人则一人匿之，畚土以出，以次相继，遂穿空旁侧，迤四五步留一主柱，巨绠系之，去城十余丈，牵绠倒柱，而城崩矣。望风降者不焚杀，守一二日杀十三四，或五六日不下则必屠矣。杀人数万，聚尸为燎，名曰"打亮"。城将陷，以兵周布壕外，缒城者杀之，故城陷必无噍类。掠马骡为上功，次军仗，次币帛、衣服，次珍宝，其金银恒散弃之，或以代铅置炮中。屠城则夷其城垣，令后莫与为守。立投顺牌四，凡破城，四向负牌至村落，降者即负牌过别村，否则加兵。牌所至日蹙千里。

人就嘶叫起来，想要饮水吃料。李自成的军队行军速度极快，出人意料，就是李自成的左右亲信也不知道要上哪儿去。鸡叫两遍就全起身吃早饭，备好马，等待出发。上百万的军队，只听李自成一个人的指挥。大军向前，席卷而去，遇到大江大河就用袋子装土堵住上游，连淮河、泗水这样的大河也涉水横渡。全军上百万人都不带粮草，随时随地抢掠食品，吃饱了就把多余的扔掉。也有几个月断粮、断盐的时候。上战场交战时用铁骑兵在外面围上三层，有回头看的就杀死。作战不胜，骑兵就假装败退。官军追上来时，步兵抵挡住官军，骑兵再绕到后面包围官军，就没有不打胜仗的。李自成以牛金星为谋主，牛金星每天给李自成讲一章经书、一段历史。每当需要商议计划时，李自成聚集大家共同商量，但他不说是否可用，而在暗地里采取好的建议，人们大都无法测知他的行动。

李自成攻城时，每昼夜分为三班轮番进攻，用铁甲骑兵布成包围线，派步兵在里面逼近城墙。每个步兵都戴铁盔，穿着铁甲，拿着斧子铁锥凿城墙。一个步兵挖下一块城砖后就退回来，另换一个人进去挖城墙，挖的洞可以藏下一个人时，就由一个人藏在里面挖土，把土装在畚箕中倒出来。士兵们按照顺序接连去挖，就把左右都挖空，形成长洞。洞中隔四、五步留一根柱子顶住，用粗绳子拴住柱子。将绳子拉出城外十几丈远后，一齐拉绳子，把柱子拽倒，城墙也就崩塌了。听到李自成军队来了就投降的地方，李自成不烧房，不杀人。防守一、两天的城市被攻占后要杀十分之三、四的人口。遭进攻五、六天还没有被攻克的城市，杀人数万，把尸体堆在一起烧成一堆大火，叫作"打亮"，城将被攻破时，派军队在城壕外围成一圈，有从城墙上缒下来的人就杀死。所以城被攻陷后就一定留不下一个活人。李自成军队中把抢到马骡作为上功，其次是武器，再次是抢到钱币、布匹、衣物等，再其次是珍宝。他们经常把金银乱扔掉，或者用它代替铅放在大炮中。屠城的时候就把城墙拆平，让那里以后没有办法再进行防守。李自成还设立了四个投顺牌，凡是攻破一城，就派人拿着牌子向东南西北四面出发，到各个村庄去。一个村庄投降了，就背着牌子到别的村子去，不投降就派兵来打。牌子每天所到之处可以到达将近一千里方圆的地方。

性惨酷,断耳剔目,截指折足,下心镰体,日以为常,谈笑对之。性又淡泊,食无兼味,一妻一妾皆老妪,不畜奴仆。无子,以李双喜为养子,嗜杀更酷于自成。自成在襄阳,以构殿、铸钱皆不成,斩一谋士,令术士问紫姑,卜之不吉,因立双喜为太子,改名洪基以厌之。铸洪基年为钱,又不成。时闻秦督兵将至,留毛贼守襄阳家口,自成率精锐往河南。

【编】秋七月,以史可法为南京兵部尚书。

【编】督师孙传庭发兵潼关,分道讨李自成。 【纪】以总兵牛成虎、卢光祖为前锋,会河南总兵卜从吉、陈永福合兵洛阳之下池塞,檄左良玉以兵自九江赴汝宁夹击贼。大营移宛向洛,诏蓟、辽总兵白广恩、四川总兵秦翼明入卫。土汉官兵,陕西三镇兵俱随督师进讨。传庭以副总兵高杰将降丁为中军,命翼明出商、洛为掎角,总兵王定、官抚民率绥、夏二镇兵为后劲。

【编】八月,孙传庭次阌乡。

【编】督师孙传庭克宝丰,诛伪州牧陈可新,遂入唐县,贼家口悉伏诛。 【纪】传庭次汝州,伪都尉四天王李养纯率所部来降,知贼并兵守宝丰。传庭进军宝丰,合围。贼坚守不下,李自成以轻兵来援,战于城东。白广恩、高杰、卢光祖分兵逆战,却之。翊日,贼复以精骑数千直攻官军,诸将复击走之。传庭曰:"宝丰不即下,而贼救大至,则腹背受敌矣。"亲督诸军悉力攻城,拔之,斩陈可新等数千级,遂以大兵捣唐县。时贼家口尽在唐县,贼发精骑来援,官军已入城,尽杀贼家口。贼满营痛哭,誓杀官兵。

李自成为人残酷。把活人割下耳朵，挖出眼睛，截断手指，砍断脚，剖出心，锯断身体，这些酷刑他日以为常，可以对着它说说笑笑。李自成的性情又淡泊寡欲，吃饭时没有多余的菜，一个妻子，一个妾都是老妇，又不畜养奴仆。李自成没有儿子，把李双喜认成养子。李双喜嗜好杀人，比李自成更残酷。李自成在襄阳，因为修建宫殿和铸造钱币都没有完成，杀了一个谋士；又令术士去求告紫姑神，占卜铸钱这些事，结果都不吉利。李自成因此就立双喜为太子，把他改名叫李洪基，来驱避这些不吉利的事。李自成铸造洪基年的铜钱，又没有铸成。当时听说陕西总督的军队快要到了，李自成留下年幼的士兵保卫在襄阳的家口，自己率领精锐部队去河南。

【编】秋七月，任命史可法为南京兵部尚书。

【编】督师孙传庭从潼关发兵，分几路讨伐李自成。 【纪】孙传庭任命总兵牛成虎、卢光祖作先锋，在洛阳的下池寨会合河南总兵卜从吉、陈永福的军队，又发出文书命令左良玉带兵从九江（今江西九江市）到汝宁（今河南汝阳县）来夹攻敌军。督师大营从宛城（今河南南阳市）移向洛阳。明怀宗下诏书命令蓟辽总兵白广恩、四川总兵秦翼明带兵进来保卫京师。汉族和当地土著官兵，陕西的三镇军队全随同督师进军讨伐。孙传庭命副总兵高杰率领投降的贼兵作为中军，命秦翼明从商洛地区出发，和大军形成互相呼应的犄角之势，总兵王定和官抚民率领延绥、宁夏二镇军队作后援。

【编】八月，孙传庭到达阌乡。

【编】督师孙传庭攻克宝丰（今河南宝丰县），杀死了伪州牧陈可新，接着进入唐县（今河南唐河县），贼军的家属全部被杀死。 【纪】孙传庭到达汝州，伪都尉四天王李养纯率领部下来投降，孙传庭知道了贼军把兵力合在一起守卫宝丰。孙传庭向宝丰进军，把它包围起来。贼军坚守，官军无法攻下。李自成派轻装的军队来救援，在城东和官军交战。白广恩、高杰、卢光祖分出军队去迎击，把敌军打退。第二天，贼军又以几千名精锐骑兵直攻官军，官军诸将又把他们打退了。孙传庭说："宝丰不马下攻下来，而贼军的大队救援来到，我们就会腹背受敌。"他亲自督促各路军队全力攻城，攻下了宝丰，斩陈可新等几千人的首

【编】督师孙传庭复郏县。李自成将兵逆战，官军大败之，自成奔襄城。【纪】传庭自朱仙镇而南，大雨六日，粮车日行三十里，又道淖，未至，士马俱饥。或劝传庭旋师就运，传庭曰："军已行，即还亦饥，奚济乎，要当破一县就食耳。"传庭复郏县，县俱穷民，集骡羊二百余，顷刻分脔食尽，不足给，命河北、山西就近饷传庭军。自成将步骑万余逆战。官军前锋击断自成坐纛，进逐之，贼披靡，贼营逃亡者相属。时传庭前锋尽收革、左故部，皆致死于贼，而高杰统诸降贼，备悉贼中曲折，自成遣其弟一只虎逆战，三战三北，自成奔襄城，诸军进逼之。自成累败而惧，挑土筑墙自守，已食尽，贼有饥色。

【编】以司礼太监王承恩督察京营戎政，韩赞周守备南京。

【编】九月，张献忠陷永州，巡按湖南御史刘熙祚死之。【纪】初，献忠袭陷衡州，桂王及吉、惠二王走永州，至是，献忠拆挂王府殿材至长沙构造宫殿，遣兵南追三王至永州，熙祚督水师御之，遣兵护三王献行入广西，而自入永州死守。奸人内应，开门迎贼，熙祚被贼执。贼欲胁降之，不屈，囚之永阳驿中，闭目绝食，题绝命词于壁，贼再三谕降之，临以白刃，熙祚大骂不已，遂遇害。于是全楚皆陷。

【编】督师孙传庭军与李自成兵战，败绩，传庭还军潼关。

级，接着用大军直捣唐县。当时贼军的家属人口全在唐县，贼军派出精锐骑兵来救援，官军已经进了唐县城，把贼军的家口全部杀死。贼军全营士兵痛哭流涕，发誓要杀官兵报仇。

【编】督师孙传庭收复了郏县。李自成率领军队迎战。官军大败李自成。李自成逃向襄城（今河南襄城县）。 【纪】孙传庭从朱仙镇向南进发，连下了六天大雨，运粮车每天走三十里地，道路泥泞，粮车还没有运到军中，士兵和战马已经挨饿。有的人劝孙传庭回兵去靠近运粮车，孙传庭说："军队已经出发了，就是退回去也是挨饿，有什么用处呢？要紧的是攻下一个县来解决粮食。"孙传庭收复了郏县，县里全是穷人，只收集到二百多只羊和骡子，顷刻间就被士兵分割吃完了，不够供给全军食用。朝廷命令河北、山西就近调粮饷供给孙传庭的军队。李自成率领一万多名步骑兵来迎战。官军的前锋砍断了李自成的大旗，前进追赶敌军。贼人望风披靡，军中逃亡的人接连不断。当时孙传庭的前锋部队尽是收降的革里眼、左金王的旧部，这些人都拼死和贼军作战。高杰统帅这些投降的贼兵，对贼军中的情况了解得十分清楚。李自成派遣他的弟弟一只虎迎战，打了三仗，败了三仗。李自成奔向襄城，各路官军向襄城进逼。李自成屡次战败，很害怕，让部下挑土筑墙，准备防守。不久粮食也吃完了，贼军士兵面有饥色。

【编】任命司礼太监王承恩督察京师军队的军务，派韩赞周为南京守备。

【编】九月，张献忠攻陷永州（今湖南永州市）。巡按湖南御史刘熙祚被杀。 【纪】起初，张献忠袭击并攻下了衡州（今湖南衡阳市），桂王和吉王、惠王逃到永州去。到这时，张献忠拆了桂王府的宫殿，把材料运到长沙去建造宫殿，又派出军队向南去追桂王等三个王，追到永州。刘熙祚监督水师去抵御贼军，派兵保护三王南行进入广西。刘熙祚自己进入永州城死守。有奸细作内应，打开城门迎接贼军，刘熙祚被敌人抓住。贼军想逼迫他投降，刘熙祚不屈服，被关在永阳驿中。他闭目绝食，在墙上写了绝命词。贼军再三劝他投降，用刀威胁他。刘熙祚大骂不止，因此被杀害。这时整个湖北全被贼军攻占了。

【编】督师孙传庭的军队与李自成的军队交战，打了败仗。孙传庭

【纪】初,大雨连旬,传庭军乏饷,兵噪于汝州。降盗李际遇阴通贼,贼率精骑大至。传庭问计于诸将,高杰请战,白广恩曰:"我师困,宜驻师分据要害,步步为营以薄贼,易耳。"传庭恐贼遁,曰:"将军何怯,独不如高将军邪!"广恩不怿,引所部八千人先去。贼前锋名"三堵墙",一红、一白、一黑,各七千二百人来薄。官军接战,陷贼伏中,贼乘之,官军大败。高杰麾众退,诸军尽西走,贼驱大队疾追,一日驰走四百里,至于孟津,官军死亡四万余人,尽丧其军资数万。传庭与杰收散亡数千骑,走河北。贼别将克汝州,自成向潼关,白广恩击破之,传庭亦回军潼关,众尚四万。

【编】冬十月,李自成陷渭南,督师孙传庭、知县杨暄死之。
【纪】一只虎陷阌乡,即自成弟李过也,疾走至潼关,获督师大纛,贼以纛绐守关者,乘间突入,潼关陷。李自成间道缘山崖出潼关后,夹攻,官军大溃。贼既入关西行,一只虎陷华阴,传庭及白广恩退屯渭南。贼合众数十万陷渭南,传庭没于阵,杨暄被执不屈死。贼屠渭南。

【编】李自成陷商州,商、洛道黄世清死之。
【编】李自成陷西安,陕西巡抚冯师孔,按察使黄炯、长安知县吴从义、指挥崔尔达、秦府长史章世炯等死之。 【纪】贼陷临潼,关中人心所在瓦解。冯师孔知寇棘,急入西安收保,俄贼至,师孔督兵出战,城陷,被执,不屈死。黄炯自尽,吴从义、崔尔达俱投井死,章世炯自经死,绅士死者甚众。右都御史三原焦源溥骂贼,磔死。磁州道副使祝万龄至学宫拜先圣,从容自经死。礼部主事南居业骂贼死,宣抚焦源清、参政田时震俱不受伪职死,御史王道纯

的军队退回潼关。　【纪】起初，接连下了十来天大雨，孙传庭的军队缺乏粮饷，士兵在汝州（今河南临汝县）鼓噪闹事。投降过来的盗贼李际遇暗地里向贼寇通风报信，李自成率领大量精锐骑兵来到。孙传庭向诸将领询问计策，高杰建议作战，白广恩说："我军已经疲惫，应该把军队驻守下来，分别据守要害地方，步步为营，逐渐逼近敌人，就容易战胜敌人了。"孙传庭恐怕贼军逃走，说："将军怎么这样胆怯，难道不如高将军吗？"白广恩不高兴，领着自己部下八千人先离开了。贼军的前锋叫"三堵墙"，一队红马，一队白马，一队黑马，各有七千二百人，前来逼近官军。官军和他们交战，陷入敌人的埋伏中，贼军乘机进攻，官军大败。高杰指挥大家撤退，各路军队全向西退走。贼军大队人马急速追赶，一天奔驰四百里地，追到了孟津（今湖南孟津县），官军死亡四万多人，成千上万的军用物资全部丢失了。孙传庭和高杰收集了逃散的几千名骑兵，奔向河北。贼军的另一个将领攻占了汝州。李自成向潼关进军，白广恩打败了他。孙传庭也领兵回到潼关，还剩下四万军队。

　　【编】冬十月，李自成攻陷了渭南（今陕西渭南县），督师孙传庭和知县杨暄被杀。　【纪】一只虎攻陷了阌乡。一只虎就是李自成的弟弟李过。贼军疾驰来到潼关，夺取了督师的大旗。贼军用督师的大旗骗过守关的人，乘虚冲进潼关，把潼关占领了。李自成抄小道攀山越岭来到潼关后面，两面夹攻，官军大败溃散。贼军进入潼关向西进军后，一只虎攻陷了华阴，孙传庭和白广恩退守渭南。贼军聚集了几十万军队攻陷了渭南。孙传庭在战场上战死，杨暄被抓住，不屈而死。贼军在渭南进行屠杀。

　　【编】李自成攻陷了商州，商洛道黄世清被杀死。

　　【编】李自成攻陷西安，陕西巡抚冯师孔、按察使黄炯、长安知县吴从义、指挥崔尔达、秦王府长史章世炯等人死于此役。　【纪】贼军攻陷临潼（今陕西临潼县），关中人心瓦解。冯师孔知道贼寇难以应付，急忙进入西安城收兵守城。不久贼军到来，冯师孔督兵出战。城被攻陷后，冯师孔被俘，不屈而死。黄炯自杀。吴从义和崔尔达都投井自杀。章世炯上吊自杀。很多绅士都自杀了。右都御史三原焦源溥骂贼，被砍成碎块。磁州道副使祝万龄到学宫去拜见先圣后，从容地上吊自尽。礼部主事南居业骂贼被杀。宣抚焦源清、参政田时震全不肯接受伪职而

大骂贼不屈死，解元席增光、举人朱谊泉俱投井死，山东监军佥事王徵七日不食死，都司吏丘从周骂贼死。馀吏民皆相率降于贼，总兵白广恩逃而追获，降之。

初，自成剽掠十余年，既席卷楚、豫，始有大志，然地四通皆战场，所得郡县官军旋复之。至是，既入秦，百二山河，遂不可制。自成据秦王府，伪授秦王存枢权将军。世子妃刘氏曰："国破家亡，愿求一死。"自成遣归外家。秦藩富甲天下，拥赀十万。贼之犯秦也，户部尚书倪元璐奏曰："天下诸藩，无如秦、晋山险，用武国也。宜谕两藩，能任杀贼，不妨假之以大将之权；如不知兵，宜悉输所有，与其赍盗，何如享军。贼平之后，益封两藩各一子如亲王，亦足以报之。两王独不鉴十一宗之祸乎？贤王忠而熟于计，必知所处矣。"书上，不报。至西安陷，秦藩府库尽为贼有。贼分兵徇诸县，皆陷。蒲城知县朱一统抱印扳井死。

初，自成在楚议所向，牛金星请先取河北，直捣京师；杨永裕欲先据留都，断漕运；独顾君恩曰："否，否！先据留京，势居下流，难济大事，其策失之缓；直捣京师，万一不胜，退无所归，其策失之急；不如先取关中，为元帅桑梓之邦，且秦都百二山河，已得天下三分之二，建国立业，然后旁略三边，资其兵力，攻取山西，后向京师，进退有余，方为全策。"贼从其计。先是贼好杀掠，牛金星功以不杀，遂严戢其下，民间稍安堵，辄相诳惑，人无斗志，自成遂改西安府为长安，掳掠巨室助饷。

被杀。御史王道纯大骂贼，不屈而死。解元席增光、举人朱谊泉都投井自杀。山东监军佥事王徵七天不食而死。都司吏丘从周骂贼而死。其余的官吏平民们全接连向贼军投降。总兵白广恩逃走，被贼军追上俘虏，也投降了。

　　起初，李自成抢掠了十几年，在席卷湖北、河南以后，才开始有大志。但是所在的地区四面畅通，都是战场，所占领的郡县，官兵跟着就收复了。到了这时，进入陕西以后，关中是山河形胜之地，李自成便无法制服了。李自成占据了秦王府，授予秦王朱存枢权将军的伪官。王世子的妃子刘氏说："国破家亡，我愿求一死。"李自成把她遣送回娘家。秦王富甲天下，拥有十万以上的资产。贼军进犯陕西时，户部尚书倪元璐上奏说："天下的各个藩国，没有一处的山险可以比上陕西、山东，这是用兵的地方。应该命令这两处藩王，如果他们可以担负起杀贼的责任，就不妨给他们以大将的权力。如果他们不懂得用兵，应该把他们所有的财产拿出来供给军用，与其送给贼人，不如让官军享用。把贼军打败以后，再给这两个藩王加封，把他们每人的一个儿子封为亲王，也足可以报答他们了。这两个藩王难道看不到那十一位宗室的灾祸吗？贤明的亲王既忠诚又仔细考虑，一定会知道他们该怎么做才是。"奏章送上后，没有给予回复。到西安陷落后，秦王的府库全被贼军占有。贼军分兵去平定各个县城，各县都被占领。蒲城知县朱一统抱着官印投井自杀。

　　起初，李自成在湖北商议进攻方向。牛金星建议先夺取河北，直捣京师。杨永裕想要先占据留都南京，截断运河上的钱粮运输。只有顾君恩说："不对！不对！先占据留都，处于下游的位置，很难办成大事。这个计策错误在发展太慢。直捣京师，万一不胜，退下来无处可归。这个计策错在操之过急。不如先夺取关中，那里是元帅的家乡。而且陕西山河形胜，我们已经占领全国三分之二的土地，就此建立国家大业，然后就近攻取三边，利用那里的兵力，去攻取山西，最后向京师进攻，进退都有余地。这才是万全之计。"李自成听了他的计策。在此之前，李自成喜好杀人抢掠。牛金星劝他不杀人，他就严格约束部下，民间渐渐安定下来，也就互相迷惑，人们都没有斗志。李自成便把西安府改叫长安，拷打富豪大家，搜取财产作为军饷。

【编】李自成分兵略鄜、延,中部知县华燦死之。

【编】以兵部侍郎余应桂总督陕西三边,收兵剿寇。应桂迁延不进。【纪】上始闻潼关失守,以余应桂总督陕西三边,收拾边兵,相机剿寇。应桂闻命,饮泣陛辞曰:"不益兵饷,虽去何济?"上默然,发帑金五万给军。应桂迁延河上不进。

【编】以左副都御史方岳贡为东阁大学士。

【编】十一月,李自成陷延安,复陷凤翔,屠之。 【纪】总兵王定、高杰自渭南败,各率所部奔延安,自成命贼将田斌守西安,自往塞上。高杰闻贼至,以兵渡河而东,入山西;王定奔榆林,自成陷延安,大会拜贼,戎马万匹,旌旗数十里,于米脂祭墓,以五百骑按行,凤翔守将诱而歼之,自成怒,亲攻凤翔,陷之,屠其城。

【编】李自成陷榆林,备兵副使都任、总兵尤世威及诸将、一城男妇尽死之。 【纪】自成发大兵围榆林,榆林诸将力战杀贼,贼死者万人。贼攻益力,逾旬不克,贼以冲车环城穴之,城崩数十丈,贼拥入,城遂陷,都任阖室自经死,尤世威纵火焚其家百口,挥刀突战死。诸将各率所部巷战,杀贼千计,贼大至,杀伤殆尽,无一降者,阖城妇女俱自尽,诸将死事者数百人。榆林为天下劲兵处,频年饷绝,军士饥困,而殚义殉城,志不少挫,阖城男子妇女无一人屈节辱身者。榆林既屠,贼捣宁夏,宁夏总兵官抚民迎降,三边俱没。贼无后顾,长驱而东矣

【编】李自成陷庆阳,备兵副使投复兴、董琬、前太常少卿麻禧死之。屠庆阳,执韩玉。【纪】时贼遣伪王往关东灵、阌诸路大张

【编】李自成分兵攻取鄜州（今陕西富县）、延安地区，中部县知县华煤死于此役。

【编】任命兵部侍郎余应桂为陕西三边总督，收集军队，等机会讨伐贼寇。余应桂拖延不进。　【纪】明怀宗刚听说潼关失守，就任命余应桂为陕西三边总督，令他收拾边地军队，见到时机合适时去进剿贼寇。余应桂接到命令后，哭着在朝廷上向皇帝告辞，说："不增加军饷，就是去了，又有什么用？"明怀宗默然无语，拨发五万两库银供给军饷。余应桂在黄河边上停留拖延，不肯进军。

【编】任命左副都御史方岳贡为东阁大学士。

【编】十一月，李自成攻陷延安，又攻陷凤翔（今陕西凤翔县），进行屠杀。　【纪】总兵王定、高杰在渭南战败后，各自率领部下奔到延安。李自成命令贼将田斌守卫西安，自己前往塞上。高杰听说贼军到来，领兵渡过黄河向东，进入山西。王定奔向榆林（今陕西榆林县）。李自成攻陷延安，大会群贼，带有上万匹战马，军队的旌旗连绵几十里长。李自成派五百名骑兵开路，到米脂去扫墓，凤翔县令将他们诱来歼灭。李自成大怒，亲自进攻凤翔，攻陷之后，实行屠城。

【编】李自成攻陷榆林，兵备副使都任、总兵尤世威和诸将，以及全城男女都被杀死。　【纪】李自成发动大军围攻榆林。榆林诸将力战杀贼，杀死了一万多名贼军。贼军攻击越来越猛，十多天了都没有攻下榆林。贼军用冲车围绕着城墙打洞，把城墙崩坏了几十丈，贼军蜂拥入城，榆林便被攻陷了。都任全家都上吊自杀。尤世威放火烧死了他一家上百口人，自己挥刀奋战而死。诸将各自率所部进行巷战，杀死敌人几千人。贼军大队又来，官军死伤殆尽，没有一个人投降。全城的妇女都自杀了。诸将在战场上战死的有几百人。榆林是天下精兵所在的地方，连年缺少军饷，士兵们又饿又累，而尽义为守城牺牲，意志一点也没有受到挫折。全城的男女，没有一个人丧失气节而受辱的。榆林遭屠杀后，贼军直捣宁夏（今宁夏银川市）。宁夏总兵官抚民出城投降。三边全被攻占。贼军没有后顾之忧，就长驱直前，向东进攻了。

【编】李自成攻陷了庆阳，兵备副使段复兴、董琬、前太常少卿麻禧死于此役。李自成在庆阳实行屠杀，抓住了韩王。　【纪】当时李自成

伪榜,移檄河南郡县。河南西境贼皆设伪官,官兵守怀庆府。

【编】十二月,前大学士周延儒有罪,赐死。

【编】张献忠通好于老回回。 【纪】时老回回为李自成据荆州,献忠遣人与修旧好,合兵。自成既入关,献忠益横荆、岳间。

【编】李自成陷平阳,知府张嶙然走太原,吏民皆降。 【纪】贼杀西河王等三百人。高杰闻平阳陷,拥兵东下泽州。山西郡县闻贼至,望风迎款。贼遣伪牌遍行山西,其辞甚悖。

派遣伪王到潼关以东的灵宝、阌乡各地大肆张贴伪朝的榜文，向河南各郡县送去文书。河南西边各县都设置了伪官。官兵守卫怀庆府（今河南庆阳县）。

【编】十二月，前大学士周延儒有罪，被赐死。

【编】张献忠向老回回通问修好。 【纪】当时老回回给李自成占据着荆州。张献忠派人和他恢复过去的友谊，把军队联合起来。李自成入关以后，张献忠更在荆州、岳州（今湖南岳阳县）之间横行无阻。

【编】李自成攻占平阳（今山西临汾县），知府张璘然逃到太原（今山西太原市），平阳的官吏百姓全投降了。 【纪】贼军杀了西河王等三百人。高杰听说平阳被攻占了，领兵向东到泽州（今山西晋城县东北）去。山西各郡县听说贼军到来，都迎上去表示投降。贼军派人拿着伪朝的牌子走遍了山西，牌子上的词语十分大逆不道。

明鉴易知录卷十五

明纪

怀宗端皇帝

【编】甲申,十七年,春正月,是岁为我大清世祖章皇帝顺治元年。

【编】大风霾。 【纪】占曰:"风从乾起,主暴兵、城破。"

【编】凤阳地震。

【编】张献忠入夔州。

【编】李自成称王于西安,僭国号曰顺,改元永昌。 【纪】贼掠河东,河津、稷山、荣河、绛州一路俱陷。自成伪牒兵部约战,言三月十日至。上忧寇,临朝而叹曰:"卿等能无分忧哉!"大学士李建泰进曰:"主忧如此,臣敢不竭力!臣晋人,颇知寇中事。臣愿以家财佐军,可资数月之粮。臣请提兵西行。"上悦曰:"卿若行,朕当仿古推毂。"

【编】癸酉夜,星入月中。 【纪】占云:"星入月中,国破君亡。"

【编】帝命大学士李建泰出师,师次涿州。 【纪】命建泰出师,行遣将礼,命驸马都尉万炜以特牲告太庙,上临轩,廷授建泰节、剑,赐宴饯之。上亲赐卮酒曰:"先生之去,如朕亲行。"建泰顿首起行。是日大风扬沙,占曰:"不利行师。"建泰御肩舆,不数武,杠折,识者忧之。建泰出都,道闻山西烽火甚急,建泰家且破,因迟行,日三十里,师次涿州。初,建泰上宠命,恃有家财可佐军需,已闻家破,进退失措,逡巡畿内而已。

怀宗端皇帝

【编】崇祯十七年（甲申，1644）春正月，这一年是我大清世祖章皇帝的顺治元年。

【编】大风天，天空阴暗多尘。　【纪】占卜的卦辞是："风从乾位刮起，预示有凶暴的战事，城被攻破。"

【编】凤阳（今安徽凤阳县）发生地震。

【编】张献忠进入夔州（今四川奉节县）。

【编】李自成在西安称王，僭称国号叫作"顺"，改年号叫"永昌"。　【纪】贼军在河东抢掠，河津（今山西河津县）、稷山（今山西稷山县）、荣河（今山西万荣县）、绛州（今山西绛县）一路全都被攻占了。李自成写了伪朝的文书送给兵部约定交战，说自己在三月初十到。明怀宗担心贼寇到来，在朝廷上叹息道："你们能不给我分忧吗？"大学士李建泰上前说："君主这样担忧，臣子们敢不竭尽全力吗？臣是山西人，相当了解贼寇中的情况。臣愿意用自己的家产供给军用，可以维持几个月的食粮。臣请求带领军队西进。"明怀宗高兴地说："你如果去，朕要仿效古代的君主，为你推车送行。"

【编】癸酉那天的夜里，星星进入月亮里面。　【纪】占卜的卦辞是："星星进入月中，国破君亡。"

【编】皇帝命大学士李建泰出兵，军队到达涿州（今河北涿县）。【纪】皇帝命李建泰出兵，举行了派遣大将的典礼，命驸马都尉万炜到太庙去用特牲礼祭祀。明怀宗来到殿前，亲自授给李建泰符节和剑，赐宴给他饯行，明怀宗亲自赐给他一杯酒，说："先生这次出征，就像朕亲自前往一样。"李建泰叩头后出发。这一天大风扬起了沙尘。占卜的结果是："不利于行军。"李建泰乘坐轿子，走了没几步，轿杆就折断了。有见识的人为此感到担忧。李建泰出了京城，在半路上听说山西的战事十分激烈，李建泰的家乡都快被占领了，他就慢慢地前进，每天只走三十里。军队到了涿州。起初，李建泰受到皇帝的恩宠，接到命令后，依仗自

【编】二月朔,帝视朝。 【纪】上平旦视朝,忽得伪封,启之,其词甚悖,末云"限三月望日至顺天,会同馆暂缴"。一时相顾失色,朝罢,遂不复问。

【编】李自成陷蒲州及汾州。 【纪】贼陷蒲、汾,怀庆不守,福王出奔,与太妃相失,遂至卫辉依潞王。

【编】李自成陷太原,巡抚蔡懋德、中军盛应时等皆死之。【纪】自成至太原,太原无重兵为守。蔡懋德遣骁将牛勇、朱孔训出战,孔训伤于炮,勇陷阵死,一军皆殁,城中夺气。贼移檄远近,有云:"君非甚暗,孤立而炀蔽恒多;臣尽行私,比党而公忠绝少。甚至贿通宫府,朝廷之威福日移,利入戚绅,闾左之脂膏尽竭。"又云:"公侯皆食肉纨袴而倚为腹心,宦官皆龁糠犬豚而借其耳目。狱囚累累,士无报礼之心;征敛重重,民有偕亡之恨。"人读之多为扼腕。懋德知事必不支,写遗表令监纪贾士璋间道奏京师。盛应时见之,退归,先杀其妻子,誓将死敌。初八日,风沙大起,贼乘风夜登城,懋德、应时策马赴敌死,赵布政、毛副使及府县各官四十六员咸死之,贼尸之于城。

【编】李自成至黎城,遣将陷临晋。

【编】帝下诏罪己。 【纪】诏曰:"朕嗣守鸿绪,十有七年,深念上帝陟降之威,祖宗付托之重,宵旦兢惕,罔敢怠荒。乃者灾害频仍,流氛日炽,赦之益骄,抚而辄叛,甚至有受其煽惑,顿忘敌忾

己有家产可以供给军用，听说他的家乡被攻占后，进退失措，只在京师地区里徘徊拖延。

【编】二月初一，明怀宗上朝。　【纪】明怀宗在天明时上朝，忽然收到李自成伪朝的信函。打开一看，信中的词语大逆不道，最后说："我定在三月十五日到顺天，暂定在会同馆接管朝政。"皇帝和大臣们一时相顾失色，朝见结束后，明怀宗就不再问及此事。

【编】李自成攻陷了蒲州（今山西芮城县西北）和汾州（今山西汾阳县）。　【纪】贼军攻陷了蒲州、汾州，怀庆也没有守住。福王出逃，与王太妃走失了，就到卫辉（今河南汲县）去依附潞王。

【编】李自成攻陷太原，巡抚蔡懋德、中军盛应时等人全都战死。　【纪】李自成到达太原，太原没有重兵守卫。蔡懋德派遣勇将牛勇和朱孔训出城迎战。朱孔训被火炮击伤，牛勇冲击敌阵时被杀死，全军覆没，城里的人丧失了勇气。贼军向远近各地发出文书，其中有这样几句话："君主不是很昏聩，但他孤立一人，周围欺骗蒙蔽他的人太多。臣子们全都谋私利，朋比结党，而忠心为公的绝少。甚至用贿赂打通宫中，使朝廷的威严和权势逐渐被私人篡夺，利益被皇亲国戚和官绅们获取，民间的血汗都被吸干了。"又说："公侯们全是吃肉的纨绔子弟，而皇帝却把他们当作心腹来倚靠。宦官们全是吃糠的猪狗，皇帝却用他们给自己当耳目。狱中的囚徒累累皆是。士人们没有履行礼义之心。税收赋役十分繁重，百姓们有和你同归于尽之恨。"人们读到这些话后，都为之叹息。蔡懋德知道形势必定无法支持下去，写了遗表，让监纪贾士璋从小道回京师上奏。盛应时见到这种情况，回到家里，先杀死了自己的妻子儿女，发誓要以死抗敌。初八，风沙大起。贼军乘着刮大风的夜晚爬上城墙。蔡懋德和盛应时催马冲向敌军，当场战死。赵布政、毛副使和府、县官员四十六人全被杀死。贼军把他们的尸体摆在城上。

【编】李自成到了黎城（今山西黎城县），派部将攻陷临晋（今山西芮城县）。

【编】明怀宗颁布承认自己的罪过的罪己诏。　【纪】诏书说："朕继承了帝业大统已经十七年，深切地感到上帝降下的威力，感到祖宗托付的责任重大，无论白天黑夜都兢兢业业，不敢有一点怠慢或荒废。

者。朕为民父母，不得而卵翼之，民为朕赤子，不得而怀保之，坐令秦、豫丘墟，江、楚腥秽，罪非朕躬，谁任其责！所以使民罹锋镝，蹈水火，殪量以壑，骸积成丘者，皆朕之过也。使民输刍挽粟，居送行赍，加赋多无艺之征，预征有称贷之苦者，又朕之过也。使民室如悬磬，田卒污莱，望烟火而无门，号冷风而绝命者，又朕之过也。便民日月告凶，旱潦荐至，师旅所处，疫厉为殃，上干天地之和，下丛室家之怨者，又朕之过也。至于任大臣而不法，用小臣而不廉，言官首鼠而议不清，武将骄懦而功不奏，皆由朕抚驭失道，诚感未孚。中夜以思，局蹐无地。朕自今痛加创艾，深省夙愆，要在惜人才以培元气，守旧制以息烦嚣，行不忍之政以收人心，蠲额外之科以养民力。至于罪废诸臣，有公忠、正直、廉洁、干才尚堪用者，不拘文武，吏、兵二部确核推用。草泽豪杰之士，有恢复一郡一邑者，分官世袭，功等开疆。即陷没胁从之流，能舍逆反正，率众来归，许赦罪立功；能擒斩闯献，仍予通侯之赏。於戏！忠君爱国，人有同心，雪耻除凶，谁无公愤。尚怀祖宗之厚泽，助成底定之大功，思克厥愆，历告朕意。"诏下，贼前锋已至大安驿。

【编】议京师城守。

【编】李自成攻代州，总兵周遇吉退守宁武关。

往日灾害接连不断，流贼的气焰日益嚣张，加以赦免，他们却更加骄狂，收抚了的贼寇动不动就又叛变，甚至有人受到贼寇的迷惑煽动，马上就忘掉了和敌人的仇怨。朕为民之父母，却不能够保护他们。人民是朕的赤子，朕却不能把他们庇护抚育。朕眼看着陕西、河南变成一片废墟，江苏、湖北到处是血腥和污秽。这些罪过不由朕亲自承担，又有谁能承担呢？让人民遭到刀枪箭矢的杀害，处于水深火热之中，这都是朕的过失。使人民送粮运草，出门服役的还要自带粮草；增加赋税时多得没有个标准，预先征税给人民带来借债的苦难，这些又是朕的过失。使人民的家里空荡无物，田地荒废，长满野草；人们想生火取暖做饭却无法得到，在寒风中哭叫着冻饿而死，这又是朕的过失。使得人民日日月月上告灾祸发生，旱灾水灾接连不断；军队到达的地方，瘟疫又造成祸害，对上犯了天地之和，在下造成了家家户户的怨恨，这又是朕的过失。至于任用的大臣横行不法，任用的小官员不廉洁奉公，言官首鼠两端，议论不明确，武将骄狂怯懦，却不见他们建立功业；这一些都是由于朕安抚和控驭失道，诚意尚未获得信任。朕在半夜里想起这些来，感到恐惧不安，无地自容。朕从现在起要痛自惩治，深切地反省过去的过失，感到要紧的是爱惜人才以培养国家的元气，遵守旧的制度来平息烦扰喧嚣，实行宽恕爱人的政策来收拾人心，免除额外的税收以休养民力。至于受罚被免黜的诸臣，凡是公忠正直，廉洁，有才干，还可以被任用的人，不论是文官、武官，由吏部、兵部确切考核后推荐任用。民间草莽中的豪杰之士，有能收复一州一城的，分别授予官职，允许世袭，其功和开拓疆土相同。即使是那些陷入贼军、被胁迫参与叛逆的人，只要能离开叛逆反正，带众来归，允许他们赦罪立功。有能擒获或杀死李自成、张献忠的，仍然给予封侯的奖赏。呜呼！忠君爱国，人同此心，报仇雪耻，除去凶犯，谁没有这样的公愤呢？希望祖宗继续赐给深厚的恩泽，帮助完成平定敌寇的大功。朕想改正这些过失，谨向天下宣告朕的心意。"诏书颁下后，贼军的先锋已经到了大安驿。

【编】商议京城的防守。

【编】李自成攻打代州，总兵周遇吉退回去防守宁武关（今山西宁武县）。

【编】李自成兵趋真定,知府丘茂华叛降贼。　【纪】茂华闻警,先遣家人出城,总督徐标执茂华下狱。标麾下中军伺标登城画守御,劫标城外杀之,出茂华。茂华遂檄属县叛待寇。贼数骑入城,收帑籍,近京三百里,寂然无言者。

【编】进魏藻德礼部尚书、文渊阁大学士,总督河道屯练,往天津。进方岳贡户部尚书兼兵部尚书、文渊阁大学士,总督漕运屯练,往济宁。　【纪】藻德辞新衔,允之。有言各官不可令出,出即潜遁,遂止藻德等不遣。

【编】诏征天下兵勤王。　【纪】命府部大臣各条战守事宜。上候于文华殿,都察院左都御史李邦华、少詹事项煜、右庶子李明睿各言南迁,及东宫监抚南京。上骤览之,怒甚曰:"诸臣平日所言若何?今国家至此,无一忠臣义士为朝廷分忧,而谋乃若此。夫国君死社稷,乃古今之正,朕志已定,毋复多言!"吏科都给事中吴麟征请弃山海关外宁远、前屯二城,徙总兵吴三桂入关屯宿近郊,以卫京师。廷臣皆以弃地非策,不敢主其议。

【编】大学士陈演罢。　【纪】初,上忧秦寇,演谓无足虑。至是不自安,求去。

【编】李自成陷宁武关,总兵周遇吉死之。　【纪】自成薄宁武关,传檄五日不下,且屠,遇吉悉力拒守,大炮击贼万於人。会火药尽,或言"贼势重,可款也。"遇吉曰:"战三日杀贼且万,若辈何怯邪!能胜之一军尽为忠义;万一不支,缚我以献,若辈可无恙。"于是开门奋击,杀贼数千人。贼惧,欲退。或为贼策曰:"我众彼寡,但使主客分别以十击一,蔑不胜矣。请去帽为识,见戴帽者击之,递出战,不二日可歼也。"贼引兵复进迭战,脱帽以自别,我兵大败。

【编】李自成的军队直扑真定（今河北正定县），知府丘茂华叛变投降了贼军。　【纪】丘茂华听到报警后，先打发家人出城，总督徐标把丘茂华关进监狱。徐标部下的中军趁徐标上城规划守御的时候，把徐标劫持到城外杀死，放出了丘茂华。丘茂华就发文书给下属各县，要他们叛变，等待贼军到来。贼军只派几名骑兵进城来收取库银和簿籍。真定距北京只三百里，朝中却没有一个人对明怀宗说这件事。

【编】晋升魏藻德为礼部尚书、文渊阁大学士，到天津（今天津市）去总督河道屯练。晋升方岳贡为户部尚书兼兵部尚书、文渊阁大学士，到济宁（今山东济宁）去总督漕运屯练。　【纪】魏藻德辞去新的官职，明怀宗答应了。有人说不能让各官出京，出京就会悄悄逃走。明怀宗就不派遣魏藻德等人出京，把他们留下了。

【编】下诏书征调天下军队勤王，来保卫王室。　【纪】命令各府、部的大臣们写出自己的对作战和防守事务的建议送上来。明怀宗在文华殿等候，都察院左都御史李邦华、少詹事项煜、右庶子李明睿等人分别提出皇帝南迁、派东宫太子到南京监抚。明怀宗急匆匆地看完了，非常愤怒，说："诸臣平日都说了些什么？现在国家到了这个地步，没有一个忠臣义士为朝廷分忧，却出这种主意。国君为社稷而死，这是古往今来的正道。朕的志意已定，你们不用再多说了。"吏科都给事中吴麟征建议放弃山海关外的宁远、前屯二城，调总兵吴三桂进关驻扎在京城近郊，保卫京师。廷臣都认为放弃土地不是个办法，不敢支持他的建议。

【编】大学士陈演被罢免。　【纪】起初，明怀宗为陕西贼寇兴起而担忧，陈演说不值得担心。到了这时，陈演心中不安，请求去职。

【编】李自成攻陷了宁武关，总兵周遇吉被杀。　【纪】李自成逼近宁武关，送去文书，说是五天仍攻不下来，此后就要屠城。周遇吉全力抵抗，用大炮轰击，打死了一万多名贼军。当火药用完以后，有人说："贼军势力太大，可以向他们求和。"周遇吉说："作战三天就杀了上万的敌人，你们这些人怎么这么胆怯呢？我们如能战胜，全军都成为忠义之士。万一抵挡不住，你们把我绑起来献给贼军。你们这些人可以保全生命。"周遇吉就开了城门，出兵奋战，杀死了几千名贼兵。李自成胆怯了，想要退兵。有的人给李自成出主意，说："我军人多，敌人少。只要能把

遇吉阖室自焚,挥短刀力斗,被流矢,牙兵且尽,见执;骂贼,贼于市磔焉,遂屠宁武。自成既杀遇吉,叹曰:"使守将尽周将军者,吾安得至此!"

【编】李自成陷大同,总兵朱三乐、巡抚卫景瑗、督理粮储户部郎中徐有声、朱家仕、文学李若葵俱死之。

【编】二月,督师、大学士李建泰上书请驾南迁,愿奉太子先行。 【纪】上谕阁臣曰:"李建泰有疏劝朕南迁。国君死社稷,朕将何往!"大学士范景文、左都御史李邦华、少詹事项煜请先奉太子抚军江南,兵科给事中光时亨大声曰:"奉太子往南,诸臣意欲何为,将欲为唐肃宗灵武故事乎?"景文等遂不敢言。上复问战守之策。众臣默然。上叹曰:"朕非亡国之君,诸臣尽亡国之臣尔!"遂拂袖起。

【编】钦天监奏帝星下移。

【编】诏封总兵吴三桂平西伯、左良玉宁南伯、唐通定西伯、黄得功靖南伯。

【编】征山海总兵吴三桂,蓟、辽总督王永吉率兵入卫。

【编】唐通以八千人入卫,寻同太监杜之秩守居庸。

【编】李自成兵陷保定,御史金毓峒与其从子振孙等皆死之。【纪】贼犯保定,李建泰已病,中军郭中杰绐城降贼,兵溃,贼入保定,建泰被执。毓峒守西门,贼执之入三皇庙见贼帅。毓峒奋拳殴贼帅仆之,跃入井中死,妻王氏自经。毓峒从子振孙以武举效力行

我军和敌军分辨开，用十个人去打一个人，没有不胜战的。请让我军脱去帽子作记号，见到戴着帽子的人就加以攻击，轮流出战，用不了两天就能歼灭敌人。"李自成领兵再次进攻，轮流出战，让贼军脱去帽子，与官军分别开。官军大败。周遇吉全家都自焚而死。周遇吉挥短刀奋力搏斗。他身中流箭，亲兵也快被杀光了，因此被贼军抓住。周遇吉骂贼，被李自成在市集上砍成碎块。李自成屠杀了宁武居民。李自成杀了周遇吉以后，叹息道："如果守将全都像周将军这样，我怎么能到达这里呢？"

【编】李自成攻陷大同，总兵朱三乐、巡抚卫景瑗、督理粮储的户部郎中徐有声、朱家仕、文学李若葵全都死于此役。

【编】二月，督师、大学士李建泰上奏章请皇帝迁往南方，他自己愿意保护太子在前面先行。　【纪】明怀宗对内阁大臣们说："李建泰有奏章来，劝朕迁往南方。国君应为社稷而死，朕要到哪里去呢？"大学士范景文、左都御史李邦华、少詹事项煜请求先护卫太子去江南监抚军队。兵科给事中光时亨大声说："奉太子到南方，你们这些臣子想要干什么？准备仿效唐肃宗在灵武自立为帝的往事吗？"范景文等人就不敢再说了。明怀宗又问作战和防守的计策，众臣默不作声。明怀宗叹道："朕不是亡国之君，诸臣全都是亡国之臣呀！"于是起身，拂袖而去。

【编】钦天监报告皇帝的星座往下移动。

【编】下诏书封总兵吴三桂为平西伯，左良玉为宁南伯，唐通为定西伯，黄得功为靖南伯。

【编】征调山海关总兵吴三桂、蓟辽总督王永吉率领军队入关，保卫京师。

【编】唐通派八千人入京师守卫，不久就和太监杜之秩一起去守卫居庸关。

【编】李自成的军队攻陷保定（今河北保定市），御史金毓峒和他的侄子金振孙等人都死于此役。　【纪】贼军进犯保定。李建泰已经病了，中军郭中杰从城墙上用绳子吊下去，向敌人投降。官军溃散，贼军进入保定，李建泰被俘虏。金毓峒守西门，贼军抓住了他，把他带到三皇庙来见贼军的统帅。金毓峒奋力用拳打贼军统帅，把他打倒在地，自己

间，登城射贼，多应弦而毙。城陷，众解戎衣自匿，振孙大呼曰："我御史金毓峒侄也。"贼支解之。毓峒子器妇陈氏，年十八，与其祖母张、母杨、嫂常一时尽投于井。

【编】李自成陷宣府，巡抚朱之冯死之。 【纪】自成宿阳和，遂长驱向宣府。宣府叛将白广恩贻总兵姜瓖书约降，监视太监杜勋郊迎三十里，军民聚谋籍籍。朱之冯悬赏劳军守城，无一应者，三命之，咸叩头曰："愿中丞听军民纳款！"之冯独行巡城，见大炮曰："汝曹试发之，可杀数百人，贼虽杀我，无恨矣。"众又不应。之冯不得已乃自起燃火，兵民竞挽其手，之冯乃夺士卒刀自刎。宣府军民俱迎降于贼。乡绅张罗彦自杀。

【编】帝按籍勋戚大珰，征其助饷。 【纪】上遣太监徐高谕嘉定伯周奎为倡，奎谢无有，高拂然起曰："外戚如此，国事去矣，多金何益！"奎奏捐万金，上少之，勒其二万。太监王永祚、曹化淳助至三万五万。王之心最富，上面谕之，仅献万金。诸内官各大书于门曰"此房急卖"，复杂出雕镂玩好诸物陈于市以求售。后贼拷王之心，追十五万，他金银器玩称是；周奎钞见银五十二万，珍币复数十万。魏藻德首输百金。陈演既放未行，召入，诉清苦。百官共议捐助，勉谕至再。时谕上等三万金，皆无应，惟太康伯张国纪输二万，余不及也。又议前三门巨室各输粮给军，且赡其妻孥使无内顾，诸巨室多不乐而止。

跳到井里淹死，他的妻子上吊自杀。金毓峒的侄子金振孙以武举人的身份在军队中效力，他在城上向贼军射击，大多是一箭射死一个敌人。城陷以后，士兵们都脱掉军衣躲藏起来，金振孙大喊道："我是御史金毓峒的侄子。"贼军把他肢解了。金毓峒儿子金罂的妻子陈氏，才十八岁，和她的祖母张氏、母亲杨氏、嫂子常氏一起都投井自杀了。

【编】李自成攻陷了宣府（今河北宣化县）。巡抚朱之冯自杀。
【纪】李自成在阳和住宿后，就一直冲向宣府。宣府叛将白广恩给总兵姜瓖写信，约他投降，监视太监杜勋出城迎出三十里地，军民在一起议论纷纷。朱之冯悬赏慰劳军队，让他们守城，没有一个人接受命令，朱之冯命令了三遍，士兵们全跪下叩头说："请您允许军民们投降。"朱之冯一个人在城上巡看，见到大炮，说："你们试着发炮，可以杀死几百个人。这样就是我让贼军杀了，我也没有遗憾。"大家又没有人答应。朱之冯不得已，就自己去点燃火炮，士兵和居民们争着拉住他的手，不让他动。朱之冯就夺过士兵的刀自杀了。宣府军民都迎贼而投降。乡绅张罗彦自杀了。

【编】明怀宗按查名籍，征收功臣、皇亲和大太监们的钱财，助供军饷。　【纪】明怀宗派遣太监徐高去告诉嘉定伯周奎，让他带头捐饷。周奎推辞说自己没有钱。徐高生气地站起来说："皇亲如此，国家大事全完了，钱再多又有什么用？"周奎上奏说捐一万两银子，明怀宗认为数少，逼他出二万两。太监王永祚、曹化淳捐助到三万、五万。王之心最富有，明怀宗当面告诉他捐钱助饷的事，他只献上一万两银子。各位太监都在门上写上"此房急卖"，又把各种雕刻品、珍奇玩物等摆到市场上出售。以后贼军拷问王之心，追出十五万两银子来，其他的金银珍玩也和这些价值差不多。周奎被抄出银子五十二万两，珍宝财物又值几十万两。魏藻德开头交了一百两银子。陈演被免职后还没有离京，明怀宗把他召入宫中，他向皇帝诉说自己生活清苦。百官一起商议捐助军饷的事，明怀宗再三加以勉励谕告。当时诏命，上等的捐款是三万两，没有一个人应承，只有太康伯张国纪交出二万两，别的人都不及此数。又商议让前三门的大户们分别给军队送粮食，而且要赡养军人的妻小，使他们没有后顾之忧，大户们大多不愿意，就没有办成。

【编】大风霾,昼晦。命司礼太监王承恩提督内外京城,总督蓟、辽王永吉节制各镇。 【纪】贼警益逼,有劝上南迁者。上怒曰:"卿等平日专营门户,今日死守,夫复何言!"谕兵部曰:"都城守备有余,援兵四集,何难刻期灭寇。敢有讹言惑众,及私发家眷出城者擒治。"

【编】分营都门,设大炮,给九门守者人百钱,召前太监曹化淳守城。

【编】南京孝陵夜哭。

【编】风晦。寇自柳沟抵居庸关。 【纪】柳沟天堑,百人可守,竟不设备。总兵唐通、太监杜之秩迎降,抚臣何谦伪死私遁,总兵马岱自杀其妻子,疾走山海关。时京师以西诸郡县望风瓦解,将吏或降或遁。伪权将军移檄至京师,云"十八日至幽州,会同馆暂缴",京师大震,诏三大营屯齐化门外。

【编】李自成兵陷昌平州。 【纪】贼陷昌平州,诸军皆降。总兵李守鑅骂贼不屈,手格杀数人,人不能执,诸贼围之,守鑅拔刀自刎。贼焚十二陵享殿,传警至京师。

先是上知寇警益急,下吴麟征请徙宁远疏,飞檄趣吴三桂入关。三桂徒五十万众,日行数十里,是日始及关,贼骑已过昌平矣。太监高起潜弃关走西山。贼分兵掠通州粮储。上方御殿,自考选诸臣,问裕饷安人。以次对,未及半,秘封入,上览之色变,即起入。诸臣立候移刻,命俱退,始知为昌平失守也。

【编】李自成陷京师,帝自经于煤山,皇后及宫人魏氏、费氏皆

【编】大风刮得尘土弥漫，白天也昏暗不明。明怀宗命司礼太监王承恩提督内外京城军务，命蓟辽总督王永吉节制各镇兵马。 【纪】贼军越来越逼近京师。有人劝说明怀宗南迁，明怀宗发怒说："你们这些人平时专门从事朋党门户的事，今天就要死守，还有什么可说的！"明怀宗命令兵部说："都城的守备力量有余，援兵四集，不难限期灭寇。如果有胆敢造谣惑众的，私自把家属送出城去的，都抓起来治罪。"

【编】在京城各门分别设立军营，安置大炮。发给守卫九门的士兵每个人一百钱。召前太监曹化淳守卫京城。

【编】南京的孝陵里夜里传出哭声。

【编】阴天起风。贼军从柳沟到达居庸关。 【纪】柳沟是天堑，有一百人就可以守住，却没有设防。总兵唐通、太监杜之秩迎接贼军，向敌人投降。巡抚何谦装死，悄悄逃走了。总兵马岱杀死了自己的妻子儿女，急速逃向山海关。当时京城以西的各个州县望风瓦解，武将和文吏有的投降，有的逃跑。伪权将军发出文书，送到京师。文书里说："十八日到达幽州，在会同馆接收朝政。"京城大为震恐。明怀宗下诏书命令三大营驻守在齐化门外（今北京市朝阳门）。

【编】李自成的军队攻陷了昌平州（今北京昌平区）。 【纪】贼军攻陷了昌平州，诸军全投降了。总兵李守镞骂贼不屈，亲手杀死了几个贼兵，敌人无法抓住他，很多人把他围住。李守镞拔出刀来自杀了。贼军烧了十二皇陵的享殿，警报传到京城。

在此之前，明怀宗了解到军情越来越危急，就批下吴麟征建议把宁远军队迁进关内的奏章，用火急文书催促吴三桂入关。吴三桂转移五十万之众，每天只走几十里，这一天才到了山海关，贼军骑兵已经过了昌平。太监高起潜放弃了关口，逃到西山去。贼军分兵去抢夺通州（今北京市通州区）储存的粮食。明怀宗正在殿上，自己考查挑选诸臣，问他们补充军饷安定人民的办法。诸臣按顺序回答，还没有到一半人，密封的文书送了进来，明怀宗看了后脸色大变，马上起身进里面去了。诸臣站起来等了好久，才命他们都退下。这才知道是因为昌平失守的缘故。

【编】李自成攻陷京城。皇帝在煤山上吊自杀。皇后和宫女魏氏、

死之，诸臣一时死难者四十余人。【纪】贼乘夜自沙河而进，直犯平则门，竟夜焚掠，火光烛天。京师内外城堞，凡十五万四千有奇，京营兵疲，其精锐又太监选去，登陴羸弱五六万人，内阉数千人，守陴不充。无炊具，市饭为餐，饷久阙，仅人给百钱，无不解体。

乙巳，上早朝，召对诸臣而泣，俄闻贼大至，方报过卢沟桥，俄攻平则、彰义等门矣。城外三大营皆溃降，火车、巨炮，皆为贼有，贼反炮攻城，轰声震地。京军五月无饷，一时驱守，率多不至，每堞一人多不及。诸臣方侍班，襄城伯李国桢匹马驰阙下，汗浃沾衣。内侍呵止之。国桢曰："此何时也，君臣即求相见，不可多得矣！"内臣叩之，曰："守军不用命，鞭一人起，一人复卧如故。"上召入，因命内臣俱守城，凡数千人。上括中外库金二十万犒军。是日细民有痛哭输金者，各授锦衣卫千户。

丙午，寇攻城，炮声不绝，流矢雨集。贼仰语守兵曰："亟开门，否且屠矣。"守者惧，空炮向外，不实铅子，徒以硝焰鸣之，犹挥手示贼。贼稍退，炮乃发。贼驱居民负木石填壕，急攻；我发万人敌大炮，误伤数十人。守者惊溃，尽传城陷，阖城号哭奔窜。贼驾飞梯攻西直、平则、德化三门，势甚危急。太常少卿吴麟征累土填西直门，因单骑驰入西安门。吏部侍郎沈惟炳守门，曰："内守有宦寺，百官不得入，奈何？"麟征排门而入，太监王德化语麟征曰："守城人少，奈何？请增益之。"麟征至午门，遇大学士魏藻德止之曰："兵部调度，兵饷已足，公何事张皇邪？藻德且出阁，上方休，公安从入？"

费氏全自杀了。当时死难的诸臣有四十多人。　【纪】贼军在夜里从沙河（今北京市昌平区内）进发，直犯平则门（今北京市平则门），整夜都在放火抢劫，火光冲天。京城内外城墙的垛口一共有十五万四千多个，而京城驻军中闹传染病，精锐士兵又被太监选走，能登城守卫的仅老弱士兵五、六万人，宫中太监几千人，还不够守卫城墙的。军队没有炊具，从市场买饭供士兵食用。军饷好久不发了，仅仅每个人给了一百个钱，军队无不解体。

乙巳日，明怀宗上早朝，召诸臣问话，痛哭流涕。不久，听到大量贼军来到的消息。刚得到报告说贼军过了卢沟桥，不一会贼军就向平则门、彰义门（今北京市广安门）进攻了。城外的三大营官军全都溃散投降了。官军的火车、大炮也都被贼军缴获。贼军把炮口掉转过来攻城，轰声震地。京城的官军五个月没发饷，现在驱赶他们去守城，大多都不去，每个垛口连一个人也分摊不上。诸臣正在站班，襄城伯李国祯单人匹马奔到宫门前，汗水沾湿了衣服，宫中侍卫呵叱他，叫他停下。李国祯说："这是什么时候了，君臣之间就是想见面也没有多少机会了。"内监向他询问情况，李国祯说："守军不听命令，把一个人抽打起来，另一个又照样躺下。"明怀宗把李国祯叫进去，就命令宫中太监都去守城，一共有几千人。明怀宗搜括出宫中和政府的库藏银子二十万两去犒赏军队。这一天城中的平民有人痛哭着来捐钱的，明怀宗把他们都授官为锦衣卫千户。

丙午日，贼军攻城，炮声不断，射来的箭矢像下雨一样。贼军向着城上的守兵们喊："赶快开门，不然就要杀光你们。"守卫的士兵们害怕了，用空炮向外打，炮里不装铅弹，只发出火焰和轰响。士兵们还挥着手向贼人示意，等贼军退后再开炮。贼军驱赶居民背着木材石块去填护城河，然后猛攻。官军放万人敌大炮，误伤了几十个人，守城的人惊慌地溃逃，到处都传说城被攻破了，全城的人都在号叫哭泣，奔跑逃窜。贼军驾起飞梯攻打西直门、平则门、德化门三处，形势十分危急。太常少卿吴麟征用土填塞了西直门，自己一个人骑马奔进西安门。吏部侍郎沈惟炳在守门，说："宫门里有太监们看守，不让文武百官进去，怎么办？"吴麟征推开门冲进去，太监王德化对吴麟征

麟征流涕，藻德挽之出。

是日封刘泽清东平伯。时左谕德杨士聪等入直，语阁臣："左良玉、吴三桂俱封，而遗刘泽清，且临清地近，可虞也。"阁揭上，得封。

都察院左都御史李邦华至正阳，欲登城。中贵拒之。李自成对彰义门设座，晋王、代王左右席地坐，太监杜勋侍其下，呼"城上人莫射，我杜勋也，可缒下一人以语。"守者曰："留一人下为质，请公上。"勋曰："我杜勋无所畏，何质为。"提督太监王承恩缒之上，同入见大内，盛称贼势重，皇上可自为计。守陵太监申芝秀自昌平降贼，亦缒上入见，备述贼犯上不道语，请逊位；上怒叱之。诸内臣请留勋，勋曰："有秦、晋二王为质，不反则二王不免矣。"乃纵之出，仍缒下。

兵部尚书张缙彦奏曰："时势如此危急，臣屡至城阆，欲觇城上守御，辄为监视抑沮。今闻曹化淳、王化成缒贼杜勋上城，未知何意，恐有奸宄不测。"章上，上手书遣缙彦上城按之。至城，内监沮之如故，示以上传，始登，问"杜勋安在？"云"昨暮上，今晨下之。已上闻，无容致诘。"又曰"尚有秦、晋二王在城下，亦欲通语。"缙彦曰："秦、晋二王既降贼，如何可上。"化淳拂衣去。因阅城上守卒寥寥，兵部侍郎王家彦痛哭云："贼势如此，监视将营兵调去。李襄城处尚有十之四，家彦所守两堵仅一卒。"语未竟，城下坎墙声急，王承恩炮击之，连毙数人。化淳、化成饮酒自若。缙彦驰至内阁，约同奏，至宫门，传止之。

说:"守城的人太少,怎么办?请再增加些人来。"吴麟征到了午门,遇到大学士魏藻德,魏藻德阻止他说:"兵部调度安排,军饷已经备足了,你为什么这样慌张呢?我刚从宫里面出来,皇上正在休息,你怎么能进去呢?"吴麟征流涕哭泣,魏藻德把他拉了出去。

这一天,封刘泽清为东平伯。当时左谕德杨士聪等人在宫中值班,对内阁大臣们说:"左良玉、吴三桂都给了封爵,却遗漏了刘泽清。刘泽清在临清,距京城很近,令人担心。"内阁送上拟的文书,明怀宗批准封爵。

都察院左都御史李邦华来到正阳门,要登城,被大太监加以拦阻。李自成面对彰义门设下座位,晋王、代王在他左右席地而坐,太监杜勋在下面侍奉。杜勋喊道:"城上的人不要射箭,我是杜勋。你们可放下一个人来谈。"守城的人说:"放下一个人留作人质,请你上来。"杜勋说:"我杜勋无所畏惧,要什么人质呢!"提督太监王承恩把杜勋用绳子拉了上来,和他一起进宫去见皇上。杜勋大讲贼军势力强大,劝皇上自己打主意。守陵太监申芝秀在昌平投降了贼军,也被城上守军用绳子拉上来,进宫见皇上,详细讲了贼军大逆不道,侮辱皇上的话,请求皇上退位。明怀宗大怒,叱骂他们。宫中太监们请求把杜勋留下。杜勋说:"有秦王、晋王二人作人质,我不回去,这二位王爷就无法幸免了。"明怀宗就放他出去,仍然用绳子缒下城去。

兵部尚书张缙彦上奏说:"形势如此危急。臣多次到城门,想要看一下城上的防御情况,却动不动就受到监视军队的太监们阻挠。现在听说曹化淳和王化成把贼人杜勋拉上城来,不知他们是什么意图,恐怕有奸谋,造成意外。"奏章送上后,明怀宗亲笔写信派张缙彦上城去查看。到了城下,太监们还和以前一样加以阻拦,张缙彦把明怀宗的信给他们看了,才登上城去。张缙彦问:"杜勋在哪里?"回答说:"昨天晚上上来的,今天早晨放他下去。这件事已经报告了皇上,不必多问。"又说:"还有秦、晋两位王爷在城下,也要和城上通话。"张缙彦说:"秦、晋二王已经投降敌人,怎么能让他们上来。"曹化淳拂袖而去。察看时发现城墙上守兵寥寥无几。兵部侍郎王家彦痛哭着说:"贼军的声势这样浩大,监视太监还把营兵调走。李襄城那里还有十分之四的

上下诏亲征，召驸马都尉巩永固，谋以家丁护太子南行。对曰："臣等安敢私蓄家丁，即有之何足当贼。"乃罢。已，召王承恩亟饬内员备亲征。

申刻，彰义门启，盖曹化淳献城开门也。贼恣杀掠，前大学士蒋德璟宿会馆被创。上亟召阁臣入曰："卿等知外城破乎？"曰："不知。"上曰："事亟矣，今出何策？"皆曰："陛下之福，自当亡虑；如其不利，臣等巷战，誓不负国。"命退。

是夕上不能寝，内城陷，一阉奔告，上曰："大营兵安在？李国桢何往？"答曰："大营兵散矣，皇上宜急走。"其人即出，呼之不应。上即同王承恩幸南宫，登万岁山，望烽火烛天，排徊逾时，回乾清宫，朱书谕内阁："命成国公朱纯臣提督内外诸军事，来辅东宫。"内臣持至阁。因命进酒，连沃数觥，叹曰："苦我民尔！"以太子、永王、定王分送外戚周、田二氏。语皇后曰："大事去矣！"各泣下宫人环泣，上挥去，令各为计。皇后顿首曰："妾事陛下十有八年，卒不听一语，至有今日。"皇后拊太子、二王，恸甚，遣之出，后自经。上召公主至，年十五，叹曰："尔何生我家！"左袖掩面，右手挥刀断左臂，未殊死，手栗而止。命袁贵妃自经，系绝，久之苏，上拔剑刃其肩，又刃所御妃嫔数人。召王承恩对饮，少顷，易靴出中南门，手持三眼枪，杂内竖数十人，皆骑而持斧，出东华门。内监守城，疑有内变，施矢石相向。时朱纯臣守齐化门，因至其第，阍人辞焉，上太息而去。走安定门，门坚不可启，天且曙矣。帝御前殿，鸣钟集百官，无一至者。遂仍回南宫，登万岁山之寿皇亭自经。亭新成，所

士兵。我守的地方每两个垛口只有一名士兵。"话还没说完，城下挖凿城墙的声音响得很急。王承恩用炮轰击，连续打死了几个人。曹化淳和王化成仍然像没事一样喝酒作乐。张缙彦奔回内阁，约大臣们一同去奏明皇帝，到了宫门，宫中传旨阻止他们进去。

明怀宗下诏书亲自出征，把驸马都尉巩永固叫来，和他商议用家丁保护太子到南方去。巩永固回答说："臣等怎么敢私养家丁，就是有家丁，又怎么能抵挡得住贼军。"这件事就没有办成。过后，明怀宗召来王承恩，叫他赶快整顿宫中人员，准备亲征。

申刻，彰义门被打开，这是曹化淳献城打开的门。贼军任意杀人抢劫。前大学士蒋德璟住在会馆中也被打伤。明怀宗赶快把内阁大臣叫进来，问："你们知道外城被攻破了吗？"大臣们说："不知道。"明怀宗说："形势紧急了，现在有什么办法呢？"大臣们都说："陛下有福，不用过分担心。如果作战不利，臣等巷战，誓不负国。"明怀宗让他们退下。

这天夜里，明怀宗不能入睡。内城也被攻陷，一个太监跑来告诉皇帝。明怀宗问："大营的军队在哪里？李国祯到哪里去了？"太监回答说："大营士兵都逃散了，皇上应该赶快逃走。"说完，他就跑出去了，叫他也不答应。明怀宗就和王承恩来到南宫，登上万岁山，看到烽火照天，徘徊犹豫了好长时间，才回到乾清宫，用朱笔写命令给内阁："命成国公朱纯臣提督内外诸军事，来辅佐东宫。"太监拿着命令去内阁。明怀宗就命令送上酒来，连喝了几大杯，叹道："苦了我的人民了。"明怀宗把太子、永王、定王分别送到外戚周家、田家，对皇后说："大势已去了。"大家都流下了眼泪，宫女们围着他们哭。明怀宗挥手让她们离开，叫她们自己找出路。皇后叩着头说："我服侍陛下十八年了。陛下始终不听我一句话，以至有今天这个局面。"皇后抚摸着太子和永王、定王，悲痛极了。叫他们走了以后，皇后就上吊自杀。明怀宗把公主叫来，公主只有十五岁。明怀宗叹息道："你为什么生在我家！"用左衣袖捂住脸，右手挥刀砍断了公主的左臂。公主没有死去，明怀宗的手战栗不止，就没能杀死公主。明怀宗命袁贵妃自杀，被吊得昏死过去，过了好久，袁贵妃苏醒过来。明怀宗拔剑砍她的肩部，又杀死了他亲幸过的几个嫔妃。明怀宗把王承恩叫来对饮。过一会儿，他换上靴子出了中南门，手

阅内操处也。太监王承恩对缢。上披发御蓝衣，跣左足，右朱履，衣前书曰："朕自登极十七年，逆贼直逼京师，虽朕薄德匪躬，上干天咎，然皆诸臣之误朕也。朕死无面目见祖宗于地下，去朕冠冕，以发覆面，任贼分裂朕尸，勿伤百姓一人。"又书一行："百官俱赴东宫行在。"犹谓阁臣已得朱谕也，不知内臣持朱谕至阁，阁臣已散。置几上而反，文武群臣无一人知者。

丁未昧爽，天忽雨，俄微雪，须臾城陷。贼先入东直门，杀守门御史王章。兵部侍郎张伯鲸走匿民舍。贼骑塞巷，大呼民间速献骡马。贼经象房桥，群象哀鸣，泪下如雨。贼千骑入正阳门，投矢令人持归闭门得免死，于是俱门书"顺民"。太子走诣周奎第，奎卧未起，叩门不得入，因走匿内官外舍。上之出至南宫也，使人诣懿安皇后所，劝后自裁，仓卒不得达。两宫已自尽，宫人号泣出走，宫中大乱。懿安皇后青衣蒙头，徒步走入成国公第。尚衣监何新入宫，见长公主断肩仆地，与宫人救之而苏。公主曰："父皇赐我死，我何敢偷生。"何新曰："贼已将入，恐公主遭其辱，且至国丈府中避之。"乃负之出。

午刻，李自成毡笠缥衣，乘乌骏马，伪丞相牛金星、尚书宋企郊等五骑从之。时宫中大乱，诸贼帅率其骑，皆擐甲执兵，先入清宫，诸宫人逸出，遇贼复入，宫人魏氏大呼曰："贼入大内，我辈必遭所

中拿着三眼火枪,混在几十名太监中,太监们全骑马,拿着斧子。他们从东华门出去,太监们守城,怀疑宫中发生变故,用石块打来,还向他们射箭。当时朱纯臣守齐化门,明怀宗就到他家去,看门的人不让他们进,明怀宗叹着气离开了。他们跑到安定门,城门坚固,无法打开,而天快亮了。明怀宗回到前殿,敲钟召集文武百官,没有一个人到来。他就仍然回到南宫,登上万岁山的寿皇亭上吊自杀。亭子刚修成,是用来检阅宫中太监操练的地方。太监王承恩在对面上吊自杀。明怀宗披散头发,穿着蓝色衣服,光着左脚,右脚穿着朱色鞋,在衣服的前襟写道:"朕自从登基以来十七年,逆贼直逼京城。这虽然是朕自己德行微薄,违背了上天,受到惩罚,但这全是诸臣误朕,朕死后没有面目见祖宗于地下,去掉朕的冠冕,用头发遮住脸,任由贼人分割朕的尸体,但不要伤害一个百姓。"又有一行字是:"百官全到东宫所在地去。"他还认为内阁大臣已经得到朱笔写的命令了,不知道太监把朱谕送到内阁时,内阁大臣已经逃散了,太监把命令放在桌子上就回来了。文武百官没有一个人知道。

丁未日天快亮的时候,忽然下起雨来,不久又变成小雪。过了一会儿京城陷落,贼军先进入东直门,杀死了守门御史王章,兵部侍郎张伯鲸逃走藏在平民家里。贼军骑兵塞满了街巷,大呼民间赶快献出骡马来。贼军经过象房桥,群象发出哀鸣,泪下如雨。一千贼军骑兵进入正阳门,扔下箭,让人们拿回去关上门,可以免死。于是百姓都在门上书写"顺民"两字。太子跑到周奎家里,周奎躺着还没有起床。太子敲门没有人理,无法进去,就逃走藏到太监在宫外的住所里。明怀宗从南宫出去时,派人到懿安皇后住处去劝皇后自杀,匆忙中没有能传达到。皇帝和皇后自杀后,宫女们哭泣着逃走,宫中大乱。懿安皇后用青衣蒙着头,徒步跑到成国公的家中。尚衣监何新进入宫中,见到长公主被砍断了肩臂,倒在地上,就和宫女们救她,把她救醒。公主说:"父皇赐我一死,我怎么敢偷偷活下来。"何新说:"贼人已经要进来了,恐怕公主会遭到他们侮辱,暂时到国丈府里去躲一下。"就把公主背了出去。

午时,李自成戴着毡帽,穿着淡青色的外衣,骑一匹乌骏马进城。伪丞相牛金星、尚书宋企郊等五个人骑马跟着他。当时宫里大乱,各贼军将领率领他们的骑兵,全穿着铁甲,手执兵器,先进入宫中清查。宫

污,有志者早为计。"遂跃入御河死,顷间从死者积一二百人。

自成自西长安门入,弯弓仰天大笑,手发一矢,中坊之南偏。至承天门,自成顾盼自得,复弯弓指门榜语诸贼曰:"我一矢中其中字,必一统。"射之不中,中"天"字下,自成愕然。牛金星趋而进曰:"中其下,当中分天下。"自成喜,投弓而笑。司礼视印太监王德化以内员三百人先迎德胜门,令仍旧任,各监局印官迎,亦如之,因集选百余人,余皆散去。自成入宫,问帝所在,大索宫中,不得,伪尚玺卿黎某进曰:"此必匿民间,非重赏严诛不可得。今日大事,不可忽也!"乃下令,献帝者赏万金,封伯爵,匿者灭族。

自成登皇极殿,据黼座。牛金星檄召百官,期二十一日俱集于朝。自成同伪都督刘宗敏等数十骑入大内,太监杜之秩、曾化淳等前导,自成责其背主当斩,秩等叩首曰:"识天命,故至此。"自成叱去之。贼分宫嫔各三十人,牛金星、军师宋献策等亦各数人。宫人费氏,年十六,投眢井,贼钩出之,见其姿容,争相夺,费氏绐曰:"我长公主也。若不得无礼,必告汝主。"群贼拥之见自成。自成命内官审之,非是,赏部校罗贼。罗携出。费氏复绐曰:"我实天潢之胤,义难苟合,惟将军择吉成礼,死生惟命。贼喜,置酒,极劝,费氏怀利刃,俟贼醉断其喉立死,因自刎。自成大惊,令收葬之。内臣献太子,自成留之西宫,封为宋王,太子不为屈。辛亥,改殡先帝后,出梓宫二,以丹漆殡先帝,黝漆殡先后,加帝翼善冠,衮玉渗金靴,后袍带亦如之。

女们逃出去,遇到贼军又退回来。宫女魏氏大喊道:"贼军进了皇宫,我们一定会受他们奸污,有志气的人早定主意。"就跳进御河自杀。顷刻之间,跟着她自杀的有一二百人。

李自成从西长安门进城,拉开弓,仰天大笑,随后射出一箭,射中了牌坊的南边。到了承天门,李自成向周围环视,十分得意,又拉开弓,指着门上的横匾对贼人们说:"我一箭射中中间的字,就一定能统一天下。"射出去的箭没有中,射在"天"字下面,李自成很惊讶。牛金星赶快上去说:"射中天字下面,应该是中分天下。"李自成高兴起来,扔下弓大笑。司礼视印太监王德化领着内监三百人先到德胜门迎接,李自成命令他们还担任过去的职务。各个监、局的掌印官来迎接,也同样处理。接着就把他们集中起来,挑选了一百多人留下,其余的人都让他们离开了。李自成进宫后,问明怀宗在哪里,在宫中大肆搜查,没有找到。伪尚玺卿黎上前说:"这一定是藏在民间了,不用重赏和严厉的惩罚就无法抓到。这是当前的大事,不能忽视。"李自成就下令,献出明怀宗的人赏一万两银子,封为伯爵。藏匿明怀宗的人要灭族。

李自成登上皇极殿,坐在黼座上。牛金星发出文书,召集百官,限他们在二十一日全来朝廷集合。李自成和伪都督刘宗敏等几十人骑马进入内宫,太监杜之秩、曹化淳等人做前导。李自成责备他们叛变了主人,应该斩首。杜之秩等人叩头说:"我们知道天命所归,所以来投降。"李自成呵叱他们,让他们走开。李自成把宫女分给将帅,每人三十名。牛金星、军师宋献策等也每人分了几个宫女。宫女费氏,十六岁,跳到枯井里,被贼军用钩子拉出来。贼军见到她容貌美丽,互相争夺。费氏骗他们说:"我是长公主,你们不得无礼,一定要告诉你们的主子。"群贼簇拥着她来见李自成。李自成叫内监来辨认,内监说不是,李自成就把费氏赏给军校罗某。罗某把费氏带出去,费氏又骗他说:"我确实是皇室的后嗣,按道理不能苟且结合,请将军拣个吉日举行婚礼,我就死活都跟着你。"罗某大喜,准备了酒席,极力劝酒。费氏身上藏着利刃,等到罗某喝醉后,割断了他的喉咙,罗某立刻死了。接着费氏也自杀了。李自成大惊,下令把费氏收葬。内监们献上了太子,李自成把他留在西宫,封为宋王,太子不肯屈服。辛亥日,把死去的皇帝、皇后改殡。拿出

之初，贼犯都城，大学士范景文知事不可为叹曰："身为大臣，不能从疆场少树功伐，虽死奚益！"十八日，召对，已不食三日矣，饮泣入告，声不能续。翼日城陷，景文望阙再拜，自经。家人解之，乃赋诗二首，潜赴龙泉巷古井死，其妾亦自经。户部尚书兼侍读学士倪元璐闻难曰："国家至此，臣死有余责。"乃衣冠向阙北谢天子，南谢母，索酒招二友为别，酬汉寿亭侯像前，遂投缳。题几案云："南都尚可为，死吾分也。慎勿棺殓，以志吾痛。"因诏家人曰："若即欲殓，必大行殓方收吾尸。"乃缢。死三日后，贼突入，见之，颜色如生，藏惊避他去。一门殉节共十有三人。左都御史李邦华闻难叹曰："主辱臣死，臣之分也，夫复何辞。但得为东宫导一去路，死庶可无憾。已矣，势不可为矣！"乃题阁门曰："堂堂丈夫，圣贤为徒，忠孝大节，矢死靡他。"乃走文丞相祠，再拜，自经祠中。贼至，见其冠带危坐，争前执之，乃知其死，惊避去。左副都御史施邦曜闻变，恸哭，题词于几曰："愧无半策匡时难，但有微躯报主恩。"遂自缢。仆解之，复苏，邦曜叱曰："若知大义，毋久留我死。"乃更饮药而卒。大理寺卿凌义渠闻难，以首触柱，流血被面，尽焚其生平所著述及评骘诸书，服绯正笏望阙拜，复南向拜讫，遗书上其父，有曰："尽忠即所以尽孝，能死庶不辱父。"乃系帛，奋身绝吭而死。协理京营兵部右侍郎王家彦，贼犯都城，奉命守德胜门，城陷，家彦自投城下不死，折臂足，其仆掖入民舍，自缢死。贼燔民舍，焚其一臂，仆收其遗骸归。刑部右侍郎孟兆祥，贼犯都城，奉命守正阳门，贼至，死于门下，妻何氏亦死。其子进士章明收葬父尸，亟归，别其妻王氏曰："吾不忍大人独死，吾往从大人。"妻曰："尔死，吾亦死。"章明以头抢地曰："谢夫人，然夫人须先死。"乃遣其家人尽出，止留一婢在侧，章明视妻缢，取笔作诗已，复大书壁曰："有侮吾夫妇

两口棺材，用红漆的棺材装殓了皇帝，用黑漆棺装殓皇后。给皇帝戴了翼善冠，穿上衮玉渗金靴，皇后的袍带也与此相同。

起初，贼军进犯都城，大学士范景文知道事情已无法挽救，叹息道："身为大臣，不能在战场上立下一点功绩，就是死了又有什么用处呢！"十八日，皇帝召见问话，范景文已经三天不吃饭了，流着泪进宫回话，声音断断续续。第二天京城陷落，范景文望着宫门一拜再拜，然后上吊自杀。家里人把他解救下来，他又写了两首诗，就悄悄地到龙泉巷，跳进古井自杀。他的妾也自杀了。户部尚书兼侍读学士倪元璐听说天子死了，说："国家到了这个地步，臣死也不能抵消罪责。"就穿好衣冠，向宫门，面朝北辞谢天子，面朝南辞谢了母亲，又叫人拿酒来，找来两个朋友告别，在汉寿亭侯关羽象前祭了酒后，上吊自杀。倪元璐在几案上题字说："南都尚有可为，死是我的本分。千万不要用衣服棺材装殓我，以表明我的悲痛。"又告诫家人说："你们就是想收殓我，也必须在大行皇帝被收殓后才能给我收尸。"然后才上吊。他死了三天后，贼军冲入他家，见到倪元璐的脸色和活着一样。贼军吃惊地避开，到别处去了。倪元璐一家一共有十三个人自杀殉节。左都御史李邦华听说皇帝遇难，叹息道："君主受辱臣死，这是臣子的本分，还有什么话说。只要能给东宫找出一条去路，死也就没有什么可遗憾的了。罢了！形势已无法挽救了！"就在阁门上写道："堂堂丈夫，与圣贤为友。忠孝大节，誓死而别无选择。"于是到文丞相祠中，一拜再拜，在祠中上吊自杀。贼军来到后，看到他穿着官服端坐在那里，争着上去抓他，才知道他已经死了，吃惊地避去。左副都御史施邦曜听说皇帝遇难，痛哭流涕，在案几上题词道："惭愧自己没有一条解除危难的计策，只能用微躯来报答君恩。"便上吊自杀。仆人把他解下来，他又苏醒了。施邦曜叱责仆人说："你知道大义的话，不要老想保留我的生命。"就又饮毒药而死。大理寺卿凌义渠听说皇帝遇难，用头碰柱子，血流满面，他把自己平生写作和评点的书稿全部烧毁，穿上绯红色官服，手持笏版，向宫门方向叩拜，再向南方叩拜。拜完后，给他的父亲写了遗书，遗书中说："尽忠就是尽孝，能死也就不辱没父亲了。"然后系上吊带，奋身用力，勒住咽喉而死。协理京营的兵部右侍郎王家彦，在贼军进犯都城时，奉命守卫

尸者,吾必为厉鬼杀之!"妻气绝,取一扉置上,加绯服,又取一扉,置妻左,亦服绯自缢,属婢曰:"吾死亦置扉上。"遂死。左谕德马世奇是日方早食,闻变曰:"是当死。"家人曰:"奈太夫人何?"世奇曰:"正恐辱太夫人耳。"遂作书别母。侍妾朱氏、李氏盛服前。世奇曰:"若辞我去邪?"二妾言:"主人尽节,吾二人亦欲尽节。"拜辞已,并入室自缢,世奇亦遂缢。家人救之,复苏,告曰:"闻圣驾已南幸矣,可为从亡计。"世奇不应,睹二妾已死,笑曰:"若年少,遂能死乎?"乃朝服捧敕北面再拜,取冠带焚之于庭,以司经局印置案上,属仆曰:"上如出幸,以此上行在,否则投之吏部。"复南向拜母,端坐引帛力自缢死。左中元刘理顺,贼入城,理顺题于壁曰:"成仁取义,孔、孟所传,文信践之,吾何不然?"酹酒自尽。其妻万氏、妾李氏及子孝廉并婢仆十八人,阖门缢死。贼多河南人,至其居,曰:"此吾乡杞县刘状元也。居乡厚德,吾军奉李将军令护卫公,何遽死也!"数百人下拜,泣涕而去。时谓臣死君,妻死夫,子死父,仆死主,一家殉难者,以刘状元为最。太常少卿吴麟征奉命守西直门,贼势急,同守者相继避去。麟征遗友人书曰:"时事决裂,一旦至此,同官潜身远害,某惟致命遂志自矢而已。"城陷,徒步归,贼已据其邸,因入道左三元祠。时传天子蒙尘,有劝公南归,不应,同官来招之降贼,怒挥之户外,遂自经。家人救之苏,泣而请曰:"明旦待祝孝廉至,可一诀。"麟征许之。先是祝孝廉渊以奏保刘宗周被逮,留京师,渊晨至,麟征酌酒慷慨与别曰:"自我登第时,梦见隐士刘宗周题文信国《零丁洋诗》二语于壁,数实为之。今老矣,山河破碎,不死何为。"相对泣数行下,因作书诀家人曰:"祖宗二百七十年宗社,一旦而失,身居谏垣,无所匡救,法应褫服,殓时用角幈衫,覆以单衾,藉以布席足矣。茫茫泉路,咽咽寸心,所以瞑予目者,又不在乎此也。罪臣吴麟征绝笔。"书毕,投缳死之。渊为视含殓,乃去。右庶子周凤翔,上梓宫暴露东华门外,凤翔赴哭恸绝,归寓遗

得胜门。京城被攻陷后，王家彦从城上投身下来，没有死，只摔折了胳臂和腿。他的仆人把他扶进居民的屋里，他在那里上吊自杀。贼军烧毁了居民的房屋，烧掉了他的一只手臂，仆人收集他的遗骸而归。刑部右侍郎孟兆祥在贼军进犯都城时，奉命守卫正阳门。贼军进城时，他死于城门下，他的妻子何氏也死了。他的儿子进士孟章明把父亲尸体收葬后，赶快回到家中，向他的妻子王氏告别，说："我不忍心让父亲一个人死去，我也要跟父亲去了。"他的妻子说："你死，我也死。"孟章明用头撞着地说："谢谢夫人，但是夫人必须先死。"就把家人全打发出去，只留下一个婢女在旁边。孟章明看到妻子上吊后，拿笔作诗，然后又在墙上写了一行大字："有侮辱我夫妇尸体的，我一定变成厉鬼杀死他。"孟章明见妻子已断气，拿过一扇门板，把妻子放在上面，给妻子穿了绯红色的礼服，又拿了一扇门板放在妻子左边，他自己也穿上绯红色官服上吊。临死前，他嘱咐婢女说："我死了也放在门板上。"然后自杀。左谕德马世奇这天正在吃早饭，听到形势剧变的消息后说："这就应该死了。"家人说："那么太夫人怎么办呢？"马世奇说："我正是怕辱没了太夫人啊！"就写信和母亲告别。他的侍妾朱氏、李氏衣冠齐整地来到他面前，马世奇问："你们是来向我告辞而去的吗？"两个侍妾说："主人尽节，我们两个人也要尽节。"侍妾们行礼告辞后，一起进屋上吊自杀，马世奇也就上吊了。家人把他救下来，等他苏醒后，告诉他："听说圣上已经到南方去了。可以考虑跟随皇上一起逃走。"马世奇不回答，看到两个侍妾已经死了，笑着说："你们年少，也能死吗？"就穿上朝服，捧出圣旨向着北方再拜，然后把官帽、玉带全在庭院里烧了，把司经局的官印放在桌子上，嘱咐仆人说："皇上如果到外地去了，就把这个印送到皇上的住地，不然就送到吏部去。"马世奇又面向南方叩拜了母亲，端端正正地坐好，自己用力紧拉巾帛，勒住颈喉而死。左中允刘理顺在贼军进城后，在墙上题字说："成仁取义，是孔孟所传，文天祥已经做到了，我为什么不如此呢？"喝酒后自杀。他的妻子万氏、妾李氏和儿子刘孝廉，以及侍女、仆人等共十八人，全都上吊而死。贼军多河南人，到了刘理顺的家中，说："这是我们老家杞县的刘状元。他在家乡居住时，德行深厚。我军奉了李将军的命令来护卫他，他为什么这么快就

书诀父,有曰:"男今日幸不亏辱此身贻两大人羞,吾事毕矣。罔极之恩,无以为报,失之来生。"复作诗一首,有"碧血九泉依圣主,白头二老哭忠魂"之句,向阙再拜,自缢,二妾从之俱死。简讨汪伟,先是闻贼渐近都城,遣书友人曰:"京师草弱,不惟不能战,亦不能守,一死外无他计也。"及贼犯关,伟怛憯,累日不食。妻耿氏从容语曰:"苟事不测,请从君共死。"城陷,伟趋吴给事甘来所,约同殉难。归与妻耿氏呼酒命酌,伟大书前人语于壁曰:"志不可屈,身不可降。夫妇同死,节义成双。"为两缳于梁间,伟就右,耿氏就左,既皆缢,耿氏复挥曰:"止止,虽在颠沛,夫妇之序不可失也。"复解缳正左右序而死。户科给事中吴甘来,贼薄京师,兄礼部员外泰来至寓,执甘来手泣曰"事势至此,奈何?"甘来曰:"有死,无二义也!"城陷,传闻圣驾南出,甘来曰:"上明且决,必不轻出。"乃疾趋皇城,不得入,返寓,家人进饮食,却之。有劝甘来潜遁者,甘来曰:"今不能调兵杀贼,顾欲苟全求活邪?"遂作书以后事属其兄弟,简几上有疏草在,曰:"留此恐彰君过",取火焚之。兄子家仪奔至,相与恸哭曰:"我不死无以见志,汝父死无以终养。古者兄弟同难,必存其一。使皇上在,则土木袁彬,逊国程济,皆可为也。否则求真人于白水,起尌郚于有仍,是我虽死犹生也。努力!勉之!"遂冠带北向拜者五,南向拜者四,赋绝命诗一首,引佩带自缢死。监察御史王章,贼犯京师,章与给事中光时亨同巡城,至阜城门。贼缘堞而上,从人骇走。贼持刃问曰:"降否?"章叱之曰:"不降。"贼以刃筑其膝仆地,遂遇害。章子之枛后亦死难于闽,甚烈,与章同。监察御史陈良谟闻变,痛饮作诗,为缳于梁欲自尽。妾时氏有娠,良谟谓之曰:"吾年逾五十无子,汝幸有娠,倘生男以延陈氏血食,汝必勉之!"时氏曰:"主人死,妾将谁依?与其为贼辱,不如无子也。妾请先死以绝君念。"遂入投缳。良谟别作一缳,与之同尽。监察御史陈纯德时提督北直学校,行部至易水,试士未竟,闻都城贼警,即

死了!"几百人向刘理顺家下跪叩拜,哭泣着离开了。当时人们认为臣为君死,妻为夫死,子为父死,仆为主死,从而全家殉难的人中间,以刘状元家最为壮烈。太常少卿吴麟征奉命守卫西直门,贼军的攻势迅猛,一同守卫的人相继避去。吴麟征给朋友送去书信,说:"时事不堪收拾,崩溃到如此地步,同在一起的官员都躲藏起来远离祸害。我却只有全力完成自己的志意,以死表白自己而已。"京城被攻陷后,吴麟征徒步回家,贼军已经占了他的府邸,他就进了道旁的三元祠。当时传说天子出逃了,有人就劝他到南方去,他不答应。同在一起的官员来找他,劝他投降,吴麟征愤怒地把他们赶出门外,就上吊自杀。家人把他救醒过来,哭着请求他说:"明天等祝孝廉来了,您和他诀别一下。"吴麟征答应了。在此这前,孝廉祝渊由于上奏保刘宗周而被逮捕,留在京师。祝渊在第二天早上来了。吴麟征倒满酒杯,慷慨激昂地和祝渊告别,说:"在我考中进士时,曾梦见隐士刘宗周在墙上题写了文天祥《过零丁洋》诗中的两句话,看来命里注定是这样的。现在我老了,山河破碎,不死还干什么呢?"两个人相对哭泣,泪流满面。吴麟征就写信和家人诀别,说:"祖宗二百七十年的宗庙社稷,一日就丧失了。我身在谏议官署,却没有办法拯救国家,按照法典应该夺去官服。收殓我时用青布衫、头巾,盖一条单被,垫一床布席就足够了。茫茫黄泉路,咽咽我寸心。可以让我瞑目的事情,又不在于此啊!罪臣吴麟征绝笔。"写完信,就上吊而死。祝渊照看着把他的尸体收殓完,才离开。右庶子周凤翔,看到明怀宗的棺材露天放在东华门外,跑去痛哭,哭得晕死过去,然后回到家里写了遗书,和父亲诀别,信中说:"儿子今天感到庆幸的是:我没有辱没自己的身躯,没有给二老留下羞辱。我的事已经完了。您们的无限恩情已无法报答,我发誓在来生报答。"又写了一首诗,有"碧血九泉依圣主,白头二老哭忠魂"的句子。周凤翔向着宫门方向再拜行礼,然后上吊自杀,他的两个妾也跟着他一齐自杀。简讨汪伟,在以前听到贼军逐渐逼近京城的消息时,给朋友写信,说:"京师兵力薄弱,不但不能作战,也不能防守。除了一死以外,没有别的办法。"到贼军进攻京城时,汪伟心中不安,几天吃不下饭。他的妻子耿氏从容地对他说:"假如事情出了意外,请让我和你一起去死。"京城被攻陷后,汪伟赶到给

戒装入都。不数日，城陷，自缢死。四川道御史赵撰巡视中城，捕贼谍，杀之。城陷，贼获撰，撰瞋目大骂，贼怒，杀于白帽胡衕。太仆寺丞申佳胤闻城陷，投井死。吏部员外许直，都城陷时，传先帝从齐化门出，有客劝曰："天子南迁，公等宜扈跸偕行，共图光复。"直唯之。既而出门一望，曰："当此四面干戈，驾将焉往？"比闻帝崩，号恸几绝，有客从旁慰解，动以亲老子幼。直曰："有兄在，吾无忧也。"是夜，为书报其父，作诗六章，起拜阙已，复拜父毕，自缢死，一手持绳尾，一手上握，神气如生。兵部郎中成德，贼报急，即致书同年马世奇曰："主忧臣辱，我等不能匡救，贻祸至此，惟有一死以报国耳。君常忠孝夙禀，谅有同心也。"及帝崩，梓宫暴露东华门，德以鸡酒哭奠梓宫前。贼怒，露刃胁视之，不为动。归寓，跪母张氏前哭，母曰："我知之矣。"入室自缢死，妻张氏亦死。一子六岁，德扑杀之，然后自杀。兵部员外郎金铉，贼攻城急，铉跪母章氏前曰："儿世受国恩，职任车驾，城破，义在必死，得一僻地可以藏母，幸速去。"母曰："尔受国恩，我独不受国恩邪？事急，庑下井是吾死所。"铉恸哭，即辞母往视事，归至御河桥，闻城陷，铉望寓再拜，即投入御河，从人拯救，铉啮其臂，急赴深处。时河浅，俛首泥泞，死之。家人报至，母章氏亦投井死。铉妾王氏亦随死。其弟诸生镕哭曰："母死，我必从死，然母未归土，未敢死也。"遂棺殓其母，既葬三日，复投井而死。光禄寺署丞于腾蛟冠带，呼妻亦衣命服同缢死。副兵马使姚成、中书舍人宋天显皆自尽。中书舍人滕之所、阮文贵、经历张应选咸投御河死。儒士张世禧二子懋赏、懋官，俱自经死。又菜佣汤之琼见先帝梓宫过，恸哭触石死。襄城伯李国桢，贼李自成舁帝后梓宫于东华门外，设厂，百官过者莫进视，国桢泥首去帻，踉跄奔赴，跪梓宫前大哭。贼执国桢见自成，复大哭，以头触阶，血流被面，贼众持之，自成以好语诱国桢使降，国桢曰："有三事，尔从我即降：一，祖宗陵寝不可发；一，须葬先帝以天子礼；一，太

事吴甘来家里，和他约好一同殉难。回家后，汪伟叫人摆酒，和耿氏一起喝。汪伟在墙上用大字书写前人的话："志不可屈，身不可降，夫妇同死，节义成双。"在梁上拴了两个绳环，汪伟在右边，耿氏在左边。两人已经套上绳环了，耿氏又挥手说："停一下，虽然处在危难动乱之中，夫妇的次序也不能错。"又解下绳环来，端正了左右次序才上吊而死。贼军逼近时，户部给事中吴甘来的哥哥礼部员外吴泰来到吴甘来家中，拉着吴甘来的手，哭着说："形势发展到这个地步，怎么办？"吴甘来说："只有死，没有别的道理。"京城被攻陷后，传闻圣上到南方去了，吴甘来说："圣上英明果决，决不会轻易出走。"就急速奔向皇城，但无法进去，又回到家中。家人给他送来饮食，他拒绝了。有人劝吴甘来悄悄逃走，吴甘来说："现在不能调兵杀贼，还想要苟全求活吗？"就写信把后事嘱托给他的兄弟。吴甘来的桌上有奏章的草稿，他说："留下这些恐怕会显出皇帝的过失"，用火把草稿烧了。吴甘来的侄子吴家仪跑来，吴甘来和他相对痛哭，说："我不死，无法表现我的志意。你父亲死了就没有人赡养老亲。古代时，兄弟同在危难中，一定要保存一个人。假使皇上还在，那么土木之变中的袁彬和建文帝逊国时的程济，全可以作为榜样学习。不然的话，寻找像汉光武帝那样在白水（今河南南阳市内）起义的真命天子，或者像夏代少康在有仍国中兴，恢复斟𬩽那样。我就虽死犹生。努力吧！尽力去做！"然后，吴甘来穿好官服，面向北方，叩拜了五次，面向南方叩拜了四次，写了一首绝命诗，用佩带上吊而死。监察御史王章，在贼军进攻京城时和给事中光时亨一起巡查城防，到了阜成门时，贼军沿着城垛口爬上城。跟随王章的人都吓跑了。贼军拿着刀问他："降不降？"王章呵叱道："不降。"贼兵用刀刃砍他的膝盖，使他仆倒在地，王章便被杀害了。王章的儿子王之桢以后也在福建殉难，死得很壮烈，和王章一样。监察御史陈良谟听说事变，痛饮作诗，然后把绳环挂在梁上，要自杀。他的妾时氏已经怀孕了，陈良谟对她说："我已年过五十，还没有儿子，幸运的是你怀孕了，如果生了男孩，可以延续陈家的后嗣。你一定多加保重。"时氏说："主人一死，我还能依靠谁呢？与其被贼人凌辱，不如没有儿子。我请求先死，好断绝您的念头。"就上吊自杀了。陈良谟另做了一个绳环，和时氏一同自杀。

子、二王不可害。"自成悉诺之，扶出，贼以天子礼藁葬先帝于田贵妃墓，惟国桢一人斩衰徒步往葬，至陵，襄事毕，恸哭作诗数章，遂于帝后寝前自缢死。新乐侯刘文炳，贼破外城，帝召文炳同驸马巩永固各率家丁二十余人，欲于崇文门突围出，不得，乃回宫。文炳叹曰："身为戚臣，义不受辱，不可不与国同难。"其女弟适李年，未三十而寡，文炳召之归，城陷，与弟左都督文耀择一大井，驱子孙男女及其妹十六人尽投其中，纵火焚赐第，火燃，俱投火死。祖母，瀛国太夫人，即帝外祖母也，年九十余，亦投井死。驸马都督巩永固，从帝突围出，不得，归家杀其爱马，焚其弓刀铠仗，大书于壁曰："世受国恩，身不可辱。"时乐安公主先薨，以黄绳缚子女五人于柱，命外举火，遂自刭。太傅惠安伯张庆臻闻城陷，尽散财物与亲戚，置酒，一家聚饮，积薪四围，全家燔死。宣城伯卫时春闻变，合家赴井死，无一存者。锦衣卫都指挥使王国兴闻变，自缢死。锦衣卫指挥同知李若珪守崇文门，城陷，作绝命词云"死矣，即为今日事。悲哉，何必后人知。"自缢死。锦衣卫千户高文采守宣武门，城陷，一家十七人皆自杀，尸狼藉于路。顺天府知事陈贞达自尽。阳和卫经历毛维张不屈死。百户王某，周钟寓其家，百户劝钟死，钟不应，出门欲降，百户挽钟带至断，钟不听，百户自经。长洲生员许琰，闻京师之变，悲号欲绝，遍体书"崇祯圣上"四字，绝粒七日而死。会稽生员王毓蓍闻京师之变，作致命词以见志，夜肃衣冠赴柳桥水而死。

监察御史陈纯德当时提督北直隶的学校,巡行到易水时,考试士人还没有结束,听到京城有了敌情,就整顿行装进京。没有几天,京城被攻陷,陈纯德上吊而死。四川道御史赵撰巡视中城时,抓到了贼军间谍,把他杀了。京城陷落后,贼军抓住了赵撰,赵撰闭目大骂,贼兵大怒,把他杀死在白帽胡同。太仆寺丞申佳胤听说城被攻陷,跳井自杀。吏部员外许直,在都城陷落时,听说皇帝从齐化门出城,有门客劝他说:"天子到南方去,公等应该护卫车驾,一起出走,共图光复大计。"许直答应了。等到出门后一看,说:"在这四面都是战乱的时候,皇上能到哪儿去呢?"等到听说皇帝去世,许直痛哭号叫,几乎晕死过去。有门客在旁边劝解,用父母年老、子女幼小的情形来打动他。许直说:"有哥哥在,我没有什么可担心的。"这天夜里,许直给父亲写了书信告别,作诗六篇,起身向宫门方向叩拜以后,又叩拜了父亲,上吊自杀。他一只手拉住绳子一端,一只手握住上面,神情和活人一样。兵部郎中成德听到贼军进攻紧急,就给同年进士马世奇写信说:"主忧臣辱,我们不能拯救局势,造成这样的大祸,只有一死来报答国家。您一直秉性忠孝,想必也有同样的心意。"明怀宗去世以后,棺材露天放在东华门外,成德哭着用鸡、酒在棺前祭奠。贼人大怒,亮刀架在他身旁,瞪着他看,成德毫不畏惧。他回到家里后,跪在母亲张氏面前大哭。他母亲说:"我知道了,"就回屋上吊自杀了。成德的妻子张氏也死了。成德有一个六岁的儿子,成德打死了他,然后自杀。兵部员外郎金铉,见到贼军攻城猛烈,跪到母亲章氏面前说:"儿子世代蒙受国恩,担任管理车驾的职务。城如果被攻陷,按道理一定要死去。我找到一个僻静地点,可以藏起母亲来,希望您赶快去。"他母亲说:"你受国家恩典,我就没有受到国家的恩典吗?形势危急了,廊庑下的井就是我死的地方。"金铉痛哭一场,就告辞母亲去办公,回来到了御河桥时,听说城被攻陷,金铉望着自己家的方向再拜行礼,就跳进御河。跟随他的人去搭救他,金铉咬那人的胳膊,急忙跑到水深的地方去,当时河水浅,金铉就把头埋到泥泞之中,终于死了。家人回家报信,金铉的母亲章氏也投井而死。他的妾王氏也跟着死了。金铉的弟弟生员金悰哭着说:"母亲死了,我也必须跟着死,但是母亲还没有入土,我还不敢死。"就用棺材收殓了他的母

亲，把母亲埋葬以后，过了三天，金铉再跳井自杀。光禄寺署丞于腾蛟穿了官服，叫他的妻子也穿上命妇的礼服，一同上吊自杀。副兵马使姚成、中书舍人宋天显都自杀了。中书舍人滕之所、阮文贵、经历张应选都跳进御河而死。儒生张世禧的两个儿子张懋赏、张懋官都上吊自杀。又有种菜的雇工汤之琼见到明怀宗的棺材运过去，痛哭流涕，撞到石头上碰死。贼人李自成把皇帝、皇后的棺材抬到东华门外，设置了一个棚子存放着。文武百官从这里经过时，没有一个人敢进去看。襄城伯李国祯摘去巾帻，头上沾泥，跟跟跄跄地跑去，跪在棺材前面大哭。贼兵抓住李国祯去见李自成，李国祯又大哭失声，用头撞台阶，血流了满脸。贼军士兵们拉住了他。李自成用好语好话劝诱李国祯投降。李国祯说："有三件事，你依从我，我就投降。第一、祖宗的陵寝不能发掘。第二、必须用天子之礼安葬先帝。第三、不能害太子和永王、定王。"李自成全答应了，让人把李国祯扶出去。贼军在田贵妃墓地用天子之礼把先帝草草埋葬了，当时只有李国祯一个人穿着麻布丧服徒步去送葬。李国祯到了陵墓，帮助办完丧事，痛哭一场，作了几首诗，然后就在皇帝皇后陵墓前上吊自杀。新乐侯刘文炳，在贼军攻破外城时，皇帝召他和驸马巩永固各自率领二十多名家丁，准备从崇文门突围出去，突围不成，就回到宫里。刘文炳叹道："我身为外戚大臣，按照道理不能受辱，不能不和国家一同遭难。"刘文炳的妹妹嫁给李年，不到三十岁就守了寡，刘文炳把她叫回来。城被攻陷后，刘文炳和他的弟弟左都督刘文耀找了一口大井。赶着子孙男女和他妹妹一共十六个人，全部投入井中，然后放火烧了赐给他的府第，火烧起来后，他们全跳到火里自杀了。刘文炳的祖母瀛国太夫人，就是皇帝的外祖母，已经九十多岁了，也投井而死。驸马都督巩永固，跟着皇帝突围，没有成功，就回到家里杀死自己心爱的马匹，烧了他的弓、刀、铠甲、兵器，在墙上大笔写道："世受国恩，身不可辱。"当时乐安公主已经先去世了，巩永固用黄绳子把自己的五个子女绑在柱上上，命令在屋外放火，自己刎颈自杀。太傅惠安伯张庆臻听说城被攻陷，把财物全分散给亲戚们，又置备了酒席，一家人在一起饮酒，在四周堆上了柴草点燃，全家人烧死。宣城伯卫时春听说事变，全家投井自杀，没有一个活下来，锦衣卫都指挥使王国兴听到事变后，

贼兵充塞街巷，恣意淫掠，惟殉难诸臣家，贼戒不敢骚扰。一时诸臣尽节稍不决烈者，即被其拘执于朝，迫胁献金，极刑拷掠；献不满意，仍复受刑；受刑不过，陈演仰药死，魏藻德自勒死，方岳贡不食死，邱瑜自经死。贼毁太庙，迁太祖神主于历代帝王庙中。贼每升御座，辄目眩头晕。铸永昌钱，字不成文。有明制度，任意纷更。识者已知其终于贼矣。

【编】平西伯吴三桂乞师于我大清，长驱而入。夏四月，贼李自成遁走。　【纪】初，三桂率兵入援，闻京城已陷，顿兵山海，走大清乞师而后长驱以入。自成闻之大惊，胁三桂父襄作书招三桂，复遣唐通赍银四万两犒师，别以贼兵二万守关。三桂佯受其犒，而出不意尽杀守关贼，遂复书绝父。四月，自成率精锐六万众，挟太子、定王、永王及吴襄东行向永平。三桂击贼于关门，贼方合围，大清兵至，自成策马先走，贼众奔溃；三桂追贼至永平，又破之。自成奔还京师，三桂压城而营，自成合十八营拒战，官军击之，贼死者二万人。自成杀吴襄，尽戮其家口三十八口，悬襄首于城上。三桂披发坠

上吊自杀。锦衣卫指挥同知李若珪守卫崇文门，在城被攻陷后，写了绝命词云："死矣，就是为今天这件事。悲哉！何必要后人知道呢！"上吊自杀。锦衣卫千户高文采守卫宣武门。城被攻陷后，高文采全家十七口人全都自杀，尸体横七竖八地倒在路上。顺天府知事陈贞达自杀。阳和卫经历毛维张不屈而死。有一名百户王某，周钟住在他家里。百户劝周钟自杀，周钟没有回答，出门想去投降，百户拉住周钟的腰带不放，一直到拉断为止，周钟也不听他的话，百户就上吊自杀了。长洲的秀才许琰，听到京城陷落后，悲伤地哭泣，几乎哭死过去，他在自己身上到处写上"崇祯圣上"四个字，绝食七天而死。会稽秀才王毓蓍听说京城被攻破，写了一篇致命词以表达自己的志向，在夜晚穿戴好衣冠，跳到柳桥水中自杀。

  贼兵充满了大街小巷，恣意奸淫抢掠。只有殉难诸臣家中不敢去骚扰，因为李自成告诫士兵不许去这些人家。当时，诸臣中在表现气节方面稍有不够决烈的，就被贼军拘押在朝中，逼迫他们献出钱财，用尽刑法拷打。交的钱不能让贼军满意，就要再受刑，由于经不住受刑，陈演服毒自杀，魏藻德自己勒死自己，方岳贡绝食而死，邱瑜上吊而死。贼军毁坏了太庙，把明太祖的神主移到历代帝王庙中。李自成每当坐到御座上，就头晕眼花。他铸造永昌铜钱，铸出的钱，上面的文字都不成形。明朝的制度被任意更改。有见识的人已经知道李自成始终只是个贼寇罢了。

  【编】平西伯吴三桂向大清乞求援兵，领兵长驱直入。夏四月，贼军李自成逃走。　【纪】起初，吴三桂率领军队进关援救朝廷，听说京城已经陷落，就把军队停在山海关。吴三桂到大清乞求到援兵后，长驱直入。李自成听到后大惊，胁迫吴三桂的父亲吴襄写信招降吴三桂，又派遣唐通带着四万两银子去犒劳吴三桂的军队，另外派二万名贼军去守关。吴三桂假装接受了他的犒赏，却出其不意地把守关的贼军全部杀死，马上回信和父亲断绝关系。四月，李自成率领六万名精锐军队，挟持了太子、永王、定王和吴襄向东进军，来到永平。吴三桂在关门攻打贼军。贼军刚把吴三桂包围起来，大清兵就到了。李自成催马先逃走了，贼军士兵也溃散逃走。吴三桂追击到了永平，又破贼军。李自成奔

鞍，哭于地，三军感愤，拔刀砍地誓杀贼。

丙戌，自成称帝，即位于武英殿。

丁亥，自成出彰义门西走，三桂轻骑追之。贼马骡皆重载，自卢沟至固安百里内，所弃财物、妇女塞路，贼众半散去。三桂追至保定，贼还兵而斗，尽失其辎重。追至真定复拒战，官军击之，杀贼万余人。自成中流矢，拔营走山西。三桂以兵逐之，及关而止，遂还军京师。

【编】五月，我大清定鼎顺天。

回京城。吴三桂把军队紧逼城墙，扎下军营。李自成聚集了十八营军队抵抗。官军攻打他们，杀死了二万人。李自成杀了吴襄，还把他家里的三十八个人都杀了，把吴襄的头挂在城墙上。吴三桂披散头发，从马鞍上掉下来，伏在地上大哭。三军将士都激动愤怒，拔刀砍地，发誓要杀死李自成。

二十九日，李自成称帝，在武英殿登上皇帝位。

三十日，李自成从彰义门出城，向西逃去。吴三桂派轻骑兵追击。贼军的马、骡都驮着沉重的行李。从卢沟（今北京丰台区内）到固安（今河北固安县）这一百多里地内，贼军丢弃的财物和妇女塞满了道路。贼军士兵有一半都逃散了。吴三桂追到保定，贼军回过头来交战，把他们的物资辎重全部丧失了。吴三桂追到真定，贼军进行抵抗。官军加以攻击，杀死了一万多名贼军。李自成中了流箭，拔营逃到山西。吴三桂发兵追他们，追到关口才停下，就领兵回到京城。

【编】五月，大清国在顺天府（今北京）定都。

图书在版编目（CIP）数据

纲鉴易知录 /（清）吴乘权等撰；张宏儒等注译.
—北京：团结出版社，2018.10
（谦德国学文库）
ISBN 978-7-5126-6781-5

Ⅰ.①纲… Ⅱ.①吴… ②张… Ⅲ.①中国历史—古代史—编年体②《纲鉴易知录》—注释③《纲鉴易知录》—译文 Ⅳ.①K204.3

中国版本图书馆CIP数据核字(2018)第274459号

出版： 团结出版社
（北京市东城区东皇城根南街84号 邮编：100006）
电话： （010）65228880 65244790（传真）
网址： www.tjpress.com
Email： zb65244790@vip.163.com
经销： 全国新华书店
印刷： 天宇万达印刷有限公司

开本： 145×210 1/32
印张： 159
字数： 4100千字
版次： 2020年8月 第1版
印次： 2023年12月 第4次印刷

书号： 978-7-5126-6781-5
定价： 398.00元（全八册）